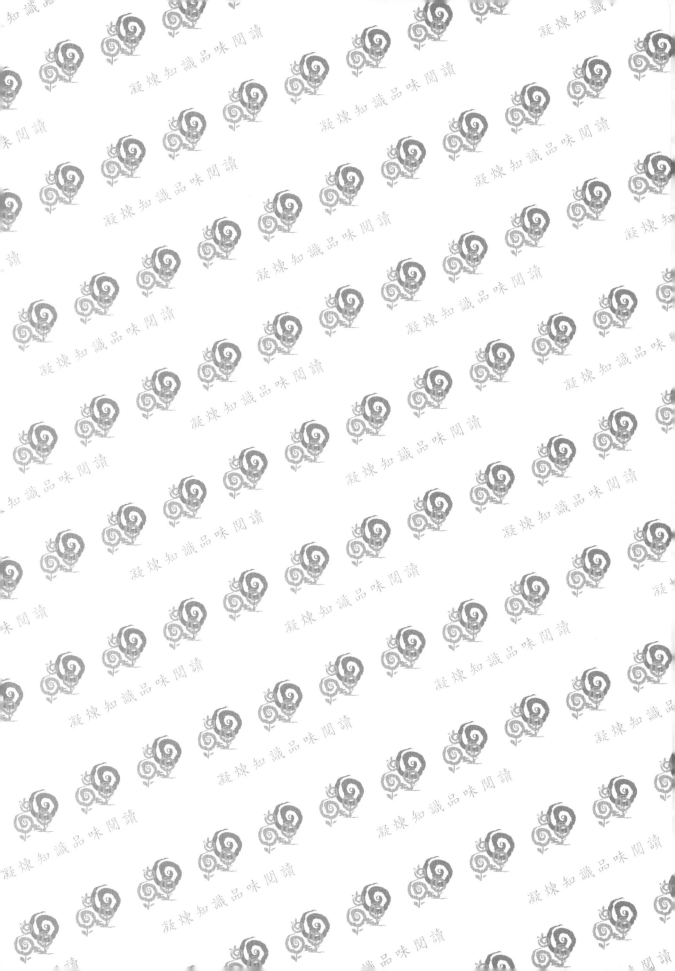

研究&方法

論文統計分析實務 第五版
SPSS與SmartPLS的運用

|榮獲2022年全球前2%頂尖科學家| 陳寬裕 著

五南圖書出版公司 印行

自 序

「往事一幕一幕親像電影！」回想1983年剛考上台大時，我背著綠白條紋相間的大帆布袋、拿著父親給我的12,000元。從屏東南州火車站，帶著有點惶恐、又有點興奮的複雜心情，坐上晚上9點45分的火車，一路每站停，到台北已是隔天清晨6點多。第一次到台北、第一次看到總統府、第一次走進台灣大學……，每個「第一次」都讓我感到新奇、也感到不安。因為我知道從這一刻開始，「人生路，自己行！」

「人生到底為著啥！」從「大氣科學」轉到「工業工程」、從「工業工程」轉到「經營管理」，最後又從「經營管理」轉到「觀光休閒」，轉的真是沒有邏輯，不過至少證明我一直都在學習。「假使你問我，人生到底為著啥？我會講：為三頓、為生活、甲為某子。但是看別人的臉色，配合別人的心晟，這是唯一的條件。有人認為這是為生活，嘛有人認為這是一種拖磨，……因為你嘛知影，咱攏是為別人在活。……回過頭去看，熊熊才知影，咱的舞台，愛用青春來換。」這首歌的歌詞還讓我感觸蠻多的！（李秉宗，2005）

「因為行過你的路，知影你的苦！」幾年前的一個夜裡，有位正在念EMBA班的縣府主管，透過朋友介紹來請教我「有關碩論之統計分析」問題，我根據其碩論中欲進行的統計方法，試跑了他所蒐集的問卷資料。結果我沉重的告訴他：「你的原始資料再怎麼跑，也得不到你所要的結果。」當場，這位大學是念「中文系」、已58歲的縣府主管眼眶泛紅、不由自主的留下淚來。看了真是令人心酸呀！可見碩論確實給他帶來了莫大的壓力。我接著問他，你年齡都那麼大、身分地位都那麼高了，幹嘛拿「磚頭砸自己的腳」去念EMBA，還寫量化的碩論呢？他回答我：「我比較晚婚，小孩現在念高一，我攻讀EMBA就是要讓小孩子看，只要努力，沒有什麼不可能的！」有點感動啦！這個小故事，也激發了我寫一本簡單易用、易懂的統計分析書籍的初衷，於是這本書就這麼誕生了。

本書特別適用於教學單位，在進階統計學或應用統計學等課程授課時使用。另外，亦非常適合於需進行學術論文寫作或製作畢業專題之學子。其內容涵蓋了一般論文或專題寫作時，所需用到的各種統計方法，諸如：次數分配、現況分析、項目分析、無反應偏差、資料合併檢驗、信度分析、共同方法變異、重要度—表現分析、卡

方檢定、t 檢定、變異數分析、各種二因子變異數分析、迴歸分析、PROCESS模組的中介效果與干擾效果檢定、相關分析、探索性因素分析、信度檢驗、收斂效度檢驗、區別效度檢驗與結構模型路徑分析等。而且書中幾乎所有的範例都是實際碩士論文的原始資料與分析結果，期盼能讓讀者身歷其境，融入研究之情境中。

本書於內容編排的特點是對於每一個統計分析方法先簡略闡述其基本概念，然後介紹該方法的功能與應用，再介紹該方法能做什麼，接著再運用範例介紹怎樣去做和如何解讀分析結果。此外，本書在每一章後皆附有習題，方便授課教師驗收學生的學習效果。另外本書的編排方式尚有一大特色，即對於每一範例的操作過程與報表解說或內文中需額外講解的部分，皆附有影音檔。藉由影音檔當可促進讀者的學習效率，亦可減輕授課教師於課堂上的負擔。

本書的特質應該較屬於統計工具書，其目的是希望讀者能透過本書的引導，而能自力完成論文或專題的統計分析部分。因此，本書特別著重於統計方法的實務應用與操作。書中很多統計理論或方法都是整理博、碩士論文中常用的解說與分析方式，以及參考國內知名作家如：林震岩教授、吳明隆教授、吳統雄教授、邱皓政教授、黃芳銘教授與榮泰生教授的著作而來。書中或有誤謬、未附引註、文獻遺漏等缺失。在此先向諸位先進與讀者致上十二萬分的歉意，並盼各方賢達能以正面思考之方式，提供後學補遺、改進之契機。

本書得以順利出版，首先感謝五南圖書出版公司的鼎力支持與協助，還有對我容忍有加的家人及默默協助我的同事、學生。由於編寫時間倉促、後學水準亦有限，錯誤之處，在所難免，敬請批評指正，後學不勝感激！

陳寬裕

謹致於　屏東科技大學休閒運動健康系

pf.kuan.yu.chen@gmail.com

2023年9月

目　　錄

第7章　相關分析　　　191

第8章　基本統計分析　　　219

第9章　重要度—表現分析法　　　239

第10章　統計方法的選擇　　　251

第 0 章
使用本書前

本書可應用在兩個方面，一者可作為大專院校「進階統計學」或「應用統計學」等課程的教科書；另一者可作為大專生或研究生製作專題、碩博士論文時的參考書。使用本書時，建議讀者先行閱讀下列說明：

一、範例檔與習題檔的使用

本書中所有的範例與習題皆附有相關的資料檔案，所有的資料檔案將壓縮成ZIP格式的壓縮檔（檔名：新論文統計.zip）。讀者於下列網址下載該壓縮檔後，只要使用任一種解壓縮程式，解壓縮「新論文統計.zip」後即可使用。「新論文統計.zip」的下載網址如下：

範例檔與習題檔的網址：**https://lihi3.cc/Y7NHh**

下載完成並解壓縮「新論文統計.zip」後，即可產生一個名為「新論文統計」的資料夾。讀者當可發現「新論文統計」資料夾中將包含兩個子資料夾，其名稱分別為「example」子資料夾（內含範例資料檔）與「exercise」子資料夾（內含習題資料檔）。「example」與「exercise」子資料夾中，將依各章節之流水編號存放資料檔案，範例資料檔的編號以「ex」為頭文字、習題檔則以「hw」為頭文字。欲使用檔案時，可依下列方式，找到檔案：

1. 若欲開啟「第3章」之「範例3-6」所使用的SPSS資料檔時，其檔案路徑即為：

路徑：「..\新論文統計\ **example\chap03\ex3-6.sav**」

2. 若欲開啟「第8章」之「習題8-3」所使用的SPSS資料檔時，其檔案路徑即為：

路徑：「..\新論文統計\ **exercise \chap8\hw8-3.sav**」

二、教學影音檔的使用

以本書為「進階統計學」或「應用統計學」等課程之教材時，課程進度可依本書的目錄內容編排循序漸進。在每周3小時的課程中，若能配合教學影音檔的使用，當可完成全部章節的課堂教學。而課程若為每周2小時的話，則建議授課教師能以課程目標為考量，選取部分章節於課堂教學，另以家庭作業方式與配合影音教材使用，鼓勵學生自行學習，研究其餘章節。

本書的教學影音檔已使用「不公開」的方式發布於「YouTube」影音平台。讀者可使用電腦或智慧型手機來觀看教學影音檔。

使用電腦觀看時，讀者可於瀏覽器（例如：Chrome）的網址例，直接輸入下列的本書頻道網址，然後再依「範例編號」尋找，即可找到所需的範例之教學影音檔。本書之頻道網址如下：

本書的頻道網址：https://lihi3.cc/H691I

而使用智慧型手機或平板電腦觀看時，讀者只要直接掃描附於各「範例」題目旁的QR code，即可觀看各範例的教學影片並自我學習，如下圖。

▶ 範例11-1　開啟範例ex11-1.sav，該檔案為論文【品牌形象、知覺價值對品牌忠誠度關係之研究】之原始問卷的資料檔，試檢定受訪者對個案公司之「品牌形象」的整體認知程度是否良好（平均值大於4）？

掃描此QR code，即可觀
看該範例的教學影片

三、專題或論文寫作的指引

若讀者以本書為製作專題或完成論文的參考書時，則建議能考量專題／論文的統計需求，善用下列所規劃的程序。就一般專題／論文的製作過程而言，常依問卷的發展過程而分成「預試階段」與「正式施測階段」，以下將就各階段的資料屬性，提供統計方法應用上的指引。在運用時，這些統計方法有其「順序性」與「選擇性」，只要依照本書所建議的程序，再配合影音教材的使用，當可輕鬆的完成專題／論文的統計分析任務。

（一）預試階段

在專題或論文的預試階段中，主要將進行如表0-1所詳列的各種統計分析工作。讀者只要能遵循其「順序性」與配合書中章節內容、影音教材，循序漸進，當可完成預試階段的統計分析任務。

表0-1　預試階段統計方法指引

順序	統計方法	選擇性	參考指引
1	建立預試資料檔	必選（代表一定要做）	第1、2章內容 範例1-1、1-2、2-1、2-2

表0-1　預試階段統計方法指引（續）

順序	統計方法	選擇性	參考指引
2	反向題重新計分	可選（可做、可不做）	第3-4節內容 範例3-4
3	常態性檢驗與離群值評估	可選	第3-1、3-2節內容 範例3-1、3-2
4	項目分析	必選	第15章內容 第5-3節內容 第6-7節內容 範例5-1、6-1 範例15-1至15-3
5	信度分析	可選	第5章內容 範例5-2
6	效度分析	可選	第6章內容 第7-4節內容 範例6-3、7-4

（二）正式施測階段

在正式施測階段中，所須進行的統計分析工作較為繁雜，但只要讀者能遵循表0-2所詳列的統計方法，再配合書中章節內容、影音教材指引，當可輕鬆完成專題／論文的統計分析工作。在表0-2中，順序1到10，是每篇以問卷調查為基礎的論文，所必須做的基礎分析。而順序11則列出了論文的主要統計方法，這些統計分析的選擇，讀者可參考本書第10章，然後配合論文的主題或類型而決定。

表0-2　正式施測階段統計方法指引

順序	統計方法	選擇性	參考指引
1	建立正式施測資料檔	必選（代表一定要做）	第1、2章內容 範例1-1、1-2、2-1、2-2
2	反向題重新計分	可選（可做、可不做）	第3-4節內容 範例3-4
3	常態性檢驗與離群值評估	可選	第3-1、3-2節內容 範例3-1、3-2
4	無反應偏差檢定	可選	第11-9節內容 範例11-4

表0-2　正式施測階段統計方法指引（續）

順序	統計方法		選擇性	參考指引
5	個案基本資料分析		必選	第8-1節內容 範例8-1
6	信度分析		必選	第5章內容 範例5-2
7	效度分析		必選	第6章內容、第7-4節內容 範例6-3、7-4
8	共同方法變異檢測		可選	第6-10節內容 範例6-4
9	研究變數的現況分析		必選	第8-2節內容 範例8-2
10	研究變數的差異性分析		必選	第12、13、14章內容 範例13-2、範例14-1至14-3
11	主題性統計方法			
	(1)	IPA分析法	可選	第9章內容 範例9-1
	(2)	差異性檢定	可選	第12、13、14章內容與所有範例
	(3)	實驗設計研究	可選	第14章內容與所有範例
	(4)	市場區隔研究	可選	第11章內容與所有範例
	(5)	因果、相關性研究	可選	第7、16、17、18章內容 範例7-1、範例16-2、範例16-3 範例17-1至17-5、範例18-1至18-8
	(6)	中介與干擾效果	可選	第17章內容 範例17-1至17-5
	(7)	探索（預測）模型研究	可選	第16、18章內容 範例16-2、範例16-3 範例18-1至18-8
	(8)	驗證（解釋）模型研究	可選	第16、18章內容 範例16-2、範例16-3 範例18-1至18-8

第 1 章
SPSS簡介與建立資料檔

本章所將介紹的內容是學習如何使用SPSS軟體的第一步。其內容主要偏重於介紹SPSS軟體的基本視窗介面、操作技巧與資料檔的建立過程，期使讀者能對SPSS軟體所具備的功能，先有個基本認識。因此，本章的目的在於「使讀者於學習使用SPSS軟體進行統計分析前，能夠對它有一個初步的認識，並為往後的進階課程打下基礎。」

本章內容包括：

1. SPSS的視窗、選單的簡介和功能介紹。

2. SPSS的基本操作。

3. 如何建立SPSS資料檔。

4. 如何匯入其他格式之資料檔至SPSS中。

1-1　SPSS的主畫面

當安裝好SPSS軟體後，即可透過桌面左下角的「開始」功能，尋找到「IBM SPSS Statistics」程式集中的「IBM SPSS Statistics 26」項目後，點選該項目，即可啟動SPSS軟體。或者，也可以利用安裝好SPSS軟體後，於桌面上所產生的「IBM SPSS Statistics 26」捷徑上，「快按兩下」來啟動SPSS軟體。啟動後的SPSS初始視窗，一般亦稱為SPSS的「主要操作視窗」，如圖1-1所示。

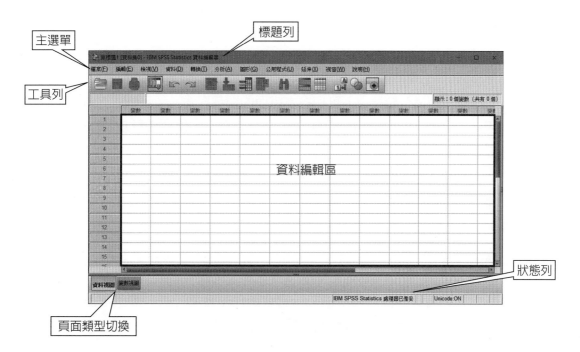

圖1-1　SPSS的「主要操作視窗」

在圖1-1的「主要操作視窗」中，包含兩種頁面，一個稱為【資料視圖】頁面，它是個可用以輸入、編輯、定義、轉換資料及儲存SPSS資料檔案，並且進行統計分析的視窗；另一個稱為【變數視圖】頁面，它是個可用來檢視、新增、修改變數名稱，以及進行變數之屬性建立與修改的視窗。SPSS軟體的「主要操作視窗」，由以下幾個部分所組成：

（一）標題列

標題列中可顯示所開啟的資料檔之檔名。圖1-1中，標題列目前顯示「無標題1」，代表目前的編輯狀態，只是開啟了一個空白的SPSS檔案且正處於等待編輯的狀態中，尚未存檔。

（二）主選單

主選單中將顯示出各類功能的最高層選單，這是最主要的命令操作選擇菜單。如果要進行某些實際的操作，就需要先按這些主選單，然後在彈出的子選單中選擇命令選項，就可完成所欲執行的特定功能了。

（三）工具列

工具列中會提供各種最常用的實用工具按鈕與圖示。選擇了某個工具按鈕，就相當於執行了一個相對應的主選單中的命令，相當簡潔、方便。

（四）【頁面類型切換】標籤

在【頁面類型切換】標籤中，可切換主畫面的顯示模式。顯示模式有兩類，一類是【資料視圖】頁面，它是個可用以輸入、編輯、定義、轉換資料及儲存SPSS資料檔案，並且進行統計分析的視窗，其操作方式類似於MS Excel試算表軟體；另一類是【變數視圖】頁面，它可用來檢視、新增、修改變數名稱，以及進行變數之屬性建立與修改。建立一個新的資料檔時，須先使用【變數視圖】頁面定義變數，然後再使用【資料視圖】頁面輸入資料。

（五）資料編輯區

資料編輯區由行、列儲存格所構成。它會隨使用者對【頁面類型切換】標籤的選擇，而有不同的顯示畫面，即【資料視圖】頁面與【變數視圖】頁面。不管哪種頁

面，在資料編輯區中，都可進行資料或變數名稱的編輯。

（六）狀態列

　　狀態列會顯示出SPSS系統目前所處的工作狀態。例如：圖1-1中顯示出「IBM SPSS Statistics處理器已備妥」，即代表SPSS系統已經準備就緒，此時已可以進行資料編輯或分析工作了。

　　SPSS視窗和其他Windows視窗一樣，可以對其進行拖、拉、點、選等的操作。在它的標題列上使用滑鼠按住不放，可以把它移動到任何位置。也可以在它的邊和角上按住滑鼠不放進行拖拉，以改變視窗的大小。

1-2　開啟資料檔

　　如果要對一個資料檔進行編輯或分析，那麼就必須先開啟它。在SPSS中，開啟資料檔的方式和一般Windows視窗並無不同。當資料檔（副檔名為*.sav）開啟後，資料檔所包含的資料就會顯示在SPSS的【資料視圖】頁面中。圖1-1所示的【資料視圖】頁面中，之所以沒有任何資料，這是因為剛啟動SPSS時，還沒有開啟任何現存的資料檔，也沒有輸入任何資料之緣故。

　　如果要建立新的資料檔，則可以在已開啟的空白【資料視圖】頁面中，直接輸入資料即可。或者也可以從「菜單」，再重新執行一次【檔案】／【開啟新檔】／【資料】。如果想要開啟早已儲存在電腦中的資料檔，則可以按照下面的步驟來開啟它。

步驟1：執行【檔案】／【開啟】／【資料】。

步驟2：隨後彈出「開啟資料」對話框，即可利用「查看範圍」的下拉式清單，選取要開啟之檔案所在的資料夾，直到找到檔案，再選定這個檔案，該檔的檔案名稱就會出現在對話框下方之「檔名」輸入欄中，如圖1-2所示。

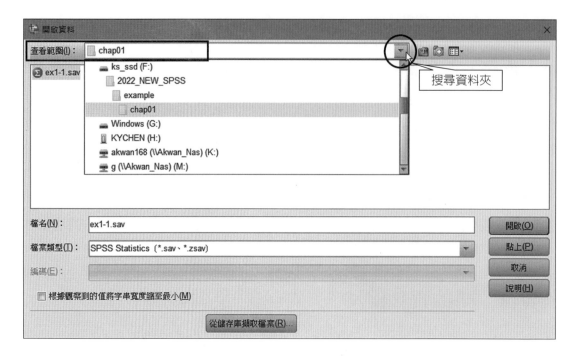

圖1-2　尋找要開啟的檔案

步驟3：找到所要開啟的檔案之後，選定它，然後按【開啟】鈕，就可開啟檔案。此時即可以在【資料視圖】頁面中看見資料檔中的資料了，如圖1-3所示。

	id	name	gender	age	height	weight	變數	變數	變數	變數	
1	1	陳東彬	2	13	156.12	47.5					
2	2	王冠傑	2	13	155.24	37.8					
3	3	陳寬裕	2	13	144.60	38.6					
4	4	周志亳	2	13	161.50	41.6					
5	5	廖德欽	2	13	161.30	43.3					
6	6	許情會	1	13	158.00	47.3					
7	7	王秋圓	1	13	161.00	47.1					
8	8	楊婉菁	1	13	162.00	47.0					
9	9	洪淑玲	1	13	164.30	33.8					
10	10	林佩慧	1	13	144.00	33.8					
11	11	賴冠協	2	14	157.90	49.2					
12	12	陳國梁	2	14	176.10	54.5					

圖1-3　【資料視圖】頁面已出現資料

　　圖1-3即爲開啟範例資料夾中的「example\chap01\ex1-1.sav」後,於【資料視圖】頁面中顯示出資料的情形。可以看到,在視窗的左下方,有【資料視圖】與【變數視圖】兩個標籤頁,可以利用這兩個標籤頁在【資料視圖】頁面和【變數視圖】頁面之間切換。如果按【變數視圖】,則視窗變成了圖1-4所示的樣子,這就是【變數視圖】頁面。其內顯示了變數的各種屬性,如變數名稱、類型、欄位寬度、小數位數、標籤……資訊,在這裡可以清楚的看到每個變數的意義、型態、特質等資訊。

圖1-4　【變數視圖】頁面

1-3　編輯資料

　　SPSS系統提供了兩種檢視資料的方式,即【資料視圖】(圖1-3)與【變數視圖】(圖1-4)。

　　【資料視圖】頁面:顯示實際的資料值和變數的數值標籤。

　　【變數視圖】頁面:顯示變數的定義資訊,包括變數名稱、資料型態(數值型、字串型、日期型)、變數總寬度、變數名稱標籤、數值標籤、測量尺度和遺漏值……。

　　【資料視圖】頁面是SPSS軟體啟動後，預設狀態下系統的主畫面。使用者在該視窗中，可進行輸入、編輯樣本數據、統計分析等工作。在【資料視圖】頁面中，可以使用與電子試算軟體（MS Excel）相似的方式來建立和編輯樣本數據。【資料視圖】頁面主要由三部分所組成，說明如下：

➤ 視窗標題列：如圖1-5所示的「藍底黑字」那一列（最上列），就稱為是【視窗標題列】。【視窗標題列】可顯示資料檔的檔名。當新建一個資料檔且尚未命名儲存時，系統將指定一個預設的檔名，如：「無標題1」。

➤ 資料顯示區：畫面中央的主要區域是資料顯示區（白底）。它由兩張標籤頁所組成（【資料視圖】頁面和【變數視圖】頁面），每張標籤頁均為一個二維平面表格。在【變數視圖】頁面中可定義變數名稱及變數的屬性，在【資料視圖】頁面中可輸入並顯示變數值，資料表的第一行為記錄編號，資料表最頂部的一列為變數名稱。

➤ 資料狀態欄與資料編輯欄：在【資料視圖】頁面中，資料顯示區的上方有兩個矩形框，左邊的框中顯示目前記錄編號和變數名稱，此稱為資料狀態欄；右邊的框中，會顯示出使用者目前所輸入或選定的數值，我們稱為資料編輯欄。於資料編輯欄中，輸入資料後按「Enter」鍵，系統將根據所定義的變數寬度，將數值顯示在所選取的儲存格中。

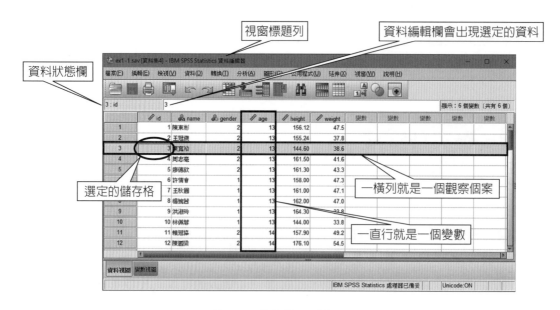

圖1-5　　【資料視圖】頁面

在【資料視圖】頁面中，SPSS的資料編輯畫面採用了二維表格的格式，即由行和列所組成，行、列的交叉處稱為「儲存格」。每一橫列就是一個「觀察個案」（簡稱個案，如果是問卷資料的話，就代表一位受訪者對所有題項的填答結果）或稱一筆記錄；而每一直行就是一個「變數」。每個儲存格裡儲存著某一特定觀察個案的特定變數的實際數值（即觀察值）。如果要改變某個儲存格的數值，則可以按照下面的步驟來做。

步驟1：請開啟「ex1-1.sav」，然後於欲進行編輯的儲存格上用滑鼠按一下，此時這個儲存格的邊緣將顯示為較粗的黑框，且它的資料值會出現在工具列下方的【資料編輯欄】中，如圖1-5所示。

步驟2：直接於儲存格中輸入要重新賦予的數值，然後按鍵盤的【Enter】鍵。這時就可以看到儲存格中的資料已經更新了。此外，也可以在【資料編輯欄】中輸入新的數值以替換原來的數值，但這時儲存格中的數值還未更新，必須按鍵盤的【Enter】鍵確認後，儲存格中的數值才會改變。

步驟3：如果在輸入新的數值之後，又不想做更改了，這時如果還沒有按鍵盤的【Enter】鍵的話，那麼就可以按【Esc】鍵來取消這項操作，這樣原來的資料就會被保留下來，不會被更改掉。而若已按【Enter】鍵的話，則可執行【編輯】／【復原】或按回復鈕 ，來取消先前的操作動作。

1-4　建立新檔案

如果要利用SPSS儲存問卷的填答結果或實驗所得的資料時，就必須先在SPSS中建立一個新的資料檔。建立一個新的資料檔時，須先使用【變數視圖】頁面定義變數，然後再使用【資料視圖】頁面輸入資料。詳細步驟如下：

步驟1：先定義變數。啟動SPSS之後，執行【檔案】／【新建】／【資料】後，預設狀態是直接開啟【資料視圖】頁面，只要按底部狀態欄上方的【變數視圖】標籤頁，就可以切換至【變數視圖】頁面，在此視窗中即可進行定義變數的相關工作。

步驟2：選定「名稱」下面的第一個儲存格，就可開始輸入變數名稱。

步驟3：變數名稱輸入之後，由於SPSS預設的變數類型為數值。因此「類型」、「寬度」、「小數」等三欄都不再是空白，會自動顯示出SPSS的預設值，即「類型」欄預設為「數值」、「寬度」預設為「8」、「小數」預設為「2」。如

果使用者真正要定義的變數屬數值型的話，就不必管它，直接進行後面的步驟即可。但如果是其他類型的變數，就要於「數值」字樣上按一下，待出現 ▦ 鈕後，按 ▦ 鈕，就會彈出【變數類型】對話框，於此就可設定變數的類型，如圖1-6所示。

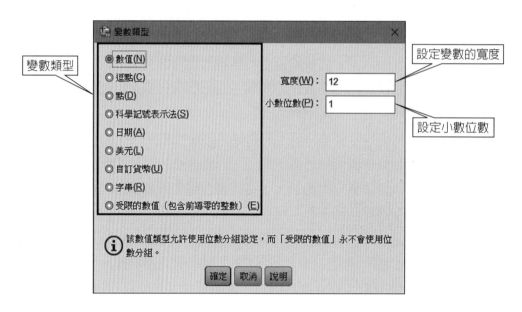

圖1-6　設定變數的類型、寬度和小數位數

使用者可根據自己想要定義的變數類型，在這九種資料型態中選擇其中一種。這九種類型的意義，見表1-1。

表1-1　SPSS的變數類型

變數類型	意義	資料顯示格式說明	範例
數值	標準數值型	用標準數值型格式顯示數值。	1234.56
逗點	帶逗號的數值型	整數部分從右向左，每3位加一個逗號，作為分隔符號。	1,234.56
點	圓點數值型	整數部分自右向左每3位加一個圓點，以作為分隔符號。小數點則改用逗號表示。	1.234,56
科學記號	科學記號型	用科學記號法顯示數值。	1.2E+03
日期	日期型	從SPSS提供的日期和時間顯示格式中選擇所需的即可，不能進行運算。	12/31/2009

表1-1　SPSS的變數類型（續）

變數類型	意義	資料顯示格式說明	範例
美元	貨幣型	從SPSS提供的貨幣顯示格式中選擇所需的即可，輸入的數值前面會有$符號。	$1,234.56
自訂貨幣	自定義型	自定義常用的數值型變數的顯示格式。	自定義
字串	字串型	輸入字元，可用中文，不能進行運算。	ACA101、男性……
受限的數值	整數包含前置的零	整數前會依變數的寬度，自動填滿0。	00000001

步驟4： 定義變數類型時，可以使用預設的變數寬度和小數位數，如果不想使用預設的寬度，也可以自己輸入寬度的數值。定義好「類型」、「寬度」、「小數」等三欄之後，接下來可以依序定義變數的名稱「標籤」（即變數名稱的注解）、變數「值」標籤（變數值的注解）、「遺漏值」、「測量」等欄位。這些欄位在定義變數時皆屬可選的，並非全都得定義，因此不再一一說明，待1-8節時再予以詳細說明。

步驟5： 定義好變數之後，就可以輸入資料了。先切換至【資料視圖】頁面，在【資料視圖】頁面即可輸入資料。

步驟6： 在【資料視圖】頁面中，選定要輸入資料的起始儲存格，此時這個儲存格會成為可作用的儲存格，且該儲存格會具有黃色網底，代表處於可編輯狀態。

步驟7： 從鍵盤輸入數值，此時資料會顯示在資料編輯欄中，按【Enter】鍵或者移動滑鼠之後，輸入的數值就會顯示在儲存格中。如果已按【Enter】鍵確定輸入資料後，則可編輯的儲存格會下移一格；如果按滑鼠鍵確定輸入資料，則可編輯的儲存格會移到滑鼠所點的任意位置的儲存格。

步驟8： 繼續輸入其他儲存格的資料，直到所有資料輸入完畢。

　　如果變數的類型不太複雜，有時為了方便，也可以省略定義變數這個步驟。在啟動SPSS後，直接在【資料視圖】頁面中輸入資料。這時，變數名稱會預設為var00001、var00002、var00003……，變數類型則會預設為標準數值型，預設總寬度為8，小數位數為2。

1-5　資料的修改

有時，使用者也需要對已存在的資料檔進行修改，對此情形將分兩種情況來做說明。一種是在不改變原有檔案整體結構的情況下，修改某個數值或某個變數的定義，這兩個操作在前文都已做了詳細說明。前者的操作在談到【資料視圖】頁面時已經提到了（第1-3節），後者在介紹如何定義變數時（第1-4節）也已說明過，因此這裡不再贅述。

另一種情況正是本小節所要說明的。比如，有時要增加或刪除一個變數、增加或刪除一個觀察個案等操作，這時就會改變檔案原有的結構。進行這類操作的方法有很多種，下面將分別舉例說明最常用的方式。假設已經開啟一已存在的檔案（例如：開啟ex1-1.sav），並已顯示出【資料視圖】頁面。

（一）增加一個新變數

在【資料視圖】頁面中，如果要在第4個變數前插入一個新變數，那麼就可以選定第4行資料的任一儲存格，然後執行【編輯】／【插入變數】，此時就會看到第4行左邊出現一個新的變數行，且變數名稱預設為VAR00001，原第4行自動右移成為第5行了。

（二）刪除一個變數

在【資料視圖】頁面中，假如要刪除第3個變數，可以按第3個變數的名稱，這時整個第3行都會被選中，而具有黃色網底。然後執行【編輯】／【清除】，或直接按【Delete】鍵，如此該變數就被刪除了，原第4行將自動左移成為第3行。

（三）增加一個新的觀察個案

在【資料視圖】頁面中，如果要在第5個觀察個案前面插入一個新的觀察個案，則可以選定第5列資料的任一儲存格，然後執行【編輯】／【插入觀察值】，就會看到第5列上方出現了一個新的空白觀察值列，原第5列自動下移成為第6列。

（四）刪除一個觀察個案

在【資料視圖】頁面中，如果要刪除第7個觀察個案，可以按第7列的列號，以選取整個第7列，被選取的列會具有黃色網底。然後執行【編輯】／【清除】，或直接按【Delete】鍵，該列就可被刪除了，且原第8列就會自動上移而成為第7列。

此外，還有一些需要修改資料的情況。例如：在輸入資料時，遺漏或重複輸入了某個觀察值、或需要改變變數和觀察個案排列的順序，以及根據實際分析的需要，只想選擇部分變數或觀察個案進行分析等操作，這些操作通常與一般的MS Excel的操作非常類似。一般而言，都會使用滑鼠輔助選取資料區域，而後執行【編輯】選單中的【剪下】、【複製】、【貼上】、【清除】等命令，或者在選取區域後，按右鍵，然後在彈出的快捷選單中選擇這些命令，也可以進行相對應的操作。

1-6 資料檔的儲存

SPSS可以將輸入的資料或已經開啟的資料檔，儲存為多種檔案格式，以利於其他程式使用；同時，它也能夠使用、開啟多種其他格式的資料檔。這就大大方便了資料在不同的應用程式之間進行交換，達到資源共享的目的。

對於第一次要儲存的新資料檔，可以執行【檔案】／【儲存】，此時就會開啟【另存資料】對話框，如圖1-7所示。找到要儲存檔案的資料夾後，在「檔名」輸入欄中輸入檔案名稱，然後在「另存類型」下拉式清單方塊中選擇要儲存的檔案類型，最後按「儲存」鈕，就可將檔案儲存下來了。在「另存類型」下拉式清單方塊中有相當多種檔案類型，可適用於各種不同應用程式的檔案格式，讀者可依自己需求自行選用。

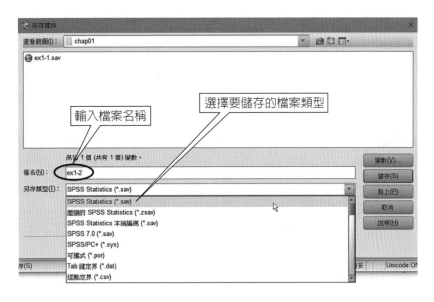

圖1-7 【另存資料】對話框

通常使用者都會把檔案類型儲存成SPSS資料檔的格式，即預設的SPSS Statistics（*.sav）格式，其副檔名為「*.sav」。此外，為了方便起見，本書中所用到的所有資料檔也都是屬於SPSS資料檔的格式。

其次，對於那些重新進行編輯之後的檔案，如果使用者仍希望以原來的檔案名稱和格式來儲存修改後的檔案內容時，也可以執行【檔案】／【儲存】命令，此時新的檔案內容就會覆蓋掉原有的檔案內容，但是檔案名稱不會改變。

而如果在對某個檔案內容進行編輯之後，想重新更改檔名或更改儲存檔的格式時，則可以執行【檔案】／【另存新檔】命令。此時也會開啟【另存資料】對話框，在此輸入新的檔案名稱，選擇新的檔案類型，選擇欲儲存檔案的資料夾，然後按【儲存】鈕，即可以「新的檔案名稱」儲存先前編修過的檔案內容。

▶ 範例1-1　　圖1-8、表1-2分別為某份問卷中，受訪者之基本資料與基本資料變數的編碼格式表，請依照圖1-8、表1-2的編碼格式，建立SPSS資料檔，並存檔為「ex1-1_ans.sav」。

員工編號	公司名稱	部門名稱	年資	性別	出生年月日	月薪	教育程度
1	元大科技	研發部	12.0	1	02/03/1987	$37,000	3
2	聯發實業	人力資源	36.0	2	05/23/1978	$50,200	4
3	三立媒體	攝影部	42.0	2	07/26/1968	$81,450	3
4	都蘭食品	檢驗部	22.0	2	04/15/1995	$21,900	4
5	上好食品	會計部	28.0	1	02/09/1978	$45,000	3
6	好快運輸	財務部	74.0	1	09/01/1972	$36,000	5

圖1-8　受訪者之基本資料

表1-2　編碼格式表

構面名稱	欄位編號	變數名稱	變數標註	數值	數值標註	遺漏值
基本資料	1	ID	員工編號	000-999	—	—
	2	company	公司名稱	文字	—	—
	3	dept	部門名稱	文字	—	—
	4	jobtime	年資（月為單位）	0.0-999.9	—	0
	5	gender	性別	1	男	9
				2	女	

表1-2　編碼格式表（續）

構面名稱	欄位編號	變數名稱	變數標註	數值	數值標註	遺漏值
	6	bdate	出生年月日	日期		—
	7	salary	月薪（元為單位）	元符號		999
	8	educ	教育程度	1	國中或以下	9
				2	高中職	
				3	專科	
				4	大學	
				5	研究所或以上	

操作 步驟

　　所謂「編碼」即是將受訪者回應之選項，量化成數字的過程。通常一份問卷會有一份專屬的「編碼格式表」，表1-2即為某問卷的編碼格式表。建議讀者養成好習慣，要建立資料檔前，請嚴守紀律，先建立問卷的編碼格式表。編碼格式表就像是建立資料檔時的作戰策略一樣，它有助於資料檔的建立，增進建檔的效率與正確性。編碼格式表中有構面名稱、欄位編號、變數名稱、變數標註、數值、數值標註與遺漏值等七個欄位。透過編碼格式表可明瞭問卷的結構、各變數的特性與意義、取值範圍與遺漏值的取值方式。關於「編碼格式表」的製作方法，請讀者可先參考第2-3節的內容。

　　此外，在操作過程中，有兩個變數需要另行再定義其「值」標籤，即「gender」欄位與「educ」欄位。因為從「表1-2編碼格式表」中可理解，這兩個變數都屬於類別變數，各有數個取值，且其變數型態為「數值型」。因此，這些取值的意義必須再定義其「值」標籤，以能清楚明瞭該些數值所代表的意義。詳細操作過程，請讀者自行參閱教學影音檔「ex1-1.mp4」。

1-7 　使用其他格式的資料檔

　　在第1-2節中，介紹開啟資料檔時，只提到如何開啟SPSS資料格式的檔案（副檔名為.sav）。然而與SPSS能夠將資料儲存成多種格式的檔案一樣，它也能夠開啟多種其他格式的資料檔，下面將介紹相關的操作。

在【開啟資料】對話框中，從【檔案類型】下拉式清單方塊中，可以看到多種其他格式的檔案類型，如圖1-9所示。

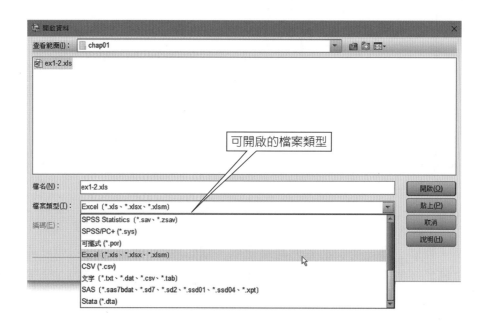

圖1-9　開啟檔案類型下拉式清單方塊

　　Excel試算表軟體是一套優秀的數值處理軟體，對於須大量的輸入數值或文字資料時，使用Excel軟體操作起來較SPSS簡便許多。故建議使用者，對於樣本數通常較大的問卷資料，最好使用Excel試算表軟體來建檔較為簡便，而不要直接使用SPSS建檔。

　　利用SPSS的資料轉換介面就可以從Excel檔案中讀取資料，並轉換為SPSS格式的資料檔案。如此就能運用SPSS的強大統計能力對該資料檔進行深入的統計分析。下面將以一個Excel檔案「example\ chap01\ex1-2.xlsx」為例，簡單示範在SPSS中開啟Excel資料檔的方法。

▶ 範例1-2

圖1-10為一張範例問卷，有5題關於品牌忠誠度的問項，這些問項採用李克特七點量表，另外還包含4題有關受訪者之基本資料的問項。「ex1-2.xlsx」為該問卷之回收樣本的原始資料檔，試將該Excel檔案讀入SPSS中，並對各變數之定義，依其編碼格式表（表1-3）進行適當修正，完成後請另存新檔為「ex1-2_ans.sav」。

第一部份：品牌忠誠度

※請針對您的服務經驗，回答下列相關問項，請於□中打「✓」，謝謝！

	極不同意	很不同意	不同意	普通	同意	很同意	極為同意
1. 購買 85 度 C 的產品對我來說是最好的選擇。	□	□	□	□	□	□	□
2. 我是 85 度 C 的忠實顧客。	□	□	□	□	□	□	□
3. 當我有需求時，我會優先選擇 85 度 C。	□	□	□	□	□	□	□
4. 我願意繼續購買 85 度 C 的產品。	□	□	□	□	□	□	□
5. 我會向親朋好友推薦 85 度 C 的產品。	□	□	□	□	□	□	□

第二部份：基本資料，請於□中打「✓」。

1. 性　別：　□ 男　　　　□ 女

2. 年　齡：　□ 19 歲以下　□ 20~39 歲　　□ 40~59 歲　　□ 60 歲以上

3. 學　歷：　□ 國中及以下　□ 高中(職)　　□ 大學　　　　□ 研究所(含)以上

4. 職　業：　□ 學生　　　□ 軍公教　　　□ 勞工　　　　□ 自由業

圖1-10　範例問卷

表1-3　範例問卷的編碼格式

構面名稱	欄位編號	變數名稱	變數標註	數值	數值標註	遺漏值
品牌忠誠度	1～5	q1～q5	第N題問項	1～7	—	9
基本資料	6	性別	—	1	男	9
				2	女	
	7	年齡	—	1	19歲以下	9
				2	20～39歲	
				3	40～59歲	
				4	60歲或以上	
	8	學歷	—	1	國中及以下	9
				2	高中（職）	
				3	大學	
				4	研究所（含）以上	
	9	職業	—	1	學生	9
				2	軍公教	
				3	勞工	
				4	自由業	

(操)(作) 步驟

故依據圖1-11的範例問卷，我們將先建立編碼格式表。範例問卷中的第一部分為5題衡量品牌忠誠度的問項，這些問項皆採用李克特七點量表，建立資料檔時，為了將來計算與分析方便，這些問項變數的型態應設為數值型；而第二部分基本資料的各變數之型態也可設為數值型，然後再於「數值」標籤設定各類別的基本資料，如表1-3。根據表1-3的編碼格式表，我們就可先在Excel軟體中，只須為各問項建立欄位名稱（即變數名稱），然後即可直接將所蒐集回來的樣本資料，直接進行輸入工作了，但在Excel軟體中，「變數標籤」、「值」標籤與「遺漏值」，我們並不會先輸入，而是等到於SPSS中匯入Excel檔後，才於【變數視圖】頁面中予以修改或定義。

接下來，我們只須將Excel資料檔讀入SPSS中後，就可進行較專業的統計分析工作了。詳細操作過程，請讀者自行參閱教學影音檔「ex1-2.mp4」。

1-8　SPSS的變數屬性

SPSS中的數值可分為兩類，一類為常數、另一類則為變數。一個SPSS的常數就是一個數值、一個字串，或者是按日期格式表示的日期、時間。例如：「42.5」就是一個數值型常數。而對於特別大或特別小的數值，則可採用科學記號法來表示，如$1.23E+20$、$4.56E-27$……。在表示字串常數時，則必須用單引號或雙引號將它括起來，如"student"。另外，也可以將常數想像為只是變數的一個取值罷了。

SPSS中的變數與數學中對變數之定義是一致的，其取值可變的數就稱為是變數。在統計分析中，可以將【變數視圖】頁面中的每一列分別看成是一個變數。每個變數都有自己的屬性，在定義變數時必須同時定義變數的屬性。在SPSS中，變數的屬性有：名稱、類型、寬度、小數、標籤、值、遺漏、欄、對齊、測量與角色等，如圖1-11所示。在【變數視圖】頁面中可以定義變數的屬性，對於每個SPSS變數，至少要定義其變數名稱和變數類型，其餘屬性則皆可以採用系統的預設值也沒關係。

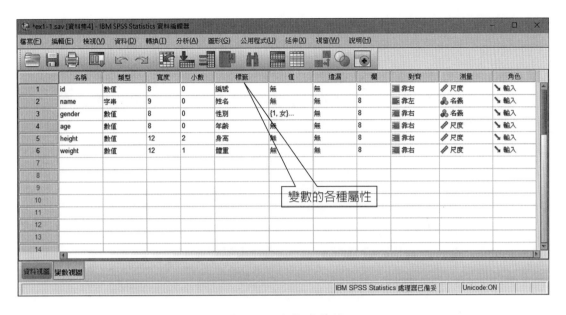

圖1-11　變數的屬性

（一）「名稱」屬性

　　為變數命名時，可直接在「名稱」欄的儲存格中輸入變數的名稱即可。但是應注意以下幾點：

- 變數名稱不要太長，以能「達意」為原則，若怕變數名稱取的太短而導致讓人不知其意的話，則可以在其後方的「標籤」屬性中，輸入對該變數進行更詳盡說明的文字。
- 若為英文變數名稱時，首字元必須是字母，其後可為字元、或數值、或其他字元（但「？」、「！」、「。」這三個字元除外）。不能以下底線「_」和小數點「.」，作為變數名稱的最後一個字元。
- 變數名稱不能與SPSS的保留字相同，這些保留字有：ALL、AND、BY、EQ、GE、GT、LE、LT、NT、NOT、OR、TO、WITH等。
- 不區分大小寫，例如：ABC與abc會被認為是同一個變數。

（二）「類型」屬性

　　定義變數的「類型」屬性，其目的就是為每個變數指定其特有的資料型態。SPSS變數有三種基本的資料型態：數值型、字串型、日期型。數值型變數按不同的

需求又可細分爲六種，因此一共可定義爲九種資料型態（如第1-4節中的表1-1）。系統預設的資料型態爲數值型，一個變數若沒有定義資料型態，則系統會自動賦予該變數爲系統預設的資料型態，即數值型。

定義變數的「類型」時，只要在【變數視圖】頁面中按「類型」欄中的儲存格（或移動游標至儲存格），儲存格被選中時，儲存格內會出現一個圖示按鈕 ▦，按該圖示按鈕，會另外彈出如圖1-12所示的對話框。

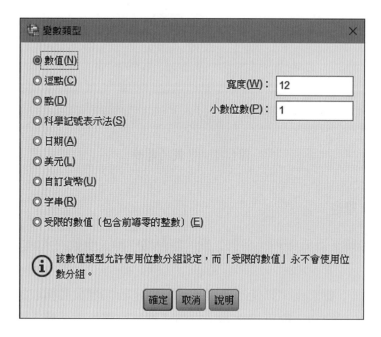

圖1-12　定義變數類型的對話框

在該對話框中可選定適合的資料型態，還可指定變數的總寬度。此外，對數值型變數還可指定其小數位數。甚至當選擇其中某些資料型態時，還會再彈出一個下一級的對話框，要求對變數之顯示格式作進一步的設定。

◆ 數值型　　　　　　　預設總寬度：8　　　　　　小數位數：2
變數的值可用數值格式顯示。不指定寬度時，則將使用系統預設的寬度（8）。變數值可以用數值格式輸入，對於特別大和特別小的資料，則可以用科學記號法輸入，如6.02E+23。用科學記號法輸入的數值型數值，顯示出來的格式首先會滿足原本的數值格式（寬度8、小數位數2）。若用數值格式顯示出來的寬度大於變數總寬度時，則會自動轉爲科學記號法顯示，如表1-4所示。

表1-4　SPSS數值（寬度8、小數位數2）顯示範例表

輸入	1234 （寬度可容納）	123456789 （太寬）	1.2E4 （寬度可容納）	1.2E13 （太寬）
顯示為	1234.00	1.23E+08	12000.00	1.20E+13

◆ 逗點　　　　　預設總寬度：8　　　　　小數位數：2

　　定義為「逗點」型態的變數，顯示時，整數部分自右向左每三位用一個逗點作為分隔符號。輸入數值時，也可以直接帶逗點以作為分隔符號，也可以不帶逗點而採用普通格式輸入。另外，還可以用科學記號法輸入。「逗點」型態的變數，顯示出來的格式會首先滿足帶千分號的數值格式。若顯示出來的資料位數大於變數總寬度，則將自動轉為科學記號法顯示。

◆ 點　　　　　　預設總寬度：8　　　　　小數位數：2

　　定義為「點」型態的變數，顯示方式與逗點型態變數正好相反（千分號變逗號，逗號變千分號）：整數部分自右向左每三位用一個圓點作分隔符號，而用逗點代替一般的小數點符號。

◆ 科學記號　　　預設總寬度：8　　　　　小數位數：2

　　對於數值很大或很小的變數，可以採用科學記號法表示，如1.23E+11。這種變數的值可以有指數部分，也可以沒有。表示指數的字母可以用E，也可以用D，甚至也可以略去不寫。指數部分可以帶正負號，也可以沒有符號。例如：用「12.3E+1、1.23E+2、1.23E2、1.23D+2、1.23+2」等所輸入的數值均代表123。

◆ 日期

　　「日期型」變數可用來表示日期，還可用來表示時間，或日期時間。如圖1-13所示，使用者可以根據實際資料和需求，在圖1-13右邊的清單方塊中選擇一種適合的日期格式。

　　輸入日期型變數的值時，可以使用「/」、「-」、「,」以及空格，作為年、月、日的分隔符號，相對應儲存格中的值還是會按指定的日期格式顯示的。對於月分，可以採用月分的數值，也可以輸入月分之英文單字前三個字母的縮寫，還可直接輸入月

分的單字。輸入時間時，可以使用冒號、小數點、空格，作爲時、分、秒時間的分隔符號。

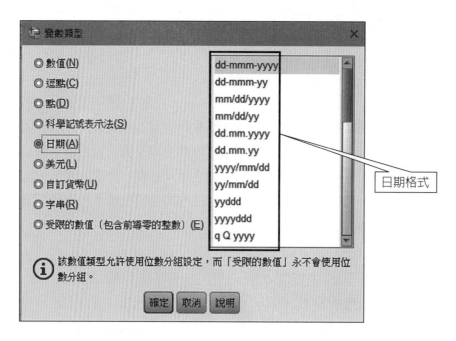

圖1-13　日期型變數的顯示格式

通常日期型變數的值不能直接參與運算。要想讓日期型變數的值能參與運算，必須透過有關的日期時間函數轉換其資料型態後，才可參與運算。

◆ 美元　　　　　　　預設總寬度：8　　　　　　　小數位數：2

定義爲「美元」類型的變數，顯示時會自動在數值前帶上美元符號「$」，並用逗點作三位分隔符號。「美元」變數的實際顯示格式，還可以透過如圖1-14中右邊的清單方塊做進一步的設定。

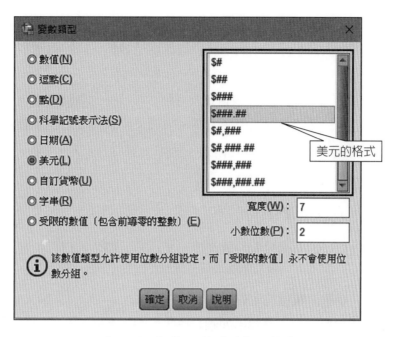

圖1-14　帶「$」符號的數值格式

◆ 自訂貨幣

　　在SPSS中，你可以建立「自訂貨幣」類型。自訂貨幣類型最多不能超過五種。這五種自訂貨幣類型分別被命名為CCA、CCB、CCC、CCD、CCE，讀者不能對這些命名加以修改。只能針對數值型變數建立自訂貨幣類型。在每種自訂貨幣類型中，你可以指定特殊的前綴字元、後綴字元以及用來代表小數點的字元，這些字元不能出現在資料項目中，它們僅僅具有顯示資料格式的作用。

◆ 字串　　　　　　　預設總寬度：8

　　「字串型」變數的值是一串字元。它包含的字元數最多不能超過變數的總寬度。在字串中可以使用的字元不受限制，任何合法字元都可以作為字串中的元素來輸入。

　　可以定義兩種字串型變數：

- 短字串型變數：由八個以下字元組成。
- 長字串型變數：由八個以上字元組成。長字串型變數在使用時受到較多限制，故盡量不要使用。

字串不同於數值型變數，它不能參與數值運算。此外，有一點要注意的是：字串變數能分辨大小寫，大寫字母和小寫字母會被認為是截然不同的兩個字元。

◆ 受限的數值　　　　　　　　預設總寬度：11　　　　　　　小數位數：0

變數的屬性若定義成「受限的數值」時，所顯示的值會以前置零填塞至變數的最大寬度。該值也能夠以科學符號格式輸入。例如：寬度為8時，則數入123時，會顯示「00000123」。

（三）「寬度」、「小數」屬性

「寬度」欄位可指定一個變數的總寬度。「小數」欄位則用以指定一個數值型變數的小數位數。

「寬度」和「小數」欄位的定義方法如下：

在定義變數「類型」時，會彈出如圖1-12所示的對話框，在對話框中輸入寬度和小數位數的值即可。

還可採用第二種方法來定義：

在【變數視圖】頁面中，按「寬度」或「小數」欄的儲存格，以選定該儲存格。此時儲存格中會出現上、下箭頭 8 的圖示，按上、下箭頭即可調整「寬度」或「小數」的值。也可直接在儲存格內輸入數值。

此外，讀者也必須理解，所謂「寬度」的算法，以免設定時產生錯誤訊息，而不知所措。寬度=整數位數+小數位數+1，此處的「1」代表小數的那個「.」。例如：「123.45」這個數值的「寬度」為「6」；而「1234.567」這個數值的「寬度」為「8」。如果你在「寬度」為「5」、「小數」為「2」的變數中輸入了「12345.67」時，那麼就會產生錯誤訊息了，因為「12345.67」這個數值的寬度為「8」，已經大於原本設定的「5」了。

（四）「標籤」屬性

「標籤」屬性可用來對變數名稱進行解釋性的說明。由於「變數名稱」會受到字元數限制，有時不足以充分表達其意義，透過「標籤」屬性可以輸入一段備註性文字，以對變數名稱的意義作進一步的說明。用作「標籤」的字元數，最多可達255個。

為變數建立「標籤」的方法如下：

在【變數視圖】頁面中按「標籤」欄下的儲存格（或移動游標至儲存格），儲存格被選中後，即可在儲存格中直接輸入標籤的內容。如可為變數「gender」建立「標籤」為「性別」。

定義好【標籤】後，切換進入到【資料視圖】頁面，如圖1-15所示。當游標停留在變數「gender」上時，會自動顯示標籤的內容「性別」。

圖1-15　變數標籤的使用

（五）「值」屬性

透過定義變數的「值」屬性，可以對變數的每一個可能取值作進一步的附加說明。原則上任何變數都可以定義「值」，但通常我們只會對類別變數定義其「值」欄位。所謂類別變數是這樣的一類變數：變數的值通常是離散型數值，根據每一個不同取值可以將全部的觀察個案劃分成若干個子集合，更可進一步的對每個子集合同時進行資料分析，然後比較各子集合統計量的關聯性或差異性。因此，類別變數亦可稱作分組變數。例如：圖1-15中的「gender」變數，按照變數「gender」的不同取值可以將全部資料劃分成男、女兩個組別。在此，我們就以變數「gender」為例，介紹定義變數的「值」屬性之方法：

在【變數視圖】頁面中，按變數「gender」後方的「值」欄下方的儲存格，選定好該儲存格後，儲存格內會出現一圖示按鈕，按該圖示按鈕，將彈出如圖1-16所示的對話框。

圖1-16　定義「值標籤」的對話框

對話框中共有三個矩形輸入框，首先在「值」輸入欄中輸入「1」（變數值），然後在「標籤」輸入欄中輸入「女」（變數之值標籤），再按「新增」鈕，一個數值標籤「1="女"」就可加入到下面的「值標籤」清單方塊中了。重複上面的步驟，在「值」輸入欄中輸入「2」，在「標籤」輸入欄中輸入「男」，再按「新增」鈕，就可新增另一個數值標籤「2="男"」，然後按「確定」鈕返回。定義「值」標籤屬性的目的，除了可解決中文於資料輸入時的不便外，也能提高資料或未來輸出報表的可讀性。

定義好變數的「值」標籤屬性後，回到【資料視圖】頁面。我們可以發現，雖然「gender」欄位還是只顯示「1」、「2」的數值。但使用者須理解的是，只要定義好變數的「值」標籤屬性後，SPSS就能理解這些數值所代表的真正意義。例如：工具列上有一個【數值標籤】鈕，只要按該鈕就可以在【資料視圖】頁面顯示出該變數的【數值】標籤設定內容，如圖1-17所示。

圖1-17　變數值與「值」標籤屬性的切換

（六）「遺漏」屬性

在實際的研究工作中，往往會由於某種原因，使個案的資料失真、或沒有測到、或資料內容誤謬。例如：對某少年身高、體重的測量與基本資料的表格分開填寫時，測量了身高、體重，但卻沒有填寫其年齡。其他的資料（除年齡外的其他變數）在某些分析中或許還可以使用。但無論如何，對於這個少年的完整資料記錄而言，年齡即成為遺漏值。此外，另一個少年個案中的身高是2.58公尺，這顯然失真，不能使用。因此，該個案中的身高也應記作遺漏值。透過定義「遺漏值」，可以對這些非法數值加以限制。在資料分析時對遺漏值作特別處理時，絕大部分的情況，都是需要將這些遺漏值排除在資料分析的範圍之外。使用者定義遺漏值的方法如下：

在【變數視圖】頁面中按【遺漏】欄位下的儲存格，選定該儲存格，儲存格內會出現一圖示按鈕 ▦，按該圖示按鈕，即可彈出如圖1-18所示的對話框。

圖1-18 【遺漏值】對話框

使用者定義遺漏值的方式有以下三種：

➤ 【無遺漏值】

這是系統的預設狀態。如果目前變數的值，經測試後發現記錄完全正確，沒有遺漏或資料內容誤謬，則可選擇此項。

➤ 【離散遺漏值】

選擇此項，可在其下面的輸入欄中，可以輸入三個根本不可能出現在變數中的值作為遺漏值。也可以少於三個，但不能多於三個值。在進行統計分析時，若遇到所設定的這幾個值時，則SPSS會自動將該數視為遺漏值處理。通常，這些值會設定為「9」、「99」……。

➤ 【範圍加上一個選用性離散遺漏值】

這種方式所定義的遺漏值，主要係針對連續變數。指定一數值範圍，如果變數的值出現在該範圍內，則當作遺漏值處理。此外，還可以指定一個該範圍永遠也包括不了的值。例如：在輸入變數「身高」的值時，錯誤地輸入了「1.30」、「1.90」、「1.95」、「2.03」等幾個值，這些都可視為遺漏值，那麼就可在【遺漏值】對話框中設定定義遺漏值的方式。如：在「低」後面的輸入欄中輸入「1.90」，在「高」後面的輸入欄中輸入「2.03」，代表只要身高在「1.90」和「2.03」之間就視為遺漏值。另外還須在「離散值」後面的矩形框中輸入「1.30」，代表只要身高是「1.30」就視為是遺漏值。

此外，若不合理值都已能包含在所設定之範圍中的話，那麼「離散值」後面的輸入欄中，就可以不輸入數值。以上三種方式都是針對數值型變數定義遺漏值。對於字串型變數，則不能像連續變數那樣定義一個遺漏值範圍。預設情況下，所有字元，包括空字串和空格，都將被認為是合法的字串型變數值。但是為因應特殊目的，若要將空字串和空格定義為字串型變數的遺漏值時，則只需要在「離散值」下的三個輸入欄中任選其一，然後在其中輸入一個空格即可。

（七）「欄」屬性

「欄」屬性可用以設定變數值，於螢幕「顯示」時所佔用的寬度。變數的「欄」屬性只會影響變數值在【資料視圖】頁面中的顯示效果，對所定義的變數之實際寬度和變數的真正值均無影響。如果指定的顯示寬度小於變數的實際寬度時，則資料在儲存格中無法顯示，此時會以「科學符號」代替原來的資料顯示。

因此在定義變數的「欄」屬性時，應讓其取值大於或等於變數之實際寬度。在【資料視圖】頁面中用滑鼠拖曳變數的欄邊界，也可以改變資料的顯示寬度。

（八）「對齊」屬性

「對齊」屬性僅僅影響變數值（或數值標籤）在【資料視圖】頁面中的「顯示」方式。對數值型變數，系統預設狀態是靠右對齊；而對於字串型變數，系統預設狀態則是靠左對齊。改變「對齊」屬性的方法為：

在【變數視圖】頁面中按「對齊」欄位下的儲存格，選定該儲存格，儲存格中將出現一向下箭頭，按向下箭頭，待出現下拉式清單後，從下拉式清單方塊中選擇一種對齊方式即可。

（九）「測量」屬性

「測量」屬性可以為資料檔中的每個變數的值指定一種測量尺度，這些尺度有：「尺度」（數值型）、「序數」尺度與「名義」尺度。在SPSS中，「序數」和「名義」的數值都將作為類別變數看待。

➢ 「尺度」：「尺度」變數的變數值必須是一個數值，其為區間尺度或比率尺度皆可，在SPSS中區間尺度或比率尺度的數值資料，皆稱為尺度。

➢ 「序數」：「序數」變數之變數值，代表一組彼此之間存在某種內部相關的邏輯範圍（例如：低、中、高；非常贊成、贊成、不贊成、強烈反對）。「序數」尺

度的變數值可以是字串，也可以是一組數碼（例如：1、2、3。1代表低、2代表中、3代表高……）。

➢「名義」：「名義」數值，代表一組彼此沒有內部相關的邏輯範圍（如工作職位、商品種類等）。「名義」尺度的變數值可以是字串，也可以是一組數碼（例如：1代表Male、2代表Female）。

習 題

 **練習 1-1**

SPSS是哪些英文單字的縮寫，這套軟體可以幫你完成哪些工作？

練習 1-2

統計分析軟體除了SPSS 之外，就你所知還有哪些軟體也可拿來輔助進行統計分析工作？它們的功能如何？SPSS的優勢為何？

練習 1-3

於SPSS中，建立一個資料檔時，須考慮哪些事項與進行哪些工作？

練習 1-4

試依表1-5資料，建立一個SPSS 資料檔，並存檔為「兒童.sav」（須為「性別」與「母親教育」等變數設定「值」標籤）。資料中，「性別」變數有兩個取值，分別為男生、女生。而「母親教育」變數則有四個取值，分別為小學、國中、高中與大學。

表1-5　某地4筆新生兒童體檢資料

編號	兒童姓名	性別	母親教育	出生日期	出生體重	出生身高
1	陳東彬	男	小學	1987.06.30	2.8	40.0
2	王冠傑	男	大學	1982.12.15	1.9	44.0
3	林曉娟	女	高中	1993.04.21	3.0	46.21
4	周志豪	男	國中	1991.11.07	3.35	47.12

 練習 1-5

請將下列的Excel檔案（hw1-5.xlsx），轉換成SPSS的「*.sav」檔。

⊞ ex1-5.xls											
	A	B	C	D	E	F	G	H	I	J	K	L
1				興隆企業股份有限公司薪資表								
2	職工代碼	姓名	單位	職等	起聘日期	基本薪資	職務加給	加班費	房屋津貼	健保費	預支費	所得稅
3	A1001	蔡偉容	會計處	1	01-Aug-89	35000	10000	600	1000	449	0	1480
4	A1002	王傳恩	人事室	2	01-Jan-93	30000	5000	0	500	212	2000	1230
5	A1003	林安鴻	生管部	4	06-Feb-88	21000	0	1500	0	449	0	1450
6	A1004	王啟文	會計處	2	05-Mar-80	28000	1500	500	500	840	0	1200
7	A1005	施偉育	包裝部	5	01-Jan-95	19800	0	2500	0	1240	2400	890
8	A1006	程家德	生管部	3	01-May-90	24000	0	2000	400	449	0	990
9	A1007	吳仁德	行銷部	3	15-Jun-89	25000	2500	800	400	212	5000	1100
10	A1008	席家祥	公關組	2	15-Jun-89	30000	2000	0	500	320	0	1250
11	A1009	魏傳芳	包裝部	2	05-Apr-88	21000	1000	400	500	449	4000	1450
12	A1010	蔡揚予	行銷部	2	01-Jun-91	38000	2500	1200	500	320	15000	2000
13	A1011	戴學瑋	行銷部	3	20-Jul-75	32000	1000	0	400	519	0	1980
14	A1012	洪啟光	人事室	2	01-Dec-93	33000	2000	0	500	600	0	2300
15	A1013	吳玉月	經理室	1	06-Mar-92	56000	10000	0	1000	320	4000	3000
16	A1014	林愛珠	資訊室	1	01-Sep-75	45000	7000	3000	1000	1100	0	2800
17	A1015	孔凡任	資訊室	2	01-Sep-76	40000	5000	3000	500	449	3000	2350

圖1-19　興隆企業股份有限公司薪資表

 練習 1-6

附錄二為「遊客體驗、旅遊意象與重遊意願關係之研究」的原始問卷，資料檔「hw1-6.xlsx」為問卷經回收後，所輸入的填答資料。請將資料檔「hw1-6.xlsx」讀入至SPSS中，讀入後，請更改遊客體驗、旅遊意象與重遊意願構面中，各題項的「變數名稱」、「欄位寬度」、「小數位數」等屬性，而對於遊客特性中的各變數，請依各題項的選項值，設定「值」標籤屬性。完成後，請存檔為「遊客體驗_原始資料.sav」。

第 2 章
問卷資料檔的建立

　　回收後的問卷資料，經適當的編碼，並於Excel或SPSS中輸入好資料之後，才能依研究者的研究需求，利用SPSS所提供的各種統計功能，進行統計分析。在本章中，將說明如何將回收的問卷資料，在SPSS中建立、輸入成可用以分析的資料檔。

本章內容包括：

1. 李克特量表簡介。
2. 範例問卷的結構。
3. 製作問卷的編碼格式表。
4. 將Excel資料檔匯入至SPSS。

2-1　李克特量表簡介

　　李克特量表（Likert scale，如圖2-1的第一部分）是由Rensis Likert於1932年所發展出的「一種能反應受訪者（研究對象）心理狀態的量表」。它常被使用於問卷中，而且是目前調查研究（survey research）領域中使用最廣泛的量表。當受訪者於回答李克特量表之題項時，即可具體的反應出受訪者對該題項所陳述之內容的認同程度。

第一部份：品牌忠誠度
※請針對您的服務經驗，回答下列相關問項，請於□中打「✓」，謝謝！

	極不同意	很不同意	不同意	普通	同意	很同意	極為同意
1. 購買85度C的產品對我來說是最好的選擇。	□	□	□	□	□	□	□
2. 我是85度C的忠實顧客。	□	□	□	□	□	□	□
3. 當我有需求時，我會優先選擇85度C。	□	□	□	□	□	□	□
4. 我願意繼續購買85度C的產品。	□	□	□	□	□	□	□
5. 我會向親朋好友推薦85度C的產品。	□	□	□	□	□	□	□

第二部份：基本資料，請於□中打「✓」。

1. 性　別：　□ 男　　　　□ 女
2. 年　齡：　□ 19 歲以下　□ 20~39 歲　　□ 40~59 歲　　□ 60 歲以上
3. 學　歷：　□ 國中及以下　□ 高中(職)　　□ 大學　　　　□ 研究所(含)以上
4. 職　業：　□ 學生　　　□ 軍公教　　　□ 勞工　　　　□ 自由業

圖2-1　李克特量表範例

　　本質上，李克特量表屬於評分加總式量表（summated rating scales）的一種。設計時，須對特定變數內的每一個構面（construct）皆設計數個題項（item），以評量每位受訪者的心理或判斷反應（如：認同程度）。分析時，題項中的每一個回答選項皆須給予一個數值（如表2-1，這是屬於李克特七點量表的計分方式），以代表受訪者對該題項的認同程度（或稱為：對該題項的認知），將每位受訪者在同一個構面的所有題項之得分加總，即是受訪者對該構面的整體認知程度或評量態度。上述中，每一個回答選項所指定的數值，其變數類型屬於區間尺度（interval scale），但實務上多將其視為比率尺度，並加以計算、運用。

表2-1　正向題與反向題給分方法

	極不同意	很不同意	不同意	普通	同意	很同意	極為同意
正向題	1	2	3	4	5	6	7
反向題	7	6	5	4	3	2	1

　　李克特量表之回答選項的數量常介於三至十一個之間，通常以使用五個選項最多（李克特五點量表），七個選項次之（李克特七點量表），九個選項再次之。當量表所設計之回答選項的數量不同時，後續所呈現的統計數值所代表的意義亦會有所不同。其原因在於，回答選項的數量將在誤差與成本之間權衡（trade-off）。當所設計之回答選項的數量越多時，雖受訪者可以越精確的選擇其所相對應的心理感受程度，致使感受程度與評量數值之間的誤差降低；然回答選項數量越多時，回答問題時所考慮的時間即會增加，因此受訪者容易產生疲勞現象。導致在相同的時間內，降低了可作答的題項，且問卷施測的品質、效率亦有可能隨之而降低。此外，在李克特量表中，每一個回答選項所代表的數值，通常也不會揭露在問卷中，以免干擾受訪者回答時的情境，造成閱讀負擔與產生測量誤差。圖2-1的第一部分即屬李克特七點量表，而其中每個題項之各種選項的計分方式，則如表2-1。

2-1-1　建立李克特量表的步驟

　　一般而言，建立李克特量表的步驟，大略如下：

1. 首先，根據研究議題之需要，確認研究議題中所包含的主要構面（態度或心理認知）的種類與數量。接著針對各主要構面，分別建立有關該特定構面之題庫，題

庫中應包含大量且可測量主構面意涵之題項,這些題項的來源最好有所本(即引用過往文獻),然後隨機的排列這些題項。題項必須包含正向題與反向題。若以七點量表而言,同意程度大致上可分為七個等級:1.極不同意、2.很不同意、3.不同意、4.普通、5.同意、6.很同意、7.極為同意(如表2-1)。

2. 邀請一組專家(建議由產、官、學界等三方面專業人士組成),請各專家對各構面態度之題庫中的各題項表達看法。以作為後續題項之遣辭用句斧正、評估適用性之參考,以符合學術性文章對於內容效度或專家效度之要求。

3. 進行問卷預試,有效問卷約50～110份。

4. 進行項目分析(item analysis)(詳細作法如第15章),以評估各題項的適切性。題項的適切與否將依據其是否具有鑑別力和區別力(power of discrimination)判定。鑑別力和區別力較差的項目將予以刪除。

5. 進行信度分析(reliability analysis)以確認量表中各題項的內部一致性。在此過程中,會建議將導致整體量表信度下降之題項予以刪除,以提高整體量表信度。

6. 進行正式問卷施測。一份符合學術嚴謹性要求的研究,其樣本的數量大小常讓研究者困擾。一般而言,可根據抽樣理論來決定樣本數的大小。根據抽樣理論中的中央極限定理和大數法則,樣本數大小(N)可以根據下列的公式計算出來:

$$N = P(1-P)(\frac{Z_{\alpha/2}}{e})^2 \hspace{3cm} (式2-1)$$

式2-1中,N代表樣本數、P為各選項受訪者填答的百分比、$Z_{\alpha/2}$為標準常態機率值、α為顯著水準、e為可容許的抽樣誤差。一般而言,研究者決定樣本數時,通常會假設研究中所要求的信賴水準$(1-\alpha)$是0.95(95%)。採用大樣本時,二項分配或樣本比例之分配近似常態的概念(即大數法則),則在95%的信賴水準($\alpha = 0.05$)時,其所對應的臨界值為1.96($Z_{\alpha/2}$)。

式2-1原本是運用於樣本比例的估計中,P即為樣本比例,而$P(1-P)$所代表的意義即是母體之異質程度(variability)。運用於問卷調查之統計時,因各選項之填答狀況非常難以預估,因此在評估樣本異質性時,可採$P = 0.5$,這是個最保守的策略,因為變異數最大的情況會發生在$P = 0.5$時。此外,在考量問卷施測時之拒簽率、廢卷率,以及其他不可抗拒等因素所導致的誤差,採可容許之抽樣誤差不大於5%(如,$e = 0.05$),在上述的各條件下,根據式2-1所計算出來的有效問卷調查份數為384份。所以「384」個有效樣本數,即成為一般問卷調查時,決定樣本數的一個基準。

另外，樣本數的決定方式，也可依據過往文獻。例如：可依據Roscoe（1975）的研究成果。Roscoe（1975）指出：(1)適合進行研究的樣本數，以三十至五百個樣本數較為恰當；(2)當從事多變量的研究時，樣本數至少須大於所有研究變數之題項總和的10倍或10倍以上為最佳。

2-1-2　問卷與量表的差異

雖然問卷與量表都可被研究者用來協助蒐集資料。就本質而言，問卷與量表也都是一種測量個體之認知和態度的技術。因此，它們的主要功能都在於測量，特別是針對某些主要變數的測量。雖然問卷和量表都可以用來蒐集資料，但兩者基本上還是有一些差異存在的（王俊明，2004）：

（一）量表需要理論的依據，問卷則只要符合研究主題即可

通常量表的編製須根據過往學者所提的理論來決定其編製的架構。例如：若要編製「品牌形象」量表時，可根據Aaker（1996）的相關理論或研究成果來編製。在Aaker（1996）的研究中，將「品牌形象」（主構面）分為「品牌特質」、「品牌價值」與「企業聯想」等三個子構面。因此，量表編製者可依照這三個子構面編成一份有三個分量表的「品牌形象」量表（如附錄七的第一部分）。然而在編製問卷時較簡單，研究者只要先將所研究的主要議題釐清，並將所要瞭解的問題逐一臚列出來，即可依序編排出問卷。

（二）量表的各分量表都要有明確的定義，問卷則無此要求

在編製量表前，研究者也必須為該量表中所欲測量的各變數定義操作型定義（operational definition）。根據變數的操作型定義，研究者即可設計出能測量出該變數之意涵的題項。也就是說，研究者可針對研究變數的操作型定義之意涵，提出一種可以測量、量化、具體、可重複測驗的基本解釋或說明，以便可將抽象的變數概念予以具體化，並據此可製作出量表中欲測量之變數的所屬題項。若所編製的量表包含有若干個分量表時，則各個分量表亦需將其操作型定義界定清楚。根據操作型定義，一方面讓研究者在編題時能切合各個分量表的內涵，另一方面是讓閱讀者能瞭解此量表的各個分量表具有何種意義。

對於操作型定義的實質意涵，或許讀者仍有些模糊，在此舉一個例子來加以說明。在普羅大眾的觀念中，男人的「帥」，通常都是以濃眉、大眼、身高來加以定義。而在某研究中，為了研究議題的需要，研究者將男人的「帥」定義為心寬、善良與愛心。因此，在研究中心寬、善良與愛心就是「帥」的實質意涵。所以，在設計「帥」的量表時，就必須根據心寬、善良與愛心的意涵而去設計出諸多題項，而形成量表。因此，明顯的，濃眉、大眼、身高只是一般性的「帥」的解釋與說明而已，而心寬、善良與愛心就是研究中「帥」的定義，而這定義就是所謂的操作型定義。

（三）量表以各分量表為單位來計分，問卷則是以各題為單位來計次

若量表具有若干個分量表，其計分的方式是以各個分量表為單位。由於量表中各題項中的每一個回答選項通常屬區間尺度。因此，研究者只要將分量表中每一題的分數相加即可。問卷則和量表不同，它是以單題為計算單位，亦即以每一題的各個選項得分來計算其次數。

（四）量表的計算單位是分數，而問卷的計算單位通常是次數

量表可將各題項的分數相加而得到一個分數，故所得的分數為連續變數。而問卷則以各題項的選項計次，其結果是各個選項的次數分配，此乃屬於間斷變數。

2-2 範例問卷的結構

本書中，所使用的範例資料檔，是一份碩士論文的真實資料，該份論文主要在研究【旅遊動機、體驗價值與重遊意願之關係】，完整問卷內容如附錄一。原始問卷包含三個量表，共包含四個主要部分，分別為旅遊動機量表（主構面）、體驗價值量表（主構面）、重遊意願量表（主構面）與基本資料，分別描述如下：

2-2-1 範例問卷的結構

樹狀結構（tree structure）是一種能將特定事務之階層式構造特質，以圖形方式呈現出來的一種方法。其名稱源自於以樹的外觀象徵來表現出特定事務架構之間的層級關係。在圖形的呈現上，它是一個上、下顛倒的樹，其根部在上方，是資料的開頭，而下方的資料則稱為葉子。

問卷的架構若能以樹狀結構圖呈現，將有助於理解問卷設計的邏輯與各主構

面、子構面、題項間的階層關係。本書中，範例問卷包含四個主要部分，分別為「旅遊動機」主構面、「體驗價值」主構面、「重遊意願」主構面與基本資料，如圖2-2。其中，「旅遊動機」主構面又分為兩個子構面，分別為「推動機」子構面（10個題項）、「拉動機」子構面（7個題項）；而「體驗價值」主構面則包含「投資報酬率」子構面（3個題項）、「服務優越性」子構面（3個題項）、「美感」子構面（3個題項）及「趣味性」子構面（4個題項）等四個子構面。「重遊意願」主構面，以單構面之題項衡量，共包含3題問項。基本資料部分，主要的調查內容有性別、婚姻狀況、年齡、目前職業、教育程度、平均月收入、交通工具與旅遊偏好。

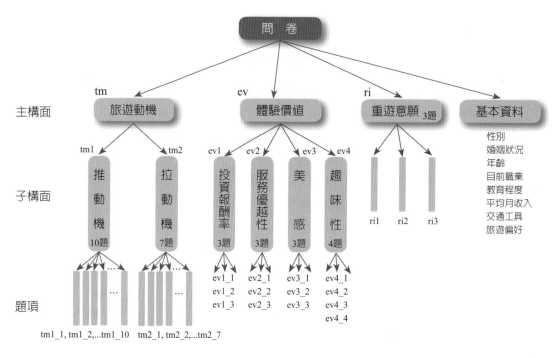

圖2-2　範例問卷的樹狀結構圖

2-2-2　範例問卷的第一部分：旅遊動機

本研究採用多數學者對旅遊動機的觀點，參考Dann（1977）所提出之推─拉（Push─Pull）的動機架構理論，將旅遊動機分為推動機與拉動機兩個子構面，其操作型定義分別如下：

一、推動機：與遊客的欲望相關的內部動機，包含紓解壓力、知識／教育、放鬆、家庭聚會、社交、分享、逃離、回憶、安全／有趣、離開家等面向。

二、拉動機：與旅遊目的地屬性相關的外部動機有關，包含多樣化生態環境、自然資源、知識學習、體驗、好奇心、追求刺激、嘗試新事物。

於量表編製上，主要將參考吳忠宏、黃文雄、李介祿、李雅鳳（2007）對旅遊動機之測量題項，再參酌研究議題之實質內涵，進而對諸多題項之遣辭用句進行小幅度修改，最後形成本研究之旅遊動機的測量題項。旅遊動機量表包含兩個子構面，分別為推動機與拉動機，其中推動機有10題問項、拉動機有7題問項。所有題項皆以李克特七點量表來衡量遊客的旅遊動機，分別以「極不同意」、「很不同意」、「不同意」、「普通」、「同意」、「很同意」與「極為同意」區分為七個等級，並給予1、2、3、4、5、6、7 的分數，如表2-2所示。

表2-2　「旅遊動機」構面之操作型定義與衡量題項

構面	操作型定義	衡量題項（變數名稱）
推動機（tm1）	與遊客的欲望相關的內部動機有關	1. 參與此遊程，可讓我放鬆心情。（tm1_1） 2. 參與此遊程，可幫助我紓解壓力。（tm1_2） 3. 參與此遊程，能讓我遠離擁擠的人群。（tm1_3） 4. 參與此遊程，可增進親子情感。（tm1_4） 5. 參與此遊程，可幫助我認識新朋友。（tm1_5） 6. 參與此遊程，可增加我與朋友相聚的時間。（tm1_6） 7. 我很喜歡參與此遊程。（tm1_7） 8. 我很喜歡與他人分享此遊程的經驗。（tm1_8） 9. 參與此遊程，可獲得美好回憶。（tm1_9） 10. 我常回憶過去參與此遊程的經驗。（tm1_10）
拉動機（tm2）	與旅遊目的地屬性相關的外部動機有關	11. 我喜歡觀賞溼地多樣化的生態環境。（tm2_1） 12. 我喜歡接近大自然。（tm2_2） 13. 我熱衷學習有關溼地的新知識。（tm2_3） 14. 我熱衷於體驗生態旅遊行程。（tm2_4） 15. 參與此遊程，可滿足我的好奇心。（tm2_5） 16. 我喜歡嘗試不同的新事物。（tm2_6） 17. 我喜歡追求刺激。（tm2_7）

2-2-3　範例問卷的第二部分：體驗價值

參考Mathwick et al.（2001）的研究，本研究定義體驗價值的操作型定義為：遊客對溼地生態旅遊的體驗、偏好與感知，在比較得到與付出的差異後，所產生的整體評價。衡量時，主要將參考Mathwick et al.（2001），並以投資報酬率、服務優越

性、美感、趣味性等四個面向來衡量體驗價值。而於題項的編製上，將參考黃映瑀（2005）、林淑卿（2007）之衡量題項，再參酌之研究議題之實質內涵，進而對諸多題項之遣辭用句進行小幅度修改，最後形成本研究之體驗價值的測量題項。因此，本研究中有關體驗價值構面的衡量，將包含四個子構面，分別為投資報酬率（3題）、服務優越性（3題）、美感（3題）、趣味性（4題）。所有題項皆以李克特七點量表來衡量遊客所感知的體驗價值，分別以「極不同意」、「很不同意」、「不同意」、「普通」、「同意」、「很同意」與「極為同意」區分為七個等級，並給予1、2、3、4、5、6、7的分數。而問卷中若有反向題時，尚必須將上列七個尺度衡量依次給予反向7、6、5、4、3、2、1的分數，分數越高表示遊客對該子構面的認知同意程度越高。觀察表2-3，明顯的，衡量問項中，「趣味性」子構面的4個題項皆屬反向題，將來進行統計分析前，資料須先進行反向計分，如表2-3所示。

表2-3　體驗價值構面之操作型定義與衡量題項

構面	操作型定義	衡量題項（變數名稱）
投資報酬率（ev1）	遊客在體驗溼地生態旅遊行程中所產生的價值感。	1. 此遊程相當有效率。（ev1_1） 2. 整體而言，在交通安排上是方便的。（ev1_2） 3. 整體而言，所提供之服務讓我覺得物超所值。（ev1_3）
服務優越性（ev2）	旅遊行程中所提供的專業、優質服務，超越遊客本身的期許。	4. 提供良好的解說服務品質。（ev2_1） 5. 提供的解說服務是專業的。（ev2_2） 6. 解說人員親切有禮且充滿熱情。（ev2_3）
美感（ev3）	遊客直接對溼地生態的視覺、聽覺、味覺、實體感覺、美感特色的體驗及感受的價值。	7. 溼地的整體環境景觀很優美。（ev3_1） 8. 溼地生態環境可以滿足我的好奇感。（ev3_2） 9. 溼地生態環境對我很有吸引力。（ev3_3）
趣味性（ev4）	遊客在旅遊行程中，所感受到的快樂、興奮、娛樂與逃避現實感受等價值，反應遊客內在的快樂。	10. 參與此遊程，並無法讓我暫時忘記煩惱。（ev4_1） 11. 參與此遊程，並無法讓我遠離現實生活。（ev4_2） 12. 參與此遊程，並無法讓我感到快樂。（ev4_3） 13. 我不認為參與此遊程是有趣的。（ev4_4）

2-2-4　範例問卷的第三部分：重遊意願

參考Selens（1993）的研究，本研究定義重遊意願的操作型定義為：遊客對溼地生態旅遊行程所提供的服務感到滿意，進而對該行程產生忠誠度，並願意推薦他人參

與，甚至再度光臨。衡量時，主要參考Selens（1993）衡量遊客忠誠度的方式，作為重遊意願的衡量指標。在本研究中，將以單構面之題項衡量遊客的重遊意願，共包含3題題項，所有題項皆以李克特七點量表來衡量遊客對各題項的認知程度，分別以「極不同意」、「很不同意」、「不同意」、「普通」、「同意」、「很同意」與「極為同意」區分為七個等級，並給予1、2、3、4、5、6、7的分數，如表2-4所示。

表2-4　重遊意願構面之操作型定義與衡量題項

構面	操作型定義	衡量題項（變數名稱）
品牌忠誠度（ri）	遊客對溼地生態旅遊行程所提供的服務感到滿意，進而對該行程產生忠誠度，並願意推薦他人參與，甚至再度光臨。	1. 我未來願意再次重遊。（ri1） 2. 我會向親友推薦本遊程。（ri2） 3. 我會傳遞本行程之正向訊息給其他人。（ri3）

2-2-5　範例問卷的第四部分：基本資料

此部分主要將針對個案的基本資料與旅遊特性進行調查，主要的調查內容有性別、婚姻狀況、年齡、目前職業、教育程度、平均月收入、交通工具（複選題）與旅遊偏好（排序題）。所有題項的衡量尺度皆屬名目尺度。

2-3　製作問卷的編碼格式表

當問卷經調查、蒐集後，必須整理為特定的格式，並進行登錄以供SPSS軟體分析之用。此過程大致可分為四個步驟：

1. 決定格式：由於各種統計分析套裝軟體對於資料格式的要求不盡相同。因此，研究者在整理資料時，須根據所選定的統計分析套裝軟體之資料格式要求，進行編碼與登錄輸入的動作。一般而言，其原則是每個受訪者對各題項的回答應按照順序編碼，且每個受訪者的資料有相同的欄位數（題項數），每一題項皆有相對應的欄位（變數），同一題項應登錄在相同的欄位上。

2. 編碼（coding）：將問卷中每個題項設定一個變數名稱，以及將每個題項之每一個答案選項給予一個對等的代表數字，就稱之為編碼。通常這項工作在製作問卷的內容時，大部分編碼的動作就已經確定了。編碼的過程也常與題項的陳述方法、格式及問卷整體格式等有關。一般而言，研究者會根據圖2-2的樹狀結構圖，來為諸多變數（題項）進行邏輯性、系統性的編碼。

3. 資料登錄輸入：將資料輸入Excel、SPSS等套裝軟體中。

4. 資料檢核：進行統計分析之前，進行檔案的檢查工作，以確保其準確、完整及一致性。

　　為順利完成回收問卷之登錄作業，通常研究者會先為問卷擬定「編碼格式表」，並據以進行欄位（變數）格式之設定與欄位（變數）值的指定，以確保後續之資料登錄輸入作業能具有準確、完整及一致性。通常一份問卷會有一份專屬的編碼格式表（如表2-5），表2-5即為圖2-1之問卷的編碼格式表。編碼格式表一般會有七個欄位，分別為構面名稱、欄位編號、變數名稱、變數標籤、數值、數值標籤與遺漏值。其中，如果構面為多維構面的話，則第一個欄位又可分割為主構面名稱與子構面名稱。

　　編碼格式表如同資料登錄時的作戰計畫，非常有助於資料檔的建立。希望讀者於各式統計分析軟體中，建立問卷資料檔前，都能養成好習慣，先建立如表2-5的編碼格式表，然後再依各欄位（變數）的編碼格式，於各式統計分析軟體中，逐個欄位定義、輸入資料。如此作法亦將能增進建檔的效率與正確性。

表2-5　問卷（圖2-1之問卷）的編碼格式表

構面名稱	欄位編號	變數名稱	變數標籤	數值	數值標籤	遺漏值
品牌忠誠度	1～5	q1～q5	第N題問項	1～7	―	9
基本資料	6	性別	―	1	男	9
				2	女	
	7	年齡	―	1	19歲以下	9
				2	20～39歲	
				3	40～59歲	
				4	60歲以上	
	8	學歷	―	1	國中及以下	9
				2	高中（職）	
				3	大學	
				4	研究所（含）以上	
	9	職業	―	1	學生	9
				2	軍公教	
				3	勞工	
				4	自由業	

▶ 範例2-1

參考附錄一中，論文【旅遊動機、體驗價值與重遊意願關係之研究】的原始問卷。請開啟ex2-1.docx，並為這份問卷建立編碼格式表。

請讀者先行參考第2-2節中，對論文【旅遊動機、體驗價值與重遊意願關係之研究】的原始問卷之介紹。接下來，我們將先為該原始問卷建立編碼格式表。從原始問卷中不難理解，原始問卷共包含四個主要部分，分別為旅遊動機主構面、體驗價值主構面、重遊意願主構面與基本資料。

第一部分：旅遊動機中又包含兩個子構面，分別為推動機（tm1，包含10個題項，tm1_1～tm1_10）、拉動機（tm2，包含7個題項，tm2_1～tm2_7）。

第二部分：體驗價值則包含四個子構面，分別為投資報酬率（ev1，包含3個題項，ev1_1～ev1_3）、優越服務性（ev2，包含3個題項，ev2_1～ev2_3）、美感（ev3，包含3個題項，ev3_1～ev3_3）及趣味性（ev4，包含4個題項，ev4_1～ev4_4，皆為反向題）。

第三部分：重遊意願（ri）為單構面之題項衡量，共包含3題問項，分別為ri1到ri3。

原始問卷中的第一部分、第二部分與第三部分皆採用李克特七點量表，建立資料檔時，為了將來計算與分析方便，這些問項變數的型態應設為數值型的「區間尺度」。

基本資料部分包含性別、婚姻狀況、年齡、目前職業、教育程度、平均月收入、交通工具（複選題）與旅遊偏好（排序題），除第8題旅遊偏好（排序題）須設為「序數尺度」外，其餘題項的衡量尺度皆屬「名義尺度」。由於各題項的選項互異且有其特殊含意，因此須特別注意「數值標籤」（各變數之取值的說明）的設定。

基本資料中，第7題可選用的交通工具為複選題，這個複選題共有四個選項，分別為「自行開車」、「遊覽車」、「機車」與「公共路網」。編碼時，必須將每一個選項設定為一個「名義尺度」的變數，也就是說必須有四個變數來儲存每個選項被回應的情形（如：vhc1～vhc4）。此外，對於複選題的填答結果，於資料值編碼時，也將以名義尺度的「1」（代表勾選）或「0」（代表未勾選）來呈現特定選項是否被勾選。

基本資料中，第8題旅遊偏好為排序題，排序題建檔時，必須將每一個選項設定為一個序數尺度的變數。由於這個排序題共有七個選項，分別為「文化旅遊」、「自

然生態旅遊」、「節慶祭典旅遊」、「美食旅遊」、「山岳旅遊」、「水域活動旅遊」與「自行車旅遊」。因此編碼時，必須有七個變數來儲存每個選項被回應的情形（如：pf_1～pf_7）。此外，對於排序題的填答結果，於編碼時，若某一個選項未被選取，則代表該選項的變數應取值為「0」；當被選取時，那麼其取值就有可能是「1」、「2」或「3」等順序。

操作步驟

為問卷資料建立編碼格式表的詳細步驟如下：

步驟一：請先開啟範例資料夾中的「ex2-1.docx」，「ex2-1.docx」是一張通用的空白編碼格式表，可重複使用於各類研究中。

步驟二：依序完成各變數的格式定義，完成後的編碼格式表，如表2-6。

本範例的詳細操作過程，讀者亦可自行參閱影音檔「ex2-1.mp4」。

◆ 2-4　將Excel資料檔匯入至SPSS ◆

　　編碼格式表就像是建立資料檔時的作戰策略，它有助於資料檔的建立，增進建檔的效率與正確性。在範例2-1中，原始問卷的編碼格式表已製作完成，接著就可於套裝軟體中，為已蒐集回來的問卷資料進行建檔工作。Excel試算表軟體是一套優秀的數值處理軟體，對於需大量的輸入數值時，使用Excel軟體操作起來較SPSS簡便，故建議使用者，對於問卷資料的輸入，最好使用Excel試算表軟體來建檔，而不要直接使用SPSS建檔。

▶ 範例2-2

參考附錄一【旅遊動機、體驗價值與重遊意願關係之研究】的原始問卷與範例2-1所完成的編碼格式表（表2-6）。「ex2-2.xlsx」為該問卷之回收樣本的原始資料檔，試將該Excel檔案讀入SPSS中，完成後請另存新檔為「ex2-2_ans.sav」。

　　由於需要大量的輸入數值資料時，使用Excel軟體操作起來會比SPSS較為簡單與便捷。因此，研究者於蒐集大量的樣本資料後，對於這些原始問卷資料的處理，大部分的研究者都會直接在Excel試算表軟體內做輸入。輸入完成後，再將該Excel資料檔匯入到SPSS中，並轉換為SPSS格式的資料檔案，最後才利用SPSS等專業的統計軟體

進行分析。

　　根據範例2-1所完成的編碼格式表（如表2-6），我們就可先在Excel軟體中，只須為各題項建立欄位名稱（即變數名稱），然後即可直接將所蒐集回來的樣本資料，直接進行輸入工作了。但在Excel軟體中，有關編碼格式表中的「變數標籤」、「數值標籤」與「遺漏值」等欄位，我們並不會先輸入，而是等到於SPSS中匯入Excel檔後，才於【變數視圖】視窗中予以定義。依題意，回收樣本之原始資料已輸入於「ex2-2.xlsx」中，如圖2-3所示。

　　在「ex2-2.xlsx」中可明顯看到，表2-6之編碼格式表的第四欄「欄位（變數）名稱」，未來在Excel工作表中輸入資料時，會被當作成各欄的標題了。這些標題將來匯入SPSS時，會直接轉換為變數名稱。

表2-6　範例問卷之編碼格式表

主構面名稱	子構面名稱	欄位編號	欄位（變數）名稱	變數標籤	數值	數值標籤	遺漏值
旅遊動機	推動機	1～10	tm1_1～tm1_10	無	1～7	無	9
	拉動機	11～17	tm2_1～tm2_7	無			
體驗價值	投資報酬率	18～20	ev1_1～ev1_3	無	1～7	無	9
	服務優越性	21～23	ev2_1～ev2_3	無			
	美感	24～26	ev3_1～ev3_3	無			
	趣味性	27～30	ev4_1～ev4_4	無			
重遊意願	—	31～33	ri1～ri3	無	1～7	無	9
基本資料	性別	34	性別	無	1	女	9
					2	男	
	婚姻	35	婚姻	無	1	未婚	
					2	已婚	
	年齡	36	年齡	無	1	20歲以下	9
					2	21～30歲	
					3	31～40歲	
					4	41～50歲	
					5	51～60歲	
					6	61歲以上	

表2-6　範例問卷之編碼格式表（續）

主構面名稱	子構面名稱	欄位編號	欄位（變數）名稱	變數標籤	數值	數值標籤	遺漏值
基本資料	職業	37	職業	無	1	軍公教	9
					2	服務業	
					3	製造業	
					4	買賣業	
					5	自由業	
					6	家庭主婦	
					7	學生	
					8	其他	
	教育	38	教育	無	1	國小（含）以下	9
					2	國中	
					3	高中（職）	
					4	專科	
					5	大學	
					6	研究所（含）以上	
	月收入	39	月收入	無	1	15,000元以下	9
					2	15,001～30,000元	
					3	30,001～45,000元	
					4	45,001～60,000元	
					5	60,001～75,000元	
					6	75,001～90,000元	
					7	90,001～120,000元	
					8	120,001元以上	

表2-6　範例問卷之編碼格式表（續）

主構面名稱	子構面名稱	欄位編號	欄位（變數）名稱	變數標籤	數值	數值標籤	遺漏值
基本資料	可選用之交通工具	40	vhc1	自行開車	0 or1	0：未勾選	9
		41	vhc2	遊覽車			
		42	vhc3	機車		1：勾選	
		43	vhc4	公共路網			
	旅遊型態偏好	44	pf_1	文化旅遊	0～3	0：不喜好	9
		45	pf_2	自然生態旅遊			
		46	pf_3	節慶祭典旅遊		1：最喜好	
		47	pf_4	美食旅遊		2：次喜好	
		48	pf_5	山岳旅遊			
		49	pf_6	水域活動旅遊		3：第三喜好	
		50	pf_7	自行車旅遊			

	AA	AB	AC	AD	AE	AF	AG	AH	AI	AJ	AK	AL	AM	AN	AO	AP	
1	ev4_1	ev4_2	ev4_3	ev4_4	ri1	ri2	ri3	性別	婚姻	年齡	職業	教育	月收入	vhc1	vhc2	vhc3	v
2	2	2	2	3	6	5	5	1	2	3	4	5	5	0	0	1	
3	3	3	3	4	4	2	3	2	2	2	1	5	3	1	0	1	
4	1	2	1	1	3	3	2	2	2	3	3	5	4	0	1	0	
5	3	2	2	2	5	5	5	1	2	4	4	3	2	0	1	0	
6	2	2	3	4	4	3	4	2	2	5	4	4	1	1	0	1	
7	3	1	1	2	7	7	7	2	1	3	3	5	2	0	1	1	
8	2	1	2	1	4	4	5	1	2	1	1	1	6	0	1	1	
9	5	4	6	5	7	7	6	2	1	3	1	5	5	1	0	1	
10	2	1	1	2	4	5	4	2	2	1	3	3	1	1	1	1	
11	5	5	6	4	5	5	6	2	2	2	7	5	1	0	0	1	
12	2	1	2	1	3	2	3	2	2	4	3	5	2	1	0	0	
13	2	3	1	1	1	1	1	2	1	1	5	4	3	1	0	1	
14	1	1	1	1	3	3	2	2	2	3	6	5	1	0	1	1	
15	3	3	4	3	4	4	4	2	2	5	4	5	3	1	1	0	
16	3	3	3	2	3	3	4	1	2	4	5	5	2	1	1	1	
17	3	4	3	4	6	6	6	2	1	2	2	5	2	0	1	1	

ex2-2

圖2-3　範例問卷之資料檔（ex2-2.xlsx）

(操)(作) 步驟

　　本範例中，雖然已將問卷回收資料輸入Excel資料檔了，但讀者務必要學會自己建立Excel資料檔，建立Excel資料檔的方法，如下：

1. 先將每份問卷予以編號，並用紅色簽字筆寫在問卷第一頁的最頂端。

2. 把問卷中，每一個題項的填答結果，寫在題項編號前。例如：第13題，受訪者勾選「很同意」（七點量表），那麼就在「13」旁用紅色簽字筆寫上「6」。此外，若遇到遺漏值（受訪者沒填答案）時，則依照編碼格式表的設定，用紅色簽字筆寫上「9」，代表遺漏值。

3. 根據編碼格式表的第四個欄位之各變數名稱，然後在Excel資料檔的第一列，由左至右，依序輸入各變數的名稱。以表2-6 範例問卷之編碼格式表為例，就須在Excel資料檔的第一列建立五十個變數名稱。

4. 開始依照問卷編號輸入資料，一份問卷就是一列、就是一個受訪者，由左至右輸入每一題的答案。輸入時最好兩人合作，一個念答案、一個輸入，輸入完請存檔。

　　在已將問卷回收資料輸入Excel資料檔後，我們只須將Excel資料檔讀入SPSS中後，再依照編碼格式表於SPSS的「變數視圖」中，對各變數進行細部設定，這樣就能完成問卷回收資料的建檔工作。往後，研究者就可利用這個SPSS資料檔，進行較專業的統計分析工作。

　　為減少書籍的篇幅，完整的操作步驟將不再以文字呈現。因此，詳細的操作過程，請讀者自行參閱教學影音檔「ex2-2.mp4」。

習　題

練習 2-1

　　附錄二為「遊客體驗、旅遊意象與重遊意願關係之研究」的原始問卷，請開啟 hw2-1.docx，為這份問卷建立編碼格式表。此外，資料檔「hw2-1.xlsx」為問卷經回收後，根據編碼格式表與所輸入的填答資料製作而成，請將資料檔「hw2-1.xlsx」讀入至SPSS中。讀入後，請更改遊客體驗、旅遊意象與重遊意願構面中，各題項的【變數名稱】、【欄位寬度】、【小數位數】等屬性，而對於遊客特性中的各變數，請依各題項的選項值，設定【數值】標籤屬性。完成後，請存檔為「遊客體驗_原始資料.sav」。

第 3 章
資料的編輯和轉換

　　基本上，資料輸入完成後，即可依研究者的需求，利用SPSS所提供的各種統計功能，進行統計分析。但有些時候，研究者為了達到特定目的的研究需求，往往「須先」利用既有的資料，重新分類、計算、反向計分等處理，然後再進行統計分析。上述的這些處理，在SPSS中統稱為資料的編輯與轉換功能。因此，本章內容將包括：

1. 資料常態性的檢測。

2. 離群值檢測。

3. 橫向計算。

4. 反向題重新計分。

5. 資料分組。

6. 計算分組平均數。

3-1　資料常態性的檢測

　　很多「連續性變數」之統計方法的前提假設（assumption）是，所處理的變數（資料）必須要符合常態分配（normal distribution）的特質。故在進行統計分析前，研究者應先檢測樣本資料是否可以符合此前提假設。如果不符合，則不可以使用該統計方法；而應先對該資料進行資料轉換（transformation），使能符合常態分配的特質後，再進行後續的統計分析。

　　大多數人應該都聽過或瞭解「常態分配」的意思。例如：學生考試的結果一般都是中等成績的學生佔多數，而考的很差或很優異的學生只佔少數。這種普遍現象，若將資料的次數分布畫出來，其分布曲線就像是圖3-1。這是個多麼漂亮的曲線啊！然而在數學上，它背後的函數表示方式卻是有點複雜，如式3-1。此外，「常態分配」的現象或概念似乎也常存在於我們的自然環境及人類社會中，對於這種現象，每個人或多或少都能意識到它的存在，但卻也都具有不同的感受。

$$f(x) = \frac{1}{\sigma\sqrt{2\pi}} e^{-\frac{1}{2}(\frac{x-\mu}{\sigma})^2}$$　　　　　　　　　　　　（式3-1）

π：圓周率（3.1416）　　　e：自然對數底（2.7183）

μ：分配平均數　　　　　　σ：分配標準差

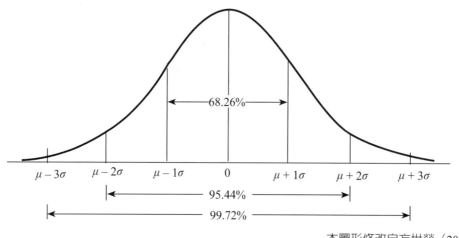

本圖形修改自方世榮（2005）。

圖3-1　常態分配圖

3-1-1　常態資料的分布特性

　　統計學中，所謂分配（distribution）是指某變數其所有取值之出現次數（或頻率）的分布狀況。在平面座標中，常以橫軸爲變數之各取值，縱軸爲次數（或頻率）來呈現分配狀況。常態分配又稱爲高斯分布（Gaussian distribution），它是一種以平均數（mean, μ）爲中心，標準差（standard deviation, σ）爲橫軸座標之基本單位、次數頻率爲縱軸座標，所繪製出的資料分布圖，其形狀爲覆鐘形的對稱圖形（如圖3-1）。常態分配中，資料分布的概況，具有以下的特性：

➢ 橫軸座標介於$\mu \pm 1\sigma$的區間內，將含有全樣本之68.26%的個體。
➢ 橫軸座標介於$\mu \pm 2\sigma$的區間內，將含有全樣本之95.44%的個體。
➢ 橫軸座標介於$\mu \pm 3\sigma$的區間內，將含有全樣本之99.72%的個體。
➢ 95%的個體會落在橫軸座標$\mu \pm 1.96\sigma$的區間內。
➢ 99%的個體會落在橫軸座標$\mu \pm 2.58\sigma$的區間內。

3-1-2　常態圖的外觀特徵

　　常態分配除具有第3-1-1節中所描述的分布特性外，在圖形的外觀上，亦具有下列的基本特徵：

1. 常態分配圖形具有單一主峰（single peak），且左、右對稱。其平均數位置在圖形的正中央，越接近平均數的變數取值其出現的頻率越高，越遠離平均數的變數取

值其出現的頻率越低，且平均數、中位數（median）、眾數（mode）之數值、圖形位置均相同。

2. 當左偏（skew to left）時：圖形尾部拖向左側延伸，存在極小值，其主峰會偏向右邊，此時，眾數＞中位數＞平均數。

3. 當右偏（skew to right）時：圖形尾部拖向右側延伸，含有極大值，其主峰偏向左邊，此時，眾數＜中位數＜平均數。

3-1-3 變數之常態性檢測

常態性（normality），是指樣本觀察值的分配結構要符合常態分配的特性。有很多進階的統計方法（如相關分析、迴歸分析等），都需要符合常態性的前提條件，才能獲得可靠、有效的分析結果。在本小節中，我們將介紹變數之常態性的檢測法。檢測變數分配是否具有常態性的方法，大致上有三種，分別為：

1. 用圖形來觀察資料的常態性。

2. 利用假設檢定來判斷資料的常態性。

3. 運用變數分配的偏態（skewness）和峰度（kurtosis）等統計量。

第1、2種檢測方法可使用【預檢資料】功能達成，但第3種檢測方法則須先應用【敘述統計】功能，求出變數的偏態和峰度，當偏態與峰度之絕對值皆小於2時，則可認定觀察變數具常態性（Bollen and Long, 1993）。偏態與峰度值的計算於本書第8章中再予以介紹，本章將只說明如何運用【預檢資料】功能檢測變數之常態性。

【預檢資料】功能是【敘述統計】功能的各子功能中，功能最為強大的一個。它可對變數進行更為深入、詳盡的特徵分析。主要的應用時機為：欲對資料的基本性質、分配特徵進行初步研究時。在SPSS中，研究者只要執行【預檢資料】功能即可對變數進行初步的檢視。也就是說，【預檢資料】功能可在一般描述性統計指標的基礎上，增加能描述資料其他特徵的文字與圖形，使輸出顯得更加細緻與全面化，而這將有助於研究者思考對資料進行進一步分析的方案。具體上，該功能可以檢查資料是否有錯誤、考察樣本分配特徵，以及對樣本分配之規律性作初步的考察。

樣本分配特徵對統計分析而言，相當重要。許多進階的分析方法對資料的分配都有一定的要求，例如：在某些分析方法中，要求樣本須來自常態母體；對兩組資料平均值的差異性檢定中，則須根據其變異數是否相等而選擇可用的計算公式。另外，研究者總希望能簡單的透過對樣本資料的初步觀察，而盡可能的發現資料內在的一些規

律性，如兩個變數是否具有某種相關性等。此外，在一般情況下，過大或過小的資料可能是異常值或是錯誤資料，對這樣的資料要找出來並加以剔除。因為異常值和錯誤資料往往對分析結果影響很大，導致不能真實掌握資料的母體特徵。

此外，【預檢資料】功能尚能提供在分組或不分組的情況下，常用的統計量與圖形。例如：會以圖形的方式將異常值、非正常值、遺漏值，以及資料本身的特點表示出來。【預檢資料】功能也可以用於找出、確認異常值、遺漏值和進行常態性的假設檢定。本節將討論如何利用【預檢資料】功能，透過各種圖形及基本統計量等，對資料的常態性進行初步的檢測。

▶ 範例3-1　　資料檔ex3-1.sav為附錄一論文【旅遊動機、體驗價值與重遊意願關係之研究】之問卷的原始資料檔，試探討該筆資料是否具有常態性。

本論文主要在探討旅遊動機、體驗價值與重遊意願等三個主構面的關係，故未來進行描述性統計或推論統計等高階統計分析時，主要亦是針對此三個主構面。因此，判斷問卷資料檔（ex3-1.sav）是否具有常態性時，將針對受訪者對旅遊動機、體驗價值與重遊意願等三個主構面之題項的得分狀況而評定。

基於此，研究者須先求算出每一個受訪者對於這三個主構面之各題項的回應總得分（常被稱為「量表總分」），以應用此「量表總分」來代表每位受訪者之綜合性答題狀況。進而只要檢測此「量表總分」的常態性，即可綜合研判樣本資料是否具有常態性了。計算量表總分時，要特別注意題項中是否包含反向題，若存在反向題則須先將反向題重新計分後，才能求算量表總分。反向題重新計分與求算量表總分的方法，將在後續章節中（如第3-4節）陸續介紹。

在問卷資料檔ex3-1.sav中，變數的「量表總分」已計算完成。研究者於開始進行高階的統計分析之前，應先在一般描述性統計指標的基礎上，探索樣本資料是否具有常態性，以初步掌握資料的穩定性，為將來較為高階的統計分析奠定基礎。探索樣本資料是否具有常態性時，可使用SPSS的【預檢資料】功能。

操作 步驟

詳細的操作過程，請讀者自行參閱影音檔「ex3-1.mp4」。

▶ 報表解說

執行【預檢資料】功能後，可發現產生的報表相當長，在此我們將分階段進行說明。

（一）用圖形來觀察資料的常態性

一般來說，可以透過繪製資料的直方圖，來直觀地判斷「樣本資料的分配是否符合常態性」。圖3-2就是原始問卷資料的直方圖。

從圖3-2中可以看到，除了幾個偏離值外，原始問卷資料的直方圖具有近似於常態分配的特性（單峰、中間多、兩側少），這說明了原始問卷資料應具有不錯的常態性（但有點左偏）。由於用以產生圖3-2的資料之樣本數較大（248筆），所以圖形看起來是個還算不錯的單峰圖形。但是如果樣本數不夠大時，那麼直方圖看起來就會比較不像常態分配了，因而也就很難利用這種直方圖來評價資料的常態性了。

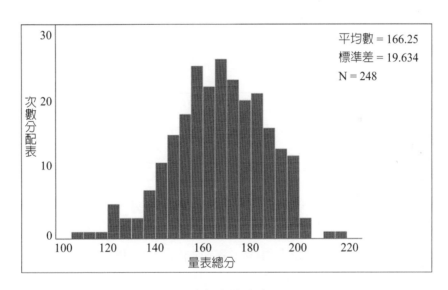

圖3-2　原始問卷資料的直方圖

因此，除了直方圖之外，還有一種圖形也可以用來判斷資料的常態性，那就是Q-Q圖。Q-Q圖在樣本數較小時，比一般的直方圖更容易判斷。使用相同的資料，可以繪製如圖3-3的常態Q-Q圖和圖3-4的除勢常態Q-Q圖（取消趨勢常態Q-Q圖）。

圖3-3為常態Q-Q圖，如果資料呈現常態分配的話，那麼常態Q-Q圖中的資料點應大部分會和代表標準常態分配的對角線重合或於對角線附近上、下分布。由圖3-3可

見，雖然問卷資料分布狀況較為隨機，但資料基本上大都還是在對角線附近上、下分布的，只是有幾個資料較為偏離而已（在圖3-3中被圈起來的部分）。但整體而言，資料並未出現明顯違反常態分配的情況。

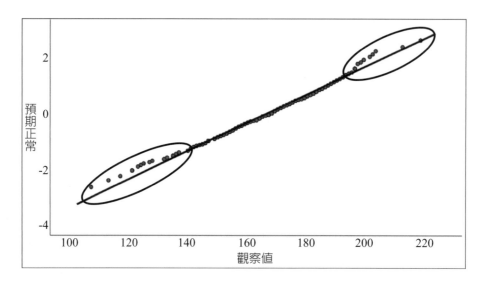

圖3-3　常態Q-Q圖

為了更仔細的觀察，我們也可以看圖3-4的除勢常態Q-Q圖。該圖反映的是，按標準常態分配所計算的理論值與實際資料值之差的分配情況。如果資料服從常態分配，則該差值應會較均勻的分布在Y = 0（與標準常態分配差異為0之意）這條直線的上、下附近。由圖3-4可見，除幾個資料點離理論分配線較遠外，其他點的分布大致上也都沿Y = 0這條基準直線而上、下分布。由此可見，資料應可被認為是服從常態分配的。

在一些較為複雜的統計方法中，資料的常態性假設往往是最基本的要求。因此，資料的常態性在統計分析過程中佔有舉足輕重的地位。雖然從圖形可以直觀的判斷資料是否符合常態分配，但是為求論文的嚴謹性，對於資料常態性的認定，還是透過較具科學性的「Kolmogorov-Smirnov檢定」來檢驗會比較妥當。

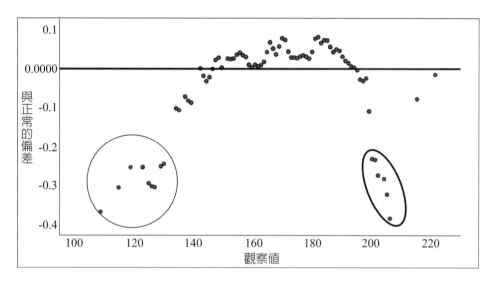

圖3-4　除勢常態Q-Q圖

（二）利用假設檢定來判斷資料的常態性

利用圖形雖然可直觀的協助我們判斷常態性，但是絕對無法取代以精確的數學計算和推理為基礎所發展出來的假設檢定技術。在SPSS中，也可以進行資料的常態性檢定，這個檢定名為Kolmogorov-Smirnov檢定（簡稱K-S檢定）。K-S檢定的虛無假設是：資料符合常態性。如果檢定結果中的顯著性大於0.05，那麼就「不能拒絕」虛無假設，而有理由認為資料的分配是常態的。

從表3-1中可以看到K-S檢定的顯著性是0.2大於0.05，所以不能拒絕虛無假設，亦即沒有足夠的證據顯示可以否定資料分配的常態性。因此，可以認定原始問卷的樣本資料是具有常態性的。

表3-1　K-S常態性檢定

	Kolmogorov-Smirnov			Shapiro-Wilk		
	統計資料	df	顯著性	統計資料	df	顯著性
量表總分	.043	248	.200	.991	248	.152

3-2 離群值檢測

　　離群值的英文為outlier，跟台語的「奧梨ㄚ」，音、義都蠻接近的，都具有偏離常態的味道。離群值包含偏離值與極端值兩種類型，一般是指某一個觀察值與其他觀察值呈現很大的差異。也就是說，離群值會遠大於或遠小於同一筆數據中的其他觀察值。故研究者常因此而會懷疑該觀察值與其他觀察值並不是經由同一機制（或母體）所產生的（Stevens, 1990），這代表著該觀察值的可信度有待驗證。離群值的存在，將會嚴重影響到很多統計分析的估計值。例如：從基本的母體特徵、平均數估計到兩個變數之間的線性相關，甚至統計模型的參數估計值等，都有可能因離群值的存在而產生偏差。如果這些離群值沒有在資料分析的初始階段或過程中被檢驗出來，則後續的分析結果之詮釋將易產生偏誤（譚克平，2008）。

　　過往文獻中已提出多種判斷離群值的方法，在此將只介紹兩種較容易執行且較為常見的方法，即標準化值法（standardized value）與盒形圖法（Box-Whisker Plot，簡稱Box Plot）。

（一）標準化值法

　　如果已能確認某變數資料符合常態分配的話，最常用來檢測離群值的方法就是「標準化值」了。求算標準化值的方法為：先算出每個資料值和平均數間的距離（該距離又稱為離差，deviation），離差再除以該變數的標準差後，所得的數值即為標準化值（又稱Z分數，Z-Score）。根據常態分配的性質，約有99%的資料點會落在平均數的正負3個標準差之內（亦即，Z分數絕對值小於等於3），因此有一些文獻會將Z分數大於3或小於-3的數據視為離群值（例如：Shiffler, 1988; Stevens, 1990）。利用SPSS計算標準化值的方法，將留待第8-3節中，再予詳細說明。

（二）盒形圖法

　　盒形圖是資料的一種圖形展示法，從視覺上即可有效的找出資料的五種統計量，這五種統計量分別是最小值、第一個四分位數（Q1）、中位數、第三個四分位數（Q3）和最大值。因此，盒形圖又稱「五指標摘要圖」（five-number summary plot），如圖3-5。

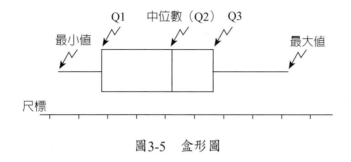

圖3-5　盒形圖

Q1：第一「四分位數」或稱為第25百分位數。
Q2：第二「四分位數」或稱為中位數。
Q3：第三「四分位數」或稱為第75百分位數。

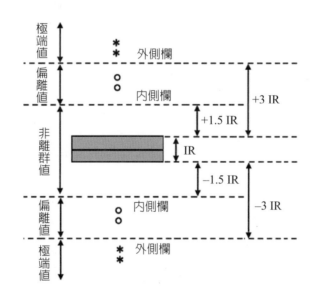

圖3-6　運用盒形圖辨認離群值

　　利用盒形圖辨認離群值是種相當簡便的方法。為了方便說明，假設盒形圖是以垂直的方式呈現，如圖3-6所示。盒形圖中盒子內的水平線，代表變數資料的中位數，盒子上下兩端的水平線分別稱為上樞紐（upper hinge）及下樞紐（lower hinge），上樞紐代表該變數的第75百分位數（Q3），下樞紐則為第25百分位數（Q1）。這兩個樞紐的值，一般視為是該變數的第75及第25百分位數。上、下樞紐之間的距離稱為四分位距（interquartile range, IR），它代表盒形圖中盒子的高度。此外，內側欄（inner fence）是指離開上及下樞紐以外1.5個四分位距的距離（記為1.5×(Q3 – Q1)或1.5×IR），外側欄（outer fence）是指離開上及下樞紐以外3個四分位距的距離

（記爲3×(Q3 – Q1)或3×IR）。偵測離群值時，方法如下：

1. 偏離值：落於內、外側欄之間的觀察值（1.5×IR至3×IR之間），即稱爲偏離值。它屬於離群值的一種類型。在SPSS的輸出報表中，會以「o」標示出來。

2. 極端值：落於外側欄外的觀察值（大於3×IR），即稱爲極端值。它亦屬於離群值的一種類型。在SPSS的輸出報表中，會以「*」標示出來。

▶ 範例3-2　　資料檔ex3-2.sav爲附錄一論文【旅遊動機、體驗價值與重遊意願關係之研究】之問卷的原始資料檔，試探討該筆資料是否具有偏離値或極端値，若有，請刪除之。

在這個範例中，主要將練習製作盒形圖，並據以辨識出偏離值或極端值。如同範例3-1，主要的研究變數是「量表總分」，且已計算完成。其操作步驟和範例3-1相似。

(操)(作) 步驟

詳細的操作過程，請讀者自行參閱影音檔「ex3-2.mp4」。

▶ 報表解說

首先，可看到如表3-2的【觀察值處理摘要】報表，該報表中列出了樣本資料的基本情況，包括總個案數、有效個案數和遺漏值的數量。由表3-2可知，總個案數有248個受訪者，並沒有具遺漏值的受訪者。

表3-2　【觀察值處理摘要】報表

	觀察值（S）					
	有效		遺漏		總計（T）	
	數目（C）	百分比	數目（C）	百分比	數目（C）	百分比
量表總分	248	100.%	0	0.0%	248	100.0%

表3-3是變數「量表總分」的【敘述統計】報表，這個報表中列出了變數「量表總分」的各種描述性基本統計量。

表3-3　【敘述統計】報表

			統計資料	標準錯誤
量表總分	平均值		166.25	1.247
	平均值的95%信賴區間	下限	163.80	
		上限	168.71	
	5%修整的平均值		166.77	
	中位數（I）		168.00	
	變異（V）		385.486	
	標準偏差		19.634	
	最小值（U）		107	
	最大值（X）		218	
	範圍（A）		111	
	內四分位距		27	
	偏態（W）		-.308	.155
	峰態（K）		-.046	.308

註：平均值，又稱平均數。SPSS跑出圖表顯示「平均值」。本書內文兩詞皆會使用。

　　表3-4則為【極端值】報表，報表中顯示了「量表總分」的資料值分配，最高（大）和最低（小）值各取五個。雖然SPSS將這10個觀察值列入【極端值】報表中，但並不代表他們確定為偏離值或極端值，最終仍須運用盒形圖加以辨識較為精確。例如：以數值的第一列來看，「量表總分」的最高（大）值為218分（其所屬的個案編號為資料檔中第「113」個個案），雖然目前已被列為極端值，然而從後續的盒形圖辨識過程中，可確認其既非偏離值，也非極端值。

表3-4　【極端值】報表

量表總分			觀察值數目	值
量表總分	最高	1	113	218
		2	73	212
		3	105	203
		4	71	202
		5	44	201
	最低	1	12	107
		2	100	113
		3	225	117
		4	123	121
		5	79	121

圖3-7即為變數「量表總分」的盒形圖。觀察「量表總分」的資料值分布，共有2個偏離值（以「o」標示），其個案編號分別為編號第12號與第100號。此外，並沒有極端值（*號）存在。對於這些偏離值（編號為第12號與第100號的個案），建議研究者可以考慮從資料檔中予以刪除，以避免日後分析上產生偏誤。

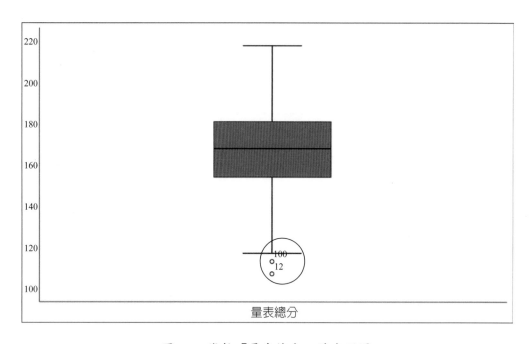

圖3-7　變數「量表總分」的盒形圖

3-3　橫向計算

在資料分析的過程中，為了達到特定的研究目的，研究者往往須利用既有的原始變數（或資料）來產生新的變數（或資料）。這時就須對原始變數（或資料）進行轉換或計算的工作了。所謂變數（或資料）的轉換或計算，就是利用已輸入完成的原始資料檔，透過某種轉換或計算公式來產生新的變數（或資料），以便能為特定的統計分析目的提供格式完備的研究資料。

在很多情況下，研究者是無法直接用原始資料進行分析的；而須對原始資料進行進一步的整理。這時就需要用到SPSS資料轉換或計算的一些方法了。熟練掌握並應用這些方法，可以在資料處理過程中達到事半功倍的效果，尤其是可以省去大量手工計算的時間與精力。

在SPSS中，所有的分析與計算，其預設的計算方式都是縱向計算的（如圖3-8）。換言之，SPSS預設的計算功能（如求平均數、標準差等），都是針對特定變數在所有的個案中進行計算的。比如說，利用【敘述統計】功能，要求算「ev1_1」這個變數的平均數。此時，SPSS它是針對檔案中的所有個案數，於「1.此遊程相當有效率。（ev1_1）」這個題項的答題得分進行平均而計算的。所以，計算結果應為(3 + 4 + 5 + 7 + 4)/5 = 4.60。明顯的，它的計算方式是縱向的（直行的計算）。因此，縱向計算的特徵就是針對特定變數，於所有個案間進行計算。從SPSS的【資料檢視】視窗來看，它的計算方向是屬於「縱向」進行的。這個縱向的計算方向，也是SPSS所有的計算功能所預設的方向。

然而，這種縱向的計算方向，有時並不符合研究者實際的計算需求。例如：在圖3-8中，假設「體驗價值」包含3個題項，分別為ev1_1、ev1_2與ev1_3。現在研究者想比較五個個案，其體驗價值的差異。此時，就會產生一個問題。由於「體驗價值」共包含3個題項，故若針對這3個題項逐題比較的話，不僅費時而且繁雜。試想，若能將每個受訪者（個案）的這3個題項得分先予平均（代表每一個個案之「體驗價值」的平均得分）後再比較，那麼分析工作將變得很簡單。也就是，先求得圖3-8的最後一欄（個案平均得分），再來比較，將簡單化比較的過程。而這求取每一個個案之「體驗價值」的平均得分（ev1_1、ev1_2與ev1_3等三個變數的平均）的過程，從SPSS的【資料檢視】視窗來看，它的計算方向即是屬於橫向進行的（如圖3-8）。因此，橫向計算的特徵就是針對某特定個案，於諸多變數間進行計算。而這橫向計算的方式，在SPSS中必須透過【計算變數】功能且由使用者自行定義計算公式來達成。

縱向計算：針對變數進行計算

個案編號	ev1_1	ev1_2	ev1_3	個案平均得分
1	3	2	5	3.33
2	4	5	4	4.33
3	5	6	7	6.00
4	7	3	3	4.33
5	4	5	2	3.67
變數平均得分	4.60	4.20	4.20	

橫向計算：針對個案進行

圖3-8　縱向計算與橫向計算示意圖

▶ 範例3-3

在附錄一【旅遊動機、體驗價值與重遊意願關係之研究】的問卷中，「旅遊動機」這個變數中包含了兩個子構面，分別為：推動機（10個題項）與拉動機（7個題項）。請開啟該問卷的資料檔「ex3-3.sav」，試計算每一個個案之推動機（tm1）、拉動機（tm2）與整體旅遊動機（17個題項）（tm）的平均得分。計算完成後，請另存新檔為「ex3-3-ans.sav」。

在此，我們將練習【計算變數】功能的操作。【旅遊動機、體驗價值與重遊意願關係之研究】之原始問卷中，「旅遊動機」這個變數，包含「推動機」與「拉動機」等兩個子構面。測量時，「推動機」子構面有10題問項（tm1_1～tm1_10）、「拉動機」子構面有7題問項（tm2_1～tm2_7）。因此，整體「旅遊動機」即包含17個題項（tm1_1～tm2_7）。

依題意，我們將計算出每一個個案（受訪者）於「推動機」（tm1）、「拉動機」（tm2）與整體「旅遊動機」（tm）等三個變數的平均得分，並將這些計算出來的新資料，以新的變數（如：tm1、tm2與tm）來儲存。由於計算「推動機」、「拉動機」與整體「旅遊動機」等變數之個案平均得分的操作過程均類似。故在此將只示範「推動機」子構面之個案平均得分（新變數名稱取為tm1）的操作過程。

由於「推動機」子構面由tm1_1、tm1_2、……、tm1_10等10個題項所衡量，故「推動機」子構面之個案平均得分的計算方式如下：

tm1 = (tm1_1 + tm1_2 + ... + tm1_10)/10

或tm1 = sum(tm 1_1 to tm 1_10)/10

依此計算方式，研究者可在SPSS之「計算變數」視窗的【數值表示式】輸入框中，輸入運算式「(tm1_1 + tm1_2 + ... + tm1_10)/10」或「sum(tm 1_1 to tm 1_10)/10」。

研究者要計算累加的變數時，若其變數名稱之編碼方式，具有連續性的特質時，即可使用「sum」函數來進行加法運算，其方法是：

sum（第一個變數名 to 最後一個變數名）。

(操)(作) 步驟

詳細的操作過程，請讀者自行參閱影音檔「ex3-3.mp4」。執行後結果如圖3-9所示。

▶ 執行結果

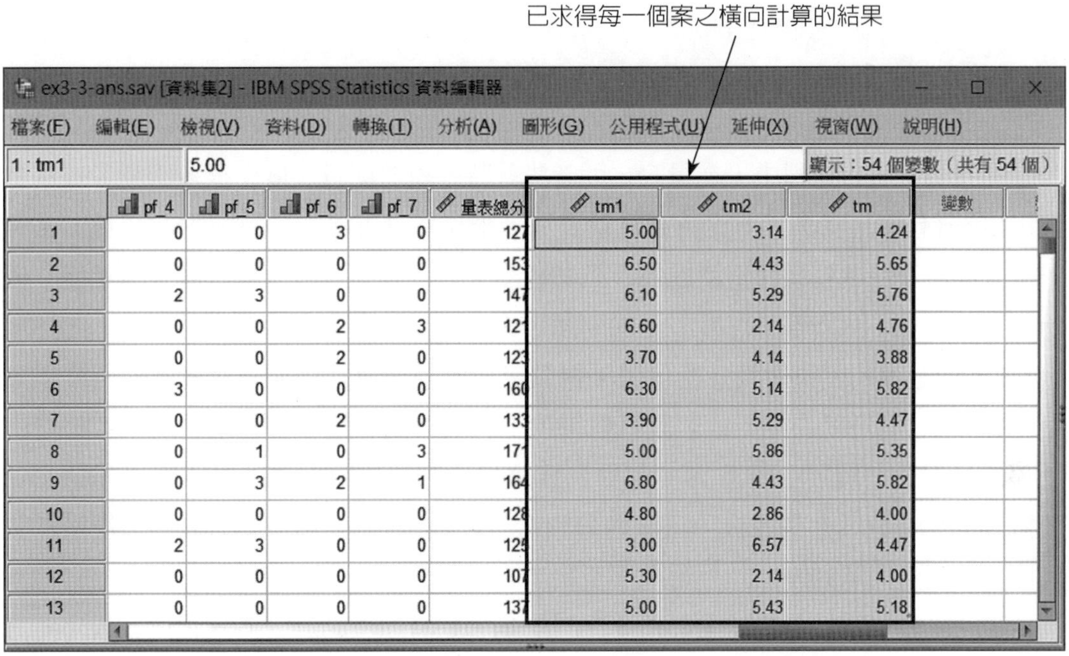

已求得每一個案之橫向計算的結果

圖3-9　計算變數之執行結果

3-4　反向題重新計分

一般而言，研究者所設計出的問卷中，通常都會包含正向題與反向題。正向題是指正面敘述的句子，如「我認為參與休閒活動有助於健康」；而反向題則指帶有否定敘述意味的句子，如「我不認為參與休閒活動有助於健康」。反向題為問卷設計時的常用技術，其目的是為了避免受訪者於填寫問卷時草率作答，一般研究者常會在所設計的問卷中安插幾題反向題，藉以偵測受訪者是否符合專心作答的狀態。例如：範例論文【旅遊動機、體驗價值與重遊意願關係之研究】的原始問卷中，第二部分「體驗價值」構面的第10至13題，即被設計成反向題。如下：

10.參與此遊程，並無法讓我暫時忘記煩惱。（ev4_1）

11.參與此遊程，並無法讓我遠離現實生活。（ev4_2）

12.參與此遊程，並無法讓我感到快樂。（ev4_3）

13.我不認為參與此遊程是有趣的。（ev4_4）

　　問卷調查分析過程中，在量表、問卷設計時，對於衡量尺度，很多研究者經常會使用Likert七等尺度法（李克特七點量表）。李克特量表具有任意原點的特質，主要可用來衡量受訪者對某特定議題的「認知程度」，舉凡同意度、偏好度、滿意度、理想度、重要性、意向等「程度」上的問題，大多可以使用李克特量表呈現之。此外，根據Likert七等尺度法所設計的量表，編製上較容易，並且也能兼顧良好的信度與效度。Likert七等尺度法中，會假設每個選項上皆具有同等量值，但不同受訪者對同一選項的反應則有程度上的差異。在量表計分時，每個題項的選項由「極不同意」到「極為同意」分為七個等級，正向題分別給予1、2、3、4、5、6、7分（可視為區間尺度），而反向題的題項計分時，便要給予7、6、5、4、3、2、1分。

　　研究者進行統計分析前，必須要注意的是，要將題項的計分方式化為一致（同方向）。因此，以正向題為基準的話，須將反向題反轉重新計分，否則其與正向題的分數會互相抵消。但若量表中沒有反向題時，則此操作可予以省略。

　　在範例論文【旅遊動機、體驗價值與重遊意願關係之研究】的原始問卷中，第二部分「體驗價值」構面使用了13個題項加以衡量，其中有9題正向題、4題反向題（第10至13題）。對正向題而言，受訪者對題項答題的分數越高，表示受訪者對該題項的認同程度也越高。然而，對於反向題而言，如果受訪者勾選「極不同意」（原始計分編碼數值為1，分數得分最低）時，則將代表著其所知覺的認同度應該越高（分數得分最高，為7分）。顯而易見，正、反向題對於認同度的計分方式正好相反。在這樣的情形下，為達計分方向的一致性，研究者通常須將反向題的分數予以反轉，即將原本得分為1分者轉為7分、原本得分為2分者轉為6分、原本得分為3分者轉為5分、原本得分為5分者轉為3分、原本得分為6分者轉為2分、原本得分為7分者轉為1分後，再正式進行統計分析。

　　上述的反向題重新計分後，也須使用變數加以儲存。但由於我們不想讓原始檔案的規模，因為要儲存反向題重新計分後的結果而增加一個新變數。因此，在SPSS中，我們將使用【重新編碼成相同的變數】的功能來完成。運用此功能時，會在原變數中，用新的數據覆蓋掉原有的數據。

範例3-4

資料檔ex3-4.sav為附錄一論文【旅遊動機、體驗價值與重遊意願關係之研究】之問卷的原始資料檔,問卷第二部分「體驗價值」構面的第10、11、12與13題為反向題,試予以反向重新計分,並計算量表總分。計算完成後,請另存新檔為「ex3-4-ans.sav」。

在本範例中,由於附錄一論文【旅遊動機、體驗價值與重遊意願關係之研究】之原始問卷的第二部分「體驗價值」構面的第10、11、12與13題(ev4_1、ev4_2、ev4_3與ev4_4)為反向題,為求計分的一致性,因此須予以反向重新計分,以利後續研究分析工作之進行。此外,為避免資料檔的複雜化,當資料進行重新計分後,所產生的新值,我們希望它能儲存在原來所屬的變數中,此時,就須用到SPSS的【重新編碼成相同的變數】功能了。計算完成後,可發現原始資料檔中,ev4_1、ev4_2、ev4_3與ev4_4等變數值反轉了。此外,資料檔中也將多出一個新的變數名稱「量表總分」,此變數即代表旅遊動機(17題)、體驗價值(13題)與重遊意願(3題)等主構面之各題項(共33題)的加總得分,如圖3-10。

操作步驟

詳細的操作過程,請讀者自行參閱影音檔「ex3-4.mp4」。執行反向題重新計分後,結果如圖3-10所示。

▶ 執行結果

ev4_1	ev4_2	ev4_3	ev4_4
6	6	6	5
5	5	5	4
7	6	7	7
5	6	6	6
6	6	5	5
5	7	7	6
6	7	6	7
3	4	2	3
6	7	7	6
3	3	2	4
6	7	6	7
6	5	7	7

反向重新計分 →

ev4_1	ev4_2	ev4_3	ev4_4
2	2	2	3
3	3	3	4
1	2	1	1
3	2	2	2
2	2	3	3
3	1	1	2
2	1	2	1
5	4	6	5
2	1	1	2
5	5	6	4
2	1	2	1
2	3	1	1

圖3-10　反向題重新計分之執行結果

◆◆ 3-5 資料分組 ◆◆

在SPSS中，除了可以將重新編碼後的結果存入原有變數（新資料覆蓋舊資料）外，也可將其結果存入不同的變數中。例如：當研究者發現，現有的原始資料之變數型態並不符合其研究需求，但若將資料型態進行轉換後，就可達成目的。此時，在原始資料轉換為新資料型態的過程中，若研究者想保持原始資料之完整性，就可以思考運用將轉換結果儲存在另一個新變數中的技術了。而這個技術在SPSS中，就稱為【重新編碼成不同變數】功能。也就是說，使用【重新編碼成不同變數】功能，除了可保留原有的變數資料型態外，又可以產生另一個新變數來存放轉換後的結果。

在本節中，將透過兩個範例來說明，對原始資料重新編碼後，而將重新編碼的結果存入不同變數的強大功能，這個功能在未來進行統計分析的過程中常常會被使用到，希望讀者能多加練習。

▶ 範例3-5

> 資料檔ex3-5.sav為附錄一論文【旅遊動機、體驗價值與重遊意願關係之研究】之問卷的原始資料檔。由於研究的需求，有必要將受訪者的年齡重新分組。因此，須將「年齡」變數依下列規則，重新編碼成新變數「年齡層」，以對受訪者依「年齡層」重新分組。
>
> 　　30歲以下：改稱為青年，其數值代碼為1。
>
> 　　31～50歲：改稱為壯年，其數值代碼為2。
>
> 　　51歲以上：改稱為老年，其數值代碼為3。
>
> 試依題意對原始資料檔，進行重新分組工作，轉換完成後，請另存新檔為「ex3-5-ans.sav」。

論文【旅遊動機、體驗價值與重遊意願關係之研究】的原始問卷中，有關年齡的問項如下：

3. 年齡：	□ 20歲以下	□ 21～30歲	□ 31～40歲	□ 41～50歲
	□ 51～60歲	□ 61歲以上		

由「年齡」題項之選項中，不難理解，受訪者將被「年齡」變數分成六組。且受訪者於填答問卷的過程中，若勾選20歲以下時，則研究者編碼時將編碼為「1」，歸

類為第一組；若勾選21～30歲時，則研究者編碼時將編碼為「2」，歸類為第二組；依序類推。

　　如題意，由於研究的需要，研究者打算將受訪者的年齡階層改分為三個層次（三組）即可，以避免後續的檢定分析太過於複雜（組別太多）。因此，研究者訂定了將受訪者的年齡層次重新分組的規則。這些規則如範例3-5之內容，當受訪者的年齡在「30歲以下」時，這些受訪者將被重新定義成「青年」組，這個規則在SPSS中的意義即是，原本答題為「1」或「2」的受訪者（年齡變數的值為1或2），將被重新編碼為「1」，並儲存在新變數【年齡層】中，且將被歸類為「青年」組。原本答題為「3」或「4」的受訪者（年齡變數的值為3或4），將被重新編碼為「2」，並儲存在新變數【年齡層】中，且將被歸類為「壯年」組。原本答題為「5」或「6」的受訪者（年齡變數的值為5或6），將被重新編碼為「3」，並儲存在新變數【年齡層】中，且將被歸類為「老年」組（如圖3-11）。這些舊值與新值的轉換，由於會產生新的變數，因此我們將會利用到【重新編碼成不同變數】的功能，來進行操作。轉換完成後，結果如圖3-12。

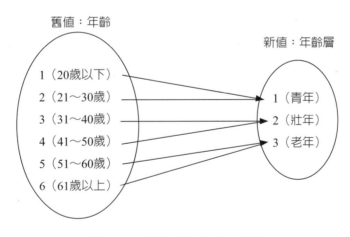

圖3-11　資料重新編碼示意圖

操作 步驟

　　詳細的操作過程，請讀者自行參閱影音檔「ex3-5.mp4」。重新分組完成後，結果如圖3-12所示。

▶ **執行結果**

性別	婚姻	年齡	年齡層	職業	教育	月收入
1	2	3	2	4	5	5
2	2	2	1	1	5	3
2	2	3	2	3	5	4
1	2	4	2	4	3	2
2	2	5	3	4	4	2
2	1	3	2	3	5	2
1	2	2	1	1	1	6
2	1	3	2	1	5	5
2	2	1	1	3	3	3
2	2	2	1	7	5	1
2	2	4	2	3	5	2
2	1	1	1	5	4	3
2	2	3	2	6	5	1
2	2	5	3	4	5	3
1	2	5	3	3	5	2
2	1	1	1	2	5	2
1	2	4	2	6	4	1

圖3-12　重新分組完成

▶ **範例3-6**

> 資料檔ex3-6.sav為附錄一論文【旅遊動機、體驗價值與重遊意願關係之研究】之問卷的原始資料檔。試依據每個個案之【量表總分】，並依下列規則，建立一個新變數「組別」。
>
> 量表總分小於第25百分位數者：改稱為低分組，其數值代碼為1。 量表總分大於第75百分位數者：改稱為高分組，其數值代碼為2。
>
> 轉換完成後，請另存新檔為「ex3-6-ans.sav」。

　　論文【旅遊動機、體驗價值與重遊意願關係之研究】的原始問卷中，扣除掉「第四部分：基本資料」的題項後，剩餘題項為可用以衡量「旅遊動機」（17題）、「體驗價值」（13題）與「重遊意願」（3題）等三個構面的題項，共33題。現針對每個個案所填答的這33個題項之得分進行加總，加總後的結果將存入變數「量表總分」中。此加總過程，已計算完成，並已儲存在ex3-6.sav中了（量表總分欄位）。當然，對於量表總分的計算，讀者亦可自行應用【轉換】／【計算變數】功能，自行練習看看（可參考範例3-4）。

依題意，我們需要根據變數「量表總分」的第25百分位數與第75百分位數，將所有個案依題目所設定的規則而分組，亦即將變數「量表總分」重新編碼成不同的變數，新變數名稱為「組別」，最後再設定「組別」變數的【值標籤】為「低分組」與「高分組」。須注意的是，本題於重新編碼成不同變數時，和範例3-5最大的差異在於【舊值與新值】子對話框的設定，由於本題不再是原始得分之數值的轉換，而是數值範圍的轉換，因此於【舊值與新值】子對話框中，我們將設定該對話框中左側【舊值】方框中的【範圍】選項。轉換完成後，結果如圖3-13。

操作 步驟

詳細的操作過程，請讀者自行參閱影音檔「ex3-6.mp4」。重新分組完成後，結果如圖3-13所示。

▶ 執行結果

	職業	教育	月收入	量表總分	組別
58	學生	大學	15,000 …	175	.
59	製造業	高中(職)	30,001~…	183	高分組
60	服務業	國中	45,001~…	184	高分組
61	學生	專科	15,001~…	192	高分組
62	軍公教	大學	15,001~…	164	.
63	軍公教	高中(職)	30,001~…	163	.
64	服務業	高中(職)	15,001~…	141	低分組
65	軍公教	大學	30,001~…	196	高分組
66	自由業	高中(職)	45,001~…	198	高分組
67	製造業	國中	30,001~…	170	.
68	製造業	專科	30,001~…	146	低分組
69	軍公教	高中(職)	45,001~…	195	高分組
70	買賣業	大學	45,001~…	191	高分組
71	製造業	大學	90,001~…	202	高分組

圖3-13　分組完成

3-6　計算分組平均數

　　在SPSS中，欲計算分組平均數時，最常使用的功能為【觀察值摘要】功能。【觀察值摘要】可以用來計算指定變數的分組統計量。其中，分組變數可以是一個，也可以有多個。如果是多個的話，則將在所有水準（分組變數的取值）間進行交叉組合計算。在每個組別中，變數的值也可以選擇要顯示或不顯示。而對大資料集而言，也可以僅列出排序較前面的幾個觀察值。

▶ 範例3-7

　　資料檔ex3-7.sav為附錄一論文【旅遊動機、體驗價值與重遊意願關係之研究】之問卷的原始資料檔。試依範例3-5中「年齡層」的分組方式，計算各分組中旅遊動機構面（tm）、體驗價值（ev）與重遊意願（ri）之整體認知狀況的平均數與標準差，並填製表3-5（ex3-7.docx）。

表3-5　青、壯、老年於各主構面之平均數與標準差

	旅遊動機（17題）		體驗價值（13題）		重遊意願（3題）	
	平均數	標準差	平均數	標準差	平均數	標準差
青年						
壯年						
老年						

操作 步驟

　　詳細的操作過程，請讀者自行參閱影音檔「ex3-7.mp4」。重新分組完成後，結果如圖3-13所示。

▶ 報表解說

　　【觀察值摘要】分析的輸出結果如下：

表3-6　觀察值摘要（各年齡層的受訪者對各主構面之整體認知狀況）

年齡層		tm	ev	ri
青年	平均數	5.322	4.714	5.070
	標準差	.926	.838	1.546
壯年	平均數	5.312	4.693	5.022
	標準差	.776	.773	1.484
老年	平均數	5.141	4.864	4.596
	標準差	.875	.753	1.421
總和	平均數	5.289	4.725	4.972
	標準差	.839	.789	1.496

　　表3-6的【觀察值摘要】表中，列出了各年齡層的受訪者對旅遊動機、體驗價值與重遊意願之整體認知狀況。所謂構面之整體認知狀況就是指各主構面內所有題項得分之平均數。在【觀察值摘要】表中，首先會列出各種不同年齡層的旅遊動機、體驗價值與重遊意願的平均數與標準差，然後再列出年齡層的彙總情況。從表3-6中可發現：旅遊動機的整體認知中，年齡層為「青年」的受訪者的旅遊動機最高；在體驗價值的整體認知方面，則以「老年」的受訪者所體驗的價值最高；而於重遊意願的整體認知方面，則是以「青年」的受訪者之重遊意願最高。

　　雖然，從表3-6的分析數據中，可大略看出各分組於各構面的認知有所差異。然研究者不能因表面的數據差異，而據以認定該差異是確實存在的。畢竟抽樣往往是具有誤差的，這些差異或許是因誤差引起的也說不定。如果要確認各分組是否真的有差異時，最好還是從科學的角度加以檢驗較為保險，此科學技術即是日後我們將學習的「假設檢定」。

習　題

練習 3-1

附錄二為論文「遊客體驗、旅遊意象與重遊意願關係之研究」的原始問卷，該問卷的原始資料檔為「hw3-1.sav」，試求算下列問題：

(1)試算出每位受訪者於遊客體驗構面的平均得分與感官體驗、情感體驗、思考體驗、行動體驗及關聯體驗等五個子構面的平均得分，新變數的名稱請依序分別設定為「exp_avg」、「exp1_avg」、「exp2_avg」、「exp3_avg」、「exp4_avg」與「exp5_avg」。

(2)試算出每位受訪者於旅遊意象構面的平均得分與產品意象、品質意象、服務意象及價格意象等四個子構面的平均得分，新變數的名稱請依序分別設定為「im_avg」、「im1_avg」、「im 2_avg」、「im 3_avg」與「im 4_avg」。

(3)試算出每位受訪者於重遊意願構面的平均得分，新變數的名稱請設定為「rv_avg」。

(4)計算完成後，請另存新檔為「hw3-1-ans.sav」。

練習 3-2

參考附錄二中，論文「遊客體驗、旅遊意象與重遊意願關係之研究」的原始問卷，並開啟「hw3-2.sav」，由於研究的需要，須將「年齡」欄位依下列規則，重新編碼成新變數「年齡層」。計算完成後，請另存新檔為「hw3-2-ans.sav」，並計算各年齡層的受訪者，其於遊客體驗、旅遊意象與重遊意願等三構面的平均數與標準差，並完成表3-7。

30歲以下：改稱為青年，其數值代碼為1。

31～50歲：改稱為壯年，其數值代碼為2。

51歲以上：改稱為老年，其數值代碼為3。

表3-7　各年齡層的受訪者對遊客體驗、旅遊意象與重遊意願之整體認知狀況

	遊客體驗（21題）		旅遊意象（15題）		重遊意願（5題）	
	平均數	標準差	平均數	標準差	平均數	標準差
青年						
壯年						
老年						

練習 3-3

參考附錄二中，論文「遊客體驗、旅遊意象與重遊意願關係之研究」的原始問卷，並開啟「hw3-3.sav」，請依照每位受訪者的量表總分（共41題），進行分組。新分組名稱為「組別」，其分組的原則如下：

量表總分小於第25百分位者：改稱為低分組，其數值代碼為1。

量表總分介於第25與第75百分位之間者：改稱為中分組，其數值代碼為2。

量表總分大於第75百分位者：改稱為高分組，其數值代碼為3。

計算完成後，請另存新檔為「hw3-3-ans.sav」。並計算各分組的受訪者，其於遊客體驗、旅遊意象與重遊意願等三構面的平均數與標準差，並完成表3-8。

表3-8　各分組的受訪者對遊客體驗、旅遊意象與重遊意願之整體認知狀況

	遊客體驗（21題）		旅遊意象（15題）		重遊意願（5題）	
	平均數	標準差	平均數	標準差	平均數	標準差
低分組						
中分組						
高分組						

 練習 3-4

參考附錄二中，論文「遊客體驗、旅遊意象與重遊意願關係之研究」的原始問卷，並開啟「hw3-4.sav」，請比較【遊客體驗】之平均得分大於4（高體驗組）與低於4（低體驗組）的受訪者在重遊意願構面的平均數與標準差，並完成表3-9。

表3-9　各分組的受訪者對重遊意願之整體認知狀況

	重遊意願（5題）	
	平均數	標準差
高體驗組		
低體驗組		

第 **4** 章
複選題與排序題

複選題（multiple responses）與排序題（rank responses）是問卷設計上的常見特殊題型。它們的資料處理方式不同於一般常見的李克特量表。不同於資料的輸入或統計分析方法的選用，皆具有其特殊性與限制性。造成這些現象的主要原因在於：由複選題或排序題所獲得的資料，其資料型態通常屬於名目尺度（nominal scale）（SPSS中稱為【名義】尺度）或順序尺度（ordinal scale）（SPSS中稱為【序數】尺度），而非【區間】尺度，導致限制了可選用的統計分析方法。在本章中將介紹下列的內容：

1. 複選題與排序題的簡介。
2. 複選題與排序題的建檔。
3. 複選題與排序題的次數分配表。
4. 複選題與排序題的交叉表。

4-1　複選題與排序題的簡介

有時為因應研究的特定目的，在問卷設計上，某些題項將允許受訪者於同一個題項，選答數個選項，這種題項一般就稱為是複選題。例如：

問題：你認為導致大學倒閉的原因為何？（可複選）
□ 少子化　　　□ 師資不良　　　□ 設備不佳　　　□ 學用落差

雖然複選題經常出現在許多問卷中，但是部分學者、專家並不十分支持，且對其分析結果仍持保留的態度。因為，對於這些複選題的填答結果，於資料輸入時，通常都是以名目尺度（nominal scale）的「0」或「1」來呈現特定選項是否被勾選。但是使用名目尺度，將會限制這些複選題可使用的統計分析方法。一般而言，以名目尺度編碼的數據所能做的統計分析，大概就只有次數分配表與交叉分析表等描述性統計方法而已，並無法「直接」進行任何的統計檢定。但是，若根據所完成的次數分配表與交叉分析表，而再另行製作成新的SPSS資料檔後，是也可以「間接」的使用卡方檢定來進行檢定工作的。

因此，若研究者欲進行的研究屬於較實務型的非學術研究，或只想瞭解各選項的次數分配時，那麼使用複選題也無妨。但是，如果所進行的研究屬學術研究的話，那麼則建議盡量不要使用複選題。然而，若非用不可的話，或許也可考慮使用複選題的變形。例如：可將上述問題改為如下的李克特七點量表。

	極不同意	很不同意	不同意	普通	同意	很同意	極為同意
1.「少子化」是導致大學倒閉的原因之一。	☐	☐	☐	☐	☐	☐	☐
2.「師資不良」是導致大學倒閉的原因之一。	☐	☐	☐	☐	☐	☐	☐
3.「設備不佳」是導致大學倒閉的原因之一。	☐	☐	☐	☐	☐	☐	☐
4.「學用落差」是導致大學倒閉的原因之一。	☐	☐	☐	☐	☐	☐	☐

　　此外，除了複選題之外，還有一種常用的特殊題型，即排序題。排序題常使用在調查受訪者的某種特質偏好。例如：自一系列的休閒遊憩活動中，要求受訪者從中挑選出較喜好的幾種活動，並予以排序。從這個簡單例子中不難發現，排序題除了擁有複選題的特質外，另外被選取的選項間還具有順序關係。因此，排序題的分析似乎比複選題的分析還要複雜。

　　然而事實上，排序題與複選題最大的不同，只在於變數的取值上。在複選題的各選項上，每個選項都只有被勾選與不被勾選兩種可能。因此，編碼上通常都是以名目尺度的「0」或「1」來呈現特定選項是否被勾選，故對於複選題的每個選項變數而言，它是一個二元變數（binary variable）。

　　但如果是排序題時，那麼就複雜多了。因為每一個選項的取值狀況，不只是有沒有被勾選而已；如果被勾選了，還要記錄下它的排序值。所以，對於排序題的每個選項變數而言，它是一個順序尺度（ordinal scale）的變數。例如：排序題中的某一個選項，其未被選取時，則取值為「0」；當被選取時，那麼其取值就有可能是「1」、「2」或「3」……等順序資料了。

4-2　複選題的建檔

　　在這一小節中，我們將學習如何把複選題的填答結果輸入至SPSS中。對於性質屬複選題的題項，建檔時較為麻煩，因為我們必須為複選題中的每一個選項設定一個專屬的變數，且該變數的衡量尺度必須為名目尺度。於資料輸入時，通常都是以代碼「0」或「1」來呈現某特定選項是否被勾選。

▶ 範例4-1

資料檔「ex4-1.sav」為附錄一論文【旅遊動機、體驗價值與重遊意願關係之研究】之問卷的原始資料檔。原始問卷中，第四部分基本資料的第7題「欲參與本行程，你認為可以使用哪種交通工具？」為複選題。請開啟「ex4-1.sav」與「問卷原始資料.xlsx」，進行此複選題的建檔工作，完成後請另存新檔為「ex4-1-ans.sav」。

　　複選題建檔時，必須將題目中的每一個選項，設定成名目尺度的變數。亦即須在SPSS的「變數視圖」中，將選項變數的【測量】欄位設定為「名義」。根據論文【旅遊動機、體驗價值與重遊意願關係之研究】的原始問卷，「欲參與本行程，你認為可以使用哪種交通工具？」這個複選題共有四個選項，分別為「自行開車」、「遊覽車」、「機車」與「公共路網」。因此將來建檔時，必須有四個變數（例如：vhc1、vhc2、vhc3與vhc4）來儲存每個選項被回應的情形。此外，對於複選題的填答結果，於資料輸入時，也將以名目尺度的「0」（代表未勾選）或「1」（代表勾選）來呈現特定選項是否被選取。最後，於將來針對複選題進行分析前，尚須注意的是，畢竟上述的四個變數皆屬同一題項，因此必須將該四個變數綁（集合）在一起後，才能進行後續的統計分析。此綁定（集合）各選項變數的設定，在SPSS中，即稱之為「定義變數集」。定義變數集的主要用意，就是要將vhc1～vhc4等這四個選項變數合併成為一個集合變數（例如：$vhc）。 而將來對這種複選題進行統計分析時，主要就是針對這個集合變數（$vhc）來進行分析的。建檔完成後，結果如圖4-1。

操 作 步驟

　　詳細的操作過程，請讀者自行參閱影音檔「ex4-1.mp4」。

▶執行結果

四個選項變數

圖4-1 複選題資料輸入完成

4-3 複選題的次數分配表

延續4-2節，複選題建檔完成後，接下來我們就可針對複選題進行統計分析了。由於複選題大都是使用名目尺度編碼，因此所能做的統計分析就只有次數分配與交叉分析等描述性統計而已，並無法「直接」進行任何的統計檢定。在本小節中，我們將學習製作複選題的次數分配表。

▶ 範例4-2

資料檔「ex4-2.sav」為附錄一論文【旅遊動機、體驗價值與重遊意願關係之研究】之問卷的原始資料檔。原始問卷中，第四部分基本資料的第7題「欲參與本行程，你認為可以使用哪種交通工具？」為複選題。請開啟「ex4-2.sav」，並分析遊客認為可使用的各種交通工具之分布狀況。

請研究者注意，資料輸入完成後（如ex4-2.sav），要對複選題進行統計分析前，必須要先進行「定義變數集」的工作。「定義變數集」的主要目的，就是要將代表複選題各選項的變數（簡稱選項變數）合併成為一個單一的集合變數，如此才能進行後續的統計分析。

依本題題意，欲分析「遊客認為可使用的各種交通工具之分布狀況。」那麼只要針對第7題「欲參與本行程，你認為可以使用哪種交通工具？」的集合變數（$vhc）進行次數分配表分析即可（集合變數之名稱的首字須為「$」符號）。

操作步驟

詳細的操作過程，請讀者自行參閱影音檔「ex4-2.mp4」。

▶ 報表解說

在SPSS中，針對複選題的集合變數，執行【分析】／【複選題】／【次數分配表】後，就可得到如表4-1的次數分配表。明顯的，在表4-1中，已顯示出遊客認為可使用的各種交通工具之分布狀況了。

表4-1　$vhc次數分配表（複選題的次數分配表）

		回應		觀察值百分比
		N	百分比	
$vhc	自行開車	154	22.3%	62.1%
	遊覽車	136	19.7%	54.8%
	機車	178	25.7%	71.8%
	公共路網	224	32.4%	90.3%
總計		692	100.0%	279.0%

表4-1中，應查看最右邊的「觀察值百分比」欄之結果來進行分析。該欄係以有效樣本248為基礎而計算出來的。例如：「自行開車」（vhc1）的百分比為62.1%是以154/248所計算出來的，所以其意義為：總樣本數248人中，有154人認為可選擇「自行開車」為主要的交通工具。其中，N代表特定選項被勾選的次數，而「回應百分比」欄則以總回應數（總勾選數）692為基礎而計算出來的。例如：「自行開車」的「回應百分比」為154/692 = 22.3%。其意義則為：樣本數248人總共勾選了692次，而在這692次勾選中，總共有154次認為可選擇「自行開車」為主要的交通工具。

由此結果可以看出：遊客認為可使用之各種交通工具中，「公共路網」的比例最高達90.3%，其次依序為「機車」（71.8%）、「自行開車」（62.1%），最低為「遊

覽車」（54.8%）。

由於是複選題的關係，「觀察值百分比」欄之加總數字爲279.0%（692/248），已超過100%，表示於複選題中，每個遊客平均勾選了2.79個選項。由此，也可看出遊客填答的意願頗高。

4-4　複選題的交叉表

通常製作交叉表（crosstabs）時，我們所關心的是變數間的關聯（association）或交互作用。使用交叉表的好處是，可以簡潔的使用表格方式，來呈現數個變數間的交互作用或關聯性。雖然也可以用比較複雜的統計方法如羅吉斯迴歸（logistic regression）或對數線性模式（log-linear models）來解析數個名目變數間的關聯分析，但交叉表使用起來比較簡單、也比較容易瞭解。

雖然，我們也可以製作多個變數間的交叉表分析，但超過三、四個變數時，這種維度太多的交叉表，反而不容易呈現變數間的交互作用或關聯性。因爲交叉表中的儲存格數目若變多，將有其他多種的限制需要考量，例如：多維度交叉表中的空白儲存格可能會變多，這將導致統計分析方法的應用性受到限制。所以在此，將只示範兩個變數的交叉表製作過程。

▶ 範例4-3

> 資料檔「ex4-3.sav」爲附錄一論文【旅遊動機、體驗價值與重遊意願關係之研究】之問卷的原始資料檔。原始問卷中，第四部分基本資料的第7題「欲參與本行程，你認爲可以使用哪種交通工具？」爲複選題。請開啓「ex4-3.sav」，試探討「不同性別的遊客」對「所認爲可使用的交通工具」之看法的關聯性。

再次強調，複選題資料輸入完成後，要對複選題進行統計分析前，必須要先進行「定義變數集」的工作。「定義變數集」的主要目的，就是要將代表複選題各選項的變數（簡稱選項變數）合併成爲一個單一的集合變數，如此才能進行後續的統計分析。

依本題題意，欲分析「不同性別的遊客」對「所認爲可使用的交通工具」之看法的關聯性，這個分析將涉及兩個變數，即「性別」與「可使用的交通工具」。由於「性別」與「可使用的交通工具」都屬於名目變數。由過往文獻可理解，欲探討兩名

目變數的關聯性時，交叉表分析是最常使用的方法了。

(操)(作) 步驟

詳細的操作過程，請讀者自行參閱影音檔「ex4-3.mp4」。

▶ 報表解說

在SPSS中，針對複選題的集合變數，執行【分析】/【複選題】/【交叉資料表】後，就可得到如表4-2的交叉表。明顯的，在表4-2中，已顯示出「遊客性別」與「認為可使用的交通工具」之交叉表了。

表4-2　「$vhc*性別」的交叉表

			性別		總計
			女	男	
$vhc	自行開車	計數	58	96	154
		在$vhc內的百分比	37.7%	62.3%	
		在性別內的百分比	66.7%	59.6%	
		佔總計的百分比	23.4%	38.7%	62.1%
	遊覽車	計數	43	93	136
		在$vhc內的百分比	31.6%	68.4%	
		在性別內的百分比	49.4%	57.8%	
		佔總計的百分比	17.3%	37.5%	54.8%
	機車	計數	64	114	178
		在$vhc內的百分比	36.0%	64.0%	
		在性別內的百分比	73.6%	70.8%	
		佔總計的百分比	25.8%	46.0%	71.8%
	公共路網	計數	82	142	224
		在$vhc內的百分比	36.6%	63.4%	
		在性別內的百分比	94.3%	88.2%	
		佔總計的百分比	33.1%	57.3%	90.3%
總計		計數	87	161	248
		佔總計的百分比	35.1%	64.9%	100.0%

　　表4-2為不同性別的遊客在「可使用的交通工具」的四個選項中之應答狀況的交叉分析表。由於性別（直欄）有兩個水準（女、男），「可使用的交通工具」（列）有四個選項，因此可構成一個4×2的交叉表，其內共有8個儲存格。由於先前在【選項】對話框內，我們核取了【資料格百分比】框中的所有選項，因此，每個儲存格中會有四列數值：

　　第一列為「計數」：代表遊客對「可使用的交通工具」各選項所勾選的次數。以「自行開車」列為例，女性勾選此選項者有58人、男性有96人，總勾選人數有154人。另外，從交叉表最後一列可得知，原始資料中有248名遊客，其中女性87人、男性161人。

　　第二列為「在$vhc內的百分比」：此百分比又稱為橫列百分比（從橫向來看報表之意）。代表有勾選某特定選項的遊客中，遊客之各種性別所佔的百分比。以「自行開車」列為例，橫列的總計為「154」，所以女性佔比為37.7%（58/154）、男性佔比則為62.3%（96/154）。

　　第三列為「在性別內的百分比」：此百分比又稱為直欄百分比（從直向來看報表之意）。代表遊客的某特定性別中，有勾選「可使用的交通工具」之某特定選項的百分比。以「女性」行為例，「自行開車」為66.7%（58/87）、「遊覽車」為49.4%（43/87）、「機車」為73.6%（64/87）、「公共路網」為94.3%（82/87）。「87」為「女」這一直欄的總計。

　　第四列為「佔總數的百分比」：儲存格中的個數佔個案總數（248人）的百分比。以「自行開車」列為例，女性為23.4%（58/248）、男性為38.7%（96/248）。

　　由表4-2的交叉分析表，可看出：女性遊客中，最推薦的交通工具為「公共路網」，佔94.3%，比例最高；而「遊覽車」（49.4%）最低。男性遊客最推薦的交通工具亦為「公共路網」則與女性略同。由此可推測參與本溼地生態旅遊行程，遊客最推薦的交通工具應為使用「公共路網」。而且男、女性對選擇的交通工具，看法相當一致。以選擇「公共路網」最多、「機車」次之、「自行開車」再次之，而以搭乘「遊覽車」最少。

4-5　排序題的建檔

　　在這一小節中，我們將學習如何將排序題的填答結果輸入至SPSS中。對於性質屬排序題的題項，建檔時還頗為麻煩。但基本上和複選題一樣，我們必須為排序題中

的每一個選項設定一個專屬的變數（選項變數），且該選項變數的衡量尺度必須為順序尺度（在SPSS中稱為序數）。而和複選題不同的是，於資料輸入時，當排序題中的某一個選項未被選取時，則應設定該選項變數的取值為「0」；而當被選取時，那麼其取值就有可能是「1」、「2」或「3」……等順序了。

 ▶ 範例4-4

資料檔「ex4-4.sav」為附錄一論文【旅遊動機、體驗價值與重遊意願關係之研究】之問卷的原始資料檔。原始問卷中，第四部分基本資料的第8題「請嘗試描述你的旅遊偏好？並在下列選項中，選出三個喜好度較高的選項，且請依喜好度高低，依序標出1、2、3的順序（1為最喜好）。」為排序題，請開啟「ex4-4.sav」與「問卷原始資料.xlsx」，進行此排序題的建檔工作，完成後請另存新檔為「ex4-4-ans.sav」。

排序題建檔時，必須將每一個選項，設定為一個順序尺度的變數。根據論文【旅遊動機、體驗價值與重遊意願關係之研究】的原始問卷，第四部分基本資料的第8題如下：

8. 請嘗試描述你的旅遊偏好？並在下列選項中，選出三個喜好度較高的選項，且請依喜好度高低，依序標出1、2、3的順序（1為最喜好）。

☐ 文化旅遊　　　　☐ 自然生態旅遊　　　☐ 節慶祭典旅遊　　　☐ 美食旅遊

☐ 山岳旅遊　　　　☐ 水域活動旅遊　　　☐ 自行車旅遊

顯見上述題項為排序題，由於這個排序題共有七個選項，分別為「文化旅遊」、「自然生態旅遊」、「節慶祭典旅遊」、「美食旅遊」、「山岳旅遊」、「水域活動旅遊」與「自行車旅遊」。因此將來建檔時，必須用七個選項變數來儲存每個選項被回應的狀況。此外，對於排序題的填答結果，於資料輸入時，若某一個選項未被選取時，則須設定該選項變數的取值為「0」；當被選取時，那麼其取值就有可能是「1」、「2」或「3」……等順序。建檔完成後，結果如圖4-2。

操作 步驟

詳細的操作過程，請讀者自行參閱影音檔「ex4-4.mp4」。

▶ **執行結果**

七個選項變數

圖4-2　排序題資料輸入完成

4-6　排序題的次數分配表

延續4-5節，接下來我們將進行有關排序題的統計分析。由於排序題大都使用順序尺度編碼，因此，所能做的統計分析，就只有次數分配表與交叉表等描述性統計而已，並無法「直接」進行任何的統計檢定。在本小節中，我們將學習製作排序題的次數分配表。

▶ 範例4-5

資料檔「ex4-5.sav」為附錄一論文【旅遊動機、體驗價值與重遊意願關係之研究】之問卷的原始資料檔。原始問卷中，第四部分基本資料的第8題「請嘗試描述你的旅遊偏好。」為排序題，請開啟「ex4-5.sav」，並請分析遊客對各種旅遊型態的偏好狀況。

特別再強調一次，資料輸入完成後，要對排序題進行分析前，必須要先進行「定義變數集」的工作。排序題定義變數集的方式和複選題有明顯差異。在複選題時，主要是針對各選項變數，然後綁定成一個集合變數即可。但是在排序題中則是針對各選項變數的順位值而進行綁定，依題意，我們關注的順位是「1」、「2」、

「3」名。因此，本題中須設定三個有關順位的集合變數。也就是說，在排序題中，不管有幾個選項變數，定義變數集時，須依照其順位，每一個順位就必須設定一個集合變數。

因此在實作上，就是要將「ex4-5.sav」中的freq_1～freq_7等這七個選項變數，依其取值的順位狀況，合併成三個集合變數（分別用以代表第一順位、第二順位與第三順位）。在複選題中，由於各選項的取值不是「0」就是「1」，因此只要使用【二分法】於【計數值】輸入「1」，作為與「0」相對的狀態，就可將所有勾選狀況定義於一個集合變數中。但是，由於排序題之變數的取值狀況共有四種，分別為「0」（未勾選）、「1」（第一順位）、「2」（第二順位）與「3」（第三順位）。因此，若使用【二分法】時，則分別有「1對0」、「2對0」與「3對0」等三種狀況，故須定義三個集合變數（例如：$order1、$order2、$order3）。

定義好變數集後，依本題題意，欲分析「遊客對各種旅遊型態的偏好」，那麼只要針對第8題「請嘗試描述你的旅遊偏好？」的順位集合變數進行次數分配表分析即可。

操作步驟

詳細的操作過程，請讀者自行參閱影音檔「ex4-5.mp4」。

▶ 報表解說

在SPSS中，針對排序題的集合變數（共三個，分別為$order1、$order2、$order3），執行【分析】/【複選題】/【次數分配表】後，就可得到如表4-3至表4-5的次數分配表。明顯的，在表4-3至表4-5中，已顯示出遊客的旅遊偏好之分布狀況了。

表4-3 $order1次數分配表（第一順位集合變數的次數分配表）

		回應		觀察值百分比
		N	百分比	
$order1	文化旅遊	45	18.1%	18.1%
	自然生態旅遊	46	18.5%	18.5%
	節慶祭典旅遊	110	44.4%	44.4%
	美食旅遊	13	5.2%	5.2%

表4-3 $order1次數分配表（第一順位集合變數的次數分配表）（續）

		回應		觀察值百分比
		N	百分比	
	山岳旅遊	16	6.5%	6.5%
	水域活動旅遊	9	3.6%	3.6%
	自行車旅遊	9	3.6%	3.6%
總計		248	100.0%	100.0%

表4-4 $order2次數分配表（第二順位集合變數的次數分配表）

		回應		觀察值百分比
		N	百分比	
$order2	文化旅遊	68	27.4%	27.4%
	自然生態旅遊	76	30.6%	30.6%
	節慶祭典旅遊	25	10.1%	10.1%
	美食旅遊	34	13.7%	13.7%
	山岳旅遊	18	7.3%	7.3%
	水域活動旅遊	15	6.0%	6.0%
	自行車旅遊	12	4.8%	4.8%
總計		248	100.0%	100.0%

表4-5 $order3次數分配表（第三順位集合變數的次數分配表）

		回應		觀察值百分比
		N	百分比	
$order3	文化旅遊	39	15.7%	15.7%
	自然生態旅遊	74	29.8%	29.8%
	節慶祭典旅遊	39	15.7%	15.7%
	美食旅遊	22	8.9%	8.9%
	山岳旅遊	21	8.5%	8.5%
	水域活動旅遊	28	11.3%	11.3%
	自行車旅遊	25	10.1%	10.1%
總計		248	100.0%	100.0%

首先觀察第一順位的次數分配表，如表4-3所示。從表4-3最右邊的【觀察值百分比】欄之結果，即可進行分析。該欄係以有效樣本248為基礎而計算出來的。例如：在「文化旅遊」的百分比為18.1%，即是以45/248計算出來的，它代表有18.1%的受訪者，將「文化旅遊」勾選為最喜好（第一順位）的旅遊型態；由於在「第一順位集合變數」中，儲存了順位為「1」的資料，因此有填「1」的人（回應值）也應是248（因為每個受訪者一定只填一個第一名），所以第一順位集合變數表中的【觀察值百分比】和【回應百分比】，其值相等。

由表4-3、4-4與4-5的結果可以看出：第一順位以「節慶祭典旅遊」所佔的比例最高，達44.4%；第二順位以「自然生態旅遊」所佔的比例最高，達30.6%；第三順位也是以「自然生態旅遊」所佔的比例最高，達29.8%，「文化旅遊」、「節慶祭典旅遊」居次，皆佔15.7%。綜合而言，參與本次溼地生態旅遊的遊客中，其最偏好的旅遊型態為「節慶祭典旅遊」，其次是「自然生態旅遊」，再其次是「文化旅遊」。

4-7　排序題的交叉表

使用交叉表可以簡單的用表格方式，來呈現數個變數間的交互作用或關聯性。在SPSS中雖然可以製作多個變數間之交叉表分析，但超過三、四個變數時，此種分析的結果反而不容易呈現變數間的交互作用或關聯性。因此，在本小節中，我們將只關注兩個變數間的交叉分析表。

▶ 範例4-6

資料檔「ex4-6.sav」為附錄一論文【旅遊動機、體驗價值與重遊意願關係之研究】之問卷的原始資料檔。原始問卷中，第四部分基本資料的第8題「請嘗試描述你的旅遊偏好？」為排序題。請開啟ex4-6.sav，試探討不同性別的受訪者中最偏好哪種旅遊型態？並請描述其次數及百分比的狀況。

在已定義好變數集的情形下，依本題題意，欲分析「不同性別的受訪者中最偏好哪種旅遊型態？並請描述其次數及百分比的狀況」，這牽涉到兩個變數間的關聯性，即「性別」與「$order1」（順位一的集合變數）。由於「性別」為名目尺度、「$order1」為順序尺度，故探討名目變數、順序變數間的關聯性時，可使用交叉表分析。

操作步驟

詳細的操作過程，請讀者自行參閱影音檔「ex4-6.mp4」。

▶ **報表解說**

在SPSS中，針對排序題中第一順位的集合變數（$order1）與性別，執行【分析】／【複選題】／【交叉資料表】後，就可得到如表4-6的交叉表。明顯的，在表4-6中，已顯示出性別與遊客最偏好之旅遊型態的交叉分析表了。

表4-6 「$order1*性別」的交叉表

			性別		總計
			女	男	
$order1	文化旅遊	計數	15	30	45
		在$order1內的百分比	33.3%	66.7%	
		在性別內的百分比	17.2%	18.6%	
		佔總計的百分比	6.0%	12.1%	18.1%
	自然生態旅遊	計數	24	22	46
		在$order1內的百分比	52.2%	47.8%	
		在性別內的百分比	27.6%	13.7%	
		佔總計的百分比	9.7%	8.9%	18.5%
	節慶祭典旅遊	計數	32	78	110
		在$order1內的百分比	29.1%	70.9%	
		在性別內的百分比	36.8%	48.4%	
		佔總計的百分比	12.9%	31.5%	44.4%
	美食旅遊	計數	5	8	13
		在$order1內的百分比	38.5%	61.5%	
		在性別內的百分比	5.7%	5.0%	
		佔總計的百分比	2.0%	3.2%	5.2%
	山岳旅遊	計數	5	11	16
		在$order1內的百分比	31.3%	68.8%	
		在性別內的百分比	5.7%	6.8%	
		佔總計的百分比	2.0%	4.4%	6.5%

表4-6　「$order1*性別」的交叉表（續）

			性別		總計
			女	男	
水域活動旅遊	計數		4	5	9
	在$order1內的百分比		44.4%	55.6%	
	在性別內的百分比		4.6%	3.1%	
	佔總計的百分比		1.6%	2.0%	3.6%
自行車旅遊	計數		2	7	9
	在$order1內的百分比		22.2%	77.8%	
	在性別內的百分比		2.3%	4.3%	
	佔總計的百分比		0.8%	2.8%	3.6%
總計	計數		87	161	248
	佔總計的百分比		35.1%	64.9%	100.0%

表4-6為不同性別的受訪者對最偏好（第一順位）的旅遊型態之分布狀況。由於性別（行）有兩個水準（女、男），「第一順位」有七種旅遊型態（列），因此可構成一個7×2的交叉表，其內共有十四個儲存格。由於先前在【選項】對話框內，我們核取了【資料格百分比】框中的所有選項，因此，每個儲存格中會有四列數值：

第一列為「計數」：代表七種旅遊型態中，不同性別的受訪者所認定為最偏好的旅遊型態之次數。以「文化旅遊」列為例，女性認為「文化旅遊」是她們最偏好的旅遊型態之人數有15人，男性則有30人，總人數有45人。此外，從交叉表最後一列可得知，原始樣本有248個個案，其中女性87人、男性161人。

第二列為「在$order1內的百分比」：此百分比又稱為橫列百分比（從橫向來看報表之意）。代表最偏好的旅遊型態中，各種性別的受訪者所佔的百分比。以「文化旅遊」列為例，認為「文化旅遊」為最偏好的旅遊型態之受訪者中，女性佔33.3%（15/45）、男性為66.7%（30/45）。「45」為「文化旅遊」橫列的總計。

第三列為「在性別內的百分比」：此百分比又稱為直欄百分比（從直向來看報表之意）。代表受訪者的特定性別中，有勾選某選項為最偏好的旅遊型態之百分比。以「女性」行（欄）為例，所有「女性」中，認為「文化旅遊」為其最偏好之旅遊型態的比例有17.2%（15/87）、「自然生態旅遊」為27.6%（24/87）、「節慶祭典旅遊」為36.8%（32/87）……等。「87」為「女」直欄的總計。

第四列為「佔總計的百分比」：儲存格中的個數佔個案總數的百分比。以「文化旅遊」列為例，女性為6.0%（15/248）、男性為12.1%（30/248）。

由表4-6的交叉分析表，可看出：女性遊客中，最偏好的旅遊型態為「節慶祭典旅遊」佔36.8%；而男性最偏好的旅遊型態亦為「節慶祭典旅遊」佔48.4%。

習 題

練習 4-1

參考附錄二中，論文「遊客體驗、旅遊意象與重遊意願關係之研究」的原始問卷，第四部分基本資料的第7題「請問你認為西拉雅風景區有哪些特色？（可複選）」為複選題，請開啟hw4-1.sav，進行此複選題全體樣本的次數分配表分析，並請針對次數分配表所呈現的數據加以評論。（註：選項變數名稱為fa1～fa4）

練習 4-2

參考附錄二中，論文「遊客體驗、旅遊意象與重遊意願關係之研究」的原始問卷，第四部分基本資料的第7題「請問你認為西拉雅風景區有哪些特色？（可複選）」為複選題，請開啟hw4-2.sav，試探討不同性別的樣本在複選題中，各選項勾選的次數及百分比為何？並請針對交叉表所呈現的數據加以評論。（註：選項變數名稱為fa1～fa4）

練習 4-3

參考附錄二中，論文「遊客體驗、旅遊意象與重遊意願關係之研究」的原始問卷，第四部分基本資料的第8題「請在下列的國家風景區中，指出三個你最常去的風景區？並請依到訪頻率的高低，標示出1、2、3的次序（1為最常去）。」為排序題，請開啟hw4-3.sav，並製作各順位集合變數的次數分配表，並請針對次數分配表所呈現的數據加以評論。（註：選項變數名稱為freq1～freq7）

練習 4-4

參考附錄二中，論文「遊客體驗、旅遊意象與重遊意願關係之研究」的原始問卷，第四部分基本資料的第8題「請在下列的國家風景區中，指出三個你最常去的風景區？並請依到訪頻率的高低，標示出1、2、3的次序（1為最常去）。」為排序題，請開啟hw4-4.sav，試探討不同性別的受訪者在第一順位上的勾選次數及百分比為何？並請針對交叉表所呈現的數據加以評論。（註：選項變數名稱為freq1～freq7）

第 5 章

信度分析

在測量過程中，對相同的對象、使用相同的測量工具（例如：量表／問卷），重複進行多次測量後，研究者就可評估每一次測量結果間的「相似程度」。而這種「相似程度」的統計學描述方式，一般即稱為信度（reliability）。因而，信度具有兩種意涵，即一致性（consistency）或穩定性（stability）。在本章中，將對常用的信度分析方法進行說明，本章將包含以下的內容：

1. 測量信度的方法簡介。
2. 運用信度分析以刪除問卷中的冗題。
3. 求取問卷中各構面的信度係數。

5-1　信度簡介

信度的主要意義是指，當研究者針對某一群固定的受測者，利用同一種特定的測量工具（例如：量表／問卷），在重複進行多次測量後，所得到的各種結果間的相似程度。因此，信度除了具有重複測量時所須具備的「穩定性」特質外，尚具有「一致性」的含意。穩定性代表同一群受測者在同一個測量上，重複測驗多次後，所得結果應差異不大。而一致性則表示所得結果間的相似程度。所以，信度應包括測量的穩定性以及一致性等兩種意義（黃俊英，1999）。此外，學者Kerlinger and Lee（1999）也認為信度可以衡量出工具的可靠度、一致性與穩定性。

在一般社會科學的研究調查中，所使用的測量工具通常都是量表或問卷。量表或問卷的信度越高，則表示該量表／問卷之測驗結果的可信程度越高。但是，說實在的，我們也很難去期待兩次或多次之測驗結果是完全一致的。因為信度除受量表／問卷中各題項的品質所影響外，亦受很多其他受測者因素的影響。故應該沒有一份量表／問卷之測驗結果是完全可靠的。信度只是一種衡量量表／問卷之可靠程度大小的指標而已。而所謂可靠程度較高的量表／問卷，便是指同一群人在不同的時、空背景下，接受性質相同、題型相同、目的相同的各種量表／問卷施測後，在各測量結果間可顯示出強烈的正相關且差異性也很小的狀況。

假設一個測量工具所測得的值為x_0（通常以平均數代表），則x_0可分解為：

$$x_0 = x_t + x_e \qquad\qquad （式5-1）$$

x_0：觀察值

x_t：真實值

x_e：誤差值

可將式5-1轉換爲變異數型態。假設測量所得的變異量爲V_0，則V_0可分解爲：

$$V_0 = V_t + V_e \qquad\qquad （式5-2）$$

V_0：觀察值變異量
V_t：真實值變異量
V_e：誤差值變異量

根據信度的基本意涵，式5-2中的眞實值變異量與觀察值變異量之比，即爲信度（吳統雄，1985）。因此：

$$
\begin{aligned}
信度 &= V_t / V_0 \\
&= (V_0 - V_e) / V_0 = 1 - V_e / V_0 \qquad\qquad （式5-3）
\end{aligned}
$$

由式5-3，不難理解，信度之最基本的評估方法爲：1 減去「誤差值變異量與觀察值變異量之比」（吳統雄，1985）。由此可見，測量誤差越小則信度越高。那麼測量過程中爲何會產生誤差？根據不少學者的研究，測量時容易產生誤差的來源，主要可以歸納爲下列幾個方向（吳統雄，1985）：

➤ **受訪者的變異性**

一般而言，在其他條件相同的情況下，母體（population）內各樣本（sample）之特徵的分布範圍越廣，則量表／問卷的信度係數會越高。受訪者（樣本）可能會因內在心理特質（例如：個性、情緒、動機、專注力、反應力、知識背景、作答態度）、外在生理因素（年齡、性別、社會地位）而影響塡答的穩定性。

➤ **量表／問卷之內容**

量表／問卷的設計方式、一致性、題項數量、遣辭用字、格式，以及受訪者對題項內容的敏感度等，也都是導致誤差產生的原因之一。

➤ **量表／問卷的長度**

在適當的限度內，且合乎同質性的要求時，量表／問卷的題項數越多時，則其誤差越小，信度越高。

> **測量情境**

調查時的環境也會影響誤差大小，如通風、溫度、溼度、光線、聲音、桌面、空間等因素。

> **施測間隔時間的長短**

以再測法或複本法評估信度時，兩次測量之相隔時間越短，其誤差越小，信度越高。

> **研究者本身**

訪員是否專業、盡責，訪前規劃是否妥善。

> **疏忽**

如：聽錯、記錯、轉錄錯誤……等。

由上述說明應可理解，產生誤差的原因是多面向的，研究者必須面面俱到，才能提高量表／問卷信度。基本上，學術文獻上，也有一些提高量表／問卷信度的建議方向，諸如：

> 針對主要的研究變數或構面（construct，又稱構念），明確定義其操作型定義。
> 測量特定變數或構面時，建議使用多重指標（每個變數或構面皆包含2個題項以上），如此比較有機會可以獲得變數或構面的眞正內涵。
> 施測時必須依據抽樣計畫確實執行，未達預定目標，必須重複執行施測。

◆ 5-2　評估信度的方法 ◆

評估信度的方法有很多種，應用前必先確認方法的使用是否恰當。例如：在李克特量表（Likert scale）中最常使用的信度分析方法爲「Cronbach's α」係數。以下簡介一些常用於評估信度的方法：

▎5-2-1　再測法（test-retest method）

先選擇適當的研究對象，並以定期方式多次實施測量，即稱爲再測法。施測時，使用同一份測驗問卷，對同一群受測者，在不同的時間，前、後測試兩次，然後求得兩次測量的結果（通常是得分），再計算兩次得分的相關係數（correlation coefficient），此相關係數即是再測信度（test-retest reliability）。研究者須仔細觀察

這個相關係數，這個相關係數又稱為穩定係數（coefficient of stability）或再測係數（coefficient of reliability），若相關係數越高，則表示此測驗的信度越高。

使用再測法時，常會因為時、空的不同而產生測量的誤差。例如：前、後兩次測量環境的改變、受測者的學習及記憶效果或是特定的系統性變化等，都會影響再測信度的穩定性。所以間隔時間的選擇是使用再測法的首要考量點，如果間隔時間過短，則會產生學習或記憶效果等；若間隔時間太長，則欲測量的特質可能會因此而產生改變（吳統雄，1984）。目前並沒有標準的間隔時間，通常以二到四週為主，很少有超過半年的間隔時間，而且間隔時間的長短必須依不同的測驗特質來加以考量，且最好有文獻能支持。

➢ **優點**

可以提供有關測量結果是否會隨時間而變異的資料，以作為預測受測者未來行為表現的依據。

➢ **缺點**

易受學習和記憶效果的影響，故前、後兩次測量的間隔時間要適當。若兩次測量間隔太短，受測者記憶猶新，有過第一次經驗後，第二次測量通常分數會提高。不過，如果題項數夠多的話，則可避免這種影響。此外，若兩次測量的時間間隔太長，由於受測者心智成長的因素影響，穩定係數也可能會降低。

5-2-2　複本相關法（equivalent-forms method）

再測法費時較長，且兩次測量的結果易受學習、記憶效果或環境變化的影響，故測量結果的穩定性不易估計。在此情形下，即可採用複本相關法。使用複本相關法時，研究者會先編製一份測量工具，稱為正本，然後再另行編製一份性質、內容、難度均相同，但文字敘述方式不同的題目，作為複本。並以正本與複本針對相同研究對象實施測量，以求得兩份測量的結果，最後計算其間的相關係數，如此就可評估測量工具的信度了。上述的相關係數又稱為等值性係數（coefficient of equivalence）或複本信度（equivalent forms reliability）。

複本相關法可同時連續實施或相距一段時間分兩次實施。同時連續實施的複本，其複本信度係數一般稱之為等值性係數。而相距一段時間分兩次實施的複本，其複本信度係數則稱為穩定與等值係數（coefficient of stability and equivalence），此數

值可以同時反應測驗內容與時間變異所造成的誤差情形。

　　以複本相關法評估信度，可避免再測法的缺點，但須注意的是必須使用真正的複本，亦即兩份測量工具間在題數、型式、內容、難度、鑑別度等方面應皆屬一致。

➢ **優點**

1. 雖然一般認為複本相關法是測量信度的最好方法，但是要編製複本問卷實屬不易。
2. 不受記憶效果的影響。
3. 對測量誤差的相關性通常比再測法低。

➢ **缺點**

1. 兩次測量結果的等值性，在複本相關法與再測法中最受質疑。
2. 在誤差項變異數的等值性方面，複本相關法比再測法更容易受到質疑。

5-2-3　內部一致性係數（coefficient of internal consistency）

　　前述的兩種信度方法，受測者都必須接受兩次測驗，因此很容易產生學習效果，甚至是疲勞等不利的因素影響。而若採用內部一致性來評估信度的話，則只須施測一次即可，由一次施測的結果，就可估算信度的數值。此種分析方法會將重點放在評估「題目之間是否具有同質性」。內部一致性的作法有下列幾種（葉重新，1999）：

1. 折半法（split-half method）

　　折半法與複本相關法非常類似，折半法將問卷拆成兩個部分，在拆成兩個部分的過程中，最好能對這兩個部分題項的內容性質、難易度加以檢討與考量，使這兩個部分的題項盡可能具有一致性，然後在同一時間對受測者施測，而後再計算這兩個部分測驗分數的相關係數，此相關係數即稱之為折半信度係數（split-half reliability coefficient）。

　　由於大多數的問卷，前半階段與後半階段的內容、特性往往不同，而且考慮到受測者的疲勞效果可能會造成前、後做答的差異，所以拆成兩個部分的方法，通常會以奇、偶數題的方式對拆。雖然折半信度的假設為兩個部分的問卷題目具有類似的內容、困難度、平均數以及相同的變異數。但是實際上，所測得的資料很少能符合兩個部分測驗之變異數相等的假設（葉重新，1999）。

2. 庫李信度（Kuder-Richardson reliability）

庫李信度又稱為K-R信度，庫李信度將考量所有題項的一致性，不須折半，且僅實施一次。庫李信度非常適用於二元化計分（dichotomously scoring）方法的題項。所謂二元化計分方法的題項（二元變項），即是一般常見的是非題（答對得1分、答錯得0分）（吳明隆、涂金堂，2005）。

由於折半信度無法產生單一的信度係數，這常被視為其與生俱來的缺點。庫李信度由於不須將問卷對拆成兩部分，因而解決了折半信度的缺失。庫李信度著重於分析受測者於每個題項所作的回應是否具有一致性。這種一致性大小將受到兩個因素的影響，即內容取樣與測驗特質的異質性。測驗特質同質性越高，代表受測者之回應間的一致性會越高，故庫李信度係數也越高。

評估庫李信度最常使用的公式為庫李20（Kuder-Richardson formula 20；簡稱KR20）及庫李21公式（Kuder-Richardson formula 21；簡稱KR21）。當問卷中所有題項的難度指標都一樣，或平均難度接近0.5時，根據KR20公式或KR21公式所估算出來的信度係數值都會相等。但是，當所有題項的難度指標極不相同時，根據KR20公式或KR21公式所估算出來的信度係數值，彼此之間的差距會很大（吳明隆、涂金堂，2005）。通常KR21公式所估算出來的信度係數值會比KR20公式所估算出來的信度係數值為低（Cronbach, 1990）。

3. Cronbach's α係數

為了克服折半法的缺點，1951年Cronbach提出了「α係數」。此α係數是目前社會科學研究領域中，最常使用的信度指標。也是在李克特量表中，最常用以評估信度的方法。Cronbach's α係數會將一個量表用各種不同的方式拆成兩半，然後利用折半信度公式計算所有可能的折半係數之後，再求得各折半係數的平均數。Cronbach's α係數值會介於 0 和 1 之間，其數值越靠近 1，則代表信度越高。

Cronbach's α係數適用於多重選項的題目，也可用於二元變項的題目。Cronbach's α係數之計算公式的概念主要來自於組合信度（component reliability）的概念，一個完整的問卷通常都包含了許多的子量表，且量表總分是由這些子量表的分數所加總而得。其計算公式如下：

$$\alpha_k = \frac{k}{k-1}\left[1 - \frac{\Sigma S_i^2}{S_T^2}\right] \qquad\qquad (\text{式}5\text{-}4)$$

k：量表的題項數

S_i^2：每一題項得分的變異量

S_T^2：量表總分的變異量

▎5-2-4 小結

上述各種評估信度的方法，若依測驗次數與問卷版本，加以劃分的話，則可歸納成如表5-1。

表5-1　各種評估信度的方法

		測驗版本	
		一種	兩種
測驗次數	一次	折半信度、庫李20、α係數	複本信度（等值係數）
	兩次	再測信度（穩定係數）	再測複本信度

註：吳統雄（1984）。

於問卷的預試階段，如果問卷中的所有題項都能反應出相同的特質，則各題項之間應具有真實的相關性存在。若某一題項和問卷中的其他題項之間並無相關性存在，則就表示該題項不應屬於某變數之測量題項，而應將之剔除。所以，只要有做問卷就可以做信度分析，以提供各項客觀的指標，作為問卷良窳程度的具體證據。實務上進行信度分析時，若某題項之得分與量表總分間的相關係數太低，就可將該題項視為冗題，而可考慮優先刪除。此外，若刪除冗題後，問卷的Cronbach's α係數如果變大了，則表示刪除該冗題，確實有助於提高問卷的Cronbach's α係數。表5-2為問卷之可信度高低與Cronbach's α係數之對照表（吳統雄，1984），讀者可參考之。

表5-2　可信度高低與Cronbach's α係數之對照表

可信度	Cronbach's α係數
不可信	Cronbach's α係數 < 0.3
勉強可信	0.3 ≦ Cronbach's α係數 < 0.4
可信	0.4 ≦ Cronbach's α係數 < 0.5
很可信（最常見的標準）	0.5 ≦ Cronbach's α係數 < 0.7

表5-2　可信度高低與Cronbach's α係數之對照表（續）

可信度	Cronbach's α係數
很可信（學術論文的標準）	0.7≦Cronbach's α係數 < 0.9
十分可信	0.9≦Cronbach's α係數

註：吳統雄（1984）。

5-3　以信度分析刪除冗題

雖然測量信度的方法、公式較為複雜，然而利用SPSS軟體求算信度係數，卻是相當輕而易舉的。以下，將透過兩個範例帶領讀者瞭解信度分析之過程。

▶ 範例5-1

參考附錄四，【電信業服務品質】之研究的原始問卷，並開啟「ex5-1. sav」。檔案「ex5-1.sav」，為研究的預試階段，透過【電信業服務品質】之研究的原始問卷所蒐集的樣本資料，試運用信度分析以評估該原始問卷中各題項的適切性，藉以刪除品質不佳的題項（冗題），並提高問卷的信度。

一般而言，研究者在設計好問卷後，進行問卷的正式施測前，為提高問卷的可行性，都會先進行問卷的預試。在預試階段中，當預試問卷資料回收完成後，研究者即可開始使用「項目分析」評估問卷中各題項的適切性，以刪除不適切的題項（在本書中稱之為冗題），提升該份問卷的品質。「項目分析」包含許多方法，這些方法將分散於各章節中，但會在第15章中予以總結。項目分析的諸多方法中，有一方法即是透過信度分析來完成的，該方法稱為「題項與總分相關」法。「題項與總分相關」法是評估題項之適切性最常用的方法，也是最有效率的方法。

「題項與總分相關」法將藉由信度分析而達成刪除冗題的目的。在信度分析過程中，我們可以從報表中得到【更正後項目總計相關性】資料，藉此資料即可找出與量表總分之相關係數較低的題項（學術論文中，常用的標準為相關係數小於0.3）。當某題項的【更正後項目總計相關性】小於0.3時，代表著該題項與問卷中其他題項間的相關性較低，故該題項實不應被包含在正式問卷中，因此可以視為冗題而刪除掉（此即「題項與總分相關」法的目的）。此外，透過信度分析，我們也可藉所求出的Cronbach's α係數，來評估預試問卷的可靠度、一致性與穩定性。

操作步驟

　　欲進行信度分析，只要在SPSS中執行【分析】／【比例】／【信度分析】即可。詳細操作過程，請讀者自行參閱影音檔「ex5-1.mp4」。

　　此外，執行信度分析的過程中，於「信度分析」視窗中，按左上角的「統計資料」鈕，就會出現如圖5-1的【信度分析：統計量】對話框。

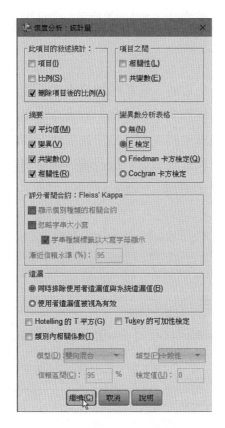

圖5-1　　【信度分析：統計量】對話框

　　在圖5-1的【信度分析：統計量】對話框中尚有許多選項，這些選項的說明如下：

（一）【此項目的敘述統計】框

　　【項目】核取方塊：核取時，會於輸出報表中呈現出各題項的描述性統計量。
　　【比例】核取方塊：核取時，會於輸出報表中呈現整個量表的描述性統計量。

【刪除項目後的比例】核取方塊：核取時，會於輸出報表中呈現當某一題項被刪除時，對整個量表之信度的影響程度（信度增加或減低）。

（二）【項目之間】框

【相關性】核取方塊：核取時，會於輸出報表中呈現各題項間的相關係數矩陣。

【共變數】核取方塊：核取時，會於輸出報表中呈現各題項間的共變數矩陣。

（三）【摘要】框

【平均值】核取方塊：核取時，會於輸出報表中呈現各題項的平均數。

【變異數】核取方塊：核取時，會於輸出報表中呈現各題項的變異數。

【共變數】核取方塊：核取時，會於輸出報表中呈現各題項間的共變異數。

【相關性】核取方塊：核取時，會於輸出報表中呈現各題項間的相關係數。

此外，尚有一些檢定類的選項，如表5-3所示。

表5-3　檢定類的選項

選項	說明
F檢定	進行F檢定。
Friedman卡方檢定	進行Friedman卡方檢定。
Cochran 卡方檢定	進行Cochran's Q檢定，適用於題型之回應屬二元性（例如：是非題）的量表。
Hotelling's T平方	進行Hotelling's T^2檢定。
Tukey的可加性檢定	進行Tukey的可加性檢定。
類別內相關係數	求取量表內各題目平均數的相關係數。

▶ 報表解說

在信度分析的【信度分析：統計量】對話框中（如圖5-1），其實只要勾選【刪除項目後的比例】核取方塊，就可以利用「題項與總分相關」法來進行刪除冗題的工作。但除此之外，為讓讀者能更熟悉信度分析的過程與原理，我們額外勾選了四個摘要項和變異數分析表格的【F檢定】等設定。當然讀者若想再獲取更多的資訊時，也可多勾選其他的選項。

執行信度分析後，即可產生報表，報表很長共分為四個部分：【可靠性統計量】表（表5-4）、【摘要項目統計量】表（表5-5）、【項目整體統計量】表（表5-6）與【變異數分析】（ANOVA）表（表5-7）。當然若讀者執行信度分析的主要目的為刪除冗題時，那麼也可直接看表5-6的【項目整體統計量】表。

（一）可靠性統計量

一般而言，可靠性統計量可以使用信度係數來加以評估。表5-4的【可靠性統計量】表中，顯示了整份問卷的信度係數，這份問卷中總共包含30個題項，其總信度係數Cronbach's α值為0.966，已達高信度的標準。此外，【以標準化項目為準的Cronbach's Alpha值】欄中的數值即為所謂的標準化信度係數（標準化Cronbach's α值），標準化Cronbach's α值的實質意涵為，在信度分析的計算過程中，已校正因各題項變異量不相等所造成的偏誤，而所得到的信度係數。

表5-4　可靠性統計量表（量表的信度係數）

Cronbach'Alpha	以標準化項目為準的Cronbach's Alpha值	項目數
.966	.965	30

（二）摘要項目統計量

表5-5為【摘要項目統計量】表，【項目平均值】列顯示出了「各題項之平均得分」的相關統計量，這些統計量包括所有題項之平均得分的總平均值、下限（最小值）與上限（最大值）、範圍（全距）、上限／下限之比例、變異數與題項數。【項目變異】列則顯示出了「各題項之變異數」的相關統計量。【項目之間的共變數】列則顯示出了「各題項間之共變數」的相關統計量。【項目之間的相關性】列則顯示出了「各題項間之相關係數」的相關統計量。

表5-5　摘要項目統計量表

	平均值	下限	上限	範圍	上限／下限	變異	項目數
項目平均值	3.389	1.741	4.859	3.118	2.791	.181	30
項目變異	1.285	.156	1.688	1.533	10.849	.142	30
項目之間的共變數	.622	.003	1.670	1.667	484.561	.154	30
項目之間的相關性	.480	.006	.994	.987	154.630	.065	30

表5-5中，雖由【項目平均值】這列後方的【變異】欄可觀察出，各題項之平均得分的變異性（0.181）似乎不大，但是【項目變異】的下限與上限之差異卻相當大，這代表對各題項之評分的差異性極不平衡，有的題項得分之差異性很小（$\sqrt{0.156}$ = 0.395分），有的卻很大（$\sqrt{1.688}$ = 1.299分）。再由【項目之間的相關性】觀察，可見各題項的相關程度中等（0.480），且相關程度的差異性也較小（0.065）。

（三）項目整體統計量

表5-6列出了各題項與量表總分間之有關統計量，例如：可顯示某題項與量表總分間的相關性（更正後項目總計相關性欄位）、可顯示剔除某題項後，剩餘題項間的Cronbach's α係數〔Cronbach's α（如果項目已刪除）欄位〕。表5-6在信度分析中相當重要，項目分析的「題項與總分相關」法就是藉表5-6而達成的。首先解釋表中各欄位之意義：

> 【比例平均值（如果項目已刪除）】欄位：剔除某題項後，剩餘題項的總平均得分。

> 【比例變異（如果項目已刪除）】欄位：剔除某題項後，剩餘題項的總變異數大小。

> 【更正後項目總計相關性】欄位：某題項與其餘之題項的總分間的簡單相關係數。

> 【平方複相關】欄位：即前一欄位「更正後項目總計相關性」的平方，其亦能反應某題項與其餘之題項的總體相關程度。

> 【Cronbach's α（如果項目已刪除）】欄位：剔除某題項後，利用剩餘題項所計算出來的新信度係數（Cronbach's α值）。

表5-6的【更正後項目總計相關性】欄位中，值較小的題項（小於0.3），將考慮列入刪除之可能題項。由於Q1、Q2、Q4、Q5、Q29與Q30等題項對量表總分的相關係數都小於0.3，因此可考慮刪除這6個題項。此外亦可從【Cronbach's α（如果項目已刪除）】欄位，輔助判斷欲刪除的題項。

【Cronbach's α（如果項目已刪除）】欄位的意義為剔除某題項後，剩餘題項的整體信度係數。因此輔助判斷刪除題項與否的邏輯為：將各題項【Cronbach's α（如果項目已刪除）】欄位內的值和原始量表的信度比較（原始量表信度在表5-4中，α = 0.966），若該欄位值大於原始量表信度（0.966），則代表刪除該題項後量表的信度提高了，因此何樂不為，就刪除該題吧！而若該欄位值小於原始量表信度，則代表刪

除該題項後，量表的信度降低了，在此情況下何必多此一舉呢！

　　觀察表5-6的【Cronbach's α（如果項目已刪除）】欄位，Q1、Q2、Q4、Q5、Q29與Q30等題項的欄位值都大於原始量表信度（α = 0.966），代表刪除這些題項後有助於量表信度的提升，例如：刪除Q1後，量表信度將提升為0.967（原本為0.966）。其實，讀者也不難發現，利用【Cronbach's α（如果項目已刪除）】欄位的分析結果與使用【更正後項目總計相關性】欄位值的判斷結果是一致的。

　　最後，讀者必須注意的是，雖然根據「題項與總分相關」法，共有Q1、Q2、Q4、Q5、Q29與Q30等6個題項建議刪除，但是請讀者千萬不要一次就把6題全刪了。正確的作法是先刪6題中，【更正後項目總計相關性】欄位值最小的（例如：Q5）。從原始資料檔刪除Q5後，再跑一次信度分析，再觀察還有沒有題項的【更正後項目總計相關性】欄位值是小於0.3的，有的話，再找出【更正後項目總計相關性】欄位值最小的來刪除，重複此步驟，直到沒有可刪除的冗題為止。這樣才是利用「題項與總分相關」法以刪除冗題的最正確作法。

表5-6　項目整體統計量表

	比例平均值（如果項目已刪除）	比例變異（如果項目已刪除）	更正後項目總計相關性	平方複相關	Cronbach's Alpha（如果項目已刪除）
1.停車方便性	98.43	572.732	.239	.	.967
2.服務中心便利性	98.39	561.968	.269	.	.968
3.有專人引導服務	98.33	537.998	.708	.	.964
4.人員服裝儀容	98.20	566.473	.227	.	.967
5.人員禮貌談吐	98.14	566.361	.215	.	.968
6.總修復時間	98.17	533.339	.831	.	.963
7.備有免費申訴或諮詢電話	98.34	537.035	.717	.	.964
8.未服務前的等候時間	98.17	536.129	.771	.	.964
9.營業時間符合需求	98.27	526.456	.901	.	.963
10.完成異動作業時間	98.18	533.408	.832	.	.963
11.備有電子布告欄	98.30	539.773	.650	.	.965
12.完成服務所花時間	98.17	536.296	.772	.	.964
13.協助客戶解決問題能力	98.23	531.191	.875	.	.963
14.人員的專業知識	98.13	532.375	.869	.	.963
15.計費交易正確性	98.29	525.435	.919	.	.963
16.客戶資料保密性	98.20	530.709	.892	.	.963

表5-6 項目整體統計量表（續）

	比例平均值（如果項目已刪除）	比例變異（如果項目已刪除）	更正後項目總計相關性	平方複相關	Cronbach's Alpha（如果項目已刪除）
17.準時寄發繳費通知	98.26	534.206	.755	.	.964
18.備有報紙雜誌	98.27	538.569	.662	.	.965
19.提供新資訊	99.92	554.872	.643	.	.965
20.話費維持合理價位	98.19	530.906	.891	.	.963
21.臨櫃排隊等候	98.22	529.582	.853	.	.963
22.繳納電費方便性	98.20	533.932	.730	.	.964
23.即時處理客戶抱怨	98.04	538.238	.800	.	.964
24.備有舒適及足夠座椅	98.56	529.977	.866	.	.963
25.內外環境整潔	96.80	565.849	.717	.	.965
26.櫃檯清楚標示服務項目	98.57	529.868	.866	.	.963
27.申請業務手續簡便	98.30	543.685	.756	.	.964
28.提供即時資訊	98.19	533.899	.732	.	.964
29.能立即給予滿意回覆	98.37	566.700	.260	.	.967
30.不因忙而忽略消費者	98.32	565.339	.293	.	.967

（四）變異數分析（ANOVA）

表5-7為變異數分析表，這個檢定的虛無假設是：「受訪者於問卷之各題項的填答結果間不存在顯著差異性」。一份問卷除了題項的本質會影響信度外，受訪者的填答狀況也會影響信度。一般而言，受訪者間的填答結果越廣泛，那麼信度就越高。也就是說，受訪者間的看法越存在差異性時，則信度會越高。由表5-7的ANOVA表中可發現F值為81.222，對應的機率p值為0.0000。若顯著水準為0.05時，由於機率p值（0.000）小於顯著水準（0.05），因此不接受虛無假設，而可認為不同受訪者於問卷的填答結果間確實存在著顯著差異，這也代表著該問卷之各題項對受訪者的測量成果，已具有基本的鑑別力，即相同問卷，但受訪者的填答結果具有顯著的差異性之意。

表5-7 ANOVA表（變異數分析表）

		平方和	df	平均值平方	F	顯著性
人員之間		5717.288	296	19.315		
人員中	項目之間	1563.149	29	53.902	81.222	.000

表5-7　ANOVA表（變異數分析表）（續）

	平方和	df	平均值平方	F	顯著性
殘差	5696.617	8584	.664		
總計	7259.767	8613	.843		
總計	12977.055	8909	1.457		

　　由以上的信度分析過程可以理解，信度分析除了可以幫助研究者於問卷的預試階段篩選出不適當的題項外，也可幫助研究者評估並提升問卷的信度。在本範例中，讀者亦可自行測試看看，當把Q1、Q2、Q4、Q5、Q29與Q30等題項「逐題」刪除後，再執行一次信度分析，應可觀察出，量表的信度提高了（例如：Q5刪除題項後，Cronbach's α值會變為0.968）。可見項目分析的「題項與總分相關」法確實是個能有效提升問卷的品質的方法。

5-4　求取構面的信度

▶ 範例5-2

參考附錄一中，論文【旅遊動機、體驗價值與重遊意願關係之研究】的原始問卷，並開啟ex5-2.sav與ex5-2.docx，試評估體驗價值構面的信度，並完成表5-8。

表5-8　體驗價值構面之信度分析表

構面名稱	題項內容	Cronbach's α
投資報酬率	1. 此遊程相當有效率。	0.923
	2. 整體而言，在交通安排上是方便的。	
	3. 整體而言，所提供之服務讓我覺得物超所值。	
服務優越性	4. 提供良好的解說服務品質。	0.925
	5. 提供的解說服務是專業的。	
	6. 解說人員親切有禮且充滿熱情。	
美感	7. 此遊程中，可感受到喜悅、興奮的感覺。	0.914
	8. 此遊程中，可感受到滿意的感覺。	
	9. 此遊程中，可感受到享受、有趣的感覺。	

表5-8 體驗價值構面之信度分析表（續）

構面名稱	題項內容	Cronbach's α
趣味性	10.此遊程中，我常感受到沮喪、鬱卒的感覺。	0.956
	11.此遊程中，我常感受到不愉快的感覺。	
	12.此遊程中，我常感受到生氣與充滿敵意的感覺。	
	13.此遊程中，我常感受到擔心、焦躁的感覺。	
整體信度：0.777		

　　【旅遊動機、體驗價值與重遊意願關係之研究】的原始問卷中，「體驗價值」構面中包含四個子構面，共13個衡量題項。現在，我們將對「體驗價值」構面來評估其信度。表5-8是一般期刊論文或碩、博士論文中，對信度分析之結果的表現方式。要完成表5-8須配合Microsift Word套裝軟體的使用。表5-8的表格格式，作者已貼心的準備好，讀者可自行從範例資料夾中開啟，其檔名為「ex5-2.docx」。

　　欲完成如表5-8的信度分析，我們總共要進行五次信度分析，分別為：對「投資報酬率」子構面的3個題項（ev1_1～ev1_3）進行信度分析、對「服務優越性」子構面的3個題項（ev2_1～ev2_3）進行信度分析、對「美感」子構面的3個題項（ev3_1～ev3_3）進行信度分析、對「趣味性」子構面的4個題項（ev4_1～ev4_4）進行信度分析與對「體驗價值」構面的13個題項（ev1_1～ev4_4）進行信度分析。待求出各子構面的Cronbach's α係數與主構面的Cronbach's α係數後，再一一填入表5-8中，即可完成本範例之信度分析工作。

（操）（作）步驟

　　詳細操作過程，請讀者自行參閱影音檔「ex5-2.mp4」。

▶ 報表解說

　　表5-9、5-10、5-11、5-12與5-13中顯示了「投資報酬率」、「服務優越性」、「美感」、「趣味性」等四個子構面與整體「體驗價值」構面的信度係數Cronbach's α值，再將所得到的這些Cronbach's α值填入「ex5-2.doc」的表5-8中，即可完成表5-8整體「體驗價值」構面的信度分析了。

表5-9　投資報酬率子構面的信度係數

Cronbach's Alpha	項目數
.923	3

表5-10　服務優越性子構面的信度係數

Cronbach's Alpha	項目數
.925	3

表5-11　美感子構面的信度係數

Cronbach's Alpha	項目數
.914	3

表5-12　趣味性子構面的信度係數

Cronbach's Alpha	項目數
.956	4

表5-13　體驗價值構面的信度係數

Cronbach's Alpha	項目數
.777	13

　　由表5-8的信度分析結果可知，「體驗價值」構面的各子構面的Cronbach's α係數皆大於0.9，且「體驗價值」構面的整體Cronbach's α係數亦大於0.7，屬高信度水準，代表衡量「體驗價值」構面的各題項，其可靠度、一致性與穩定性皆已達一般學術性的要求。後續，待再評估問卷中各構面的效度後，即可進行更高階的統計分析了。

習 題

 **練習 5-1**

　　hw5-1.sav為某量表預試階段的資料檔，該量表中包含24題問項（q1～q24），試對此量表進行信度分析，以確認哪些不適宜的題項（冗題）該被刪除，並請問刪除冗題後的量表應該包含哪些題項，其Cronbach's α值為何？

練習 5-2

　　參考附錄二中，論文「遊客體驗、旅遊意象與重遊意願關係之研究」的原始問卷，並開啟hw5-2.sav和hw5-2.docx，試對遊客體驗、旅遊意象與重遊意願等構面進行信度分析，並完成表5-14、表5-15與表5-16，並針對信度分析結果，提出你的看法。

表5-14　遊客體驗量表之信度分析

量表問項	更正後項目總計相關性	Cronbach's α（如果項目已刪除）	Cronbach's α
感官體驗			**0.915**
1.秀麗的山水風景，非常吸引我。	0.732	0.915	
2.豐富的歷史文物，非常吸引我。			
3.我覺得這次旅遊，非常富有趣味。			
4.我覺得這次旅遊，行程豐富精彩。			
情感體驗			
5.看到美麗的景緻，令我心情放鬆。			
6.看到豐富的文物，能激發我思古之情。			
7.看到美麗的景緻，讓我感到歡樂愉快。			
8.當地的景色，令我感動。			
9.當地歷史文物，令我感動。			
思考體驗			
10.透過這次旅遊，頗發人省思，令我有所思考。			
11.透過這次旅遊，引發我的好奇心。			

表5-14　遊客體驗量表之信度分析（續）

量表問項	更正後項目總計相關性	Cronbach's α（如果項目已刪除）	Cronbach's α
12.透過這次旅遊，引發我一些聯想或靈感的啟發。			
13.透過這次旅遊，能激發我創意思考。			
行動體驗			
14.看到美景，我很想分享觀賞的心得。			
15.看到歷史文物，我很想分享觀賞的心得。			
16.看到美景，我很想拍照、錄影留念。			
17.看到歷史建物，我很想拍照、錄影留念。			
關聯體驗			
18.我會想購買與當地相關的紀念品。			
19.透過這次旅遊，讓我產生環境維護的認同感。			
20.會因美麗的景緻，而聯想到西拉雅國家風景區。			
21.透過這次旅遊，西拉雅會成為我平常談論的話題。			
量表整體信度：			

資料來源：本研究整理。

表5-15　旅遊意象量表之信度分析

量表問項	更正後項目總計相關性	Cronbach's α（如果項目已刪除）	Cronbach's α
產品意象			**0.919**
1.自然風景優美。	0.840	0.879	
2.平埔族文化保存良好。			
3.知名度高。			
品質意象			
4.開車環湖賞景令人愉悅。			
5.整體氣氛令人心情放鬆。			

表5-15　旅遊意象量表之信度分析（續）

量表問項	更正後項目總計相關性	Cronbach's α（如果項目已刪除）	Cronbach's α
6.通往本風景區交通便利。			
7.遊憩安全設施良好。			
8.地方公共服務設施完善。			
服務意象			
9.整體旅遊環境乾淨。			
10.旅遊資訊充足。			
11.相關服務人員能提供遊客迅速且即時的服務。			
12.區內相關服務人員的服務態度良好。			
13.旅遊活動的各項安排均能提供遊客便利。			
價格意象			
14.個人平均旅遊花費價格合理。			
15.收費合理。			
量表整體信度：			

資料來源：本研究整理。

表5-16　重遊意願量表之信度分析

量表問項	更正後項目總計相關性	Cronbach's α（如果項目已刪除）	Cronbach's α
1.到西拉雅風景區旅遊，對我來說是最好的選擇。			
2.我將會是西拉雅風景區的忠實遊客。			
3.當我有旅遊需求時，我會優先選擇西拉雅風景區。			
4.我願意繼續到西拉雅風景區旅遊。			
5.我會向親朋好友推薦到西拉雅風景區。			
量表整體信度：			

資料來源：本研究整理。

第 6 章
探索性因素分析與效度

在社會科學領域的研究中，研究者經常會蒐集實證性的量化資料來驗證某些理論或假設。為了要維持驗證過程之嚴謹性，首要條件是：所蒐集的量化資料必須是可靠且有效的。欲評估資料的可靠性與有效性時，則必須依靠測量或調查工具的信度（reliability）或效度（validity）來加以評估（楊國樞等，2002）。

因此，為達成「良好測量」的目標，必須有以下兩個步驟：第一個步驟是針對量表的題項進行項目分析，以維持各題項的品質；第二步驟則是評估量表的信度與效度。量表的項目分析，在第5章中已介紹過最簡潔、最有效率的「題項與總分相關」法了，至於其他的項目分析方法則將在後續的章節（第15章）中陸續介紹。此外，量表的信度分析也已經於第5章有所說明。因此，在本章中，主要將探討如何利用探索性因素分析（簡稱因素分析，exploratory factor analysis, EFA）來評估量表的效度。故本章中，將包含下列內容：

1. 效度簡介。

2. 因素分析的意義、概念與執行。

3. 如何以因素分析法進行項目分析。

4. 求算CR與AVE值。

5. 評估收斂效度。

6. 評估區別效度。

7. 共同方法變異。

6-1 效度的基本概念

一份好的量表應該要能夠將欲研究的主題構面（construct，又稱構念，它是心理學上的一種理論構想或特質，無法直接觀測得到）清楚且正確的呈現出來，而且還須具有「效度」，即能真正衡量到我們所欲量測的特性。此外還有「信度」，即該量表所衡量的結果應具有一致性、穩定性。信度和效度的關係，可用Duane Davis（2004）的經典圖形來加以描述，如圖6-1。

在圖6-1中，可以將靶心想像成「欲測量之構面（變數）的實際內涵」，而人所拿的槍，即是欲打到靶心的工具（即測量工具），利用圖6-1可具體說明信度和效度的關係。

情況一：彈痕分散於靶內各處，且靶中心的彈著點稀少，並無一致性，也無準確性可言，以測量的術語來說，即是該測量工具無信度且也無效度。

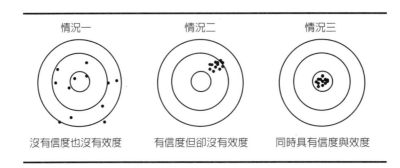

圖6-1　信度和效度的關係

資料來源：Duane Davis（2004）。

情況二：雖然彈痕很集中，即具有一致性，但是並沒有聚集在靶中心。以測量的觀點來看，則是該測量工具有信度但無效度。

情況三：彈痕很集中（具一致性）且聚焦在靶心（能準確測得所欲測量的內涵），這才是好的測量，即該測量工具同時具有信度及效度。

6-2　效度的意義與種類

　　效度代表測量工具（量表／問卷）之測量結果的正確性和準確性程度，也就是測量工具確實能測出其所欲測量之目標的特質、特徵或功能的程度。因此，評估效度時，首重測量工具（量表／問卷）能否達到原先研究所設定的評量目標、效果和效益。此外，若測量工具的效度良好時，根據該測量工具所得的分析結果，也可以視為未來進行推論時的價值性、適當性和意義性之指標。

　　具體而言，在學術研究中，效度說明了構面之概念定義（conceptual definition）與操作型定義（operational definition）間契合的程度。因此，當我們描述，某個構面的諸多觀察指標（題項）具有效度時，我們是在特定目的及定義的情況下（操作型之概念）做此判斷的。同樣的，觀察指標在不同的研究目的下，則可能有不同的效度。在測量過程中，效度將比信度更難達成，因為構面是抽象的，而觀察指標則是實際的觀察值。我們對於一個測量是否有效度並無絕對的信心，但至少可以藉統計工具判斷出某一測量方式是否比另一種測量方式更具有效性。常見的效度有四種類型：

6-2-1　表面效度（face validity）

　　「表面效度」是指測量工具經由受測者或研究者主觀覺得其諸多題項與研究主題相關的程度。也就是說，當受測者或研究者一看到某測量工具的諸多題項後，就可理解這個測量工具到底想測量什麼，此時，就可稱這個測量工具具有表面效度。當然這樣的判斷過程是相當主觀的。所以表面效度是最容易達成及最基本的效度，但也是最沒有說服力的一種效度。此類效度通常會在研究過程中，會聘請外部專家學者來直觀判斷，研究者所設計的測量工具之觀察指標（題項）是否真的能測量到所欲測量之構面的意涵與特質。

6-2-2　內容效度（content validity）

　　「內容效度」是指某測量工具之題項內容是否周延、具代表性、適切性，並確實已包含所欲測量之構面的內涵。也就是說，從測量工具的內容來檢驗，看看是否符合測量目標所預期的內容。因此，內容效度只是一種特殊的表面效度而已。內容效度的達成有三個步驟：

(1) 能夠充分說明構面定義的內容。

(2) 擷取構面定義所包含的領域或部分領域之意涵、特徵。

(3) 發展觀察指標（題項）以連結定義的內容。

　　此外，常見的專家效度（expert validity），亦屬於內容效度的一種，檢驗專家效度時，將聘請專家（對於測量的主題相當熟稔，可協助判斷題項內容是否符合內容效度之要求的產、官、學人士）協助檢查問卷的內容與格式，評斷是否恰當。若測量內容涵蓋所有研究構面所要探討的架構及內容，那麼就可說是具有優良的內容效度了。在一般論文中，並沒有辦法使用統計方法來驗證或評估內容效度，只能使用如下的敘述方式來檢驗或說明內容效度：

本研究之問卷係以理論為基礎，參考多數學者的問卷內容及衡量項目，並針對研究對象的特性加以修改，且經由相關專業人員與學者對其內容審慎檢視，繼而進行預試及修正，因此本研究所使用之衡量工具應能符合內容效度的要求。

本研究之各研究變項皆經先前學者之實證，衡量工具內容均能足夠的涵蓋欲探討的研究主題。另外，本研究於正式施測前，亦針對問卷之各題項與相關領域的學者、專家進行題項內容之適切度討論，因此，研究採用之衡量工具應已具內容效度。

133

在內容效度方面，主要是根據文獻探討及專家研究者的經驗。然因本研究問卷設計之初，考量目前相關的文獻中，尚未對本研究議題提出實證性問卷，故只能自行設計量表，對於內容效度是否達成，尚有疑慮。

6-2-3 效標效度（criterion validity）

效標是種獨立於本次測量，但可顯示出本次測量所欲測量或預測之特質的獨立變數，因此效標可作為檢定效度的參照標準。也就是說，「效標效度」意指使用某些標準或效標變數來精確的表明待測構面的內涵、特徵的一種效度表示方式。用白話一點的說法是，某一個構面（假設A構面）它的測量方式有很多種，我們可以選用過往文獻中最常被引用的A構面測量方式（衡量之結構與題項）來當作效標變數（如A^1）。當今天在我們的研究中又要測量A構面時，由於研究主題、時、空背景不同，所以在研究設計上，我們對A構面的測量方式可能會和過往文獻有些差異，這時要確保A構面的測量效度時，就可以檢驗A構面的測量得分和效標變數（A^1）的測量得分間的相關性。若相關性越高，就代表著我們對A構面之測量是和標準的效標變數（A^1）很接近，幾乎是原汁原味，那我們就可宣稱：對A構面之測量是具有效標效度的。由此可知，效標效度是建立在實證資料之上，且不涉及測量之結構、題項多寡與涵蓋面等問題。

另外，尚有一種與效標有關的效度，即效標關聯效度（criterion-related validity）。效標關聯效度意指評估待測構面得分與外在效標變數得分間之相關性的一種效度表示方式。在此，待測構面和外在效標變數的本質內涵是不同的，但有相關性。例如：待測構面是「滿意度」；而外在效標變數是「忠誠度」。根據過往文獻顯示，「滿意度」與「忠誠度」間是具有相當緊密之相關性的。如果在我們的研究中所設計的「滿意度」之得分和效標變數（忠誠度）之得分的相關係數很高時，那我們就可宣稱：對「滿意度」之測量是具有效標關聯效度的。明顯的，效標關聯效度是以實證或統計的方法，研究待測構面得分與外在效標得分間的相關性，以表示測量之效度的高低，所以又稱為實證效度（empirical validity）或統計效度（statistical validity）。由於各種測量所採用的效標，有的是立馬可以獲得的資料、有的則需待將來始能蒐集得到，故效標關聯效度又可分為同時效度（concurrent validity）與預測效度（predictive validity）兩種。

同時效度：也可稱為並行效度，意指一個指標必須與既存且已被視為有效的指標相關聯。在這種情形下，測量分數和效標分數是可以同時取得的。例如：大學入學考試（新的指標）可以用中學成績作效標（既存且有效的指標）。

預測效度：意指測量分數與將來之效標資料間的相關程度。若相關係數高，則測量工具的預測效度越高。預測效度的效標資料，通常都需要過一段時間後才可蒐集到。例如：評估一份工作表現之認知量表的預測效度，代表此測量的得分（實際測量後所得分數）與事後經過其服務單位主管所評定的表現評分（效標）兩者的相關程度。若經相關分析後，其相關性具有統計顯著性時，則此量表即具有預測效度。又例如：對各候選人的意見調查問卷（實際評量，如出口民調）能夠正確的預測選舉的結果（效標）。

6-2-4　建構效度（construct validity）

所謂「建構效度」係指測量工具的內容（即各題項內容）是否能夠測量到理論上的構面意涵或特質的程度。建構效度是由收斂效度（convergent validity）與區別效度（discriminant validity）所架構而成。收斂效度主要測試以一個變數（構面）所發展出的多題題項，其意涵最後是否仍會收斂於同一個因素中（亦即，同一構面不同題項間的相關性要高）；而區別效度則為判定某一題項可以與其他構面之題項間的區別程度的指標（亦即，不同構面、不同題項間的相關性要低）。

進行量表之建構效度評估時，雖理應同時檢視收斂效度與區別效度，然審視國內之碩、博士論文或一些期刊論文都可發現，大部分都以探索性因素分析法進行收斂效度之評估，並僅以收斂效度說明量表的建構效度，而對於區別效度方面則大都略過不談。其主要原因在於區別效度通常須使用結構方程模型（structural equation modeling, SEM）中的驗證性因素分析（confirmatory factor analysis, CFA）才能加以檢驗。而結構方程模型屬較進階的統計方法，必須學習另一套軟體（AMOS），但大部分的研究者較少觸及AMOS軟體的使用。

利用SPSS進行量表之建構效度評估時，常用探索性因素分析法進行收斂效度之評估。進行探索性因素分析時，根據Kaiser（1958）所提出的收斂效度評估標準，若能符合下列原則，即可表示量表具有收斂效度：

1. 所萃取出之因素的特徵值（eigenvalue）須大於1。
2. 各構面或子構面的衡量題項皆可收斂於同一個共同因素之下。
3. 各因素中所屬之各題項的因素負荷量皆大於0.5。
4. 總累積解釋變異（cumulative explained variation）須達50%以上時。

　　至於區別效度的檢驗，近年來，較具嚴謹性的論文，一般都會使用屬於結構方程模型領域的驗證性因素分析，以進行構面之因素結構的配適度檢定，並以因素負荷量、組合信度（composite reliability）與平均變異抽取量（average variance extracted）等統計量，來驗證各構面是否具有足夠的收斂效度與區別效度。因此，建議讀者，若有必要檢驗量表的收斂效度與區別效度時，方法的使用上，宜盡量使用驗證性因素分析。

6-3　探索性因素分析的意義

　　探索性因素分析（簡稱因素分析）屬於多變量統計分析技術的一種，其最原始的主要目的在於濃縮、簡化資料。假設有一原始資料集，它包含了數個變數，且變數間的關係錯綜複雜，導致研究者很難直觀的看出原始資料集所代表的意涵。此時，就可以利用探索性因素分析技術來解析這些變數間的內部相關性，終而能探索並釐清諸多變數間的資料結構與脈絡。為了能呈現並解釋這些資料結構與脈絡，也可將這些資料結構與脈絡只濃縮成少數幾個虛擬變數。透過這些虛擬變數，我們期望能表達出原始諸多變數所代表的主要資訊，並解釋這些變數間的相互依存關係。在此，通常我們會把這些虛擬變數稱之為因素（factors）。因此，因素分析就是在研究如何以最少的資訊遺失，而能把諸多變數濃縮成為少數幾個具代表性的因素之統計技術，如圖6-2所示。

　　一般在對實際問題做研究時，研究者往往希望盡可能的多多蒐集與研究主題相關的變數，以期能針對問題，而有比較全面性的、完整性的掌握和認識。雖然蒐集這些變數資料須投入許多的人力、物力與時間成本，然而也因此能夠較為完整而精確的描述研究主題。但將這些變數資料實際運用在分析、建立模型時，卻未必能真正發揮研究者所預期的作用。也就是說，研究者的「投入」和「產出」並非呈合理的正比，相反的，這樣的蒐集資料行為，反而會給研究者於統計分析時帶來許多問題，這些問題如下：

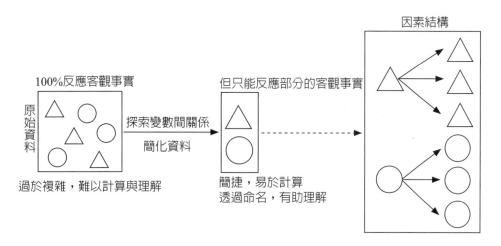

圖6-2　探索性因素分析示意圖

（一）計算量的問題

由於研究者所蒐集的變數相當多，如果這些資料都投入分析與建模時，無疑的，這將會增加分析過程中於計算上的工作量。雖然，目前電腦運用普遍且其計算能力亦相當優異，然而對於此種高維度的變數和龐大的資料量，仍是於計算上所不容忽視的。

（二）變數間的相關性問題

由於研究者針對特定之主題所蒐集到的諸多變數之間，通常或多或少都會存在著相關性。也就是說，變數之間往往具有資訊的高度重疊性和高度相關性，這些特質將會給進階統計方法的應用帶來許多的不便。例如：在多元線性迴歸分析中，如果這些眾多的解釋變數之間，存在著較強且顯著的相關性時，即存在著高度的多重共線性時，那麼於迴歸方程的係數估計時，將帶來許多麻煩，致使迴歸方程係數不準確，甚至模型不可用等問題。

為解決上述的問題，最簡單且最直接的解決方法，就是精簡變數之個數。但是精簡過程中，勢必會導致資訊的漏失和資訊不完整等現象產生，這是一個trade-off（權衡）的問題。為此，研究者無不希望探索一種更有效的解決方法，期盼它既能大大減少參與資料分析、建模的變數個數，也同時不會造成資訊的大量漏失。而因素分析正是這樣一種能夠有效降低變數維度（個數），又不至於漏失太多資訊的分析方法，並且因素分析也已能得到廣泛的應用。

因素分析的概念與技術是由心理學家所發展出來的，最初心理學家是想藉助因素分析模型來解釋人類的行為和能力。1904年Charles Spearman在美國心理學雜誌上發表了第一篇有關因素分析的文章，而在往後的三、四十年裡，因素分析的理論和數學基礎理論逐步獲得發展和改善。也因此，這個統計分析工具逐漸被人們所認識和接受。50年代以來，隨著電腦的普及和各種統計軟體的出現，因素分析在社會學、管理學、市場行銷、經濟學、醫學、地質學和氣象學等越來越多的領域獲得了廣泛的應用。

因素分析以最少的資訊漏失為前提，試圖將眾多的原始變數綜合成少數幾個虛擬變數，這些虛擬變數又名為共同因素（簡稱因素）。一般而言，因素具有以下幾個特點：

■ 因素個數遠少於原始變數的個數

諸多原始變數綜合成少數幾個因素後，因素將可以替代原始變數而參與資料建模，這將大大減少分析過程中的計算工作量。

■ 因素能夠反映原始變數的絕大部分資訊

因素並不是原始變數的簡單取捨，而是原始變數重組後的結果。因此，不會造成原始變數資訊的大量遺失，並能夠代表原始變數的絕大部分資訊。

■ 因素之間的線性關係不顯著

由原始變數重組出來的因素之間的線性關係會較弱（基本上會互相獨立），具有這種特質的因素在參與資料建模工作時，才能夠有效地解決諸如變數間多重共線性等，會給分析應用帶來困擾的諸多問題。

■ 因素具有命名解釋性

通常，因素分析後所產生的因素，研究者會透過各種方式（如依該因素所包含之題項的整合意義）而最終獲得命名解釋性。因素的命名有助於對因素分析結果的解釋與評價，對因素的進一步應用有重要的意義。

6-4 因素分析的數學模型

因素分析的核心價值在於它能使用較少且相互獨立的因素來反映諸多原始變數的絕大部分資訊。由於任何一個變數（例如：x）都可以透過標準化的程序

$$z = \frac{x - \bar{x}}{\sigma_x} \ (\bar{x}\text{爲}x\text{的平均數，}\sigma_x\text{爲}x\text{標準差})$$

的轉換而變成標準化變數。經標準化後的變數並不會改變諸多原始變數間的相關係數。在此，我們所討論的變數都是經轉換後的標準化變數。假設原有p個標準化變數x_1、x_2、……、x_p且每個變數的平均數爲0，標準差均爲1。在因素有k個（$k \leq p$）的情形下，則每個原始變數的標準化變數都可以用k個因素（$f_1, f_2, \cdots, f_k$）的線性組合來表示，即：

$$x_1 = a_{11}f_1 + a_{12}f_2 + a_{13}f_3 + \cdots + a_{1k}f_k + u_1$$
$$x_2 = a_{21}f_1 + a_{22}f_2 + a_{23}f_3 + \cdots + a_{2k}f_k + u_2$$
$$x_3 = a_{31}f_1 + a_{32}f_2 + a_{33}f_3 + \cdots + a_{3k}f_k + u_3 \qquad \text{（式6-1）}$$
$$\vdots$$
$$x_p = a_{p1}f_1 + a_{p2}f_2 + a_{p3}f_3 + \cdots + a_{pk}f_k + u_p$$

$$\begin{bmatrix} x_1 \\ x_2 \\ \vdots \\ \vdots \\ \vdots \\ \vdots \\ x_p \end{bmatrix} = \begin{bmatrix} a_{11} & a_{12} & \cdots & a_{1k} \\ a_{21} & a_{22} & \cdots & a_{2k} \\ \vdots & \vdots & \cdots & \vdots \\ \vdots & \vdots & \cdots & \vdots \\ \vdots & \vdots & \cdots & \vdots \\ \vdots & \vdots & \cdots & \vdots \\ a_{p1} & a_{p2} & \cdots & a_{pk} \end{bmatrix} \times \begin{bmatrix} f_1 \\ f_2 \\ \vdots \\ \vdots \\ f_k \end{bmatrix} + \begin{bmatrix} u_1 \\ u_2 \\ \vdots \\ \vdots \\ u_k \end{bmatrix} \qquad \text{（式6-2）}$$

$$x = \qquad A \qquad \times F + U$$

　　式6-1就是因素分析的數學模型。此模型在型式上和多元迴歸模型很相似，也可用矩陣的型態表示爲$X = A \times F + U$（式6-2）。其中F稱爲因素，由於它們出現在每個原始變數的線性運算式中，因此又可稱爲共同因素（common factors），它們是每一個原始變數所共同擁有的因素，解釋了變數之間的相關程度。因素也可被想像成是高維空間中，互相垂直的k個座標軸。A稱爲因素負荷矩陣，矩陣中的元素a_{ij}稱爲因素負荷量（factor loading），它是第i個原始變數（x_i）在第j個因素（f_j）上的負荷，也就是說，a_{ij}描述著第i個原始變數（x_i）和第j個因素（f_j）間的相關性。故負荷的概念相當於多元迴歸分析中的標準化迴歸係數。U則稱爲獨特因素（unique factor），它是每個原始變數所特有的因素，相當於多元迴歸中的殘差項，它表示了原始變數無法被共同因素所解釋的部分，其平均數爲0。

式6-1的因素分析模型中，會假設p個獨特因素之間是彼此獨立的，獨特因素和共同因素之間也是彼此獨立的。此外該模型中，每一個原始變數都是由k個共同因素和一個獨特因素的線性組合來表示，而我們所感興趣的，只是這些能夠代表較多資訊的「共同因素」而已。因此，往後如果沒有特殊說明的話，本書中所經常提到的因素，實際上所指的就是共同因素。

共同因素的個數最多可以等於原始變數的數量。由於在求因素解時，通常都會使第一個因素之代表性最高（即擁有最多的資訊），而之後的其他因素的代表性則會日益衰減。因此，如果忽略掉最後幾個因素，則對原始變數的代表性也就不會有什麼太大的損失。所以，因素分析模型中，共同因素的個數，往往遠小於原始變數的個數（因為要簡化資料）。如果把獨特因素當作是殘差項看待的話，那麼因素分析模型和多元線性迴歸模型在型式上就非常相近了，他們都是用其他變數的線性組合加上一個殘差項來表示一個變數。但是迴歸模型中的自變數是可觀測的（觀察變數）；而因素分析模型中的因素則是虛擬變數，是種不可觀測的潛在變數，這就使得式6-1有別於一般的線性迴歸模型了。

6-5 因素分析中的統計量與其概念

因素分析的數學模型中，蘊藏著幾個重要的統計量，搞懂這些統計量不僅有助於因素分析之意義的理解，更有利於明瞭因素與原始變數間的關係、因素的重要程度，以及輔助評估因素分析的效果。為了進一步瞭解因素分析所蘊含的意義，下面我們將介紹因素分析中常用的幾個統計量及其相關概念。

6-5-1 因素負荷量（factor loding）

因素負荷量簡稱因素負荷，可說是因素分析中最重要的一個統計量，它連接了原始變數和共同因素。當共同因素之間完全不相關（正交）時，我們可以很容易的證明出，因素負荷a_{ij}其實就是第i個原始變數和第j個因素之間的相關係數。在大部分的情況下，我們通常會假設共同因素之間是彼此正交的（orthogonal），也就是說假設共同因素之間完全不相關。因此，因素負荷不僅說明了原始變數是如何由各因素線性組合而成，而且也反映了因素和原始變數之間的相關程度，因素負荷a_{ij}的絕對值越大，就代表著原始變數x_i與共同因素f_j間的關係越緊密。

假設有一個包含五個原始變數、兩個共同因素的模型：

$x_1 = 0.95 f_1 + 0.21 f_2 + 0.24 u_1$

$x_2 = 0.88 f_1 + 0.30 f_2 + 0.33 u_2$

$x_3 = 0.16 f_1 + 0.87 f_2 + 0.22 u_3$　　　　　　　　　　　　　　　　（式6-3）

$x_4 = 0.56 f_1 + 0.75 f_2 + 0.34 u_4$

$x_5 = 0.88 f_1 + 0.36 f_2 + 0.39 u_5$

從式6-3這個因素分析模型中，可以很容易看出，若以因素負荷量0.6以上為取捨標準的話，共同因素f_1與原始變數x_1、x_2、x_5的關係密切（x_3與x_4於f_1的因素負荷量小於0.6），因為其間的因素負荷較大，這說明了共同因素f_1代表了變數x_1、x_2、x_5所共同蘊含的資訊。而共同因素f_2則與變數x_3、x_4關係密切。因此，共同因素f_2主要代表了變數x_3、x_4所共同擁有的資訊。當然原始變數有5個，理應共同因素也有5個，但這個因素模型中，只呈現2個共同因素，其他3個共同因素則是因為其因素負荷相當小而被捨棄掉了，而這就是因素分析過程中的必要之惡——資訊漏失。

因素負荷除了可說明原始變數和共同因素間的關係外，它也可以用來估計諸多原始變數間的相關係數。當共同因素之間彼此不相關時，由因素分析模型很容易可以推導出變數 x_i、x_j 之間的相關係數γ_{ij}（如圖6-3）為：

$$\gamma_{ij} = a_{i1}a_{j1} + a_{i2}a_{j2} + \cdots + a_{ik}a_{jk}$$　　　　　　　　　　（式6-4）

式6-4即說明了，任何兩個原始變數之間的相關係數（γ_{ij}）等於其所對應的因素負荷乘積之和。以上例而言，若f_1、f_2不相關，那麼x_1、x_2間的相關係數則為$0.95 \times 0.88 + 0.21 \times 0.3 = 0.899$。這說明了因素分析模型中，原始變數之間的潛在關係是可以透過共同因素來加以描述的。如果我們把x_i變數和因素f_j之間的負荷想像為路徑係數，則變數x_i和變數x_j之間的關係，就可以透過圖6-3直觀地表示出來。

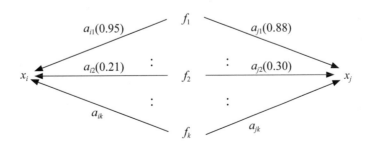

圖6-3　變數x_i和變數x_j之間的關係圖

由因素分析模型所導出之變數間的相關係數，可以用來輔助判斷因素解是否合適。如果由原始觀測資料所計算出的相關係數和從模型中所導出的變數間之相關係數相差很小，那麼我們可以認爲模型非常適切的擬合了原始觀測資料，因素解是合適的。因素分析模型是從解釋變數之間的相關性出發的，它的最佳因素解即是原始變數之間的實際相關性。

6-5-2　共同性（communality）

所謂共同性（又稱共通性）是指原始變數的總變異中，能由共同因素所解釋的部分所佔的比例。變數 x_i 的共同性可記爲 h_i^2。當共同因素之間彼此正交時，共同性等於和該變數有關的因素負荷量的平方和，用方程式可表示爲：

$$h_i^2 = \sum_{j=1}^{k} a_{ij} = a_{i1}^2 + a_{i2}^2 + \cdots + a_{ik}^2 \qquad （式6-5）$$

由式6-5可輕易理解，變數x_i的共同性即是因素負荷矩陣A（式6-2）中，第i列中所有元素的平方和。讀者對式6-5的公式也可以用更輕鬆的方式來記憶，共同性通常是以h_i^2來代表，爲何要使用「h」這個字母呢？因爲橫向這個字的英文爲「horizontal」，引申到因素負荷矩陣中的話，即代表「列」的意思，故第i個變數的共同性即爲因素負荷矩陣A中，第i列中所有因素負荷量的平方和。例如：表6-1的因素負荷矩陣中，x_1的共同性即是因素負荷矩陣A中，第1列中所有因素負荷量的平方和，故$h_1^2 = 0.95^2 + 0.21^2 = 0.9466$。

由於變數x_i是標準化變數，其變異數等於1，所以變數x_i的變異數可以表示成$1 = h_i^2 + u_i^2$（本式由式6-2推導而來），也就是說原始變數x_i的變異數可由兩個部分來加以解釋：

第一部分h_i^2爲共同因素所決定，即x_i的共同性，它是變數x_i之變異數能被共同因素所解釋的部分，亦即h_i^2代表著所有因素對變數x_i的解釋貢獻程度。共同性越大，代表變數能被因素解釋的程度也越高。共同性越接近1，代表因素解釋了變數x_1的大部分變異。也就是說，以式6-3爲例的話，如果我們使用因素（f_1、f_2）來描述變數x_1時，由於共通性爲94.66%，故共同因素可解釋x_1的94.66%變異，而只有遺失5.34%的資訊而已。

第二部分u_i^2則是由獨特因素（u_i）所決定，即獨特因素的平方，它反映了變數x_i的變異中不能由所有因素解釋的部分。u_i^2越小，則說明變數x_i的資訊遺失越少。總

之，變數x_i的共同性描述了所有因素對變數x_i所蘊含之資訊的解釋程度，是評價變數x_i之資訊遺失程度的重要指標。如果大部分之原始變數的共同性均較高（如高於0.8），則代表所萃取出的因素確實能夠反映原始變數的大部分（80%以上）的資訊，而僅有較少的資訊遺失（20%以下），因此因素分析的效果較好。

所以，共同性是衡量因素分析之成效的重要依據。對於上面所舉的五個原始變數、兩個共同因素的例子（式6-3），可計算出每個變數的共同性，見表6-1。變數x_1的共同性$h_1^2 = 0.9466$，表示f_1和f_2兩個因素解釋了變數x_1 94.66%的資訊量。顯見，共同性這個指標以原始變數為中心，它的意義在於說明：如果用共同因素替代原始變數後，每個變數原始的資訊被保留的程度。

表6-1　因素負荷矩陣——共同性、特徵值與因素貢獻度

	f_1	f_2	h_i^2
x_1	0.95	0.21	0.9466
x_2	0.88	0.30	0.8644
x_3	0.16	0.87	0.7825
x_4	0.56	0.75	0.8761
x_5	0.88	0.36	0.9040
特徵值（V_k）	2.7905	1.5831	
$V_k/5$	0.5581	0.3166	

6-5-3 特徵值與解釋變異量

因素分析中，特徵值的數學定義為某一共同因素在所有變數上的因素負荷量之平方和。由於第 j 個因素在第 i 個變數上的因素負荷量記為a_{ij}，且它反映了因素和變數之間的相關程度，故因素負荷量的平方具有類似迴歸分析中確定係數（coefficient of determination, R^2）的含意，確定係數R^2是相關係數的平方，代表某自變數的解釋能力，故因素負荷量a_{ij}^2亦具有第j個因素對第i個變數之解釋能力的意涵，進而特徵值即具有該共同因素對所有變數之總解釋能力的意義。因此，特徵值又稱為該因素的貢獻度（contributions），記為V_k，k為因素個數。V_k值等於某一因素在所有變數上的因素負荷量之平方和，即

$$V_k = \sum_{i=1}^{p} a_{ik}^2 \qquad \text{（式6-6）}$$

讀者對式6-6的公式也可用較輕鬆的方式來記憶，因素貢獻度（特徵值）以V_k來代表，為何要使用「V」這個字母，因為縱向這個字的英文為「vertical」，引申到如表6-1之因素負荷矩陣的話，即代表一直行，故第j個因素的貢獻度即為負荷矩陣（式6-2）中，第j行中所有因素負荷量的平方和。例如：表6-1中，f_1的因素貢獻度即是因素負荷矩陣中，第1行中所有因素負荷量的平方和，故$V_1 = 0.95^2 + 0.88^2 + 0.16^2 + 0.56^2 + 0.88^2 = 2.7905$。

加總各個共同因素的貢獻度就可得到所有共同因素的總貢獻度，故所有共同因素的總貢獻度（以V表示）則為：

$$V = \sum_{p=1}^{k} V_p \qquad\qquad （式6-7）$$

然而在實際的研究中，更常用的相對性指標是「每個因素所能解釋的變異佔所有變數總變異的比例」。可見，相對性指標衡量了共同因素的相對重要性。假設p是表示原始變數之數量，則V_k/p表示了第k個因素所解釋的變異佔總變異的比例，而V/p則表示所有共同因素所能解釋的總變異比例，它可以用來作為因素分析結束的判斷指標。

如表6-1，在上例中：

f_1的特徵值（因素貢獻度）為2.7905、$V_1/5 = 0.5581$（5是代表原始變數有五個）。

f_2的特徵值（因素貢獻度）為1.5831、$V_2/5 = 0.3166$。

這代表第一個因素解釋了所有變數之總變異的55.81%，第二個因素則解釋了總變異的31.66%，兩個因素一共解釋了總變異的87.47%。因此，以兩個因素來取代五個原始變數，不只簡化了原始資料，資訊也只漏失了12.53%而已。

顯見，因素分析的過程中，V_k/p的值越高，代表相對應因素f_k的重要性越高。藉由此例，希望讀者能理解，特徵值（因素貢獻度）和總變異貢獻率（因素能解釋原始總變異的比例）是衡量因素分析成效的重要關鍵性指標。

6-6　因素分析的基本步驟

進行因素分析時，通常包括以下四個關鍵性步驟：

（一）檢測因素分析的前提條件

由於因素分析的主要目的是簡化資料或者是找出資料的基本因素結構，也就是

說，因素分析會將原始變數中的資訊重疊（相關）部分萃取出來並整合成因素，進而最終實現減少變數個數與萃取出因素的目的。因此，若要能夠進行因素分析，則必須要求原始變數之間應存在較強的相關性。否則，如果原始變數間是相互獨立、而不存在資訊重疊時，那麼也就無法將其整合和縮簡了，也就無須進行因素分析了。所以本步驟的主要目的就是希望能透過各種方法，以檢測原始變數間是否存在較強的相關性，是否適合進行因素分析。一般而言，如果變數之相關矩陣中的大部分相關係數都小於0.3，那麼就不適合做因素分析了。

（二）因素萃取

將原始變數整合成少數幾個因素是因素分析的主要目的之一。本步驟中就是要去決定共同因素的個數和求取因素解（萃取因素）的方法。

（三）使因素容易命名與具可解釋性

將原始變數整合為少數幾個因素後，如果因素的實質意涵無法釐清，則極不利於進一步的分析。本步驟就是希望透過各種方法（如座標軸旋轉），使萃取出來的因素，其實質意涵能夠被清楚的表達出來，進而使研究者能根據該涵義而對因素加以命名並深入的解釋它。

（四）計算各樣本的因素得分

因素分析的最終目標是減少變數個數，以便在進一步的分析中，能用較少的因素代替原始變數以參與資料分析與建模。本步驟將透過各種方法，計算原始資料在各因素上的得分，並以這些因素得分替代原始變數值，為未來進一步的分析奠定基礎。

下面將依次對上述的關鍵性步驟進行詳細討論。

6-6-1　因素分析的前提條件

因素分析的目的是從眾多的原始變數中，求同捨異以萃取出少數幾個具有代表性的因素。在這過程中，需要一個潛在的前提條件，即原始變數之間應具有較強的相關性。這個道理並不難理解，如果原始變數之間不存在較強的相關性，那麼就無法從中整合出能夠反映某些變數共同特性的共同因素了。因此，一般在進行因素分析前，須先檢驗原始變數間是否具有較強相關性的這個前提條件。SPSS軟體中提供了下列幾

種方法，以幫助研究者判斷原始變數是否適合進行因素分析：

（一）反映像相關矩陣（anti-image correlation matrix）

反映像相關矩陣中，各元素的值會等於負的偏相關係數。偏相關係數是控制其他變數不變的情形下，而計算某兩個變數間的淨相關係數。如果原始變數之間確實存在較強的相關性時，也就是說，如果原始變數中確實能夠萃取出共同因素的話，那麼變數之間的偏相關係數應該會很小，因為反映像相關矩陣中，它與其他變數重疊的解釋影響被扣除掉了。所以如果反映像相關矩陣中，大部分元素的值都較大的話，則應該考慮該觀測資料可能不適合做因素分析。

反映像相關矩陣之對角線上的元素，一般稱之為變數的「採樣適切性量數」（measure of sample adequacy, MSA），其數學定義為：

$$MSA_i = \frac{\sum\limits_{j \neq i} \gamma_{ij}^2}{\sum\limits_{j \neq i} \gamma_{ij}^2 + \sum\limits_{j \neq i} p_{ij}^2} \qquad （式6-8）$$

其中，γ_{ij}是變數x_i和其他變數x_j（$j \neq i$）間的簡單相關係數，p_{ij}為在控制了其他變數之影響力的情形下，變數x_i和它個變數x_j（$j \neq i$）間的偏相關係數。由式6-8可知，某變數x_i的MSA_i值應會介於0和1之間。當變數x_i和它個變數x_j（$j \neq i$）間的簡單相關係數平方和遠大於偏相關係數的平方和時，MSA_i值接近1。MSA_i的值越接近於1，意味著變數x_i和它個變數x_j（$j \neq i$）間的相關性越強。而當變數x_i和它個變數x_j（$j \neq i$）間的簡單相關係數平方和接近0時，MSA_i的值則接近0。MSA_i值越接近於0，意味變數x_i和它個變數x_j（$j \neq i$）間的相關性越弱。

藉由以上的觀念，研究者可以仔細觀察反映像相關矩陣，如果反映像相關矩陣中，除主對角元素外，其他大多數元素的絕對值均較小，而對角線上元素的值（MSA）較接近1時，則說明了這些變數的相關性較強，故觀測資料適合進行因素分析。反之，如果反映像相關矩陣中大部分元素的值都較大的話，而對角線上元素的值（MSA）較接近0時，則該觀測資料可能不適合進行因素分析。

（二）相關係數矩陣

利用原始變數間的簡單相關係數矩陣，可科學性的檢定兩變數間的相關性。如果相關係數矩陣中的大部分相關係數值均小於0.3，即各個變數間大多為弱相關的話，那麼原則上這些變數是不適合進行因素分析的。

（三）巴特利特球形檢定（Bartlett test of sphericity）

巴特利特球形檢定將以原始變數的相關係數矩陣為基礎進行檢定，以判斷相關係數矩陣是否為單位矩陣。所謂單位矩陣意指主對角元素為1，而非對角元素均為0的矩陣。因為如果相關係數矩陣為單位矩陣的話，代表各變數間沒有相關，因此觀測資料也就不適合做因素分析了。故巴特利特球形檢定的虛無假設（H_0）為相關係數矩陣是單位矩陣。

巴特利特球形檢定的檢定統計量將根據相關係數矩陣的行列式計算而得到，且其機率分配近似服從卡方分配。如果該統計量的值屬較大的值，且所對應的機率p值小於預設的顯著水準α（一般設$\alpha = 0.05$）時，則應拒絕虛無假設，亦即可認為相關係數矩陣並非單位矩陣，所以原始變數適合進行因素分析；反之，如果該統計量的值屬較小的值且所對應的機率p值亦大於預設的顯著水準（0.05）時，則不能拒絕虛無假設，因此可以認為相關係數矩陣為單位矩陣，在此情形下，原始變數就不適合進行因素分析了。

（四）KMO檢定（Kaiser-Meyer-Olkin test）

KMO檢定將比較原始變數間的「簡單相關係數」和「偏相關係數」的相對大小，因此須建立一個能比較「簡單相關係數」和「偏相關係數」的指標，此指標稱為KMO檢定統計量，其數學定義為：

$$KMO = \frac{\sum\limits_{j \neq i} \sum \gamma_{ij}^2}{\sum\limits_{j \neq i} \sum \gamma_{ij}^2 + \sum\limits_{j \neq i} \sum p_{ij}^2} \qquad （式6-9）$$

其中，γ_{ij}是變數x_i和其他變數x_j（$j \neq i$）間的簡單相關係數，p_{ij}是變數x_i和其他變數x_j（$j \neq i$）間在控制了其他變數下的偏相關係數。KMO與MSA的主要差異，在於KMO將相關係數矩陣中的所有元素都加入到了平方和的計算中。由式6-9可知，KMO統計量的值會介於0和1之間。當所有變數間的偏相關係數平方和遠遠小於簡單相關係數平方和時，KMO值接近1。KMO值越接近於1，意味著變數間的相關性越強，因此，原始變數越適合進行因素分析；當所有變數間的簡單相關係數平方和接近0時，則KMO值會接近0。KMO值越接近於0，意味著變數間的相關性越弱，那麼原始變數就越不適合進行因素分析。Kaiser訂出了常用的KMO統計量之衡量標準：0.9以上表示非常適合進行因素分析；0.8表示適合；0.7表示普通；0.6表示不太適合；0.5以下表示極

不適合。

（五）因素分析前提條件之小結

除了上述四點的前提條件外，樣本大小也是須考量的重點。在此，將執行因素分析時，所必備的前提條件整理如下：

1. 根據Gorsuch（1983），要進行探索性因素分析時，樣本大小的決定可遵照下列兩個原則：

    (1) 題項數與受訪者的比例最好在1：5以上，即樣本數應為題項數的5倍以上。

    (2) 受訪者的總數不得少於一百人，即樣本數不得少於一百個。

2. 反映像相關矩陣中，除主對角元素外，其他大多數元素的絕對值均較小，而對角線上元素的值較接近1時，則說明了這些變數的相關性較強，適合進行因素分析。

3. 原始變數之相關係數矩陣中的大部分相關係數值均大於0.3。

4. 巴特利特球形檢定之結果，必須顯著（即$p < 0.05$）。

5. KMO統計量值在0.8以上。

（六）在SPSS中，設定前提條件的檢測

在所蒐集的資料，於樣本數上若能符合Gorsuch（1983）的要求，那麼基本上就可以開始進行因素分析了。在SPSS中，只要執行【分析】／【維度縮減】／【因數】後，就可跳出【因數分析】對話框。在對話框中，按右側的【敘述統計】鈕，待跳出【因子分析：敘述統計】對話框後，即可開始設定檢測因素分析的前提條件。雖然因素分析的前提條件相當多，但是，一般而言，只要檢測KMO統計量值和進行巴特利特球形檢定就可以了。因此，讀者未來在【因子分析：敘述統計】對話框中的設定，只要勾選如圖6-4中的選項即可。

圖6-4　【因子分析：敘述統計】對話框的設定

6-6-2　因素萃取

在探索性因素分析的過程中，只要能求解出初始的因素負荷矩陣，就能確認到底須萃取出幾個因素。根據所依據的準則不同，有很多種求解初始因素負荷矩陣的方法，主要可以分為兩類：一類是基於主成分分析模型的主成分分析法（principal components factoring），另一類是以共同因素模型為基礎的共同因素分析法，包括主軸因素法（principal axis factoring）、最大概似法（maximum likelihood factoring）、最小平方法（least squares factoring）、Alpha法（Alpha factoring）、映像分析法（image analysis factoring）等。這些方法中，以主成分分析法較為常用。

主成分分析法也是一種資料化簡技術，但它不同於探索性因素分析。它的作法是將所蒐集到的各觀測變數之資料值予以歸納，並找出一個最能夠解釋各變數之因素（稱為主成分因素），同時會得到該因素的特徵值。當找到的第一個因素（主成分因素）後，探索性因素分析中會把該主成分因素當作是初始因素解，然後在剩餘的資訊中，再利用主成分分析法去找出第二個因素，依此原理持續萃取出其他因素，直到剩餘資訊無法再萃取出因素為止。

在上述過程中，特徵值一直扮演著確認因素個數的角色。特徵值即代表因素的貢獻度，貢獻度高的因素才會被萃取出來。而其他求解初始因素負荷矩陣的方法中，如主軸因素法也採用了和主成分分析法類似的演算法。所以，主成分分析法在因素分析中佔有重要的地位，也是探索性因素分析中用於萃取出共同因素的主要分析方法。

　　原則上，有p個變數就應該有p個共同因素，但是因素分析的目的是為了簡化資料，所以我們不會自找麻煩萃取出全部的p個共同因素，而只會萃取出前幾個特徵值較高的共同因素為目標（因為它們已能涵蓋原始資料的大部分資訊）。然而，到底需要幾個因素才能代表原來資料中的主要資訊部分呢？雖然到目前為止，學術上還沒有精確的定量方法可以用來輔助決定因素個數，但在實務應用上，還是有一些準則可以幫我們決定因素的個數，常用的準則有以下三個：

（一）特徵值準則

　　所謂特徵值準則就是只萃取出特徵值大於1的共同因素，而放棄特徵值小於1的共同因素。因為每個變數的變異數為1，該準則認為每個被萃取出來的因素至少應該能解釋一個變數的變異，否則就達不到精簡的目的。因此，當共同因素的特徵值大於1時，就意味著這個共同因素至少能解釋一個變數以上的變異。所以這個共同因素是有效率的、是值得萃取出來的。由此，不難理解，特徵值準則是實務應用中最常被用來確定因素個數的方法。

（二）陡坡圖準則

　　在陡坡圖準則中，將按照因素被萃取出的順序（即依特徵值大小排序），畫出因素的特徵值隨因素個數變化的散布圖，這種圖形就稱為陡坡圖（scree plot）。根據陡坡圖的形狀可以協助判斷該萃取出多少個因素個數（如圖6-5）。陡坡圖的形狀像一

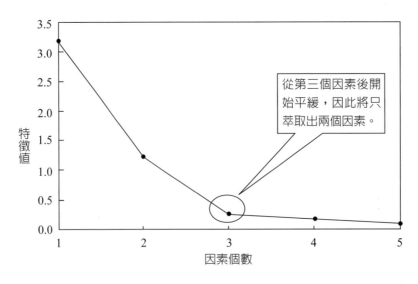

圖6-5　因素分析的陡坡圖

個山坡，從第一個因素開始，曲線迅速下降，然後下降趨勢變得較爲平緩，最後變成近似一條水平直線。一般而言，曲線開始變平緩的前一個點可被認爲是萃取的最大因素個數。因爲後面的這些散布點就好像是山腳下的「碎石」，捨去這些「碎石」，並不損失很多資訊，該準則也因此又名爲碎石圖。

（三）因素的累積總解釋變異量（%）

某因素的累積總解釋變異量（%）可定義爲：

$$c_i = \frac{V_i}{p} \qquad\qquad （式6-10）$$

p爲原始變數之個數，V_i爲第i個因素的特徵值，代表第i個因素於解釋變異時的貢獻度（解釋變異量）。由式6-10可知，第一個因素的累積總解釋變異量（%），就是它的特徵值除以原始變數之總個數。由於原有的p個變數已經進行了標準化處理（平均數爲0，變異數爲1），因此原始變數之總變異量爲p。故第一個因素的累積總解釋變異量（%），也可說成是它解釋總變異量時的貢獻度（即特徵值）除以總變異量。

前兩個因素的累積總解釋變異量（%）可定義爲：

$$c_2 = \frac{V_1 + V_2}{p} \qquad\qquad （式6-11）$$

由此，前k個因素的累積總解釋變異量（%）可定義爲：

$$c_k = \sum_{i=1}^{k} \frac{V_k}{p} \qquad\qquad （式6-12）$$

根據式6-12即可計算出各因素的累積總解釋變異量（%）。於進行探索性因素分析時，通常會選取累積總解釋變異量（%）達50～80%時的因素個數爲研究中所欲萃取出的因素個數。

表6-2　各因素的特徵值及累積總解釋變異量（%）

因素	特徵值	總解釋變異量（%）	累積總解釋變異量（%）
1	3.20	64.00%	64.00%
2	1.27	25.40%	89.40%
3	0.25	5.00%	94.40%
4	0.18	3.60%	98.00%
5	0.10	2.00%	100.00%

表6-2為某組資料經因素分析後的結果，該表列出了所有候選因素（即等於原始變數的數量，共五個）的特徵值、總解釋變異量（%）及累積總解釋變異量（%）。根據特徵值準則（特徵值大於1），對於表6-2的資料，應該選取兩個因素，從陡坡圖（圖6-5）來看也應該選取兩個因素，這兩個因素累計解釋了原始資料中總變異量的89.4%。因素累積總解釋變異量（%），也是確定因素個數時可以參考的指標，一般選取的因素數量應要求使累積的總解釋變異量（%）能達到50～80%以上。

當然在有些特定的情況下，研究者已經事先確定了因素的個數，也可以在SPSS中直接設定要萃取的因素個數。這種方法在檢定有關因素個數的理論和假設，或者重複做某些特定工作時非常方便。在實務的研究中，研究者很少僅僅依賴某一準則來決定因素個數，而是應該結合幾個準則進行綜合判斷。保留的因素是否有意義，是否能被解釋，也是在確定因素時應該考慮的重點。保留的因素太多，在解釋因素時可能會比較困難。

（四）因素萃取之小結

除了上述三個決定因素個數的準則外，也有一些其他方法常被運用於專題或論文中，茲綜合整理如下：

1. 因素之特徵值須大於1。
2. 運用陡坡圖。
3. 累積總解釋變異量（%）不得小於0.5。
4. 共同性（communality）須大於0.5。
5. 當某原始變數同時橫跨兩個因素時，在決定該變數到底隸屬於哪個因素時，可視該原始變數在兩個因素上的負荷量大小而決定，若兩個因素負荷量的差大於0.3時，則排除較小者。其他情形，可依文獻、理論或研究者之經驗、主觀而決定。
6. 以最大變異法（varimax）旋轉以後，在決定哪些題項該隸屬於哪個因素時，取該因素所包含之題項的因素負荷量絕對值大於0.5者。

（五）在SPSS中，設定萃取方式

在已開啟【因數分析】對話框的情形下，按右側的【萃取】鈕，待跳出【因子分析：擷取】對話框後，即可開始設定因素分析的萃取方式，如圖6-6。在圖6-6中，執行因素分析的方法，請選取【主成分】法，這樣才能求得各因素的特徵值、【分析】欄中選取【相關性矩陣】、【顯示】欄中選取【未旋轉因子解】選項與【碎石圖】選

項、【萃取】欄中選取【根據固有值】選項（固有值即特徵值），並於其後方的輸入欄中輸入「1」，意味著特徵值大於1的因素，才夠資格被萃取出來。至此，讀者應該也有發現，SPSS的中文翻譯，不僅不符統計專業術語外，各畫面中對同一名詞的翻譯也不太一致。

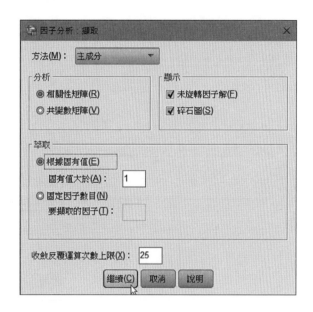

圖6-6　【因子分析：擷取】對話框的設定

6-6-3　因素的命名

　　因素的命名或解釋是因素分析的另一個重要課題。觀察因素負荷矩陣，如果因素負荷a_{ij}的絕對值在第i列的很多行上都有較大的值（通常大於0.5），則表示原始變數x_i與多個因素同時有較大的相關關係。也就是說，原始變數x_i的資訊需要由多個因素來共同解釋；如果因素負荷a_{ij}的絕對值在第j行的很多列上都有較大的值，則表示因素f_j能夠同時解釋許多變數的資訊，故因素f_j不能典型代表任何一個原始變數x_i。在這種情況下，因素f_j的實際含義是模糊不清的。

　　而在實際分析工作中，研究者總是希望對因素的實際含義有比較清楚的認識。為解決這個問題，可透過因素旋轉的方式使一個變數只在盡可能少的因素上有比較高的負荷。最理想狀態是，使某些變數在某個因素f_j上的負荷趨近於1，而在其他因素上的負荷趨近於0。這樣，一個因素f_j就能夠成為某些變數的典型代表，於是因素的實際含義也就能夠清楚表達了。

　　因素旋轉的目的就是想透過改變座標軸的位置，重新分配各個因素所解釋的變異之比例，使因素結構更為簡單，更易於解釋。因素旋轉不會改變模型對資料的擬合程度，也不會改變每個變數的共同性h_i^2，但卻會改變其對原始變數的貢獻度V_k（即特徵值）。而所謂「更簡單的因素結構」是指每個變數在盡可能少的因素上，都有比較高的負荷。

　　例如：以因素為軸，因素負荷為座標而做圖，則每個變數是該空間中的一個點，該圖稱為因素負荷圖，如圖6-7和圖6-8所示。

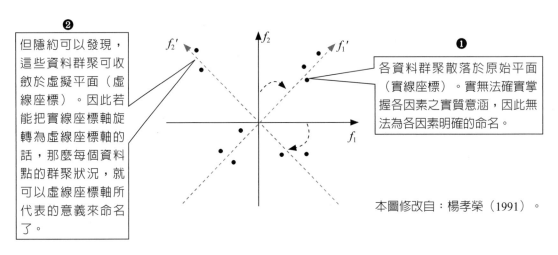

圖6-7　座標軸旋轉前的因素負荷圖

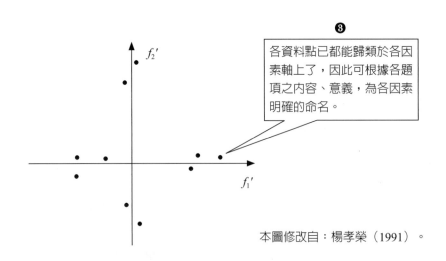

圖6-8　座標軸旋轉後的因素負荷圖

　　圖6-7是以兩個因素f_1、f_2為座標軸的因素負荷圖。可以看到，圖中的十個原始變數（十個點）在因素f_1、f_2上均有一定的負荷，但卻都和f_1、f_2座標軸有段距離，實很難看出各變數應歸屬於f_1、f_2的狀況。因此，因素f_1、f_2所應具有的涵義就很難去定義清楚。

　　而在圖6-8中，座標軸旋轉後，在新的座標軸中可發現，十個變數中有六個變數在新因素f_1'上有較高的負荷，而這六個變數在新因素f_2'上的負荷幾乎為0。此外，其餘的四個變數在因素f_2'上有較高的負荷，在因素f_1'的負荷幾乎為0。此時，因素f_1'、f_2'的含義就很清楚了，f_1'、f_2'它們分別是對原有六個變數和其他四個變數的整合與縮減。在此情形下，就可根據該六個原始變數（題項）的共同意義，由研究者主觀的為f_1'來取個合適且有意義的名稱了。舉一反三，當然f_2'的名稱，亦可由其所包含的四個原始變數之共同意義來命名。因此，座標旋轉後應盡可能使原始變數點出現在某個座標軸的附近，並同時遠離其他座標軸。在某個座標軸附近的變數只在該因素上有較高負荷，而在其他因素上只有很低的負荷。

　　因素旋轉的方式有兩種：一種為正交旋轉，另一種為斜交旋轉。正交旋轉是指座標軸在旋轉過程中始終保持互相垂直，於是新產生的因素仍可保持不相關性。而斜交旋轉中，座標軸中的夾角可以是任意角度，因此新產生的因素之間無法保證不具相關性。在使因素能被容易命名與解釋方面，斜交旋轉通常會優於正交旋轉，但卻也犧牲了一些代價，即無法保持因素的不相關性。因此，實務應用上一般會選用正交旋轉方式。正交旋轉方式有四次方最大值轉軸法（quartimax）、最大變異法（varimax）和Equamax轉軸法等。這些旋轉方法的目標是一致的，只是策略不同而已，其中又以最大變異法最為常用。

　　在已開啟【因數分析】對話框的情形下，按右側的【旋轉】鈕，待跳出【因子分析：旋轉】對話框後，即可開始設定因素分析的轉軸方式，如圖6-9。在圖6-9中，選取【最大變異】法，並於【顯示】欄中選取【旋轉解】選項。這樣未來產生的報表將有助於讀者辨識每個因素中將包含哪些題項，進而能為因素命名。

圖6-9　【因子分析：旋轉】對話框的設定

此外，為能於將來產生的因素分析報表中，更輕易地確認出各因素所包含的題項，建議讀者能設定【因數分析】對話框右側的【選項】鈕，如圖6-10。於開啟的【選項】對話框中，在【遺漏值】欄中選取【整批排除觀察值】選項，並勾選【係數顯示格式】欄中的【依大小排序】選項（依因素負荷量之大小遞減排序之意）與【暫停較小的係數】選項（暫停即隱藏之意，意即於報表不顯示較小的因素負荷量），並在其後方的輸入欄中輸入「0.5」（即小於0.5的因素負荷量將隱藏，不顯示於報表中）。這些設定的好處是：能使因素分析報表看起來比較簡潔，也能符合收斂效度之要求（因素負荷量要大於0.5）。

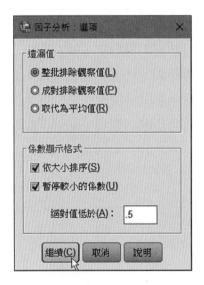

圖6-10　【因子分析：選項】對話框的設定

6-6-4　計算因素得分

在前面的幾個小節中，我們主要解決了用因素來表示一組原始變數的相關問題。如果我們要使用這些因素再來進行其他的研究，比如想把得到的因素作為自變數來做迴歸分析、對樣本進行分類或評價等，這些都需要對因素進行測量。這時，都必須先求算出每個因素在每個樣本上的實際值。而算出因素對應於每個樣本上的值，這些值就稱為因素得分（factor scores）。因素得分是因素分析的最終結果，在因素分析的實務應用中，當因素確定以後，便可計算各因素在每個樣本上的具體數值（因素得分），這些因素得分所形成的變數稱為因素變數。於是，在以後的分析中就可以使用這些因素變數以代替原始變數進行資料分析與建模，進而實現降維和簡化問題的目標。計算因素得分的過程相當繁雜，但在SPSS中，執行因素分析後，即可自動算出因素得分。

在已開啟【因數分析】對話框的情形下，按右側的【評分】鈕，待跳出【因子分析：因子評分】對話框後，即可開始設定計算各因素之得分的方式，如圖6-11。在圖6-11中，首先勾選【儲存成變數】選項，並在【方法】框中選取【迴歸】法為計算因素得分的方法。這樣，就可計算出各樣本中每一個因素的得分了。同時，系統也會把這些得分資料，於原始資料檔中，自動附加、儲存於每一樣本所屬的欄位中。

圖6-11　【因子分析：因子評分】對話框的設定

6-7　以因素分析法進行項目分析

　　實務上，研究者若預期未來的研究過程中會使用到探索性因素分析時，那麼在抽樣的設計上，應注意到樣本大小的問題。根據Gorsuch（1983），要進行探索性因素分析時，樣本大小的決定可遵照下列兩個原則：

(1) 題項數與受訪者的比例最好在1：5以上，即樣本數應為題項數的5倍以上。

(2) 受訪者的總數不得少於一百人，即樣本數不得少於一百個。

　　有了適當的樣本規劃後，再來進行探索性因素分析當可比較順利。在本節中，將介紹在研究的預試階段中，如何利用探索性因素分析來評估問卷諸題項的適切性。

▶ 範例6-1

> 附錄四為「電信業服務品質」之問卷初稿，共30個題項。試運用因素分析法進行項目分析，以刪除不適切題項。雖該問卷之題項中包含反向題，但反向題皆已重新計分完成，資料檔為「ex6-1.sav」。

　　利用因素分析法進行項目分析，以刪除不適切題項時，主要是藉由因素負荷量的絕對值大小，來輔助判斷個別題項與共同因素間之關係的強弱，進而刪除因素負荷量絕對值較低的題項。在此目的下進行探索性因素分析時，將使用主成分分析之單一因素的原始負荷量來輔助判斷。也就是說，將來執行因素分析時，萃取因素的方法將使用【主成分】分析法，且強迫性的只萃取出「1」個因素，如此就可獲得每個題項的因素負荷量。據此，即可篩選出因素負荷量絕對值較低的題項而刪除之。

　　當把所萃取的因素個數強迫設定為「1」時，從因素分析的數學模型（式6-1）來看，其模型即類似於第5章所提及的「項目與總分相關」法。而此時所產生的因素負荷量，其角色則類似於「題項與總分相關」法中的相關係數之角色。因此，當欲運用因素分析法刪除不適切的題項時，常用的判斷原則有兩個，即是：

1. 【成分矩陣】表中因素負荷量小於「0.5」的題項，將被刪除。

2. 除此之外，由於當取一個因素時，共同性為因素負荷的平方，所以另一個標準是共同性小於「0.3」的題項（因為0.3的平方根，大約等於0.5），亦將被刪除（邱皓政，2006）。在學術性研究中，此準則較為常用。

操作 步驟

詳細操作過程，請讀者自行參閱影音檔「ex6-1.mp4」。

▶ **報表解說**

執行後所產生的分析報表有三個，分別為【共同性】（communality）、【解說總變異量】與【成分矩陣】，由於我們只是想藉由因素分析的結果來進行項目分析，所以在此將只運用【共同性】報表來輔助判斷，並以刪除不適切的題項（共同性小於0.3的題項）為目標。因此，執行因素分析後，所產生的報表中，只看【共同性】表即可，如表6-3。

表6-3 【共同性】表

	初始	萃取
1.停車方便性	1.000	0.061
2.服務中心便利性	1.000	0.081
3.有專人引導服務	1.000	0.520
4.人員服裝儀容	1.000	0.045
5.人員禮貌談吐	1.000	0.042
6.總修復時間	1.000	0.749
7.備有免費申訴或諮詢電話	1.000	0.528
8.未服務前的等候時間	1.000	0.645
9.營業時間符合需求	1.000	0.827
10.完成異動作業時間	1.000	0.751
11.備有電子布告欄	1.000	0.453
12.完成服務所花時間	1.000	0.646
13.協助客戶解決問題能力	1.000	0.795
14.人員的專業知識	1.000	0.789
15.計費交易正確性	1.000	0.873
16.客戶資料保密性	1.000	0.828
17.準時寄發繳費通知	1.000	0.616
18.備有報紙雜誌	1.000	0.476
19.提供新資訊	1.000	0.465

表6-3　【共同性】表（續）

	初始	萃取
20.話費維持合理價位	1.000	0.826
21.臨櫃排隊等候	1.000	0.778
22.繳納電費方便性	1.000	0.574
23.即時處理客戶抱怨	1.000	0.675
24.備有舒適及足夠座椅	1.000	0.775
25.內外環境整潔	1.000	0.540
26.櫃檯清楚標示服務項目	1.000	0.776
27.申請業務手續簡便	1.000	0.614
28.提供即時資訊	1.000	0.576
29.能立即給予滿意回覆	1.000	0.068
30.不因忙而忽略消費者	1.000	0.083

　　觀察表6-3的【共同性】表，其中問卷的q1、q2、q4、q5、q29與q30等6題，其共同性表都小於0.3，代表這些題項與共同因素間的關係較弱。因此，可列為優先考慮刪除的題項。

　　至此，我們已學習過兩種項目分析的方法，即「題項與總分相關」法（範例5-1）與「因素分析」法。這兩種方法是一般論文中進行項目分析時，最常使用的方法。由於這兩種方法都是基於題項間的相關性而發展出來的，故「題項與總分相關」法與「因素分析」法的項目分析結果，亦相當一致（如表6-4）。儘管如此，建議讀者未來進行項目分析時，還是以選用「因素分析」法為原則。因為若選用「因素分析」法時，在進行項目分析的過程後，也可順便檢視資料的因素結構是否如預期？即根據文獻所設計的問卷，其各因素構面中所應包含的題項是否有跑掉？

　　此外，雖然上述分析結果中，q1、q2、q4、q5、q29與q30等6題是建議刪除的題項，但是要注意以下三點：

1. 請避免大刀一砍，一次刪6題。正確的作法是一次只刪1題，然後遞迴的、逐次的進行「因素分析」法，直到沒有「共同性小於0.3的題項」為止。

2. 有時也請手下留情。是否「共同性小於0.3的題項」真的一定要砍？要記得學術論文中，量表／問卷中所包含的構面、題項大都是參考過去文獻中的原始題項，再依研究主題、對象稍加修改遣辭用句而來，所以，其因素結構基本上是已知的、

固定的（白話講就是哪個構面應包含哪些題項是已知的、固定的）。如果，研究者進行項目分析的過程中，刪掉某個題項後，結果卻發現量表／問卷中原本應具有的因素結構改變了，甚至某個構面消失了或構面中的題項數少於兩題。此時，建議最好不要刪除題項，理由可以這樣寫：「雖第x題其共同性小於0.3應予刪除，然考量不影響原始問卷的因素結構，故在本研究中仍予保留。」

3. 從第二點的說明中，讀者或許也發現了，實務中以「因素分析」法進行項目分析時，正確的作法應該是先執行「強迫性」萃取一個因素個數的因素分析，刪題後，再執行「特徵值大於1」的因素分析（不預先限定萃取的因素個數），以檢視因素結構是否改變？如此不斷的遞迴的、逐次的進行「因素分析」法，直到沒有可刪題項為止。

表6-4　因素分析法與「題項與總分相關」法比較

題目內容	「題項與總分相關」法	因素分析法	刪除否
1.停車方便性	0.239	0.061	是
2.服務中心便利性	0.269	0.081	是
3.有專人引導服務	0.708	0.520	
4.人員服裝儀容	0.227	0.045	是
5.人員禮貌談吐	0.216	0.042	是
6.總修復時間	0.831	0.749	
7.備有免費申訴或諮詢電話	0.717	0.528	
8.未服務前的等候時間	0.771	0.645	
9.營業時間符合需求	0.901	0.827	
10.完成異動作業時間	0.832	0.751	
11.備有電子布告欄	0.651	0.453	
12.完成服務所花時間	0.772	0.646	
13.協助客戶解決問題能力	0.875	0.795	
14.人員的專業知識	0.869	0.789	
15.計費交易正確性	0.919	0.873	
16.客戶資料保密性	0.892	0.828	
17.準時寄發繳費通知	0.755	0.616	
18.備有報紙雜誌	0.662	0.476	
19.提供新資訊	0.643	0.465	

表6-4　因素分析法與「題項與總分相關」法比較（續）

題目內容	「題項與總分相關」法	因素分析法	刪除否
20.話費維持合理價位	0.891	0.826	
21.臨櫃排隊等候	0.853	0.778	
22.繳納電費方便性	0.730	0.574	
23.即時處理客戶抱怨	0.801	0.675	
24.備有舒適及足夠座椅	0.866	0.775	
25.內外環境整潔	0.717	0.540	
26.櫃檯清楚標示服務項目	0.866	0.776	
27.申請業務手續簡便	0.756	0.614	
28.提供即時資訊	0.732	0.576	
29.能立即給予滿意回覆	0.260	0.068	是
30.不因忙而忽略消費者	0.293	0.083	是

　　項目分析的方法相當多（詳見第15章），包含七種方法，如遺漏值數量評估法、平均數法、標準差法、偏態法、極端組檢驗法、「題項與總分相關」法與因素分析法。雖然到本章為止，已介紹過「題項與總分相關」法與因素分析法。但事實上，論文中進行項目分析時，並非每一種方式皆需運用，讀者可依自己的需求與成本進行考量。不過，若能正確的使用因素分析法，應是個不錯且嚴謹的策略。

6-8　進行正式的因素分析

　　在本小節中，將進行正式的因素分析，以確認「電信業服務品質」的因素結構，並為各因素命名。此外，命名完成後，將評估「電信業服務品質」的建構效度。建構效度可分為收斂效度與區別效度兩種。檢驗量表的建構效度時，最嚴謹的方法，應該是使用結構方程模型。但在SPSS中並無法同時檢驗收斂效度與區別效度，僅能使用探索性因素分析中所產生的因素負荷量來進行收斂效度的評估，但這過程中，仍有一些小缺憾，即無法對因素負荷量進行顯著性檢定。所以，一般在學術上，若只利用因素分析來進行效度評估時，這種效度評估通常就稱「初步的建構效度評估」。

範例6-2

附錄四為「電信業服務品質」之問卷初稿，經進行項目分析（完整的項目分析，如第15-5節），刪掉不適當的題項後，正式問卷中僅存21個題項（題項編號已重排）。經實際施測完成後，所得的原始資料如資料檔「ex6-2.sav」，試進行因素分析，以確認「電信業服務品質」的因素結構，並為各因素命名。此外，請開啟「ex6-2.docx」製作如表6-5的因素分析表，以評估「電信業服務品質」問卷的信度，並掌握其初步的建構效度。

表6-5　電信業服務品質因素分析表

因素名稱	因素構面內容	因素負荷	轉軸後平方負荷量		Cronbach's α
			特徵值	解釋變異量%	
專業性服務	12.客戶資料保密性	0.853	7.947	37.841	0.969
	15.話費維持合理價位	0.848			
	10.人員的專業知識	0.843			
	09.協助客戶解決問題能力	0.837			
	17.繳納電費方便性	0.833			
	18.即時處理客戶抱怨	0.829			
	11.計費交易正確性	0.749			
	13.準時寄發繳費通知	0.719			
	05.營業時間符合需求	0.691			
	01.有專人引導服務	0.503			
服務等候	08.完成服務所花時間	0.862	5.342	25.440	0.971
	04.未服務前的等候時間	0.861			
	06.完成異動作業時間	0.786			
	02.總修復時間	0.782			
	16.臨櫃排隊等候	0.780			
	21.申請業務手續簡便	0.760			
營業設施	07.備有電子布告欄	0.881	4.363	20.774	0.920
	14.備有報紙雜誌	0.807			
	20.櫃檯清楚標示服務項目	0.636			
	19.備有舒適及足夠座椅	0.636			
	03.備有免費申訴或諮詢電話	0.631			

表6-5　電信業服務品質因素分析表（續）

因素名稱	因素構面內容	因素負荷	轉軸後平方負荷量		Cronbach's α
			特徵值	解釋變異量%	
總解釋變異量：84.055%					
整體信度：0.976					

　　假設經嚴謹的項目分析後，定稿後的正式問卷（即電信業服務品質）問卷，總共將只包含21道題項（題項編號已重排）。再經正式施測後，所蒐集回來的資料共有338筆有效問卷（ex6-2.sav）。「電信業服務品質」問卷主要是參考Parasuraman、Zeithaml及Berry（簡稱PZB）三人於1988年提出的「SERVQUAL」量表，再依台灣電信業的特質修改而成。原始的「SERVQUAL」量表應包含五個構面，分別為可靠性（reliability）、回應性（responsiveness）、保證性（assurance）、同理心（empathy）與有形性（tangibles）（Parasuraman, Zeithaml, & Berry, 1988）。然而，「電信業服務品質」問卷其調查主題與對象均迥異於原始「SERVQUAL」量表。在此，研究者想透過探索性因素分析探索「電信業服務品質」的因素結構、評估其信度，並掌握其初步的建構效度（只評估收斂效度）。

　　論文中，利用表6-5的因素分析表，就可確認「電信業服務品質」的因素結構、評估問卷的信度，並掌握初步的建構效度。表6-5是個通用的格式，常用於論文中，作者也因此將此表製作於「ex6-2.docx」中，以方便讀者日後修改使用。而本範例的目標就是將執行因素分析與信度分析後，所得的因素負荷量、特徵值、解釋變異量（%）與Cronbach's α值填入表6-5中，以初步檢驗「電信業服務品質」量表的信、效度。

　　在進行分析之前，研究者最好能先擬定因素分析的執行與分析策略，包含：

1. 執行策略

　　(1)確認樣本數是否已達問卷題項的5倍以上，且樣本數的總數不少於一百個。

　　(2)分析方法：主成分分析法。

　　(3)只萃取出特徵值大於1的因素。

　　(4)轉軸法：最大變異法（varimax）。

　　(5)因素負荷要遞減排序。

　　(6)設定大於0.5的因素負荷才於報表中顯示出其數值，如此報表較簡潔外，也能

符合收斂效度的原則。但若因這個設定而導致影響因素結構（即某因素該包含哪些題項）之判斷時，亦可放寬至0.3。

2. 分析策略

(1)KMO統計量值0.8以上且巴特利特球形檢定之結果，必須具有顯著（即p < 0.05）。

(2)決定萃取出的因素個數時，應綜合運用下列原則：

　a. 特徵值大於1。

　b. 陡坡圖檢定準則。

　c. 累積解釋總變異量（%）不得小於0.5。

　d. 共同性（communality）須大於0.5。

(3)決定因素結構時，應遵循下列原則：

　a. 兩個因素負荷量絕對值差大於0.3時，排除較小者。

　b. 以最大變異法（varimax）旋轉以後，取該因素所包含之題項的因素負荷量絕對值大於0.5者。

　c. 若題項橫跨兩個因素以上，且其因素負荷量差距亦不大時，則表示該題項的區別效度可能較差。此時，將導致難以判斷該題項到底應歸屬哪個因素，這時可回頭參酌所引用之原始問卷／量表的因素結構，而定奪該題項應歸入哪個因素。

3. 信度要求

Cronbach's α值大於0.7。

4. 初步建構效度要求

(1)所萃取出之因素的特徵值（eigenvalue）須大於1。

(2)各構面的衡量題項皆可收斂於同一個共同因素之下。

(3)各因素構面中，各變數之因素負荷量大於0.5。

(4)累積總解釋變異量（cumulative explained variation）須達50%以上時。

（操）（作）步驟

詳細操作過程，請讀者自行參閱影音檔「ex6-2.mp4」。

▶ 報表解說

執行完上述操作步驟後，即可跑出因素分析之相關報表，並將因素得分儲存於資料檔中，報表相當長，限於篇幅，在此僅解釋必要之報表。

（一）檢定樣本資料是否適合進行因素分析

首先，我們將檢定原始變數間，是否存在特定的相關性、是否適合採用因素分析來萃取出因素。在此，可藉助Bartlett球形檢定（虛無假設：相關係數矩陣為單位矩陣）和KMO檢定方法進行分析，如表6-6所示。

由表6-6可知，Bartlett球形檢定之卡方統計量的觀測值為14,403.141，其對應的顯著性（機率p值）為0.000。就檢定概念而言，顯著水準為0.05時，由於顯著性小於顯著水準，故應拒絕虛無假設，而認為相關係數矩陣與單位矩陣有顯著差異，也就是說相關係數矩陣不為單位矩陣之意，故適合進行因素分析。同時，KMO值為0.824（大於0.8），依據Kaiser（1958）對KMO之衡量標準可知，原始變數確實是適合進行因素分析的。

表6-6　KMO與Bartlett球形檢定表

Kaiser-Meyer-Olkin取樣適切性量數。		.824
Bartlett的球形檢定	近似卡方檢定	14403.141
	自由度	210
	顯著性	.000

（二）萃取因素

根據原始變數的相關係數矩陣，我們將應用「主成分分析法」並以「特徵值大於1」為篩選條件來萃取出因素，分析結果如表6-7至表6-8與圖6-12所示。

表6-7　共同性

	初始	萃取
1.有專人引導服務	1.000	.554
2.總修復時間	1.000	.916
3.備有免費申訴或諮詢電話	1.000	.639
4.未服務前的等候時間	1.000	.924

表6-7　共同性（續）

	初始	萃取
5.營業時間符合需求	1.000	.888
6.完成異動作業時間	1.000	.921
7.備有電子布告欄	1.000	.869
8.完成服務所花時間	1.000	.926
9.協助客戶解決問題能力	1.000	.898
10.人員的專業知識	1.000	.872
11.計費交易正確性	1.000	.898
12.客戶資料保密性	1.000	.927
13.準時寄發繳費通知	1.000	.674
14.備有報紙雜誌	1.000	.834
15.話費維持合理價位	1.000	.919
16.臨櫃排隊等候	1.000	.908
17.繳納電費方便性	1.000	.762
18.即時處理客戶抱怨	1.000	.796
19.備有舒適及足夠座椅	1.000	.858
20.櫃檯清楚標示服務項目	1.000	.857
21.申請業務手續簡便	1.000	.813

　　表6-7為執行因素分析後，所產生的初始解與萃取後各題項變數的共同性。共同性表中，「初始」欄位的意義為對原始二十一個變數，如果採用主成分分析法萃取出所有的因素（即萃取出二十一個因素），那麼原始變數的所有變異都可被解釋，因此變數的初始共同性均為1（原始變數標準化後的變異數為1）。

　　但是事實上，因素分析的目標為簡化資料，因此萃取出的因素個數必須小於原始變數的個數，所以不可能萃取出全部所有的因素（二十一個）。表6-7之第三欄「萃取」欄位是依所設定的萃取條件（在此為特徵值大於1）來萃取因素時的共同性。可以清楚的看出，q2、q4～q12、q14～q16、q19～q21等變數的絕大部分資訊（大於80%）可被萃取出的因素所解釋，這些變數的資訊遺失較少。但只有q1、q3等兩個變數的資訊遺失較為嚴重（近40%）。整體而言，本次因素萃取的效果大致上可以接受。

表6-8　解說總變異量表

成分	初始固有值			擷取平方和負荷量			旋轉平方和負荷量		
	總計	變異的%	累加%	總計	變異的%	累加%	總計	變異的%	累加%
1	14.427	68.700	68.700	14.427	68.700	68.700	7.947	37.841	37.841
2	1.844	8.779	77.479	1.844	8.779	77.479	5.342	25.440	63.281
3	1.381	6.576	84.055	1.381	6.576	84.055	4.363	20.774	84.055
4	.631	3.005	87.060						
5	.583	2.778	89.838						
6	.467	2.224	92.061						
7	.335	1.597	93.658						
8	.302	1.438	95.096						
9	.244	1.160	96.256						
10	.210	1.001	97.257						
11	.122	.582	97.839						
12	.102	.487	98.326						
13	.097	.463	98.789						
14	.069	.329	99.118						
15	.065	.308	99.426						
16	.051	.245	99.671						
17	.040	.193	99.864						
18	.014	.067	99.931						
19	.009	.042	99.973						
20	.005	.025	99.998						
21	.000	.002	100.00						

　　表6-8為因素解釋原始變數之總變異量的情況。該表中第一行為「成分」，它代表因素的編號，之後每三行成一組，每組中各欄位的意義依次是「總計」欄、「變異的%」欄與「累加%」欄。須特別注意的是，「總計」欄內所顯示的數據，即為特徵值。

◆ 第一組資料項〔第二至第四欄，即「初始固有值」（初始特徵值）欄〕
　　第二至第四欄描述了初始因素解的情況。很清楚的可以看到，第一個因素的特

徵值為14.427（第二欄「總計」欄），解釋了原始二十一個變數之總變異量的68.7%（14.427÷21×100）（第三欄「變異的%」欄）。累積變異貢獻率為68.7%（第四欄「累加%」欄）。第二個因素的特徵值為1.844，解釋原始二十一個變數之總變異的8.779%（1.844÷21×100），累積變異貢獻率為77.479%（68.7%＋8.779%）。其餘資料之意義類似。在初始解中，由於萃取了二十一個因素，因此原始變數的總變異全部都會被解釋掉，表6-8的第四欄的最後一個數值100%，即可說明這點。

◆ 第二組資料項〔第五至第七欄，即「擷取平方和負荷量」（轉軸前的因素負荷量）欄〕

第五至第七欄描述了「轉軸前」之因素負荷量的概況。可以看出，由於設定了特徵值大於1，才能萃取成因素。因此本範例將只萃取出三個因素，這三個因素共解釋了原始變數之總變異的84.055%。整體而言，原始變數的資訊遺失量並不多。因此，本次的因素分析效果可謂理想。另外，第五欄「總計」的意義為各因素的貢獻度，也就是指各因素的特徵值之意。

◆ 第三組資料項〔第八至第十欄，即「旋轉平方和負荷量」（轉軸後的因素負荷量）欄〕

第八至第十欄描述了最後的因素解（即轉軸後的因素負荷量）的結果。可以看出，因素旋轉後，「累積總解釋變異量%」並沒有改變。也就是說，使用「最大變異」法並不會去改變到原始變數的共同性（原始變數能被所有因素共同解釋的部分）。但卻重新分配了各個因素解釋原始變數的變異量（第九欄），即改變了各因素的貢獻度（第八行「總計」，即特徵值），以使得因素更易於解釋與命名。

從圖6-12的陡坡圖來看，橫座標為「成分號碼」（因素編號），縱座標為「固有值」（特徵值）。很清楚可以看到，第一個因素的特徵值很高，對解釋原始變數的貢獻度最大；第四個以後的因素，其特徵值都較小，陡坡圖較為平坦，對解釋原始變數的貢獻度變得很小，已經成為可被忽略的「碎石頭」。因此，再次說明了只萃取出三個因素是合適的。

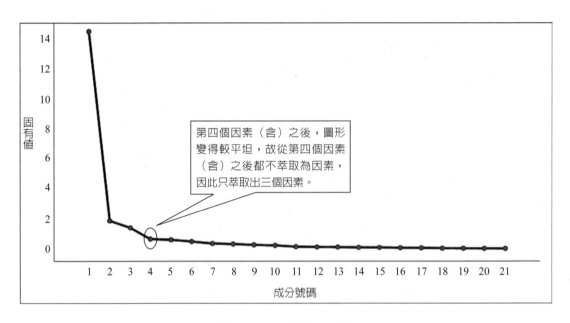

圖6-12　因素的陡坡圖

表6-9　成分矩陣（轉軸前成分矩陣）

	成分		
	1	2	3
11.計費交易正確性	.937		
12.客戶資料保密性	.915		
5.營業時間符合需求	.913		
15.話費維持合理價位	.912		
9.協助客戶解決問題能力	.898		
20.櫃檯清楚標示服務項目	.888		
19.備有舒適及足夠座椅	.887		
16.臨櫃排隊等候	.882		
10.人員的專業知識	.875		
6.完成異動作業時間	.867		
2.總修復時間	.866		
18.即時處理客戶抱怨	.813		
8.完成服務所花時間	.805		
4.未服務前的等候時間	.804		
21.申請業務手續簡便	.782		

表6-9　成分矩陣（轉軸前成分矩陣）（續）

	成分		
	1	2	3
13.準備寄發繳費通知	.778		
17.繳納電費方便性	.736		
1.有專人引導服務	.714		
3.備有免費申訴或諮詢電話	.704		
14.備有報紙雜誌	.684		
7.備有電子布告欄	.661		.517

　　表6-9為成分矩陣，又稱為轉軸前因素負荷矩陣。它是因素分析後，能呈現各原始變數對各因素之因素負荷量的表格。由表6-9可知，二十一個變數共可萃取出三個因素。在第一個因素上的負荷都很高，意味著它們與第一個因素的相關程度高，因此第一個因素很重要；第二個、第三個因素與原始變數的相關性均較小（因素負荷量小於0.5，所以沒有顯示出來），它們對原始變數的解釋作用似乎較不顯著。另外，在目前情況下，讀者應可以理解，要對這三個因素的實際意義做出定義，有其實質上的困難（因為很難判定，各因素中確實包含了那些題項）。故此時，正可突顯出後續進行轉軸處理的重要性。

（三）因素的命名與解釋

　　為使因素具有命名解釋性，在此將採用最大變異法對成分矩陣實施正交旋轉。同時也設定了依照因素負荷降冪輸出的轉軸後因素負荷，且因素負荷量小於0.5將不顯示，以符收斂效度原則，分析結果如表6-10所示。

　　表6-10即為轉軸成分矩陣（轉軸後的成分矩陣），又稱為轉軸後的因素負荷矩陣。與旋轉前的因素負荷矩陣（表6-9）相比，轉軸後的因素涵義（因素所包含的題項）較為清晰、較具可命名性。由表6-10可知，可萃取出三個因素，這三個因素的說明如下：

➤ 第一個因素：專業性服務

　　由表6-10可發現，q12、q15、q10、q9、q17、q18、q11、q13、q5與q1，共十個題項變數，在第一個因素上有較高的負荷。也就是說，第一個因素主要解釋了這十個題項變數的意涵。觀察這十個題項變數之原始題項內容，可發覺這些題項都是代表著

電信業者經營管理的專業服務，因此第一個因素可命名爲「專業性服務」。

➤ 第二個因素：服務等候

q8、q4、q6、q2、q16與q21，共六個題項變數，在第二個因素上有較高的負荷。故第二個因素主要解釋了這六個題項變數，而這六個題項變數的原始題項內容，都反映著服務等候的特質，因此第二個因素將命名爲「服務等候」。

➤ 第三個因素：營業設施

最後，q7、q14、q20、q19與q3，共五個題項變數，在第三個因素上有較高的負荷，故第三個因素主要解釋了這五個題項變數，而這五個題項變數的原始題項內容，都反映著電信業者之營業設施，所以第三個因素將命名爲「營業設施」。

表6-10　旋轉成分矩陣（轉軸後的成分矩陣）

	成分		
	1	2	3
12.客戶資料保密性	.853		
15.話費維持合理價位	.848		
10.人員的專業知識	.843		
9.協助客戶解決問題能力	.837		
17.繳納電費方便性	.833		
18.即時處理客戶抱怨	.829		
11.計費交易正確性	.749		
13.準時寄發繳費通知	.719		
5.營業時間符合需求	.691		.562
1.有專人引導服務	.503		
8.完成服務所花時間		.862	
4.未服務前的等候時間		.861	
6.完成異動作業時間	.528	.786	
2.總修復時間	.528	.782	
16.臨櫃排隊等候		.780	
21.申請業務手續簡便		.760	
7.備有電子布告欄			.881
14.備有報紙雜誌			.807

表6-10 旋轉成分矩陣（轉軸後的成分矩陣）（續）

	成分		
	1	2	3
20.櫃檯清楚標示服務項目	.584		.636
19.備有舒適及足夠座椅	.587		.636
3.備有免費申訴或諮詢電話			.631

（四）計算因素得分

為了後續的研究分析方便，我們將計算因素得分。在此將採用迴歸法估計因素得分，並輸出因素得分，其結果如表6-11所示。

表6-11即為成分評分係數矩陣，又稱為因素得分係數矩陣。由表6-11可見計算三個因素之得分變數的變數值時，在第一因素中，因素得分係數較高的都是旋轉後因素負荷較高的變數，而因素得分係數較低或屬負數值（方向相反）的變數則屬第二、三因素，這與我們所定義之因素的實際涵義是相吻合的。這個表，未來的再使用率並不高。

表6-11 成分評分係數矩陣

	成分		
	1	2	3
1.有專人引導服務	.036	−.074	.137
2.總修復時間	.005	.246	−.162
3.備有免費申訴或諮詢電話	.019	−.143	.239
4.未服務前的等候時間	−.125	.292	−.032
5.營業時間符合需求	.072	−.090	.131
6.完成異動作業時間	.004	.248	−.163
7.備有電子布告欄	−.144	−.082	.404
8.完成服務所花時間	−.125	.293	−.033
9.協助客戶解決問題能力	.158	−.081	−.008
10.人員的專業知識	.169	−.047	−.067
11.計費交易正確性	.097	−.025	.022
12.客戶資料保密性	.161	−.051	−.046

表6-11　成分評分係數矩陣（續）

	成分		
	1	2	3
13.準時寄發繳費通知	.135	.003	−.088
14.備有報紙雜誌	−.166	.006	.338
15.話費維持合理價位	.160	−.051	−.044
16.臨櫃排隊等候	−.039	.228	−.075
17.繳納電費方便性	.211	−.028	−.171
18.即時處理客戶抱怨	.182	−.086	−.050
19.備有舒適及足夠座椅	.024	−.078	.185
20.櫃檯清楚標示服務項目	.022	−.076	.184
21.申請業務手續簡便	−.120	.230	.029

此外，當你再重新檢視原始資料檔時，會發現多了三個變數，其名稱分別爲FAC1_1（代表專業性服務）、FAC2_1（代表服務等候）與FAC3_1（代表營業設施），如圖6-13所示。這些變數就是SPSS根據因素得分係數矩陣所算出來的，它們代表每個樣本對21題題項的綜合評分概況。因此，現在開始可簡單的只使用這三個變數值來替代先前的21題題項了。也就是說，這三個變數值就是每個受訪者於21題服務品質題項的答題狀況，經縮減成三個因素後的得分，每一個因素的因素得分，其平均數爲0、標準差爲1。正值表示高於平均水準，負值表示低於平均水準。

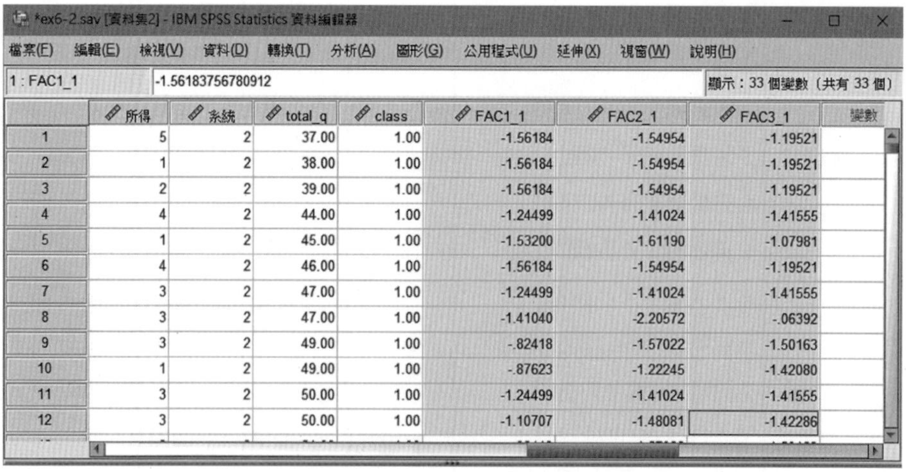

	所得	系統	total_q	class	FAC1_1	FAC2_1	FAC3_1	變數
1	5	2	37.00	1.00	-1.56184	-1.54954	-1.19521	
2	1	2	38.00	1.00	-1.56184	-1.54954	-1.19521	
3	2	2	39.00	1.00	-1.56184	-1.54954	-1.19521	
4	4	2	44.00	1.00	-1.24499	-1.41024	-1.41555	
5	1	2	45.00	1.00	-1.53200	-1.61190	-1.07981	
6	4	2	46.00	1.00	-1.56184	-1.54954	-1.19521	
7	3	2	47.00	1.00	-1.24499	-1.41024	-1.41555	
8	3	2	47.00	1.00	-1.41040	-2.20572	-.06392	
9	3	2	49.00	1.00	-.82418	-1.57022	-1.50163	
10	1	2	49.00	1.00	-.87623	-1.22245	-1.42080	
11	3	2	50.00	1.00	-1.24499	-1.41024	-1.41555	
12	3	2	50.00	1.00	-1.10707	-1.48081	-1.42286	

圖6-13　原始資料檔中自動產生三個代表因素得分的欄位

（五）因素分析最終結果的呈現

於SPSS中執行完因素分析後所輸出的報表相當長，理解因素分析輸出報表的解釋後，相信讀者已可掌握因素分析之精華了。然而在你的報告、專題或論文中，以前述的分析過程來解釋因素分析的結果並不恰當，故建議可將所產生的報表略為整理一下，如此較具可讀性。

一般研究者會將因素分析的結果，整理成如表6-12的因素分析表，此表可顯示出各因素所包含的題項與其貢獻度，亦可顯示出量表的信度，完整的呈現出因素分析之結果且秀出量表的信、效度。

表6-12　電信業服務品質因素分析表

因素名稱	因素構面內容	因素負荷	轉軸後平方負荷量		Cronbach's α
			特徵值	解釋變異量%	
專業性服務	12.客戶資料保密性	0.853	7.947	37.841	0.969
	15.話費維持合理價位	0.848			
	10.人員的專業知識	0.843			
	09.協助客戶解決問題能力	0.837			
	17.繳納電費方便性	0.833			
	18.即時處理客戶抱怨	0.829			
	11.計費交易正確性	0.749			
	13.準時寄發繳費通知	0.719			
	05.營業時間符合需求	0.691			
	01.有專人引導服務	0.503			
服務等候	08.完成服務所花時間	0.862	5.342	25.440	0.971
	04.未服務前的等候時間	0.861			
	06.完成異動作業時間	0.786			
	02.總修復時間	0.782			
	16.臨櫃排隊等候	0.780			
	21.申請業務手續簡便	0.760			
營業設施	07.備有電子布告欄	0.881	4.363	20.774	0.920
	14.備有報紙雜誌	0.807			
	20.櫃檯清楚標示服務項目	0.636			

表6-12　電信業服務品質因素分析表（續）

因素名稱	因素構面內容	因素負荷	轉軸後平方負荷量		Cronbach's α
			特徵值	解釋變異量%	
營業設施	19.備有舒適及足夠座椅	0.636	4.363	20.774	0.920
	03.備有免費申訴或諮詢電話	0.631			
總解釋變異量：84.055%					
整體信度：0.976					

　　觀察表6-12，各因素（又可稱之為電信業服務品質的子構面）的信度Cronbach's α值分別為0.969、0.971、0.920，皆大於0.7，而整體量表信度更高達0.976。代表其所呈現的信度值高於一般水準，可知電信業服務品質量表之信度相當高。在各題項之因素負荷方面，則全部都大於0.5，且累積的總解釋變異量亦達84.055%，此正可說明本量表亦具有相當不錯的收斂效度，符合初步建構效度的要求。至於區別效度，仍須使用更進階的方式（例如：組合信度、平均變異抽取量）來加以檢驗。在後續章節中，我們再來予以說明。

6-9　組合信度與平均變異抽取量

　　組合信度（composite reliability，簡稱CR）與平均變異抽取量（average variance extracted, AVE）這兩個統計量原本是在結構方程模型中，進行驗證性因素分析時才會產生的統計量。通常CR值與AVE值會被應用來評估構面的收斂效度與區別效度。但是，由於CR值與AVE值的計算過程中都只會用到標準化因素負荷量，這個標準化因素負荷量其實在我們進行探索性因素分析時也可得到。故在此，將提前介紹CR值與AVE值的算法，以便能在SPSS的操作過程中，就能檢驗問卷中各構面的收斂效度與區別效度。

6-9-1　組合信度的計算

　　組合信度又稱為建構信度（construct reliability）。組合信度為構面（因素）的信度指標，可用來衡量構面之所屬題項的內部一致性，CR值越高表示這些題項間的內部一致性越高。一般學者建議構面的CR值宜大於0.6（Bagozzi and Yi, 1988）。

組合信度的計算公式如下：

$$CR = \frac{(\sum \lambda)^2}{[(\sum \lambda)^2 + \sum(\theta)]} \qquad (式6\text{-}13)$$

CR：組合信度

λ：題項的標準化因素負荷量

θ：題項的測量誤差，$\theta = 1 - \lambda^2$

基本上，由式6-13的公式應可理解，組合信度在計算上也是蠻複雜的，也或許有些讀者根本更不知如何計算起。爲此，本書提供了簡便的計算方式，該計算方法是先將組合信度的公式建立在「cr_ave.xlsx」中，只要進行一些簡單的複製與輸入標準化因素負荷量的工作，就可算出組合信度了。

6-9-2　平均變異抽取量的計算

構面的平均變異抽取量爲該構面之所屬各題項，對該構面的平均變異解釋力。AVE值的意義代表構面的總變異量有多少是來自於各題項的變異量。其計算公式如下：

$$AVE = \frac{\sum \lambda^2}{[\sum \lambda^2 + \sum(\theta)]} \qquad (式6\text{-}14)$$

AVE：平均變異抽取量

λ：題項在所屬構面上的標準化因素負荷量

θ：題項的測量誤差，$\theta = 1 - \lambda^2$

基本上，平均變異抽取量的計算公式也相當複雜。爲此，本書提供了簡便的計算方式，該計算方法是將平均變異抽取量的公式建立在「cr_ave.xlsx」中，和求算只要CR值時一樣，只要進行一些簡單的複製與輸入標準化因素負荷量的工作，就可算出平均變異抽取量。

▶ 範例6-3

參考附錄一中，論文【旅遊動機、體驗價值與重遊意願關係之研究】的正式問卷。經實際施測完成後，所得的原始資料如資料檔「ex6-3.sav」，試進行信度分析與因素分析，於表6-13中填入因素負荷量、Cronbach's α外，並計算該問卷中各構面的CR值與AVE值，如表6-13（表格空白檔案ex6-3.docx）。

表6-13 評估信、效度之指標表

二階構面	一階構面	指標	因素負荷量	Cronbach's α	CR值	AVE值
旅遊動機				0.906		
	推動機	tm1_1	0.869	0.968	0.971	0.769
		tm1_2	0.894			
		tm1_3	0.872			
		tm1_4	0.884			
		tm1_5	0.870			
		tm1_6	0.899			
		tm1_7	0.863			
		tm1_8	0.885			
		tm1_9	0.859			
		tm1_10	0.871			
	拉動機	tm2_1	0.879	0.955	0.959	0.768
		tm2_2	0.885			
		tm2_3	0.850			
		tm2_4	0.866			
		tm2_5	0.878			
		tm2_6	0.873			
		tm2_7	0.902			
體驗價值				0.777		
	投資報酬率	ev1_1	0.905	0.923	0.939	0.836
		ev1_2	0.918			
		ev1_3	0.920			
	服務優越性	ev2_1	0.909	0.925	0.936	0.829
		ev2_2	0.916			
		ev2_3	0.907			
	美感	ev3_1	0.915	0.914	0.936	0.831
		ev3_2	0.916			
		ev3_3	0.903			

表6-13 評估信、效度之指標表（續）

二階構面	一階構面	指標	因素負荷量	Cronbach's α	CR值	AVE值
	趣味性	ev4_1	0.936	0.956	0.965	0.872
		ev4_2	0.939			
		ev4_3	0.934			
		ev4_4	0.927			
	重遊意願	ri1	0.911	0.933	0.939	0.836
		ri2	0.918			
		ri3	0.914			
整體信度				0.882		

操 作 步驟

在求算出CR值與AVE值之前，必須先利用因素分析取得各題項的標準化因素負荷量。得到因素負荷量後，將這些因素負荷量輸入到「cr_ave.xlsx」中，這樣就可求算出各構面的CR值與AVE值了，詳細操作過程，請讀者自行參閱影音檔「ex6-3.mp4」。

▶ 報表解說

利用SPSS的因素分析功能，取得各題項的標準化因素負荷量後，再帶入式6-13與式6-14中就可算出各構面的組合信度（CR值）與平均變異抽取量（AVE值），再將CR值與AVE值填入表6-13後，我們就可根據過往文獻的評估標準，來評估各構面的信度、收斂效度與區別效度了。但由於尚未學習相關分析（進行區別效度時會用到），因此評估各構面之信度、收斂效度與區別效度的工作，將留待下一章相關分析課程再進行完整的介紹。

◆ 6-10 共同方法變異 ◆

方法變異（method variance）是指因為測量方法所造成的變異，而非來自於研究構面（變數）之真正的變異。而所謂的共同方法變異（common method variance, CMV，又稱共同方法偏差）則意指：因為同樣的資料來源或受訪者、同樣的測量環

境、量表語意以及量表本身特徵，所造成的自變數與依變數間的人為共變關係（周浩、龍立榮，2004）。這種人為的共變關係對研究結果將產生嚴重的混淆，並對結論有潛在的誤導，是一種系統性誤差。共同方法變異在心理學、行為科學、管理學等研究中，特別是採用問卷調查法的研究中廣泛存在。因此，引起了越來越多研究者的注意。

在一般的管理科學領域中，研究者為了瞭解消費者對品牌的反應等種種現象，例如：品牌個性、真實自我、理想自我之一致性與購買意願間的因果關係、或組織內、外部種種現象等議題時，研究者往往會根據研究主題，經由文獻探討、整理與分析後，針對研究議題所需的變數而設計自陳式（self-report）問卷。透過這些自陳式的問卷對受訪者施測，從而可以蒐集到能據以分析的資料。如果這些資料中，同時包含了研究架構中的自變數和依變數，而且是以同樣的問卷向同一群受訪者蒐集而得，那麼這個抽樣過程就很可能已經出現了所謂的「共同方法變異」問題了（彭台光、高月慈、林鉦棽，2006）。因為，研究中同一批受訪者同時填寫了有關自變數與依變數的問卷，所以測量到的自變數與依變數之得分可能會受到來自受訪者本身的某些因素影響，而產生「共同方法偏差」（common method biases，又稱同源偏差），導致自變數與依變數之間的相關性無謂的膨脹（即產生偏誤）了，這就是共同方法變異的現象。

6-10-1 Harman單因素檢驗法

避免共同方法變異的方式可分為程序控制和統計控制等兩類（周浩、龍立榮，2004）。程序控制指的是研究者在研究設計與測量過程中就積極採取控制措施，以避免可能產生共同方法變異的情況。例如：從不同來源分別測量自變數與依變數、對測量進行時間上、空間上、心理上或方法上的隔離、保護受訪者的匿名性、減小對測量目的的猜疑與預期，以及改變量表題項順序等（彭台光、高月慈、林鉦棽，2006）。由於程序控制是直接針對共同方法變異之來源的事前預防控制方法，因此研究者在抽樣計畫上，應該優先考慮採用這種程序控制的方法，以嘗試杜絕共同方法變異的問題產生。

但是，在某些研究情境中，由於受某些條件的限制，上述的程序控制方法並無法確實落實，或者無法完全消除共同方法變異之疑慮，這個時候就應該考慮在資料分析時採用統計的方法來對共同方法變異進行事後補救的控制了。例如：使用Harman

單因素檢驗法、第三因素測試法、潛在CMV變數測試法、偏相關法、量表題項修整法、多特質多方法模式（multi-trait multi-method，即MTMM法）等（彭台光、高月慈、林鉦棽，2006）。

　　Harman單因素檢驗法是種常用以檢驗共同方法變異是否存在的方法。這種技術的基本假設是，如果方法變異大量存在的話，那麼進行因素分析時，可能會出現兩種現象：一為只萃取出單獨一個因素；另一為某個共同因素解釋了大部分的變異量。因此，欲以Harman單因素檢驗法檢驗共同方法變異是否存在時，傳統的作法是把量表中所有的變數（題項）放到一個以主成分分析為主要分析方法的探索性因素分析中，然後檢驗未旋轉的因素分析結果。如果所萃取出的單一因素的解釋力特別大時，即可判定存在嚴重的共同方法變異。一般的評判標準為：若單一因素對所有的變數能解釋50%以上之變異量的話，那麼就會被認為有嚴重的共同方法變異（Podsakoff, MacKenzie & Lee, 2003）。

　　Harman單因素檢驗法的最大優點是簡單易用，但切記它僅僅是一種評估共同方法變異之嚴重程度的診斷技術而已，且並沒有任何控制共同方法變異的效果存在（Podsakoff et al., 2003）。

6-10-2　檢驗共同方法變異之範例

▶ 範例6-4

參考附錄三，論文「景觀咖啡廳商店意象、知覺價值與忠誠度：轉換成本的干擾效果」之原始問卷，ex6-4.sav是透過該問卷所蒐集回來之樣本資料的電子檔，試檢驗該樣本資料是否存在「共同方法變異」的問題？

　　論文「景觀咖啡廳商店意象、知覺價值與忠誠度：轉換成本的干擾效果」的概念性模型、各變數的因果關係、各變數的操作型定義、測量與原始問卷，在附錄三中皆有詳細的說明，請讀者自行參閱。

　　由於原始問卷屬自陳式（self-report）問卷，且每位受訪者皆同時填寫了自變數與依變數之量表，故很有可能會造成同源性偏差而引發共同方法變異的問題。在此，將示範運用Harman單因素檢驗法以偵測共同方法變異是否存在。

(操)(作) 步驟

詳細操作過程，請讀者自行參閱影音檔「ex6-4.mp4」。

▶ 報表解說

執行完因素分析後，即可跑出因素分析之相關報表，報表相當長。但因為我們的主要目的，只在於利用Harman單因素檢驗法檢驗樣本資料是否存在共同方法變異的問題，因此，我們只要針對【解說總變異量】表進行分析即可。

表6-14即為【解說總變異量】表，【擷取平方和負荷量】欄位代表著未轉軸的因素分析結果。若未轉軸的因素分析結果中，單一因素對所有的變數能解釋50%以上之變異量的話，那麼就會被認為有嚴重的共同方法變異（Podsakoff et al., 2003）。據此，觀察表6-14的【擷取平方和負荷量】欄位，所萃取出的單一因素的可解釋變異（【變異的%】欄）為25.397%，小於50%。因此，根據Podsakoff et al.（2003），由於單一因素並無法解釋所有變數之大部分變異（只有25.397%，小於50%），所以我們認為在本研究中，共同方法變異的問題並不明顯。

表6-14　解說總變異量表

成分	初始固有值			擷取平方和負荷量		
	總計	變異的%	累加%	總計	變異的%	累加%
1	8.381	25.397	25.397	8.381	25.397	25.397
2	4.595	13.924	39.321			
3	2.715	8.228	47.548			

6-11　有關因素分析的忠告

終於結束了這冗長的一章，探索性因素分析的過程其實還算簡單，在範例6-2中，我們很順利的只進行一次探索性因素分析，即完成縮減資料的任務，且其信、效度也很漂亮。然而沒有天天過年的事，一般研究者在進行因素分析時，不僅是體力上的付出，而且也是心智上的煎熬。但無論如何，進行因素分析時，有一些實務應用上的概念，仍應該要去釐清。

（一）因素分析是個遞迴過程

在進行因素分析時，很少一次就能完成整個工作的。因為分析時我們往往會發現，雖然是已進行過項目分析，已淘汰一些品質不良的題項。但是，畢竟抽樣是具有隨機性的。因此，當正式施測後，所得到的正式樣本資料，於進行因素分析時，仍難免會有一些現存的題項，其共同性太低（低於0.3）、因素負荷量太低（低於0.5）或無法被任何因素所解釋（也就是說，無法歸類於所萃取出來的某一因素之中）。在這種情形之下，研究者有必要將此類題項排除於量表之外，排除後再一次的進行因素分析，如此操作，不斷的遞迴，直到所有題項皆能被所萃取出來的因素解釋後，才算完成整個因素分析的任務。這種現象很常見，但研究者仍得枯燥的、有耐心的去完成它。

（二）研究者擁有發言權

第二種狀況是，一般研究者於實證時所設計的問卷，大都是根據理論或文獻的原始量表而來的（具有內容效度）。然而，我們卻常常發現，研究者進行因素分析後所得到的因素結構，往往相異於原始量表的因素結構。例如：對於服務品質構面，若研究者是根據SERVQUAL量表而設計問卷的話，那麼因素分析完，應該會有五個子構面，即有形性、可靠性、反應性、確實性與關懷性。然而研究者的因素分析結果卻只有三個子構面，這樣代誌就有點大條了，因為自打嘴巴了！然而這情形卻是很常見的，很多研究者會將導致此現象的原因，歸因於時空背景、產業因素或抽樣狀態的不同。這樣的解釋是不會有什麼大問題，只是比較八股罷了。其實，這都是因為資料的隨機性所引起的。既然因素分析是屬於探索性的技術，因此對於因素分析結果的解讀、因素命名等，研究者都擁有主觀發言權，發揮你的想像空間，就看你怎麼根據過去的文獻和經驗去解釋、怎麼去自圓其說而已。

（三）探索性與驗證性因素分析同時使用

如上述，當然你的指導教授、口試委員與論文審核者不會太難「剃頭」的話，或許解釋、自圓其說等就可過關。但是，做研究應該不要賭運氣吧！在已違反原始量表之因素結構的情形下，除了解釋、自圓其說外，研究者該如何脫困呢？或許研究者可使用相同題項的另一組資料，並以探索性因素分析所萃取之因素結構為基礎，然後運用結構方程模型的驗證性因素分析技術來證明自己所發展出來的因素結構是具有信度、收斂效度

與區別效度的。如此，或許是一個解決問題的方向，只是比較麻煩，要再去蒐集一份樣本資料罷了。若你的研究，落到這種田地，或許會感嘆「我比別人卡認真，我比別人卡打拚，為什麼、為什麼比別人卡歹命？」不用哀號，「去做卡實在」。

（四）程序正確

　　資料的隨機性，往往令我們很困擾。但我們也必須面對它、解決問題。如前所述，因素分析是個遞迴過程，在這個遞迴過程中，應該要包含這些程序（如圖6-14所示）：

1. 先以直接指定「只萃取出一個因素」的方式來進行因素分析，然後從【共同性】表中刪除共同性小於0.3的題項。若不刪除，也可以將該題項移出【因數分析】對話框的【變數】框之外，即該變數不納入進行因素分析之意。刪除或移出題項後，再重複進行「只萃取出一個因素」的因素分析，直到所有題項的共同性皆已大於等於0.3為止。

2. 確定將納入因素分析的所有變數之共同性都大於等於0.3後，就可以執行正式的因素分析了。所謂正式的因素分析是指執行因素分析時，設定了以下這些項目：
   ➢ 進行球形檢定與KMO檢定。
   ➢ 設定只萃取出特徵值大於1的因素。
   ➢ 使用最大變異法進行轉軸。
   ➢ 因素負荷要遞減排序。
   ➢ 設定大於0.5的因素負荷，才顯示出來。

3. 執行正式的因素分析後，【旋轉成分矩陣】表中，若有因素負荷量小於0.5或無法被任何因素所解釋（也就是說，無法歸類於所萃取出來的某一因素之下）的題項時，則刪除之。若不刪除，也可以將該題項移出【因數分析】對話框的【變數】框之外，不納入進行因素分析。刪除或移出題項後，再重複進行「正式的因素分析」，直到所有題項都可歸類於因素之下，且因素負荷都已大於0.5為止。

4. 觀察每個因素中所包含的題項之內容與意義，適當的為因素命名，並製作如表6-12的因素分析表，以說明因素結構、信度與收斂效度。

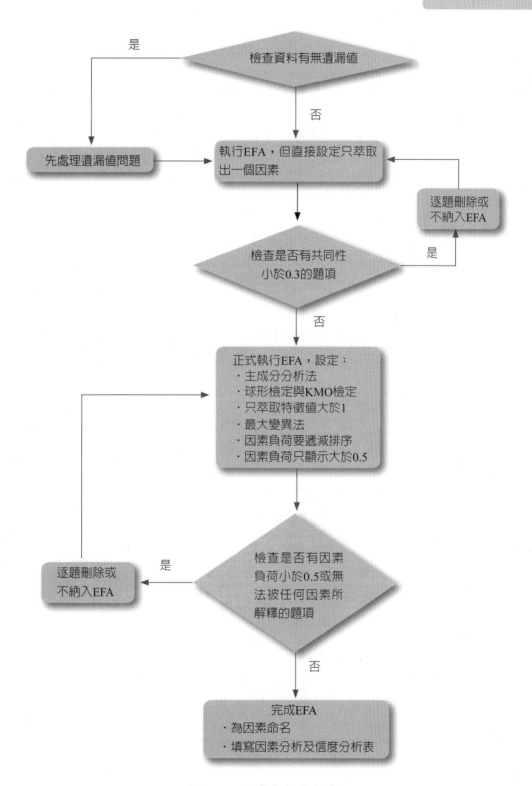

圖6-14　因素分析的程序

習　題

練習 6-1

「hw6-1.sav」為一包含27個題項的量表，試進行探索性因素分析。完成後，並請製作如表6-12的因素分析表，以說明因素結構、信度與收斂效度。

練習 6-2

參考附錄二中，論文「遊客體驗、旅遊意象與重遊意願關係之研究」的原始問卷，並開啟hw6-2.sav與hw6-2.docx，試對遊客體驗與旅遊意象兩構面進行因素分析，完成表6-15與表6-16，並加以評論，以初步掌握問卷的建構效度。

表6-15　遊客體驗構面因素分析表

因素名稱	因素構面內容	因素負荷	轉軸後平方負荷量		Cronbach's α
			特徵值	解釋變異量%	
感官體驗	1.秀麗的山水風景，非常吸引我。				
	2.豐富的歷史文物，非常吸引我。				
	3.我覺得這次旅遊，非常富有趣味。				
	4.我覺得這次旅遊，行程豐富精彩。				
情感體驗	5.看到美麗的景緻，令我心情放鬆。				
	6.看到豐富的文物，能激發我思古之情。				
	7.看到美麗的景緻，讓我感到歡樂愉快。				
	8.當地的景色，令我感動。				
	9.當地歷史文物，令我感動。				
思考體驗	10.透過這次旅遊，頗發人省思，令我有所思考。				
	11.透過這次旅遊，引發我的好奇心。				
	12.透過這次旅遊，引發我去做一些聯想或靈感的啟發。				
	13.透過這次旅遊，能激發我創意思考。				

表6-15　遊客體驗構面因素分析表（續）

因素名稱	因素構面內容	因素負荷	轉軸後平方負荷量		Cronbach's α
			特徵值	解釋變異量%	
行動體驗	14.看到美景，我很想分享觀賞的心得。				
	15.看到歷史文物，我很想分享觀賞的心得。				
	16.看到美景，我很想拍照、錄影留念。				
	17.看到歷史建物，我很想拍照、錄影留念。				
關聯體驗	18.我會想購買與當地相關的紀念品。				
	19.透過這次旅遊，讓我產生環境維護的認同感。				
	20.會因美麗的景緻，而聯想到西拉雅國家風景區。				
	21.透過這次旅遊，西拉雅會成為我平常談論的話題。				
累積總解釋變異量：					
量表整體信度：					

資料來源：本研究整理。

表6-16　旅遊意象構面因素分析表

因素名稱	因素構面內容	因素負荷	轉軸後平方負荷量		Cronbach's α
			特徵值	解釋變異量%	
產品	1.自然風景優美。				
	2.平埔族文化保存良好。				
	3.知名度高。				
品質	4.開車環湖賞景令人愉悅。				
	5.整體氣氛令人心情放鬆。				
	6.通往本風景區交通便利。				
	7.遊憩安全設施良好。				
	8.地方公共服務設施完善。				

表6-16 旅遊意象構面因素分析表（續）

因素名稱	因素構面內容	因素負荷	轉軸後平方負荷量		Cronbach's α
			特徵值	解釋變異量%	
服務	9.整體旅遊環境乾淨。				
	10.旅遊資訊充足。				
	11.相關服務人員能提供遊客迅速且即時的服務。				
	12.區內相關服務人員的服務態度良好。				
	13.旅遊活動的各項安排均能提供遊客便利。				
價格	14.個人平均旅遊花費價格合理。				
	15.收費合理。				
累積總解釋變異量：					
量表整體信度：					

資料來源：本研究整理。

練習6-3

參考附錄七中，論文「品牌形象、知覺價值對品牌忠誠度關係之研究」的問卷初稿，資料檔「hw6-3.sav」為範例論文的初稿資料檔（已反向計分），試以因素分析法刪除冗題，以建立正式問卷（解答如附錄八），並確認正式問卷各主構面的因素結構（解答如表6-17）。分析完成後，請另存新檔為「hw6-3_正式.sav」，並製作如表6-18的評估信、效度之指標表（空白表格如hw6-3.docx）。

表6-17 正式問卷資料的因素結構

構面名稱	子構面名稱	題項內容	變數名稱	備註
品牌形象	品牌價值 bi1	1. 85度C的產品風味很特殊。	bi1_1	
		2. 85度C的產品很多樣化。	bi1_2	
		3. 85度C和別的品牌有明顯不同。	bi1_3	
	品牌特質 bi2	4. 85度C很有特色。	bi2_1	
		5. 85度C很受歡迎。	bi2_2	
		6. 我對85度C有清楚的印象。	bi2_3	

表6-17　正式問卷資料的因素結構（續）

構面名稱	子構面名稱	題項內容	變數名稱	備註
品牌形象	企業聯想 bi3	7. 85度C的經營者正派經營。	bi3_1	
		8. 85度C形象清新。	bi3_2	
		9. 85度C讓人聯想到品牌值得信任。	bi3_3	
知覺價值	品質價值 pv1	1.我認為85度C的產品，其品質是可以接受的。	pv1_1	
		2.我不會對85度C之產品的品質，感到懷疑。	pv1_2	
		3.85度C之產品的品質，常讓我感到物超所值。	pv1_3	原pv1_4
	情感交流價值 pv2	4.我會想使用85度C的產品。	pv2_1	
		5.使用85度C的產品後，會讓我感覺很好。	pv2_2	原pv2_3
		6.使用85度C的產品後，能讓其他人對我有好印象。	pv2_3	原pv4_2
		7.我的好友們，和我一樣，都喜歡購買85度C的產品。	pv2_4	原pv4_3
	價格價值 pv3	8.我認為85度C的產品價格不甚合理。	pv3_1	
		9.我認為以此價格購買85度C的產品是不值得的。	pv3_2	
		10.我認為85度C的產品，CP值很高。	pv3_3	
		11.相較於其他價位相近產品，我會選擇購買85度C的產品。	pv3_4	
品牌忠誠度		1.購買個案公司的產品對我來說是最好的選擇。（ly1）	ly1	
		2.我是個案公司的忠實顧客。（ly2）	ly2	
		3.當我有需求時，我會優先選擇個案公司的產品。（ly3）	ly3	
		4.我願意繼續購買個案公司的產品。（ly4）	ly4	
		5.我會向親朋好友推薦個案公司的產品。（ly5）	ly5	

表6-18　評估信、效度之指標表

二階構面	一階構面	指標	因素負荷量	Cronbach's α	CR值	AVE值
品牌形象				0.893		
	品牌價值	bi1_1	0.867	0.880	0.891	0.732
		bi1_2	0.844			
		bi1_3	0.856			
	品牌特質	bi2_1	0.818	0.887	0.883	0.716
		bi2_2	0.844			
		bi2_3	0.876			

表6-18　評估信、效度之指標表（續）

二階構面	一階構面	指標	因素負荷量	Cronbach's α	CR值	AVE值
	企業聯想	bi3_1	0.930	0.943	0.935	0.827
		bi3_2	0.924			
		bi3_3	0.873			
知覺價值				0.873		
	品質價值	pv1_1	0.926	0.928	0.942	0.845
		pv1_2	0.912			
		pv1_3	0.920			
	情感交流價值	pv2_1	0.901	0.940	0.949	0.822
		pv2_2	0.906			
		pv2_3	0.911			
		pv2_4	0.909			
	價格價值	pv3_1	0.906	0.933	0.940	0.798
		pv3_2	0.883			
		pv3_3	0.878			
		pv3_4	0.905			
	品牌忠誠度	ly1	0.882	0.912	0.935	0.741
		ly2	0.849			
		ly3	0.824			
		ly4	0.871			
		ly5	0.876			
整體信度				0.936		

第 7 章

相關分析

　　相關分析的主要目的在探討兩個變數之間關係的緊密程度，以及根據樣本資料推斷母體資料是否也具有相關性。而能反映變數間關係緊密程度的指標主要就是相關係數，相關係數的取值在−1和+1之間，當其數值越接近−1或+1時，則表示兩個變數關係越緊密；接近於0時，則說明兩個變數關係越不緊密。但是相關係數常常是根據樣本的資料計算而得到的，因此若想要確定母體中兩個變數是否也相關時，則應該要考慮到樣本規模的影響力，因為樣本太小，推論至母體時可能會出現較大的誤差。因此相關分析中有一個很重要任務，那就是如何根據樣本的相關係數來推斷母體的相關情況。

在本章將包含以下的內容：

1. 相關分析的基本概念。

2. 區間尺度型變數的相關分析。

3. 順序尺度型變數的相關分析。

4. 建構效度的檢驗。

5. 偏相關分析的基本概念。

7-1　相關分析的前提假設

　　雖然，研究兩個變數間相關程度的方法有二，即相關分析（correlation analysis）與迴歸分析（regression analysis），但其本質上仍存在一些差異。於簡單迴歸模型中，所涉及的兩個變數中，一個必須是自變數（independent variable，又稱解釋變數），而另一個必須是依變數（dependent variable，又稱結果變數）。假設X為自變數，Y為依變數，那麼自變數X將可以被預先確定或控制，因此自變數X是一個非隨機變數，而依變數Y則不用去事先決定，所以依變數Y是一個隨機變數。而在相關模型中，所牽涉到的兩個變數則都是屬於隨機變數，而且沒有哪個是自變數或哪個是依變數之分。從而不難理解，如果變數間無法區分出所謂的自變數與依變數時，則應使用相關模型來探討變數間的關係緊密程度；而如果變數是可以區分為自變數或依變數的話，則可使用迴歸模型來探討變數間的線性關係。

　　因此，在相關模型的假設下，由於變數沒有依變數與自變數之分，如果硬要去擬合迴歸直線，那麼就會有兩條迴歸線可以擬合。例如：若是透過X去估計Y，則使用最小平方法建立迴歸模型時，應使Y的各點到迴歸線的距離最短；若是透過Y去估計X，則應使X的各點到迴歸線的距離最短。雖然，在一般情況下，這兩條迴歸線是不會一樣的，但是若從相關的角度來看的話，兩者關係的緊密程度則會是一致的。

當樣本相關分析的結果要推論到母體時，除了上述兩個變數都是隨機變數的假設之外，還必須滿足以下的條件：

➤ 當X取任意值時，Y的條件分配為一常態分配。

➤ 當Y取任意值時，X的條件分配為一常態分配。

➤ X與Y的聯合分配是一個二維的常態分配。

◆ 7-2 相關係數的計算 ◆

統計學中，將衡量兩個隨機變數間之關係緊密程度的方法稱為相關分析。而將用以反映兩個變數間關係緊密程度的大小與方向的統計量就稱為相關係數（correlation coefficient）。 樣本的相關係數一般用「r」來表示，而母體的相關係數一般則用「ρ」表示。

計算相關係數時，有幾種不同的方法可以選用，這完全視資料之屬性而定。其中，Pearson相關係數（Pearson correlation coefficient）適用於區間尺度資料（連續型的數值型資料），而Spearman等級相關係數（Spearman's rank correlation coefficient）和Kendall等級相關係數（Kendall tau rank correlation coefficient）則都適合於順序尺度資料。

▌7-2-1　Pearson相關係數

相關係數最早是由Pearson提出，所以又稱為Pearson相關係數，它可以直接根據樣本觀察值計算而得，其計算公式如式7-1。在式7-1的分子部分為兩個變數之第一動差（first moment，即離差）的相乘積，此即為兩個變數的共變異數（covariance），共變異數的意義在於描述兩個隨機變數間的線性共變關係。也就是說，透過共變異數的數值可以協助理解，當一個變數變動時，另一變數將呈同方向或相反方向變動。共變異數的數值會介於$-\infty$到∞之間，當兩個變數的共變異數大於零，表示兩個變數同方向變動；小於零時，則表示兩個變數將反方向變動；而等於零時，則表示兩個變數間沒有線性共變關係，但這並不表示兩者之間沒有其他關係存在。

也由於式7-1的分子部分為兩個變數之第一動差的相乘積，所以Pearson相關係數又稱為乘積動差相關係數（product-moment correlation coefficient），簡稱為積差相關係數。Pearson相關係數的計算公式為：

$$r_{XY} = \frac{\Sigma \, (X_i - \overline{X})(Y_i - \overline{Y})}{\sqrt{(\Sigma \, (X_i - \overline{X})^2) \times (\Sigma (Y_i - \overline{Y})^2)}}$$

（式7-1）

由式7-1，可反映出下列有關相關係數r_{XY}的特性：

(1)$r_{XY} = 0$表示兩隨機變數X與Y，沒有相關性。

(2)$r_{XY} > 0$表示兩隨機變數X與Y間有正向的相關性，X與Y會同方向變動。

(3)$r_{XY} = 1$表示兩隨機變數X與Y完全正相關。

(4)$r_{XY} < 0$表示兩隨機變數X與Y間有負向的相關性，X與Y會反方向變動。

(5)$r_{XY} = -1$表示兩隨機變數X與Y完全負相關。

統計學上，為了能在分析前就能初步的確認兩個變數間的關係，也常使用散布圖（scatter plot）來加以判斷。利用散布圖於座標平面中，標示出兩個變數之數值（一個為X，另一個為Y）所共同決定出的點後，若各分散的點呈左下至右上的直線分布時，代表X軸的變數遞增時，Y軸的變數亦遞增，此時即稱兩個變數完全正相關（$r_{XY} = 1$，如圖7-1c）。若各分散的點呈左上至右下的直線分布，代表X軸的變數遞增時，Y軸的變數卻遞減，此時即稱兩個變數完全負相關（$r_{XY} = -1$，如圖7-1d）。散布圖若

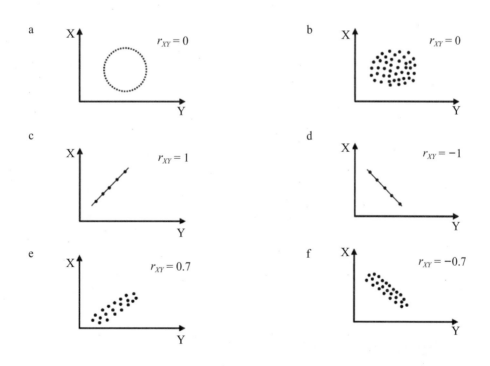

圖7-1　相關係數示意圖

像圖7-1a、7-1b呈現隨機分布時，代表兩個變數零相關，即兩個變數沒關聯之意。不過大多數情形，兩個變數的關係經常不會呈現完美的線性關係，而是像圖7-1e、7-1f的情形，圖7-1e中「大致」呈現左下至右上的分布，即稱為正相關（$r_{XY} > 0$）；反之，圖7-1f則「大致」呈現左上至右下的分布，則稱為負相關（$r_{XY} < 0$）。須請讀者理解的是，關係的強弱與斜率並無直接關係，而是與散布圖是否近似一條直線有關。當散布圖越近似一條直線時，兩個變數的關係就會越接近完全正相關或完全負相關。

此外，學術上亦常根據相關係數的大小，而評定關係緊密程度的強弱，如表7-1所示。另亦有學者認為當相關係數大於0.7時，即可稱為是高度相關；介於0.4～0.7之間為中度相關；小於0.4則為低度相關（吳明隆，2008）。

表7-1　兩個變數之關聯程度的評定

相關係數	關聯程度
1	完全相關
0.7～0.99	高度相關
0.4～0.69	中度相關
0.1～0.39	低度相關
0.1以下	微弱或無相關

除相關係數之數值大小的討論外，讀者須注意的是，在推論統計中，兩個變數間的關係是否顯著，並不能單從相關係數之數值（絕對值）的大小來決定，而必須從相關係數之檢定過程中所得來的機率p值（又稱顯著性）來輔助判定。在虛無假設為「兩個變數不相關」的情形下，當機率p值大於0.05（預設的顯著水準）時，虛無假設不能被拒絕。也就是說，縱使相關係數的數值很大，但我們仍得認定「兩個變數的相關性未達顯著」，即兩個變數間沒有顯著的正相關或負相關之意。反之，若機率p值小於0.05時，那就須拒絕虛無假設，即代表「兩個變數的相關性達顯著」，也就是說，兩個變數間呈現顯著的正相關或負相關。也就是說，兩個變數間的關係要顯著時，相關係數之數值（絕對值）的大小才有意義，也才可據以評估兩個變數間的關係緊密程度。

7-2-2　Spearman等級相關係數

Spearman等級相關係數（Spearman's rank correlation coefficient），可用來衡量

兩組經過「等級排序」後之變數資料間的相關程度。在以等級順序為基礎（順序尺度）的所有統計量中，Spearman等級相關係數是發展最早，並且到目前為止，也許是最著名的。Spearman等級相關係數的原理是，假設將N個目標事件依照某兩個變數的意涵來排序。例如：我們可以將學生的成績，按入學考試成績和第一學期的學期成績來排列等級。如果將入學考試成績的等級排序結果記為X_1、X_2、……X_N，而學期成績的等級排序結果記為Y_1、Y_2、……Y_N。此時，我們就可以用Spearman等級相關係數來探討入學考試成績（X）和第一學期的學期成績（Y）之間的相關性。

Spearman等級相關係數的數學式為：

$$r = \frac{\Sigma (X_i - \overline{X})(Y_i - \overline{Y})}{\sqrt{(\Sigma (X_i - \overline{X})^2) \times (\Sigma (Y_i - \overline{Y})^2)}} \qquad (式7-2)$$

7-2-3 Kendall等級相關係數

Kendall等級相關係數（Kendall tau rank correlation coefficient）就比較難以解釋了。因此，我們將以一個實際的範例來說明Kendall等級相關係數的計算過程。如果兩位鑑定家各自以畫作的吸引力大小為基準，將七幅抽象派畫作評定了等級。在此情況下，若我們想要去瞭解這兩位鑑定家的等級評定資料間的相符程度時，那麼就可運用Kendall等級相關係數來加以分析了。表7-2顯示出了七幅畫作的等級評定資料。

表7-2　畫作的等級評定表

畫號	二	六	五	一	四	三	七
鑑定家1	1	2	3	4	5	6	7
鑑定家2	2	3	1	4	6	5	7

首先，我們將「鑑定家1」所評定的等級由第一名排到第七名（先予以固定，遞增排序），此時畫作的編號也會跟著異動，如表7-2的第一列與第二列。接著，根據目前畫作編號的排列順序（第一列資料），依序填入「鑑定家2」所評定的等級，如表7-2的第三列。最後，由於「鑑定家1」所評定的等級已依遞增順序排好，所以我們將重點聚焦於表7-2的第三列（即「鑑定家2」所評定的等級）。由畫號二開始，依次取出各畫作被評定出的等級，然後算出每一幅畫作之右邊欄位中，在等級上比自己小的個數，並將這些個數加起來，且將此數指定為Q。例如：從表中第三列第二欄

開始，「鑑定家2」對畫號二所評定的等級為2，其個數則為1（因為在其右邊的欄位中，等級比2小的，只有畫號五，一個畫作而已），繼續算出其餘六個畫作之個數依次為1，0，0，1，0和0，因此個數的總和為Q = 3。而Kendall等級相關係數則為：

$$\tau = 1 - \frac{4Q}{n \times (n-1)} = 1 - \frac{12}{42} = 0.714 \qquad\qquad （式7-3）$$

上述計算式中，n為畫作的個數，τ即代表Kendall等級相關係數。Kendall等級相關係數的值會介於−1和+1之間，其計算顯得麻煩一些，但是其在原假設上的機率分配較為簡單，而且也可被推廣而應用在研究偏相關的問題上。

7-3　相關分析的範例

在相關分析中，變數可以是區間尺度（連續型）或是順序尺度的變數（間斷型），因此，計算相關係數時，可以選擇的方法有Pearson相關係數、Spearman等級相關係數和Kendall等級相關係數。除了相關係數的計算外，也可針對相關係數的顯著性進行檢定，而其所檢定的虛無假設則為：兩個變數的相關係數等於0（即無相關）。當然檢定的過程中，也可選擇使用單尾檢定或是雙尾檢定。故而本節將先講解兩個範例，分別對應於求解區間尺度型變數和順序尺度型變數的相關係數。

7-3-1　區間尺度型變數的Pearson相關分析

▶ 範例7-1

參考附錄八中，論文「品牌形象、知覺價值對品牌忠誠度關係之研究」的正式問卷，正式問卷各主構面的因素結構（如表6-17）。請開啟範例論文之正式問卷的資料檔「ex7-1.sav」，試檢驗「品牌形象」與「知覺價值」間的相關性，並填製表7-3（空白表格ex7-1.docx）。該兩主構面間的相關模型，如圖7-2。

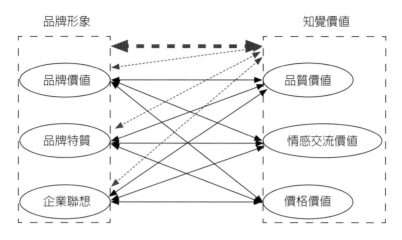

圖7-2　「品牌形象」與「知覺價值」的相關模型

表7-3　相關係數表

構面	題項數	相關係數							
		A	B	C	D	E	F	G	H
A. 品牌價值（bi1）	3	1							
B. 品牌特質（bi2）	3	0.522**	1						
C. 企業聯想（bi3）	3	0.392**	0.473**	1					
D. 品質價值（pv1）	3	0.436**	0.331**	0.284**	1				
E. 情感交流價值（pv2）	4	0.234**	0.214**	0.219**	0.208**	1			
F. 價格價值（pv3）	4	0.375**	0.399**	0.419**	0.306**	0.303**	1		
G. 品牌形象（bi）	9	0.782**	0.825**	0.795**	0.434**	0.278**	0.498**	1	
H. 知覺價值（pv）	11	0.473**	0.431**	0.425**	0.650**	0.743**	0.754**	0.552**	1

註：**表在顯著水準為0.01時（雙尾），相關顯著。

依題意，我們將建立假設為（論文中，須寫對立假設）：

H_1：品牌形象與知覺價值間具有顯著的相關性（粗虛線）。

    H_{1-1}：品牌價值與知覺價值間具有顯著的相關性（虛線）。

        H_{1-1-1}：品牌價值與品質價值間具有顯著的相關性。

        H_{1-1-2}：品牌價值與情感交流價值間具有顯著的相關性。

        H_{1-1-3}：品牌價值與價格價值間具有顯著的相關性。

    H_{1-2}：品牌特質與知覺價值間具有顯著的相關性（虛線）。

        H_{1-2-1}：品牌特質與品質價值間具有顯著的相關性。

        H_{1-2-2}：品牌特質與情感交流價值間具有顯著的相關性。

        H_{1-2-3}：品牌特質與價格價值間具有顯著的相關性。

    H_{1-3}：企業聯想與知覺價值間具有顯著的相關性（虛線）。

        H_{1-3-1}：企業聯想與品質價值間具有顯著的相關性。

        H_{1-3-2}：企業聯想與情感交流價值間具有顯著的相關性。

        H_{1-3-3}：企業聯想與價格價值間具有顯著的相關性。

在博、碩士論文或大學專題題目中，檢驗兩個構面之相關性的文章相當多。但是大部分研究者的作法是相當可議的。基本上，「品牌形象」與「知覺價值」都屬於所謂的潛在變數（latent variable），潛在變數是種不可直接測量的變數，但可以透過問卷的題項（觀察變數）而間接測量。例如：在本研究中，「品牌形象」包含三個子構面，「品牌價值」、「品牌特質」與「企業聯想」，這些主構面和子構面都屬於潛在變數，故範例論文中使用了9個題項來加以測量。但是，根據這9個題項，我們要來求取「品牌形象」、「品牌價值」、「品牌特質」與「企業聯想」等構面（潛在變數）的得分時，往往很多研究者，都是直接將各構面所屬的題項加總後平均而求得構面得分。這樣的作法，容易引起論文審核者的質疑。所以，較嚴謹的作法應該是要先證明這些衡量題項是具有信度，且測量出來的構面是具有收斂效度與區別效度後，才能進行所屬的題項加總後平均而求得構面得分。這點請讀者務必留意。

如圖7-2，一般而言，模型圖中會以雙箭頭線來描述兩個變數間的相關性。此外，本模型要檢驗「品牌形象」與「知覺價值」這兩個主構面的相關性時，若能先從子構面的觀點暸解其間的相關性，更能深入探索主構面間之相關性的內涵。基於此，我們將先求各子構面間的相關，然後再來求算兩個主構面間的相關性。進行相關分析前，必先將「品牌形象」、「品牌價值」、「品牌特質」與「企業聯想」，以及「知覺價值」、「品質價值」、「情感交流價值」與「價格價值」等八個主構面或子構面

的得分求算出來，假設我們已檢驗過信、效度，且檢驗結果皆能符合學術性要求，所以我們將可直接運用所屬題項加總後平均的方法來求得各構面的得分。求得各構面的得分後，就可進行相關分析了。

操作步驟

詳細操作過程，請讀者自行參閱影音檔「ex7-1.mp4」。

▶ 報表解說

執行完雙變數之相關分析後，SPSS套裝軟體當可跑出相關報表，相關分析的統計報表並不複雜，詳細說明如下：

1. 敘述統計表，如表7-4所示。

表7-4　敘述統計表

	平均值	標準差	N
bi1	4.5067	1.19789	248
bi2	4.6263	1.23678	248
bi3	4.3562	1.36036	248
pv1	4.3387	1.48496	248
pv2	4.2954	1.44928	248
pv3	4.4980	1.33430	248
bi	4.4964	1.01293	248
pv	4.3809	1.02045	248

從表7-4中可以清楚看出，兩個主構面與六個子構面的平均值、標準差與樣本數。

2. Pearson相關係數矩陣，如表7-5所示。

從表7-5中可以看出兩兩構面間的相關性。對角線上的相關係數都為1，代表構面自己跟自己的相關性，所以當然為1。而對角線上、下的相關係數是對稱的。以bi（品牌形象）和pv（知覺價值）的相關性為例，「第8行第9列」和「第9行第8列」所顯示的數據是完全一模一樣的，因為他們都描述著bi（品牌形象）和pv（知覺價值）間的相關係數與顯著性。bi（品牌形象）和pv（知覺價值）的相關係數為

0.552，顯著性為0.000，小於0.05的顯著水準，故達顯著，因此在數字「0.552」的右上方會自動加上，代表顯著的星星（＊）符號。因此可研判，品牌形象和知覺價值間具有顯著的相關性，且其相關係數達0.552，故假設H₁獲得支持。依此原則，其餘假設之驗證，請讀者自行解析，並請讀者將表7-5的Pearson相關係數矩陣中的數據，依序填入表7-3的相關係數表中（也可開啟範例資料夾中的空白表格ex7-1.docx來填寫）。

表7-5　Pearson相關係數矩陣

		bi1	bi2	bi3	pv1	pv2	pv3	bi	pv
bi1	皮爾森（Pearson）相關性	1	.522**	.392**	.436**	.234**	.375**	.782**	.473**
	顯著性（雙尾）		.000	.000	.000	.000	.000	.000	.000
	N	248	248	248	248	248	248	248	248
bi2	皮爾森（Pearson）相關性	.522**	1	.473**	.331**	.214**	.399**	.825**	.431**
	顯著性（雙尾）	.000		.000	.000	.001	.000	.000	.000
	N	248	248	248	248	248	248	248	248
bi3	皮爾森（Pearson）相關性	.392**	.473**	1	.284**	.219**	.419**	.795**	.425**
	顯著性（雙尾）	.000	.000		.000	.001	.000	.000	.000
	N	248	248	248	248	248	248	248	248
pv1	皮爾森（Pearson）相關性	.436**	.331**	.284**	1	.208**	.306**	.434**	.650**
	顯著性（雙尾）	.000	.000	.000		.001	.000	.000	.000
	N	248	248	248	248	248	248	248	248
pv2	皮爾森（Pearson）相關性	.234**	.214**	.219**	.208**	1	.303**	.278**	.743**
	顯著性（雙尾）	.000	.001	.001	.001		.000	.000	.000
	N	248	248	248	248	248	248	248	248
pv3	皮爾森（Pearson）相關性	.375**	.399**	.419**	.306**	.303**	1	.498**	.754**
	顯著性（雙尾）	.000	.000	.000	.000	.000		.000	.000
	N	248	248	248	248	248	248	248	248

表7-5　Pearson相關係數矩陣（續）

		bi1	bi2	bi3	pv1	pv2	pv3	bi	pv
bi	皮爾森（Pearson）相關性	.782**	.825**	.795**	.434**	.278**	.498**	1	.552**
	顯著性（雙尾）	.000	.000	.000	.000	.000	.000		.000
	N	248	248	248	248	248	248	248	248
pv	皮爾森（Pearson）相關性	.473**	.431**	.425**	.650**	.743**	.754**	.552**	1
	顯著性（雙尾）	.000	.000	.000	.000	.000	.000	.000	
	N	248	248	248	248	248	248	248	248

註：**表相關性在0.01層級上顯著（雙尾）。

▶ **結論**

　　「品牌形象」與「知覺價值」兩個主構面與六個子構面之相關分析結果如表7-3，觀察表7-3可發現，「品牌形象」的三個子構面與「知覺價值」的三個子構面間的相關係數皆顯著（表7-3中淺灰色網底部分），故所有假設皆成立（H_{1-1-1}、H_{1-1-2}、H_{1-1-3}、H_{1-2-1}、H_{1-2-2}、H_{1-2-3}、H_{1-3-1}、H_{1-3-2}、H_{1-3-3}）。其中以「品牌價值」與「品質價值」間的相關係數最大，達0.436（顯著），而以「品牌特質」與「情感交流價值」間的相關係數最小，只有0.214（顯著）。

　　此外，再觀察「品牌形象」的三個子構面與「知覺價值」主構面間的關係（表7-3中深灰色網底部分），可發現其間的相關係數亦皆顯著（H_{1-1}、H_{1-2}、H_{1-3}）。其中以「品牌價值」與「知覺價值」間的關係最為緊密，相關係數達0.473（顯著），「品牌特質」（0.431，顯著）次之，而以「企業聯想」（0.425，顯著）最小。

　　最後，觀察「品牌形象」與「知覺價值」兩個主構面間的關係，可發現其間相關係數為正向的，達0.552且顯著，故假設H_1成立。顯見「品牌形象」與「知覺價值」的關係甚為緊密，且受訪者對85度C的「品牌形象」認同程度越高時，其所知覺的價值感也越高。從「品牌形象」的結構來看，造成這種現象的原因，很有可能是受訪者對85度C這個品牌的價值感（品牌價值）所引起的。顯見，85度C的經營者未來若能持續加強品牌於消費者心目中的價值感的話，則將有助提升產品的品質價值感，進而更有效率的提升消費者所知覺的消費價值感。

7-3-2 順序尺度型變數的Spearman等級相關分析

範例7-2

本範例的內容與資料皆引自Siegel的著作《無母數統計》。基於世代變遷，某些研究者想瞭解在目前多元化的社會情境中，新世代的年輕人對於權威主義和地位慾的看法。於是研究者使用了著名的F量表（權威主義量表）和地位慾量表，調查十二個大學生對權威主義與地位慾的等級評定。調查後，該權威主義和地位慾之評定等級結果，如表7-6，試分析在大學生看法中，權威主義與地位慾的相關程度（資料檔案為ex7-2.sav）。

透過權威主義量表和地位慾量表的施測結果，我們希望理解大學生對權威主義的評等和對地位慾的評等之間相關程度的資訊，以便能找出某些論點，並標識、闡明個人的地位慾。這些論點諸如：「人們不應該和社會地位比自己低的人結婚」、「對於約會這件事來說，去看馬戲團表演比去看棒球賽好」、「追溯你的家譜是一件值得做的事情」等。在表7-6中已列出了這十二個學生評分的等級。我們將根據這些評等結果，來分析此兩種評定等級的相關程度。

表7-6 權威主義和地位慾評定等級

學生	A	B	C	D	E	F	G	H	I	J	K	L
權威主義	2	6	5	1	10	9	8	3	4	12	7	11
地位慾	3	4	2	1	8	11	10	6	7	12	5	9

從表7-6中，顯然可以看出權威主義個性最強的學生（J生），其地位慾也最強，因為他在兩個變數中的等級都是12。但權威主義和地位慾之評定等級是不是真的有緊密關係，還須以相關分析的統計方法來檢驗較具科學性。此外，由於權威主義和地位慾都是順序尺度型資料，因此使用Pearson相關係數並不適合。故為因應順序尺度型資料，可選用的方法有Spearman等級相關係數和Kendall等級相關係數。在此，將先使用Spearman等級相關係數進行分析。

操作步驟

詳細操作過程，請讀者自行參閱影音檔「ex7-2.mp4」。

▶ **報表解說**

經執行Spearman等級相關係數分析後，Spearman等級相關係數表，如表7-7所示。

表7-7　Spearman等級相關係數表

			權威主義	地位慾
Spearman的rho	權威主義	相關係數	1.000	.818**
		顯著性（雙尾）	.	.001
		數目	12	12
	地位慾	相關係數	.818**	1.000
		顯著性（雙尾）	.001	.
		數目	12	12

註：**表示在0.01的顯著水準下，顯著。

從表7-7中可以看出，權威主義和地位慾的相關係數為0.818，顯著性為0.001，小於0.05，故顯著（虛無假設為：權威主義與地位慾不相關），應拒絕虛無假設。亦即，權威主義和地位慾間具有顯著的正向相關性，且其相關係數達0.818。這表示權威主義越高的人，其地位慾也越高；或者地位慾越高的人，其權威主義也越高。

7-3-3　順序尺度型變數的Kendall等級相關分析

▶ 範例7-3

本範例的內容與資料皆引自Siegel的著作《無母數統計》。基於世代變遷，某些研究者想瞭解在目前多元化的社會情境中，新世代的年輕人對於權威主義和地位慾的看法。於是研究者使用了著名的F量表（權威主義量表）和地位慾量表，調查十二個大學生對權威主義與地位慾的等級評定。調查後，該權威主義和地位慾之評定等級結果，如表7-6。請使用Kendall等級相關分析，分析此兩種評定等級的相關程度（範例檔案為ex7-3.sav）。

本小節中，仍然使用範例7-2中的順序尺度型資料。進行Kendall等級相關分析的步驟類似於範例7-2，其差異只是須在【相關係數】框內選取【Kendall's tau-b相關係

數】選項而已，其他的設定和範例7-2中的Spearman等級相關分析中之操作步驟完全一樣。

(操)(作) 步驟

詳細操作過程，請讀者自行參閱影音檔「ex7-3.mp4」。

▶ 報表解說

經執行Kendall等級相關分析後，於SPSS的輸出報表中，即可顯示出Kendall等級相關係數表，如表7-8所示。從表7-8中可以看出，權威主義（power）和地位慾（position）的相關係數為0.667，這表示權威主義越高的人，地位慾也越高。權威主義與地位慾不相關的虛無假設之顯著性為0.003（小於0.05），故否定虛無假設，即認為權威主義與地位慾是顯著相關的，且其相關係數為0.667。Kendall等級相關分析所得到的結果，類似於Spearman等級相關分析。

表7-8　Kendall等級相關係數表

			權威主義	地位慾
Kendall的tau_b	權威主義	相關係數	1.000	.667**
		顯著性（雙尾）	.	.003
		數目	12	12
	地位慾	相關係數	.667**	1.000
		顯著性（雙尾）	.003	.
		數目	12	12

◆ 7-4　收斂效度與區別效度的評估 ◆

效度代表測量工具（量表／問卷）之正確性和準確性的程度，也就是測量工具確實能測出其所欲測量之構面的特質、特徵或功能的程度。因此，評估效度時，首重測量工具（量表／問卷）能否達到原先研究所設定的評量目標、效果和效益。常見的效度有四種類型：表面效度（face validity）、內容效度（content validity）、效標效度（criterion validity）與建構效度（construct validity）。

一般論文研究中，最常見的效度檢驗，即是「建構效度」的檢驗。建構效度係指測量工具的內容（即各題項內容）是否能夠測量到理論上的構念或特質的程度。建構效度包含收斂效度（convergent validity）與區別效度（discriminant validity）。收斂效度主要在檢驗以一個變數（構念）發展出的多題題項，最後是否仍會收斂於一個因素中（同一構念不同題項間的相關性要高）；而區別效度則為判定某一題項可以與其他構念之題項區別的程度（不同構念、不同題項間的相關性要低）。

在學術論文中，於預試階段蒐集資料完成後，必須進行項目分析，以刪除冗題與確認各主構面的因素結構（即確認每個主構面該包含幾個子構面，每個子構面又該包含哪些題項），這樣才能形成正式問卷。待正式問卷再次的蒐集資料完成後，因為資料是具有隨機性的，故可能還是會出現冗題。這時再次的使用項目分析（建議使用因素分析法）來刪除冗題與確認各主構面的因素結構或許也是必要的。當研究者進行完上述的步驟後，基本上資料檔內的資料才是我們進行後續進階統計分析的正式資料。對於這筆正式資料要分析之前，一定要再評估它的信度、收斂效度與區別效度。信、效度都沒問題之後，也才能進行敘述統計、t 檢定、ANOVA、相關分析、迴歸分析、結構方程模型等進階的統計分析。希望讀者於獨立進行研究時，能謹記上述的統計分析程序。

因此，評估量表／問卷的信度、收斂效度與區別效度在學術論文之統計分析部分佔有舉足輕重的地位。它是一切進階統計分析的基礎。在本小節中，我們將應用第5章所介紹的信度分析、第6章所介紹的因素分析、CR值、AVE值與本章所介紹的相關分析，來評估量表／問卷的信度、收斂效度與區別效度。評估時，需要用到許多的統計量或準則，這些統計量或準則彙整如表7-9。

表7-9　評估信、效度的準則依據

項目	準則	依據
內部一致性	Cronbach's α或CR值大於0.7	Nunnally & Bernstein (1994); Gefen, Straub, & Boudreau (2000); Esposito Vinzi et al. (2010)
指標信度	標準化因素負荷量大於0.5	Hulland (1999)
收斂效度	AVE值大於0.5	Fornell and Larcker (1981) Bagozzi and Yi (1988)
區別效度（Fornell-Larcker準則）	每一個構面的AVE平方根應大於該構面與其他構面間的相關係數	Fornell & Larcker (1981)

範例7-4 參考附錄一中，論文【旅遊動機、體驗價值與重遊意願關係之研究】的正式問卷。經實際施測完成後，所得的原始資料如資料檔「ex7-4.sav」，試進行信度分析、因素分析與相關分析，以製作「表7-10 評估信、效度之指標表」（表格空白檔案ex7-4-1.docx）與「表7-11 Fornell-Larcker準則表」（表格空白檔案ex7-4-2.docx），並參考「表7-9 評估信、效度的準則依據」，以評估正式問卷的信度、收斂效度與區別效度。

表7-10　評估信、效度之指標表

二階構面	一階構面	指標	因素負荷量	Cronbach's α	CR值	AVE值
旅遊動機				0.906		
	推動機	tm1_1	0.869	0.968	0.971	0.769
		tm1_2	0.894			
		tm1_3	0.872			
		tm1_4	0.884			
		tm1_5	0.870			
		tm1_6	0.899			
		tm1_7	0.863			
		tm1_8	0.885			
		tm1_9	0.859			
		tm1_10	0.871			
	拉動機	tm2_1	0.879	0.955	0.959	0.768
		tm2_2	0.885			
		tm2_3	0.850			
		tm2_4	0.866			
		tm2_5	0.878			
		tm2_6	0.873			
		tm2_7	0.902			
體驗價值				0.777		
	投資報酬率	ev1_1	0.905	0.923	0.939	0.836
		ev1_2	0.918			
		ev1_3	0.920			

表7-10　評估信、效度之指標表（續）

二階構面	一階構面	指標	因素負荷量	Cronbach's α	CR值	AVE值
	服務優越性	ev2_1	0.909	0.925	0.936	0.829
		ev2_2	0.916			
		ev2_3	0.907			
	美感	ev3_1	0.915	0.914	0.936	0.831
		ev3_2	0.916			
		ev3_3	0.903			
	趣味性	ev4_1	0.936	0.956	0.965	0.872
		ev4_2	0.939			
		ev4_3	0.934			
		ev4_4	0.927			
	重遊意願	ri1	0.911	0.933	0.939	0.836
		ri2	0.918			
		ri3	0.914			
整體信度				0.882		

表7-11　Fornell-Larcker準則表（區別效度檢定表）

構面	題項數	相關係數						
		A	B	C	D	E	F	G
A. 推動機（tm1）[1]	10	**0.877**[2]						
B. 拉動機（tm2）	7	-0.003	**0.876**					
C. 投資報酬率（ev1）	3	0.041	0.237	**0.914**				
D. 服務優越性（ev2）	3	0.107	0.270	0.219	**0.911**			
E. 美感（ev3）	3	0.124	0.190	0.056	0.081	**0.911**		
F. 趣味性（ev4）	4	-0.018	0.131	-0.018	0.049	0.096	**0.934**	
G. 重遊意願（ri）	3	0.230	0.193	0.138	0.054	0.101	0.132	**0.914**

註：1.取變數之平均數為量表中，各構面之所有題項的加總平均數。

　　2.對角線之值為各子構面之AVE值的平方根，該值應大於非對角線之值。

操作 步驟

基本上，一定要先完成「表7-10 評估信、效度之指標表」與「表7-11 Fornell-Larcker準則表」的製作，這樣才能順利的進行信、效度的評估。要完成上述的兩個表，請讀者務必遵守以下的程序：

1. 先利用信度分析，求出各主構面、子構面的Cronbach's α值。
2. 進行因素分析，求出各題項的標準化因素負荷量。
3. 利用「cr_ave.xlsx」求出各主／子構面的CR與AVE值。
4. 求出各主／子構面的平均得分。
5. 進行相關分析，求得各主／子構面兩兩的相關係數。

詳細操作過程，請讀者自行參閱影音檔「ex7-4.mp4」。

▶ 報表解說

社會科學領域的研究者，經常會蒐集實證性的量化資料來驗證某些理論或假設。為了要維持驗證過程之嚴謹性，首要條件必先去確認測量工具的信度與效度（楊國樞等，2002）。因此，在應用進階統計分析方法之前，本研究將先分別評估問卷的內部一致性、指標信度、構面的收斂效度與構面間的區別效度。

首先，在問卷的內部一致性方面，觀察表7-10，範例論文中各構面的Cronbach's α值介於0.777至0.968之間，全部都大於0.7，整體問卷的Cronbach's α值亦達0.882，明顯超過0.7，顯示問卷具有高信度。再從CR值來看，各構面CR值介於0.936至0.971間，皆大於0.7，亦符合學界對問卷之內部一致性的要求（Nunnally & Bernstein, 1994; Gefen, Straub, & Boudreau, 2000; Esposito Vinzi et al., 2010）。故綜合而言，範例論文中所使用的問卷應已達學術上對測量工具之內部一致性的要求。

其次，有關各指標信度方面，觀察表7-10，各題項（指標）的因素負荷量介於0.850至0.939間，皆大於0.5，顯見問卷中各題項皆具有指標信度（Hulland, 1999）。在此，請讀者須注意的是，評鑑指標信度時，由於二階構面（旅遊動機、體驗價值主構面）所屬之指標與一階構面（各子構面）之指標重複。因此，二階構面所屬之指標的因素負荷量，可不納入評鑑。故將只針對一階構面之指標的標準化因素負荷量進行評鑑。

接下來，再來檢驗範例論文中各構面的收斂效度。收斂效度主要在評估一個構面所屬的多題題項，其變異解釋能力是否能充分的解釋構面的變異，其評估標準是：若

構面的AVE值大於0.50，則該構面就具有收斂效度（Fornell & Larcker, 1981; Bagozzi & Yi, 1988）。但評鑑收斂效度時，由於二階構面與一階構面重複使用了相同指標，且大部分的變異已由一階構面所抽取，故二階構面的AVE值會偏低。因此，二階構面的AVE值，將不納入討論。由表7-10可以發現，問卷中共包含七個一階構面（直接由題項所衡量的構面），其AVE值介於0.768至0.872間，皆大於0.5，故可研判問卷中的所有構面應都已具有收斂效度。

最後，再來評估構面間的區別效度。本研究將依據Fornell-Larcker準則評估構面間的區別效度。雖然範例模型中包含了二階構面，但依據Fornell-Larcker準則評鑑區別效度時，並不要求二階構面與其所屬的各一階構面間須具區別效度（Hair et al., 2014）。也就是說，並不用去檢核二階構面的AVE平方根是否都大於其與各一階構面間的相關係數。因此，在本範例中，Fornell-Larcker準則的運用，將只針對一階主構面（重遊意願）和一階子構面（六個）來進行評鑑。

觀察表7-11的Fornell-Larcker準則表可發現，七個構面之AVE值平方根全部都大於該值下方的相關係數，因此，符合Fornell and Larcker（1981）對區別效度檢驗所訂定的規則。故本研究認為所有的構面皆已具有區別效度。

經過上述的信、效度檢驗後，本研究對於各構面的測量工具已證實是具有信度的。此外，各構面除具有收斂效度外，構面間亦具有區別效度。整體而言，測量工具與其測量結果之品質頗佳，已適合進行後續進階的統計分析工作了。

7-5 偏相關分析

有時候，影響一個問題的因素很多。在這種情形下，為了純化、聚焦所關注的影響因素，我們常假設其中某些因素固定不變化（即控制該因素之意），而去考量其他一些因素（即所關注的因素）對該問題的影響，從而達到簡化研究的目的。偏相關分析正是源於此一概念而產生的，但又與此想法不盡相同。

7-5-1 偏相關分析的基本概念

相關分析可計算兩個變數之間的相互關係，並分析兩個變數間線性相關的程度。但是，在這過程中，往往會因為第三個變數的作用，而使得所計算出來的相關係數不能真實的反映該兩變數間的線性相關程度。因此，第三個變數的作用會決定雙

變數相關分析的精確性，故有必要加以控制，然後才能確實釐清兩特定變數間的相關性。

　　例如：身高、體重與肺活量之間的關係。如果使用Pearson相關方法來計算兩兩之間的相關係數時，應該可以得出肺活量、身高和體重間，兩兩均存在著較強的線性相關性質。但實際上呢？對體重相同的人而言，是否身高值越大，其肺活量也越大呢？答案可能是否定的喔！這正是因為身高與體重間有著線性關係，肺活量與體重間亦有著線性關係，因此得出了身高與肺活量之間存在較強的線性關係的錯誤（或許）結論。也就是說，若不把體重的影響因素排除的話，那麼研究身高與肺活量的關係，將會產生極大的誤判。而偏相關分析就是「在研究兩個變數之間的線性相關關係時，控制可能對其間關係產生影響的變數」之相關分析方法。

　　偏相關係數可衡量任何兩個變數之間的關係。但其過程中，會先控制住與這兩個變數有關聯的其他變數。也就是說，讓這些「其他變數」都能保持不變。例如：我們想研究銷售額與人口數、銷售額與個人年收入之間的關係，人口數量的多少會影響銷售額，年收入的大小亦會影響銷售額。由於人口數量會變化，年收入的多寡也會經常性變化，在這種錯綜複雜的情況下，應用簡單相關係數往往不能說明這些現象之間的相關程度。這時，就必須先消除其他變數的影響後，再來研究兩特定變數之間的相互關係，這種相關分析即稱為偏相關分析，這種相關係數就稱為偏相關係數。例如：在研究銷售額和年收入的相互關係時，須在已控制人口數量不變的場合下進行；而在研究銷售額與人口數的相互關係時，則須在已控制年收入不變的場合下進行。

　　再例如：變數X、Y、Z之間彼此存在著關係，為了衡量X和Y之間的關係，就必須假定Z保持不變，才來計算X和Y的偏相關係數，我們用$r_{xy/z}$表示。$r_{xy/z}$稱為Z保持不變時，X和Y的偏相關係數。待控制Z後，偏相關係數也可以由簡單相關係數來求出。

　　但是，偏相關係數的數值和簡單相關係數的數值常常是不同的，在計算簡單相關係數時，所有其他自變數不予考慮；但在計算偏相關係數時，要考慮其他自變數對依變數的影響，只不過是把其他自變數當作常數來處理罷了。

7-5-2　偏相關分析的功能與應用

　　透過以上對偏相關分析之基本概念介紹，我們對它的基本功能應有一定程度的了解了。應用SPSS套裝軟體的偏相關分析功能可對變數進行偏相關分析。在偏相關分

析中，SPSS系統將可依使用者的要求，對兩相關變數之外的某一或某些會影響相關性的其他變數進行控制，以輸出控制其他變數影響後的相關係數。偏相關分析的主要用途如下：

根據觀測資料，應用偏相關分析可以計算偏相關係數，也可以據以判斷哪些變數對特定變數的影響較大，進而當成是選擇重要變數的基準。至於那些對特定變數影響較小的變數，則可以捨去不顧。這樣的觀念，非常適合應用在多元迴歸分析建模過程的自變數篩選上。透過偏相關分析，只保留具有主要作用的自變數，就可以用較少的自變數去描述依變數的平均變動量，以符合建模之精簡性原則。

7-5-3 偏相關分析應用範例

在本小節中，我們將先介紹一個有關偏相關分析的簡單範例。期能使讀者對偏相關分析有一些基本認識。

▶ 範例7-5

論文【旅遊動機、體驗價值與重遊意願關係之研究】之研究架構如圖7-3，其正式問卷如附錄一。經實際施測完成後，所得的原始資料如資料檔「ex7-5.sav」。試驗證旅遊動機與重遊意願、旅遊動機與體驗價值、體驗價值與重遊意願之相關性。

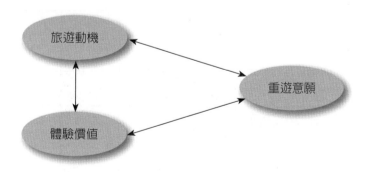

圖7-3　範例論文的研究架構

由過去的文獻顯示，旅遊動機、體驗價值與重遊意願間，可能存在複雜的相關關係。尤其，旅遊動機、體驗價值皆是影響重遊意願的重要因素。然在此，研究者將只探討兩兩變數間的關係，故必須先控制住第三個變數的影響效果，才能真正求出兩特

定變數間的關係。故明顯的，研究者必須進行偏相關分析。

　　由於將求取旅遊動機與重遊意願、旅遊動機與體驗價值、體驗價值與重遊意願的偏相關係數，故須先將各構面（旅遊動機、體驗價值與重遊意願）的平均得分求算出來，並儲存為變數。在此，我們將計算出每一個個案（受訪者）於「旅遊動機（tm）」、「體驗價值（ev）」與「重遊意願（ri）」等三個主構面的平均得分，並將這些計算出來的新資料，以新的變數來儲存。故須執行【轉換】／【計算變數】3次。這3次【計算變數】的數學運算式分別如下：

tm=sum(tm1_1 to tm2_17)/17

ev=sum(ev1_1 to ev4_4)/13

ri=sum(ri1 to ri3)/3

操作 步驟

　　詳細操作過程，請讀者自行參閱影音檔「ex7-5.mp4」。

▶ 報表解說

　　首先，不進行任何變數的控制，先進行簡單的雙變數相關分析，以觀察兩兩變數間的相關性，如表7-12所示。

表7-12　兩兩變數間的相關性

		tm	ev	ri
tm	皮爾森（Pearson）相關性	1	.288**	.300**
	顯著性（雙尾）		.000	.000
	N	248	248	248
ev	皮爾森（Pearson）相關性	.288**	1	.194**
	顯著性（雙尾）	.000		.002
	N	248	248	248
ri	皮爾森（Pearson）相關性	.300**	.194**	1
	顯著性（雙尾）	.000	.002	
	N	248	248	248

註：**表示在0.01的顯著水準下，顯著。

　　從雙變數相關分析的結果來看，旅遊動機（tm）與重遊意願（ri）的相關係數為0.300，且達顯著；旅遊動機（tm）與體驗價值（ev）的相關係數為0.288，達顯著；體驗價值（ev）與重遊意願（ri）的相關係數為0.194，亦顯著。

　　接下來，我們將進行偏相關分析。經偏相關分析後，SPSS套裝軟體將輸出相關報表，如表7-13、表7-14與表7-15。

表7-13　旅遊動機（tm）與重遊意願（ri）的偏相關係數〔控制變數：體驗價值（ev）〕

控制變數			tm	ri
ev	tm	相關性	1.000	.260
		顯著性（雙尾）	.	.000
		自由度	0	245
	ri	相關性	.260	1.000
		顯著性（雙尾）	.000	.
		自由度	245	0

表7-14　旅遊動機（tm）與體驗價值（ev）的偏相關係數〔控制變數：重遊意願（ri）〕

控制變數			tm	ev
ri	tm	相關性	1.000	.245
		顯著性（雙尾）	.	.000
		自由度	0	245
	ev	相關性	.245	1.000
		顯著性（雙尾）	.000	.
		自由度	245	0

表7-15　體驗價值（ev）與重遊意願（ri）的偏相關係數〔控制變數：旅遊動機（tm）〕

控制變數			ev	ri
tm	ev	相關性	1.000	.118
		顯著性（雙尾）	.	.064
		自由度	0	245
	ri	相關性	.118	1.000
		顯著性（雙尾）	.064	.
		自由度	245	0

　　由表7-13、表7-14、表7-15可知，在控制體驗價值（ev）的情形下，旅遊動機（tm）與重遊意願（ri）的偏相關係數為0.260，且達顯著。且該偏相關係數（0.260）小於雙變數相關係數（0.300），顯然體驗價值（ev）確實會助長旅遊動機（tm）與重遊意願（ri）的相關性；而在控制重遊意願（ri）的情形下，旅遊動機（tm）與體驗價值（ev）的偏相關係數為0.245，達顯著。且該偏相關係數（0.245）亦小於雙變數相關係數（0.288）。最後，在控制了旅遊動機（tm）的情形下，卻發現體驗價值（ev）與重遊意願（ri）的偏相關係數不顯著，顯見體驗價值（ev）與重遊意願（ri）間並無相關性。這說明了影響「重遊意願（ri）」的關鍵因素，或許並非是「體驗價值（ev）」，其他因素（例如：旅遊動機）的影響力可能更為重要；在某種意義上，甚至可說成「體驗價值（ev）」對「重遊意願（ri）」的影響並不是顯著的。

習 題

練習 7-1

參考附錄八中，論文「品牌形象、知覺價值對品牌忠誠度關係之研究」的正式問卷。經實際施測完成後，所得的原始資料如資料檔「hw7-1.sav」，試進行信度分析、因素分析與相關分析，以製作「評估信、效度之指標表」與「Fornell-Larcker準則表」，並參考「表7-9 評估信、效度的準則依據」，以評估正式問卷的信度、收斂效度與區別效度。

練習 7-2

參考附錄二中，論文「遊客體驗、旅遊意象與重遊意願關係之研究」的原始問卷，並開啟hw7-2.sav，試以簡單相關分析，分析遊客體驗的各子構面與旅遊意象的各子構之間是否存在相關性。

第 **8** 章
基本統計分析

　　至前一章止，我們已經嚴謹的評估了範例論文的信度、收斂效度與區別效度。接下來，就可以進入到實質的統計分析部分了。首先，將針對正式問卷資料進行基本統計分析。在SPSS中，所謂的「基本統計分析」指的是【分析】功能選單下的【敘述統計】（descriptive statistics）功能，這項功能是SPSS統計分析的重要功能，也是一般我們進行統計工作的起始點。

　　透過【敘述統計】功能，研究者可以得到許多統計學上常使用的基本統計量，如平均數、中位數、百分位數、變異數、標準差、標準誤差、最大值、最小值、全距、偏態和峰度等。而且也能進行資料的常態性檢定、獨立性檢定……等，進而理解單變數資料的特徵和多變量資料間的相互關係。此外，還可以依照使用者所設定的格式來輸出報表。

在本章將包含以下的內容：

1. 製作受訪者基本資料分析表。

2. 敘述統計量簡介。

3. 主要變數的現況分析。

4. 標準化值。

8-1　製作受訪者基本資料分析表

　　受訪者基本資料分析表（如表8-1），幾乎是所有的專題、論文於統計分析時第一個產出的報表。其主要的目的在於描述受訪者之各項社經背景資料的分布狀況，這將有助於研究者檢視經由抽樣調查所得到的受訪者樣本是否符合研究議題的設定（如母體代表性、抽樣誤差）。基本上，表8-1的受訪者基本資料分析表其本質應是種次數分配表。

　　一般而言，最基本的統計分析往往都是從次數分配開始的。透過次數分配能夠清楚瞭解變數之取值狀況，對掌握資料的特徵是非常有用的。例如：對問卷資料的統計分析過程中，通常會先去分析本次調查之受訪者的基本資料，如受訪者的總人數、年齡區間、職業、性別、婚姻狀況……等基本資料。透過這些分析，便能夠輔助研究者瞭解樣本是否具有母體代表性，或者抽樣是否存在系統偏差等，並以此確認未來相關問題分析的穩定性和可信度。

　　次數分配表是敘述統計（又稱描述性統計）中最常被使用的方法之一，【次數分配表】功能就是專門為產生次數表而設計的。它不僅可以產生詳細的次數表，還可以依照研究需求顯示出某百分位數的數值，以及常用的長條圖、圓形圖等統計圖。使用

【次數分配表】功能可以方便地對資料按組別進行歸類整理，形成各變數的不同水準的次數分配表和圖形，以便對各變數的資料特徵和觀察值分配狀況能先有一個概括性的認識。次數分配表是敘述統計中最常用的方法之一，它還可對資料的分配趨勢進行初步分析。

▶ 範例8-1

參考附錄一中，論文【旅遊動機、體驗價值與重遊意願關係之研究】的原始問卷，並開啟ex8-1.sav和ex8-1.docx（表8-1的空白表格），試對受訪者的各項基本資料製作【次數分配表】，完成後並將資料彙整如表8-1。

表8-1為一般論文中常見的受訪者基本資料分析表，這個表中描述著受訪者之基本社經背景資料的分布狀況。例如：受訪者的總人數、性別、年齡、職業、婚姻狀況……等基本資料。透過這些分析，可讓我們瞭解受測樣本的基本構造，進而輔助研究者研判樣本是否具有母體代表性，或者抽樣是否存在系統偏差等，並據以確認未來相關統計分析之結果的穩定性和可信度。

基本上，表8-1只是次數分配表的基本應用與彙整而已。在SPSS中的操作很簡單，只是填這個表有點麻煩。但是，若能善用Microsoft Excel套裝軟體，那麼將可達事半功倍之效。表8-1的空白表格已製作完成，並存放在範例資料夾「…\ example\ chap08」資料夾中，其檔名為「ex8-1.docx」。請讀者自行開啟並應用。

表8-1　受訪者基本資料分析表（樣本數：248）

受訪者屬性		個數	比例%	受訪者屬性		個數	比例%
性別	女	87	35.08	教育程度	國小（含）以下	3	1.21
	男	161	64.92		國中	8	3.23
婚姻	未婚	69	27.82		高中（職）	49	19.76
	已婚	179	72.18		專科	62	25.00
年齡	20歲以下	29	11.69		大學	113	45.56
	21～30歲	47	18.95		研究所（含）以上	13	5.24
	31～40歲	94	37.90	平均月收入	15,000元以下	32	12.90
	41～50歲	40	16.13		15,001～30,000元	69	27.82
	51～60歲	27	10.89		30,001～45,000元	80	32.26
	61歲以上	11	4.44		45,001～60,000元	40	16.13

表8-1　受訪者基本資料分析表（樣本數：248）（續）

受訪者屬性		個數	比例%	受訪者屬性		個數	比例%
職業	軍公教	39	15.73	平均月收入	60,001～75,000元	13	5.24
	服務業	41	16.53		75,001～90,000元	11	4.44
	製造業	77	31.05		90,001～120,000元	1	0.40
	買賣業	45	18.15		120,001元以上	2	0.81
	自由業	9	3.63				
	家庭主婦	16	6.45				
	學生	17	6.85				
	其他	4	1.61				

操作步驟

詳細的操作過程，請讀者自行參閱影音檔「ex8-1.mp4」。

▶ 報表解說

本研究主要針對參與溼地生態旅遊行程之遊客進行問卷調查，經實際發放360份問卷後，實際回收298份問卷，扣除填答不完整、亂填等回收問卷後，本研究實際回收248份有效問卷。

本研究之受訪者基本社經背景變數，包括「性別」、「婚姻」、「年齡」、「職業」、「教育程度」與「平均月收入」等六項。受訪者基本屬性分析結果如表8-1所示。受訪者樣本中，男性佔64.92%、女性佔35.08%，男性佔多數；從婚姻狀況來看，已婚者佔多數（72.18%）；在教育程度方面，以大學或專科學歷（70.56%）佔多數；在年齡的分布中以31～40歲（37.90%）佔多數，其次是21～30歲（18.95%）；在職業方面以製造業（31.05%）佔多數，其次是買賣業（18.15%）；在平均月收入方面以30,001～45,000元（32.26%）佔最多，其次是15,001～30,000元（27.82%）。

經由受訪者基本資料分析得知，參與溼地生態旅遊行程之遊客中，有相當高的比率屬青、壯年齡層、高等教育程度與中等所得；而職業則以製造業、買賣業、服務業與公教人員居多，男、女遊客之分布狀況則以男性居多。

◆ 8-2　敘述統計量 ◆

　　問卷資料分析的過程中，利用次數分配表初步掌握受訪者基本屬性之分布狀況後，通常還需要更精確的掌握區間尺度型態資料的分配特徵（例如：研究變數的現況分析），這時就需要精確計算各變數的基本敘述統計量了。例如：對於論文【旅遊動機、體驗價值與重遊意願關係之研究】的問卷資料，通常研究者會去分析各個構面的現況，這時就須去計算這些構面變數的平均數、標準差、偏態、峰度……等敘述統計量，以便能更進一步準確的掌握資料的集中趨勢、分散趨勢與分布狀況等特徵。

　　在SPSS中，雖然可用以求取變數之敘述統計量的功能還相當多，如：【OLAP資料方塊】、【觀察值摘要】、【敘述統計】等功能。但是基本上，若研究需求是希望求取「分組」的敘述統計量時，那麼應該使用【OLAP資料方塊】或【觀察值摘要】功能；而在「不須分組」的情況下，求取敘述統計量時，則應使用本節所將介紹的【敘述統計】功能。

　　【敘述統計】功能是對連續性（區間尺度）資料之統計分析中，應用最多的一個功能，它可對變數進行敘述統計分析（描述性統計分析），以計算並列出一系列相關的統計指標，包括平均數、算術和、標準差、最大值、最小值、變異數、全距、平均值標準誤差、峰度和偏態……等。在【敘述統計】功能中，還有個特殊功能，那就是可將原始資料轉換成標準化分數（Z分數），並以變數的型式存入資料檔中，供以後分析之用。所謂「Z」值是指某原始數值比其樣本平均數高或低多少個標準差，高的為正值，低的為負值，相等的則為零。

8-2-1　描述資料集中趨勢的統計量

　　常見的敘述統計量大致可以分為三大類。第一，描述集中趨勢的統計量；第二，描述分散程度的統計量；第三，描述分配型態的統計量。一般而言，只要能掌握這三類統計量就能夠精確和清晰的把握資料的分配特徵。

　　集中趨勢是指一組資料向某一中心點靠攏的傾向。因此，計算集中趨勢統計量的目的，正是要尋找到一個能夠反映資料一般水準的「代表值」或「中心值」。常見的集中趨勢統計量包含平均數、中位數與眾數。這些集中趨勢統計量中，平均數（mean）是一個最常用的「代表值」或「中心值」，又稱「算術平均數」。在統計學中，平均數佔有重要的地位，它反映了某變數所有取值的集中趨勢或平均水準。

平均數的數學定義為：$\bar{x} = \dfrac{1}{n} \sum\limits_{i=1}^{n} x_i$ （式8-1）

其中，n代表樣本數，x_i為各樣本觀察值。從平均數（$\bar{x}$）的數學定義可以清楚的看出，平均數具有以下的特點：

一、平均數的計算使用了所有樣本的資料值。

二、平均數代表了資料的一般水準。

三、但平均數的大小易受到資料中極端值的影響。

此外，還有其他一些描述資料集中趨勢的統計量，如中位數（median，即一組資料由小排到大後，位於中間位置上的資料值）、眾數（mode，即一組資料中出現次數最多的資料值）等。這些集中趨勢統計量都具有各自的特性。在實際應用中，應根據這些統計量的不同特性和實際問題，選擇合適的統計量。例如：在評價全國人民的所得水準時，一般會使用中位數；鞋廠在制定各種型號的鞋子的生產計畫時，應該會運用眾數等。

8-2-2　描述資料分散程度的統計量

分散程度是指一組資料中的各觀察值遠離其「中心值」的程度。描述資料的分配狀況時，若僅簡單的使用平均數等「中心值」來描述，並不能得到盡善盡美的結果，應該還須再考察資料分配的分散程度。即考察所有資料相對於「中心值」的分散程度。如果各觀察值都能緊密地集中在「中心值」的附近，那麼可推斷資料的分散程度較小，而這現象正可說明這個「中心值」確實是全部觀察值的「代表」。因此我們可以說，「中心值」對全部觀察值而言，它的代表性良好；相反的，如果各觀察值僅是鬆散的分配在「中心值」的附近，那麼可推斷資料的分散程度應較大，這時「中心值」則較不具有代表性。因此，同時考量「中心值」和相對於「中心值」的分散程度的交互作用，才能對資料特徵進行比較完整的描述。

可以用以描述資料分散程度的統計量如下：

➤ 樣本標準差（standard deviation: Std Dev）

樣本標準差（s）描述了各觀察值和平均數間的平均離散程度。樣本標準差的數學定義為：

$$s = \sqrt{\dfrac{1}{n-1} \sum\limits_{i=1}^{n} (x_i - \bar{x})^2}$$ （式8-2）

上式中x_i為各樣本觀察值、$\bar{x}$為平均數、「$x_i - \bar{x}$」亦稱為離差，不難理解，樣本標準差的實質意義為離差平方和之平均數的平方根。故可明顯看出，樣本標準差描述了各觀察值相對於平均數的平均離散程度（平均距離）；樣本標準差越大，即說明各觀察值之間的差異程度越大，距平均數這個「中心值」的分散趨勢也越大。樣本標準差具有計量單位（例如：公尺、公斤等）。

> **樣本變異數（variance）**

樣本變異數也是一種可用以描述各觀察值間離散程度的統計量，樣本變異數的數學定義為：

$$\sigma^2 = \frac{1}{n-1}(x_i - \bar{x})^2 \qquad\qquad (\text{式}\,8\text{-}3)$$

明顯的，樣本變異數就是樣本標準差（s）的平方；樣本變異數值越大，各觀察值之間的差異程度也越大，距平均數這個「中心值」的分散趨勢也越大。基本上，樣本變異數是沒有計量單位的。

> **全距（range）**

全距這個在統計學中常用的統計量，在中文版的SPSS中將被翻譯為「範圍」。它的意義為所有觀察值中的最大值（maximum）與最小值（minimum）之差的絕對值。全距也是一種可用來描述各觀察值間離散程度的統計量。在相同樣本大小之情況下的兩組資料，全距大的資料比全距小的資料分散。全距若非常小，這就意味著各觀察值基本上大都是集中在一起的。

另外，SPSS還能夠計算樣本平均數的標準誤差簡稱為標準誤（standard error of mean）。眾所周知，樣本資料是來自母體的，樣本的敘述統計量可以反映出母體資料的特徵。但由於抽樣誤差的存在，使得樣本資料不一定能夠完全準確地反映母體，它與母體的真實值之間存在著一定的差異。因此，樣本平均數與母體平均數之間或多或少將存在著一些差異。

若我們抽樣很多次，那麼我們將會得到若干個不同的樣本平均數。當每次抽樣的樣本數夠大時，這些樣本平均數會服從常態分配，即$\bar{X} \sim N(\mu, \sigma^2/n)$。其中，$\mu$為母體平均數，$\sigma^2$為母體變異數，$n$為樣本數。可見，樣本平均數與母體平均數的平均差異（離散）程度（即變異數），即為σ^2/n，因此，樣本平均數的標準誤差（標準誤）的數學定義為：

$$\text{standard error of mean} = \frac{\sigma}{\sqrt{n}} \qquad\qquad (\text{式8-4})$$

由此可見，標準誤是描述樣本平均數與母體平均數之間平均差異程度的統計量。它反映了樣本平均數的離散程度。標準誤越小，即表示樣本平均數與母體平均數會越接近。

8-2-3　描述分配型態的統計量

集中趨勢統計量和分散統計量是表達資料分配狀況的兩個重要特徵。為能更清楚、更廣泛的瞭解資料分配的特性，還應掌握資料的分配型態。所謂資料的分配型態主要是指資料的分配是否對稱、偏斜程度、陡峭程度等指標。

描述分配型態的統計量主要有兩種，如下：

➤ 峰度（kurtosis）

峰度是描述觀察值分配型態陡峭程度的統計量。峰度係以具有相同變異情況的常態分配為基礎而進行比較的，它可用以瞭解一個對稱性的樣本分配的峰點是否處於相對比較扁平或高聳的狀況。當資料分配的峰度較高時，表示該分配在接近平均數附近時，是比較高聳的，坡度因此也較陡；而當資料分配的峰度較低時，則表示該分配在接近平均數附近，是比較扁平的。

峰度的數學定義為：

$$Kurtosis = \frac{1}{n-1}\sum_{i=1}^{n}\frac{(x_i - \bar{x})^4}{s^4} - 3 \qquad\qquad (\text{式8-5})$$

式8-5中說明了，當資料分配狀況與標準常態分配的陡峭程度相同時，峰度值會等於0；峰度大於0，表示資料的分配狀況比標準常態分配更陡峭；而當峰度小於0，表示資料的分配狀況比標準常態分配更扁平。

➤ 偏態（skewness）

偏態是種描述觀察值分配型態之對稱性的統計量。當一個分配的尾巴向右一直延伸，那麼，我們稱它為「正偏態（positively skewed）」或右偏。同樣的，當一個分配的尾巴向左一直延伸，那麼，我們稱它為「負偏態（negatively skewed）」或左偏。所以，偏態的範圍可以從負的無限大到正的無限大。

偏態的數學定義為：

$$Skewness = \frac{1}{n-1} \sum_{i=1}^{n} \frac{(x_i - \bar{x})^4}{s^4}$$ （式8-6）

　　式8-6中說明了，當資料分配為對稱分配時，正、負總偏差相等，偏態值等於0；當分配為不對稱分配時，正負總偏差不相等，偏態值將大於0或小於0。偏態值大於0時，表示正偏差值大，為正偏態或稱右偏，這時直方圖中似有一條長尾會拖往右邊；偏態值小於0時，表示負偏差值較大，為負偏態或稱左偏，這時直方圖中有一條長尾拖往左邊。偏態絕對值越大，表示資料分配型態的偏斜程度越大、越不對稱。

▶ 範例8-2　參閱附錄一論文【旅遊動機、體驗價值與重遊意願關係之研究】的原始問卷，並開啟ex8-2.sav和ex8-2.docx，試對「體驗價值」構面進行現況分析，並完成表8-2。

　　論文【旅遊動機、體驗價值與重遊意願關係之研究】的原始問卷中，「體驗價值」構面共有四個子構面，分別為「投資報酬率」、「服務優越性」、「美感」與「趣味性」。其中「投資報酬率」有3題問項（ev1_1～ev1_3）、「服務優越性」有3題問項（ev2_1～ev2_3）、「美感」亦有3題問項（ev3_1～ev3_3），而「趣味性」則有4題問項（ev4_1～ev4_4），共計13題問項。依題意，我們須對「體驗價值」構面進行敘述統計，並完成表8-2的製作，以瞭解遊客對「體驗價值」構面之認知現況。

表8-2　「體驗價值」構面現況分析表

題號	構面	問項	平均數	標準差	偏態	峰度	構面排序	總排序	構面平均
1	投資報酬率	1.此遊程相當有效率。	4.890	1.535	-0.459	-0.567	3	6	4.940
2		2.整體而言，在交通安排上是方便的。	4.970	1.438	-0.469	-0.335	1	2	
3		3.整體而言，所提供之服務讓我覺得物超所值。	4.960	1.492	-0.550	-0.228	2	3	
4	服務優越性	4.提供良好的解說服務品質。	4.800	1.576	-0.590	-0.278	3	10	4.870
5		5.提供的解說服務是專業的。	4.950	1.574	-0.565	-0.374	1	4	
6		6.解說人員親切有禮且充滿熱情。	4.860	1.508	-0.644	-0.124	2	7	

表8-2 「體驗價值」構面現況分析表（續）

題號	構面	問項	平均數	標準差	偏態	峰度	構面排序	總排序	構面平均
7	美感	7.溼地的整體環境景觀很優美。	4.920	1.494	-0.463	-0.483	2	5	4.937
8		8.溼地生態環境可以滿足我的好奇感。	5.030	1.550	-0.573	-0.420	1	1	
9		9.溼地生態環境對我很有吸引力。	4.860	1.508	-0.301	-0.691	3	7	
10	趣味性	10.參與此遊程，並無法讓我暫時忘記煩惱。	4.790	1.731	-0.481	-0.717	2	11	4.780
11		11.參與此遊程，並無法讓我遠離現實生活。	4.770	1.674	-0.514	-0.663	3	12	
12		12.參與此遊程，並無法讓我感到快樂。	4.750	1.771	-0.538	-0.700	4	13	
13		13.我不認為參與此遊程是有趣的。	4.810	1.708	-0.412	-0.869	1	9	

操作 步驟

詳細的操作過程，請讀者自行參閱影音檔「ex8-2.mp4」。

▶ 報表解說

經由執行【敘述統計】後，可輕易輸出目標變數的各種基本統計量。這些統計量若能經適當的表格化處理後，可供研究者研判各主要變數於受訪者心中的認知程度，並進行初步的比較與對各變數的現況進行分析。表8-2的現況分析結果，在專題或論文中可做以下的分析結論。

「體驗價值」構面的現況分析結果，如表8-2所示。於本研究中「體驗價值」構面共包含四個子構面，分別為「投資報酬率」、「服務優越性」、「美感」與「趣味性」，共有13個衡量題項。表8-2即是針對這13個題項的現況分析。

一般而言，偏態與峰度係數，如果介於±2之間，則可研判資料符合常態分配（Mardia, 1985）。從偏態與峰度係數來看，其值分別介於-0.644～-0.301、-0.869～-0.124間。明顯的，所有題項之偏態與峰度的絕對值皆小於2。因此，可認為「體驗價值」構面的資料分配狀況大致上是可服從常態分配的。

再從平均得分觀之，遊客對整體「體驗價值」構面的認知程度中，以「投資報酬

率」子構面的平均數最高達4.940，其次為「美感」子構面（4.937），最低則為「趣味性」子構面（4.780）。

在「投資報酬率」子構面中，以「2.整體而言，在交通安排上是方便的。」題項的得分最高（4.970），其次為「3.整體而言，所提供之服務讓我覺得物超所值。」（4.960），最低則為「1.此遊程相當有效率。」（4.890）。然各題項之得分差異並不大。

在「服務優越性」子構面中，以「5.提供的解說服務是專業的。」題項的得分最高（4.950），其次為「6.解說人員親切有禮且充滿熱情。」（4.860），最低則為「4.提供良好的解說服務品質。」（4.800）。

在「美感」子構面中，以「8.溼地生態環境可以滿足我的好奇感。」題項的得分最高（5.030），其次為「7.溼地的整體環境景觀很優美。」（4.920），最低則為「9.溼地生態環境對我很有吸引力。」（4.860）。

在「趣味性」子構面中，以「13.我不認為參與此遊程是有趣的。」題項的得分最高（已反向計分，4.810），其次為「10.參與此遊程，並無法讓我暫時忘記煩惱。」（已反向計分，4.790），最低則為「12.參與此遊程，並無法讓我感到快樂。」（已反向計分，4.750）。

而就「體驗價值」構面的各衡量題項而言，「美感」子構面中的「8.溼地生態環境可以滿足我的好奇感。」的認同度最高，其次為「投資報酬率」子構面中的「2.整體而言，在交通安排上是方便的。」再其次為「投資報酬率」子構面的「3.整體而言，所提供之服務讓我覺得物超所值。」而認同度較低的後三名則全部皆為「趣味性」子構面的題項，分別為「12.參與此遊程，並無法讓我感到快樂。」、「11.參與此遊程，並無法讓我遠離現實生活。」與「10.參與此遊程，並無法讓我暫時忘記煩惱。」。

綜合而言，四個「體驗價值」構面之子構面中，認同度最強之構面為「投資報酬率」子構面，其次為「美感」子構面；最差者為「趣味性」子構面。但是其間的差異並不大，其得分約屬中上程度。由此可知，一般遊客對於溼地生態旅遊行程的「投資報酬率」、環境的「美感」尚能認同。雖是如此，一般遊客仍對溼地生態旅遊行程的「趣味性」，則普遍認為尚有改進空間。

8-3　標準化值

對於具有不同水準或不同單位的資料，在進行統計分析之前，往往需要進行預先處理，以使資料能在更一致的條件下進行分析。對於這類資料的預處理工作，最常使用的方法就是將資料予以標準化（standardization）。例如：小明的統計學期中考成績為71分，全班的平均是62分，標準差3分；另其期末考成績為80分，班上的平均是70分，標準差5分，試問小明的成績在班上名次是進步或退步呢？

雖然從小明的期中、期末考成績來看，明顯的是分數有增加，名次進步的機率應較大。但是若考慮到2次考試的難易度、鑑別力、情境……等因素或有差異，故名次的變化應要有更嚴謹的評估標準。也就是說，單純的從分數來判斷小明成績進步或退步，將失之偏頗。故於名次的評估上，除應考量全班的平均數外，也應該將標準差的概念考慮進來。由於名次具有「位置」的概念，如果能瞭解2次考試，小明的成績於班上所佔的位置於何處，就可得知小明在班上名次是進步或退步了。在此考量下，必須找出一個基準點，然後測量期中、期末成績離這個基準點有多少「距離」，且這個評估「距離」的單位也要一致才行。據此，最簡單的方法就是將平均數訂為基準點，且以標準差為「距離」的單位，這樣就可解決這種具比較性的問題了。

在此情形下，若能回答出下列兩個問題，名次問題就可輕易獲得解決：

(1)小明的統計學期中考成績距全班期中平均有多少個標準差的距離？

(2)小明的統計學期末考成績距全班期末平均又有多少個標準差的距離？

不難理解第(1)個問題的答案就是(71 − 62)/3 = 3，也就是期中考成績距全班期中平均有三個標準差；而第(2)個問題的答案為(80 − 70)/5 = 2，也就是期末考成績距全班期末平均只有兩個標準差。明顯的，小明的成績在班上名次是退步了。

上述解題過程中，該「距離」的值，就是統計學中所稱的標準化值（standardized value）。所謂標準化就是將樣本中的某個觀察值減去樣本平均數後再除以樣本標準差的過程，這個過程中所得的值就稱為標準化值。因此，所謂的標準化值的真正意義為，不管樣本資料的水準或單位，某觀察值與平均數的距離有幾個標準差之意。標準化值是我們經常用來衡量資料之相對位置的指標數據，標準化值也稱為Z分數（Z-Score），標準化值的計算公式如下：

$$Z_i = \frac{x_i - \bar{x}}{s}$$

（式8-7）

其中，x_i為樣本資料的第i個觀察值，$\bar{x}$為樣本資料的平均數，s為標準差。

從式8-7的計算公式中不難明瞭，Z分數所代表的意義為資料x_i在整體資料中所在的相對位置。例如：如果在你所任職的公司中，你的「所得」的標準化值（Z分數）為2，這表示你的「所得」是在「全體員工平均所得」以上的兩個標準差之位置，所以若從近似鐘形分配資料或常態分配的經驗法則來看的話，你是一個高所得者（前2.5%）。因為根據常態分配的特性，約有95%的觀察值會落在正、負兩個標準差的範圍內。

此外，第3章曾提及利用標準化值也可以判斷離群值。如果研究者已能確認某變數資料符合常態分配的話，那麼最常見的檢測離群值方法，非「標準化值」莫屬。根據常態分配的性質，約有99%資料的Z分數會落在平均數的正負三個標準差之內，因此過往文獻上，會將Z分數大於3或小於−3的數據視為離群值（例如：Shiffler, 1988; Stevens, 1990）。

▶ 範例8-3

資料檔ex8-3.sav，為論文【旅遊動機、體驗價值與重遊意願關係之研究】的原始資料檔。請開啟ex8-3.sav，試計算「量表總分」的標準化值（Z分數），並從資料檔中刪除具離群值的個案資料，完成後請另存新檔為「ex8-3-ans.sav」。

論文【旅遊動機、體驗價值與重遊意願關係之研究】的原始問卷中，扣除掉「第四部分：基本資料」的題項後，剩餘題項為可用以衡量「旅遊動機」（17題）、「體驗價值」（13題）與「重遊意願」（3題）等三個構面的題項，共33題。現針對每個遊客所填答的這33個題項的得分進行加總，加總後所得的值即所謂的「量表總分」。此加總過程，已計算完成，並已儲存在ex8-3.sav中了。

現在，我們將計算變數「量表總分」的標準化值。藉由標準化值可偵測是否存在離群值，並據以刪除具離群值的個案資料。

(操)(作) 步驟

詳細的操作過程，讀者亦可自行參閱影音檔「ex8-3.mp4」。

▶ 報表解說

執行【分析】／【敘述統計】／【敘述統計】，即可開啟【敘述統計】對話

框。待開啟【敘述統計】對話框後，於對話框下方，勾選【將標準化值存成變數】核取方塊。就可將所選取的變數（本例爲量表總分）進行標準化而產生相對應的Z分數，並且會爲該值自動建立一個新變數名稱而儲存在資料檔中，新變數名稱會在原變數名稱前加上「Z」。例如：變數「量表總分」經標準化後，儲存該標準化值的新變數名稱即爲「Z量表總分」，如圖8-1。

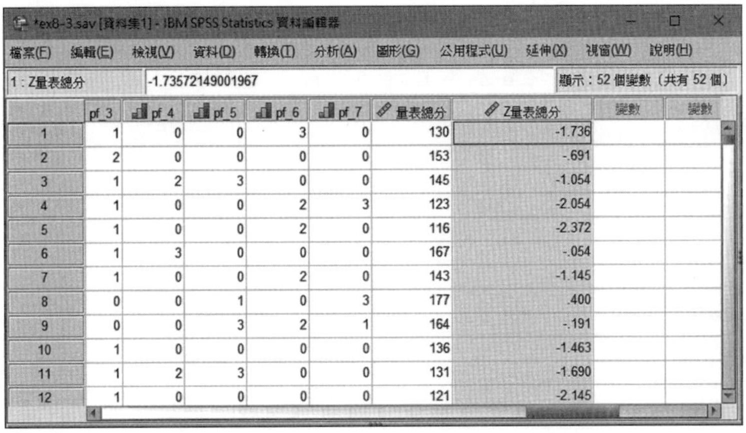

	pf_3	pf_4	pf_5	pf_6	pf_7	量表總分	Z量表總分	變數	變數
1	1	0	0	3	0	130	-1.736		
2	2	0	0	0	0	153	-.691		
3	1	2	3	0	0	145	-1.054		
4	1	0	0	2	3	123	-2.054		
5	1	0	0	2	0	116	-2.372		
6	1	3	0	0	0	167	-.054		
7	1	0	0	2	0	143	-1.145		
8	0	0	1	0	3	177	.400		
9	0	0	3	2	1	164	-.191		
10	1	0	0	0	0	136	-1.463		
11	1	2	3	0	0	131	-1.690		
12	1	0	0	0	0	121	-2.145		

圖8-1　標準化值會以變數的型態儲存

依據經驗法則，針對常態分配或近似鐘形分配的資料集而言，大約68%的資料與平均數的差距在一個標準差內；而大約95%的資料與平均數的差距在兩個標準差內；且幾乎所有的資料（99%）與平均數的差距在三個標準差內。

以圖8-1中，第一個個案的標準化值爲「−1.736」來看，其「量表總分」大約在平均數以下1.736個標準差的位置。因此，根據經驗法則，其「量表總分」約處於「後4.36%」（查常態分配表）之位置，可研判此遊客對「旅遊動機」、「體驗價值」與「重遊意願」的認知程度相對於其他個案而言是偏低的。

一般而言，觀察值之標準化值的絕對值小於3時，就屬於離群值。這些離群值建議應該從資料集中予以剔除，經檢視所完成的資料檔「ex8-3-ans.sav」，問卷之正式資料檔中所有遊客之量表總分的標準化值之絕對值皆小於3，故不存在具離群值的個案。

習 題

練習 8-1

參考附錄二中，論文「遊客體驗、旅遊意象與重遊意願關係之研究」的原始問卷，並開啟hw8-1.sav與hw8-1.docx，試完成下表，並敘述分析結果。

表8-3 遊客基本資料分析表（樣本數： ）

顧客基本資料		樣本數	比例%	顧客基本資料		樣本數	比例%
性別	女			教育程度	國小（含）以下		
	男				國中		
婚姻	未婚				高中（職）		
	已婚				專科		
年齡	20歲以下				大學		
	21～30歲				研究所（含）以上		
	31～40歲			平均月收入	15,000元以下		
	41～50歲				15,001～30,000元		
	51～60歲				30,001～45,000元		
	61歲以上				45,001～60,000元		
職業	軍公教				60,001～75,000元		
	服務業				75,001～90,000元		
	製造業				90,001～120,000元		
	買賣業				120,001元以上		
	自由業						
	家庭主婦						
	學生						
	其他						

資料來源：本研究整理。

練習 8-2

參考附錄二中，論文「遊客體驗、旅遊意象與重遊意願關係之研究」的原始問卷，並開啟hw8-2.sav與hw8-2.docx，試對遊客體驗、旅遊意象與重遊意願等構面進行現況分析，並完成表8-4、表8-5與表8-6，且針對現況分析結果，提出你的看法。

表8-4　遊客體驗現況分析表

題號	構面	問項	平均數	標準差	構面排序	總排序	構面平均
1	感官體驗	1.秀麗的山水風景，非常吸引我。					
2		2.豐富的歷史文物，非常吸引我。					
3		3.我覺得這次旅遊，非常富有趣味。					
4		4.我覺得這次旅遊，行程豐富精彩。					
5	情感體驗	5.看到美麗的景緻，令我心情放鬆。					
6		6.看到豐富的文物，能激發我思古之情。					
7		7.看到美麗的景緻，讓我感到歡樂愉快。					
8		8.當地的景色，令我感動。					
9		9.當地歷史文物，令我感動。					
10	思考體驗	10.透過這次旅遊，頗發人省思，令我有所思考。					
11		11.透過這次旅遊，引發我的好奇心。					
12		12.透過這次旅遊，引發我去做一些聯想或靈感的啟發。					
13		13.透過這次旅遊，能激發我創意思考。					
14	行動體驗	14.看到美景，我很想分享觀賞的心得。					
15		15.看到歷史文物，我很想分享觀賞的心得。					
16		16.看到美景，我很想拍照、錄影留念。					
17		17.看到歷史建物，我很想拍照、錄影留念。					
18	關聯體驗	18.我會想購買與當地相關的紀念品。					
19		19.透過這次旅遊，讓我產生環境維護的認同感。					
20		20.會因美麗的景緻，而聯想到西拉雅國家風景區。					
21		21.透過這次旅遊，西拉雅會成為我平常談論的話題。					

表8-5　旅遊意象現況分析表

題號	構面	問項	平均數	標準差	構面排序	總排序	構面平均
1	產品	1.自然風景優美。					
2		2.平埔族文化保存良好。					
3		3.知名度高。					
4	品質	4.開車環湖賞景令人愉悅。					
5		5.整體氣氛令人心情放鬆。					
6		6.通往本風景區交通便利。					
7		7.遊憩安全設施良好。					
8		8.地方公共服務設施完善。					
9	服務	9.整體旅遊環境乾淨。					
10		10.旅遊資訊充足。					
11		11.相關服務人員能提供遊客迅速且即時的服務。					
12		12.區內相關服務人員的服務態度良好。					
13		13.旅遊活動的各項安排均能提供遊客便利。					
14	價格	14.個人平均旅遊花費價格合理。					
15		15.收費合理。					

表8-6　重遊意願現況分析表

題號	構面	問項	平均數	標準差	排序	構面平均
1	重遊意願	1.到西拉雅風景區旅遊，對我來說是最好的選擇。				
2		2.我將會是西拉雅風景區的忠實遊客。				
3		3.當我有旅遊需求時，我會優先選擇西拉雅風景區。				
4		4.我願意繼續到西拉雅風景區旅遊。				
5		5.我會向親朋好友推薦到西拉雅風景區。				

練習 8-3

參考附錄二中，論文「遊客體驗、旅遊意象與重遊意願關係之研究」的原始問卷，並開啟hw8-3.sav，試以性別為分組變數對變數「量表總分」進行預檢資料分析，以進行下列檢測：（註：量表總分為遊客體驗、旅遊意象與重遊意願等三構面之衡量題項得分的加總結果，共41題）

(1)評估男、女性於「量表總分」的差異性。

(2)找出異常值、極端值。

(3)請以圖形與檢定方式判斷「量表總分」之分配是否符合常態分配？

練習 8-4

參考附錄二中，論文「遊客體驗、旅遊意象與重遊意願關係之研究」的原始問卷，並開啟「hw8-4.sav」，請依照每位受訪者的量表總分（共41題），進行分組。分組的原則如下：

量表總分小於第25百分位者：改稱為低分組，其數值代碼為1。

量表總分大於第75百分位者：改稱為高分組，其數值代碼為2。

計算完成後，請另存新檔為「hw8-4-ans.sav」。並計算高、低分組的受訪者，其於遊客體驗、旅遊意象與重遊意願等三構面的平均數與標準差，並完成表8-7。（提示：需使用「報告」功能中的「觀察值摘要」功能）

表8-7　高、低分組於各構面認知之比較表

	遊客體驗（21題）		旅遊意象（15題）		重遊意願（5題）	
	平均數	標準差	平均數	標準差	平均數	標準差
低分組						
高分組						

第 9 章
重要度―表現分析法

重要度—表現分析法（Importance-Performance Analysis，簡稱IPA）可藉由分析消費者對供給方所提供之服務的重要性和績效感知，從而找到提高消費者滿意度和忠誠度的途徑，它的優點是能以圖像分析的方式呈現服務之各屬性重要性與表現績效的相對位置。

作者於2022年8月31日嘗試以「Importance-Performance Analysis」為關鍵字進行精準查詢，在「臺灣博碩士論文知識加值系統」中，共獲得4,157筆歷年來應用IPA法的博碩士論文；而在「Google學術查詢」中則約有31,800筆相關文獻。顯見，IPA法在學術或實務領域中皆佔有相當重要的地位。

在本章將包含以下的內容：

1. 重要度—表現分析法簡介。

2. IPA原理與分析步驟。

3. IPA策略矩陣圖。

9-1　重要度—表現分析法簡介

Martilla and James於1977年提出了重要度—表現分析法（Importance-Performance Analysis，簡稱IPA）以檢視汽車業的服務表現。甚至後來，IPA法被認為是評估服務品質及發展管理策略的有效工具。在1970年代末期開始，IPA法已被廣泛的使用於觀光、餐飲、休閒遊憩、教育、保健等領域的服務品質研究。

IPA法是一種藉由評估各服務之屬性的「重要度（Importance）」（消費者對各服務屬性所認知的重要性）和「表現績效（Performance）」（消費者對各服務屬性之實際感受的績效），然後在座標平面上標示出各服務屬性之相對位置，進而針對這些服務屬性，提出改善優先順序策略的技術。

也就是說，IPA法藉由將各服務之屬性的重要性與表現績效的平均得分，製圖於一個二維的平面座標中，在該座標圖（又稱為策略矩陣圖）中，以橫軸表示消費者對服務屬性的滿意程度（表現績效），縱軸則表示消費者對服務屬性所感知的重要程度。而滿意程度與重要程度之總平均數則被視為此策略矩陣圖之中心座標，以利將座標矩陣劃分為四個象限。藉由策略矩陣圖，我們可觀察各服務屬性落於哪些象限，並根據這些象限固有的意義而評價服務屬性，並據以製作改善決策或進行資源重新分配（Martilla and James, 1977）。

目前IPA法已普遍運用在企業經營決策分析上，也是企業管理階段用來衡量目前市場競爭位置、確認公司經營改善機會及引導公司策略方向的分析技術。此外，IPA

法亦可協助管理者確認並有效的規劃企業資源。總而言之，IPA法的主要目的有二：一為協助管理者針對現況進行分析，以輔助制定積極改善作為之優先順序的決策；二為協助管理者制定有效分配資源的決策（Barsky and Labagh, 1996）。

9-2　IPA原理與分析步驟

在IPA法中，服務的供給者將透過對消費者問卷調查的方式，評估其所提供的服務之各種屬性的重要性與績效表現程度（一般以滿意度代表），並以績效表現程度為橫軸（X軸）、重要度為縱軸（Y軸），將各服務屬性於二維的座標平面中標示出其所處之象限。根據這些象限所代表的意義，就可評估各服務屬性是否亟須改善，以及其改善之優先順序。上述的二維的座標平面又稱為IPA策略矩陣圖。在IPA策略矩陣圖中，軸線的尺度和象限的位置是可以任意訂定的，例如：也可以將績效表現程度設為縱軸（Y軸），而重要度設為橫軸（X軸）。IPA法具體的執行方法，基本上可分為以下幾個步驟：（Martilla and James, 1977；吳忠宏、黃宗成，2001）：

1. 列出欲評估之服務的各個屬性，並發展成問卷。
2. 請受訪者針對該服務的各個屬性，分別在其重要程度與績效表現程度兩方面進行評定等級（通常使用李克特五點或七點量表）。所謂重要程度是指受訪者於使用該服務時，對該服務之各個屬性的重視程度（例如：期望的高低、需求的強弱）；而績效表現程度則是指服務所體驗到之各屬性的表現程度（例如：滿意度的高低）。
3. IPA法通常會在平面座標中，以重要程度為縱軸（Y軸）、績效表現程度為橫軸（X軸），並以各屬性在重要程度及績效表現程度所得的分數的總平均值作為分隔點，將平面空間區隔成四個象限（如圖9-1所示）。
4. 將各屬性在重要程度（縱軸）與績效表現程度（橫軸）所得的數值，標示在四個象限中的相對位置中。

9-3　IPA策略矩陣圖

IPA法可透過測量各屬性在重要程度及績效表現程度兩者所得的分數，而可以產生IPA策略矩陣圖（如圖9-1）。IPA策略矩陣圖中具有四個不同的象限，此四個象

限將結合每個屬性的重要程度及績效表現程度得分來呈現出不同的管理狀態。對於進行IPA法後，所得之IPA策略矩陣圖的四個象限所隱含的意義，解讀起來並不困難（Martilla and James, 1977）。其意義分別如下：

1. 第一象限：優勢保持區（Keep Up Good Work）

落在此象限的服務屬性，代表受訪者對該服務屬性的重要性與績效表現程度（滿意度）的評價都很高，表示在競爭市場中有機會獲得或維持競爭優勢，所以對於落在此象限的屬性，管理者應該繼續保持其管理狀態，以繼續維持優勢狀態，故稱之為「優勢保持區」。

2. 第二象限：集中關注區（Concentrate Here）

落在此象限的服務屬性，代表受訪者對該服務屬性所感知的重要程度高，但績效表現程度並不高。因此，對服務的提供者而言，這將是一個警訊，也是一個管理的重點，管理者必須要重點關注於這些屬性並積極投入相關資源從事改善作為，如此才能提升服務的整體績效。因此第二象限，又可稱之為「優先改善區」，若忽視落在此象限之服務屬性，則可能會對企業之服務品質評價造成一連串的威脅。

3. 第三象限：低順位改善區（Low Priority）

落在此象限的服務屬性，代表受訪者對此服務屬性所感知的重要性和績效表現程度都不佳。雖然也是屬於需要改善的屬性，但由於其重要程度相對於第二象限而言並不高，也因此，當管理者欲投入資源進行改善作為時，其優先順序應列於亟須改善的第二象限之後，如此才能充分、有效的利用企業資源，並提升企業整體績效。故管理者對於落於第三象限的服務屬性之改善優先順序應較低，屬於低優先改善區，因此第三象限又可稱為「次要改善區」。

4. 第四象限：過度努力區（Possible Overkill）

落在此象限的服務屬性，代表受訪者認為此服務屬性的重要性低，但績效表現程度卻良好。這種現象反映出管理者的管理重點產生偏差，導致無端的消耗企業資源。因為對於重要性不高的屬性，並不須投入過多資源而產生過度供給的現象，只須維持一般水準即可，故此象限又稱為「過度重視區」。管理者應將投入本象限的資源重新規劃，甚至挪至第二象限以積極從事改善作為。雖是如此，然而Oh（2001）也認為在此象限的服務品質還是需要有的，尤其是在競爭的市場中，因為額外的績效通常不需要相對多的資源。

　　IPA法之所以能受到廣泛應用的原因，在於使用的方便性及其分析結果也能具體的提出對服務品質的改善策略建議（Martilla and James, 1977）。因此，IPA法更常被認定為，是個能有效評估與提升服務水準的工具。2004年Hudson等學者在英國以四種常用的評估服務品質方法：IPA、SERVQUAL、multiply SERVQUAL by Importance及SERVPERF，評估旅遊的服務品質，結果顯示四種方法所測得的結果並未有顯著性的差異。尤其IPA法相對其他評估法具有簡單、不需要專業人才或複雜的統計分析軟體、研究費用低等優點，故對於管理者而言，IPA法是一種非常適合長期評估服務品質的工具（Derek and Paul, 2003）。此外，Vaske et al.（1996）也進一步指出，不同的顧客群對於重要程度及績效表現程度會有不同的反應，因此顧客的市場區隔對於IPA 而言是很重要的，且有助於管理者擬定未來的行銷策略及市場定位的參考（Chu and Choi, 2000）。

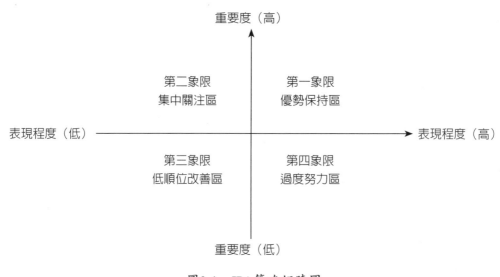

圖9-1　IPA策略矩陣圖

 範例9-1　　參考附錄五中，論文【澎湖休閒漁業觀光意象】的原始問卷，並開啟ex9-1.sav，試針對澎湖休閒漁業之觀光意象的各項屬性進行重要度－表現分析，以找出澎湖休閒漁業觀光意象的關鍵影響因素。

　　過去對於IPA法的應用，大部分皆集中在服務品質的研究領域中。然而，在方法的應用層面上，IPA法是可以彈性的應用在各研究領域中的。只要所研究的目標變

數，它是可以透過問卷來加以衡量的話，那麼都可以使用IPA法來加以分析、評估。例如：在本範例中，將利用IPA法來解析影響澎湖休閒漁業觀光意象的關鍵因素到底有哪些？

　　附錄五，論文「澎湖休閒漁業觀光意象」的原始問卷中，共包含15題有關澎湖休閒漁業觀光意象的題項，每一個題項的填答區域都包含兩個部分，一為遊客對「題項之屬性」的重要度的評價；另一為遊客於實際體驗後，對「題項內容」之認同程度（如圖9-2）。

　　圖9-2中，題項中具有灰色網底的文字，就是所謂的屬性，透過這些屬性可以表達出澎湖休閒漁業的觀光意象。也就是說，澎湖休閒漁業的觀光意象就是利用這些屬性來加以衡量的。至於這些屬性的來源與多寡，則是參考過往文獻中，測量觀光意象的題項，再參酌澎湖休閒漁業的特質，篩選與修改而取得。每一個題項都具有一個屬性。當評估重要度時，就是針對這些屬性來評估的。也就是說，受訪者必須回答出這些屬性的重要程度（五點量表或七點量表）。例如：圖9-2中，「花費」就是屬性，如果受訪者認為「花費」對澎湖休閒漁業之觀光意象的形塑非常重要的話，那麼就須在問卷中的「屬性重視度」欄位中，勾選「非常重要」。

　　此外，圖9-2中，對於填答「屬性認同度」時，主要是根據每個題項的意義來表達同意的程度。例如：如果受訪者非常不認同「到澎湖旅遊花費不多」這句話的話，那麼就須在「屬性認同度」欄位，勾選「非常不同意」。

　　藉由此特殊格式的問卷，我們將對澎湖休閒漁業之觀光意象進行IPA分析。期盼

◎範例：若題目為：「到澎湖旅遊花費不多」，

　　　對於這樣的說法，如果您覺得「花費」這件事對您而言「非常重要」：
　　　　　則您應該在「屬性重視度」欄中的「非常重要」項做勾選，如下表❶處所示。
　　　同時，實際上，如果您卻「不同意」，「到澎湖旅遊花費不多」的說法時：
　　　　　則您應該在「屬性認同度」欄中的「不同意」項做勾選，如下表❷處所示。

	屬性重視度					屬性認同度			
	非常不重要	不重要	普通	重要	非常重要	非常不同意	不同意	普通	同意	非常同意
1. 到澎湖旅遊花費不多。					∨	※		∨		
					❶			❷		

圖9-2　IPA法的問卷範例

能由此分析結果，輔助確認影響澎湖休閒漁業觀光意象的關鍵屬性（重要度高，但認同度不佳的屬性），並針對這些關鍵屬性，建議澎湖休閒漁業之業管單位，能在資源有限的情形下，積極從事改善作為，以提升、形塑澎湖休閒漁業的觀光意象。

　　實務上，運用SPSS製作IPA策略矩陣圖時，將可細分為六個步驟，只要能確實遵循此六個步驟，必能輕而易舉的完成IPA策略矩陣圖的製作，此六個步驟說明如下：

1. 求取重要度變數（本範例中為im1～im15）與認同度變數（本範例中為pf1～pf15）等三十個變數的平均數。

2. 將各平均數資料複製到Excel，然後將三十個變數的平均數分成重要度變數與認同度變數兩直行。

3. 將整理好的資料，再複製到一個新的SPSS檔案中。

4. 於新的SPSS檔案中，求取「重要度」與「認同度」的標準化值。

5. 繪製IPA策略矩陣圖（即散布圖）。

6. 設定散布圖的格式。

　　在原始資料檔「ex9-1.sav」中，變數「im1～im15」分別代表15題題項中，遊客對各屬性的重要度評價（填答結果）；而變數「pf1～pf15」則是分別代表15題題項中，遊客對各題項內容的認同度評價（填答結果）。現在我們就來試著動手製作IPA策略矩陣圖吧！

操作步驟

　　詳細操作步驟，請讀者自行參閱影音檔「ex9-1.mp4」。

▶報表解說

　　經IPA分析後，所得到的IPA策略矩陣圖，如圖9-3。仔細觀察圖9-3，我們就可從各題項屬性之落點象限，而得知各屬性於遊客心目中的認知狀況，進而就可據以建立改善策略的優先順序了。

　　讀者可不要小看這個簡單的「重要度—表現分析法」。有興趣的話，讀者可以去查查【臺灣博碩士論文知識加值系統】中，有多少篇論文是以「重要度—表現分析法」來完成的。所以說，一篇好的論文，強調的不在統計方法用的多艱深，而在於你的創意。須知統計方法只是工具而已，所以我寫這本書也寫的很簡單，很單純的想法：就是想幫助只想把統計當工具而完成論文的人。此外，我常稱我開的課為「白話統計學」，沒錯！不必要把統計學搞的那麼複雜啦！

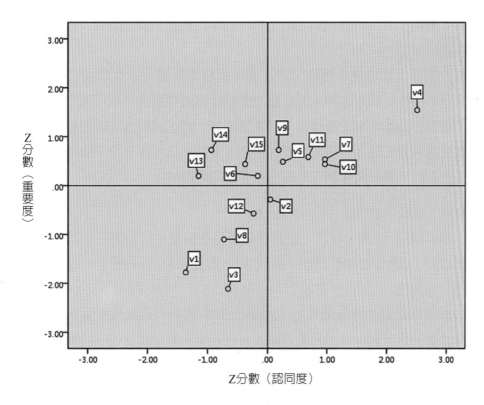

圖9-3　本研究的IPA策略矩陣圖

　　從IPA策略矩陣圖中，我們就可從各題項（屬性）的落點象限，而得知各題項（屬性）於遊客心目中的認知，進而管理單位就可據以建立改善策略的優先順序。本範例之IPA策略矩陣圖的分析如下：

1. 第一象限：優勢保持區（Keep Up Good Work）

　　透過IPA策略矩陣圖可發現，有六個觀光意象屬性落在第一象限，分別為：實際體驗漁村文化（第4題）、先民的智慧（第5題）、獨特的地質與地形景觀（第7題）、基礎設施（第9題）、良好的接待（第10題）、良好的服務（第11題）等屬性。

　　落於此象限之觀光意象屬性，表示遊客認為其重要度高且認同度也高。也就是澎湖休閒漁業在這些意象屬性的形塑上，已經達到甚至超越遊客的期望，未來澎湖休閒漁業的管理單位更應該繼續保持這些優勢屬性的持續發展。

2. 第二象限：集中關注區（Concentrate Here）

　　透過IPA策略矩陣圖可發現，有四個觀光意象屬性落在第二象限，分別為：當地

特色民情（第6題）、擁擠吵雜（第13題）、精心規劃（第14題）、多樣化的活動遊程（第15題）等屬性。

　　落於此象限之觀光意象屬性，表示遊客對於這些屬性非常重視，但卻對所體驗到的觀光意象屬性感到不認同。因此亟須澎湖休閒漁業的管理單位深入探討其癥結所在，投入資源並積極從事改善作為。只要這些屬性能在認同度方面能有效提升，就必能大幅增強遊客對澎湖休閒漁業的觀光意象。因此，這些落在第二象限的觀光意象屬性，就是所謂的影響澎湖休閒漁業觀光意象的關鍵因素。

3. 第三象限：低順位改善區（Low Priority）

　　透過IPA策略矩陣圖可發現，也有四個觀光意象屬性落在第三象限，分別為：知名度（第1題）、態度友善且好客（第3題）、旅遊資訊（第8題）、服務態度與品質（第12題）等屬性。

　　落於此象限之觀光意象屬性，表示雖然遊客並不十分重視，但認同度也偏低。這也是屬於需要改善的屬性，只是其改善作為的優先順序較低罷了（低於第二象限的關鍵屬性）。但澎湖休閒漁業的管理單位，若能在未來行有餘力，能針對這些低順位觀光意象屬性進行改善，就應該可以讓澎湖休閒漁業所欲形塑的觀光意象屬性更加完善，更能提升遊客整體的認同度。

4. 第四象限：過度努力區（Possible Overkill）

　　透過IPA策略矩陣圖可發現，有一個觀光意象屬性落在第四象限，即：回味漁村往日的氛圍（第2題）這個屬性。

　　落於此象限之觀光意象屬性，雖然重要度低，但遊客對這些觀光意象屬性的認同度都相當高，都已能達到遊客的期望水準了。在競爭市場中，這些屬性雖為澎湖休閒漁業已具備的優勢，但卻不是遊客最重視的觀光意象屬性。後續經營管理上，這些屬性雖可以繼續保持，但應減少資源繼續投入在這些屬性中，甚至可以把原本投入這些屬性的資源，挪往第二象限或第三象限，以更積極的從事改善作為。

　　經由IPA分析後，可發現對於影響澎湖休閒漁業觀光意象的關鍵影響因素即為：當地特色民情、擁擠吵雜、精心規劃、多樣化的活動遊程等落於第二象限的屬性，未來業者只要針對這些重要的屬性進行改善，相信必能形塑良好的澎湖休閒漁業觀光意象，並大幅提升整體旅遊服務的績效。

習 題

練習 9-1

請解壓縮hw9-1.zip，然後參考「hw9-1_說明.docx」，並開啟「hw9-1.sav」，請以「重要度」為縱軸、「滿意度」為橫軸，進行IPA分析，並回答下列問題：

(1) 請製作「hw9-1.sav」之IPA策略矩陣圖？

(2) 哪些屬性，管理者須進行改善作為？其優先順序為何？該優先順序是如何決定出來的？

(3) 除(2)的改善作為外，管理者還可進行哪些管理策略？

第 10 章
統計方法的選擇

在本書的前面幾個章節中，我們循序漸進的從資料的輸入、刪除冗題、確認構面的因素結構到信度、效度的評估，最終確認了將用以進行統計分析的正式資料。接下來，面對眾多的統計方法，如何從中選擇出合適的統計方法，並運用於自己的專題或論文中，是我們未來所需面對的課題。基本上選擇統計方法時，我們必須問自己四個問題，只要能釐清這四個問題，那麼應當能順利的找到合適的統計方法。這四個問題是：

1. 變數的種類。
2. 資料的型態。
3. 研究的目的。
4. 樣本的組數。

10-1　變數的種類與型態

一般而言，在統計學中，變數主要可分為兩種：

1. 自變數（independent variable, IV）：又稱獨立變數，通常指研究者可以自由操控的變數，其存在的主要目的就是要去瞭解或推測某些現象發生的原因。
2. 依變數（dependent variable, DV）：又稱結果變數，會受到自變數影響的變數，也就是研究者想要去測量或想要去預測的結果。

而變數的型態就相當多元了，以大架構來看，可先將變數分為「類別變數」（categorical variable）及「連續變數」（continuous variable），其中類別變數可再細分為名義變數（nominal scale）和次序變數（ordinal scale）；連續變數則亦可細分為等距變數（interval scale）和等比變數（ratio scale），而在SPSS中則會將等距和等比變數合稱為尺度變數。由此可知變數的型態主要可分為四種型態：

1. 名義：利用名稱或數值來分辨人、事、物之類別的變數。例如：性別、血型、教育程度、種族。
2. 次序：利用數值或名稱來加以排序或賦予等第的變數。例如：考試的名次、偏好項目。
3. 等距：可賦予名稱並加以排序，還可以計算差異之大小量（差異有意義）的變數。例如：溫度。
4. 等比：除可賦予名稱、排序，並計算差異之大小量外，甚至其比率（倍數）也具有實質意義的變數。例如：薪資。

　　研究中，如果只有一種變數，而且通常這些變數都是由研究者所測量出來的，那麼統計方法的選用上會比較簡單（應屬依變數），我們只要考慮這個變數是類別變數或連續變數就可以了。如果是類別變數時，那麼可選用的方法不多，大致上就是進行次數分析、比例分析、卡方檢定而已。而如果是連續變數時，那麼就較無限制性，可進行描述性統計或更進階的統計分析。

　　但是，通常研究中則會有依變數、自變數同時存在的情形，那這種情況下，統計方法的選用會比較複雜。首先來看依變數是類別變數的情形，其選擇統計方法的決策樹，大致如圖10-1。

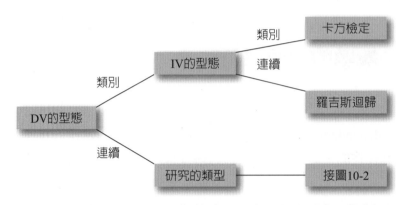

圖10-1　當依變數是類別變數時，統計方法選用的決策樹

　　由圖10-1可知，當依變數是類別變數，而自變數也是類別變數時，我們就可採用卡方（Chi square）家族系列的檢定，比如：交叉表分析、適合度檢定、獨立性檢定與同質性檢定等。而當自變數是連續變數時，那麼則只能採用羅吉斯迴歸（Logistic regression）了。

　　此外，當依變數是連續變數時，那麼狀況就更複雜了，要考慮的情形變多了，比如我們的研究類型是進行群組間的比較，還是瞭解變數間的相關性、影響力呢？甚至我們所操控的自變數之水準數或樣本的群組數都必須納入考量。

◆ 10-2　研究的類型 ◆

　　研究的類型當然也會影響到我們對統計方法的選擇，研究的類型大致上可分為兩種，一種是「比較」；另一種是「關係」。如果是屬「關係」類型的話，那麼這種關係是「相關關係」（一般研究架構圖中會以雙向箭頭表示）或「因果關係」（以單向

箭頭表示），也需要明辨清楚。至於研究類型屬「比較」的話，則我們所操控的自變
數之水準數或樣本的群組數是重要的決定因子，這種情形留待下一小節再來說明。研
究類型屬「關係」類型時，其選擇統計方法的決策樹，大致如圖10-2。

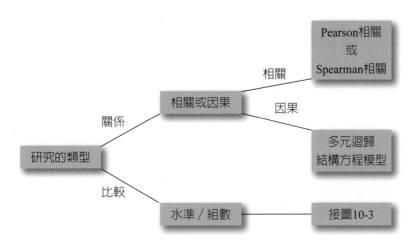

圖10-2　當研究類型屬「關係」類型時，統計方法選用的決策樹

　　由圖10-2顯見，當我們想研究兩個變數（不須分自變數或依變數）之間的相關性
時，可以使用Pearson相關或Spearman相關，到底該使用哪一種相關可以依據下列的
三個準則來判斷：

1. 兩個變數都具常態性？（可用直方圖、Q-Q圖判斷或進行Kolmogorov-Smirnov常態
檢定）
2. 兩個變數具有線性關係？（可用散布圖判斷）
3. 兩個變數都是連續變數？

　　如果違反了第1點、第3點準則，那麼應使用Spearman相關。否則，全部滿足的
話，則應使用Pearson相關。

　　其次，若我們想研究兩個變數（須分自變數或依變數）之間的因果關係（自變數
對依變數的影響力）時，那麼我們必須去注意變數是觀察變數（observed variables）
或者是潛在變數（latent variables）。

　　　　觀察變數：可以直接透過量測工具，所測量出來的數據。通常指一般我們所蒐集
　　　　　　　　　的實驗性資料、標準測量工具所量測出來的資料或問卷中各題項之填
　　　　　　　　　答結果等數據資料，例如：溫度、體重、身高等資料。
　　　　潛在變數：不可直接測量，但可透過其他工具（如，問卷）間接測量後，再以統
　　　　　　　　　計方法所估計出來的數據。例如：滿意度、忠誠度等概念性資料。

如果，變數中含有潛在變數的話，那麼要求取變數間的因果關係時，最佳的統計方法就是結構方程模型（Structural Equation Modeling, SEM）了；但若結構方程模型不熟的話，那麼就只好使用多元迴歸分析（multiple regression analysis）。

10-3　自變數的水準數或樣本的組數

當研究類型屬「比較」型態時，那麼我們所操控的自變數之水準數或樣本的群組數則是重要的決定因子。然而，不管幾組，有個觀念更重要，那就是組和組之間的關係本質是屬獨立或相依的。

獨立：各組內的受訪者成員都不相同。

相依：或稱重複測量（repeated measure），即各組內的受訪者成員全都相同。

釐清組和組之間的關係本質後，選用統計方法的決策樹，大致如圖10-3。

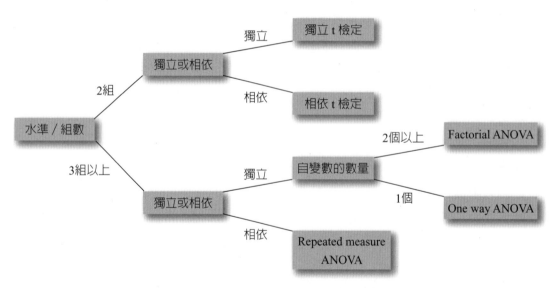

圖10-3　依組數與組間性質，選用統計方法的決策樹

圖10-3中，同時包含了兩個決策因子，第一個因子是自變數的水準數或樣本的組數，第二個因子是組間的特質。由圖10-3可知，若只有兩個組別或自變數只有兩個水準時，比較兩組或兩個水準間的差異時，須先釐清組間的特質，若兩組或兩個水準間，樣本的本質是獨立時，那麼就只能選用獨立樣本t檢定（Independent Sample t test）。相依時，選用成對樣本t檢定（Paired Sample t test）。

　　其次，若組別或自變數的水準數在三個以上，且樣本之組間特質屬獨立時，這時還須判別自變數到底有幾個？只有一個時，就採用單因子變異數分析（One way ANOVA）；多個自變數時，則採用多因子變異數分析（Factorial ANOVA），如：二因子完全獨立變異數分析

　　最後，我們再來看看，三組以上且樣本之組間特質屬相依的情形，在這種狀況下，別無他法，只能選擇重複量數變異數分析（Repeated measure ANOVA），如：二因子混合設計變異數分析、二因子完全相依變異數分析。

　　研究中，對於統計方法的選用，只要讀者能將圖10-1、圖10-2與圖10-3串聯起來，相信必能在自己的專題或論文中，找到合適的統計方法，以能充分的實證專題或論文中所蘊含的實質內涵。

第 11 章

交叉表與卡方檢定

　　一般而言，只要透過次數分配表便能夠初步的掌握變數的資料分配狀況。然而，在實際的分析中，研究者不僅要瞭解變數的分配特徵，而且還很有可能要去分析多個變數、在不同取值之情況下的分配狀況，藉此盼能掌握多個變數的聯合分配特徵，進而可分析變數之間的相互影響關係。

　　例如：要探討消費者對某公司品牌形象的認知時，透過次數分配，基本上即能夠瞭解消費者的基本情況，以及他們對所調查問題的整體性看法。但如果研究者想進一步瞭解不同特徵的消費者（如年齡層、職業別、教育程度等）對品牌形象認知之差異，並希望分析消費者特徵與品牌形象認知之間是否具有一定的關聯性時，由於這些問題都將涉及兩個或兩個以上的變數，因此，次數分配就顯得力不從心了。對此，研究者通常就會利用交叉分組下的次數分配表來完成，這種交叉分組下的次數分配表一般即稱為是交叉表（crosstabs）。

　　一般而言，交叉表常具有兩大基本任務：

1. 根據所蒐集到的樣本資料，產生二維或多維交叉表，以便能直觀的探索變數之間的交互作用。

2. 利用交叉表，檢定兩兩變數間是否存在一定的關聯性。

　　因此，本章中將包含下列內容：

1. 交叉表簡介。

2. 卡方檢定簡介。

3. 卡方適合度檢定。

4. 卡方獨立性檢定。

5. 卡方同質性檢定。

11-1　認識交叉表

　　交叉表的第一個任務是想要在多個變數（通常為類別變數）之交叉分組下，進行次數分配分析的任務。也就是說，交叉表是由兩個或兩個以上的變數交叉分組後所形成的次數分配表。例如：表11-1就是一種交叉表。這張交叉表涉及兩個變數的二維交互組合，反映了問卷不同回收期和不同教育程度之交叉分組下，受訪者之次數分配表。

表11-1　回收期×教育程度的交叉表

			教育程度						行總和
			國小	國中	高中（職）	專科	大學	研究所	
回收期	前期	個數	4	6	57	60	85	11	223
		期望個數	4.0	5.3	53.4	64.8	86.8	8.7	223.0
		回收期內的%	1.8%	2.7%	25.6%	26.9%	38.1%	4.9%	100.0%
		教育內的%	66.7%	75.0%	71.3%	61.9%	65.4%	84.6%	66.8%
		總和的%	1.2%	1.8%	17.1%	18.0%	25.4%	3.3%	66.8%
	後期	個數	2	2	23	37	45	2	111
		期望個數	2.0	2.7	26.6	32.2	43.2	4.3	111.0
		回收期內的%	1.8%	1.8%	20.7%	33.3%	40.5%	1.8%	100.0%
		教育內的%	33.3%	25.0%	28.8%	38.1%	34.6%	15.4%	33.2%
		總和的%	.6%	.6%	6.9%	11.1%	13.5%	.6%	33.2%
列總和		個數	6	8	80	97	130	13	334
		期望個數	6.0	8.0	80.0	97.0	130.0	13.0	334.0
		回收期內的%	1.8%	2.4%	24.0%	29.0%	38.9%	3.9%	100.0%
		教育內的%	100.0%	100.0%	100.0%	100.0%	100.0%	100.0%	100.0%
		總和的%	1.8%	2.4%	24.0%	29.0%	38.9%	3.9%	100.0%

　　表11-1的交叉表中，橫列的「回收期」稱為「列變數」（row variable），它有兩個水準值，分別為「前期」、「後期」。直行的「教育程度」則稱為「行變數」（又稱欄變數）（column variable），它有六個水準值，分別為「國小」、「國中」、「高中（職）」、「專科」、「大學」與「研究所」。列標題和行標題（淺灰網底部分）則分別是兩個變數的水準值（或分組值）。表格中間（深灰網底部分）則是各種行、列水準值交叉組合下的樣本個數和各種百分比。

　　此外，列或行的末端都有【總和】的標題（列總和、行總和）。例如：由【列總和】之第一子列「個數」可知，受訪者中國小、國中、高中（職）、專科、大學與研究所以上的人數分別為6、8、80、97、130、13，且總共有334名受訪者。這些數字都是由各直行（教育程度的六個水準）中前、後期（兩列）個數所加總起來的結果，故稱之為【列總和】。此外，【列總和】中，國小、國中、高中（職）、專科、大學與研究所所構成的人數分配，則稱之為交叉表的「行邊際分配」。同理，由【行總和】可知，問卷回收前期、後期的人數分別為223、111，這些數字則是由各子列

（前、後期）中，各種教育程度水準（6行）的個數所加總起來的結果，因此稱之爲【行總和】。而前、後期之人數所構成的分配，想當然就稱爲是交叉表的「列邊際分配」。

六個小學學歷的受訪者中，前、後期的人數情況分別是4、2，這些次數所構成的分配稱爲交叉表的條件分配，即在行變數取值（國小）條件下的列變數的分配（前、後期的次數）。此外，由於次數並不利於交叉分組下分配的比較，因此，還尚須引進百分比的概念。例如：表中第5列【前期】－【回收期內的%】中的1.8%、2.7%、25.6%、26.9%、38.1%與4.9%。這是代表前期回收的個案（223人）中，各學歷之個案數所佔的比例，由於是屬於橫列的資料，因此稱爲「列百分比」（row percentage）。當然每一列中，列百分比的總和鐵定爲100%；而在第4行【教育程度】－【國小】中的66.7%、33.3%，則分別是小學學歷（6人）中於各問卷回收期（前期4人、後期2人）所佔的比例，由於是屬於直行的資料，因此稱爲「行百分比」（column percentage）。

11-2　交叉表行、列變數之關係分析

交叉表的第二個任務是對交叉表中的行變數和列變數之間的關係進行檢定。對交叉表進行檢定，可以驗證行變數和列變數之間是否具有關聯性、其關係緊密程度……等更深層次的資訊。例如：製作好表11-1所示的交叉表後，就可以針對問卷回收期和教育程度之間的關係做進一步的分析。例如：可分析是否會因問卷回收期的不同而使受訪者的教育程度產生差異……等。這樣的分析方式，也常常使用在探討問卷抽樣過程中是否產生了無反應偏差（non-response bias）等問題。爲理解行、列變數間關係的含義以及應如何分析行、列變數間的關係，我們先來觀察表11-2和表11-3。

表11-2　年齡與月薪的交叉表（一）

		月薪		
		低	中	高
年齡層	老	0	0	1
	中	0	1	0
	青	1	0	0

表11-3　年齡與月薪收入交叉表（二）

		月薪		
		低	中	高
年齡層	老	1	0	0
	中	0	1	0
	青	0	0	1

　　表11-2和表11-3是在兩種極端情況下的年齡和月薪的交叉表。直接觀察可以發現，表11-2中，所有的觀察個數都出現在正向對角線上，這意味著年齡越小月薪就越低，年齡越大月薪就越高，年齡和月薪呈正相關之關係。而表11-3中，所有觀察個數都出現在負向的對角線上，意味著年齡越小月薪就越高，年齡越大月薪就越低，年齡和月薪成負相關之關係。可見，在這麼特殊的交叉表中，行、列變數之間的關係是較易觀察出來的。

　　但是，在絕大多數的情況下，觀察個數是分散在交叉表的各個單元格中的，此時就不太容易直接觀察行、列變數之間的關係和它們關係的強弱程度。為此，就需要藉助檢定方法和可用以衡量變數間相關程度的統計量來進行分析了。在此種情況下，最常被採用的方法就是卡方檢定（Chi-square test，χ^2）了。

11-3　假設檢定的基本概念

　　一般而言，統計學可區分為敘述統計與推論統計等兩大部分，如圖11-1。敘述統計是種能對資料從蒐集、整理，到展示其內涵資訊的統計分析方法。至於推論統計，依據其推論的目的大致上可區分為「估計」與「假設檢定」等兩大主題，這也是統計分析中非常重要的理論與應用。

　　在進行統計調查的過程中，我們欲分析的母體往往相當龐大，以至於無法以普查的方式取得母體參數（即母體的特徵，諸如：母體平均數、母體標準差）。因此，研究者須透過抽樣的方法，從母體中取得少量的研究樣本，進而透過這些計算出來的樣本統計量（即樣本的特徵，諸如：樣本平均數、樣本標準差）來推估母體參數。而此一過程就建構出推論統計的概念了。

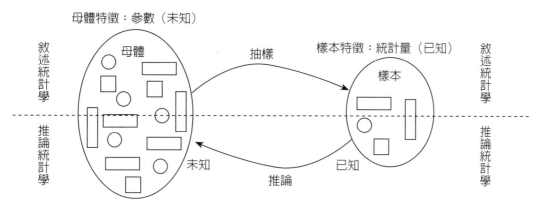

本圖修改自方世榮（2005）。

圖11-1　敘述統計學與推論統計學

11-3-1　理論基礎

推論統計中的「假設檢定」（hypothesis testing），是指研究者先對母體參數做出一適當的暫時性假設，然後根據隨機抽樣的樣本，利用樣本統計量之抽樣分配，決定是否支持該假設的過程。例如：消費者懷疑某品牌的茶飲料，其平均容量不足500cc。為檢驗消費者的懷疑是否真實，於是研究者以該品牌茶飲料平均容量大於或等於500cc作為暫時性假設（這是個我們很想推翻的假設）。建立假設後，於是研究者從市場上蒐集數瓶該品牌茶飲料以建立研究所需的樣本資料。如果樣本資料所顯示的證據越充分，那麼推翻該暫時性假設的可能性就越高。在資料蒐集後，研究者必須根據樣本統計量的抽樣分配訂定一個推翻暫時性假設的標準。如果樣本資料之檢定統計量落在該推翻暫時性假設的範圍內時，則研究者可以推翻原先建立之暫時性假設，否則就必須接受暫時性假設。假設檢定的主要精神在於：除非有足夠的證據可以推翻暫時性假設，否則就必須接受暫時性假設為真的事實。

上述的暫時性假設，在統計學中一般稱為虛無假設（null hypothesis），通常以H_0表示。之所以稱為「虛無」，是因為它其實是研究者心裡面很想去推翻的統計假設。以上述例子為例，可建立虛無假設H_0為「茶飲料的平均容量大於或等於500cc」；而虛無假設的反面敘述則稱為對立假設（alternative hypothesis），通常以H_1表示。以上述例子為例，可建立對立假設H_1為「茶飲料平均容量小於500cc」。

雖然，在統計學的學習過程中，我們所關注的大都是虛無假設的拒絕或接受。然而在專題、博、碩士論文、或期刊論文等學術性論文中，關於假設檢定的敘述與分析結果，一般會去強調某種現象或所關注議題「顯著」的重要性。因此，在假設的描述上，學術性論文皆不會使用「虛無假設」，而是使用「對立假設」方式，來為研究議題建立假設。例如：若在學術論文中，要為上述的例子建立假設時，我們會寫「假設一：茶飲料平均容量小於500cc」。但是，無論假設怎麼描述，只是寫法不同而已，檢定的概念、方法、程序都一樣，這點希望讀者能理解。

11-3-2 檢定程序

那麼研究者要如何利用樣本資料來決定拒絕或者接受虛無假設呢？這是一個科學性的程序、一種系統化的邏輯過程。因此，不僅要求決策過程嚴謹，且犯錯的機率（風險）越低越好。進行抽樣的過程後，透過樣本統計量估計母體參數時難免會有誤差，但這誤差不能太誇張，其有一定的容許範圍，這就是研究的嚴謹性。這個誤差的容許範圍取決於樣本大小與研究者所設定的顯著水準（level of significance）。其次，決策的風險（造成決策錯誤的機率）當然也不能太高。

進行假設檢定的過程中，造成決策錯誤的機率指的是下列兩種可能：一是當虛無假設H_0為真，卻拒絕H_0，這種錯誤一般稱為「型I誤差」（type I error）。二是當虛無假設H_0為偽，但卻接受H_0，這種錯誤稱為「型II誤差」（type II error）。而容許產生「型I誤差」之最大機率α值即稱為顯著水準，它的意義是：如果事實上虛無假設H_0是真的，但研究者卻不當拒絕H_0時，所願意冒的最大風險。一般而言，研究者會將α值設得很小，常見的顯著水準有0.01、0.05以及0.1。

製作決策前，若能先控制好決策錯誤的風險，那麼決策品質當不至於太差。假設檢定的概念也是如此。因此，進行假設檢定前，研究者會先設定顯著水準α值，然後再根據此一風險控制量決定一個拒絕虛無假設的範圍，這個範圍稱為拒絕域（rejection region），拒絕域的端點稱為臨界值（critical value）。當然臨界值的大小會完全取決於顯著水準α值的大小。研究者依據事前設定好的顯著水準而決定好拒絕域後，再依所選取的樣本，計算樣本的檢定統計量（如：t值、F值、χ^2值……等），並判斷該檢定統計量是否落在拒絕域中。如果落在拒絕域，則拒絕虛無假設H_0，否則只好接受H_0。

◆ 11-4 卡方檢定的原理 ◆

　　當資料變數的型態為類別資料（名義尺度）時，我們常利用卡方檢定（Chi-square test）來做分析。為什麼呢？因為卡方檢定的本質就在於能檢測類別資料的特徵。這些類別特徵，如每類別所佔的「比例」、或「相對次數」。也就是說，卡方檢定能在資料的各類別中，檢定某事件發生的比例是否相同。例如：不同學校中，學生之性別比例是否有顯著差異、抽菸行為與支氣管炎之關聯性、教育程度與起薪之關聯性等。此外，由於類別資料通常會以交叉表型式來呈現其資料的分布狀況。因此，有關交叉表資料的檢定，通常也可使用卡方檢定。

　　對交叉表進行檢定時，由於交叉表中的行變數、列變數，通常都是屬於名義尺度資料。因此，一般會使用卡方來進行檢定。一般而言，進行卡方統計檢定時，須依循以下四大步驟：

步驟一：建立虛無假設（H_0）

　　由於研究目的不同，卡方檢定可用來進行以下三種檢定，隨著檢定型態不同，建立虛無假設的方式也會有所差異。

1. 適合度檢定（goodness-of-fit test）

　　適合度檢定又稱為配適度檢定，其目的在於檢驗，某個變數的實際觀察次數之分配狀況是否與某個理論分配或母體分配相符合。若檢定統計量（卡方值）未達顯著時，表示該變數的分布與某個理論分配或母體分配相同。反之，則與某個理論分配或母體分配有所差異，在這種情形下，就比較不適合由樣本資料對母體進行推論。因此，在適合度檢定中，其虛無假設為：觀察資料的次數分配與理論分配相配適。

2. 獨立性檢定（independence test）

　　獨立性檢定的目的在於檢驗，「同一個樣本中的某兩個類別變數」的實際觀察值，是否具有特殊的關聯性。如果檢定統計量（卡方值）未達顯著，表示兩個變數相互獨立；反之，如果檢定統計量（卡方值）達到顯著，表示兩個變數將不獨立，而是具有關聯性。因此，在獨立性檢定中，其虛無假設為：兩個變數獨立。若將資料以交叉表的方式呈現時，那麼進行卡方檢定時的虛無假設則為行變數與列變數獨立。

3. 同質性檢定（homogeneity test）

同質性檢定的目的在於檢驗，兩個樣本在同一變數的分布情況是否一致。例如：公、私立大學學生的性別分布是否一致；問卷回收過程，前、後期的受訪者之答題狀況是否一致……等。如果檢定統計量（卡方值）未達顯著，表示兩個樣本是同質的（具一致性的）；反之，如果檢定統計量（卡方值）達到顯著，表示兩個樣本不同質。因此，在同質性檢定中，其虛無假設為：兩個樣本在同一變數的分布情況一致。

步驟二：選擇和計算檢定統計量

交叉表中，卡方檢定的檢定統計量是Pearson卡方統計量，其數學定義為：

$$\chi^2 = \sum_{i=1}^{c} \sum_{j=1}^{r} \frac{(f_{ij}^0 - f_{ij}^e)^2}{f_{ij}^e} \qquad （式11-1）$$

式11-1中，r為交叉表的列數，c為交叉表的行數（欄數）；f_{ij}^0為第i行第j列單元格的觀察次數，f_{ij}^e為第i行第j列單元格的期望個數（expected count）。為能徹底理解卡方統計量的含義，讀者首先應先瞭解「期望個數」的含義。在表11-1中，各單元格中的第二子列資料就是期望個數。例如：問卷回收前期中，具有國小學歷的受訪者之期望個數為「4」。期望個數的計算方法是：

$$f_e = \frac{RT}{n} \times \frac{CT}{n} \times n = \frac{RT \times CT}{n} \qquad （式11-2）$$

其中，RT是所指定之單元格所在列的觀察個數合計，CT是指定之單元格所在行的觀察個數合計，n是觀察個數的總計。例如：問卷回收前期中，具有國小學歷的受訪者之期望個數「4」的計算公式是223×6/334 = 4。要瞭解期望個數的意義與算法，也可以用以下的方式來思考，首先，看直行的總和部分（表的最後一列），由於總共有334個受訪者，這334個受訪者的學歷分配是1.8%、2.4%、24.0%、29.0%、38.9%、3.9%，如果遵從這種學歷的整體比例關係，問卷回收前期223位受訪者的學歷分配也應為1.8%、2.4%、24.0%、29.0%、38.9%、3.9%，於是問卷回收的前期中各學歷的期望個數就應該分別為：223*1.8%、223*2.4%、223*24.0%、223*29.0%、223*38.9%、223*3.9%，這些值去算出來後，就是所謂的期望個數。同理，也可看橫列的總和部分（表的最後一行），總共334個受訪者的問卷回收前、後期分配是：66.8%、33.2%。如果遵從這種問卷回收前、後期的整體比例關係，國小學歷6人的前、後期分配也應為66.8%、33.2%。於是期望個數就應該分別為：6*66.8%、

6*33.2%，這樣也能求算出各單元格的期望個數。

由上述分析應可理解，期望個數的分配與總體分配一致。也就是說，期望個數的分配反映的是行、列變數互不相干之情況下的分配；也就是說，反映了行、列變數間的相互獨立關係。

由Pearson卡方統計量的數學定義（式11-1）不難看出，卡方值的大小取決於兩個因素：第一，交叉表的單元格子數；第二，觀察個數與期望個數的總差值。在交叉表已確定的情況下（即單元格子數已確定），卡方統計值的大小就僅取決於觀察個數與期望個數的總差值。當總差值越大時，卡方值也就越大，實際分配與期望分配的差距就越大，行、列變數之間的關係就會越相關；反之，當總差值越小時，卡方值也就越小，實際分配與期望分配越接近，行、列變數之間的關係就會越獨立。那麼，在統計上，卡方統計值究竟要大到什麼程度才足夠大，才能斷定行、列變數不獨立呢？這就需要依據一個理論分配。由於該檢定中的Pearson卡方統計量近似服從卡方分配，因此可依據卡方理論分配找到某自由度和顯著水準下的卡方值，即卡方臨界值。根據此卡方臨界值，就可輔助製作拒絕或接受虛無假設的決策。

步驟三：確定顯著水準（significant Level）和臨界值

顯著水準α是指虛無假設為真，卻將其拒絕的機率。通常設為0.05或0.01。在卡方檢定中，由於卡方統計量服從一個（行數－1）×（列數－1）個自由度的卡方分配，因此，在行、列數目和顯著水準α都已確定的情形下，卡方臨界值（查表）即可確定出來。

步驟四：結論和決策

卡方檢定將比較樣本資料之「觀察次數」與「當虛無假設為真」的條件下之「期望次數」的接近程度，然後依據此接近程度，計算出卡方統計量來判定接受或拒絕虛無假設。當「觀察次數」與「期望次數」之差異越大（卡方值越大），檢定統計量χ^2值落在拒絕域的機率越高，越有可能拒絕虛無假設。如圖11-2所示。

由圖11-2不難發現，卡方分配並不對稱，且屬右偏（圖形尾巴往右邊延伸）的分配，其值永遠為正。根據卡方統計量對統計推論做決策時，通常有以下兩種方式：

1. 根據卡方值

根據卡方統計量的值（即卡方值，圖11-2的橫軸座標）和臨界值（χ^2_α）比較的結果進行決策。在卡方檢定中，如果卡方值大於卡方臨界值，則認為卡方值已經足夠

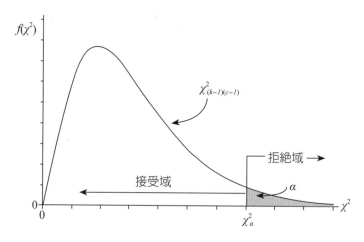

圖11-2　卡方檢定的拒絕域與接受域

大，實際分配與期望分配之間的差距顯著，可以拒絕虛無假設，而斷定交叉表的行、列變數間不獨立，存在相關關係；反之，如果卡方值不大於卡方臨界值，則認為卡方值不足夠大，實際分配與期望分配之間的差異不顯著，不能拒絕虛無假設，也就是說不能拒絕交叉表的行、列變數相互獨立之假設。

2. 根據卡方值的機率p值

　　根據卡方統計量所對應的機率p值（又稱為顯著性）和顯著水準α比較後的結果進行決策。在卡方檢定中，如果卡方值的機率p值〔圖11-2中臨界值（χ^2_a）右方的面積大小〕小於等於α時，則可認為若在「虛無假設成立」的前提下，該卡方值出現的機率是很小的，故「虛無假設成立」的機率是很小的，因此不得不拒絕虛無假設，而斷定交叉表的行、列變數間不獨立，存在關聯性；反之，如果卡方值的機率p值大於α，則在虛無假設成立的前提下，卡方值出現的機率並不小，是極可能發生的，因此沒有理由拒絕虛無假設，即不能拒絕交叉表的行、列變數相互獨立的假設。

　　這兩種決策方式本質上是完全一致的。在SPSS中，上述交叉表卡方檢定的四個步驟中，除研究者要擬定虛無假設與自行設定顯著水準和進行決策外，其餘的各步驟都是SPSS自動完成的。SPSS將自動計算卡方值以及大於等於該卡方值的機率p值（即圖11-2中該卡方值右方的面積大小）。因此，在應用中，研究者只要確立虛無假設後，於SPSS中執行卡方檢定，即可方便地按照SPSS輸出報表中，所顯示的機率p值到底是大於α或小於等於α，而製作接受或拒絕虛無假設的決策了。

11-5　交叉表卡方檢定的相關問題

利用統計方法分析資料時，應特別注意統計方法本身的特點和前提假設，避免對統計方法的濫用，甚至誤用。應用交叉表之卡方檢定時，應注意以下三個主要問題：

（一）交叉表各單元格中期望個數大小的問題

交叉表中不應有期望個數小於1的單元格，或不應有大量的期望個數小於5的單元格。如果交叉表中有20%以上的單元格之期望個數小於5，則一般不宜使用卡方檢定。從Pearson卡方統計量的數學定義中可見，如果期望個數偏小的單元格大量存在的話，Pearson卡方統計量無疑的會存在偏大的趨勢，會有利於拒絕虛無假設，造成失焦，檢定不夠精確。執行過程中，當這種現象發生時，SPSS將會顯示出相對應的警告提示。當然，在這種情況下，應當放棄Pearson卡方統計量，建議可以採用概似比卡方檢定等方法進行修正。

（二）樣本量大小的問題

從Pearson卡方統計量的數學定義中可見，卡方值的大小會受到樣本量的影響（成正比關係）。例如：在某交叉表中，假若各個單元格中的樣本數均同比例的擴大到10倍之多，那麼卡方值也將會隨之擴大10倍。但由於自由度和顯著水準並沒有改變，因此卡方的臨界值並不會改變，所以將使得拒絕虛無假設的可能性增高。為此，也有必要對Pearson卡方值進行必要的修正，以剔除樣本量的影響。

（三）使用何種卡方檢定的問題

執行卡方檢定後，在一般情況下，SPSS報表會顯示出【Pearson卡方檢定】、【概似比卡方檢定】、【線性對線性的關聯】卡方檢定等檢定結果，並且會作【費雪（Fisher）精確檢定】與【持續更正卡方檢定】。這幾種檢定的功用是不同的。

【Pearson卡方檢定】通常用在二維表中，對行變數和列變數進行獨立性假設檢定。【概似比卡方檢定】可用於對線性模型的檢定。【費雪（Fisher）精確檢定】與【持續更正卡方檢定】也存在差異，當樣本數小於40或只有一個儲存格中的期望次數小於5時，應使用【費雪（Fisher）精確檢定】。當樣本數大於或等於40，且至少有一個儲存格中的期望次數大於5時，則應使用【持續更正卡方檢定】。

11-6　卡方檢定範例

▶ 範例11-1　為了探討抽菸與患慢性支氣管炎間有無關係，調查了339人，情況如表11-4，試檢定抽菸與患慢性支氣管炎間有無相關性。（資料檔：ex11-1.sav）

表11-4　抽菸和慢性支氣管炎調查表

	未患慢性支氣管炎	患慢性支氣管炎
不抽菸	121	13
抽菸	162	43

依題意，本範例將檢定「抽菸」與「患慢性支氣管炎」這兩個變數的關聯性，且由於這兩個變數都是屬於類別變數（二分變數），因此適合使用卡方檢定中的獨立性檢定。檢定時的虛無假設如下：

H_0：抽菸與患慢性支氣管炎無關（抽菸與患慢性支氣管炎間相互獨立）。

類別資料的輸入格式往往和定量資料不太相同。在定量資料中，由於各個受訪者（樣本）所屬的變數，其變數值都不一樣，資料記錄的格式為一個受訪者就是一筆記錄，此種輸入格式常被稱為「列舉格式」，如圖11-3之右圖。而在類別資料中，由於所有的變數值都局限於很少的幾個類別，如果還依照定量資料的輸入格式（列舉格式）來輸入資料的話，那麼輸入資料的時間就會比較長。因此，常見的作法是，將類別資料於輸入前就先手工整理成交叉表（如表11-4），然後再依據交叉表於SPSS中做輸入。以這樣的方式輸入類別資料的話，就稱為是「交叉表輸入格式」，如圖11-3之左圖。

圖11-3右圖的「列舉格式」，是一般我們蒐集問卷資料回來後，最直接的輸入方式。若以本範例而言，研究者總共要輸入339筆記錄（因為有339個個案）！但我們於輸入過程中可以發現，實際的變數值只有四類，這樣的輸入方式不是很累嗎？但說實在的，我們也必須根據問卷填答結果做這樣的輸入。然而為了方便起見，我們也可以採用交叉表的格式來記錄此等資料集，即如圖11-3的左圖格式，這樣只需要四筆記錄就可以了（但會多一個【計數】欄位）。但是世間事總是「有一好、沒兩好」，這樣的交叉表輸入格式也有不盡人意之處，因為從表中無法得知實際的個案之填答結果。

交叉表輸入格式

	吸菸	患病	計數
1	0	0	121
2	0	1	13
3	1	0	162
4	1	1	43
5			
6			
7			

列舉格式

	吸菸	患病
1	0	0
2	1	0
3	1	1
4	0	1
5	1	0
6	1	0
7	0	0
8	1	0
9	1	0
10	0	0
11	0	0
12	0	0
13	0	0
14	1	1
15	1	1
16	1	1

圖11-3　列舉格式與交叉表輸入格式

　　「交叉表輸入格式」往往用於沒有原始資料集，而需要重新輸入資料的分析時。而在問卷資料的原始資料集中，由於管理和跟蹤記錄的要求，一般仍是會以一個受訪者、一筆記錄的方式來輸入資料（列舉格式）。SPSS對這兩種輸入格式均可識別，但對交叉表輸入格式的資料，於分析時尚須多一道步驟，即用【加權觀察值】功能指定一下【計數】變數才可順利進行分析。

　　在本範例中，作者分別提供了列舉格式的資料檔（ex11-1-1.sav）和交叉表輸入格式的資料檔（ex11-1-2.sav）。若要使用交叉表輸入格式的資料檔進行檢定，則檢定前須先執行【資料】／【加權觀察值】以告訴SPSS，檔案中的計數變數是哪一個。而若使用列舉格式的資料檔，則可直接執行檢定。在此，將只示範使用交叉表輸入格式的資料檔進行檢定。

操作 步驟

　　依據表11-4之交叉表的內容，要製作SPSS資料檔時，須設定三個變數，分別為列變數（抽菸）、行變數（患病）與計數變數（count）。在列變數中，其值為「1」時，代表「有抽菸」；其值為「0」時，代表「不抽菸」。而在行變數中，其值為「1」時，代表「有患病」；其值為「0」時，代表「未患病」。只要讀者依此原則就可正確的輸入交叉表資料。

　　詳細的操作過程，請讀者自行參閱影音檔「ex11-1.mp4」。

▶ **報表解說**

依題意，本範例屬卡方檢定中的獨立性檢定，其虛無假設為：

H₀：抽菸與患慢性支氣管炎無關（抽菸與患慢性支氣管炎間相互獨立）。

執行後，輸出報表如下：

表11-5 觀察值處理摘要（抽菸×患病統計摘要表）

	觀察值					
	有效		遺漏		總計	
	N	百分比	N	百分比	N	百分比
抽菸*患病	339	100.0%	0	0.0%	339	100.0%

表11-5是抽菸×患病的統計摘要表，列出了觀測值之有效值個數、遺漏值個數和總個數。

表11-6 抽菸×患病交叉表

			患病		總計
			未患病	患病	
抽菸	未抽菸	計數	121	13	134
		預期計數	111.9	22.1	134.0
	抽菸	計數	162	43	205
		預期計數	171.1	33.9	205.0
總計		計數	283	56	339
		預期計數	283.0	56.0	339.0

從表11-6的抽菸×患病的交叉表中可以看出，抽菸人口中患病者有43人，比期望值33.9大；而不抽菸人口中患病者只有13人，比期望值22.1小很多。

表11-7　卡方檢定表

	值	df	漸近顯著性（兩端）	精確顯著性（2端）	精確顯著性（1端）
Pearson卡方檢定	7.469	1	.006		
持續更正	6.674	1	.010		
概似比	7.925	1	.005		
費雪（Fisher）精確檢定				.007	.004
線性對線性關聯	7.447	1	.006		
有效觀察值個數	339				

　　從表11-7的【卡方檢定表】中可以看出，Pearson卡方值為7.469，顯著性為0.006 < 0.05，故不可接受虛無假設。因此，可認為抽菸與患慢性支氣管炎間是具有顯著相關性的。

11-7　複選題的卡方適合度檢定

　　雖然複選題經常出現在許多問卷中或資料蒐集上，但是，由於複選題的填答結果，於資料輸入時，通常都是以名義尺度的「1」或「0」來呈現特定選項是否被勾選。這將會限制這些複選題可使用的統計檢定分析方法。一般而言，以名義尺度編碼的複選題所能做的統計分析，就只有次數分配與交叉分析表等描述性統計而已，並無法進行其他任何的統計檢定。然而，若我們能根據這些由【複選題分析】所製作出來的次數分配或交叉分析表，再次建檔成交叉表式的SPSS檔後，就可以針對列變數、行變數進行交叉表的卡方檢定了。

▶ 範例11-2

參考附錄一中，論文【旅遊動機、體驗價值與重遊意願關係之研究】的原始資料檔為「ex11-2.sav」。原始問卷中，第四部分基本資料的第7題「欲參與本行程，你認為可以使用哪種交通工具？」為複選題。請開啟「ex11-2.sav」，試根據這個題項的填答結果，探討遊客於交通工具的選用決策，在比例上是否有所差異？

　　論文【旅遊動機、體驗價值與重遊意願關係之研究】的原始問卷中，第四部分基本資料的第7題「欲參與本行程，你認為可以使用哪種交通工具？」為複選題，該複選題共包含四種交通工具選項，分別為「自行開車」、「遊覽車」、「機車」與「公

共路網」。

依題意，我們將探討「遊客於交通工具的選用決策，在比例上是否有所差異？」試想如果「交通工具的選用決策」沒有差異的話，那麼這四種「交通工具」選項被勾選的次數比例應該會是「1：1：1：1」，這個比例就是所謂的理論次數。所以，我們就是要去觀察，目前所蒐集到的248名遊客中，他們所勾選的各種「交通工具」選項的比例是否為「1：1：1：1」。因此，本範例屬卡方檢定中的適合度檢定。檢定時的虛無假設如下：

H_0：遊客於交通工具的選用決策，在比例上並無不同。

或

H_0：遊客於四種「交通工具」選項的勾選比例皆相等（即1：1：1：1）。

操作 步驟

由於原始資料是以「列舉格式」來進行輸入，且本題中所涉及的變數也只有一個，因此欲進行卡方適合度檢定前，須先行製作複選題的次數分配表，以彙整資料。完成次數分配表後，再根據這個次數分配表建立一個新的SPSS檔案，最後再執行卡方檢定即可。但由於涉及的變數只有一個，因此不能使用【敘述統計】功能中的【交叉資料表】來執行卡方檢定，而必須使用【無母數檢定】功能中的【卡方檢定】。

詳細的操作過程，請讀者自行參閱影音檔「ex11-2.mp4」。

▶ 報表解說

執行複選題的【次數分配表】功能後，可得到複選題中，各交通工具被選用的次數分配，如表11-8。

表11-8　各交通工具被選用的次數分配

		回應		觀察值百分比
		N	百分比	
$vhc	自行開車	154	22.3%	62.1%
	遊覽車	136	19.7%	54.8%
	機車	178	25.7%	71.8%
	公共路網	224	32.4%	90.3%
總計		692	100.0%	279.0%

而經執行卡方檢定之程序後，卡方檢定之結果，如表11-9。

表11-9　卡方檢定表

	交通工具
卡方檢定	25.179
自由度	3
漸近顯著性	.000

　　表11-9顯示，卡方值為25.179，自由度為3，顯著性為0.000（小於0.05）。由此可知，檢定結果應該不能接受虛無假設，表示遊客於交通工具的選用決策，在比例上是有顯著差異的。且從表11-8的次數分配表可知，遊客最常選用的交通工具為公共路網，其次為機車，接著為自行開車，遊覽車則為最少。

11-8　複選題的卡方獨立性檢定

▶ 範例11-3

參考附錄一中，論文【旅遊動機、體驗價值與重遊意願關係之研究】的原始資料檔為「ex11-3.sav」。原始問卷中，第四部分基本資料的第7題「欲參與本行程，你認為可以使用哪種交通工具？」為複選題。請開啟ex11-3.sav，試根據這個題項的填答結果，探討遊客對交通工具的選用決策是否與性別有關？

　　依題意，本範例將檢定「交通工具的選用決策」與「性別」這兩個變數的關聯性，且由於這兩個變數都是屬於類別變數，因此適合使用卡方檢定中的獨立性檢定。檢定時的虛無假設如下：

H_0：　遊客之交通工具選用決策與其性別無關（即，交通工具選用決策與性別相互獨立）。

操作步驟

　　由於本範例涉及兩個變數，且資料的輸入格式屬「列舉格式」。因此，進行卡方檢定前，須先行製作性別（列變數）與交通工具選用決策（行變數）的交叉表。根據

「ex11-3.sav」所完成的交叉表，如表11-10所示。

表11-10　性別×交通工具選用決策的交叉表

			交通工具選用決策				總計
			自行開車	遊覽車	機車	公共路網	
性別	女	計數	58	43	64	82	87
	男	計數	96	93	114	142	161
總計		計數	154	136	178	224	248

　　完成交叉表製作後，尚須根據這個交叉表，將其內容製作成一個新的SPSS檔案。新檔案裡將包含三個變數，分別為列變數（性別）、行變數（交通工具選用決策）與計數變數「count」。完成這個新檔案後，執行【分析】／【敘述統計】／【交叉資料表】就可進行卡方檢定了。

　　詳細的操作過程，請讀者自行參閱影音檔「ex11-3.mp4」。

▶ **報表解說**

　　本範例的虛無假設為：

H₀：遊客之交通工具選用決策與其性別無關（即，交通工具選用決策與性別相互
　　　獨立）。

　　輸出報表相當長，在此僅針對有關卡方檢定的相關報表進行解說。

表11-11　性別×交通工具選用決策交叉表

			交通工具選用決策				總計
			自行開車	遊覽車	機車	公共路網	
性別	女	計數	58	43	64	82	247
		預測計數	55.0	48.5	63.5	80.0	247.0
		性別內的%	23.5%	17.4%	25.9%	33.2%	100.0%
		交通工具選用決策內的%	37.7%	31.6%	36.0%	36.6%	35.7%
	男	計數	96	93	114	142	445
		預測計數	99.0	87.5	114.5	144.0	445.0

表11-11　性別×交通工具選用決策交叉表（續）

| | | 交通工具選用決策 | | | | 總計 |
		自行開車	遊覽車	機車	公共路網	
	性別內的%	21.6%	20.9%	25.6%	31.9%	100.0%
	交通工具選用決策內的%	62.3%	68.4%	64.0%	63.4%	64.3%
總計	計數	154	136	178	224	692
	預測計數	154.0	136.0	178.0	224.0	692.0
	性別內的%	22.3%	19.7%	25.7%	32.4%	100.0%
	交通工具選用決策內的%	100.0%	100.0%	100.0%	100.0%	100.0%

　　從表11-11的性別×交通工具選用決策交叉表中可以看出，男、女性皆以使用「公共路網」為交通工具的比例最高，且皆以「遊覽車」最低。然而，男性中使用「公共路網」為交通工具的個數達142人，但比期望值的144小；女性中也使用「公共路網」為交通工具的個數達82人，比期望值80大。故從數字上較難斷定交通工具選用決策與性別的關係。若能經科學性的驗證，相信即能有效的釐清其間關係。

　　接著，觀察卡方檢定表，從表11-12中可看出，Pearson卡方值為1.331，顯著值為0.722 > 0.05，故須接受虛無假設，即認為遊客之交通工具選用決策與其性別無關，故交通工具選用決策與性別相互獨立。也就是說，性別和遊客的交通工具選用決策是不相關的。

表11-12　卡方檢定表

	值	df	漸近顯著性（兩端）
Pearson卡方檢定	1.331	3	.722
概似比	1.347	3	.718
線性對線性關聯	.011	1	.916
有效觀察值個數	692		

11-9 無反應偏差——卡方同質性檢定的應用

研究人員進行抽樣調查時，常無法完全避免無反應偏差（non-response bias）的現象產生，尤其是採用郵寄問卷調查時，因為缺乏調查人員與受訪者面對面互動，更增加了無反應偏差產生的機會。所謂無反應偏差是指因抽樣設計或實際執行調查時，遭遇到某些問題，這些問題如：問卷無法於預定期間內回應（回收）、雖有回應但答覆欠完整與樣本結構太過於集中在某一個群體或階層……等，導致研究人員無法從所抽樣的樣本中獲得所需足夠的資訊，或調查問卷中缺少某些類型的代表樣本，影響樣本結構的代表性與完整性，因而所產生之偏誤。這種偏誤是非抽樣誤差的一個主要來源，乃抽樣調查中最常發生的一種誤差。

▶ **範例11-4**

參考附錄一中，論文【旅遊動機、體驗價值與重遊意願關係之研究】的原始問卷，並開啟ex11-4.sav。由於問卷經一次寄發與一次跟催後，才完成調查，共計回收有效問卷248份。為維持論文之嚴謹性，試檢驗該問卷之樣本資料是否存在無反應偏差的問題。

本範例中，問卷經一次寄發與一次跟催後（亦即經歷兩次回收作業），共計回收有效問卷248份。由於，問卷無法於預定期間內全部回收，經分兩次回收才完成，為確認兩次回收之樣本結構有無明顯差異，以確保回收樣本的資料分析結果能推論到母體，此時，即須檢驗樣本資料是否存在無反應偏差的問題了。

由於Armstrong and Overton（1977）曾認為「晚回應者」的特性，基本上會非常近似於「未回應者」。因此第一次回收樣本與第二次回收樣本間，可能存在著某些差異性。由於本範例問卷經一次寄發與一次跟催後，才回收完成。在此情形下，Armstrong and Overton（1977）建議應檢驗無反應偏差是否存在的問題，檢驗時可利用卡方檢定，以檢驗兩次回收樣本在基本資料之各題項的選項間，其回應結果之比例是否具有顯著差異。

在本範例中，對無反應偏差的處理方式是將樣本以回收時間的先、後來分批，將正常預定回收時間內的回應者列為第一批樣本（前期樣本）；而將原本無回應，但經催收後已回應者列為第二批樣本（後期樣本）。檢定無反應偏差時，將遵循Armstrong and Overton（1977）的建議，利用卡方檢定來檢驗兩次回收的樣本資料，在基本資料題項（性別、婚姻狀況、年齡、職業、教育程度與平均月收入）之各選項

的回應上，於比例上是否具有一致性。如果檢定結果顯示這些題項的回應狀況具有一致性的話，那麼即可推論：無反應偏差的問題不存在，經兩次回收而得的樣本具有代表性與完整性，應不至於會影響後續的研究結果。

很明顯的，在此我們將進行卡方檢定中的同質性檢定，以檢驗問卷回收過程中，前、後期的受訪者對於基本資料各題項的回應狀況是否一致。檢定時的虛無假設如下：

H_0：前、後期的受訪者對於基本資料之各題項的回應狀況（比例）具有一致性。

操作步驟

在範例11-2和範例11-3的卡方檢定中，我們都是先針對原始資料製作次數表或交叉表，然後對計數變數作加權後，最後再進行卡方檢定。這是因為範例11-2和範例11-3中，我們所檢定的變數屬複選題，因而計次上比較複雜，須先用複選題分析的方式製作出次數表或交叉表，然後再進行卡方檢定。此外，進行卡方檢定時，若資料的格式屬次數表或交叉表的話，那麼SPSS將無法分辨哪個變數屬計數資料，因此須先進行【加權觀察值】的功能。但是，若原始資料的格式不屬於次數表或交叉表，而屬於「列舉格式」時，那麼就可針對原始資料直接作卡方檢定，而不用再作【加權觀察值】的動作。

ex11-4.sav中，由於其資料格式屬列舉式格式，因此不用再進行加權，可直接執行【分析】／【敘述統計】／【交叉資料表】，以進行卡方同質性檢定。

詳細的操作過程，請讀者自行參閱影音檔「ex11-4.mp4」。

▶ 報表解說

本範例的虛無假設為：

H_0：前、後期的受訪者對於基本資料之各題項的回應狀況（比例）具有一致性。

執行交叉表卡方檢定後，將會於報表中顯示出「回收期」變數對「性別」、「婚姻狀況」、「年齡」、「職業」、「教育程度」與「平均月收入」等變數的卡方檢定結果（共六個表），可將這些檢定結果彙整於一個表中，如表11-13所示。

表11-13　無反應偏差——卡方同質性檢定

衡量項目	Pearson卡方值	自由度	顯著性
性別	1.501	1	0.221
婚姻況	0.803	1	0.370
年齡	2.707	5	0.745
職業	2.522	7	0.925
教育程度	4.731	5	0.450
平均月收入	3.815	7	0.801

由表11-13的檢定結果可知，所有卡方檢定的顯著性（機率p值）皆大於0.05。因此，將不能拒絕虛無假設，故可認為問卷回收前、後期，受訪者於各基本資料的回應上並無顯著差異（即具同質性、一致性）。因此，本研究中經兩次回收作業才獲得的樣本資料，其無反應偏差現象並不顯著。故推論所有回收樣本應具有代表性與完整性，將不至於會影響後續的研究結果。

習 題

練習 11-1

參考附錄二中，論文「遊客體驗、旅遊意象與重遊意願關係之研究」的原始問卷，並開啟hw11-1.sav，由於問卷經前、後期才回收完成，請完成表11-14，並檢驗該問卷資料是否具有無反應偏差。

表11-14　無反應偏差──卡方同質性檢定

衡量項目	Pearson卡方值	自由度	p值
性別			
婚姻狀況			
年齡			
職業			
教育程度			
月收入			

練習 11-2

參考附錄二中，論文「遊客體驗、旅遊意象與重遊意願關係之研究」的原始問卷，第四部分基本資料的第7題「請問你認為西拉雅風景區有哪些特色？（可複選）」為複選題，請開啟hw11-2.sav，試探討遊客對西拉雅風景區的特色認知是否有所不同？（註：變數名稱fa1～fa4）

練習 11-3

參考附錄二中，論文「遊客體驗、旅遊意象與重遊意願關係之研究」的原始問卷，第四部分基本資料的第7題「請問你認為西拉雅風景區有哪些特色？（可複選）」為複選題，請開啟hw11-3.sav，試探討遊客對西拉雅風景區的特色認知是否與性別有關？（註：變數名稱fa1～fa4）

第 12 章

平均數的差異性
比較——t 檢定

在統計學中，母體的統計特徵一般稱為參數（亦稱母數，parameter。例如：母體平均數、母體標準差），而樣本的統計特徵則稱之為統計量（statistic，例如：樣本平均數、樣本標準差）。一般而言，母體參數通常為未知數（因母體太大，無法探究其確實數據），而樣本統計量只要經抽樣完成，通常就可以求算出其值。

一般而言，統計學大致可劃分為敘述統計學（descriptive statistics）與推論統計學（inferential statistics）等兩個領域。敘述統計學強調於將資料彙整且表達成方便讀取資訊的統計方法，如本書第3章到第9章的課程內容。而推論統計學的核心價值在於：藉由以低成本方式取得的樣本資料之已知統計量來推論未知的母體參數。也就是說，推論統計學是根據樣本資料之特徵（統計量）而推論母體特徵（參數）的方法。更精準的論述為：推論統計學能在對樣本資料進行描述性統計分析的基礎上，以機率的方式對統計母體的未知特徵進行推論，如圖12-1所示。

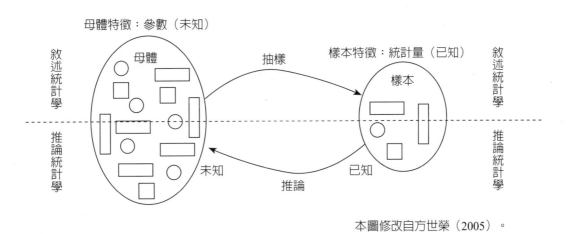

本圖修改自方世榮（2005）。

圖12-1　敘述統計學與推論統計學

推論統計學的相關理論在統計分析的運用上佔有舉足輕重的地位。在本章中，將著重於參數檢定的實務應用，尤其是兩群體平均數之差異性檢定的部分。本章將包含下列的內容：

1. 參數檢定的基本概念。

2. 單一樣本 t 檢定。

3. 獨立樣本 t 檢定。

4. 成對（相依）樣本 t 檢定。

◆ 12-1　推論統計與參數檢定 ◆

　　研究者為何需要透過對樣本資料的描述，然後去推論母體特徵呢？其原因不外有二：

　　第一個原因為：無法全部蒐集到所有的母體資料。

　　例如：水質或空氣品質的檢測問題。當研究者想要評估高雄地區的空氣品質，或者想要檢定南化水庫水中某成分的含量等。對於此類問題的研究，研究者根本無法對所有的研究對象（空氣或水庫之水）做實驗，因而只能採取抽樣技術，從母體中隨機抽取一部分樣本進行檢測，進而推論母體特徵。

　　第二個原因為：在某些特殊情況下，雖然母體資料能夠蒐集得到，但其過程將會耗費大量的人力、物力和財力。

　　例如：研究全國大學生每天上網的平均時間、或小家庭每年旅遊的平均花費等。對這類問題的研究，雖然只要研究者願意，理論上是可以獲得全部的母體資料。但大規模的調查與資料蒐集工作，必然需要投入大量的成本。因此，在實際研究中，為節省開銷往往會採用抽樣技術，對小部分的研究對象進行調查以獲取樣本資料，並藉此推論母體的特徵。

　　當研究者運用抽樣技術獲取樣本資料後，在利用樣本統計量對母體參數進行推論的過程中，須先釐清母體的分配型態到底是已知或未知。在已知或未知的情況下，各有不同的處理方式，其處理方式大致如下：

1. 當母體分配為已知的情況下（通常為假設已知）

　　由於母體分配為已知（例如：為常態分配），此時，根據樣本資料對母體的推論，其目的將著重在估計參數的信賴區間，或對其進行某種統計檢定。例如：檢定常態母體的平均數是否與某個值存在顯著性的差異、兩個母體的平均數是否有顯著性差異……等。諸如此類的統計推論問題，通常可採用參數檢定的方法。它不僅能夠對母體參數進行推論，而且也能對兩個或多個母體參數來進行差異性比較。這類問題的統計推論方法，一般皆屬於母數統計（parametric statistics）的範疇。

2. 當母體分配未知的情況下

　　在現實生活的大多數情況下，研究者事前其實很難對母體的分配做出較為準確的判斷，或者根本無法保證樣本資料是來自某種特定的母體，或者由於資料類型

的限制，使其不符合所假定之分配的要求等。儘管如此，研究者仍然希望探索出資料中所隱含的特質，此時通常所採用的統計推論方法，一般都是屬於無母數統計（nonparametric statistics）的檢定方法。

12-2　參數之假設檢定簡介

在推論統計學的領域中，研究者通常會採用估計（點估計和區間估計）和假設檢定等這兩類方式對母體參數進行推論。這兩類方式在SPSS的相關功能中皆有提供，然由於其基本原理類似，在此僅對假設檢定的基本概念做初步的介紹。

進行參數之假設檢定時，其基本概念是：研究者必須先對母體參數值提出假設，然後再利用抽樣回來的樣本，所提供的相關資訊，去驗證先前所提出的假設是否成立。如果樣本資料不能夠充分證明和支持假設的成立時，則在一定的機率條件下，應該「拒絕」該假設；相反的，如果樣本資料足以充分證明和支持假設成立的可能性，那麼就「不能推翻」假設成立的合理性和真實性。上述假設檢定之推論過程所依據的基本觀念即是所謂的「小機率原理」。所謂「小機率原理」意指發生機率很小的隨機事件，在某一次特定的實驗中是幾乎不可能發生的。但如果發生了，那肯定是先前的某些假設有誤，所以應該推翻該假設。統計學中，一般認為某事件發生的機率如果小於0.05時，那就算是小機率事件了。

例如：若研究者想對每位墾丁遊客的平均消費額，進行檢定。首先研究者會提出一個暫時性的假設，這個假設一般通稱為虛無假設（null hypothesis），通常也是研究者心裡面很想把它推翻掉的假設。倘若此假設為「墾丁遊客的平均消費額是5,000元」。此時，研究者將充分利用樣本資料以驗證該假設是否成立。如果樣本資料中，遊客平均消費額為5,900元，這顯然與5,000元間存在著不小的差距，此時能否立即拒絕先前的假設呢？答案是不能的。因為在抽樣過程中也有可能存在著誤差。即樣本（5,900元）與假設（5,000元）之間的差距，有可能是因為系統誤差或抽樣誤差所造成的，而不是真正平均消費額的差距。抽樣誤差的存在，將造成某批樣本（遊客）的平均消費額為3,900元，而另一批樣本（遊客）的平均消費額為4,800元或是5,100元或是其他值，都有可能。因此，此時就有必要去確認，樣本資料所提供的資訊與假設之間的差距，究竟是哪種原因所造成的。

依據小機率原理，首先計算在「假設如果成立」的條件下，觀察樣本值或更極端值發生的機率。也就是說，如果遊客的平均消費額確實為5,000元，那麼5,900元（或

更極端值）發生的機率有多大呢？如果5,900元（或更極端值）發生的機率極小（例如：小於0.05），那麼依據小機率原理，在一次性的實驗中幾乎是不會發生的。但事實卻是，這件原本不應發生的事件（5,900元或更極端值）卻恰恰在這一次抽樣中發生了。由於該樣本的存在是種事實，對此我們只好推翻假設，而認為5,000元的假設是不成立的。

由上述的說明不難理解，進行假設檢定的過程中，研究者需要解決兩大問題，第一，如何計算在假設「為真」的條件下，樣本值或更極端值發生的機率？第二，如何定義小機率事件（即顯著水準該設定為多少）？對於這兩大議題，現今的推論統計學理論都已經能成功地解決了。

◆ 12-3　參數之假設檢定的基本步驟 ◆

一般而言，假設檢定的進行可分成以下五大基本步驟：

（一）提出虛無假設（H_0）

即根據研究目的，對欲推論的母體參數提出一個基本假設。此基本假設，一般即稱之為虛無假設（null hypothesis），通常也代表著，這個假設其實是研究者內心裡面很想把它推翻掉的假設，所以才稱之為「虛無」。

（二）確認檢定統計量之理論分配

在假設檢定中，樣本值發生的機率並不是直接由樣本資料得到的，而是透過計算檢定統計量之觀測值，在某個理論分配下的發生機率而間接得到的。這些檢定統計量所該服從或近似服從的理論分配中，常見的有 t 分配、F分配或χ^2分配。例如：若理論分配為 t 分配時，那麼就將會在「假設為真」的情況下，根據所蒐集的樣本資料，再套入 t 檢定統計量的公式，去求算出 t 檢定統計量的實際值，這個 t 檢定統計量值就是所謂的 t 值。最後在查 t 分配表，就可算出該 t 值的機率了。根據這個機率值，再配合研究者所能承擔的風險（或稱顯著水準），研究者就可據以判斷該拒絕或接受虛無假設了。

對於不同的假設檢定問題以及不同的母體條件，會有不同的理論分配、檢定方法和策略，但這是統計學家所該研究的課題。平凡的我們，在實際應用中只需要依據實際狀況與問題，遵循理論套用即可。例如：檢定兩個近似常態之母體平均數差異時，

就會套用 t 分配來進行檢定決策；而檢定三個近似常態之母體平均數差異時，則須選用F分配輔助檢定決策之製作。上述中，我們可以直接確認理論分配的原因，就在於過往的統計學家已將上述檢定問題的理論分配釐清了，所以後知的我們，只要會套用這些理論概念，正確的選定「檢定統計量之理論分配」就可以了。

（三）計算檢定統計量之觀測值的發生機率

確認檢定統計量之理論分配後，在認為虛無假設成立的條件下（H_0為真），利用樣本資料便可計算出檢定統計量之觀測值，並得知在該理論分配下，此檢定統計量值的發生機率，而此機率值一般即稱之為機率p值，又稱為顯著性（significance）。也就是說，該機率p值間接地表現出檢定統計量在虛無假設成立的條件下所發生的機率。針對此機率p值，研究者即可依據一定的標準（例如：研究者所設定的顯著水準）來判定其發生的機率是否為小機率？是否為一個小機率事件？

（四）設定顯著水準α（significant level）

所謂顯著水準α，是指當虛無假設為真，但卻被拒絕時，所發生的機率。當然上述情況，是一個錯誤的決策，統計學上稱這類型的失誤為第一型誤差（型 I 誤差，Type I Error）。而發生這種錯誤決策的機率，則稱之為型 I 誤差機率。型 I 誤差機率值，其實我們也可把它想像成，研究者為控制錯誤決策之產生，所能承擔的最大風險。只要錯誤拒絕時所冒的風險，小於研究者所設定型 I 誤差機率值（又稱顯著水準）時，那麼就勇敢的拒絕虛無假設吧！因此，顯著水準就是代表著一個門檻值，也就是錯誤拒絕虛無假設時，所能承擔的最大風險。

一般顯著水準α值會定為0.05或0.01等。而這就意味著，當虛無假設為真，同時也正確地接受虛無假設的可能性（機率）為95%或99%。事實上，雖然小機率原理告訴我們，小機率事件在一次性的實驗中是幾乎不會發生的，但這並不意味著小機率事件就一定不會發生。由於抽樣的隨機性，在一次實驗中觀察到小機率事件的可能性是存在的，如果遵循小機率原理而拒絕了原本正確的虛無假設，該錯誤發生的機率便是α。因此，顯著水準α類似一個門檻值，當機率p值小於顯著水準α時，這就是一個小機率事件，且此小機率事件是不該發生的，但卻在這次的抽樣中發生了，因此我們就會認為這種現象，應該是虛無假設錯誤所致吧！所以，決策上就會推翻先前所設定的虛無假設。

（五）作出統計決策

得到檢定統計量的機率p值後，接著，研究者就須判定「應該」要拒絕虛無假設，還是「不應」拒絕虛無假設。如果檢定統計量的機率p值小於顯著水準α，則認為如果此時拒絕虛無假設，那麼犯錯的可能性會小於顯著水準α，也就是說其機率低於我們原先所設定的控制水準（我們所能承擔的風險），所以不太可能會犯錯，因此可以拒絕虛無假設；反之，如果檢定統計量的機率p值大於顯著水準α，則認為，如果此時拒絕虛無假設，那麼犯錯的可能性大於顯著水準α，其機率高於我們原先所設定的控制水準，所以很有可能犯錯誤，因此就不應拒絕虛無假設。

從另一個角度來看，得到檢定統計量的機率p值後，就是要判定，這個事件是否為小機率事件。由於顯著水準α是在「虛無假設成立」時，檢定統計量的值落在某個極端區域內的機率值。因此如果設定α等於0.05，那麼就是認為，如果虛無假設是成立的，則檢定統計量的值落到某極端區域內的機率是0.05，它就是我們所設定的所謂小機率事件的標準。因此，只要機率p值小於0.05，就屬於小機率事件，則當斷然的「拒絕」虛無假設。

當檢定統計量的機率p值小於顯著水準α時，它的意義就是如果虛無假設是成立的，則檢定統計量的觀測值（或更極端值）發生的機率是一個比標準小機率事件更小機率的事件。因此，我們就會認為，由於小機率原理它本是不可能發生的，但它卻發生了，所以它的發生應該是因為「虛無假設為假」所導致的，故應拒絕虛無假設；反之，當檢定統計量的機率p值大於α時，它的意義就是如果虛無假設是成立的，檢定統計量的觀測值（或更極端值）發生的機率較標準小機率事件來說，並不是一個小機率的事件，它的發生是極有可能的，所以我們沒有充足的理由說明虛無假設是不成立的，因此不應該拒絕虛無假設。

上述五步驟確實容易令人頭昏腦脹、邏輯錯亂。但總而言之，透過上述五步驟便可完成假設檢定之所有過程。雖是如此，讀者也不用太過於擔心，因為統計套裝軟體的運用可以輔助解決大部分的問題。在運用SPSS進行假設檢定時，首先應清楚定義第一個步驟中的虛無假設即可，接著第二個步驟和第三個步驟是SPSS自動完成的，第四、五個步驟所須下的決策，則須研究者依SPSS所跑出的報表，進行人工判定，即先設定好顯著水準α，然後與檢定統計量的機率p值（顯著性）相比較，就可作出到底是拒絕（機率p值小於等於顯著水準α）或接受（機率p值大於顯著水準α）虛無假設的決策了。

12-4　兩個群體之平均數比較——t 檢定

在推論統計學的分析過程中，常須透過樣本統計量來推論母體參數。也就是說，從樣本的觀察值或實驗結果的特徵來對母體的特徵進行估計和推論。由所抽取出來的樣本資料來對母體作出估計和推論時，抽取樣本的過程必須是隨機的，即每一個個體被抽到的機率都是相同的。但這樣往往會由於抽到一些數值較大或較小的個體，致使樣本統計量與母體參數之間會產生較大的偏誤，那麼便產生一個問題了，即平均數不相等的兩個樣本，它們是來自相同的母體嗎？

怎樣判斷「兩個樣本」是否來自相同的母體呢？常用的方法是 t 檢定。t 檢定是比較「兩群體」平均數之差異最常用的方法。例如：t 檢定可用於比較接受新教學法與舊教學法之學生的成績差異。理論上，即使樣本量很小時，也可以進行 t 檢定（例如：樣本量只有十個）。只要每群體中，變數呈近似常態分配，兩群體之變異數沒有明顯差異就可以了。也就是說，利用 t 分配檢定兩群體平均數差異時，有兩個前提必須先予以確認，其一為母體的分配是否近似常態分配；另一為兩群體樣本的變異數是否相等（又稱同質）。針對上述兩前提，實務上可以透過觀察資料的分配或進行常態性檢定，以確認資料是否具有常態性；而檢定變異數的同質性則可使用F檢定來進行，或者也可以使用更有效率的Levene's檢定。如果不滿足這兩個條件的話，那麼也可以使用無母數檢定來代替 t 檢定，以進行兩群體間平均數的比較。

運用 t 檢定以評估兩群體平均數差異時，會因樣本來源或樣本取得的方式，而有不同型式的 t 檢定方法。這些方法大致上可分為三種，分別為「單一樣本 t 檢定」、「獨立樣本 t 檢定」與「成對（相依）樣本 t 檢定」。在本章後續節次中，將依序介紹這三種不同型式的 t 檢定方法。

12-5　單一樣本 t 檢定

單一樣本 t 檢定（one sample t-test）的目的在於：利用抽取自某母體的樣本資料，以推論該母體的平均數是否與指定的檢定值（已知常數）之間存在顯著差異。這是一種對母體平均數的假設檢定，例如：研究某地區高中生數學平均分數與去年分數（已知常數值）的差異。

而在已知母體平均數的情形下，進行樣本平均數與母體平均數（已知）之間的

差異性檢定，也屬於單一樣本 t 檢定的運用範疇。例如：研究某地區高中生數學平均分數與全國高中學生數學平均分數（已知常數值）的差異。類似這樣的問題就須依靠「進行樣本平均數與母體平均數之間的差異性檢定」來完成了。也就是，進行單一樣本 t 檢定就可解決此類問題。

　　SPSS中的【單一樣本 t 檢定】功能，除對每個檢定變數提供包括觀察值個數、平均數、標準差和平均數的標準誤等統計量外，它還提供了每個資料值與假設檢定值之間的差異平均數、進行該差異值為「0」的 t 檢定和該差異值的信賴區間估計，並且可由使用者自行指定檢定過程的顯著水準。

　　單一樣本 t 檢定的前提假設為樣本所屬的母體應服從或近似服從常態分配。而在上述兩個例子中，那些已知的「全國高中生」或「去年高中生」的數學成績，一般都可以認為是服從常態分配的，因此可利用單一樣本 t 檢定以進行母體平均數的推論。

▶ 範例12-1　開啟範例ex12-1.sav，該檔案為範例論文【旅遊動機、體驗價值與重遊意願關係之研究】之原始問卷的資料檔，試檢定遊客之重遊意願是高？還是低？（所有遊客之重遊意願的平均得分大於4，則可認為遊客具有高度的重遊意願。）

　　由附錄一可知，範例問卷應屬李克特七點量表。該研究的受訪者（遊客）共有248人。此外，在論文【旅遊動機、體驗價值與重遊意願關係之研究】的原始問卷中，衡量「重遊意願」的問項共3題（ri1～ri3）。因此，每位受訪者之「重遊意願」得分，即是ri1～ri3等這3題問項的平均得分之意（取平均旨在使得分值能落於1～7）。故檢定前，須先針對這3題問項，進行橫向平均以求算出每位受訪之「重遊意願」得分（變數ri）。

　　由於原始問卷屬李克特七點量表，得分為「4」時，代表重遊意願「普通」，故若變數「ri」值大於「4」時，即代表受訪者具有高度的重遊意願。由此，不難理解本範例只須針對變數「ri」進行「單一樣本 t 檢定」，以檢定變數「ri」是否大於固定常數4即可。故其虛無假設可設定為：

H_0：ri = 4

或

H_0：受訪者之重遊意願「普通」。

　　雖然，我們真正的目的是想證明「ri > 4」，但在此，我們仍假設「ri = 4」。其中，最主要的原因在於，利用SPSS進行檢定時，並不像一般統計學書中，有所謂的單尾（左尾或右尾）檢定，在SPSS中全都屬於雙尾檢定。因此建立虛無假設時，其實質意涵中，一定要有「相等」的味道。例如：虛無假設的敘述中應包含相等、沒有不同、並無不同、沒有差異、沒有顯著、不顯著等這些語句。當然，在「相等」的假設下，我們期盼此虛無假設將被拒絕。但當真的被拒絕後，我們也只能認定「ri ≠ 4」。因此，尚須藉助「單一樣本t檢定」報表中的【差異的95%信賴區間】之上、下限，來輔助判斷到底變數「ri」值是大於4，還是小於4。

操作步驟

　　由於原始問卷中有關「重遊意願」的問項共有3題，因此，欲求「重遊意願」之得分時，須先針對這3題問項，進行橫向平均以求算出每位受訪者之「重遊意願」得分。計算完成後，再執行【分析】／【比較平均數】／【單一樣本t檢定】，即可進行檢定。

　　詳細操作過程解說，請讀者自行參閱影音檔「ex12-1.mp4」。

▶ 報表解說

　　本範例經執行單一樣本t檢定後，所得的檢定表，如表12-1。

表12-1　單一樣本t檢定報表

	檢定值 = 4					
	t	自由度	顯著性（雙尾）	平均值差異	差異的95%信賴區間	
					下限	上限
ri	10.227	247	.000	.97177	.7846	1.1589

　　由表12-1，不難觀察出 t 值為10.227，顯著性為0.000 < 0.05，故不接受虛無假設（顯著性小於α），即可認為變數「ri」的平均數和「4」之間具有顯著差異，也就是說，ri ≠ 4。在已證明「ri ≠ 4」的情形下，繼續觀察表12-1的最後一欄「差異的95%信賴區間」之上、下限。在此所謂的「差異的95%信賴區間」，意指「ri − 4」的95%信賴區間。由表12-1可得知，「ri − 4」的下限為0.7846、上限為1.1589，代表0.7846 ≦ ri − 4 ≦ 1.1589。明顯的，差異值的上、下限皆屬正。因此，由簡單的數學概念即

可推知「ri ＞ 4」，故可認爲受訪者（遊客）具有高度的重遊意願。

在此，針對「差異的95%信賴區間」再進行說明。一般檢定的決策通常爲：

1. 機率p值（顯著性）小於α，則拒絕虛無假設。

2. 機率p值（顯著性）大於等於α，則不拒絕虛無假設。

但我們也可藉由「差異的95%信賴區間」輔助判斷到底該接受或拒絕虛無假設。以本範例而言，差異「ri － 4」介於0.7846～1.1589之間。明顯的，這個區間並不包含0，代表「ri － 4」不太可能是0，也就是ri不太可能等於4，這不就代表著「拒絕虛無假設」的意思嗎？所以結論是：只要「差異的95%信賴區間」不包含0，就代表著統計決策應該是「拒絕虛無假設」。

此外，觀察「差異的95%信賴區間」之上、下限的正負符號，也可輔助判斷虛無假設的拒絕與否，以及比較檢定變數（「－」前的變數，簡稱：前，例如：ri）和檢定值（「－」後的變數或數值，簡稱：後，例如：4），方法如下：

1. 下限（負）、上限（正），則「差異的95%信賴區間」包含0，「前－後」很可能等於0，故接受虛無假設，所以「前」等於「後」。

2. 下限（正）、上限（正），「差異的95%信賴區間」不包含0，「前－後」很可能大於0，故拒絕虛無假設，所以「前」大於「後」。

3. 下限（負）、上限（負），「差異的95%信賴區間」不包含0，「前－後」很可能小於0，故拒絕虛無假設，所以「前」小於「後」。

▶ 結論

經進行單一樣本 t 檢定後，由表12-1的單一樣本 t 檢定表可知，t 值爲10.227，顯著性爲0.000 ＜ 0.05，故拒絕虛無假設，因此可認爲ri ≠ 4。再經由【差異的95%信賴區間】發現，0.7846 ≦ ri － 4 ≦ 1.1589，上、下限皆屬正。因此，可推論出「ri － 4 ＞ 0」，即「ri ＞ 4」，故可認爲受訪者（遊客）具有高度的重遊意願。

◆ 12-6　獨立樣本 t 檢定 ◆

獨立樣本 t 檢定（independent sample t-test）的目的在於：檢定抽樣自某兩個母體的獨立樣本，經計算兩獨立樣本的平均數後，推論原本的兩個母體之平均數是否存在顯著差異。例如：利用對遊客的抽樣調查資料，推論北部民眾和南部民眾於墾丁旅

遊之平均消費額是否具有顯著差異。再例如：利用銀行從業人員的基本資料，分析本國銀行與外資銀行之從業人員中，其平均年薪是否存在顯著差異。由於這些推論過程中，都涉及了兩個獨立群體（即從一母體中抽取的樣本和從另一母體中所抽取的另一組樣本，兩者之間沒有任何影響、不會互相干擾），且兩個獨立群體的個案數量也不一定相等。在這種情況下，根據檢定原理，須採用 t 統計量。因此，這種針對兩個獨立群體的平均數差異性檢定，一般即稱之為獨立樣本 t 檢定。

獨立樣本 t 檢定的前提假設條件是：樣本來自的母體應服從或近似服從常態分配，且兩樣本必須相互獨立。在上述的兩個例子中，遊客的平均消費額和從業人員的平均年薪都可認為是近似服從常態分配。另外，在遊客的平均消費額中，北部民眾和南部民眾的抽樣過程是相互獨立、互不影響的，故可認為是兩個獨立群體。同理，本國銀行從業人員的樣本與外資銀行從業人員的樣本也是獨立的。因此，這些問題都可滿足獨立樣本 t 檢定的前提假設條件。

12-6-1　獨立樣本 t 檢定的報表解析

由於獨立樣本 t 檢定之報表的內容相當複雜。因此，在實際進行獨立樣本 t 檢定前，我們將先來瞭解並解析獨立樣本 t 檢定報表，以利後續檢定之進行。一般而言，SPSS所輸出的獨立樣本 t 檢定報表的外觀，如圖12-2。圖12-2是「檢定男、女性血液中之血紅蛋白含量的平均數是否具有顯著差異」的獨立樣本 t 檢定報表。分析時，其過程算是有點複雜，需要一些邏輯概念。大致上，可將獨立樣本 t 檢定報表的分析過程劃分為三個階段，只要循序漸進，當可駕輕就熟。

			變異數等式的 Levene檢定		平均值等式的t檢定						
			F	顯著性	t	自由度	顯著性（雙尾）	平均值差異	標準誤差異	差異的95%信賴區間 下限	上限
第一列→	血紅蛋白質	採用相等變異數	.634	.431	3.792	38.000	.001	2.234	.589	1.042	3.427
第二列→		不採用相等變異數			3.838	37.344	.000	2.234	.582	1.055	3.413

第一階段：變異數同質檢定　　第二階段：t檢定　　第三階段：事後檢定

圖12-2　【獨立樣本 t 檢定】報表解析示意圖

> ➤ **第一階段：變異數同質性檢定**

　　這個階段將進行獨立樣本 t 檢定的前提條件檢測——兩群體變異數是否相等。由於兩群體變異數的異同會影響到 t 統計量之自由度的計算方法和 t 值的計算結果，因此，在實際進行 t 檢定之前，須先進行「變異數等式的Levene檢定」（簡稱Levene檢定）。Levene檢定時，其虛無假設為「兩群體之變異數沒有顯著差異」。Levene檢定中將使用F統計量輔助判斷兩群體的變異數是否相等，並據此決定抽樣分配之 t 統計量值與自由度的計算方法和結果。如果F值之顯著性（機率p值）小於顯著水準α（0.05），則應拒絕虛無假設，而認為兩群體變異數具有顯著的差異（即兩群體變異數不相等），此時須修正 t 檢定的自由度與 t 值；反之，如果顯著性大於顯著水準α，則不應拒絕虛無假設，因此可認為兩群體變異數是相等的。

　　在圖12-2的獨立樣本 t 檢定報表中，第一階段即屬於變異數同質性檢定，其虛無假設H_0為：「兩群體之變異數沒有顯著差異」。由圖12-2之第一階段的「變異數等式的Levene檢定」欄中，可發現Levene檢定的F統計量值為0.634，其顯著性為「0.431」大於顯著水準「0.05」。因此，不可拒絕「兩群體之變異數沒有顯著差異」的虛無假設，而應認為「兩群體的變異數是相等的」。

> ➤ **第二階段：t 檢定**

　　在第二階段中，將真正利用獨立樣本 t 檢定，以判斷兩群體的平均數是否存在顯著差異。因此，第二階段的虛無假設為「兩群體之平均數沒有顯著差異」。如果 t 值的顯著性小於顯著水準α（0.05），則應拒絕虛無假設，而認為兩群體的平均數具有顯著差異；反之，如果顯著性大於顯著水準α，則不應拒絕虛無假設，而應認為兩群體之平均數並無顯著差異。

　　在圖12-2的獨立樣本 t 檢定報表中，第二階段才是獨立樣本 t 檢定的主體。其虛無假設H_0為：「男、女性血液中之血紅蛋白含量的平均數並無顯著差異」。然而，不難發現，於第二階段的 t 檢定中，卻有兩個 t 值，即「第一列的 t 值」與「第二列的 t 值」。這兩列 t 值的選用，必須以第一階段的變異數同質性檢定之結果而定，其決策情形如下：

　　第一列的 t 值：這是當兩群體的變異數相等時，所採用的 t 值。也就是說，當第一階段之Levene檢定的「顯著性大於顯著水準」（亦即兩群體的變異數相等）時，必須採用「第一列的 t 值」。

　　第二列的 t 值：這是當兩群體的變異數不相等時，所應採用的 t 值。也就是說，

當第一階段之Levene檢定的「顯著性小於顯著水準」（亦即兩群體的變異數不相等）時，則必須採用「第二列的 t 值」。這個 t 值是因兩群體的變異數不相等而修正後所重新計算而產生的。

在圖12-2的檢定表中，由於第一階段的變異數同質性檢定中，Levene檢定的顯著性爲「0.431」大於顯著水準「0.05」，因此，可認爲「兩群體的變異數是相等的」。所以，第二階段的 t 檢定中，要看「第一列的 t 值」（至於第二列的 t 值或其他相關資料，從此於檢定過程中可完全不用理會）。第一列的 t 值爲「3.792」，其顯著性爲「0.001」小於顯著水準「0.05」。因此，可拒絕「男、女性血液中之血紅蛋白含量的平均數並無顯著差異」的虛無假設。據此可認爲，「男、女性血液中之血紅蛋白含量的平均數是具有顯著差異的」。

➤ 第三階段：事後比較

第三階段的事後比較並非每次進行獨立樣本 t 檢定都要去討論。只有在 t 值顯著（顯著性小於0.05）時，才須進行事後比較（因爲有差異才須比大小）。因爲事後比較的主要目的在於「比較兩群體之平均數的大小」，所以當接受虛無假設（不顯著）時，兩群體之平均數是相等的，因此就無須進行事後比較了。但若拒絕虛無假設（顯著）時，代表兩群體的平均數是具有顯著差異的，此時進行「事後比較」以比較出平均數的大小，才有意義。進行事後比較時，我們會使用到獨立樣本 t 檢定報表的最後一欄【差異的95%信賴區間】，在此所謂的差異，意指「男性的血紅蛋白平均數（前）－女性的血紅蛋白平均數（後）」。其大小關係之判斷方式如下：

【差異的95%信賴區間】的上、下限皆爲正數：「前」一組別的平均數「大」於「後」一組別。

【差異的95%信賴區間】的上、下限皆爲負數：「前」一組別的平均數「小」於「後」一組別。

在圖12-2的獨立樣本 t 檢定報表中，由於第二階段已確認「男、女性血液中之血紅蛋白含量的平均數是具有顯著差異的」。故必須進行事後比較，以比較男、女性之血液中的血紅蛋白含量之平均數大小。由於第三階段主要將比較男、女性血液中血紅蛋白的含量，而且男性在前、女性在後（因爲資料檔中，男性的值標籤爲1，女性爲2）。又因第一列中【差異的95%信賴區間】的上、下限皆爲正數。故由簡單的數學概念，即可得知：「男性血液中的血紅蛋白含量之平均數大於女性」。至此，即可完成獨立樣本 t 檢定的所有分析過程了。

▶ 範例12-2 開啟範例ex12-2.sav，該資料檔中包含四個變數，分別為：no（個案編號）、gender（性別，1為男性、2為女性）、age（個案年齡）與hb（血液中，血紅蛋白含量）。試檢定男、女性血液中之血紅蛋白含量的平均數是否具有顯著差異？

　　由於本範例將檢定男、女性血液中之血紅蛋白含量的平均數是否具有顯著差異。因此，很明顯的，以性別為分組變數，且將樣本分成男、女兩組，且兩樣本是獨立的。在這種情形下，獨立樣本 t 檢定正符合本研究的需求。進行檢定前，須先設定虛無假設。虛無假設建立時，有個技巧讀者一定要理解，那就是，虛無假設的實質意涵一定要有「相等」的味道。例如：虛無假設的敘述中應包含相等、沒有不同、並無不同、沒有差異、沒有顯著、不顯著……等這些語句。

　　然而在專題、博碩士論文、或期刊論文等學術性論文中，關於假設檢定的敘述與分析結果，一般都會去強調某種現象或所關注議題之「顯著」的重要性。因此，在假設的描述上，學術性論文皆不會使用「虛無假設」，而是使用「對立假設」。但是，不管假設是以「虛無假設」或以「對立假設」的方式來敘述，這些檢定過程都是一樣的。故本範例中，將同時示範使用「虛無假設」與「對立假設」的方式來進行檢定，本範例的假設如下：

依題意先設定虛無假設：

H_0：男、女性血液中之血紅蛋白含量的平均數並無顯著差異。

或 H_0：$\mu_{男} = \mu_{女}$；μ 表血液中之血紅蛋白含量的平均數。

而對立假設則為：

H_1：男、女性血液中之血紅蛋白含量的平均數具有顯著差異。

操作 步驟

　　詳細操作過程，請讀者自行參閱影音檔「ex12-2.mp4」。

▶ 報表解說

　　執行獨立樣本 t 檢定後，其輸出結果見表12-2和表12-3。首先讀者應理解，在獨立樣本 t 檢定中應包含兩種假設檢定，第一種是變異數的同質性檢定，而第二種才是

本範例的目的：獨立樣本t檢定。這兩種檢定的虛無假設分別敘述如下：

變異數同質性檢定的虛無假設（第一階段的檢定）

H_0：男、女性血液中之血紅蛋白含量的變異數並無顯著差異。

獨立樣本t檢定的虛無假設（第二階段的檢定）

H_0：男、女性血液中之血紅蛋白含量的平均數並無顯著差異。

表12-2是群組統計量表，又稱分組統計量表。該表中所列出的統計量包括：樣本數（N）、平均數、標準差和標準誤平均數。從平均數來觀察，男、女性血液中，血紅蛋白含量之平均數的差距達到2.2343 (12.8943 − 10.6600)，然此差距是否顯著仍有待科學性檢定才能確認其差距的真實性，若檢定結果是不顯著的話，那研究者還是得認為男、女性血液中之血紅蛋白含量的平均數是相等的。至於這差距到底是怎麼形成的呢？或許，就很有可能是抽樣誤差或系統性誤差所造成的。

表12-2　群組統計量表

	性別	N	平均值	標準差	標準誤平均值
血紅蛋白質	男	21	12.8943	2.05340	.44809
	女	19	10.6600	1.61986	.37162

表12-3是獨立樣本t檢定的結果，第一列的【採用相等變異數】列中，列出了當兩群體變異數相等時，進行t檢定所須應用的數據，所以當Levene檢定是不顯著時，將檢視第一列的數據。而第二列的【不採用相等變異數】列中，則列出了當兩群體變異數不相等時，進行t檢定所須應用的數據，所以當Levene檢定顯著時，將檢視第二列的數據。

表12-3　獨立樣本t檢定表

		變異數等式的Levene檢定		平均值等式的t檢定					95%差異數的信賴區間	
		F	顯著性	t	自由度	顯著性（雙尾）	平均值差異	標準誤差異	下限	上限
血紅蛋白質	採用相等變異數	.634	.431	3.792	38	.001	2.23429	.58913	1.04165	3.42692
	不採用相等變異數			3.838	37.344	.000	2.23429	.58214	1.05513	3.41344

解析表12-3時，可分為三個階段。在第一階段的變異數同質性檢定中，由於【變異數等式的Levene檢定】欄之F統計量的顯著值為0.431 > 0.05。因此，接受「男、女性血液中之血紅蛋白含量的變異數並無顯著差異」的虛無假設，故可以認為「男、女性血液中之血紅蛋白含量的變異數」是相等的。故將來進行 t 檢定時，應選擇第一列中的 t 值。

接著，進入到第二階段的獨立樣本 t 檢定時，應檢視表12-3的第一列的結果。觀察第一列的檢定結果可發現，t 檢定值為3.792、自由度為38，顯著值為0.001 < 0.05，故顯著。所以拒絕「男、女性血液中之血紅蛋白含量的平均數並無顯著差異」的虛無假設，而應認為「男、女性血液中之血紅蛋白含量的平均數是具有顯著差異的」。也就是說，男、女性血液中之血紅蛋白含量的平均數是不相等的。

最後，由於第二階段檢定的結果為「顯著」（具有顯著差異的簡稱），因此需要進入到第三階段，以進行事後檢定並比較大小。在第二階段已證明「男、女性血液中之血紅蛋白含量的平均數是不相等的」之情形下，研究者尚須探討到底是男性血液中之血紅蛋白含量高？還是女性血液中之血紅蛋白含量高？這個問題可從表12-3的最後一欄【差異的95%信賴區間】得到答案。

在表12-3中，所謂的【差異的95%信賴區間】是指男性和女性之差值（相減的結果）的95%信賴區間，由表12-3的【差異的95%信賴區間】欄可發現，「男性血液中之血紅蛋白含量平均數」減去「女性血液中之血紅蛋白含量平均數」之差值的95%信賴區間介於1.04165至3.42692之間。顯然上、下限都屬「正」，代表「男性血液中之血紅蛋白含量平均數」減「女性血液中之血紅蛋白含量平均數」後，其差值有95%的可能性會是正的。因此，由簡單的數學概念，即可推論：「男性血液中之血紅蛋白含量平均數」大於「女性血液中之血紅蛋白含量平均數」。

▶ 結論

經上述三個階段的分析後，綜合結論可以描述如下：

經進行獨立樣本 t 檢定後，檢定結果如表12-3。觀察表12-3，由Levene變異數同質性檢定的結果可知，男、女性血液中之血紅蛋白含量的變異數是沒有顯著差異的。再由 t 檢定報表來看，t 值為3.792、顯著性為0.001（< 0.05），故拒絕虛無假設，意即男、女性血液中之血紅蛋白含量的平均數也是具有顯著差異的。另經事後檢定後，亦可發現「男性血液中之血紅蛋白含量平均數」大於「女性血液中之血紅蛋白含量平均數」。

　　然而在專題、博碩士論文、或期刊論文等學術性論文中，關於假設檢定的敘述與分析結果，一般與本節的敘述會有所差異。例如：在虛無假設的描述上，學術性論文皆會強調某種現象或所關注議題之「顯著」的重要性，因此描述假設時，不會使用「虛無假設」，而是使用「對立假設」。以範例12-2而言，學術性論文中會假設成：

　　H_1：男、女性血液中之血紅蛋白含量的平均數「**具有**」顯著差異。

　　而結論的部分，則敘述如下：

　　經進行獨立樣本 t 檢定後，檢定結果如表12-3。觀察表12-3，由Levene變異數同質性檢定的結果可知，男、女性血液中之血紅蛋白含量的變異數是沒有顯著差異的。再由獨立樣本 t 檢定報表來看，t 值為3.792、顯著性為0.001（< 0.05），故本研究之假設H_1，「**獲得支持**」。另經事後檢定後，亦可發現「男性血液中之血紅蛋白含量平均數」大於「女性血液中之血紅蛋白含量平均數」。

▶ 範例12-3

開啟ex12-3.sav，該檔案為論文【旅遊動機、體驗價值與重遊意願關係之研究】之原始問卷的資料檔，試檢定30歲以下的個案（含30歲）與30歲以上的個案，對於體驗價值之整體性認知是否具有顯著差異？

　　練習本範例前，希望讀者能先參閱附錄一，論文【旅遊動機、體驗價值與重遊意願關係之研究】的原始問卷，問卷中有關「體驗價值」的問項共13題。因此，讀者須先針對這13題問項，進行橫向平均以求算出每位受訪者對「體驗價值」的整體性認知。而分組變數「年齡」問項的內容如下：

---

3. 年齡：□ 20歲以下　　□ 21～30歲　　□ 31～40歲

　　　　　□ 41～50歲　　□ 51～60歲　　□ 61歲以上

　　依題意，須將所有個案依年齡分組，而分組條件是以30歲為切割點。因此，於SPSS中執行獨立樣本 t 檢定，於【定義群組】子對話框中定義組別時，須選取【截點】（分割點）選項，然後在【截點】後方的輸入欄中輸入分割點值「3」（31～40歲的得分為3），就可把樣本以30歲為分割點而分成了30歲（含）以下與30歲以上兩組了。當然不使用分割點的方法，讀者也可使用過往所說明過的【重新編碼成不同變數】的方式來進行分組後再檢定，只不過這樣做會比較麻煩罷了。

(操)(作) 步驟

詳細操作過程，請讀者自行參閱影音檔「ex12-3.mp4」。

▶ **報表解說**

執行獨立樣本 t 檢定後，其輸出結果見表12-4和12-5。首先讀者應理解，在獨立樣本 t 檢定中應包含兩種假設檢定，第一種是變異數同質性檢定，而第二種才是本範例的目的：獨立樣本 t 檢定。這兩種檢定的虛無假設分別敘述如下：

變異數同質性檢定的虛無假設（第一階段的檢定）

H_0：30歲以上與30歲（含）以下的個案，對於「體驗價值」之整體性認知的變異數並無顯著差異。

獨立樣本 t 檢定的虛無假設（第二階段的檢定）

H_0：30歲以上與30歲（含）以下的個案，對於「體驗價值」之整體性認知的平均值並無顯著差異。

表12-4是群組統計量表，列出的統計量包括樣本數（N）、平均數、標準差和標準誤平均數。從平均數觀察，30歲以上與30歲（含）以下等兩組樣本有關「體驗價值」的認知差距只有0.0431，然此差距是否顯著仍有待檢驗。另外由自動分組的情況可知，在本檢定中30歲以上的樣本屬第一組，而30歲（含）以下的樣本則屬第二組。這個前、後關係（第一組減第二組）要特別注意，未來若須進行事後檢定時，才不至於誤判大小關係。

表12-4　群組統計量

	年齡	N	平均值	標準差	標準誤平均值
ev	>=3	172	4.8882	.79782	.06083
	<3	76	4.8451	.89385	.10253

表12-5是獨立樣本 t 檢定的結果，在【變異數等式的Levene 檢定】欄中，F統計量的顯著性為0.077 > 0.05，故可以認為30歲以上與30歲（含）以下等兩組樣本的變異數是相等的。所以進行獨立樣本 t 檢定時，應檢視第一列的檢定結果。觀察第一

列可以發現，t檢定的顯著性為0.706 > 0.05，所以不能拒絕虛無假設，而應認為30歲以上與30歲（含）以下等兩組樣本，有關「體驗價值」的整體認知之平均數是相等的。也就是說，30歲以上與30歲（含）以下等兩組樣本有關「體驗價值」的整體性認知是沒有顯著差異的。

表12-5　獨立樣本 t 檢定結果

		變異數等式的Levene檢定		平均值等式的t檢定						
		F	顯著性	t	自由度	顯著性（雙尾）	平均值差異	標準誤差異	差異的95%信賴區間	
									下限	上限
ev	採用相等變異數	3.163	.077	.377	246	.706	.04305	.11409	-.18166	.26776
	不採用相等變異數			.361	130.029	.719	.04305	.11922	-.19281	.27891

　　檢定的結果不顯著，對許多研究者來說或許是個「無情的打擊」。因此，也就有人會「想坑想縫」，企圖擅改「t值」或「顯著性」。要特別注意喔！獨立樣本 t 檢定表中的欄位，如「t值」、「自由度df」、「顯著性」、「平均數差異」、「標準誤差異」（即標準誤）、「差異的95%信賴區間」等都是連動的喔！擅自修改是很容易被抓包的。抓包方式，例如：

➢ t 值 = 平均差異值／標準誤。因此，由表12-5，只要將「平均數差異」欄位和「標準誤差異」欄位內的值相除，就很容易的可以算出 t 值。故擅自修改表12-5中的 t 值是很容易被看出破綻的。

➢ 特定的 t 值和自由度，透過查表就可找出其顯著性，故不容擅自修改。

➢ 在顯著水準為0.05時，t 值大約要大於1.96才會顯著。也就是說，t 值大約要大於1.96時，顯著性才會小於0.05。故只要檢視 t 值大小，就可以簡單的看出顯著性之數值的合理性。

➢ 當 t 值顯著時，「差異的95%信賴區間」的上、下限，不是同為正、就是同為負。由此，讀者應不難理解，平均數差異、標準誤差異、t 值、顯著性、差異的95%信賴區間等，這些欄位都是連動的，擅自修改並不容易，很容易被抓包，不可不慎。

➢ 當 t 值不顯著時，「差異的95%信賴區間」的上、下限，肯定會一正一負，包含

「0」點。

「因為行過你的路，知影你的苦！」但是，根據以上的介紹，讀者應不難理解，要改的天衣無縫，難啊！還是老實點好，免的被抓包就難看了。

▶ 結論

經上述分析後，範例12-3的綜合結論可以描述如下：

H_0：30歲以上與30歲（含）以下的個案，對於「體驗價值」之整體性認知的平均數並無顯著差異。

經進行獨立樣本 t 檢定後，檢定結果如表12-5。觀察表12-5，由Levene變異數同質性檢定的結果可知，30歲以上與30歲（含）以下的個案對於「體驗價值」之整體性認知的變異數是沒有顯著差異的。再由獨立樣本 t 檢定表來看，t 值為0.377、顯著性為0.706（> 0.05），不顯著。故不能拒絕虛無假設，意即30歲以上與30歲（含）以下的個案對於「體驗價值」之整體性認知的平均數並無顯著差異。

▶ 範例12-4

請開啟ex12-4.sav，該檔案為論文【旅遊動機、體驗價值與重遊意願關係之研究】之原始問卷的資料檔，試利用獨立樣本 t 檢定與單因子變異數分析，完成表12-6（空白表格檔案為「ex12-4.docx」），以探討各社經變數對各主構面認知的差異狀況。

表12-6　各社經變數對各主構面認知的差異性分析表 —— t/F值

構面	性別	婚姻	年齡	職業	教育	月收入
旅遊動機	2.142*	-0.721				
事後檢定	女 > 男					
推動機	2.269*	-0.582				
事後檢定	女 > 男					
拉動機	0.500	-0.422				
事後檢定						
體驗價值	0.116	0.779				
事後檢定						
投資報酬率	-0.824	1.684				

表12-6　各社經變數對各主構面認知的差異性分析表──t/F值（續）

構面	性別	婚姻	年齡	職業	教育	月收入
事後檢定						
服務優越性	0.694	-0.531				
事後檢定						
美感	0.562	1.096				
事後檢定						
趣味性	-0.077	-0.139				
事後檢定						
重遊意願	3.126*	0.562				
事後檢定	女＞男					

註：＊ P≦0.05。

　　依題意，我們將先建立虛無假設，然後才能針對各社經變數之各水準間，進行旅遊動機、體驗價值與重遊意願等認知的差異性檢定。然而在專題、博碩士論文、或期刊論文等學術性論文中，關於假設檢定的敘述與分析結果，一般會去強調某種現象或所關注議題之「顯著」的重要性。因此，在假設的描述上，學術性論文大都不會使用「虛無假設」，而是使用「對立假設」。故本範例中，亦將使用對立假設的敘述方式來進行檢定，本範例的假設如下：

H_1：遊客對旅遊動機、體驗價值與重遊意願等主構面（包含子構面）的認知，會因性別而產生顯著差異。

H_2：遊客對旅遊動機、體驗價值與重遊意願等主構面（包含子構面）的認知，會因婚姻狀況而產生顯著差異。

H_3：遊客對旅遊動機、體驗價值與重遊意願等主構面（包含子構面）的認知，會因年齡而產生顯著差異。

H_4：遊客對旅遊動機、體驗價值與重遊意願等主構面（包含子構面）的認知，會因職業而產生顯著差異。

H_5：遊客對旅遊動機、體驗價值與重遊意願等主構面（包含子構面）的認知，會因教育程度而產生顯著差異。

H_6：遊客對旅遊動機、體驗價值與重遊意願等主構面（包含子構面）的認知，會因月收入而產生顯著差異。

　　表12-6在一般的碩士論文或期刊論文中很常見，表中沒有灰色網底的儲存格須填入 t 值或F值，若顯著的話，則需要在 t 值或F值後，打上「*」號。而具灰色網底的儲存格則須填入事後比較的結果，當然若不顯著就不需要填了。

　　本範例應算簡單，只是檢定的次數較多罷了！特別再提示一點，由於原始問卷中，性別與婚姻狀況屬二分變數（水準數為2），這種二分變數只會將所有樣本依其水準值而分成兩群，例如：「性別」變數，可以將所有樣本分成獨立的兩群體，即男性一群，而女性也一群。在這種兩分群、且又獨立的情形下，故應使用獨立樣本 t 檢定來檢定群組間的差異性；而年齡、職業、教育與月收入等變數都是屬於多分組變數（水準數大於等於3），故將來應使用單因子變異數分析，進行差異性檢定。因此，在本小節中，將只針對性別與婚姻進行檢定，至於變異數分析的部分，則留待下一章再來予以檢定。

　　其次，範例論文中，「旅遊動機」構面，包含「推動機」與「拉動機」等兩個子構面，「體驗價值」構面，則包含「投資報酬率」、「服務優越性」、「美感」與「趣味性」等四個子構面；而「重遊意願」構面則為單一構面。在進行檢定之前須先求算出這些主構面與子構面的得分，然後再依序進行檢定，並在表12-6的性別與婚姻等欄位內填入 t 值與事後比較的結果。

操作 步驟

　　詳細操作過程，請讀者自行參閱影音檔「ex12-4.mp4」。

▶ 報表解說

　　經進行獨立樣本 t 檢定後，檢定結果如表12-6。觀察表12-6，性別對各構面／子構面的差異性檢定中，可發現只有「旅遊動機」、「推動機」與「重遊意願」等三個構面／子構面顯著。因為其 t 值分別為2.142、2.269與3.126，顯然 t 值絕對值都大於1.96，且顯著性亦皆小於0.05，故顯著。由此可研判，遊客的「旅遊動機」、「推動機」與「重遊意願」都會因性別而具有顯著差異。且經事後比較後可發現，女性遊客的「旅遊動機」、「推動機」與「重遊意願」皆高於男性遊客。至於其他主構面與子構面，由於其 t 值絕對值都小於1.96，顯著性亦皆大於0.05，故性別所引起的差異狀況並不顯著。雖然，上述的分析中，有些構面／子構面的認知會因遊客的性別而產生顯著的差異性，而有些構面／子構面其差異性並不顯著。但整體而言，我們仍會認為

H_1獲得支持。即，遊客對旅遊動機、體驗價值與重遊意願等主構面（包含子構面）的認知，會因性別而產生顯著差異。

　　而在婚姻狀況方面，由表12-6可發現，所有構面／子構面的 t 值絕對值都小於1.96，顯著性全部大於0.05，故全都不顯著。因此可研判，遊客對所有構面／子構面的認知並不會因婚姻狀況而有所差異。也就是說，H_2未獲支持，不成立。

12-7　成對（相依）樣本 t 檢定

　　成對（相依）樣本 t 檢定（paired samples t-test）的主要目的在於，檢定兩群成對（相依）樣本的平均數是否存在顯著差異。成對樣本 t 檢定與獨立樣本 t 檢定的主要差異在於，兩群樣本必須成對的或相依的。因此，於獨立樣本 t 檢定的實驗設計中，對於一種測量或實驗，組成成員不同的兩群體，將分別予以施測，而得到兩群獨立的樣本資料。而在成對樣本 t 檢定的實驗設計中，則是同一個組成成員的群體，在不同的狀態下，每個成員（受測者）都進行了兩次施測。例如：針對同一批受測者，課程介入前施測一次，課程介入後再施測一次，這樣就得到兩群樣本資料了，但因為是對同一批受測者施測，故兩群樣本資料會有所關聯，即相依。因此，明顯的，成對（相依）樣本的意義在於由兩群樣本所獲得的資料間具有關聯性或會互相影響。在這樣的概念下，這兩組樣本可以是對同一組受測者在「前」、「後」兩個時間點下，某屬性的兩種狀態；也可以是對某事件兩個不同側面或方向的描述。也就是說，成對（相依）樣本最大的特徵就是對「同一批受訪者」進行了重複測量，終而得到兩群相依的樣本資料。

　　例如：研究者想研究某種減肥藥是否具有顯著的減肥效果時，那麼則需要對特定肥胖人群的吃藥前與吃藥後的體重進行分析。如果我們資料蒐集時是採用獨立抽樣方式的話，由於這種抽樣方式並沒有將肥胖者本身或其環境等其他影響因素排除掉，所以分析的結果很有可能是不準確的。因此，通常要採用成對的抽樣方式，即首先從肥胖人群中隨機抽取部分志願者（實際受測者），並記錄下他們吃藥前的體重。吃藥一段時間以後，重新測量同一群肥胖志願者（同一群受測者）吃藥後的體重。這樣獲得的兩組樣本就是成對（相依）樣本。再例如：研究者想分析兩種不同促銷型態對商品銷售額是否產生顯著影響，這時即需要分別蒐集任意幾種商品在不同促銷型態下銷售額的資料。為保證研究結果的準確性，也應採用成對的抽樣方式。也就是說需要針對同一批商品，並分別記錄它們在兩種不同促銷型態下的銷售額。

由上述兩個例子，可發現成對樣本通常具有兩個主要特徵：第一，兩組樣本的構造（受訪者、樣本數）相同；第二，兩組樣本觀察值的先後順序相互對應，不能隨意更改。例如：在上述的減肥藥研究中，吃藥前與吃藥後的樣本是成對抽取的。也就是說，蒐集到的兩組資料都是針對同一批肥胖人群的。因此，吃藥前、後兩群樣本的樣本數也會相同。而且每對個案資料也都是唯一對應一個肥胖者，不能隨意改變其先後次序。

成對樣本 t 檢定就是利用兩組成對樣本的資料，對母體平均數有無顯著差異作出推論。另外，前提假設和獨立樣本 t 檢定相同，即樣本的母體應服從或近似服從常態分配。

▶ 範例12-5

某單位欲研究，飼料中「維生素E」含量與肝中「維生素A」含量的關係。於是將小白鼠按性別、體重……等指標的相似度配為八對，同一對中的兩隻小白鼠其各生理指標之相似度極高。每對中，兩隻小白鼠分別餵給「正常飼料」（飼料中含維生素E）和「缺乏維生素E的飼料」。一段期間後，測定其肝中維生素A含量（gmol/L），如表12-7。現在研究人員想探究：飼料中「維生素E」含量對小白鼠肝中「維生素A」含量有無顯著影響。（資料檔案為ex12-5.sav）

表12-7　小白鼠肝中維生素A含量表

小白鼠配對編號	小白鼠肝中維生素A含量（gmol/L）	
	正常飼料組	缺乏維生素E組
1	37.2	25.7
2	20.9	25.1
3	31.4	18.8
4	41.4	33.5
5	39.8	34.0
6	39.3	28.3
7	36.1	26.2
8	31.9	18.3

本範例中，其實也隱約的說明了小白鼠在研究中的重要性與貢獻。試想，某些實驗為了取得兩組樣本，必須針對同一組受測者進行重複測量時，兩次的測量過程中

一定需要時間間隔，否則容易產生學習、記憶效果，導致最後的分析結果產生偏誤。因此研究的時程就會拉長，這對研究人員來說，是種「不可承受之重」啊！而若能在相同的物理環境下，培養出各項生理指標都非常相似之小白鼠的話，那麼就可將指標相近的兩隻小白鼠看成是同一個受測者。據此，兩隻小白鼠可同時進行各自的實驗，然後取得兩群成對的實驗資料。顯見，這實驗過程中並沒有時間間隔，故可有效縮短研究時程。另外，由於兩隻小白鼠生理狀況近似，幾可看成是對同一個受測者重複測量，因此所取得的樣本即屬成對（相依）樣本。故本範例的實驗設計，就是依循相依樣本的概念下而進行的。

成對樣本 t 檢定於分析前，其資料的輸入方式和獨立樣本 t 檢定相異甚多。基本上，進行獨立樣本 t 檢定時，資料檔至少須包含兩個變數，即檢定變數與分組變數。然而在成對樣本 t 檢定時，資料檔雖然也至少必須包含兩個變數，然這兩個變數為「實驗前」與「實驗後」或「狀態前」與「狀態後」或「層次A」與「層次B」……等。以本例而言，此兩個變數即為「正常飼料組」與「缺乏維生素E組」。由於屬實驗性的資料，通常樣本數據會比較少。因此，建議讀者務必學會自行建檔的技巧。但若讀者為節省時間的話，也可直接開啟資料檔「ex12-5.sav」。當然進行檢定前，也須先設定虛無假設，本範例的虛無假設為：

H$_0$：小白鼠肝中維生素A含量不會因飼料不同而產生差異。

或

H$_0$：$\mu_{正常飼料組} = \mu_{缺乏維生素E組}$；$\mu$為肝中維生素A含量的平均數。

操 作 步驟

詳細操作過程，請讀者自行參閱影音檔「ex12-5.mp4」。

▶ 報表解說

表12-8說明了成對樣本的描述性統計量，從表中可以看出，變數「正常飼料組」的平均值、標準差、標準誤平均值分別為34.750、6.6485、2.3506，而變數「缺乏維生素E組」的平均值、標準差、標準誤平均值則分別為26.238、5.8206、2.0579。兩種不同的飼料，所造成的肝中維生素A含量的平均值差距達8.512。差距頗大，但是否顯著，仍須待進一步檢驗而加以確認。

表12-8　成對樣本統計量表

		平均值	N	標準差	標準誤平均值
配對1	正常飼料組	34.750	8	6.6485	2.3506
	缺乏維生素E組	26.238	8	5.8206	2.0579

　　表12-9，是成對樣本 t 檢定最重要的輸出報表，它說明了變數「正常飼料組」、「缺乏維生素E組」兩兩成對相減之差值的「平均值」、「標準差」、「標準誤平均值」分別為8.5125、5.7193、2.0221，而【差異的95%信賴區間】的上、下限分別為13.2939、3.7311。成對樣本 t 檢定之結果表明了 t 值為4.210，自由度為7，顯著性為0.004，小於0.05。因此，拒絕H_0，表示「正常飼料組」與「缺乏維生素E組」所造成的小白鼠肝中維生素A含量的差異，是具有高度顯著的統計意義的。即飼料中，有無含「維生素E」，確實會對小白鼠肝中的「維生素A含量」產生顯著性的影響。而且從「差異的95%信賴區間」一欄中可看出，由於其上、下限皆屬正，因此，可推論當飼料中「缺乏維生素E」時，小白鼠肝中「維生素A含量」將比「正常飼料組」低。

表12-9　成對樣本 t 檢定表

		成對差異					t	自由度	顯著性（雙尾）
		平均值	標準差	標準誤平均值	差異的95%信賴區間				
					下限	上限			
配對1	正常飼料組 − 缺乏維生素E組	8.5125	5.7193	2.0221	3.7311	13.2939	4.210	7	.004

▶ 結論

　　經上述分析後，綜合結論可以描述如下：

　　經進行成對樣本 t 檢定後，檢定結果如表12-9。觀察表12-9，「正常飼料組—缺乏維生素E組」的檢定 t 值為4.210、顯著性為0.004（< 0.05），顯著，故可拒絕虛無假設。意即小白鼠肝中維生素A含量會因飼料不同而產生顯著差異。另經事後檢定後，亦可發現「正常飼料組—缺乏維生素E組」之差異的95%信賴區間之下限、上限皆屬正，因此可判定：當飼料中「缺乏維生素E」時，小白鼠肝中的「維生素A含量」將比餵食「正常飼料」時低。

▶ 範例12-6

開啟ex12-6.sav，該檔案為論文【旅遊動機、體驗價值與重遊意願關係之研究】之原始問卷的資料檔，試檢驗遊客的「推動機」與「拉動機」認知，是否具有顯著差異。

　　一般而言，大部分的學術性論文大都是屬於橫斷面的研究。例如：研究者針對某一些隨機遊客進行問卷調查，以嘗試瞭解遊客對景點之推動機與拉動機的認知。由於推動機、拉動機都可代表遊客的旅遊動機（即同一個測量的兩種處理方式），且都是針對同一批受訪者，因此，在這樣的抽樣過程中，對於旅遊動機的測量而言，所獲得的推動機資料與拉動機資料應是屬於相依樣本資料。因此，如果研究者想要探討遊客對於推動機、拉動機的認知是否具有顯著差異時，那麼就須使用成對樣本 t 檢定了。

　　論文【旅遊動機、體驗價值與重遊意願關係之研究】的原始問卷中，衡量「推動機」的題項有10題、衡量「拉動機」的題項有7題，因此須先針對「推動機」的10題問項與「拉動機」的7題問項進行橫向平均，以求算出每位遊客的「推動機」與「拉動機」認知（得分）。為減少本範例之複雜度，每位遊客的「推動機」與「拉動機」認知，已計算完成，並已儲存在「ex12-6.sav」檔案中，其變數名稱分別為「tm1」與「tm2」。

　　進行檢定前，須先設定虛無假設，本範例的虛無假設為：

H_0：遊客的「推動機」與「拉動機」認知並無顯著差異。
或
H_0：$\mu_{推動機} = \mu_{拉動機}$；μ代表平均數。

操作步驟

　　詳細操作過程，請讀者自行參閱影音檔「ex12-6.mp4」。

▶ 報表解說

　　表12-10，是成對樣本 t 檢定表，檢定結果中表明 t 值為0.805，自由度為247，顯著性為0.422，大於0.05。因此，不應拒絕H_0，表示遊客的「推動機」與「拉動機」認知並不具有顯著性的差異。

表12-10　成對樣本 t 檢定表

		成對差異					t	自由度	顯著性（雙尾）
		平均值	標準差	標準誤平均值	差異的95%信賴區間				
					下限	上限			
配對1	tm1-tm2	.08531	1.66964	.10602	-.12351	.29413	.805	247	.422

▶ **結論**

由表12-10的成對樣本 t 檢定表，顯見 t 值為0.805，自由度為247，顯著性為0.422，大於0.05。因此，接受虛無假設，表示遊客的「推動機」與「拉動機」認知並不具有顯著性的差異。

習　題

練習 12-1

已知2021年高雄市籍12歲男孩平均身高為142.3，2022年測量120名12歲高雄市籍男孩之身高資料，如hw12-1.sav，試問高雄市籍的12歲男孩的平均身高，是否顯著的長高了？

練習 12-2

請開啟hw12-2.sav，這是一個有關於銀行男、女雇員之現有工資的資料表，試檢定男、女雇員現有工資是否具有顯著性的差異？

練習 12-3

有29名13歲男性的身高、體重、肺活量資料（見hw12-3.sav），試分析身高大於等於155cm與身高小於155cm的兩組男性的體重與肺活量平均數是否有顯著性的差異。

練習 12-4

10例矽肺病患者經克矽平治療前後的血紅蛋白量（g/dl）如表12-11，試問該治療過程對血紅蛋白量有無顯著的作用？（如hw12-4.sav）

表12-11　矽肺病患者經克矽平治療前後的血紅蛋白量

治療前	11.3	15.0	15.0	13.5	12.8	10.0	11.0	12.0	13.0	12.3
治療後	14.0	13.8	14.0	13.5	13.5	12.0	14.7	11.4	13.8	12.0

練習 12-5

參考附錄二中，論文「遊客體驗、旅遊意象與重遊意願關係之研究」之原始問卷，並開啟hw12-5.sav，試檢定下列項目，並於表12-12與表12-13的空格中填入t值（填入白色網底的細格中，並註明顯著與否）與事後比較結果（填入灰色網底的細格中）。

(1)對遊客體驗構面之子構面（感官體驗、情感體驗、思考體驗、行動體驗與關聯體驗）的看法，是否因性別或婚姻狀況而產生差異？

(2)對旅遊意象構面之子構面（產品、品質、服務與價格）的看法，是否因性別或婚姻狀況而產生差異？

表12-12　性別、婚姻對遊客體驗之差異性分析表──t 值

構面	性別	婚姻
感官體驗		
事後檢定		
情感體驗		
事後檢定		
思考體驗		
事後檢定		
行動體驗		
事後檢定		
關聯體驗		
事後檢定		

註：* $p \leq 0.05$，** $p \leq 0.01$，*** $p \leq 0.001$。

表12-13　性別、婚姻對旅遊意象之差異性分析表──t 值

構面	性別	婚姻
產　品		
事後檢定		
品　質		
事後檢定		
服　務		
事後檢定		
價　格		
事後檢定		

註：* $p \leq 0.05$，** $p \leq 0.01$，*** $p \leq 0.001$。

練習12-6

參考附錄二中，論文「遊客體驗、旅遊意象與重遊意願關係之研究」的原始問卷，並開啟「hw12-6.sav」，請依照每位受訪者的量表總分（共41題），進行分組。分組的原則如下：

量表總分小於第25百分位者：改稱為低分組，其數值代碼為1。

量表總分大於第75百分位者：改稱為高分組，其數值代碼為2。

試檢定高、低分組的受訪者對於遊客體驗、旅遊意象與重遊意願等構面的看法是否具有顯著性的差異？請於表12-14的空格中填入 t 值（註明顯著否）與事後比較結果。

表12-14　高、低分組的受訪者對各構面之差異性分析表──t 值

	遊客體驗（21題）		旅遊意象（15題）		重遊意願（5題）	
	t 值	事後比較	t 值	事後比較	t 值	事後比較
低分組 vs. 高分組						

註：* p≦0.05，** p≦0.01，*** p≦0.001。

練習12-7

開啟hw12-7.sav，該檔案為論文【遊客體驗、旅遊意象與重遊意願關係之研究】的原始問卷之資料檔，試檢定消費者對遊客體驗與旅遊意象的整體性認知，是否具有顯著性的差異。

第 **13** 章

單因子變異數分析

變異數分析（analysis of variance, ANOVA）是一套透過實驗獲取資料，並進行統計分析的方法。研究者透過對實驗的精心設計，使得能在有限的物質條件（時間、金錢、人力等）下，終而獲得實驗後的資料。當然，在這過程中研究者無非就是想從這些實驗資料中，以盡可能少的成本，而從中獲取最大的有用資訊。而本章中所將介紹的變異數分析，就是種能從這些實驗資料中，以盡可能少的成本，而有效的提取決策資訊的統計分析方法。

在論文研究或科學實驗中，常常要探討在不同的環境條件或處理方法下，對研究結果的影響。其結論通常都是藉由比較不同環境條件下，樣本資料的平均數差異而得到的。對於平均數之差異性檢定的方法選用上，若樣本資料有兩群體時，一般我們會使用 t 檢定；但是，若我們要檢定多個（三個以上）群體平均數間的差異是否具有統計意義時，那就得使用變異數分析了。本章中將包含下列內容：

1. 變異數分析簡介。

2. 變異數分析的基本原理。

3. 單因子變異數分析的基本概念。

4. 單因子變異數分析的基本步驟。

5. 一般線性模型簡介。

6. 關聯強度（strength of association）分析。

7. 單因子相依樣本變異數分析。

13-1　變異數分析簡介

13-1-1　從 t 檢定到變異數分析

在統計分析中，需要比較兩個群體，其平均數是否具有顯著差異時，我們通常會應用 t 檢定。例如：欲比較男性和女性的平均年薪有無差異時。t 檢定的虛無假設通常為：兩個母體的平均數之間無顯著差異。於是，我們會從母體中，抽出隨機樣本，然後計算隨機樣本的平均數以作為對母體的估計，接著再考慮抽樣誤差的條件下來進行比較，以決定接受或拒絕「無顯著差異」之假設。

但如果在研究中，同時具有多個群體時（三個以上），那麼如果還是應用 t 檢定的話，則需要兩兩加以比較，如此將顯得十分繁瑣，而且其誤差也會逐次擴大。例如：若某個實驗有四群獨立的樣本數據。那麼，如果要使用 t 檢定來進行差異性檢定時，由於每次只能比較兩群，所以必須作六次平均數的差異性檢定。若每次檢定的顯

著水準α為0.05，則決策正確的機率為0.95。因此，六次（C_2^4）檢定全部正確的機率為0.735（0.95^6）。反過來說，則整個實驗的錯誤率將達0.265（1－0.735）。由此不難發現，誤差會擴大到約有5倍（0.265/0.05）之多。因此，在這種多組別之平均數比較的情形下，我們往往會應用解析能力更為強大的變異數分析方法來取而代之。

變異數分析將提出問題的方式進行了改變，其建立假設的概念為：多個群體的平均數中，至少有一個與其他群體的平均數間存在著顯著差異。因此，其虛無假設和對立假設，分別為：

H_0：$\mu_1 = \mu_2 = \cdots = \mu_k$（所有群體的平均數，全部相等）

H_1：μ_1、μ_2、$\cdots\mu_k$不全相等（即至少有一個群體的平均數與其他群體的平均數間不相等）

假設中，μ代表群體平均數，其下標k表示分群數。

13-1-2　變異數分析簡介

通常，一件事務會被認為是很複雜的話，其內在往往有許多的因素會互相排斥，而又互相依存。例如：某農作物的產量會受到選種、施肥、水利等條件的影響；橡膠的配方中，不同的促進劑、不同分量的氧化鋅和不同的硫化時間，都會影響橡膠製品的品質。針對這些特定議題，研究者會透過反覆的實驗或觀察，從而得到一筆資料之後，總是希望能以這筆資料為基礎，來好好的分析一下：哪些因素對該特定議題有顯著影響？有顯著影響的因素中，何者效果最好？影響因素間有沒有交互作用？甚至想從這些分析中，找出特定議題的主要矛盾處。變異數分析就是一種能提供解決上述議題的一個有效的統計分析方法。

1923年，費雪（Fisher, R. A.）在一篇文章中，首先提出了「變異數分析」的概念。所以，一般而言，學者們通常都會認為：他是這一方法的創始人。之後，變異數分析成了一種非常有用的統計分析方法，應用相當廣泛。例如：最早只應用在生物學和農業實驗上，其後乃推廣又使用在眾多領域的科學性研究中。

然而，嚴格來講，「變異數分析」所分析的並不是變異數，而是在研究、拆解資料間的「變異」來源。它是在可比較的群組中，把總變異按各特定的變異來源進行分解的一種技巧。由於，通常我們會使用「離差平方和」的概念來衡量變異。因此，「變異數分析」方法就是從總離差平方和中，拆解出數個可追溯到特定來源之離差平

方和，然後再加以解析的方法。這是一個很重要的基本觀念。

　　例如：在農作物種植、成長的過程中，人們往往會積極追求低投入、高產出的生產目標。為了達成此一目標，研究人員需要對影響農作物產量的各種因素進行定量或定性的研究，並在此基礎上尋找最佳的種植組合方案。基於此，研究人員首先應廣泛分析影響農作物產量的各種因素，如品種、施肥量、地區特性……等因素。不同的影響因素對不同的農作物之影響效果顯然是不相同的。因此，對某種特定的農產品來說，有些影響因素的作用是明顯的，而另一些則不顯著。故如何從眾多的影響因素中，找到重要的且具關鍵性的影響因素是非常重要的課題。在進一步掌握了關鍵影響因素（例如：品種、施肥量等因素）後，還需要對不同等級的品種、不同水準的施肥量等進行對比分析，以探究到底是哪些品種的產量高，施肥量究竟要多少最合適，哪些品種與哪種施肥量搭配起來的效果最佳等。在這些分析研究的基礎上，研究者就可以計算出各個組合種植方案的成本和收益，並選擇最合適的種植方案。此外，在農作物種植、成長過程中，亦能對各種關鍵影響因素加以精準控制，進而最終獲得最佳的生產效果。

　　為能充分瞭解變異數分析的基本概念，建議讀者，最好能先瞭解於進行變異數分析時，所涉及的一些相關名詞：

1. 觀測變量（依變量）：在上述例子中的農作物產量等研究目的所要測量的目標值或具有「結果」性質的變量，在變異數分析中，一般就稱為是「觀測變量」（或稱依變量、觀測值、反應值，一般為連續型變量）。

2. 控制變量（自變量）：品種、施肥量等，可以由研究者所操控，且會影響「觀測變量」的因素，則稱之為「控制變量」（或稱自變量、因子、因素，一般為類別變量）。

3. 水準：控制變量的各種不同類別、水準、層次或取值等，則稱之為控制變量的不同「水準」（level）。例如：甲品種、乙品種都是屬於「品種」這個因子的兩個水準；10公斤、20公斤、30公斤的化學肥料，則是屬於「施肥量」這個因子的三個水準。

4. 處理：各種因子水準的組合則稱為「處理」（treatments）。例如：選擇甲品種並以10公斤的施肥量，進行生產。在此，「甲品種、10公斤施肥量」涉及兩個因子之水準值的組合，這就是一種處理。

　　變異數分析正是從拆解「觀測變量」（依變量）的變異著手，以研究諸多「控制變量」（因子）中，哪些「控制變量」是對「觀測變量」有顯著影響的。且這些對

「觀測變量」有顯著影響的各個「控制變量」，其不同「水準」以及各「水準」的交互搭配（處理）又是如何影響「觀測變量」的科學檢定方法。

13-2 變異數分析的基本原理

ANOVA認為，導致觀測變量值（依變數值）產生變化的原因（變異來源）有兩類：第一類是控制變量之不同水準所產生的影響；第二類是隨機因素所產生的影響。在此，所謂隨機因素是指那些人為很難控制的因素，主要是指實驗過程中所產生的抽樣誤差。因此，ANOVA的基本原理中，即認為：如果控制變量的不同水準對觀測變量值產生了顯著的影響，那麼，就可認為隨機因素的影響力，相較於控制變量之影響力而言，是小到可以忽略的。因此，觀測變量值的顯著變動主要就是因控制變量所引起的。反之，如果控制變量的不同水準沒有對觀測變量產生顯著的影響，那麼，觀測變量值的變動就不顯著。因此，若觀測變量值雖有變動但不顯著時，則可以歸因於該種變動主要是因隨機因素所導致的。

換句話說，如果觀測變量值在某控制變量的各個水準中出現了明顯的變化，則認為該控制變量是影響觀測變量的主要因子。反之，如果觀測變量值在某控制變量的各個水準中沒有出現明顯的變化，則認為該控制變量沒有對觀測變量產生重要的影響力，其資料的變化則可歸因於是抽樣誤差所造成的。一般而言，ANOVA中，總變異之變異來源，大致上可歸因於兩個方向，一為組間變異；另一為組內變異。例如：對於抽樣因素所造成的變異，一般即稱之為隨機變異或組內變異；而不同水準間，所造成的變異則稱為是組間變異。

組內變異：因為抽樣過程所造成的變異（抽樣誤差），或稱為隨機變異。該變異通常會以離差平方和來表示其大小，記作SS$_{組內}$。

組間變異：因為控制變量的不同水準所造成的變異，或稱為檢驗變異。該變異通常也會以離差平方和來表示其大小，記作SS$_{組間}$。

這些變異，都可以使用變數在各組的平均數與總平均數間的離差平方和（sum of squares of deviations，簡稱SS）來加以衡量。將SS$_{組內}$、SS$_{組間}$除以各自的自由度後，就可以得到其均方和（sum of mean squares，簡稱MS），即組間均方和MS$_{組間}$與組內均方和MS$_{組內}$。

ANOVA的基本原理是：比較組間均方和（MS$_{組間}$）與組內均方和（MS$_{組內}$）的大小，如果控制變量的不同水準沒有任何作用的話，那麼MS$_{組間}$和MS$_{組內}$會相等（即

MS$_{組間}$/MS$_{組內}$ = 1）；但若考慮到存在抽樣誤差時，則MS$_{組間}$/MS$_{組內}$會幾乎等於1。此外，如果控制變量的不同水準確實有顯著作用的話，則MS$_{組間}$會遠遠大於MS$_{組內}$（即MS$_{組間}$ >> MS$_{組內}$，即MS$_{組間}$/MS$_{組內}$ >> 1）。此外，根據統計理論，MS$_{組間}$/MS$_{組內}$的比值可構成F分配，於是就可用F統計量值與代表顯著與否的臨界值做比較，並據以推斷各控制變量對觀測變量的影響力是否顯著。所以，ANOVA也有人簡稱之為「F檢定」。

◆ 13-3　單因子變異數分析的基本概念 ◆

　　單因子變異數分析（one way ANOVA）是種只存在一個控制變量（因子）的變異數分析。單因子變異數分析將檢定在「單一」控制變量的「各種」不同水準影響下，某觀測變量的平均數是否產生顯著性的變化。如果「各種」不同水準間的觀測值具有顯著變化，則表示這個控制變量對觀測變量是有顯著影響的，也就是說，控制變量的不同水準會影響到觀測變量的取值。

　　例如：某廠商所生產的各種球鞋中，其所使用的腳底板之材質，大致上可分為五種類型。現欲比較這五種腳底板型號，其耐磨情況。變數「Model」代表該廠商之球鞋的腳底板型號（控制變量），變數「Wcnt」為樣品的磨損量（觀測變量）。顯見，該廠商之球鞋的腳底板型號共有五個水準。測試耐磨程度時，每種實驗測試了四個樣品。我們希望知道這五種腳底板之磨損量間，是否具有顯著差異。如果沒有顯著差異的話，那麼我們在選購該廠商之球鞋時，就不必特別去考慮哪一種腳底板型號更耐磨，而只需考慮價格等因素就可以了。但如果結果是有顯著差異時，則當然應考慮使用耐磨性較好的球鞋型號。在此，控制變量是腳底板型號（Model），而觀測變量為磨損量（Wcnt）。當該各種腳底板型號的磨損量有顯著差異時，就表示控制變量的取值（水準）對觀測變量值有顯著的影響。所以，變異數分析的結論是控制變量（腳底板型號）對觀測變量（磨損量）具有顯著的影響力。在這個例子中，因為控制變量只有一個，所以這種變異數分析就稱為是單因子變異數分析。

　　需要注意的是，傳統的單因子變異數分析只判斷控制變量的各水準間有無顯著差異，而不管某兩個水準之間是否有差異。比如說，我們的五個腳底板型號中，即使有四個是沒有顯著差異的，而只有一個腳底板型號明顯的比這四個都好，作結論時，也必須說成：球鞋鞋底的耐磨性會因腳底板型號而產生顯著的差異。再例如：研究者欲分析不同施肥量是否導致農作物產量產生顯著的變化、調查學歷對年收入的影響、促

銷型態是否會影響銷售額等。明顯的，這些問題都只是探討一個控制變量（施肥量、學歷、促銷型態）對觀測變量（產量、年收入、銷售額）的影響。因此，只要這個控制變量的水準數在「大於等於3」的情形下，則都是屬於單因子變異數分析的相關問題。

在單因子變異數分析中，會把觀測變量的變異數分解為由控制變量之各水準所能夠解釋的部分和剩餘之不能解釋的部分。然後比較這兩部分，當「能被解釋的部分」明顯大於「不能解釋的部分」時，則就可認為控制變量的影響效果是顯著的。

進行單因子變異數分析時，也有一些前提假設，這些前提假設諸如：

1. 各水準下的觀測變量間是彼此獨立的。
2. 觀測變量應服從或近似於常態分配。
3. 由控制變量各水準所分成的各分組間，其變異數必須相等。

唯有在這些前提假設都滿足時，才可以進行本節中所論及的單因子變異數分析。

一般而言，進行單因子變異數分析時，研究者須先具備以下的概念：

一、確認觀測變量和控制變量

進行單因子變異數分析時，首先研究者必須清楚的確認出「觀測變量」（依變量，連續變量）和「控制變量」（自變量，類別變量）。例如：上述各問題中的控制變量分別為施肥量、學歷、促銷型態；而觀測變量則分別為農作物產量、年收入、銷售額。

二、分解觀測變量的變異

進行單因子變異數分析時的第二個基本概念是：分解觀測變量的變異。變異數分析的基本概念為，觀測變量的值，之所以會產生變動，主要有兩個原因，一為控制變量的變化，另一為隨機因素的影響。基於此，如13-2節所述，可將觀測變量之變異（總離差平方和）分解為組間變異（組間離差平方和）與誤差（組內離差平方和）等兩個部分，一般數學的表達方式如下：

$$SST = SSA + SSE \qquad\qquad (\text{式}13\text{-}1)$$

其中，SST為觀測變量的總離差平方和（總變異）；SSA為組間離差平方和，這是由控制變量之不同水準所造成的離差（各水準之觀測變量值和總平均數間的差

異）；SSE爲組內離差平方和，是由抽樣誤差引起的離差（隨機誤差）。觀測變量的總離差平方和（SST）的數學定義爲：

$$SST = \sum_{i=1}^{k} \sum_{j=1}^{n_i} (x_{ij} - \bar{x})^2 \qquad （式13-2）$$

式13-2中，k爲控制變量的水準數；x_{ij}爲控制變量的第 i 個水準下之第 j 個觀察值；n_i爲控制變量的第 i 個水準下之觀測變量值的個數，$\bar{x}$ 爲觀測變量值的總平均數。而組間離差平方和（SSA）的數學定義爲：

$$SSA = \sum_{i=1}^{k} n_i (\bar{x}_i - \bar{x})^2 \qquad （式13-3）$$

式13-3中，$\bar{x}_i$ 爲控制變量第 i 水準下所產生之觀測變量的樣本平均數。明顯可以看出，組間離差平方和的意義爲各水準組下，觀測變量的平均數與觀測變量總平均數之離差的平方和，這代表了控制變量的不同水準對觀測變量的影響。最後，組內離差平方和（SSE）的數學定義爲：

$$SSE = \sum_{i=1}^{k} \sum_{j=1}^{n_i} (x_{ij} - \bar{x}_i)^2 \qquad （式13-4）$$

式13-4說明了，所謂組內離差平方和的意義，即代表著每個觀察值資料與其所屬之水準平均數的離差平方和，而這也代表了抽樣誤差之變異。

三、比較組間離差平方和、組內離差平方和分別佔總離差平方和之比例

單因子變異數分析的最後一個基本概念是比較「組間離差平方和」、「組內離差平方和」分別佔「總離差平方和」之比例，進而推論控制變量是否確實導致觀測變量產生顯著的變化。在觀測變量的總離差平方和中，如果組間離差平方和所佔的比例較大，則可推論觀測變量的變動主要是由控制變量所引起的。也就是說，觀測變量的變化主要可以由控制變量來解釋，且控制變量給觀測變量帶來了顯著的影響；反之，如果組間離差平方和所佔的比例較小時，則說明觀測變量的變化主要不是由控制變量所引起的，因此不可以由控制變量來解釋觀測變量的變化。也就是說，控制變量沒有給觀測變量帶來顯著的影響。因此，觀測變量值的變動可能是由隨機抽樣因素所引起的。在此，也可藉由「組間離差平方和」／「組內離差平方和」的比值來觀察控制變

量的影響力是否顯著。若該比值遠大於1，那麼就代表控制變量的影響力是顯著的。其實，就統計原理來說，若再考量各自的自由度後，該比值所代表的意義，其實就是檢定統計量F值。

13-4 單因子變異數分析的基本步驟

單因子變異數分析問題也屬於推論統計中的假設檢定問題，其基本步驟與先前的卡方檢定或 t 檢定之過程完全一致，只是使用的檢定統計量（F統計量）不同罷了。

步驟1：設定虛無假設

單因子變異數分析的虛無假設H_0為：在控制變量的不同水準下，觀測變量之平均數沒有顯著差異，記為：

$H_0：\mu_1 = \mu_2 = \cdots = \mu_k$

$H_1：\mu_1 \cdot \mu_2 \cdot \cdots \mu_k$不全相等 （式13-5）

式13-5中，μ代表平均數，其下標k表示控制變量的水準數。

此虛無假設即意味著：控制變量之不同水準並沒有對觀測變量產生顯著的影響，即不同水準下的觀測變量平均數，全部都相等。

步驟2：選擇檢定統計量

變異數分析所使用的檢定統計量是F統計量，其數學定義為：

$$F = \frac{SSA/(k-1)}{SSE/(n-k)} = \frac{MSA}{MSE}$$ （式13-6）

其中，n為總樣本數，k為控制變量之水準數，$k-1$和$n-k$分別為SSA和SSE的自由度；MSA是組間均方和，MSE是組內均方和。不使用離差平方和，而特別使用均方和的目的，就在於想要去消除水準數和樣本數對分析所帶來的影響。由此定義可明顯的看出，F統計量其實就是在分解觀測變量之變異的概念下，衡量組間離差平方和與組內離差平方和所佔的相對比例。且F統計量為服從 $(k-1, n-k)$ 個自由度的F分配。

步驟3：計算檢定統計量的值和機率p值

此步驟的目的在於：計算檢定統計量的值和其所相對應的顯著性（機率p值）。執行單因子變異數分析時，SPSS會自動將相關資料代入F統計量中，以計算出F統計量的值和其所相對應的顯著性。讀者應該可以很容易的理解，如果控制變量對觀測變量造成了顯著影響，那麼觀測變量的總離差中，控制變量影響所佔的比例相對於隨機因素必然較大，所以F值會顯著大於1（顯著性小於α）；反之，如果控制變量沒有對觀測變量造成顯著影響的話，則觀測變量的離差應可歸因於隨機因素所造成的，故F值會接近於1（顯著性大於α）。

步驟4：制定顯著水準α，並作出決策

根據研究者所制定的顯著水準α（一般定為0.05），然後與檢定統計量的顯著性作比較。如果顯著性小於顯著水準α，則「應拒絕」虛無假設，所以將認為在控制變量的各個不同水準下，觀測變量的平均數會存在顯著差異。意即，控制變量的不同水準確實會對觀測變量產生了顯著影響；反之，如果顯著性大於顯著性水準α時，則「不應拒絕」虛無假設，而應認為在控制變量之各個不同水準下，觀測變量的平均數並無顯著差異。意即，控制變量的不同水準對觀測變量沒有產生顯著影響。

13-5　單因子變異數分析範例

▶ 範例13-1

某燈泡廠使用了四種不同材質的燈絲，而生產了四批燈泡。現於每批燈泡中，隨機抽取了若干個，以檢測其使用壽命（單位：小時），所得資料列於表13-1中。現在想知道，對於這四種燈絲所生產的燈泡，其使用壽命有無顯著差異。（資料檔案為ex13-1.sav）

表13-1　燈泡使用壽命

燈絲＼燈泡	1	2	3	4	5	6	7	8
甲	1600	1610	1650	1680	1700	1700	1780	
乙	1500	1540	1400	1600	1550			

表13-1　燈泡使用壽命（續）

燈絲＼燈泡	1	2	3	4	5	6	7	8
丙	1640	1550	1600	1620	1640	1600	1740	1800
丁	1510	1520	1530	1570	1640	1680		

在本範例中，實驗的總樣本數有二十六個。明顯的，會影響燈泡之使用壽命的因素只有一個，即燈絲的材質（有四種水準）。而欲比較平均使用壽命的燈泡有四種（超過3），故未來分析時可使用單因子變異數分析。在此情形下，可設燈泡的使用壽命為觀測變量（依變數），而燈絲的材質為控制變量（因子），四種材質即為四個水準。

進行檢定的目的在於，如果這四種材質的燈絲，其所製成的燈泡之使用壽命沒有顯著差異的話，則燈泡廠未來可以從中挑選一種既經濟又取用方便的燈絲來生產燈泡即可；但如果這四種材質的燈絲，其所製成的燈泡之使用壽命存在顯著差異時，則希望能從中挑選出使用壽命較長的燈絲，以提高燈泡品質。

此檢定的虛無假設為：四種不同材質的燈絲，其所製成的燈泡之使用壽命沒有顯著差異。

記為：

H_0：燈絲材質不會影響燈泡的平均使用壽命。
或
H_0：$\mu_{甲} = \mu_{乙} = \mu_{丙} = \mu_{丁}$；$\mu$代表燈泡使用壽命的平均數。

操 作 步驟

本題須先由研究者自行建立資料檔。為單因子變異數分析建立資料檔時，基本上須至少包含兩個欄位，一為控制變數（自變數，在本例為燈絲材質）、另一為觀測變數（依變數，在本例為燈泡的使用壽命）。控制變數的值即為其各水準的代表值（例如：1為甲燈絲、2為乙燈絲、3為丙燈絲、4為丁燈絲），故控制變數亦常被當作是分組變數（類別變數）；而觀測變數的值即為實驗過程所獲得的觀察值（燈泡的使用壽命）。

詳細操作過程與報表解說，請讀者自行參閱影音檔「ex13-1.mp4」。

▶ 報表解說

執行【單因數變異數分析】（即，單因子變異數分析，這是SPSS中文翻譯所造成的偏差）功能後，所產生的報表相當長。但讀者可針對較重要的三個表格來進行解釋即可。這三個報表分別為「變異數分析表」、「變異數同質性檢定表」與「事後檢定表」。而檢視這些表格時也有一定的邏輯，首先須觀察「變異數分析表」，若由「變異數分析表」顯示不顯著，則無須進行事後檢定（即，比較各水準之使用壽命大小）。因此，就不用再看「變異數同質性檢定表」與「事後檢定表」了。但是，若「變異數分析表」顯示顯著，這時就須進行事後檢定，但檢定前須觀察「變異數同質性檢定表」，因為若「變異數同質性檢定表」顯示不顯著時（顯著性大於0.05），則研究者只能使用屬於【假設相等的變異】中的檢定方法進行事後比較（本例題中，使用Scheffe法，亦稱雪費檢定），否則就應該使用屬於【未假設相等的變異】中的檢定方法進行事後比較（本例題中，使用Tamhane's T2檢定）。

（一）變異數分析表

表13-2就是輸出報表中的變異數分析表，該表各部分說明如下：

表13-2　變異數分析表

	平方和	自由度	均方	F	顯著性
群組之間	90299.533	3	30099.844	5.685	.005
群組內	116488.929	22	5294.951		
總計	206788.462	25			

第一欄：指出了變異來源，包含組間變異（群組之間）、組內變異（群組內）與總變異（總計）。

第二欄【平方和】：代表離差平方和。因此，組間離差平方和為90299.533，組內離差平方和為116488.929，總離差平方和為206788.462，它是組間離差平方和與組內離差平方和相加而得。

第三欄【自由度】：代表各變異來源的自由度（degree of freedom, df），組間自由度為3（水準數 − 1）、組內自由度為22（總樣本數 − 水準數 − 1）、總自由度為25（總樣本數 − 1）。

第四欄【均方】：代表均方和（sum of mean squares，簡稱MS），即離差平方和除以自由度。因此，組間均方和是30099.844，組內均方和是5294.951。

第五欄【F】：代表F統計量，這是F統計量的值，其計算公式為「組間均方和」除以「組內均方和」，用來檢定控制變量對觀測變量影響程度之顯著性。如果不顯著，則表示控制變量對觀測變量的變化沒有解釋能力。在本範例中F值為5.685。

第六欄【顯著性】：代表機率p值，這是F統計量的機率p值，即當F值為5.685，自由度為（3, 22）時的機率值，經查F統計量表，該機率值為0.005，此機率值亦稱為機率p值或顯著性。

由表13-2可知，由於顯著性0.005小於0.05，所以拒絕虛無假設。因此，可認為四種燈絲所生產的燈泡，其平均使用壽命具有顯著差異。也就是說，燈泡的平均使用壽命確實會受到燈絲材質的影響。

（二）變異數同質性檢定表

由上述表13-2的變異數分析表之結論可知，燈絲的材質會顯著影響燈泡的平均使用壽命。也就是說，由四種燈絲所做成的燈泡，其平均使用壽命不全相等。在這種情形下，研究者應進行事後檢定，以確認各種燈絲之平均使用壽命的差異狀況。由於事後檢定的方法將依照「有、無假設相等的變異數」而分成兩類。因此，研究者必先釐清到底各燈絲材質的燈泡樣本，其使用壽命的變異數是否同質（相等）。故須先進行變異數同質性檢定。變異數同質性檢定的虛無假設為：各燈絲材質的燈泡之使用壽命的變異數相等，記為：

$H_0：\sigma_{甲}^2 = \sigma_{乙}^2 = \sigma_{丙}^2 = \sigma_{丁}^2；\sigma^2$ 代表燈泡使用壽命的變異數。

表13-3　變異數同質性檢定表

		Levene統計量	自由度1	自由度2	顯著性
使用壽命	根據平均數	.149	3	22	.929
	根據中位數	.066	3	22	.977
	根據中位數，且含調整的自由度	.066	3	19.682	.977
	根據修整的平均數	.110	3	22	.953

表13-3為變異數同質性檢定之結果，這個表只要觀察「根據平均數」的Levene統計量即可。Levene統計量為0.149，其顯著性0.929大於0.05。因此不能拒絕虛無假設，即應認為各燈絲材質的燈泡之平均使用壽命的變異數是相等的。

（三）事後檢定

進行變異數同質性檢定後，即可開始進行事後比較。由於各燈絲材質的燈泡之平均使用壽命的變異數相等，因此，進行事後檢定時，我們只須看【假設相等的變異】中的【Scheffe法】的檢定結果就可。事後檢定中，Scheffe法的檢定結果將會以兩種不同型態的報表呈現，一為「多重比較表」，另一為「同質子集」。

1. 多重比較表

首先觀察多重比較表，如表13-4。這個表格很長，分成兩部分，上半部屬Scheffe法，下半部則屬Tamhane's T2檢定。由於已確認變異數具同質性，故事後檢定時將採用Scheffe法，至於下半部的Tamhane's T2檢定在此可以完全不予理會。

表13-4　多重比較表

	(I)燈絲	(J)燈絲	平均值差異（I-J）	標準誤	顯著性	95%信賴區間 下限	95%信賴區間 上限
Scheffe法	甲	乙	156.286*	42.608	.013	27.42	285.15
		丙	25.536	37.660	.926	-88.37	139.44
		丁	99.286	40.483	.413	-23.16	221.73
	乙	甲	-156.286*	42.608	.013	-285.15	-27.42
		丙	-130.750*	41.483	.039	-256.21	-5.29
		丁	-57.000	44.062	.648	-190.26	76.26
	丙	甲	-25.536	37.660	.926	-139.44	88.37
		乙	130.750*	41.483	.039	5.29	256.21
		丁	73.750	39.298	.342	-45.11	192.61
	丁	甲	-99.286	40.483	.143	-221.73	23.16
		乙	57.000	44.062	.648	-76.26	190.26
		丙	-73.750	39.298	.342	-192.61	45.11
Tamhane	甲	乙	156.286*	40.819	.033	12.64	299.93
		丙	25.536	37.093	.985	-89.67	140.74

表13-4 多重比較表（續）

(I)燈絲	(J)燈絲	平均值差異（I-J）	標準誤	顯著性	95%信賴區間	
					下限	上限
Tamhane	丁	99.286	36.885	.127	-20.79	219.36
乙	甲	-156.286*	40.819	.033	-299.93	-12.64
	丙	-130.750	44.246	.090	-278.03	16.53
	丁	-57.000	44.072	.792	-207.57	93.57
丙	甲	-25.536	37.093	.985	-140.74	89.67
	乙	130.750	44.246	.090	-16.53	278.03
	丁	73.750	40.645	.452	-54.55	202.05
丁	甲	-99.286	36.885	.127	-219.36	20.79
	乙	57.000	44.072	.792	-93.57	207.57
	丙	-73.750	40.645	.452	-202.05	54.55

在Scheffe法中，四種燈泡輪流兩兩比較並檢定，因此共進行了十二次（$C_2^4 \times 2$ = 12）比較並檢定。研究者須逐次觀察，才能比較出四種燈泡之使用壽命的大小關係。首先，不顯著的部分可認為沒有差異（即相等），可跳過不理。讀者只須看表13-4的第二欄「平均值差異（I-J）」具顯著差異（有*號）的部分即可，具顯著差異的狀況可彙整如下：

「甲-乙」屬正且顯著，因此可推論「甲＞乙」；

「乙-甲」屬負且顯著，因此可推論「乙＜甲」；與前一結論一致。

「乙-丙」屬負且顯著，因此可推論「乙＜丙」；

「丙-乙」屬正且顯著，因此可推論「丙＞乙」；與前一結論一致。

由上述四條不等式可歸納出，「甲＞乙」且「丙＞乙」，又因甲與丙之差異不顯著，因此可認為「甲＝丙」，故最後的總結為「甲＝丙＞乙」，或記為「甲、丙＞乙」。而丁則因資訊不足，地位模糊，不予比較。

2. 同質子集

利用多重比較表的方式進行事後檢定，真是件苦差事。其實有更簡單的方法，那就是使用同質子集，如表13-5。同質子集中，會將不同水準下的觀測變量平均數分成數個新組別，根據新分組狀況，就可判斷各水準的差異狀況了。

表13-5　同質子集

	燈絲	N	$\alpha = 0.05$的子集 1	$\alpha = 0.05$的子集 2
Scheffe法	乙	5	1518.00	
	丁	6	1575.00	1575.00
	丙	8		1648.75
	甲	7		1674.29
	顯著性		.595	.150

新組別編號

同質子集表怎麼看呢？方法很簡單，掌握下列三個原則即可：

(1)新組別中，屬同組的話，則差異不顯著，不同組別則差異顯著。

(2)新組別中，組別編號越大，其平均數越大。

(3)新組別中，橫跨兩組以上的項目不予比較。

只要能掌握此三個原則，那麼當可輕而易舉的完成事後檢定工作。

觀察表13-5，丁橫跨兩組，地位模糊，因此不納入比較。第二組中，去掉丁後，有甲和丙，因此可認為甲、丙無差異，即甲、丙相等。第一組丁不考慮後，只剩乙。又因第二組的平均數大於第一組。因此，可以容易的得出結論「甲＝丙＞乙」，或記為「甲、丙＞乙」。此結論與使用多重比較表的結果一致，但同質子集的比較過程較為簡捷。

▶ 結論

經單因子變異數分析後，由於F值為5.685、顯著性0.005小於0.05，所以須拒絕虛無假設。也就是說，由四種燈絲所生產的燈泡，其平均使用壽命具有顯著差異。因此，燈泡的平均使用壽命會受到燈絲材質的影響。在這種有顯著差異的情形下，進行事後比較後可發現，使用甲與丙燈絲所生產的燈泡，其平均使用壽命顯著的大於乙燈絲所生產的燈泡。因此，建議生產廠商可考慮使用甲或丙燈絲生產燈泡（注意！甲燈絲、丙燈絲沒有顯著差異喔！），以提高燈泡的平均使用壽命。至於選用甲或丙燈絲何者為佳，則須再視其取用成本、取用方便性或供貨穩定性等其他因素來進行決策。

▶ 範例13-2　請開啟ex13-2.sav，該檔案為論文【旅遊動機、體驗價值與重遊意願關係之研究】之原始問卷的資料檔，試利用獨立樣本 t 檢定與單因子變異數分析，完成表13-6（空白表格的檔案名稱為「ex13-2.docx」），以探討各社經變數對各主構面認知的差異狀況。

表13-6　各社經變數對各主構面認知的差異性分析表──t/F值

構面	性別	婚姻	年齡	職業	教育	月收入
旅遊動機	2.142*	-0.721	0.703	0.977	0.198	1.417
事後檢定	女＞男					
推動機	2.269*	-0.582	1.327	1.383	0.334	1.239
事後檢定	女＞男					
拉動機	0.500	-0.422	0.287	0.206	1.543	0.682
事後檢定						
體驗價值	0.116	0.779	0.717	0.359	0.828	1.082
事後檢定						
投資報酬率	-0.824	1.684	0.894	0.451	1.107	0.752
事後檢定						
服務優越性	0.694	-0.531	0.418	0.502	2.074	0.455
事後檢定						
美感	0.562	1.096	0.958	1.084	1.567	0.499
事後檢定						
趣味性	-0.077	-0.139	0.316	0.256	0.581	1.241
事後檢定						
重遊意願	3.126*	0.562	1.898	0.471	1.243	0.561
事後檢定	女＞男					

註：* $P \leq 0.05$。

依題意，我們將建立假設為（論文中，須寫對立假設）：

H_1：遊客對旅遊動機、體驗價值與重遊意願等主構面（包含子構面）的認知，會因性別而產生顯著差異。

H_2：遊客對旅遊動機、體驗價值與重遊意願等主構面（包含子構面）的認知，會因婚姻狀況而產生顯著差異。

H_3：遊客對旅遊動機、體驗價值與重遊意願等主構面（包含子構面）的認知，會因年齡而產生顯著差異。

H_4：遊客對旅遊動機、體驗價值與重遊意願等主構面（包含子構面）的認知，會因職業而產生顯著差異。

H$_5$：遊客對旅遊動機、體驗價值與重遊意願等主構面（包含子構面）的認知，會因教育程度而產生顯著差異。

H$_6$：遊客對旅遊動機、體驗價值與重遊意願等主構面（包含子構面）的認知，會因月收入而產生顯著差異。

在範例12-4中，我們已經使用獨立樣本 t 檢定，完成了性別與婚姻狀況的差異性檢定。但由於，年齡、職業、教育、月收入等變數都具有三個以上的水準，因此進行差異性檢定時，我們將使用單因子變異數分析。當然這個過程是相當繁雜的，讀者必須有耐心的去完成它。

操作步驟

詳細操作過程，請讀者自行參閱影音檔「ex13-2.mp4」。

▶報表解說

經進行獨立樣本 t 檢定與變異數分析後，檢定結果如表13-6。有關性別與婚姻狀況的差異性檢定，已於範例12-4完成。故在本範例中，將只關注年齡、職業、教育、月收入等變數的差異性檢定。這些變數都具有三個以上的水準。因此，進行差異性檢定時，將使用單因子變異數分析來進行檢定。

觀察表13-6可發現，在年齡、職業、教育、月收入等變數的差異性檢定方面，所有的F值都偏小，而且顯著性皆大於0.05，故H$_3$至H$_6$皆不獲得支持。代表各主／子構面的認知，不會因年齡、職業、教育、月收入等變數而產生差異。

◆◆ 13-6 一般線性模型簡介 ◆◆

平均數的差異性檢定為常見的統計分析方法，在本書的第12章與本章的第13-1節至第13-5節，都曾利用SPSS的【比較平均數】功能所提供的【t檢定】與【單因數變異數分析】來檢定兩組或多組樣本的平均數差異。在本小節中，我們將介紹SPSS的另一個可用以進行檢定的功能——【一般線性模型】。

一般線性模型（general linear model, GLM）具有非常強大的統計分析能力，它包含了單因子、多因子變異數分析（ANOVA）、多變量變異數分析（multivariate analysis of variance, MANOVA）、共變數分析（analysis of covariance, ANCOVA）、

重複測量變異數分析（repeated measure ANOVA）、迴歸分析（regression analysis）、相關分析等統計分析技術。一般線性模型可以使用下列的數學模型加以表達：

$$Y_i = b_0 + b_1X_{i1} + b_2X_{i2} + \cdots + b_pX_{ip} + e_i, \qquad e_i \sim N(0, \sigma^2) \qquad \text{（式13-7）}$$

在一般線性模型中，觀測變量Y（依變量）一定只有一個，而且必須是區間尺度的變數，但是控制變量X（自變量）則可以有好幾個。且隨著控制變量的狀況不同，可以衍生出許多統計模型，諸如：

➤ 如果自變量（控制變量）為區間尺度，只有一個，而且是一次方（線性）的話，則稱為簡單線性迴歸。

➤ 如果自變量為區間尺度，有好幾個，而且都是一次方，則稱為是多元迴歸。

➤ 如果自變量為區間尺度，但自變量是多次方的，則稱為是多項式迴歸。

➤ 如果自變量全都是名義尺度的變量，就稱為是變異數分析。

➤ 如果自變量中有的是名義尺度的變量、有的是區間尺度的變量，就稱為是共變數分析。

在SPSS中的【一般線性模型】功能中，包含四個子功能，分別為：【單變異數】、【多變異數】、【重複量數】與【變異成分】。這些功能中，以【單變異數】功能最為常用。【單變異數】功能可以對「一個」依變數進行迴歸分析與變異數分析，並檢定單一依變數受其他一個或多個因子變數的影響，且可探討因子間的交互作用及個別因子的主效用（林震岩，2006）。

13-7　關聯強度（strength of association）分析

在範例13-1中，我們使用【比較平均數】法中的【單因數變異數分析】功能來進行檢定。對於這種屬單因子的簡單變異數分析，也可以使用較複雜的【一般線性模型】來進行檢定。利用【一般線性模型】進行檢定的好處是：可以得到一些檢定時的額外資訊。例如：檢定力、關聯強度……等。

在變異數分析中，我們使用F統計量，從機率理論的觀點來進行檢定，以說明因子變數的統計顯著性（statistical significance）。也就是說，使用機率理論來檢驗因子效果相對於隨機效果（抽樣誤差）的統計意義。然而，在這嚴謹的分析過程中，縱使因子效果具有顯著的統計意義。但是我們仍不免會質疑，在真實的世界中，這

些因子效果在實務上是否仍具意義與價值。而這就屬於所謂實務顯著性（practical significance）或稱臨床顯著性（clinical significance）所關注的問題了。

　　舉個例子：醫學研究上，某研究者想比較兩種療法的效果，於是開始進行抽樣設計，經整理回收的樣本資料後，得到：

　　A法：$\mu_A = 0.55$　　B法：$\mu_B = 0.51$

　　同時，在樣本夠大、顯著水準為0.05的情況下，經檢定發現這兩種療法確實「具有顯著差異」。雖然這是一個令人滿意的檢定結果，但是這個顯著差異，即使研究者未加以說明，在一般情況下，我們大概也不會認為「這個顯著差異」確實具有實質的意義。因為A法只比B法高出四個百分點（0.04）。但是，上述問題如果是0.01對0.05的效果比較（雖然也是差距四個百分點，但後者是前者的5倍），或許這就是一個值得重視的差距了。從這樣的觀點來看的話，0.55 vs. 0.51，可能就沒什麼意義了！而這現象就說明了：「雖然這兩種療法的效果差異已達統計顯著性，但或許並不具有實務的顯著性。」

　　在變異數分析中，我們常用一些關聯強度統計量來評估因子效果的實務顯著性，這些關聯強度統計量諸如ω^2（omega squared）、η^2（eta squared）、檢定力（power）……等。在SPSS的【一般線性模型】功能中，都有提供這些統計量的相關資訊。

（一）ω^2統計量

　　ω^2的角色類似於迴歸分析中的決定係數R^2（coefficient of determination），它可用來說明因子效果的實務意義。ω^2值的計算公式為組間變異／總變異。因此其所蘊含的意義為：依變數的變異量可以由因子變數所解釋的百分比，而此百分比也可以代表著因子變數與依變數間的關聯強度（邱皓政，2005）。

　　在ω^2的解釋與運用上，Cohen（1988）提出了如表13-7的判斷準則。執行SPSS的【一般線性模型】後，在變異數分析報表（受試者間效應項檢定表）的下方，可以顯示出「調整的R平方」，此即ω^2值。若$0.01 \leq \omega^2 < 0.059$，則表示因子（自）變數與依變數間的關聯強度低。因此，因子效果的實務意義也就較低。而若$\omega^2 \geq 0.138$，則表示因子（自）變數與依變數間的關聯強度高。因此，因子效果的實務意義也就較高。

表13-7　關聯性判斷準則

ω^2值	關聯性
$0.01 \leqq \omega^2 < 0.059$	低度關聯性
$0.059 \leqq \omega^2 < 0.138$	中度關聯性
$0.138 \leqq \omega^2$	高度關聯性

（二）η^2統計量

η^2統計量也是一種常用來表示因子變數對依變數之解釋能力的統計量。η^2值計算公式為組間離差平方和／總離差平方和。所以從計算公式來看，η^2就是迴歸分析中的決定係數R^2。執行SPSS的【一般線性模型】後，在變異數分析報表（受試者間效應項檢定表，如表13-8）中可以直接顯示出「淨η^2」（partial eta squared, partial η^2）值，此值即代表著因子變數與依變數間的關聯強度。根據Cohen（1988）對「淨η^2」值的判斷準則（與ω^2相同，如表13-7），即可評估因子變數與依變數間的關聯強度。

（三）檢定力

簡單來說，檢定力是指當因子變數確實有顯著效果的時候，檢定過程中也能確實偵測到這個效果的機率。換言之，檢定力的意義是指當事實上是要拒絕虛無假設的，而檢定後眞的拒絕虛無假設的機率。再換個方式說，檢定力是代表能正確拒絕「錯誤的虛無假設」之能力。因此，檢定力通常可用來評估統計檢定的敏銳度，太低的檢定力表示研究的數據之參考價值性就較低（邱皓政，2005）。在變異數分析報表（受試者間效應項檢定表）中（如表13-8），最後一欄「觀察的冪」（不懂SPSS 26版為何這樣翻譯！）內的數值就代表著本次檢定的檢定力。

▶ 範例13-3

承範例13-1，某燈泡廠使用了四種不同的材質來製成燈絲，進而生產了四批燈泡。現於每批燈泡中，隨機抽取了若干個燈泡，以檢測其使用壽命（單位：小時），資料列於表13-1中。現在想知道，對於這四種燈絲所生產的燈泡，其使用壽命有無顯著差異，並探討此檢定結果的實務顯著性。（資料檔案為ex13-3.sav）

在範例13-1中，我們曾使用【比較平均數】法中的【單因數變異數分析】功能來進行檢定。檢定結果說明了「燈絲材質確實會顯著影響燈泡的平均使用壽命」。但是，這樣的檢定結果，只能說明「燈絲材質」效果的統計顯著性，卻無法說明其實務顯著性。

因此，在本範例中，我們將使用較複雜的【一般線性模型】來進行檢定。以便能輸出ω^2、η^2與檢定力等統計量，進而可以藉以評估「燈絲材質」之影響效果（亦可稱之為效應）的實務顯著性。

如同範例13-1的介紹，本範例中，可設燈泡的使用壽命為觀測變量（依變數），燈絲的材質為控制變量（因子），四種材質即為四個水準，這是單因子四個水準的變異數分析問題。此檢定的虛無假設為：四種不同材質的燈絲，其生產的燈泡之使用壽命沒有顯著差異。記為：

H_0：燈絲材質不會影響燈泡的平均使用壽命。

或

H_0：$\mu_甲 = \mu_乙 = \mu_丙 = \mu_丁$；$\mu$代表燈泡使用壽命的平均數。

操作步驟

詳細操作過程與報表解說，請讀者自行參閱影音檔「ex13-3.mp4」。

▶ 報表解說

執行【一般線性模型】／【單變異數】功能後，即可產生冗長的分析報表。在此將只檢視「受試者間效應項檢定表」（變異數分析表），其餘表格之說明，請讀者自行參閱範例13-1。

（一）統計顯著性

表13-8就是輸出報表中的「受試者間效應項檢定表」（變異數分析表），在此所謂的「受試者間」，一般都是指實驗過程中的獨立因子。在本範例中，很單純，獨立因子只有一個，那就是「燈絲材質」。該表中，各欄位說明如下：

表13-8 受試者間效應項檢定表

來源	類型III平方和	自由度	均方	F	顯著性	Partial Eta Squared	非中心參數	觀察的冪
修正模型	90299.533	3	30099.844	5.685	.005	.437	17.054	.901
截距	64876232.65	1	64876232.65	12252.470	.000	.998	12252.470	1.000
燈絲	90299.533	3	30099.844	5.685	.005	.437	17.054	.901
誤	116488.929	22	5294.951					
總計	67891500.00	26						
修正後總數	206788.462	25						

a. R平方 = .437（調整的R平方 = .360）。

第一欄【來源】：指出了變異來源，這些來源包含修正模型、截距、燈絲、誤（誤差項）、總計與修正後總數。在此我們所要關注的是「燈絲」與「誤」（誤差項），這兩個來源的變異即可。

第二欄【類型III平方和】：又稱為型III平方和。類型III平方和是種計算變異來源之離差平方和的方法之一。它是SPSS計算離差平方和時的預設方法，主要優點在於：它能嚴謹控制樣本數不同時，所產生的干擾，排除效果也最徹底，因此適合針對各組樣本數不相等時的ANOVA分析。從表13-8可看出，因子（燈絲）的「類型III平方和」為90299.533，「誤」（誤差項）的「類型III平方和」為116488.929。

第三欄【自由度】：簡稱df，因子（燈絲）自由度為3（水準數 − 1），總計自由度為26（總樣本數），誤差項自由度為22，它是修正後總數自由度和因子自由度之差。

第四欄【均方】：代表均方和，即「型III平方和」除以「自由度」的結果，因子（燈絲）均方和是30099.844，誤差項均方和是5294.951。

第五欄【F】：代表F統計量，這是F統計量的值，其計算公式為「因子（燈絲）均方和」除以「誤差項均方和」，可用來檢定控制變量對觀測變量影響程度之顯著性，如果不顯著則表示控制變量對觀測變量的變化沒有解釋能力。在本範例中F值為5.685。

第六欄【顯著性】：代表機率p值，這是F統計量的機率p值。即當F值為5.685，自由度為（3, 22）時的機率值，其值為0.005。

由於顯著值0.005小於0.05，所以拒絕虛無假設。因此，可認為燈絲材質確實會顯著影響燈泡的平均使用壽命。至於後續的事後檢定，請讀者自行參考範例13-1的說明。

（二）實務顯著性

接下來，探討關聯強度與檢定力等有關實務顯著性的問題：

1. 淨eta平方（淨η^2）

由表13-8的第七欄「Partial Eta Squared」（即，淨η^2）中，得知因子（燈絲）的淨η^2為0.437，此值就是表格最下方的「R平方」。由於淨η^2值達到0.437，表示控制變量（燈絲材質）解釋了觀測變量（使用壽命）43.7%的變異量。依據Cohen（1988）的判斷標準（如表13-7）得知，控制變量（燈絲材質）與觀測變量（使用壽命）的關聯強度相當高，意味著燈絲材質之效果非常具有實務性的顯著意義。

2. ω^2值

在表13-8的最下方，可以顯示出「調整的R平方」，此即ω^2值。由表13-8的最下方所顯示的「調整的R平方」值為0.360，表示控制變量（燈絲材質）與觀測變量（使用壽命）的關聯強度達36%，依據Cohen（1988）的判斷標準，ω^2值大於0.138即屬高度關聯性。因此，研判控制變量（燈絲材質）與觀測變量（使用壽命）的關聯性相當高。此結論與淨η^2相同。

3. 檢定力

由表13-8的最後一欄「觀察的冪」中得知，檢定力達0.901，顯示錯誤接受虛無假設的機率（犯型II誤差的機率）為9.9%，決策正確的機率達90.1%。亦即，本範例中的單因子變異數分析相當具有檢定力，能正確的製作出統計決策。

▶ 結論

經單因子變異數分析後，由於F值為5.685、顯著性0.005小於0.05，所以拒絕虛無假設。也就是說，由四種燈絲所生產的燈泡，其平均使用壽命具有顯著差異。因此，燈泡的平均使用壽命會受到燈絲材質的影響。在這種有顯著差異的情形下，進行事後比較後可發現，使用甲與丙燈絲所生產的燈泡，其平均使用壽命顯著的大於乙燈絲所生產的燈泡。因此，建議生產廠商可考慮使用甲或丙燈絲生產燈泡，以提高燈泡的平均使用壽命。

此外，由淨η^2值（0.437）與ω^2值（0.360）可發現，燈絲材質與燈泡使用壽命的關聯性相當高，且決策正確的機率達90.1%。因此，燈絲材質對燈泡使用壽命所產生的效應，除具有統計顯著性外，亦具有實務上的顯著性。此外，檢定力達0.901，代表著正確拒絕「錯誤的虛無假設」的機率相當高，亦即本檢定之檢定結果，亦相當具有說服力、可信度。

13-8　單因子相依樣本變異數分析

在第12章中講解 t 檢定時，曾將所涉及的樣本分為獨立樣本與相依樣本而分開討論。而在本章中所探討的變異數分析，也應是如此。在第13-1節至第13-5節所介紹的單因子變異數分析，都是屬於獨立樣本，在本小節中，我們將介紹單因子相依樣本變異數分析。

相依樣本的變異數分析又稱為重複量數變異數分析（repeated measurements ANOVA）。重複測量實驗大致上可分為兩類，一類是指針對同一批受試者的同一觀測變數，在不同時間點上進行多次的測量（呂秀英，2003）。另一類則為受試者全程的參與了某一因子（factor）內，每一個水準（level）的實驗。對於前者，由於這些在不同時間點上的觀測資料都是取自於同一批受試者，彼此間自然就缺乏獨立性。因此，如何分析我們所關注的變數在時間過程中的變化，以及這些變化與其他影響因素之間的相關性是分析的重點。而對於後者，由於重複測量實驗後所得到的樣本資料，已違反了一般變異數分析中，對於個案資料的獨立性要求。所以，需要一些新的統計檢定方法，才能解決這種個案資料非獨立的問題，因此重複量數變異數分析技術乃孕育而生，且被廣泛運用。

一般而言，大部分的專題、博碩士論文或期刊論文中，其重複測量的型式也大都是屬於上述中的後者。例如：研究者想瞭解消費者對某種飲料的喜愛程度，該飲料中依糖分比例不同，而分為四種類型（無糖、微糖、半糖、全糖），即飲料之含糖量具有四個水準。於是研究者透過一批受測者（50人）進行試喝實驗。實驗過程中，受測者每試喝完一種飲料後，隨即填寫喜愛程度量表（七點量表，得分越高，喜愛程度越高），然後漱口、休息10分鐘，再試喝另一種飲料。依此程序，直至每位受測者皆試喝完四種飲料為止。明顯的，在這個實驗設計過程中，每位受試者都試喝了四種含糖量不同的飲料，然後評估對各種含糖量之飲料的喜愛程度。這樣所得到的樣本資料，已違反了一般變異數分析中，對於個案資料的獨立性要求，所以是屬於相依樣本資

料。因此，未來研究者如果想要探討消費者對四種含糖飲料的喜愛程度是否具有顯著差異時，那麼就須使用單因子相依樣本變異數分析（重複量數變異數分析）了。

　　雖然，對於重複測量的問題也可以使用其他的統計方法來檢測各水準間的差異性。但是，若能使用重複量數變異數分析，將具有所需的受試者人數較少，且由於殘差的變異數降低，使得F檢定值較大，所以統計檢定力會較大等優點。但其過程中，仍須注意重複量數變異數分析不適合有練習效應（practice effect）或持續效應（carryover effect）的情況。運用重複量數變異數分析時，下列這些概念宜多加注意：

（一）資料的排列方式

　　進行重複量數變異數分析前，須先將資料輸入至SPSS中。為便於分析，輸入資料時，資料必須依照特定的格式排列。若同一受訪者重複參與了某因子內每一水準的測量時，那麼此因子便稱為受試者內因子（within factor），受試者內因子（相依因子），屬自變數，通常是研究者可操控的因子，例如：時間、溫度……等。而受訪者若沒有參與因子內每一水準之測量的話，則這種因子就稱為是受試者間因子（between factor）。受訪者間因子（獨立因子），也是屬於自變數，但通常是研究者不可操控的因子，例如：受試者的性別、年齡。

　　若A為受試者內因子（相依因子），有四個水準。若有n個受試者，同一受試者會在A1、A2、A3與A4等四個水準上重複測量Y（依變數），則資料的排列方式，將如表13-9。即每一個因子水準須設定一個變數名稱，並佔用一個欄位，中間的儲存格（cell）則為每位受測者，在各水準的處理下，Y的觀測值。

表13-9　資料排列方式

受試者	A1	A2	A3	A4
1				
2				
3				
·				
·				
·				
n				

（二）變異數須符合球形假設

在探討重複測量問題時，若欲探討所蒐集到的某因子各水準下之平均數是否有顯著差異時，適當的統計分析方法除了採單因子重複測量變異數分析外，也可採用多變量方法。重複量數變異數分析的前提假設為「相同受試者內因子之不同水準間，其觀測值之差異的變異數必須相等」，此前提假設一般亦稱為球形假設（assumption of sphericity）。例如：受試者內因子A有四個水準，而其觀測值分別為A1、A2、A3、A4的話，那麼球形假設是指A1-A2、A1-A3、A1-A4、A2-A3、A2-A4、A3-A4的變異數皆相等之意。

在重複量數變異數分析中，欲檢定資料是否符合球形假設時，可採用Mauchly球形檢定法。如果符合球形檢定，則F檢定值就不需要作校正。如果不符合，則F檢定值須先進行校正動作。當球形假設不符合時，主要將以epsilon參數值（Greenhouse-Geisser及Huynh-Feldt值）來校正F檢定值。一般建議採用Huynh-Feldt值來校正F檢定值，效果最好。此外，由於多變量方法並不要求資料符合球形假設，因此，當欲進行重複量數變異數分析，但資料卻違反球形假設時，我們的因應策略除了採用上述的F校正值外，也可以逕行採用多變量方法來替代。

（三）F檢定值的計算

進行單因子相依樣本（重複量數）變異數分析時，對於F檢定值的計算方式與單因子變異數分析時，所採用的演算法很類似。首先，將變異總平方和（sum of square of total, SST）拆解為組間平方和（sum of square of between, SSB）及組內平方和（sum of square of within, SSW）。然後將組間及組內平方和分別除以其各自所對應的自由度，便可得到組間及組內的均方和（mean square, MS）。要注意的是執行重複量數變異數分析時，將使用殘差均方和（mean square of error, MSE）來當作為F檢定值的分母，以檢測受試者內因子或受試者間的效用。檢定時，單因子相依樣本變異數分析的虛無假設，可設定為：

H_0：相依因子之各水準的觀測值平均數，並無顯著差異。

或者

H_0：$\mu_{A1} = \mu_{A2} = \mu_{A3} = \cdots = \mu_{Ak}$，在此$\mu_{Ak}$代表A因子的第k個水準的平均數。

當F檢定值達統計顯著時，還可以接著採用各式的多重比較方法，以找出到底哪

些水準的觀測值平均數間具有顯著的差異性。

範例13-4

研究者想瞭解消費者對某種飲料的喜愛程度,該飲料中依糖分比例不同,而分為四種類型(無糖、微糖、半糖、全糖)。於是研究者透過一批受測者(50人)進行試喝實驗。實驗過程中,受測者每試喝完一種飲料後,隨即填寫喜愛程度量表(七點量表,得分越高,喜愛程度越高),然後漱口、休息10分鐘,再試喝另一種飲料。依此程序,直至每位受測者皆試喝完四種飲料為止。實驗完畢後,研究者獲得四筆消費者對各類含糖飲料之喜愛程度的資料,其資料檔如ex13-4.sav。試檢定消費者對四種含糖飲料的喜愛程度是否具有顯著差異?

由題意顯見,依變數為消費者對含糖飲料的「喜愛程度」,自變數只有一個,即「糖分比例」(有四個水準)。由於所有受測者皆參與了四種不同「糖分比例」之飲料的試喝。因此,「糖分比例」應屬相依因子,且自變數只有一個,故本範例檢定時,檢定方法應屬單因子相依樣本變異數分析。

研判出問題的型態後,接下來,即可開始進入分析的程序,首先進行假設的設定,在此將設定假設(對立)如下:

H_1:消費者對四種含糖飲料的喜愛程度,具有顯著差異。

操作步驟

範例13-4中,只有一個自變數「糖分比例」(包含四個水準),且其為受試者內因子(相依因子),因此,本範例屬單因子相依樣本的變異數分析,在執行單因子相依樣本變異數分析時,須使用【一般線性模型】中的【重複量數】功能。

此外,讀者更須注意的是:進行單因子相依樣本變異數分析前,資料的建檔與輸入方式。原則上,建檔時,必須為相依因子的各水準,分別建立一個欄位,然後再依序輸入每位受測者於各水準下,經實驗後所得的觀測值。雖然,在本範例中,為節省讀者建立資料檔的時間,已提前建立好資料檔,但仍建議讀者嘗試自行建檔看看。

詳細操作過程,請讀者自行參閱影音檔「ex13-4.mp4」。

▶ **報表解說**

執行單因子重複量數（相依樣本）變異數分析後，SPSS當可跑出相關的輸出報表。在此，將分段予以說明。

（一）敘述統計表及剖面圖

敘述統計表與剖面圖，分別如表13-10與圖13-1所示。

表13-10　敘述統計表

	平均值	標準差	N
無糖	3.66	.917	50
微糖	3.12	1.118	50
半糖	2.92	.966	50
全糖	3.20	1.107	50

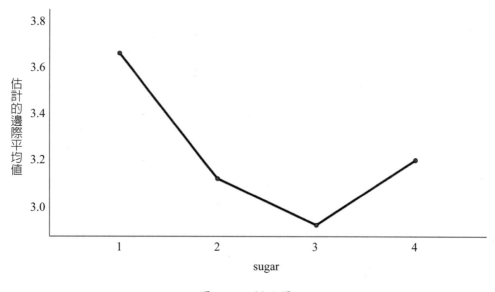

圖13-1　剖面圖

由敘述統計表（表13-10）與剖面圖（圖13-1）可以粗略研判，消費者對無糖飲料（編號1）的喜愛程度最高，全糖飲料（編號4）次之，微糖飲料（編號2）再次之，而以對半糖飲料（編號3）的喜愛程度最低，但其間差異是否顯著，仍須視未來變異數分析中，F統計檢定量值才能加以確定。

（二）球形檢定

球形檢定的虛無假設是：相同受試者內因子之不同水準間，其觀測值差異的變異數並無顯著差異，或者也可直接描述成「樣本資料未違反變異數分析之球形假設」。Mauchly 球形檢定表，如表13-11所示。球形檢定將檢定四個水準中，兩兩成對相減而得到之差異值的變異數是否相等。

在表13-11的右邊會出現三個epsilon值（Greenhouse-Geisser、Huynh-Feldt與下限），epsilon是種模型遠離（違反）球形假設之程度的指標。如果它等於1就代表是完美的球形；如果小於1代表可能違反了球形假設，值越小越嚴重。一般而言，可使用0.75作為判斷是否違反球形假設的門檻值。epsilon值若大於0.75，則可視為不違反球形假設。

當然我們所分析的資料是否違反球形假設，仍然需要進行顯著性檢定才會比較嚴謹，而檢定時，就須看表13-11前面的Mauchly's W值及近似卡方值所對應的顯著性來判斷。當Mauchly's W的近似卡方值之顯著性大於0.05（不顯著）時，即表示資料符合球形假設。雖然有「epsilon值」與「Mauchly's W的近似卡方值」兩種判斷方式，但是，由於卡方值很容易受到樣本數的影響，樣本數若很大時，卡方值亦隨之增大（卡方值與樣本數成正比），故球形假設的檢定結果很容易失真。因此，也有學者建議只要看epsilon值就可以了（郭易之，2011）。

由表13-11的Mauchly球形檢定結果不難發現，Greenhouse-Geisser值（0.892）大於0.75、Huynh-Feldt值（0.949）也大於0.75，故可視為不違反球形假設。此外，從檢定的角度來看，Mauchly's W值為0.831，其近似卡方值為8.845，在自由度為5時，顯著性為0.115大於0.05，未達顯著水準，故表示應接受虛無假設，即應接受樣本資料未違反變異數分析之球形假設。因此，可明確認定「樣本資料未違反球形假設」，故未來進行差異性檢定時，並不需要去對原始F統計量值作修正。

表13-11　Mauchly球形檢定表

受試者內效應	Mauchly's W	近似卡方檢定	自由度	顯著性	Epsilon		
					Greenhouse-Geisser	Huynh-Feldt	下限
sugar	.831	8.845	5	.115	.892	.949	.333

（三）受試者內效應項檢定表

單因子重複量數變異數分析中，總變異量將被拆解成「受試者間變異量」（屬獨立因子的變異）與「受試者內變異量」（屬相依因子的變異）兩大部分，而「受試者內變異量」又會被拆解成「受試者內水準間變異量」與「受試者內誤差變異量」。在此，由於本範例之因子屬於相依因子，因此檢定時，將以分析「受試者內效應項檢定」為主。因此F統計量值的算法，應該是受試者內水準間變異量（受試者內均方和）除以受試者內誤差變異量（誤差均方和）。

表13-12　受試者內效應項檢定表

來源		類型III 平方和	自由度	均方	F	顯著性	Partial Eta Squared	非中心參數	觀察的冪
sugar	假設的球形	14.695	3	4.898	9.530	.000	.163	28.591	.997
	Greenhouse-Geisser	14.695	2.677	5.489	9.530	.000	.163	25.515	.994
	Huynh-Feldt	14.695	2.847	5.162	9.530	.000	.163	27.129	.996
	下限	14.695	1.000	14.695	9.530	.003	.163	9.530	.857
Error (sugar)	假設的球形	75.555	147	.514					
	Greenhouse-Geisser	75.555	131.186	.576					
	Huynn-Feldt	75.555	139.484	.542					
	下限	75.555	49.000	1.542					

在表13-12中，如果在違反變異數分析之球形假設的情形下時，因為須對F統計量值作校正，因此就須看Greenhouse-Geisser、Huynh-Feldt 值或下限等列的相關資料，其中下限是最嚴苛的，非到必要時不採用。但由於先前球形檢定的結果，說明了並未違反球形假定，所以可以直接看「假設的球形」之橫列資料。由於F統計量值為「受試者內均方和（4.898）」除以「誤差均方和（0.514）」的結果，所以F統計量值等於9.530，且顯著性為0.000小於0.05，故達顯著。因此，假設H_1成立。也就是說，消費者確實會因飲料的「糖分比例」不同，而對各飲料的喜愛程度產生了顯著性的差異。即，消費者對四種含糖飲料的喜愛程度，確實具有顯著差異。

（四）實務顯著性

在上述的變異數分析中，我們使用了F統計量，然後再從機率理論的觀點來進行

檢定，而確認了因子（自變數）的統計顯著性（statistical significance）。然而，在這嚴謹的分析過程中，縱使因子效果具有顯著的統計意義。但是我們仍不免會質疑，在真實的世界中，這些因子效果在實務上是否仍具意義與價值。而這就屬於所謂實務顯著性（practical significance）的問題了。對於實務顯著性，文獻上常使用η^2（Partial eta squared）、檢定力（power）等指標加以評估。

1. η^2統計量

由表13-12的第七欄「Partial Eta Squared」中，得知自變數「糖分比例」的淨η^2為0.163（大於0.138），表示「糖分比例」解釋了依變量（喜愛程度）16.3%的變異量。依據Cohen（1988）的判斷標準（如表13-7）得知，「糖分比例」與「喜愛程度」的關聯強度相當高，意味著「糖分比例」對「喜愛程度」的解釋效果非常具有實務性的顯著意義。

2. 檢定力

由表13-12的第九欄「觀察的冪」中得知，檢定力達0.997，顯示錯誤接受虛無假設的機率（犯型II誤差的機率）只有0.3%，決策正確的機率達99.7%。亦即，本範例中的單因子相依樣本變異數分析具有相當強的檢定能力。

（五）受試者間效應項檢定表

受試者間效應項檢定表，如表13-13所示。這是對獨立因子之效果的檢定報表（tests of between-subjects effects）。即樣本中，受訪者間的差異，包括誤差項之類型III平方和 = 132.625、自由度 = 49、均方和（均方） = 2.707。由於此部分是受訪者間的差異所造成，在單因子相依樣本的分析中並不是重點，因此在此僅瞭解其基本意義就夠了，但這些資料將來製作彙整表時會使用到。

表13-13　受試者間效應項檢定表

來源	類型III平方和	自由度	均方	F	顯著性	Partial Eta Squared	非中心參數	觀察的冪
截距	2080.125	1	2080.125	768.529	.000	.940	768.529	1.000
誤	132.625	49	2.707					

（六）事後比較

在「消費者對四種含糖飲料的喜愛程度，確實具有顯著差異」的情形下，我們可以再繼續進行事後比較，以確認消費者對這四種糖分比例不同之飲料的喜愛程度高低。要進行事後比較須使用到如表13-14的成對比較表了。

表13-14　成對比較表

(I)sugar	(J)sugar	平均值差異（I-J）	標準誤	顯著性	差異的95%信賴區間	
					下限	上限
1	2	.540*	.162	.002	.214	.866
	3	.740*	.142	.000	.454	1.026
	4	.460*	.154	.004	.150	.770
2	1	-.540*	.162	.002	-.866	-.214
	3	.200	.140	.159	-.081	.481
	4	-.080	.114	.485	-.309	.149
3	1	-.740*	.142	.000	-1.026	-.454
	2	-.200	.140	.159	-.481	.081
	4	-.280	.143	.056	-.567	.007
4	1	-.460*	.154	.004	-.770	-.150
	2	.080	.114	.485	-.149	.309
	3	.280	.143	.056	-.007	.567

表13-14中「平均值差異（I-J）」欄位，即代表著事後比較（即對各飲料之喜愛程度來比較大小）之結果。表13-14中之「平均值差異（I-J）」欄位內的值，代表「（I）sugar」和「（J）sugar」的平均差異值，該差異值若達顯著，則會在差異值右上方加上星號（*），代表I與J確實存在顯著差異。所以，表13-14中，「平均值差異」欄位內的值，如果沒有星號（*）的話，代表I與J的差異不顯著，即I與J相等之意。因此，對於這些沒有星號（*）的平均差異值，可跳過不理。此外，重複的部分也可不用看，如「1－2」和「2－1」結果是一樣的，只是正、負號相反而已。表13-14中，「平均值差異」欄位內的值，具顯著差異的狀況，彙整如下：

1. 「1－2」平均差異值屬正且顯著，因此可推論「1 > 2」。
2. 「1－3」平均差異值屬正且顯著，因此可推論「1 > 3」。

3. 「1 – 4」平均差異值屬正且顯著，因此可推論「1 > 4」。

4. 「2 – 1」平均差異值屬負且顯著，因此可推論「2 < 1」；此與第1個結論一致。

5. 「3 – 1」平均差異值屬負且顯著，因此可推論「3 < 1」；此與第2個結論一致。

6. 「4 – 1」平均差異值屬負且顯著，因此可推論「4 < 1」；此與第3個結論一致。

　　故綜合上述的比較結果可知，消費者對飲料之喜愛程度大小為：無糖飲料（1）> 微糖飲料（2）= 半糖飲料（3）= 全糖飲料（4）。也就是說，消費者最喜愛無糖飲料，而對微糖、半糖、全糖飲料的喜愛程度則無顯著差異。

▶ 分析結果之總結的撰寫

　　經由上述分析後，可以彙整各項資料，製作成如表13-15的變異數分析摘要表，以方便研究者對分析內容做總結。

表13-15　變異數分析摘要表

水準	平均數	標準差	個數
無糖	3.660	0.917	50
微糖	3.120	1.118	50
半糖	2.920	0.966	50
全糖	3.200	1.107	50

變異來源	離差平方和（SS）	自由度（DF）	均方和（MS）	F值	事後比較
受試者間					
水準間（受訪者間）	—	—	—		
誤差	132.625	49	2.707	9.530*	無糖飲料（1）> 微糖飲料（2）= 半糖飲料（3）= 全糖飲料（4）
受試者內					
水準間（糖分水準間）	14.695	3	4.898		
誤差	75.555	147	0.514		
全體	222.875				

　　從表13-15的變異數分析摘要表得知，F值為9.530，顯著性為0.000小於0.05，顯著。因此假設H_1獲得支持，即「消費者對四種含糖飲料的喜愛程度，確實具有顯著差異。」再從事後比較亦可發現，消費者最喜愛無糖飲料，而對微糖、半糖、全糖飲料的喜愛程度則無差異。

另外，檢定過程除具有統計之顯著性外，η^2值（0.163）與檢定力值（0.997）都相當高，皆已超越一般學術界所要求之水準，意味著飲料之「糖分比例」對喜愛程度的解釋效果也具有實務性的顯著意義，且檢定過程中確實也能偵測到「糖分比例」因子對飲料之喜愛程度所產生的顯著效果。

習 題

 **練習 13-1**

試對資料檔hw13-1.sav，用獨立樣本 t 檢定做分析，並再使用One-Way ANOVA方法進行分析，請讀者將這兩種輸出的結果做一比較，並指出它們的異同點、優缺點？

 **練習 13-2**

表13-16為某職業病防治院對31名石棉礦工中的石棉肺患者、可疑患者和非患者進行了用力肺活量（L）測定的資料，問三組石棉礦工的用力肺活量有無顯著差異？若有顯著差異，請進行事後檢定，並評論結果？（請自行建檔，然後另存新檔為「hw13-2.sav」）

表13-16　三組石棉礦工的用力肺活量

石棉肺患者	1.8	1.4	1.5	2.1	1.9	1.7	1.8	1.9	1.8	1.8	2.0
可疑患者	2.3	2.1	2.1	2.1	2.6	2.5	2.3	2.4	2.4		
非患者	2.9	3.2	2.7	2.8	2.7	3.0	3.4	3.0	3.4	3.3	3.5

 **練習 13-3**

參考附錄二中，論文「遊客體驗、旅遊意象與重遊意願關係之研究」的原始問卷，並開啟「hw13-3.sav」，由於研究的需要，須將「年齡」欄位依下列規則，重新編碼成新變數「年齡層」。試檢定各「年齡層」的受訪者對於遊客體驗、旅遊意象與重遊意願等構面的看法是否具有顯著差異？請於表13-17的空格中填入F值（須以「*」號註明顯著與否）與事後比較結果。

30歲以下：改稱為青年，其數值代碼為1。

31～50歲：改稱為壯年，其數值代碼為2。

51歲以上：改稱為老年，其數值代碼為3。

表13-17 「年齡層」對各構面之差異性分析表——F值

遊客體驗（21題）		旅遊意象（15題）		重遊意願（5題）	
F值	事後比較	F值	事後比較	F值	事後比較

註：* p≦0.05，** p≦0.01，*** p≦0.001。

練習 13-4

參考附錄二中，論文「遊客體驗、旅遊意象與重遊意願關係之研究」的原始問卷，並開啟hw13-4.sav，試檢定下列項目，並於表13-18與表13-19的空格中填入 t 值或F值（註明顯著與否）與事後比較結果。

(1) 對遊客體驗構面之子構面（感官體驗、情感體驗、思考體驗、行動體驗與關聯體驗）的看法，是否因人口統計變數而產生差異？

(2) 對旅遊意象構面之子構面（產品、品質、服務與價格）的看法，是否因人口統計變數而產生差異？

表13-18 人口統計變數對遊客體驗之差異性分析表－t/F值

構面	性別	婚姻	年齡	職業	教育	月收入
感官體驗						
事後檢定						
情感體驗						
事後檢定						
思考體驗						
事後檢定						
行動體驗						
事後檢定						
關聯體驗						
事後檢定						

註：* p≦0.05，** p≦0.01，*** p≦0.001。

表13-19 人口統計變數對旅遊意象之差異性分析表——t/F值

構面	性別	婚姻	年齡	職業	教育	月收入
產　品						
事後檢定						
品　質						
事後檢定						
服　務						
事後檢定						
價　格						
事後檢定						

註：* $p \leq 0.05$，** $p \leq 0.01$，*** $p \leq 0.001$。

 **練習 13-5**

參考附錄二中，論文「遊客體驗、旅遊意象與重遊意願關係之研究」的原始問卷，並開啟hw13-5.sav，試檢定30位遊客對遊客體驗之五個子構面（感官體驗、情感體驗、思考體驗、行動體驗與關聯體驗）的認知是否具有顯著差異。

練習 13-6

參考附錄二中，論文「遊客體驗、旅遊意象與重遊意願關係之研究」之原始問卷，並開啟hw13-6.sav，試檢定30位遊客對旅遊意象之四個子構面（產品、品質、服務與價格）的認知是否具有顯著差異。

練習 13-7

參考附錄二中，論文「遊客體驗、旅遊意象與重遊意願關係之研究」的原始問卷，並開啟hw13-7.sav，請先執行因素分析，以求得各子構面的因素得分。然後試檢定下列項目，並於表13-20與表13-21的空格中填入 t 值或F值（註明顯著與否）與事後比較結果。

(1)對遊客體驗構面之子構面（感官體驗、情感體驗、思考體驗、行動體驗與關聯體驗）的看法，是否因人口統計變數而產生差異？各子構面的得分請使用因素得分。

(2)對旅遊意象構面之子構面（產品、品質、服務與價格）的看法，是否因人口統計變數而產生差異？各子構面的得分請使用因素得分。

(3)上述檢定結果試與練習13-4的結果比較看看，檢定結果是否會因得分之計算方式（因素得分與平均得分）有所不同。

表13-20　人口統計變數對遊客體驗之差異性分析表──t/F值

構面	性別	婚姻	年齡	職業	教育	月收入
感官體驗						
事後檢定						
情感體驗						
事後檢定						
思考體驗						
事後檢定						
行動體驗						
事後檢定						
關聯體驗						
事後檢定						

註：* $p \leq 0.05$，** $p \leq 0.01$，*** $p \leq 0.001$。

表13-21　人口統計變數對旅遊意象之差異性分析表──t/F值

構面	性別	婚姻	年齡	職業	教育	月收入
產　品						
事後檢定						
品　質						.
事後檢定						
服　務						
事後檢定						
價　格						
事後檢定						

註：* $p \leq 0.05$，** $p \leq 0.01$ ，*** $p \leq 0.001$。

第 14 章

二因子變異數分析

在現實世界中，單個變數就能夠完全解釋某一現象的例子極少。例如：探討如何才能增加番茄的產量時，我們可能就需要考慮到植物的基因構造、土壤條件、陽光、溫度、溼度等多種因素的作用。這些作用是複雜的，有時是因各獨立因素所引起，有時卻是因各因素之間的交互作用所引起的。但無論如何，這些作用都將引起番茄產量的變化。在這種需要考慮多個因素的作用中，所涉及的平均數差異檢定，就稱為多因子變異數分析。以上例而言，植物的基因構造、土壤條件、陽光、溫度、溼度等因素常稱之為自變數，而番茄的產量就稱為是依變數。

在多因子變異數分析中，當所關注的議題只包含兩個自變數時，稱為二因子變異數分析（two-way ANOVA），包含三個自變數時，則稱為三因子變異數分析（three-way ANOVA）。不難想像，當因子越多，平均數之變異來源越複雜，解析時也就越困難。因此，在一般專題、碩博論文、期刊論文等學術研究中，三因子以上的變異數分析，因為複雜，分析困難度頗高。因此，研究者進行實驗設計時，就會盡量避開三因子以上的設計邏輯，而採用二因子變異數分析。本章中所講述的主要內容如下：

1. 二因子變異數分析的基本概念、類型與原理。
2. 二因子變異數分析的檢定流程。
3. 二因子完全獨立變異數分析。
4. 二因子混合設計變異數分析。
5. 二因子完全相依變異數分析。

14-1　二因子變異數分析的基本概念

在認識二因子變異數分析之前，首先來看個例子，假設在臺灣常見的異國料理中，有印度、泰國和越南料理等三種。找來5位受試者，每位受試者均須先後品嚐這三種料理各一次，並評定分數，如表14-1。分數越高，表示料理被喜愛的程度越高。在這個例子中，如果我們想探討三種料理被喜愛的程度是否有顯著差異時，就得先研判該使用哪種統計方法。首先，依題意，由於是比較三種料理的喜愛程度平均數的差異性，所以應該是使用變異數分析。此時，異國料理會被視為一個因子，且其有三個水準，分別為印度、泰國和越南料理；而喜愛程度即是（依變數：喜愛程度）。另外，由於每位受試者均須先後品嚐這三種料理各一次，所以異國料理因子屬於相依因子。而且，也由於不區分受試者，所以每個細格中，都有五個觀測值（喜愛程度的得分）。亦即，每種處理都具有「多次測量」的概念。故一般而言，要確認「三種料理被喜愛的程度是否有顯著差異」時，我們會使用「單因子相依樣本變異數分析」來進

行檢定。

表14-1　異國料理的喜愛程度評定

異國料理		
印度	泰國	越南
80	75	65
75	65	80
65	85	85
60	75	70
85	65	75

然而，相同的例子，也許有讀者會認為該問題應該有兩個因子，即受試者和異國料理。受試者因子有五個水準（五個不同的受試者）。而異國料理因子應有三個水準（印度、泰國和越南料理），且每個評審均須先後品嚐三種料理各一次，並評定喜愛程度。在這種情形下，每個細格內的資料點（喜愛程度的得分）應該都只有一個，如表14-2所示。

表14-2　二因子考量的交叉表

因子		異國料理		
		印度	泰國	越南
評審	A	80	75	65
	B	75	65	80
	C	65	85	85
	D	60	75	70
	E	85	65	75

在表14-2中，若考慮有兩個因子時，明顯的「多次測量」的概念似乎是不見了，這是因為原本的五個受試者在二因子的概念下，已經被視為「受試者」因子的五個水準了。故在灰色網底的每個細格（處理）中，都將只有一筆觀測資料。從二因子變異數分析的角度來看，「受試者」是獨立因子，而「異國料理」是相依因子，但每一種處理（受試者之水準和異國料理之水準的交叉組合，也就是細格）中，只有一個觀測資料。因此，表14-2並不存在「多次測量」的概念。明顯的，這樣的「二因子」概念

似乎是太小題大作了。因為於問題的本質上，既然不考慮「受試者」的差異性，又沒有多次測量的話，那麼其實就可以更簡單化。那就是將「受試者」因子去掉，而只考慮一個因子，即「異國料理」因子。在這種情形下，就會變成於「異國料理」因子的各水準中，進行了5次測量。所以，問題又回到所謂的「單因子相依樣本變異數分析」的領域了，也就是與表14-1的概念一致了。「單因子相依樣本變異數分析」已在第13-8節中，有所介紹。故這種型態的變異數分析，在本章中將不再多加贅述。

從這個例子中，讀者應可理解單因子的各水準中所具有的多次測量特質，若把該多次測量的主體（受試者）視為因子（即考慮其各水準的差異性時），就會變成二因子的概念了，但是「多次測量」的概念卻也因此而「消失」了（因為每個受試者對每個料理只評定喜愛程度一次）。若反向思考，或許不是「消失」，而是二因子的設計，於本質上就蘊含著各種處理能「多次測量」的概念。而所「消失」的，只是對觀測值的重複取值罷了（同一細格中應有多個觀測值）！因此，表14-2若要真正的變成二因子變異數分析，實驗設計上就必須更改為，每位受試者在每種異國料理的水準上，至少要品嚐2次以上，並分別予以評定喜愛程度。這樣多增加一個因子的設計才有實質的意義，否則就沒必要去考慮受試者間的差異性，而維持單因子就好。

此外，在進行二因子變異數分析的過程中，依實驗的方式可分為無重複測量與重複測量兩種。這裡所謂的重複測量並不是指「每個處理細格中都具有複數個觀測值」之意，而是指同一組受試者（subjects）重複經歷、參與了某一因子（factor）內所有水準（level）的實驗處理。也因為「同一組受試者」的存在，那麼就自然而然的代表著「每個細格（處理）中都具有複數個觀測值」了。若某因子被設計成無重複測量，那麼該因子就屬於獨立因子。反之，若某因子被設計成重複測量，則該因子就屬相依因子。在此情形下，重複測量實驗所得到的數據已違反了一般變異數分析的樣本資料之獨立性要求，所以需要一些新的統計檢定方法，才能解決樣本資料非獨立的問題，於是重複測量變異數分析就孕育而生了。

想當然，二因子變異數分析的問題是相當複雜的，但若能於分析前釐清問題的類型，再運用適當的分析方法，那麼當可迎刃而解，不用太過於擔心。根據前述，「重複測量」的意涵，二因子變異數分析的設計上，大致上，可分為以下三種類型：

一、二因子完全獨立變異數分析：細格中從受試者取得的觀測值為複數個，且各細格中的受試者皆不同（兩因子皆獨立）。

二、二因子完全相依變異數分析：細格中從受試者取得的觀測值為複數個，且每一細格中的受試者皆相同（兩因子皆相依）。

三、二因子混合設計變異數分析：細格中從受試者取得的觀測值為複數個，且同一批受試者只在某一因子的每一水準中接受實驗處理（相依），另一因子則無（獨立）。

◆ 14-2 二因子變異數分析的類型 ◆

在此我們將使用一個簡單的例子，來解說二因子變異數分析的基本類型。屏科連鎖咖啡店欲測試新研發產品（麝香貓咖啡）之價格的市場接受度（以杯數計）。於是，在各分店中進行為期一天的實驗，每杯麝香貓咖啡以30、40和50元等三種價格水準（因素1）與200和500毫升等兩種容量水準（因素2）的方式，取得每種處理皆為3次的重複性實驗資料，而得到實驗數據的雙向表（double entry table），如表14-3。表14-3是個2列×3行的交叉表，「容量」因子則置於列（row），而「售價」這個因子置於行（column）。各種處理下進行3次實驗後，所得的「市場接受度」評分則記錄於表中每一細格內（灰色網底部分，2×3所以共有六個細格，也就是有六種處理）。表14-3中每個細格雖有三個觀測值，但在此，並未明確說明這些觀測值的取得方式或來源，這些觀測值的取得方式或來源，將是決定二因子變異數分析之類型的關鍵因素。

表14-3　2×3二因子變異數分析範例

因子		售價（B）			合計
		30元（b1）	40元（b2）	50元（b3）	行平均數
容量 （A）	200毫升 （a1）	80 95 85	75 80 82	70 60 68	77.22（A1）
		86.67（a1b1）	79（a1b2）	66（a1b3）	
	500毫升 （a2）	80 85 80	85 90 85	85 80 70	82.22（A2）
		81.67（a2b1）	86.67（a2b2）	78.33（a2b3）	
合計	列平均數	84.17（B1）	82.83（B2）	72.17（B3）	79.72

14-2-1 二因子完全獨立變異數分析

若屏科連鎖咖啡店有18家分店，將隨機平均分配到六個不同的處理細格（組別）中，這些處理分別為容量200毫升賣30、40、50元的三種處理與容量500毫升賣30、40、50元的三種處理。此外，每種處理中所包含的分店也是隨機抽樣而得，每種處理包含3家分店。因此，在每個細格中最終都將會得到三個觀測值（來自於3家分店的市場接受度），如表14-3。在這種實驗設計下，明顯的，每個細格內都有複數個觀測值（三個），且各細格中的受試者（分店）皆不同。因此，每一橫列的受試者不同、每一直行的受試者也不同。所以「容量（A）」（橫列）是獨立因子、「售價（B）」（直行）也是獨立因子。因此，若要探討各細格的接受度平均數是否有顯著差異時，這就是一個典型的「二因子完全獨立變異數分析」。

二因子完全獨立變異數分析於SPSS中建立資料檔時，須將兩個獨立因子（容量、售價，屬自變數）、依變數（市場接受度）各建一個欄位，所以共須建立三個欄位（即，建立三個變數）。其中自變數（容量、售價）的水準值則須於「值」標籤中進行設定。此外，於輸入資料時，則可參照表14-3之每個細格中的數據，由左至右、由上而下，依序輸入資料。建檔完成後，SPSS的「變數視圖」與「資料視圖」的外觀，如圖14-1所示。

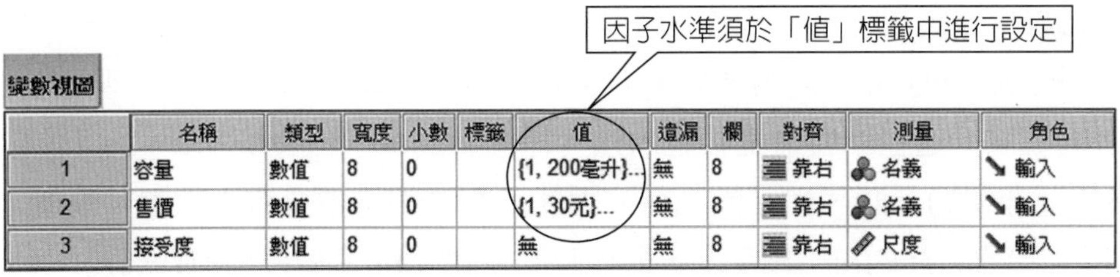

圖14-1　二因子完全獨立變異數分析的資料格式

資料視圖

	容量	售價	接受度	
1	1	1	80	
2	1	1	95	a1b1細格
3	1	1	85	
4	1	2	75	
5	1	2	80	a1b2細格
6	1	2	82	
7	1	3	70	
8	1	3	60	a1b3細格
9	1	3	68	
10	2	1	80	
11	2	1	85	a2b1細格
12	2	1	80	
13	2	2	85	
14	2	2	90	a2b2細格
15	2	2	85	
16	2	3	85	
17	2	3	80	a2b3細格
18	2	3	70	

圖14-1　二因子完全獨立變異數分析的資料格式（續）

14-2-2　二因子完全相依變異數分析

若從屏科連鎖咖啡店中僅隨機選出3家分店，然後這3家分店，於同一天的不同時段中，分別販售六種不同銷售情境（容量、售價各水準的交叉組合，即處理之意）的麝香貓咖啡，這些銷售情境共有六種，即容量200毫升賣30、40、50元的三種與容量500毫升賣30、40、50元的三種。因此，每一細格中會有複數個（三個）觀測值（來自於3家分店的市場接受度，即杯數），如表14-3。在這種實驗設計下，明顯的，每個細格內也都會有複數個（三個）觀測值，而且各細格中的受試者（分店）皆相同，因此，每一橫列的受試者相同、每一直行的受試者也相同。所以，「容量（A）」（橫列）是相依因子、「售價（B）」（直行）也是相依因子。因此，若要探討各細格的接受度平均數是否有顯著差異時，這就是一個典型的「二因子完全相依變異數分析」。

二因子完全相依變異數分析於SPSS中建立資料檔時，會比較複雜。須將各種處理（銷售情境）各建立一個欄位，處理共六種，分別爲200毫升30元（a1b1）、200毫升40元（a1b2）、200毫升50元（a1b3）、500毫升30元（a2b1）、500毫升40元

（a2b2）與500毫升50元（a2b3），故共須建立六個欄位。至於，市場接受度的輸入方式，則可參照表14-3細格中的資料，直接輸入於其所對應之處理的欄位下即可，資料檔格式與外觀，如圖14-2。

變數視圖

	名稱	類型	寬度	小數	標籤	值	遺漏	欄	對齊	測量
1	a1b1	數值	4	0	200毫升30元	無	無	8	靠右	尺度
2	a1b2	數值	4	0	200毫升40元	無	無	8	靠右	尺度
3	a1b3	數值	4	0	200毫升50元	無	無	8	靠右	尺度
4	a2b1	數值	4	0	500毫升30元	無	無	8	靠右	尺度
5	a2b2	數值	4	0	500毫升40元	無	無	8	靠右	尺度
6	a2b3	數值	4	0	500毫升50元	無	無	8	靠右	尺度

資料視圖

	a1b1	a1b2	a1b3	a2b1	a2b2	a2b3
1	80	75	70	80	85	85
2	95	80	60	85	90	80
3	85	82	68	80	85	70

各細格內的觀測值

圖14-2　二因子完全相依變異數分析的資料格式

14-2-3　二因子混合設計變異數分析

若從屏科連鎖咖啡店中隨機選出6家分店，然後又隨機分配成兩組，每組3家分店。第一組的分店將只販售容量200毫升的麝香貓咖啡，且於同一天的不同時段中，麝香貓咖啡分別以售價30、40、50元的方式販售，並蒐集顧客的接受度（杯數）。而第二組的分店將只販售容量500毫升的麝香貓咖啡，且於同一天的不同時段中，其售價30、40、50元，並蒐集顧客的接受度（杯數）。所得的觀測值（杯數），如表14-3。在這種實驗設計下，明顯的，每個細格內也都會有複數個（三個）觀測值。然而，因為同一組的分店皆販售了三種不同的價格，因此「售價」因子是相依的，而「容量」因子則是獨立的（不同組的受試者販售不同的容量）。這種一個因子為相依設計，另一個為獨立設計的二因子變異數分析，就稱為「二因子混合設計變異數分析」。

於SPSS中建立資料檔時，獨立因子與相依因子的欄位設定的方式並不相同，獨立因子可設定成一個欄位即可，其水準可於「值」標籤內設定；而相依因子則每一水準即須設定成一個欄位。輸入觀測值時，市場接受度則可參照表14-3細格中的觀測

值，而直接輸入於其所對應的相依因子之各水準名稱的欄位下，資料檔格式與外觀，如圖14-3。

因子水準須於「值」標籤中進行設定

變數視圖

	名稱	類型	寬度	小數	標籤	值	遺漏	欄	對齊	測量	角色
1	容量	數值	4	0		{1, 200毫升}...	無	8	靠右	名義	輸入
2	p30	數值	4	0	售價30元	無	無	8	靠右	尺度	輸入
3	p40	數值	4	0	售價40元	無	無	8	靠右	尺度	輸入
4	p50	數值	4	0	售價50元	無	無	8	靠右	尺度	輸入

資料視圖

	容量	p30	p40	p50
1	1	80	75	70
2	1	95	80	60
3	1	85	82	68
4	2	80	85	85
5	2	85	90	80
6	2	80	85	70

容量200毫升（列1-3）
容量500毫升（列4-6）

圖14-3　二因子混合設計變異數分析的資料格式

14-3　二因子變異數分析的效果類型

變異數分析的主要目的，在探討哪些因素具有造成依變數之觀測值顯著變動的效果（effects）。在二因子變異數分析中最主要的效果有兩種，一為主要效果（main effects）；另一為交互作用效果（interaction effect）。所謂主要效果是指因子（自變數）本身的變化對觀測值（依變數）所造成的影響，該現象會反應在因子各水準之平均數差異上。而交互作用效果則意指兩因子（自變數）的互動關係對觀測值（依變數）所造成的影響，該現象會反應在某因子對觀測值（依變數）的影響效果，卻會受到另一因子的水準值所干擾。

以表14-3的數據資料為例，表中除了灰色網底的十八個觀測值數據外，還包含三類的平均數，分別為容量（A）因子的200毫升與500毫升的「行平均數」（A1、A2）、售價（B）因子的30元、40元、50元的「列平均數」（B1、B2、B3）與容量及售價交互作用下的a1b1、a1b2、a1b3、a2b1、a2b2、a2b3等六個「細格平均數」。

行平均數（A1與A2）的差異，即為容量（A）因子的主要效果、列平均數（B1、B2、B3）的差異，為售價（B）因子的主要效果。而細格之平均數差異，則稱為交互作用效果。

在二因子變異數分析中，若交互作用的效果不顯著，那麼討論行、列因子各別的主要效果才有意義。而若交互作用存在，那麼討論行、列因子的主要效果之意義就不高，反而須進一步討論的是：單純主要效果（simple main effects），這樣才能更深入的瞭解交互作用的效果狀況。所謂單純主要效果是指：在二因子實驗設計中，A因子在B因子的某一水準下之效果（或是B因子在A因子的某一水準下之效果）。例如：就200毫升而言，討論30元、40元、50元的平均數（即a1b1、a1b2、a1b3）之差異情形，或是就40元而言，討論200毫升與500毫升的平均數（a1b2、a2b2）之差異情形等，都是「單純主要效果」的檢定內容。而如果是「主要效果」，那就不用管另一因子的存在了，而只須看整體的行平均數A1與A2，或是整體的列平均數B1、B2、B3之差異情形就可以了。

14-4　二因子變異數分析的基本原理

由第14-3節的介紹，不難理解，在二因子變異數分析中的所有檢定工作，主要是由兩部分所構成的，即各因子的主要效果檢定與交互作用效果檢定，若交互作用效果檢定顯著，則須再更深入的進行單純主要效果檢定（含事後比較）。

以表14-3的二因子變異數分析為例，主要該檢定項目有：「容量」因子的主要效果檢定、「售價」因子的主要效果檢定與「容量×售價」的交互作用效果檢定。

（一）「容量」因子的主要效果檢定

「容量」因子的主要效果檢定中，所檢定的內容是：不同容量的麝香貓咖啡，其市場接受度是否有顯著的差異？因此，將檢驗「容量」因子的行平均數間（A1與A2）的差異是否達到顯著？其虛無假設如下：

H_0：不同容量的麝香貓咖啡，其市場接受度沒有顯著的差異。

（二）「售價」因子的主要效果檢定

「售價」因子的主要效果檢定中，所檢定的內容是：不同價格的麝香貓咖啡，

其市場接受度是否有顯著的差異？因此，將檢驗「售價」因子的列平均數間（B1、B2、B3）的差異是否達到顯著？其虛無假設如下：

H$_0$：不同價格的麝香貓咖啡，其市場接受度沒有顯著的差異。

(三)「容量×售價」的交互作用效果檢定

交互作用效果的檢定中，所檢定的內容是：在各種不同「容量」的水準下，不同售價的麝香貓咖啡，其市場接受度是否有顯著的差異？或者是，在各種不同「售價」的水準下，不同容量的麝香貓咖啡，其市場接受度是否有顯著的差異？因此，交互作用項的效果就是要去檢驗表14-3中灰色網底之各細格平均數間（即a1b1、a1b2、a1b3、a2b1、a2b2、a2b3）的差異是否達到顯著？其虛無假設如下：

H$_0$：不同售價與容量組合處理下，其市場接受度沒有顯著的差異。

由上述不難理解，在一個具有A因子（p個水準）與B因子（q個水準）的p×q二因子變異數分析中，其總變異（SS$_{Total}$）應可拆解成四大區塊：A因子的變異、B因子的變異、AB交互作用項的變異與誤差變異。A因子變異的內涵為A因子各水準在觀測值（依變數）之平均數的變異情形，可透過A因子組間離差平方和（SS$_A$）計算出來；B因子變異則是為B因子各水準在觀測值（依變數）之平均數的變異情形，亦可透過計算B因子的組間離差平方和（SS$_B$）而得。而細格間離差平方和（SS$_{AB}$）則可用以反應交互作用項的效果強度。上述的三項離差平方和（SS）都和兩因子對各細格平均數的作用有關，故都可視為「組間」離均差平方和。最後，各細格內（組內）的變異情形也須加以描述，基本上這些變異是隨機誤差所造成的結果，各細格內之隨機誤差的離差平方和可加總而得出組內離差平方和（SS$_W$），故組內離差平方和（SS$_W$）即為誤差項的變異。故上述各項變異的關係可描述如下：

$$SS_{Total} = SS_A + SS_B + SS_{AB} + SS_W \qquad\qquad （式14-1）$$

各變異所相應的自由度亦有類似加總的關係：

$$df_{Total} = df_A + df_B + df_{AB} + df_W \qquad\qquad （式14-2）$$

$$(N-1) = (p-1) + (q-1) + (p-1)(q-1) + pq(n-1) \qquad\qquad （式14-3）$$

n為細格中觀測值個數，以表14-3而言，n＝3。

N為總觀測值個數（總樣本數），以表14-3而言，N＝18。

　　SS_A、SS_B、SS_{AB}等三個與自變數效果有關的組間離差平方和除以其各自相對應的自由度後，可得到三個組間均方和（MS_A、MS_B、MS_{AB}），這些組間均方和再除以誤差項的均方和（MS_W），就可得到F統計量並據以進行F檢定。上述這些有關於二因子變異數分析之變異量的拆解，可使用表14-4的「二因子變異數分析摘要表」來予以彙整。這個表也是利用SPSS執行變異數分析後，分析時所需要製作的報表。根據表14-4的「二因子變異數分析摘要表」就可據以檢定各項虛無假設之成立與否了。然讀者需要注意的是，表14-4只是一個基礎表格，將來實際運用時，可拆解的「變異來源」會因二因子變異數分析的類型而有所變化。這些變化狀況相當複雜，但若能依圖14-4的方式來拆解「變異來源」，那麼將更容易掌握二因子變異數分析的精髓。圖14-4的詳細說明，待後續章節中再予以說明。

表14-4　二因子變異數分析摘要表

變異來源		SS	df	MS	F
組間					
	A	SS_A	$p-1$	$MS_A = SS_A/(p-1)$	MS_A/MS_W
	B	SS_B	$q-1$	$MS_B = SS_B/(q-1)$	MS_B/MS_W
	AB	SS_{AB}	$(p-1)(q-1)$	$MS_{AB} = SS_{AB}/(p-1)(q-1)$	MS_{AB}/MS_W
組內					
	誤差	SS_W	$pq(n-1)$或$N-pq$	$MS_W = SS_W/pq(n-1)$	
全體		SS_{Total}	$N-1$		

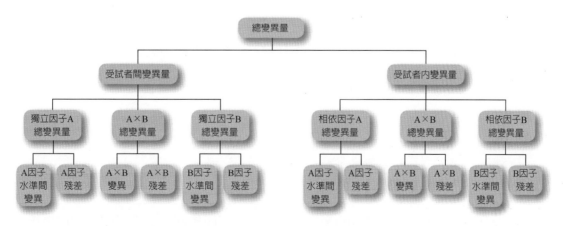

圖14-4　二因子變異數分析的變異拆解

◆ 14-5　二因子變異數分析的檢定流程 ◆

在二因子變異數分析中最重要的分析，就是「交互作用」效果的分析了。一旦交互作用效果顯著，就不須對行、列因子的主要效果進行解析。因為顯著的交互作用效果就代表著行因子的主要效果或列因子的主要效果，會因另一因子的不同水準而有所不同。所以在此情境下，單獨的再去各別討論行、列因子的主要效果，實在是沒有意義。但是既然交互作用效果顯著了，就代表各細格平均數間的差異顯著，那麼就須更進一步的進行「單純主要效果」檢定，以確認細格平均數間之差異狀況。

以表14-3的二因子變異數分析為例，列因子（A因子）、行因子（B因子）之單純主要效果檢定的內容為：

（一）A因子（容量）的單純主要效果檢定

1. 限定B因子為b1水準（售價30元）時：比較不同容量之麝香貓咖啡的市場接受度。

   虛無假設：當售價為30元時，不同容量之麝香貓咖啡的市場接受度平均數並無顯著差異。

   $H_0：\mu_{a1b1} = \mu_{a2b1}$

2. 限定B因子為b2水準（售價40元）時：比較不同容量之麝香貓咖啡的市場接受度。

   虛無假設：當售價為40元時，不同容量之麝香貓咖啡的市場接受度平均數並無顯著差異。

   $H_0：\mu_{a1b2} = \mu_{a2b2}$

3. 限定B因子為b3水準（售價50元）時：比較不同容量之麝香貓咖啡的市場接受度。

   虛無假設：當售價為50元時，不同容量之麝香貓咖啡的市場接受度平均數並無顯著差異。

   $H_0：\mu_{a1b3} = \mu_{a2b3}$

（二）B因子（售價）的單純主要效果檢定

1. 限定A因子為a1水準（容量200毫升）時：比較不同售價之麝香貓咖啡的市場接受度。

虛無假設：當容量為200毫升時，不同售價之麝香貓咖啡的市場接受度平均數並無顯著差異。

H_0：$\mu_{a1b1} = \mu_{a1b2} = \mu_{a1b3}$

2. 限定A因子為a2水準（容量500毫升）時：比較不同售價之麝香貓咖啡的市場接受度。

虛無假設：當容量為500毫升時，不同售價之麝香貓咖啡的市場接受度平均數並無顯著差異。

H_0：$\mu_{a2b1} = \mu_{a2b2} = \mu_{a2b3}$

整合第14-4與14-5小節的說明，進行二因子變異數分析時，各種假設檢定之流程，可參考圖14-5。

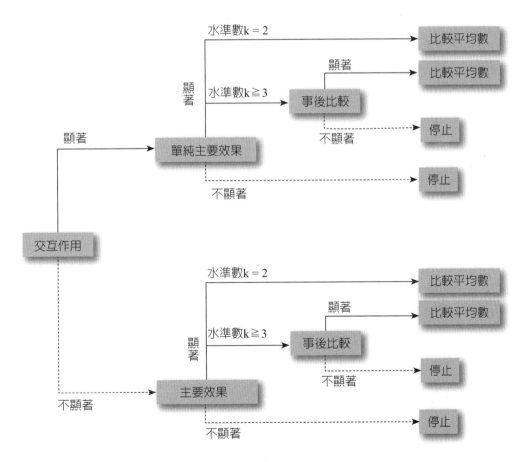

圖14-5　二因子變異數分析的檢定流程

　　圖14-5說明了，在二因子變異數分析中，最重要的檢定工作為「交互作用」效果的檢定。如果「交互作用」效果顯著時，為了能探索各因子之各水準的交互作用對觀測值（依變數）的影響效果是否顯著與比較影響效果的大小，則必須再進行「單純主要效果檢定」。在此情形下，若單純主要效果是顯著的話，則須進而進行事後比較，以比較各因子之各水準的交互作用之影響效果大小。當然於進行單純主要效果並比較大小的過程中，檢定方法的選擇將依據因子的特質與水準數而決定。例如：若屬獨立因子，且水準數大於等於3時，則須在固定另一因子之各水準下，使用單因子變異數分析來進行效果的檢定與比較大小，否則若水準數等於2時，那就使用獨立樣本 t 檢定就可以了；而若屬相依因子，且水準數大於等於3時，則亦須在固定另一因子之各水準下，使用單因子相依樣本變異數分析，否則若水準數等於2時，那麼就須使用成對樣本 t 檢定。

　　而當「交互作用」效果不顯著時，則須探索各個因子的主要效果是否顯著。如果顯著，則須再進行因子各水準間的影響效果比較（即事後比較）。檢定因子主要效果與進行事後比較時，檢定方法的選擇也將依據因子的特質與水準數而決定。例如：若屬獨立因子，且水準數大於等於3時，則須使用單因子變異數分析來進行效果的檢定與比較大小，否則若水準數等於2時，那就使用獨立樣本 t 檢定就可以了；而若屬相依因子，且水準數大於等於3時，則須使用單因子相依樣本變異數分析，否則若水準數等於2時，那麼就須使用成對樣本 t 檢定。

14-6　二因子完全獨立變異數分析（交互作用顯著）的範例

▶ 範例14-1

為提升國中生的團隊凝聚力，某校長引進一套體驗教育課程。為了瞭解體驗教育課程的效果，乃從國一、國二與國三學生中各抽取18名學生，每個年級的18名學生中，參與與不參與體驗教育課程的學生各9名，於課程結束後，所有樣本（54名學生）均須填寫「團隊凝聚力」量表。量表得分越高，表示學生的團隊凝聚力越強。所得數據如表14-5。試問：「體驗教育課程」與「學生年級」的交互作用是否對學生的「團隊凝聚力」上有顯著的影響效果？

表14-5　「團隊凝聚力」的數據

因子		學生年級（B）								
		國一			國二			國三		
體驗教育課程（A）	不參與體驗教育課程	22	31	35	35	37	51	46	53	51
		26	31	29	42	44	33	44	51	55
		33	24	29	42	40	46	46	57	48
	參與體驗教育課程	33	40	48	40	53	42	46	42	44
		40	46	37	48	46	44	51	53	53
		40	35	35	44	48	51	48	55	44

　　首先，判斷本範例之變異數分析的類型。由題意與表14-5顯見，依變數爲「團隊凝聚力」，自變數有兩個，分別爲「體驗教育課程（A）」（有兩個水準）與「學生年級（B）」（有三個水準）。由於各年級的學生被分成兩組（各9人），分別不參與及參與體驗教育課程的實驗，故表14-5之細格中，每個細格將有九個觀測值，且各細格中的受試者皆不同。因此，「體驗教育課程（A）」與「學生年級（B）」本質上應皆屬獨立因子，故本範例的檢定類型，應屬2×3（2列3行）的二因子完全獨立變異數分析。

　　實驗性資料的資料量通常較少，所以自行動手輸入的話，負荷應該也不重。二因子完全獨立變異數分析於SPSS中建立資料檔時，須將兩個獨立因子（體驗教育課程、學生年級）、依變數（團隊凝聚力）各建一個欄位，所以共須三個欄位，然後再參照表14-5之細格中的數據，由左至右、由上而下，依序輸入資料，輸入完成後，資料檔格式與外觀，如圖14-6。輸入完成的檔案，請存檔爲「ex14-1.sav」。

變數視圖

	名稱	類型	寬度	小數	標籤	值	遺漏	欄	對齊	測量
1	體驗教育課程	數值	8	0		{1, 不參與}...	無	11	靠右	名義
2	學生年級	數值	8	0		{1, 國一}...	無	8	靠右	名義
3	團隊凝聚力	數值	8	0		無	無	10	靠右	尺度

資料視圖

	體驗教育課程	學生年級	團隊凝聚力		體驗教育課程	學生年級	團隊凝聚力
1	1	1	22	28	2	1	33
2	1	1	26	29	2	1	40
3	1	1	33	30	2	1	40
4	1	1	31	31	2	1	40
5	1	1	31	32	2	1	46
6	1	1	24	33	2	1	35
7	1	1	35	34	2	1	48
8	1	1	29	35	2	1	37
9	1	1	29	36	2	1	35
10	1	2	35	37	2	2	40
11	1	2	42	38	2	2	48
12	1	2	42	39	2	2	44
13	1	2	37	40	2	2	53
14	1	2	44	41	2	2	46
15	1	2	40	42	2	2	48
16	1	2	51	43	2	2	42
17	1	2	33	44	2	2	44
18	1	2	46	45	2	2	51
19	1	3	46	46	2	3	46
20	1	3	44	47	2	3	51
21	1	3	46	48	2	3	48
22	1	3	53	49	2	3	42
23	1	3	51	50	2	3	53
24	1	3	57	51	2	3	55
25	1	3	51	52	2	3	44
26	1	3	55	53	2	3	53
27	1	3	48	54	2	3	44

圖14-6 二因子完全獨立變異數分析的資料格式

　　建檔完成後，就可開始進行二因子完全獨立變異數分析了。首先，讀者必先具備的認知是必須依照圖14-5的流程圖來完成整個分析過程。因此，完整的二因子變異數分析過程將分為兩個階段介紹，第一階段為整體檢定，第二階段為主要效果檢定之事後比較或單純主要效果檢定。在第一階段的整體檢定中，將進行單變量變異數分析，

主要在檢定交互作用效果與兩個獨立因子（體驗教育課程、學生年級）之主要效果是否顯著。如果交互作用效果顯著，則須再進行第二階段的單純主要效果檢定（本節範例14-1的主要內容）；而如果交互作用效果不顯著（下一小節範例14-2將介紹），則必須針對兩個獨立因子（體驗教育課程、學生年級）之主要效果的檢定結果（顯著與否），判斷是否須進行第二階段的事後比較。在此將系統性的分階段說明完整的檢定過程。

14-6-1 整體檢定之執行

首先，我們先來進行第一階段的整體檢定，檢定前須先設定假設。在整體檢定的過程中，將設定交互作用項的效果、二因子的主要效果等三個假設（在此將使用對立假設），分別描述如下：

H_{AB}：在體驗教育課程與學生年級的交互作用下，學生的團隊凝聚力會具有顯著的差異。

H_A：體驗教育課程的介入，會顯著影響學生的團隊凝聚力。

H_B：不同年級的學生，其團隊凝聚力會具有顯著的差異。

具備上述的認知後，就可開始在SPSS中設定、執行二因子完全獨立變異數分析了。過往在SPSS中執行統計分析時，我們大致上都是使用傳統的「拖、拉、點、選」等方式來進行。但本書建議使用語法會比較簡便，也不容易出錯。如前所述，完整的二因子變異數分析過程將分為兩個階段，因此執行二因子完全獨立變異數分析的語法，也分成兩個語法檔案。第一個語法檔案將執行第一階段的整體檢定，如圖14-7，該語法的檔案名稱為「完全獨立_整體檢定.sps」。第二個語法檔案將執行第二階段的單純主要效果檢定，如圖14-11，該語法的檔案名稱為「完全獨立_單純主要效果.sps」。這兩個語法檔案，讀者皆可在本書的範例資料夾中找到。

(操)(作)步驟

進行二因子完全獨立變異數分析之整體檢定的語法，如圖14-7。在圖14-7中，「中文字」的部分，都是讀者未來執行自己的二因子完全獨立變異數分析時，需要去修改的部分。基本上，這些修改的動作主要是依變數名稱及列、行因子名稱上的置換而已，讀者可根據自己論文中的依變數及列、行因子的名稱去做置換修改。甚至在

SPSS的語法編輯視窗中，也可以使用「取代」功能來執行各變數名稱上的置換，既迅速又不會出錯。

```
1   DATASET ACTIVATE 資料集1.
2   UNIANOVA 團隊凝聚力 BY 體驗教育課程 學生年級
3   /METHOD=SSTYPE(3)
4   /INTERCEPT=INCLUDE
5   /POSTHOC=體驗教育課程 學生年級(TUKEY)
6   /PLOT=PROFILE(體驗教育課程*學生年級 學生年級*體驗教育課程)
7   /EMMEANS=TABLES(OVERALL)
8   /EMMEANS=TABLES(體驗教育課程) COMPARE ADJ(LSD)
9   /EMMEANS=TABLES(學生年級) COMPARE ADJ(LSD)
10  /EMMEANS=TABLES(體驗教育課程*學生年級)
11  /PRINT=OPOWER ETASQ HOMOGENEITY DESCRIPTIVE
12  /CRITERIA=ALPHA(.05)
13  /DESIGN=體驗教育課程 學生年級 體驗教育課程*學生年級.
14
```

圖14-7　二因子完全獨立變異數分析之整體檢定的語法

利用如圖14-7的13列語法，就可以避免使用傳統的「拖、拉、點、選」等方式來進行二因子完全獨立變異數分析了。不過，應用的重點不是在背語法，而是要能舉一反三的去修改成自己研究中可用的語法。

進行二因子完全獨立變異數分析之整體檢定的詳細操作過程，請讀者自行參閱影音檔「ex14-1.mp4」。

▶ **語法說明**

圖14-7的整體檢定語法，其內容與說明如下：

第1列：「DATASET ACTIVATE 資料集1.」

此列語法，宣告將處理「資料集1」，所謂的「資料集1」就是代表目前SPSS視窗中所開啟的那個檔案。「資料集1」等文字，在SPSS視窗最上方的標題列中可找到。如果讀者發現，目前所開啟的檔案，SPSS卻把它編成比如說是「資料集3」時，那麼，此處的「資料集1」就須改為「資料集3」，這樣語法程式才能正確的執行。

第2列：「UNIANOVA 團隊凝聚力 BY 體驗教育課程 學生年級」

此列語法，說明了將進行單變量變異數分析。由於是二因子完全獨立變異數分析，故使用單變量變異數分析（UNIANOVA）就可以了。「BY」之前須列出了依變數的名稱，在本例即為「團隊凝聚力」；「BY」之後須依序列出因子（自變數）的名稱，先列出「列因子」，在本例即為「體驗教育課程」；再列出「行因子」，在本例即為「學生年級」。

第3列：「/METHOD = SSTYPE(3)」

此列語法，說明了計算離差平方和的方法為Type III（型III）法，縮寫即為SSTYPE(3)

第4列：「/INTERCEPT = INCLUDE」

此列語法，說明了未來產生的變異數分析表中將包含截距項的相關資料。

第5列：「/POSTHOC = 體驗教育課程 學生年級(TUKEY)」

此列語法中，「POSTHOC」代表要進行事後檢定的意思。「 = 」之後依序列出因子（自變數）的名稱，先列出「列因子」（體驗教育課程）；再列出「行因子」（學生年級）。這句語法說明了，若「列因子」與「行因子」的主要效果顯著時，就麼就須進行事後比較，且事後比較的方法為「TUKEY」。當然，讀者不一定要選用「TUKEY」，也可以使用「LSD」、「SCHEFFE」或其他方法。

第6列：「/PLOT = PROFILE(體驗教育課程*學生年級 學生年級*體驗教育課程)」

此列語法中，「PLOT」代表要畫出剖面圖的意思。而「PROFILE()」中，就列出了需要製作哪些平均數剖面圖。剖面圖中須由讀者來決定「橫軸（水平軸）」和「個別線」，到底分屬「列因子」或「行因子」。但縱軸則是固定的，即代表「*」後面那個因子的「團隊凝聚力」（依變數）之估計的邊緣平均值。比如「體驗教育課程*學生年級」，就代表要畫出以「體驗教育課程」為「橫軸（水平軸）」，「學生年級」的「團隊凝聚力」之估計的邊緣平均值為縱軸，「學生年級」為「個別線」的剖面圖（如圖14-8）。這張剖面圖中，因為「學生年級」為「個別線」，所以圖中會顯示出國一、國二、國三學生於各種「體驗教育課程」水準下的「團隊凝聚力」之平均數 （共三條線）。在本句語法中，將繪製兩個剖面圖，分別是「體驗教育課程*學生年級」（圖14-8）與「學生年級*體驗教育課程」（圖14-9）。雖然，所建立的兩個剖面圖在外觀上會有些差異，然而皆可看出是否有交互作用現象的

存在。若剖面圖中的個別線有交叉或不平行的現象，則「列因子」與「行因子」很有可能存在交互作用的現象。

第7列：「/EMMEANS = TABLES(OVERALL)」

此列語法中，「EMMEANS」表示將列出估計的邊緣平均值。TABLES(OVERALL)指以表格方式列出所有因子的估計的邊緣平均值。

第8列：「/EMMEANS = TABLES(體驗教育課程) COMPARE ADJ(LSD)」

此列語法中，「EMMEANS」表示將列出估計的邊緣平均值。「TABLES(體驗教育課程)」表示將以表格方式列出「體驗教育課程」之各水準下的「團隊凝聚力」之估計的邊緣平均值。而「COMPARE ADJ(LSD)」則代表如果「體驗教育課程」的主要效果顯著的話，那麼將以「LSD」法進行「體驗教育課程」之各水準下的「團隊凝聚力」之估計的邊緣平均值的事後比較。

第9列：「/EMMEANS = TABLES(學生年級) COMPARE ADJ(LSD)」

此列語法中，其意涵和第8列一樣。代表將以表格方式列出「學生年級」之各水準下的「團隊凝聚力」之估計的邊緣平均值。而且如果「學生年級」的主要效果顯著的話，那麼將以「LSD」法進行「學生年級」之各水準下的「團隊凝聚力」之估計的邊緣平均值的事後比較。

第10列：「/EMMEANS = TABLES(體驗教育課程*學生年級)」

此列語法中，其意涵和第8列差不多。只是在以表格方式列出估計的邊緣平均值（各水準下的團隊凝聚力之平均值）時，將以「體驗教育課程」為第一層變數，而「學生年級」為第二層變數。也就是說，必須在已先固定「體驗教育課程」為某水準下，再來檢視「學生年級」各個水準之團隊凝聚力的估計的邊緣平均值。雖然，本語法也會進行交互作用項（體驗教育課程*學生年級）的效果檢定。但若顯著的話，將不進行事後比較。因為交互作用效果顯著的話，須進行的是「單純主要效果檢定」，而不是事後比較。此時，就須進入第二階段，而使用「完全獨立_單純主要效果.sps」語法，來進行「單純主要效果檢定」了。

第11列：「/PRINT = OPOWER ETASQ HOMOGENEITY DESCRIPTIVE」

此列語法，就是要告訴SPSS，請它在報表中，要幫我們列印出描述性統計量（DESCRIPTIVE）、檢定力（OPOWER）、關聯效果量（ETASQ）與同質性檢定（HOMOGENEITY）的結果。

第12列：「/CRITERIA = ALPHA(.05)」

此列語法，可設定顯著水準。在此將顯著水準設定為0.05。

第13列：「/DESIGN = 體驗教育課程 學生年級 體驗教育課程*學生年級.」

此列語法中，「/DESIGN = 」後面須依序列出性質為獨立的因子。本例屬二因子完全獨立變異數分析，因此，所有的因子都是獨立的。故我們將依序列出「列因子」（體驗教育課程）、「行因子」（學生年級）與「交互作用項」（體驗教育課程*學生年級），以進行受試者間因子主要效應檢定。如果是相依因子的情形，那麼「/DESIGN = 」就要改為「/WSDESIGN = 」。因此這個「/WSDESIGN = 」在以後的二因子混合設計與二因子完全相依的變異數分析中才會看到。

14-6-2 整體檢定之報表解說

執行「完全獨立_整體檢定.sps」語法後，SPSS當可跑出有關整體檢定的輸出報表。報表相當的長，因此我們將分段予以說明。

（一）細格的敘述統計

首先，觀察輸出報表的「敘述統計」表，如表14-6。表14-6的「敘述統計」表中，列出了各細格的處理方式與觀測值（團隊凝聚力）的邊緣平均值、標準差與個數等資料。

表14-6 敘述統計表

體驗教育課程	學生年級	平均值	標準差	N
不參與	國一	28.89	4.226	9
	國二	41.11	5.622	9
	國三	50.11	4.428	9
	總計	40.04	9.990	27
參與	國一	39.33	5.050	9
	國二	46.22	4.206	9
	國三	48.44	4.720	9
	總計	44.67	5.981	27

表14-6　敘述統計表（續）

體驗教育課程	學生年級	平均值	標準差	N
總計	國一	34.11	7.020	18
	國二	43.67	5.488	18
	國三	49.28	4.522	18
	總計	42.35	8.483	54

（二）變異數同質性檢定

　　進行二因子完全獨立變異數分析的前提條件之一為各細格觀測值（團隊凝聚力）的變異數必須相等，即變異數須具有同質性之意。進行變異數同質性檢定時，其虛無假設為「各細格之觀測值的變異數，全部都相等」，且其檢定方法將採「Levene's 同質性變異數檢定」。由表14-7之「Levene's 同質性變異數檢定」表中，第一列的「根據平均數」可發現，Levene檢定的F值為0.231，顯著性為0.947，大於0.05，故須接受變異數同質的虛無假設，顯示各細格觀測值之變異數是相等的，故符合檢定之前提條件要求。

表14-7　Levene's同質性變異數檢定表

		Levene統計量	自由度1	自由度2	顯著性
團隊凝聚力	根據平均數	.231	5	48	.947
	根據中位數	.182	5	48	.968
	根據中位數，且含調整的自由度	.182	5	41.970	.968
	根據修整的平均數	.241	5	48	.942

（三）受試者間效應項檢定表

　　二因子完全獨立變異數分析的報表中，受試者間效應項檢定表是最重要的一個表格。因為「受試者間」的意義就代表著獨立因子，因此，有關獨立因子的檢定結果都會在「受試者間效應項檢定表」中揭示。表14-8即為「受試者間效應項檢定表」。

　　表14-8的第二欄「類型III平方和」即是Type III（型III）離差平方和（sum of square，簡稱型III SS），離差平方和的計算方式有Type I（型I）、Type II（型II）、Type III（型III）與Type IV（IV）等四種，Type III（型III）法是SPSS預設的計算方

法。由表14-8的檢定結果可發現，兩個主要效果（體驗教育課程與學生年級）的顯著性分別為0.001、0.000，皆小於顯著水準0.05，故均達顯著。而交互作用項的顯著性為0.002，小於顯著水準0.05，亦達顯著。

表14-8　受試者間效應項檢定表

來源	類型III平方和	自由度	均方	F	顯著性	Partial Eta Squared	非中心參數	觀察的冪
修正模型	2737.870	5	547.574	24.417	.000	.718	122.085	1.000
截距	96858.685	1	96858.685	4319.050	.000	.989	4319.050	1.000
體驗教育課程	289.352	1	289.352	12.903	.001	.212	12.903	.941
學生年級	2116.926	2	1058.463	47.198	.000	.663	94.396	1.000
體驗教育課程*學生年級	331.593	2	165.796	7.393	.002	.235	14.786	.926
誤	1076.444	48	22.426					
總計	100673.000	54						
修正後總數	3814.315	53						

（四）事後比較

　　這裡的事後比較是指主要效果的事後比較，主要效果有兩個，即「體驗教育課程」與「學生年級」，且從表14-8的檢定結果得知，兩個主要效果均達顯著，因此SPSS會分別顯示出「體驗教育課程」的「成對比較」表（表14-9）和「學生年級」的「成對比較」表（表14-10）。然而，由表14-8中得知交互作用項達顯著，故主要效果的解析並無其意義。基本上，表14-9與表14-10在此無須解釋，待將來進行單純主要效果檢定階段，再來探討參不參與「體驗教育課程」或各「學生年級」之團隊凝聚力的差異性才比較有意義。

表14-9　「體驗教育課程」的成對比較表

(I)體驗教育課程	(J)體驗教育課程	平均值差異（I-J）	標準誤	顯著性	差異的95%信賴區間	
					下限	上限
不參與	參與	-4.630*	1.289	.001	-7.221	-2.038
參與	不參與	4.630*	1.289	.001	2.038	7.221

表14-10　「學生年級」的成對比較表

(I)學生年級	(J)學生年級	平均值差異 (I-J)	標準誤	顯著性	差異的95%信賴區間	
					下限	上限
國一	國二	-9.556*	1.579	.000	-12.729	-6.382
	國三	-15.167*	1.579	.000	-18.341	-11.993
國二	國一	9.556*	1.579	.000	6.382	12.729
	國三	-5.611*	1.579	.001	-8.785	-2.437
國三	國一	15.167*	1.579	.000	11.993	18.341
	國二	5.611*	1.579	.001	2.437	8.785

（五）檢視剖面圖

　　「體驗教育課程」與「學生年級」之團隊凝聚力的估計邊緣平均值圖（剖面圖），分別如圖14-8與圖14-9所示。圖14-8中，以「體驗教育課程」為水平軸、「學生年級」為個別線，顯示出了在不參與和參與體驗教育課程的情況下，各年級學生的團隊凝聚力平均數（縱軸）。雖然圖14-8中的三條個別線（國一、國二、國三）並沒有交點，但線與線之間並不平行，這就隱約代表著交互作用現象可能存在的事實。而圖14-9則以「學生年級」為水平軸、「體驗教育課程」為個別線，顯示出了在各年級的情況下，參與和不參與體驗教育課程之學生的團隊凝聚力平均數（縱軸）。亦可發現兩條個別線有交點，再度顯示交互作用現象可能存在。

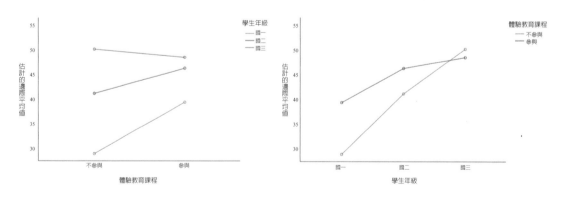

註：邊緣平均值，又稱「邊際平均值」，本書的圖以報表原始資料為主，故兩詞皆會使用。

圖14-8　體驗教育課程之團隊凝聚力剖面圖　　圖14-9　學生年級之團隊凝聚力剖面圖

⊿14-6-3　整體檢定之總結

　　執行二因子完全獨立變異數分析之整體檢定的主要目的，在於檢驗第14-6-1節中的三項假設。本範例經二因子變異數分析後，所產生的報表相當長。因此，讀者檢閱報表時應有目標性。在此我們的目標就是要彙整報表資料以完成表14-11的彙整表製作（表14-11的空白表格，已儲存在「完全獨立_變異數分析摘要表.docx」中），在表14-11的「二因子變異數分析摘要表（完全獨立）」中，灰色網底的部分將填入SPSS報表（受試者間效應項檢定表）所顯示的數據。根據表14-11就可檢定先前所設定的三個假設（交互作用項的效果與兩個主要效果）。要順利且正確的製作表14-11，最重要的工作是正確的拆解各種變異來源（表14-11的第一個欄位）。拆解各種變異來源時，可參考圖14-10。

表14-11　二因子變異數分析摘要表（完全獨立）

變異來源	型III SS	自由度	均方和（MS）	F值	顯著性	事後比較	淨η^2
A（體驗教育課程）	289.352	1	289.352	12.903	0.001		0.212
B（學生年級）	2116.926	2	1058.463	47.198	0.000		0.663
A×B	331.593	2	165.796	7.393	0.002		0.235
殘差	1076.444	48	22.426				
總數	3814.315	53					

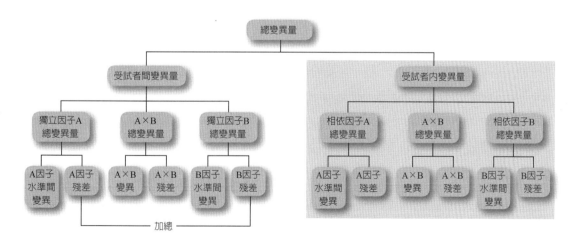

圖14-10　二因子完全獨立變異數分析的變異拆解

　　由於本範例屬二因子完全獨立變異數分析，故因子中並不存在相依因子（即受試者內因子）。所以圖14-10右半邊（灰色網底）有關受試者內之變異來源可以忽略不看。而由圖14-10左半邊的受試者間變異來源，可發現總共有六個變異來源。但因為各因子是完全獨立的狀況，所以可對三個殘差來源進行加總。故整合後，變異來源總共有四個，即A因子水準間的變異（體驗教育課程的主要效果）、B因子水準間的變異（學生年級的主要效果）、A×B的變異（體驗教育課程×學生年級所構成之交互作用項的效果）與殘差。由此，就可確立表14-11中的各種變異來源了。

　　至於，表14-11中的各項數據的填寫主要是依據表14-8的「受試者間效應項檢定表」。例如：

➤ 表14-8的第四列有關「體驗教育課程」的檢定資料，須填入到表14-11的第二列，即變異來源為「A（體驗教育課程）」列。

➤ 表14-8的第五列有關「學生年級」的檢定資料，須填入到表14-11的第三列，即變異來源為「B（學生年級）」列。

➤ 表14-8的第六列有關「體驗教育課程*學生年級」的交互作用項檢定資料，須填入到表14-11的第四列，即變異來源為「AxB」列。

➤ 表14-8的第七列有關「誤」列的檢定資料，須填入到表14-11的第五列，即變異來源為「殘差」列。

　　彙整好表14-11的「二因子變異數分析摘要表（完全獨立）」後，就可進行檢定了。由表14-11得知，交互作用項效果達顯著（F值7.393、顯著性0.002，小於0.05）。因此，H_{AB}獲得支持，即認為「在體驗教育課程與學生年級的交互作用下，學生的團隊凝聚力會具有顯著的差異。」此外，交互作用項的淨η^2為0.235，表示排除「體驗教育課程」、「學生年級」對團隊凝聚力之個別影響後，交互作用項「體驗教育課程×學生年級」可以解釋團隊凝聚力23.5%的變異量。雖然，「體驗教育課程」、「學生年級」等兩個主要效果（F值分別為12.903、47.198）亦達顯著。但由於交互作用效果顯著，故兩個獨立因子的主要效果並無分析價值。因而後續將進行「單純主要效果檢定」，以確認在何種情境組合下，才能有效的提高學生的團隊凝聚力。

14-6-4　單純主要效果的檢定

　　由於「體驗教育課程」與「學生年級」之交互作用項的效果顯著，表示學生參不參與體驗教育課程會因其年級的不同而有不同的團隊凝聚力，或不同年級的學生會因

參不參與體驗教育課程而有不同的團隊凝聚力。為明確的釐清到底是在何種情境組合下，才能有效的提高學生的團隊凝聚力，故後續將進行單純主要效果檢定。在此，所謂某因子的單純主要效果檢定就是在檢定「控制另一因子的各個水準之下，觀察該某因子之各水準的觀測值平均數間，是否具有顯著的差異」的意思。因此，單純主要效果檢定的假設（對立）如下：

（一）體驗教育課程（A）因子的單純主要效果檢定

這個檢定將先固定學生年級的各個水準後，再來針對「不參與」及「參與」體驗教育課程等兩種水準情況下的團隊凝聚力，進行差異性比較，故假設（對立）如下：

1. 限定「學生年級」為「國一」時，比較學生不參與、參與體驗教育課程後的團隊凝聚力。

H_{A1}：國一學生不參與、參與體驗教育課程，其團隊凝聚力的平均數會產生顯著差異。

2. 限定「學生年級」為「國二」時，比較學生不參與、參與體驗教育課程後的團隊凝聚力。

H_{A2}：國二學生不參與、參與體驗教育課程，其團隊凝聚力的平均數會產生顯著差異。

3. 限定「學生年級」為「國三」時，比較學生不參與、參與體驗教育課程後的團隊凝聚力。

H_{A3}：國三學生不參與、參與體驗教育課程，其團隊凝聚力的平均數會產生顯著差異。

（二）學生年級因子（B）的單純主要效果檢定

這個檢定將先固定體驗教育課程的各個水準後，再來針對各年級學生的團隊凝聚力，進行差異性比較，故假設（對立）如下：

1. 限定「不參與」體驗教育課程時，比較不同年級之學生的團隊凝聚力。

H_{B1}：當不參與體驗教育課程時，不同年級學生的團隊凝聚力平均數會產生顯著差異。

2. 限定「參與」體驗教育課程時，比較不同年級學生的團隊凝聚力。

H_{B2}：當參與體驗教育課程時，不同年級學生的團隊凝聚力平均數會產生顯著差異。

聲清上述之假設的意義後，只要依檢定內容所需，適當的操控（切割）原始檔案，就可進行各種情況下的單純主要效果檢定了。例如：要檢定H_{A1}時，由資料檔的結構（圖14-6）可知，「學生年級」欄位的值包含國一（1）、國二（2）、國三（3）等值。在這個情況下，並無法單獨針對國一學生的資料加以分析，故必須針對原始檔案，以「學生年級」的水準值為依據，切割成三個子檔案（一個年級一個資料檔）。切割後的子檔案，也具有三個欄位（結構與原始檔案同）。但是，「學生年級」這個欄位，在分析時將用不到。例如：要檢定H_{A1}時，只須在屬於國一學生的子檔案中，針對「體驗教育課程」與「團隊凝聚力」欄位，進行獨立樣本 t 檢定即可（因為體驗教育課程只有兩個水準）。此外，H_{A2}、H_{A3}的檢定方式與H_{A1}相同，都必須在各自的子檔案進行獨立樣本 t 檢定。由上述說明，讀者應不難理解，其過程是相當繁雜的。故在此，將介紹如何使用SPSS的語法來進行單純主要效果的檢定與事後比較。使用SPSS語法的好處是：不用對原始檔案進行任何處理（切割）與進行繁雜的操作過程，只要語法正確，即可有效率且正確的得到所須的結果報表。

操作步驟

於開啟資料檔「ex14-1.sav」的情況下，執行「完全獨立_單純主要效果.sps」語法，就可產生單純主要效果檢定的相關報表。「完全獨立_單純主要效果.sps」語法的內容，如圖14-11。

```
1  DATASET ACTIVATE 資料集1.
2  UNIANOVA 團隊凝聚力 BY 體驗教育課程 學生年級
3  /EMMEANS=TABLES(體驗教育課程*學生年級) COMPARE(學生年級)
4  /EMMEANS=TABLES(學生年級*體驗教育課程) COMPARE(體驗教育課程)
5
```

圖14-11　二因子完全獨立變異數分析之單純主要效果檢定的語法

利用如圖14-11的4列語法，就可以避免使用傳統的「拖、拉、點、選」等方式，以及切割檔案的方式來進行各因子的單純主要效果檢定了。不過，應用的重點不是在背語法，而是要有能力舉一反三的將上述語法，修改成自己研究中可用的語法。

詳細操作步驟，讀者可參閱影音檔「ex14-1.mp4」。

▶ **語法說明**

圖14-11之單純主要效果檢定的語法，其內容與說明如下：

第1列：「DATASET ACTIVATE 資料集1.」

此列語法，宣告將處理「資料集1」，所謂的「資料集1」就是代表目前SPSS視窗中所開啟的那個檔案。「資料集1」等文字，在SPSS視窗最上方的標題列中可找到。如果讀者發現，目前所開啟的檔案，SPSS卻把它編成比如說是「資料集3」時，那麼，此處的「資料集1」就須改為「資料集3」，這樣語法程式才能正確的執行。

第2列：「UNIANOVA 團隊凝聚力 BY 體驗教育課程 學生年級」

此列語法，說明了將進行單變量變異數分析。由於是二因子完全獨立變異數分析，故使用單變量變異數分析（UNIANOVA）就可以了。「BY」之前須列出了依變數的名稱，在本例即為「團隊凝聚力」；「BY」之後須依序列出因子（自變數）的名稱，先列出「列因子」，在本例即為「體驗教育課程」；再列出「行因子」，在本例即為「學生年級」。

第3列：「/EMMEANS = TABLES(體驗教育課程*學生年級) COMPARE(學生年級)」

「EMMEANS」表示將列出估計的邊緣平均值。

「TABLES(體驗教育課程*學生年級)」表示以表格方式列出估計的邊緣平均值（各水準下的團隊凝聚力之平均數）時，將以「體驗教育課程」為第一層變數，而「學生年級」為第二層變數。也就是說，必須在已先固定「體驗教育課程」為某水準下，再來檢視「學生年級」各個水準之團隊凝聚力的估計的邊緣平均值。

「COMPARE()」括號內的因子，必須是「*」號後的因子。「COMPARE(學生年級)」代表要進行「學生年級」的單純主要效果檢定，這時會逐一的檢定假設H_{B1}、H_{B2}。也就是，先固定「體驗教育課程」為某水準下，再來檢視「學生年級」各個水準間（國一、國二、國三間），團隊凝聚力之估計的邊緣平均值的差異性。此外，檢定後也會顯示事後比較的結果。

第4列：「/EMMEANS = TABLES(學生年級*體驗教育課程) COMPARE(體驗教育課程)」

「EMMEANS」表示將列出估計的邊緣平均值。

「TABLES(學生年級*體驗教育課程)」表示以表格方式列出估計的邊緣平均值（各水準下的團隊凝聚力之平均數）時，將以「學生年級」為第一層變數，而「體驗教育課程」為第二層變數。也就是說，必須在已先固定「學生年級」為某水準下，再來檢視「體驗教育課程」各個水準之團隊凝聚力的估計的邊緣平均值。

「COMPARE()」括號內的因子，必須是「*」號後的因子。「COMPARE(體驗教育課程)」代表要進行「體驗教育課程」的單純主要效果檢定，這時會逐一的檢定虛無假設H_{A1}、H_{A2}、H_{A3}。也就是，先固定「學生年級」為某水準下，再來檢視「體驗教育課程」各個水準間（不參與、參與間），團隊凝聚力之估計的邊緣平均值的差異性。此外，檢定後也會顯示事後比較的結果。

14-6-5 單純主要效果檢定的報表解說

運用SPSS語法的方式，來執行單純主要效果檢定時，只要短短的4列語法，就可達成任務，且不用對原始檔案進行任何前置處理工作，真是簡單又有效率。讀者未來若欲將該語法使用於自己的研究中時，只要針對語法中各變數的名稱進行替換、修改即可。

單純主要效果檢定之報表的解說過程，亦將分兩個階段來進行，第一階段為單純主要效果檢定，第二階段為事後比較。此外，由於單純主要效果檢定之報表亦相當長，為便於解析，將會把報表彙整成如表14-12的單純主要效果檢定摘要表（表14-12的空白表格，已儲存在「完全獨立_單純主要校果檢定摘要表.docx」中）。

表14-12　單純主要效果檢定摘要表（完全獨立）

變異來源	型III SS	自由度	均方和(MS)	F值	顯著性	事後比較
體驗教育課程（A列）						
國一	490.889	1	490.889	21.889	0.000*	不參與＜參與
國二	117.556	1	117.556	5.242	0.026	
國三	12.500	1	12.500	0.557	0.459	
學生年級（B行）						
不參與	2042.296	2	1021.148	45.534	0.000*	國一＜國二＜國三
參與	406.222	2	203.111	9.057	0.000*	國一＜國二、國三
誤差	1076.444	48	22.426			

註：顯著水準：0.01。

（一）體驗教育課程的單純主要效果檢定

進行「體驗教育課程」的單純主要效果檢定之基本概念是：必須先控制「學生年級」的各水準，然後再來比較「不參與」及「參與」體驗教育課程的學生間，其團隊凝聚力平均數有無顯著差異？也就是檢驗 H_{A1}、H_{A2}、H_{A3}。因此，就因子的層次而言，明顯的「學生年級」應屬第一層（先被固定住），「體驗教育課程」為第二層（「*」號之後的因子）。故檢定的報表應為「學生年級*體驗教育課程」段落中的單變量檢定表，如表14-13。

表14-13　「學生年級*體驗教育課程」之單變量檢定表

學生年級		平方和	自由度	均方	F	顯著性
國一	對照	490.889	1	490.889	21.889	.000
	誤	1076.444	48	22.426		
國二	對照	117.556	1	117.556	5.242	.026
	誤	1076.444	48	22.426		
國三	對照	12.500	1	12.500	.557	.459
	誤	1076.444	48	22.426		

表14-13「學生年級*體驗教育課程」之單變量檢定表，最主要的功能就是在檢驗假設 H_{A1}、H_{A2}、H_{A3}。在此讀者須注意的是，由於將連續進行5次的單純主要效果檢定（H_{A1}、H_{A2}、H_{A3}、H_{B1}、H_{B2}），為避免型I錯誤率（α值）膨脹，因此最好採用族系錯誤率（原始顯著水準除以檢定次數），故須將各檢定的 α 值設定為0.05/5 = 0.01，以使整體的型I錯誤率控制在0.05的水準。由表14-13的數據可發現，就國一而言，「不參與」及「參與」體驗教育課程的學生間，其團隊凝聚力具有顯著的差異（$F_{(1,48)}$ = 21.889，顯著性為0.000 < 0.01，故 H_{A1} 獲得支持），而對國二、國三的學生而言，「不參與」及「參與」體驗教育課程的學生間，其團隊凝聚力並無顯著差異（採用族系錯誤率時，顯著性分別為0.026與0.459，皆大於0.01，皆不顯著，故 H_{A2}、H_{A3} 未獲得支持）。由於只有 H_{A1} 顯著，未來有必要進行事後檢定，以瞭解國一學生參與、不參與體驗教育課程後之團隊凝聚力變化情形。

將表14-13中各欄位數據，填入表14-12的方法如下：

➤ 表14-13的第2列有關「國一」學生的檢定資料，須填入到表14-12的第3列，即變異來源為「國一」列。

> 表14-13的第4列有關「國二」學生的檢定資料，須填入到表14-12的第4列，即變異來源為「國二」列。

> 表14-13的第6列有關「國三」學生的檢定資料，須填入到表14-12的第5列，即變異來源為「國三」列。

（二）學生年級的單純主要效果檢定

進行「學生年級」的單純主要效果檢定之基本概念是：必須先控制「體驗教育課程」的各水準，然後再來比較各年級學生間的團隊凝聚力平均數有無顯著差異？也就是檢驗H_{B1}、H_{B2}。因此，就因子的層次而言，明顯的「體驗教育課程」應屬第一層（先被固定住），「學生年級」為第二層（「*」號之後的因子）。故檢定的報表為「體驗教育課程*學生年級」段落中的單變量檢定表，如表14-14。

表14-14　「體驗教育課程*學生年級」之單變量檢定表

體驗教育課程		平方和	自由度	均方	F	顯著性
不參與	對照	2042.296	2	1021.148	45.534	.000
	誤	1076.444	48	22.426		
參與	對照	406.222	2	203.111	9.057	.000
	誤	1076.444	48	22.426		

表14-14中第2欄「平方和」（即離差平方和）、第4欄「均方」即分別的對應於表14-12中的「型III SS」欄位與「均方和（MS）」欄位，其餘欄位皆相同。此外，表14-14的第3、5列中尚有一「誤」之列，其實就是「誤差」（殘差）之意。

將表14-14中各欄位數據，填入表14-12的方法如下：

> 表14-14的第2列有關「不參與」體驗教育課程的檢定資料，須填入到表14-12的第7列，即變異來源為「不參與」列。

> 表14-14的第4列有關「參與」體驗教育課程的檢定資料，須填入到表14-12的第8列，即變異來源為「參與」列。

> 表14-14的第3列、第5列，有關「誤」（誤差）的檢定資料，須填入到表14-12的第9列，即變異來源為「誤差」列。

表14-14「體驗教育課程*學生年級」之單變量檢定表，最主要的功能就是在檢驗虛無假設：H_{B1}、H_{B2}。在此讀者須注意的是，由於將連續進行5次的單純主要效果

檢定（H_{A1}、H_{A2}、H_{A3}、H_{B1}、H_{B2}），爲避免型I錯誤率（α值）膨脹，因此顯著水準應採用族系錯誤率以避免誤差擴大，故修正後的顯著水準應爲0.01（0.05/5）。由表14-14的數據可發現，在不參與體驗教育課程的情況下，檢定之F(2,48) = 45.534，顯著性爲0.000 < 0.01，故H_{B1}獲得支持，故可得結論：在不參與體驗教育課程的情況下，不同年級的學生其團隊凝聚力具有顯著的差異。而在參與體驗教育課程的情況下，不同年級的學生其團隊凝聚力亦具有顯著的差異〔F(2,48) = 9.057，顯著性爲0.000 < 0.01，故H_{B2}亦獲得支持〕。未來有必要再進行事後檢定，以瞭解在「不參與」及「參與」體驗教育課程的情況下，各年級學生之團隊凝聚力的大小關係。

14-6-6　單純主要效果檢定的事後檢定

（一）體驗教育課程的事後檢定

　　進行「體驗教育課程」的事後檢定時，因爲須先固定學生年級的各水準，所以報表該採用「學生年級*體驗教育課程」段落中的成對比較表，如表14-15。由於只有H_{A1}顯著，故在此只要針對「國一」學生進行事後比較即可。由表14-15中，「平均值差異（I–J）」欄位（I代表前者，即不參與；J代表後者，即參與）可見，對國一學生而言，「不參與」、「參與」體驗教育課程之團隊凝聚力差異爲負（-10.444），顯著，且因「差異的95%信賴區間」的下限、上限皆屬負，顯見前者（不參與）小於後者（參與）。因此，可推斷，「不參與」體驗教育課程的國一學生，其團隊凝聚力小於「參與」體驗教育課程的國一學生。故其比較結果可記爲「不參與 < 參與」或「1 < 2」，並填入表14-12之第3列的「事後比較」欄位內。

表14-15　「體驗教育課程」的事後檢定表

學生年級	(I)體驗教育課程	(J)體驗教育課程	平均值差異（I-J）	標準誤	顯著性	差異的95%信賴區間[b]	
						下限	上限
國一	不參與	參與	-10.444*	2.232	.000	-14.933	-5.956
	參與	不參與	10.444*	2.232	.000	5.956	14.933
國二	不參與	參與	-5.111*	2.232	.026	-9.600	-.623
	參與	不參與	5.111*	2.232	.026	.623	9.600
國三	不參與	參與	1.667	2.232	.459	-2.822	6.155
	參與	不參與	-1.667	2.232	.459	-6.155	2.822

（二）學生年級的事後檢定

進行「學生年級」的事後檢定時，因為須先固定體驗教育課程的各水準，因此報表該採用「體驗教育課程*學生年級」段落中的成對比較表，如表14-16。由表14-16，在「不參與」體驗教育課程的情形下，觀察「平均值差異（I-J）」欄位以及「差異的95%信賴區間」欄位，應可輕易判斷出，以國三學生的團隊凝聚力最大，國二學生次之，國一學生則最小，且其差異皆顯著。其結果可記為「國一＜國二＜國三」或「1＜2＜3」，並填入表14-12之第7列的「事後比較」欄位內。

其次，在「參與」體驗教育課程的情形下，觀察「平均值差異（I-J）」欄位以及「差異的95%信賴區間」欄位，應可輕易判斷出，國二、國三學生的團隊凝聚力之差異並不顯著，但以國一學生的團隊凝聚力最小。其結果可記為「國一＜國二、國三＞」或「1＜2、3」，並填入表14-12之第8列的「事後比較」欄位內。

表14-16　「學生年級」的事後檢定表

體驗教育課程	(I)學生年級	(J)學生年級	平均值差異（I-J）	標準誤	顯著性[b]	差異的95%信賴區間	
						下限	上限
不參與	國一	國二	-12.222*	2.232	.000	-16.711.	-7.734
		國三	-21.222*	2.232	.000	-25.711	-16.734
	國二	國一	12.222*	2.232	.000	7.734	16.711
		國三	-9.000*	2.232	.000	-13.489	-4.511
	國三	國一	21.222*	2.232	.000	16.734	25.711
		國二	9.000*	2.232	.000	4.511	13.489
參與	國一	國二	-6.889*	2.232	.003	-11.377	-2.400
		國三	-9.111*	2.232	.000	-13.600	-4.623
	國二	國一	6.889*	2.232	.003	2.400	11.377
		國三	-2.222*	2.232	.325	-6.711	2.266
	國三	國一	9.111*	2.232	.000	4.623	13.600
		國二	2.222*	2.232	.325	-2.266	6.711

14-6-7　單純主要效果檢定的總結

為方便進行單純主要效果檢定之五個虛無假設的檢定，在此將單純主要效果檢定與事後檢定的結果，彙整成表14-17（與表14-12同，複製到此，比較容易進行總結報

告）。由表14-17的「體驗教育課程」段落中顯見：

1. 就國一學生而言，「不參與」及「參與」體驗教育課程的學生間，其團隊凝聚力具有顯著的差異，且參與後的團隊凝聚力較高。

2. 在不參與體驗教育課程的情況下，不同年級的學生其團隊凝聚力具有顯著的差異，且學生的團隊凝聚力以國三最大、國二次之，國一則最小。

3. 而在參與體驗教育課程的情況下，不同年級的學生其團隊凝聚力亦具有顯著的差異，且團隊凝聚力以國一最小，國二與國三則無差異。顯見，對國二學生而言，「體驗教育課程」的介入，確實能有效提升學生的團隊凝聚力。

綜合而言，就國一學生而言，「不參與」及「參與」體驗教育課程的學生間，其團隊凝聚力具有顯著的差異，且參與後的團隊凝聚力較高。此外，在不參與體驗教育課程的情況下，不同年級的學生其團隊凝聚力具有顯著的差異，且學生的團隊凝聚力以國三最大、國二次之，國一則最小。而在參與體驗教育課程的情況下，不同年級的學生其團隊凝聚力亦具有顯著的差異，且團隊凝聚力以國一最小，國二與國三則無差異。綜合上述結論，顯見，對國二學生而言，參與體驗教育課程後，其團隊凝聚力確實能有效提升，甚至與國三學生並駕齊驅了。

表14-17　單純主要效果檢定摘要表（完全獨立）

變異來源	型III SS	自由度	均方和（MS）	F值	顯著性	事後比較
體驗教育課程（A列）						
國一	490.889	1	490.889	21.889	0.000*	不參與＜參與
國二	117.556	1	117.556	5.242	0.026	
國三	12.500	1	12.500	0.557	0.459	
學生年級（B行）						
不參與	2042.296	2	1021.148	45.534	0.000*	國一＜國二＜國三
參與	406.222	2	203.111	9.057	0.000*	國一＜國二、國三
誤差	1076.444	48	22.426			

註：顯著水準：0.01，*代表顯著。

14-6-8 二因子完全獨立變異數分析之總結

經二因子變異數分析後，由表14-11得知，交互作用效果（F值7.393、顯著性0.002）顯著。故可認為「不同體驗教育課程與學生年級的交互處理下，學生的團隊凝聚力具有顯著的差異。」此外，交互作用項的淨η^2為0.235，表示排除「體驗教育課程」與「學生年級」對團隊凝聚力個別的影響後，交互作用項「體驗教育課程×學生年級」可以解釋團隊凝聚力的變異量達23.5%。依據Cohen（1988）的判斷標準，以該交互作用項來解釋團隊凝聚力的變化，已具有相當高的實務顯著性。

其次，由表14-17的「體驗教育課程」段落中顯見，就國一學生而言，「不參與」及「參與」體驗教育課程的學生間，其團隊凝聚力具有顯著的差異，且以參與後的團隊凝聚力較高。此結果似與該校校長擬以導入體驗教育課程而提升團隊凝聚力的想法吻合。但研究中也發現，對國二與國三學生而言，體驗教育課程的介入，效果似乎不大。或許對國二與國三學生而言，同班同學的相處至少有一年以上的時間了，在這樣的情況下，班上同學的團隊凝聚力本應已具備相當的水準，也因此導致新課程的介入，卻無法再提升團隊凝聚力。

再由表14-17的「學生年級」段落得知，不同年級的學生，在不參與體驗教育課程的情況下，其團隊凝聚力具有顯著的差異，且學生的團隊凝聚力以國三最大、國二次之，國一則最小。這結果也驗證了，先前本研究的推測，即越高年級的學生，其班上的團隊凝聚力，本來就會具有較高的水準。而不同年級的學生，在參與體驗教育課程的情況下，其團隊凝聚力亦具有顯著的差異，且團隊凝聚力以國一最小，國二與國三則無差異。這結果或許是暗示著，對於提升團隊凝聚力而言，於時間流當中，同班同學間的生活點滴所凝聚成的情感，比以課程的介入方式來提升團隊凝聚力更有效吧！

14-6-9 二因子完全獨立變異數分析之彩蛋

雖然，二因子完全獨立變異數分析的完整過程已介紹完畢，但讀者應能發現，在這個過程中，除了須暸解經由執行語法後，所產生的各類報表的意義與解析外，其實最複雜的部分，應該就屬如何彙整出表14-11的「二因子變異數分析摘要表（完全獨立）」和表14-17的「單純主要效果檢定摘要表（完全獨立）」了。在此，本書已提供了「二因子完全獨立變異數分析_報表產生器.xlsx」這個Excel檔案，以便能輔助讀者輕鬆的、半自動化的迅速完成表14-11與表14-17的製作。詳細的操作過程，請讀者自行參看教學影音檔「ex14-1.mp4」。

14-7　二因子完全獨立變異數分析（交互作用不顯著）的範例

　　研究中都已經運用到二因子變異數分析了，檢定結果交互作用卻不顯著，感覺上還蠻心酸的。但無論如何，本書是教導統計分析方法的用書，所以縱使交互作用不顯著，也需教導讀者後續該如何處理會比較妥善。

　　原則上，處理方法會根據圖14-5來進行。也就是說，當交互作用不顯著時，那麼我們就必須針對各因子來進行主要效果檢定。所謂主要效果檢定就是各因子根據本身獨立與否的特質與水準數來進行適當的檢定，例如：是獨立因子的話，水準數在3（含）以上，那就進行單因子變異數分析，否則就進行獨立樣本 t 檢定。而如果是相依因子的話，水準數在3（含）以上，就進行單因子相依樣本變異數分析，否則就進行成對樣本 t 檢定。

▶ 範例14-2

屏科連鎖咖啡店欲測試新產品——麝香貓咖啡的市場接受度，乃規劃每杯麝香貓咖啡以200、350和500毫升的容量水準與30、40、50和60元等四種價格水準（共有12種銷售條件，即12種處理），進行銷售實驗。於是隨機性的指派其36家分店試賣1個月，36家分店將分成12個組別，每個組別將隨機性的被分配到不同的「處理」中，然後蒐集各家分店的銷售杯數（如表14-18），以評估此麝香貓咖啡在市場上的接受程度。試問：「容量」與「售價」是否在「市場接受度」上有顯著的交互作用？（資料檔案為ex14-2.sav）

表14-18　「市場接受度」（銷售杯數）的數據

因子		售價（B）			
		30元	40元	50元	60元
容量（A）	200毫升	1194	1136	1048	768
		1282	1200	1202	674
		1302	1088	957	528
	350毫升	1328	1202	1122	848
		1398	1224	1171	778
		1320	1200	1208	726

表14-18 「市場接受度」（銷售杯數）的數據（續）

因子		售價（B）			
		30元	40元	50元	60元
	500毫升	1456	1304	1258	904
		1437	1411	1206	1003
		1400	1226	1258	920

首先，判斷本範例之變異數分析的類型。由題意與表14-18顯見，依變數為「市場接受度」（銷售杯數），自變數有兩個，分別為「容量」（有三個水準）與「售價」（有四個水準）。由於36家分店被分成十二組（各組3家分店），各組將被隨機分配至十二種處理中（三個容量水準與四個售價水準之組合處理），故表14-18之細格中，每個細格將有三個觀測值（3家分店的銷售杯數），且各細格中的受試者皆不同。因此，本範例應屬3×4二因子完全獨立變異數分析。

實驗性資料的資料量通常較少，所以自行動手輸入的話，負荷應該也不重。二因子完全獨立變異數分析於SPSS中建立資料檔時，須將兩個獨立因子（容量、售價）、依變數（市場接受度）各建立一個欄位（變數），所以共須建立三個變數，然後再參照表14-18細格中的數據，依序輸入資料，輸入時「由左至右、再由上而下」或「由上而下、再由左至右」都可以，只要各細格資料的輸入方向一致就好，輸入完成後，資料檔格式與外觀，如圖14-12。輸入完成的檔案，請存檔為「ex14-2.sav」。

變數視圖

	名稱	類型	寬度	小數	標籤	值	遺漏	欄	對齊	測量
1	容量	數值	8	0		{1, 200毫升}...	無	6	靠右	名義
2	售價	數值	8	0		{1, 30元}...	無	5	靠右	名義
3	市場接受度	數值	8	0		無	無	10	靠右	尺度

資料視圖

	容量	售價	市場接受度
1	1	1	1194
2	1	1	1282
3	1	1	1302
4	1	2	1136
5	1	2	1200
6	1	2	1088
7	1	3	1048
8	1	3	1202
9	1	3	957
10	1	4	768
11	1	4	674
12	1	4	528

	容量	售價	市場接受度
13	2	1	1328
14	2	1	1398
15	2	1	1320
16	2	2	1202
17	2	2	1224
18	2	2	1200
19	2	3	1122
20	2	3	1171
21	2	3	1208
22	2	4	848
23	2	4	778
24	2	4	726

	容量	售價	市場接受度
25	3	1	1456
26	3	1	1437
27	3	1	1400
28	3	2	1304
29	3	2	1411
30	3	2	1226
31	3	3	1258
32	3	3	1206
33	3	3	1258
34	3	4	904
35	3	4	1003
36	3	4	920

圖14-12 二因子完全獨立變異數分析的資料格式

建檔完成後，就可開始進行二因子完全獨立變異數分析了。首先，讀者必先具備的認知是必須依照第14-5節中圖14-5的流程圖來完成整個分析過程。因此，完整的二因子變異數分析過程將分為兩個階段，第一階段為整體檢定，第二階段為主要效果檢定之事後比較或單純主要效果檢定。第一階段的整體檢定中，將進行單變量變異數分析，主要在檢定交互作用效果與兩個主要效果是否顯著。如果交互作用效果顯著，則須再進行第二階段的單純主要效果檢定；而如果交互作用效果不顯著，則必須針對兩個主要效果的檢定結果（顯著與否），判斷是否進行第二階段的事後比較。

14-7-1　整體檢定之執行

首先，我們先來進行第一階段的整體檢定，檢定前須先設定假設。在整體檢定的過程中，將設定交互作用項的效果、二因子的主要效果等三個假設（使用對立假設），分別描述如下：

H_{AB}：容量與售價的交互作用下，麝香貓咖啡的市場接受度具有顯著的差異。

H_A：不同容量的麝香貓咖啡，其市場接受度具有顯著的差異。

H_B：不同售價的麝香貓咖啡，其市場接受度具有顯著的差異。

具備上述的認知後，就可開始在SPSS中設定、執行二因子完全獨立變異數分析了。但在此我們將使用語法來執行檢定。如前所述，完整的二因子變異數分析過程將分為兩個階段，因此執行二因子完全獨立變異數分析的語法，也將分成兩個檔案，第一個語法檔案將執行第一階段的整體檢定，該語法的檔案名稱為「完全獨立_整體檢定.sps」。第二個語法檔案將執行第二階段的單純主要效果檢定，該語法的檔案名稱為「完全獨立_單純主要效果.sps」。這兩個語法檔案，讀者皆可在本書的範例資料夾中找到。

操 作 步驟

進行二因子完全獨立變異數分析的語法如圖14-7。這些語法的意涵已在第14-6-1節中有所說明，在此不再贅述。

但是，由於本範例的自變數（兩個獨立因子）與依變數，皆與第14-6-1節的範例不同，因此進行分析前，須修改「完全獨立_整體檢定.sps」與「完全獨立_單純主要效果.sps」等兩個語法，在此先修改「完全獨立_整體檢定.sps」的語法內容，以符合

本範例的自變數（兩個獨立因子）與依變數名稱。修改好的語法檔爲「完全獨立_整體檢定_ex14-2.sps」，其內容如圖14-13。

```
1  ▶ DATASET ACTIVATE 資料集1.
2  ♡ UNIANOVA 市場接受度 BY 容量 售價
3    /METHOD=SSTYPE(3)
4    /INTERCEPT=INCLUDE
5    /POSTHOC=容量 售價(TUKEY)
6    /PLOT=PROFILE(容量*售價 售價*容量)
7    /EMMEANS=TABLES(OVERALL)
8    /EMMEANS=TABLES(容量) COMPARE ADJ(LSD)
9    /EMMEANS=TABLES(售價) COMPARE ADJ(LSD)
10   /EMMEANS=TABLES(容量*售價)
11   /PRINT=OPOWER ETASQ HOMOGENEITY DESCRIPTIVE
12   /CRITERIA=ALPHA(.05)
13 △ /DESIGN=容量 售價 容量*售價.
14
```

圖14-13　二因子完全獨立變異數分析之整體檢定的語法

進行二因子完全獨立變異數分析之整體檢定的詳細操作過程，請讀者自行參閱影音檔「ex14-2.mp4」。

14-7-2　整體檢定之報表解說

執行「完全獨立_整體檢定_ex14-2.sps」後，SPSS當可跑出有關整體檢定的輸出報表。報表相當的長，但由於第14-6節中，已經對二因子完全獨立變異數分析的整體檢定報表，做過詳細的說明。因此，本節中將只針對「變異數同質性檢定」與「受試者間效應項檢定」來進行解析。

（一）變異數同質性檢定

進行二因子變異數分析的前提條件之一爲各細格資料的變異數必須相等。由表14-19的「Levene's 同質性變異數檢定」表中可發現，Levene統計量值（F值）爲1.653，顯著性爲0.146，大於0.05，顯示各細格資料（市場接受度）之變異數是相等的，故符合二因子完全獨立變異數分析之前提條件要求。

表14-19　Levene's同質性變異數檢定表

		Levene統計量	自由度1	自由度2	顯著性
市場接受度	根據平均數	1.653	11	24	.146
	根據中位數	.825	11	24	.618
	根據中位數，且含調整的自由度	.825	11	13.371	.621
	根據修整的平均數	1.593	11	24	.164

（二）受試者間效應項檢定

「受試者間」的意思，意指只針對「獨立因子」進行檢定之意。

將來要彙整檢定結果的「二因子變異數分析摘要表」（如表14-21）中的相關數據，皆來自於SPSS輸出報表的「受試者間效應項檢定」表（如表14-20）。由表14-20的檢定結果可發現，兩個主要效果（容量、售價）均達顯著，F值分別為25.272、106.108，而顯著性皆為0.000；然而，交互作用項的F值為0.556、顯著性為0.761 > 0.05，顯見交互作用不顯著。故依據第14-5節的檢定流程圖（圖14-5），將來不必再進行單純主要效果檢定，而只須再針對主要效果顯著的獨立因子（容量、售價），來進行事後比較就可以了。

表14-20　受試者間效應項檢定

來源	類型III 平方和	自由度	均方	F	顯著性	Partial Eta Squared	非中心 參數	觀察的幂
修正模型	1774528.31	11	161320.755	33.837	.000	.939	372.203	1.000
截距	45984221.36	1	45984221.36	9645.072	.000	.998	9645.072	1.000
容量	240974.889	2	120487.444	25.272	.000	.678	50.544	1.000
售價	1517653.194	3	505884.398	106.108	.000	.930	318.324	1.000
容量*售價	15900.222	6	2650.037	.556	.761	.122	3.335	.182
誤	114423.333	24	4767.639					
總計	47873173.00	36						
修正後總數	1888951.639	35						

14-7-3 整體檢定之總結

執行二因子完全獨立變異數分析之整體檢定的主要目的，在於檢驗第14-7-1節中的三項假設。本範例經二因子變異數分析後，所產生的報表相當長。在此我們將彙整報表資料以完成表14-21的彙整表製作（表14-21的空白表格，已儲存在「完全獨立_變異數分析摘要表.docx」中），在表14-21的「二因子變異數分析摘要表」中，灰色網底的部分將填入SPSS報表所顯示的數據。根據表14-21就可檢定先前所設定的三個假設（交互作用項的效果與兩個主要效果）。

表14-21　二因子變異數分析摘要表

變異來源	型III SS	自由度	均方和（MS）	F值	顯著性	事後比較	淨η^2
容量（A列）	240974.889	2	120487.444	25.272	0.000*	3 > 2 > 1	0.678
售價（B行）	1517653.194	3	505884.398	106.108	0.000*	1 > 2 = 3 > 4	0.930
容量×售價（A×B）	15900.222	6	2650.037	0.556	0.761		0.122
誤差	114423.333	24	4767.639				
總數	1888951.639	35					

註：*表 p < 0.05，顯著。

彙整好表14-21的「二因子變異數分析摘要表」後，就可進行檢定了。由表14-21得知，交互作用項效果不顯著（F值0.556、顯著性0.761，大於0.05）。因此，H_{AB}未獲得支持（不成立）。即認為「容量×售價的交互作用項的效果不顯著」，故將來可不必再進行單純主要效果檢定。此外，容量、售價的主要效果的F值分別為25.272、106.108，顯著性皆為0.000，皆小於0.05，故皆顯著。因此，H_A、H_B皆獲得支持。代表容量、售價都會顯著影響麝香貓咖啡的市場接受度。再由表14-21的最後一欄可發現，容量、售價的淨η^2分別為0.678、0.930，都相當高。代表容量、售價都確實能解釋市場接受度的變異。再者，由於交互作用項的效果不顯著，且兩個主要效果顯著，因而後續將不必進行單純主要效果檢定，而只須再針對主要效果顯著的獨立因子進行事後比較就可以了。以便能理解，在哪種容量或哪種售價之下，麝香貓咖啡的市場接受度最高。

14-7-4 主要效果的事後比較

由於交互作用項的效果不顯著，故將直接針對顯著的主要效果進行事後比較。本範例中，主要效果有兩個，即「容量」與「售價」，且都顯著，故必須再針對這兩個主要效果，分別進行事後比較。

操作 步驟

主要效果進行事後比較之詳細操作過程，請讀者自行參閱影音檔「ex14-2.mp4」。

▶ 報表解說

只要執行了整體檢定之語法後，所產生的報表中，就已經包含主要效果之事後比較的相關報表了。因此，不用再執行任何語法，只要從整體檢定之報表中，找出各因子的成對比較表即可。

（一）容量因子的事後比較

進行「容量」因子的事後比較時，報表該採用SPSS輸出報表之「容量」段落中的成對比較表，如表14-22。從表14-22之「平均值差異（I-J）」欄位值的正、負符號與顯著性，就可判斷容量之各水準處理下的市場接受度了。觀察表14-22之「平均值差異（I-J）」欄位值後可知，「500毫升」的麝香貓咖啡其市場接受度最高、「350毫升」次之、「200毫升」最低。其結果可記為「500毫升 > 350毫升 > 200毫升」或「3 > 2 > 1」，並填入表14-21之第二列的「事後比較」欄位內。

表14-22 「容量」因子成對比較表

(I)容量	(J)容量	平均值差異（I-J）	標準誤	顯著性	差異的95%信賴區間	
					下限	上限
200毫升	350毫升	-95.500*	28.189	.002	-153.679	-37.321
	500毫升	-200.333*	28.189	.000	-258.512	-142.155
350毫升	200毫升	95.500*	28.189	.002	37.321	153.679
	500毫升	-104.833*	28.189	.001	-163.012	-46.655
500毫升	200毫升	200.333*	28.189	.000	142.155	258.512
	350毫升	104.833*	28.189	.001	46.655	163.012

註：* 表 $p < 0.05$，顯著。

（二）售價因子的事後比較

此外，進行「售價」因子的事後比較時，則報表該採用SPSS輸出報表之「售價」段落中的成對比較表，如表14-23。從表14-23針對「售價」因子的事後檢定結果得知，「30元」的麝香貓咖啡，其市場接受度最高、「40元」與「50元」次之，且兩者的市場接受度不具顯著差異，最低則為「60元」的麝香貓咖啡。其結果可記為「30元＞40元、50元＞60元」或「1＞2＝3＞4」，並填入表14-21之第三列的「事後比較」欄位內。

表14-23　「售價」因子成對比較表

(I)售價	(J)售價	平均值差異（I-J）	標準誤	顯著性	差異的95%信賴區間 下限	差異的95%信賴區間 上限
30元	40元	125.111*	32.550	.001	57.932	192.290
	50元	187.444*	32.550	.000	120.265	254.623
	60元	552.000*	32.550	.000	484.821	619.179
40元	30元	-125.111*	32.550	.001	-192.290	-57.932
	50元	62.333	32.550	.067	-4.846	129.512
	60元	426.889*	32.550	.000	359.710	494.068
50元	30元	-187.444*	32.550	.000	-254.623	-120.265
	40元	-62.333	32.550	.067	-129.512	4.846
	60元	364.556*	32.550	.000	297.377	431.735
60元	30元	-552.000*	32.550	.000	-619.179	-484.821
	40元	-426.889*	32.550	.000	-494.068	-359.710
	50元	-364.556*	32.550	.000	-431.735	-297.377

註：*表 $p < 0.05$，顯著。

14-7-5　二因子完全獨立變異數分析之總結

為方便進行整體檢定之三項假設（H_{AB}、H_A、H_B）的檢定，將本範例經二因子完全獨立變異數分析後所產生的結果，整理成表14-24（與表14-21完全相同，移來此，並將各水準代號，還原成其中文意義，以方便總結之進行）。由表14-24得知，交互作用效果（F值0.556、顯著性0.761）不顯著。因此，假設H_{AB}未獲支持，即認為「不同容量與售價的交互作用下，麝香貓咖啡的市場接受度不具有顯著的差異。」亦即交

互作用項的影響效果可忽略。

然而，「容量」與「售價」等兩個主要效果（F值分別為25.272、106.108）皆顯著，代表麝香貓咖啡的市場接受度會受「容量」或「售價」顯著的影響，且「容量」或「售價」因子的淨η^2分別為0.678與0.930，皆相當高，表示「容量」或「售價」因子對市場接受度的解釋能力佳。

最後，由事後檢定的結果得知，就容量而言，以「500毫升」的麝香貓咖啡之市場接受度最高，而以「200毫升」的市場接受度最低。而就售價而言，以「30元」的麝香貓咖啡之市場接受度最高，而以「60元」的市場接受度最低。

表14-24　二因子變異數分析摘要表

變異來源	型III SS	自由度	均方和（MS）	F值	顯著性	事後比較	淨η^2
容量（A列）	240974.889	2	120487.444	25.272	0.000*	500毫升 > 350毫升 > 200毫升	0.678
售價（B行）	1517653.194	3	505884.398	106.108	0.000*	30元 > 40元 = 50元 > 60元	0.930
容量 × 售價（A×B）	15900.222	6	2650.037	0.556	0.761		0.122
誤差	114423.333	24	4767.639				
總數	1888951.639	35					

註：*表 p < 0.05，顯著。

14-8　二因子混合設計變異數分析的範例

在二因子變異數分析中，如果同一批受試者只在某一因子的每一水準中接受實驗處理（相依），而在另一因子的各水準中，受試者皆不同（獨立），這種一個為獨立因子而另一個為相依因子的二因子變異數分析，就稱為二因子混合設計變異數分析（Two-way mixed design ANOVA）。二因子混合設計變異數分析，也是屬於重複量數的一種統計方法。其中，相依因子又稱為受試者內因子（within-subject factor）；而獨立因子則稱為受試者間因子（between-subject factor）。

基本上，進行二因子混合設計變異數分析時，也必須遵照圖14-5的流程圖循序漸

進。因此，完整的二因子混合設計變異數分析過程，也將分成兩個階段來進行，第一階段為整體檢定，第二階段為主要效果檢定之事後比較或單純主要效果檢定。在第一階段的整體檢定中，主要在檢定二因子的交互作用效果與兩個個別因子的主要效果是否顯著。如果交互作用效果顯著的話，則須再進行第二階段的單純主要效果檢定；而如果交互作用效果不顯著，那麼就必須針對兩個主要效果的檢定結果，判斷是否進行後續第二階段的主要效果檢定之事後比較。

▶ **範例14-3**

過往文獻顯示，參與體驗教育課程，有助於團隊凝聚力的提升。因而某國中校長乃將體驗教育課程推廣至學校各年級學生。且課程結束後，各年級學生將就「溝通活動」、「問題解決活動」與「低空設施活動」等三種體驗教育課程之活動型態的喜愛程度填寫問卷，喜愛程度得分從1至10分，分數越高表示學生對該活動型態的喜愛程度越高。最後，校長將於各年級隨機抽出8名學生，並彙整學生對活動型態之喜愛程度資料，所得數據如表14-25。試問：學生對體驗教育課程之活動型態的喜愛程度是否會因學生年級而有所差異？（資料檔案為ex14-3.sav）

表14-25　「喜愛程度」的數據

因子		活動型態（B）					
		溝通活動		問題解決活動		低空設施活動	
學生年級（A）	國一	8	7	4	3	2	3
		10	8	3	4	8	5
		9	10	5	2	3	6
		10	9	5	3	4	4
	國二	7	4	10	9	7	10
		6	9	9	10	8	9
		8	5	8	9	7	9
		8	8	8	8	8	7
	國三	8	9	6	6	5	5
		9	5	7	6	8	8
		7	9	6	6	5	7
		7	7	5	5	4	4

首先，判斷本範例之變異數分析的類型。由題意與表14-25顯見，依變數為「喜愛程度」，自變數有兩個，分別為「學生年級」（有三個水準）與活動型態（有三個

水準）。由於各年級學生皆接受過三種活動型態的訓練，且各年級學生被隨機抽出8名，以檢視其對各活動型態的喜愛程度。顯見，表14-25之細格中，每個細格（實驗處理）將有八個觀測值，且同一年級的細格中，各細格之受試者皆相同。因此，「活動型態」則屬相依因子；但同一活動的細格中，各細格之受試者皆不相同（年級不同）。故「學生年級」應屬獨立因子。因此，本範例應屬3×3二因子混合設計變異數分析。此外，在表14-25中，一般習慣上，會將獨立因子放在「列」，而相依因子放在「行」。

爲二因子混合設計變異數分析的相關數據建立資料檔時，須特別注意的是，相依因子與獨立因子其欄位設定的方式並不同，獨立因子設定成一個變數即可，且其水準最好能設定於「值」標籤內；而相依因子則其每一水準就須設定成一個變數。輸入各細格中的觀測值時，輸入順序各細格必須一致，通常由左至右、由上而下（或由上而下、由左至右亦可），依序輸入資料，輸入完成後，資料檔格式與外觀，如圖14-14。輸入完成的檔案，請存檔爲「ex14-3.sav」。

變數視圖

	名稱	類型	寬度	小數	標籤	值	遺漏	欄	對齊	測量
1	學生年級	數值	8	0		{1, 國一}...	無	8	靠右	名義
2	溝通活動	數值	8	0		無	無	8	靠右	尺度
3	問題解決活動	數值	8	0		無	無	12	靠右	尺度
4	低空設施活動	數值	8	0		無	無	12	靠右	尺度

資料視圖

	學生年級	溝通活動	問題解決活動	低空設施活動
1	1	8	4	2
2	1	10	3	8
3	1	9	5	3
4	1	10	5	4
5	1	7	3	3
6	1	8	4	5
7	1	10	2	6
8	1	9	3	4
9	2	7	10	7
10	2	6	9	8
11	2	8	8	7
12	2	8	8	8
13	2	4	9	10
14	2	9	10	9
15	2	5	9	9
16	2	8	8	7
17	3	8	6	5
18	3	9	7	8
19	3	7	6	5
20	3	7	5	4
21	3	9	6	5
22	3	5	6	8
23	3	9	6	7
24	3	7	5	4

圖14-14　二因子混合設計變異數分析的資料格式

14-8-1　整體檢定之執行

建檔完成後，就可開始進行二因子混合設計變異數分析了。首先，我們先來進行第一階段的整體檢定，檢定前須先設定假設。在整體檢定的過程中，將設定交互作用項的效果、二因子的主要效果等三個假設（使用對立假設），分別描述如下：

H_AB：學生年級與活動型態的交互作用下，學生對活動的喜愛程度具有顯著的差異。

H_A：對於不同年級的學生，其對活動的喜愛程度具有顯著的差異。

H_B：對於不同的活動型態，學生的喜愛程度具有顯著的差異。

(操)(作) 步驟

假設建立完成後，就可開始在SPSS中設定、執行二因子混合設計變異數分析了。在此，本範例亦將使用語法的方式來執行二因子混合設計變異數分析之整體檢定。執行整體檢定之語法內容如圖14-15，而其語法檔檔名為「混合設計_整體檢定.sps」。這個語法檔案，讀者皆可在本書的範例資料夾中找到。

進行二因子混合設計變異數分析之整體檢定的詳細操作過程，請讀者自行參閱影音檔「ex14-3.mp4」。

```
1  ▶ DATASET ACTIVATE 資料集1.
2  ▽ GLM 溝通活動 問題解決活動 低空設施活動 BY 學生年級
3    /WSFACTOR=活動型態 3 Polynomial
4    /MEASURE=活動型態
5    /METHOD=SSTYPE(3)
6    /PLOT=PROFILE(學生年級*活動型態 活動型態*學生年級)
7    /EMMEANS=TABLES(學生年級) COMPARE ADJ(LSD)
8    /EMMEANS=TABLES(活動型態) COMPARE ADJ(LSD)
9    /PRINT=DESCRIPTIVE ETASQ HOMOGENEITY
10   /CRITERIA=ALPHA(.05)
11   /WSDESIGN=活動型態
12 △ /DESIGN=學生年級.
13
```

圖14-15　二因子混合設計變異數分析之整體檢定的語法

▶ **語法說明**

二因子混合設計變異數分析之整體檢定的語法，說明如下：

第1列：「DATASET ACTIVATE 資料集1.」

此列語法，宣告將處理「資料集1」，所謂的「資料集1」就是代表目前SPSS視窗中所開啟的那個檔案。「資料集1」等文字，在SPSS視窗最上方的標題

列中可找到。如果讀者發現，目前所開啟的檔案，SPSS卻把它編成比如說是「資料集3」時，那麼，此處的「資料集1」就須改為「資料集3」，這樣語法程式才能正確的執行。

第2列：「GLM 溝通活動 問題解決活動 低空設施活動 BY 學生年級」

「GLM」說明了將進行一般線性模型。「GLM」之後、「BY」之前，須依序列出相依因子的各水準變數名稱，在本例即為活動型態的三個水準，即溝通活動、問題解決活動、低空設施活動；「BY」之後則須列出獨立因子的變數名稱，在本例即為學生年級。讀者必須注意的是，上述這些水準變數名稱或因子變數名稱，都必須與SPSS中資料檔的變數名稱一模一樣，才能順利執行語法。

第3列：「/WSFACTOR = 活動型態 3 Polynomial」

在這列中須描述出參與檢定的受試者內因子（相依因子）與其水準數。

「WSFACTOR」就是指受試者內因子（within-subject factor）的意思。本範例的受試者內因子為活動型態，它有三個水準，因此，語法就寫成「/WSFACTOR = 活動型態 3 Polynomial」。Polynomial可省略。

第4列：「/MEASURE = 活動型態」

「MEASURE = 」代表須定義受試者內因子的注解名稱。在此，由於受試者內因子即是活動型態，已經用中文表示了，所以不須再注解了，故直接用活動型態來當成是受試者內因子的注解。本列亦可省略，它並不會影響分析結果。

第5列：「/METHOD = SSTYPE(3)」

此列語法，說明了計算離差平方和的方法為Type III（型III）法，縮寫即為SSTYPE(3)。

第6列：「/PLOT = PROFILE(學生年級*活動型態 活動型態*學生年級)」

此列語法，「PROFILE()」中，列出了要製作哪些平均數的剖面圖。剖面圖中須由讀者來決定「橫軸（水平軸）」和「個別線」到底分屬「列因子」或「行因子」，但縱軸則是固定的，即代表「*」後面那個因子的「喜愛程度」（依變數）之估計的邊緣平均值。比如「學生年級*活動型態」，就代表要畫出以「學生年級」為「橫軸（水平軸）」，「活動型態」的「喜愛程度」之估計的邊緣平均值為縱軸，「活動型態」為「個別線」的剖面圖（如圖14-16）。這張剖面圖中，因為「活動型態」為「個別線」，所以圖中會顯

示出溝通活動、問題解決活動、低空設施活動於各種「學生年級」水準下的「喜愛程度」之平均數（共三條線）。在本句語法中，將繪製兩個剖面圖，分別是「學生年級*活動型態」（圖14-16）與「活動型態*學生年級」（圖14-17）。雖然，所建立的兩個剖面圖在外觀上會有些差異，然而皆可看出是否有交互作用現象存在。若剖面圖之個別線有交叉或不平行的現象，則「列因子」與「行因子」很有可能存在交互作用的現象。

第7列：「/EMMEANS = TABLES(學生年級) COMPARE ADJ(LSD)」

此列語法中，「EMMEANS」表示將列出估計的邊緣平均值。「TABLES(學生年級)」表示將以表格方式列出「學生年級」之各水準下的「喜愛程度」（依變數）之估計的邊緣平均值。而「COMPARE ADJ(LSD)」則代表要進行「學生年級」的主要效果之事後檢定，而且如果主要效果顯著的話，那麼將以「LSD」法來比較「學生年級」之各水準下的「喜愛程度」之估計的邊緣平均值的大小、高低。

第8列：「/EMMEANS = TABLES(活動型態) COMPARE ADJ(LSD)」

此列語法的意義與第7列相似，「EMMEANS」表示將列出估計的邊緣平均值。「TABLES(活動型態)」表示將以表格方式列出「活動型態」之各水準下的「喜愛程度」（依變數）之估計的邊緣平均值。而「COMPARE ADJ(LSD)」則代表要進行「活動型態」的主要效果之事後檢定，而且如果主要效果顯著的話，那麼將以「LSD」法進行「活動型態」之各水準下的「喜愛程度」之估計的邊緣平均值的大小、高低。

第9列：「/PRINT = DESCRIPTIVE ETASQ HOMOGENEITY」

此列語法，就是要告訴SPSS，請它在報表中，要幫我們列印出描述性統計量（DESCRIPTIVE）、關聯效果量（ETASQ）與同質性檢定（HOMOGENEITY）的結果。

第10列：「/CRITERIA = ALPHA(.05)」

此列語法，可設定顯著水準。在此將顯著水準設定為0.05。

第11列：「/WSDESIGN = 活動型態」

此列語法，「/WSDESIGN = 」後面必須列出受試者內因子（相依因子）。它的意義是SPSS將針對該受試者內因子，來進行它的主要效果檢定。

第12列：「/DESIGN = 學生年級.」

此列語法，「/DESIGN = 」後面必須列出受試者間因子（獨立因子）。它

的意義是SPSS將針對該受試者間因子，來進行它的主要效果檢定。

14-8-2　整體檢定的報表解說

如前所述，完整的二因子混合設計變異數分析過程將分為兩個階段來進行，第一階段為整體檢定，第二階段為主要效果檢定之事後比較或單純主要效果檢定。在本小節中，將先針對整體檢定的部分進行報表解說。

執行「混合設計_整體檢定.sps」後，SPSS當可跑出有關整體檢定的輸出報表。報表相當的長，因此我們將分段予以說明。

（一）細格的敘述統計

首先，觀察輸出報表的「敘述統計」，如表14-26。表14-26的「敘述統計」表中，列出了各細格的處理方式與觀測值的平均值、標準差與個數等資料。

表14-26　敘述統計表

	學生年級	平均值	標準差	N
溝通活動	國一	8.88	1.126	8
	國二	6.88	1.727	8
	國三	7.63	1.408	8
	總計	7.79	1.615	24
問題解決活動	國一	3.63	1.061	8
	國二	8.88	.835	8
	國三	5.88	.641	8
	總計	6.12	2.346	24
低空設施活動	國一	4.38	1.923	8
	國二	8.13	1.126	8
	國三	5.75	1.669	8
	總計	6.08	2.205	24

（二）前提假設的檢驗

二因子混合設計變異數分析的前提假設共有兩種，分別為變異數同質性檢定（針對獨立因子）與球形檢定（針對相依因子）。其中，進行變異數同質性檢定時，

又可分為多變量檢定與單變量檢定兩種，分別說明如下：

1. 變異數同質性檢定（針對獨立因子，即學生年級）

　　進行變異數分析的前提條件之一為各細格（觀測值）之變異數必須相等。在混合設計中，進行變異數同質性檢定時，可分為多變量檢定與單變量檢定兩種。多變量的變異數同質性檢定將運用「Box共變數相等性檢定」（如表14-27）；而單變量的變異數同質性檢定則利用「Levene's同質性變異數檢定」（如表14-28）。而且不管是單變量或多變量的變異數同質性檢定，其虛無假設都是「獨立因子之各水準下的觀測值（依變數），其變異數皆相等（即，變異數具同質性）」。

表14-27　Box共變數相等性檢定

Box M	24.561
F	1.613
自由度1	12
自由度2	2137.154
顯著性	.081

　　表14-27為「Box共變數相等性檢定」，所代表的意義是不同年級的學生，在三種活動型態之喜愛程度（依變數觀測值）的多變量同質性檢定結果。也就是說，Box檢定在檢驗「學生年級」於三個重複測量（活動型態）之共變數矩陣是否同質。檢定時所採用的統計值為「Box M」值，表14-27中「Box M」值為24.561，經轉為F值後，F值為1.613，顯著性0.081 > 0.05，未達顯著，表示「不同年級的學生，在三種活動型態之喜愛程度的共變數是具有同質性的」，故並未違反變異數分析的前提條件。

表14-28　Levene's同質性變異數檢定

		Levene統計量	自由度1	自由度2	顯著性
溝通活動	根據平均數	.950	2	21	.403
	根據中位數	.672	2	21	.521
	根據中位數，且含調整的自由度	.672	2	16.747	.524
	根據修整的平均數	.910	2	21	.418
問題解決活動	根據平均數	1.777	2	21	.194
	根據中位數	1.867	2	21	.179

表14-28 Levene's同質性變異數檢定（續）

		Levene統計量	自由度1	自由度2	顯著性
	根據中位數，且含調整的自由度	1.867	2	21.000	.179
	根據修整的平均數	1.753	2	21	.198
低空設施活動	根據平均數	1.209	2	21	.319
	根據中位數	.433	2	21	.654
	根據中位數，且含調整的自由度	.433	2	17.133	.655
	根據修整的平均數	1.136	2	21	.340

　　表14-28所代表的意義是「不同年級的學生，在三種活動型態之喜愛程度」的單變量變異數同質性檢定結果。由表14-28的「Levene's同質性變異數檢定」表中可發現，不同年級的學生，在三種活動型態之喜愛程度的Levene檢定之F值分別為0.950、1.777、1.209，顯著性分別為0.403、0.194、0.319，皆大於0.05，未達顯著，顯示各細格觀測值之變異數是相等的，故並未違反變異數同質性之要求，且此結果與Box檢定之結果一致。

2. 球形檢定（針對相依因子，即活動型態）

　　除獨立因子之變異數同質性的要求外，另一前提假設為同一受試者內因子之不同水準間，其差異的變異數必須相等，此前提假設即稱為球形假設（assumption of sphericity）。在具有相依因子的變異數分析中，欲檢定資料是否符合球形假設時，可採用Mauchly球形檢定法。如果未違反（即符合）球形假設，則F檢定值就不需要作校正。如果違反（不符合）球形假設，則F檢定值須先進行校正動作。上述違反（不符合）球形假設的情形下，主要將以epsilon參數值（Greenhouse-Geisser值或Huynh-Feldt值）來校正F檢定值。一般建議採用Huynh-Feldt值來校正F檢定值，效果最好。

　　球形檢定的虛無假設是：同一受試者內因子（相依因子）之不同水準間，其「依變數觀測值之差異」的變異數沒有顯著差異（有關球形假設的更具體說明，讀者可參考第13-8節的詳細說明）。活動型態的Mauchly球形檢定表，如表14-29所示。在表14-29的右邊會出現三個epsilon值（Greenhouse-Geisser、Huynh-Feldt與下限），epsilon是違反球形假設程度的指標。如果它等於1，就代表是完美的球形；如果小於1，就代表可能違反球形假設了，且值越小越嚴重。一般而言，可使用0.75作為判斷是否違反球形假設的門檻值。epsilon 值若大於0.75，則可視為不違反球形假設。

　　當然我們判斷資料是否違反球形假設時，以顯著性檢驗的方式來加以檢定將會比

較嚴謹。而檢定時，就須看表14-29前面的Mauchly's W值及近似卡方值所對應的顯著性來判斷。當Mauchly's W的近似卡方值之顯著性大於0.05時（即不顯著時），即表示資料未違反（即符合）球形假設。雖然有epsilon值與Mauchly's W的近似卡方值兩種判斷方式，但是由於卡方值很容易受到樣本數的影響（卡方值和樣本數成正比），樣本數若很大時，近似卡方值就會異常膨脹，導致球形假設的檢定結果失真。因此，也有學者建議只要看epsilon值就可以了（郭易之，2011）。

由表14-29的Mauchly球形檢定結果不難發現，Greenhouse-Geisser值為0.916大於0.75、Huynh-Feldt值為1.000，顯示完美球形，且Mauchly's W值為0.908，其近似卡方值為1.936，在自由度為2時，顯著性為0.380大於0.05，未達顯著。此檢定結果表示依變數觀測值（三種活動型態之喜愛程度），並未違反變異數分析之球形假設。因此，無論從epsilon值或Mauchly's W值的檢定結果，皆可確認，活動型態（相依因子）並無違反球形假設。因此，未來並不需要對F統計量值作修正，而可直接採用「符合球形假設」下的F統計量值與其他檢定數據。

表14-29　活動型態的Mauchly球形檢定

受試者內效應	Mauchly's W	近似卡方檢定	自由度	顯著性	Epsilon		
					Greenhouse-Geisser	Huynh-Feldt	下限
活動型態	.908	1.936	2	.380	.916	1.000	.500

（三）受試者內效應項檢定

在具有相依因子的變異數分析中，總變異量將被拆解成受試者間變異量（獨立因子）與受試者內變異量（相依因子）兩大部分，表14-30就是受試者內效應項檢定的結果，也就是相依因子「活動型態」之主要效果的檢定結果。此外，交互作用項「活動型態*學生年級」之效果的檢定結果，也會顯示於表14-30中。表14-30的第二欄「類型 III 平方和」即是「型III SS」（型III離差平方和）。

在表14-30中，如果在違反球形假設的情形時，因為須對F統計量值作校正，因此就須看Greenhouse-Geisser、Huynh-Feldt 值或下限等列的相關檢定資料，其中下限是最嚴苛的，非到必要時不採用。但由於先前球形檢定的結果，說明了並未違反球形假定，所以所有的檢定數據應該直接採用「假設的球形」之橫列資料。由表14-30之第二列顯見，由於相依因子「活動型態」之F統計量值為受試者內均方和（22.792）除以誤差均方和（1.740）的結果，所以等於13.098，且顯著性為0.000小於0.05，故顯

著。因此，相依因子「活動型態」的主要效果顯著，亦即學生對體驗教育課程之活動型態的喜愛程度是具有顯著差異的。此外，由表14-30之第六列（「假設的球形」列）可發現，交互作用項「活動型態*學生年級」之F值為16.857，且顯著性為0.000小於0.05，故顯示交互作用效果顯著。

表14-30　受試者內效應項檢定表

來源		類型III平方和	自由度	均方	F	顯著性	Partial Eta Squared
活動型態	假設的球形	45.583	2	22.792	13.098	.000	.384
	Greenhouse-Geisser	45.583	1.831	24.894	13.098	.000	.384
	Huynh-Feldt	45.583	2.000	22.792	13.098	.000	.384
	下限	45.583	1.000	45.583	13.098	.002	.384
活動型態*學生年級	假設的球形	117.333	4	29.333	16.857	.000	.616
	Greenhouse-Geisser	117.333	3.662	32.040	16.857	.000	.616
	Huynh-Feldt	117.333	4.000	29.333	16.857	.000	.616
	下限	117.333	2.000	58.667	16.857	.000	.616
Error（活動型態）	假設的球形	73.083	42	1.740			
	Greenhouse-Geisser	73.083	38.453	1.901			
	Huynh-Feldt	73.083	42.000	1.740			
	下限	73.083	21.000	3.480			

（四）受試者間效應項檢定

受試者間效應項即是獨立因子的主要效應項，故表14-31主要就是針對「學生年級」之主要效果進行檢定。受試者間效應項檢定之檢定結果，如表14-31。由表14-31的檢定結果可發現，獨立因子「學生年級」的主要效果之顯著性為0.000 < 0.05，已達顯著。

表14-31　受試者間效應項檢定

來源	類型III平方和	自由度	均方	F	顯著性	Partial Eta Squared
截距	3200.000	1	3200.000	1662.680	.000	.988
學生年級	67.583	2	33.792	17.558	.000	.626
誤	40.417	21	1.925			

（五）檢視平均數圖

「學生年級」與「活動型態」之喜愛程度的邊緣平均值圖，分別如圖14-16與圖14-17所示。圖14-16顯示在各年級下，學生對三種活動型態之喜愛程度的平均數（學生年級*活動型態），可發現三條線有交點，代表交互作用現象可能存在。而圖14-17則顯示在各種活動型態下，各年級學生之喜愛程度的平均數（活動型態*學生年級），亦可發現三條線有交點，再次證明交互作用現象可能存在。

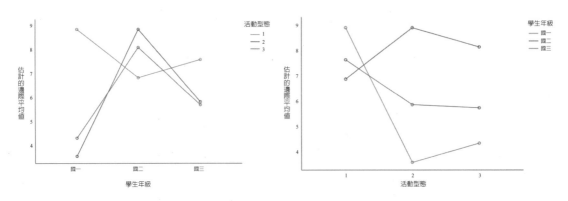

圖14-16　三種活動型態之喜愛程度的平均值圖　　　圖14-17　各年級學生之喜愛程度的平均值圖

14-8-3　整體檢定之總結

執行二因子混合設計變異數分析之整體檢定的主要目的在於檢驗第14-8-1節中的三項假設（H_{AB}、H_A、H_B）。本範例經二因子混合設計變異數分析後，所產生的報表相當長，因此讀者檢閱報表時應有目標性。在此我們的目標就是要彙整報表資料以完成表14-32的彙整表製作（表14-32的空白表格，已儲存在「混合設計_變異數分析摘要表.docx」中）。在表14-32的「二因子混合設計變異數分析摘要表」中，灰色網底的部分將填入報表所顯示的數據。根據表14-32就可檢定先前所設定的三個假設（交互作用項的效果與兩個主要效果）。要順利且正確的製作表14-32，最重要的工作是正確的拆解各種變異來源（表14-32的第一個欄位）。拆解各種變異來源時，可參考圖14-18。

表14-32 二因子混合設計變異數分析摘要表

變異來源		型III SS	自由度	均方和（MS）	F值	顯著性	事後比較	淨η^2
受試者內								
	活動型態	45.583	2.000	22.792	13.098	0.000*		0.384
學生年級×活動型態		117.333	4.000	29.333	16.857	0.000*		0.616
	殘差	73.083	42.000	1.740				
受試者間								
	學生年級	67.583	2.000	33.792	17.558	0.000*		0.626
	殘差	40.417	21.000	1.925				
全體		344.000	71.000					

註：顯著水準0.05，*代表顯著。

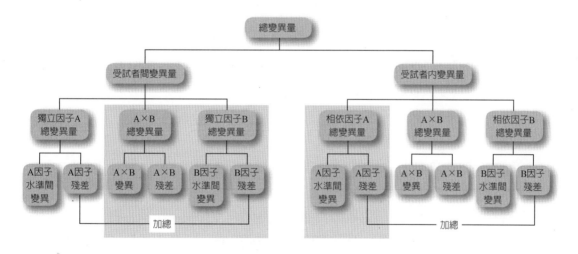

圖14-18 二因子變異數分析的變異拆解

　　由於本範例屬二因子混合設計變異數分析，故將具有一個獨立因子（受試者間因子）與一個相依因子（受試者內因子）。所以圖14-18中具灰色網底的變異來源可以忽略不看。此外，由於交互作用項屬相依因子的一種，故交互作用項（A×B）的殘差必須和相依因子（B）的殘差合併。因此，在二因子混合設計變異數分析中，變異來源總共有五個，分別是受試者間的「A因子水準間的變異（學生年級的主要效果）」、「受試者間的殘差（A因子的殘差）」與受試者內的「B因子水準間的變異（活動型態的主要效果）」、「交互作用項（A×B）的主要效果」、「受試者內的殘差（A×B殘差和B因子殘差之加總）」。由此，就可確立表14-32中的各種變異來源了。

至於，表14-32中的各項數據的填寫主要是依據表14-30的「受試者內效應項檢定表」與表14-31的「受試者間效應項檢定」。例如：

1. 填寫受試者內各種變異來源的檢定資料，這時須參考表14-30的「受試者內效應項檢定表」。

   > 表14-30的第2列「活動型態」的相關檢定資料（例如：類型III平方和、自由度、均方和、F值、顯著性），則須填入到表14-32的第3列，即變異來源為受試者內的「活動型態」列。

   > 表14-30的第6列有關「交互作用項」的相關檢定資料，則須填入到表14-32的第4列，即變異來源為受試者內的「學生年級×活動型態」列。

> 表14-30的第10列有關「殘差」項的檢定資料，則須填入到表14-32的第5列，即變異來源為受試者內的「殘差」列。「殘差」欄位即表示受試者內的誤差之意。

2. 填寫受試者間各種變異來源的檢定資料，這時須參考表14-31的「受試者間效應項檢定表」。

   > 表14-31的第3列有關「學生年級」的檢定資料，則須填入到表14-32的第7列，即變異來源為受試者間的「學生年級」列。

   > 表14-31的第4列有關「誤」項的檢定資料，則須填入到表14-32的第8列，即變異來源為受試者間的「殘差」列。

彙整好表14-32的「二因子混合設計變異數分析摘要表」後，就可進行檢定了。由表14-32得知，交互作用效果（F值16.857、顯著性0.000）達顯著。因此，假設H_{AB}獲得支持，即認為「不同學生年級與活動型態的交互作用下，學生對活動的喜愛程度具有顯著的差異。」此外，交互作用項的淨η^2為0.616，表示排除「學生年級」、「活動型態」對喜愛程度之個別影響後，交互作用項「學生年級×活動型態」可以解釋喜愛程度61.6%的變異量。雖然，「學生年級」與「活動型態」等兩個主要效果（F值分別為17.558、13.098）亦達顯著，但由於交互作用效果顯著，故主要效果並無分析價值。因而後續將進行單純主要效果檢定，以確認在何種情況下，才能有效的提高學生對各類活動的喜愛程度。

14-8-4 單純主要效果檢定

由於「學生年級」與「活動型態」之交互作用項的效果顯著，表示參與不同活動型態的學生，會因其年級而有不同的喜愛程度，或不同年級的學生會因體驗教育活

動型態的不同，而有不同的喜愛程度。為明確的釐清到底在何種情況下，才能有效提高喜愛程度，故後續將進行單純主要效果檢定。首先，設定單純主要效果檢定的假設（對立假設）。

（一）獨立因子（學生年級）的單純主要效果檢定

1. 限定「活動型態」為「溝通活動」時：比較不同年級之學生的喜愛程度。

   H_{A1}：當學生參與溝通活動時，不同年級之學生的喜愛程度平均數具顯著差異。

2. 限定「活動型態」為「問題解決活動」時：比較不同年級之學生的喜愛程度。

   H_{A2}：當學生參與問題解決活動時，不同年級之學生的喜愛程度平均數具顯著差異。

3. 限定「活動型態」為「低空設施活動」時：比較不同年級之學生的喜愛程度。

   H_{A3}：當學生參與低空設施活動時，不同年級之學生的喜愛程度平均數具顯著差異。

（二）相依因子（活動型態）的單純主要效果檢定

1. 限定學生為「國一」時：比較學生對三種活動型態的喜愛程度。

   H_{B1}：國一學生對各種活動型態之喜愛程度的平均數具顯著差異。

2. 限定學生為「國二」時：比較學生對三種活動型態的喜愛程度。

   H_{B2}：國二學生對各種活動型態之喜愛程度的平均數具顯著差異。

3. 限定學生為「國三」時：比較學生對三種活動型態的喜愛程度。

   H_{B3}：國三學生對各種活動型態之喜愛程度的平均數具顯著差異。

　　釐清上述的假設之意義後，只要依檢定內容所需，適當的對原始檔案進行切割，就可進行各種情況下的單純主要效果檢定了。但是其過程實在是相當繁雜，故在此，亦將使用語法來完成任務。使用語法的好處是，不用對資料進行預處理（例如：分割），且簡單、迅速。

操作 步驟

於開啟資料檔「ex14-3.sav」的情況下，執行「混合設計_單純主要效果.sps」語法，就可產生單純主要效果檢定的相關報表。「混合設計_單純主要效果.sps」語法的內容如圖14-19。

利用如圖14-19的14列語法，就可以避免使用傳統的「拖、拉、點、選」等方式來進行各因子的單純主要效果檢定了。不過，應用的重點不是在背語法，而是要能舉一反三的去修改成自己研究中可用的語法。

詳細操作步驟，請讀者自行參閱影音檔「ex14-3.mp4」。

```
1    GLM 溝通活動 問題解決活動 低空設施活動 BY 學生年級
2    /WSFACTOR=活動型態 3 Polynomial
3    /MEASURE=活動型態
4    /EMMEANS=TABLES(活動型態*學生年級) COMPARE(學生年級) ADJ(LSD)
5    /DESIGN=學生年級.
6
7    SORT CASES BY 學生年級.
8    SPLIT FILE SEPARATE BY 學生年級.
9
10   GLM 溝通活動 問題解決活動 低空設施活動
11   /WSFACTOR=活動型態 3 Polynomial
12   /MEASURE=活動型態
13   /EMMEANS=TABLES(活動型態) COMPARE ADJ(LSD)
14   /WSDESIGN=活動型態.
```

圖14-19　二因子混合設計變異數分析之單純主要效果檢定的語法

▶語法說明

二因子混合設計變異數分析之單純主要效果檢定的語法，說明如下：

（一）語法觀念

圖14-19的單純主要效果檢定的語法和圖14-15混合設計整體檢定的語法相當類似，應不難理解。該語法可分成三大部分：

➤ **第1至5列：將進行學生年級（獨立因子）的單純主要效果檢定。**

　　進行「學生年級」的單純主要效果檢定之基本概念是：必須先固定「活動型態」於某一水準下，然後再來比較各年級學生間對該活動型態的喜愛程度之平均數有無顯著差異？簡單講，就是在檢定：各年級學生間對某特定活動型態的喜愛程度之平均數有無顯著差異？例如：H_{A1}檢定的目的就是在確認「不同年級之學生對溝通活動的喜愛程度之平均數有無顯著差異」。不難理解，由於「學生年級」是獨立因子，所以這個檢定就類似於單因子變異數分析，而且只要資料檔包含有「學生年級」、「溝通活動」等這兩個欄位時，就可檢定。幸運的，執行時所需的欄位結構正好與「ex14-3.sav」的欄位結構相同（即檔案中已經包含有學生年級、溝通活動、問題解決活動、低空設施活動等變數名稱），故「ex14-3.sav」不用再切割，只須輪流替換不同的活動型態即可直接進行H_{A1}、H_{A2}、H_{A3}等三個假設的檢定。

➤ **第7至8列：對檔案依學生年級來進行分割。**

　　進行相依因子「活動型態」的單純主要效果檢定之基本概念則是：必須先固定「學生年級」於某一水準下，然後再來比較各活動型態間的喜愛程度之平均數有無顯著差異？簡單講，就是在檢定：某特定年級學生對各種活動型態之喜愛程度的平均數有無顯著差異？不難理解，若固定「學生年級」的因素後，由於比較的對象只是「活動型態」一個，且它是個相依因子，所以這個檢定就類似於單因子相依樣本變異數分析。且進行檢定時，其資料檔的結構必須為「活動型態」的每一個水準值建立一個欄位（變數）。

　　但是比較麻煩的是，資料檔「ex14-3.sav」中，雖然已為「活動型態」的每一個水準值皆建立一個欄位（變數）。但是，各年級學生對各活動型態之喜愛程度的數據全部打在同一個變數中了，例如：「溝通活動」這個變數中的數據，就包含了國一、國二、國三學生對「溝通活動」的喜愛程度數據。在這種情形下，如果能對原始檔案「ex14-3.sav」，依國一、國二、國三的分類加以分割，就能達到固定「學生年級」的效果，且可直接對分割後的檔案進行單因子相依樣本變異數分析，而檢定出H_{B1}、H_{B2}、H_{B3}了。

　　原始檔案「ex14-3.sav」共有二十四個樣本，利用語法中的第7到第8列，即可針對檔案依學生年級來進行分割。分割後的子檔案將各包含八個樣本，如圖14-20、圖14-21、圖14-22、圖14-23。

學生年級	溝通活動	問題解決活動	低空設施活動
1	8	4	2
1	10	3	8
1	9	5	3
1	10	5	4
1	7	3	3
1	8	4	5
1	10	2	6
1	9	3	4
2	7	10	7
2	6	9	8
2	8	8	7
2	8	8	8
2	4	9	10
2	9	10	9
2	5	9	9
2	8	8	7
3	8	6	5
3	9	7	8
3	7	6	5
3	7	5	4
3	9	6	5
3	5	6	8
3	9	6	7
3	7	5	4

圖14-20　各年級學生對各活動型態之喜愛程度的數據（原始檔案）

學生年級	溝通活動	問題解決活動	低空設施活動
1	8	4	2
1	10	3	8
1	9	5	3
1	10	5	4
1	7	3	3
1	8	4	5
1	10	2	6
1	9	3	4

圖14-21　國一學生對各活動型態之喜愛程度的數據（子檔案一）

學生年級	溝通活動	問題解決活動	低空設施活動
2	7	10	7
2	6	9	8
2	8	8	7
2	8	8	8
2	4	9	10
2	9	10	9
2	5	9	9
2	8	8	7

圖14-22 國二學生對各活動型態之喜愛程度的數據（子檔案二）

學生年級	溝通活動	問題解決活動	低空設施活動
3	8	6	5
3	9	7	8
3	7	6	5
3	7	5	4
3	9	6	5
3	5	6	8
3	9	6	7
3	7	5	4

圖14-23 國三學生對各活動型態之喜愛程度的數據（子檔案三）

➤ **第10至14列：進行活動型態（相依因子）的單純主要效果檢定。**

檔案經分割完成後，針對每一個子檔案進行單因子相依樣本變異數分析。故單因子相依樣本變異數分析將進行3次，這3次的分析整合起來，就是活動型態的單純主要效果檢定了。故在第10至14列所進行的檢定，其實就是在針對分割後的子檔案，依序進行3次的單因子相依樣本變異數分析，也就是說，在檢定H_{B1}、H_{B2}、H_{B3}之意。

（二）語法說明

瞭解圖14-19中單純主要效果檢定的語法觀念後，詳細的語法內容與說明如下：
第1列：「GLM 溝通活動 問題解決活動 低空設施活動 BY 學生年級」

「GLM」說明了將進行一般線性模型。「GLM」之後、「BY」之前，須依序列出相依因子的各水準變數名稱，在本例即為活動型態的三個水準，即溝通活動、問題解決活動、低空設施活動；「BY」之後則須列出獨立因子的變

數名稱，在本例即爲學生年級。讀者必須注意的是，上述這些水準變數名稱或因子變數名稱，都必須與SPSS中資料檔的變數名稱一模一樣，才能順利執行語法。

第2列：「/WSFACTOR = 活動型態 3 Polynomial」

在這列中須描述出參與檢定的受試者內因子（相依因子）與其水準數。「WSFACTOR」就是指受試者內因子（within-subject factor）的意思。本範例的受試者內因子爲活動型態，它有三個水準，因此，語法就寫成「/WSFACTOR = 活動型態 3 Polynomial」。Polynomial可省略。

第3列：「/MEASURE = 活動型態」

「MEASURE = 」代表須定義受試者內因子的注解名稱。在此，由於受試者內因子即是活動型態，已經用中文表示了，所以不須再注解了，故直接用活動型態來當成是受試者內因子的注解。本列亦可省略，它並不會影響分析結果。

第4列：「/EMMEANS = TABLES(活動型態*學生年級) COMPARE(學生年級) ADJ(LSD)」

「EMMEANS」表示將列出估計的邊緣平均值。

「TABLES(活動型態*學生年級)」表示以表格方式列出估計的邊緣平均值（各水準下的喜愛程度之平均數）時，將以「活動型態」爲第一層變數，而「學生年級」爲第二層變數。也就是說，必須在已預先固定「活動型態」爲某水準下，再來檢視「學生年級」各個水準之喜愛程度的估計的邊緣平均值。

「COMPARE(學生年級)」代表要進行「學生年級」的單純主要效果檢定，這時會逐一的檢定假設H_{A1}、H_{A2}、H_{A3}。也就是，先固定「活動型態」爲某水準下，再來檢視「學生年級」各個水準間，喜愛程度之估計的邊緣平均值的差異性。而且如果「學生年級」的單純主要效果顯著的話，那麼將以「LSD」法進行「學生年級」之各水準下的「喜愛程度」之估計的邊緣平均值的事後比較。

第5列：「/DESIGN = 學生年級.」

此列語法，「/DESIGN = 」後面必須列出受試者間因子（獨立因子）。它的意義是SPSS將針對該受試者間因子，來進行它的主要效果檢定。

第7列：「SORT CASES BY 學生年級.」

此列語法，代表資料檔將依學生年級遞增排列。此目的是為了要將各年級的學生資料集中在一起，以方便未來的分割作業。

第8列：「SPLIT FILE SEPARATE BY 學生年級.」

此列語法，代表資料檔將依學生年級來進行分割。這個分割動作所產生的子檔案會放在電腦的記憶體中並於資料檔作記錄，但不會產生實體的子檔案。所以請讀者須注意的是，每次執行完語法檔後，要關閉資料檔案時，請不要存檔（因為檔案已分割）。而若執行完本語法後，若想再執行1次時，請務必不存檔關閉檔案，然後重新開啟資料檔案，再去執行語法，否則將產生錯誤的檢定數據。切記！切記！

第10列：「GLM 溝通活動 問題解決活動 低空設施活動」

第10列到第14列的語法，會針對三個子檔案（國一、國二、國三），分別各執行1次單因子相依樣本變異數分析。

「GLM」說明了將進行一般線性模型。「GLM」之後，列出了所有的相依因子之水準變數名稱，即「溝通活動」、「問題解決活動」與「低空設施活動」。列完相依因子之水準變數名稱後，應接「BY 獨立因子」，然由於將針對各子檔案，進行單因子相依樣本變異數分析，故不會用到獨立因子，因此「BY」之後，可全省略了。

第11列：「/WSFACTOR = 活動型態 3 Polynomial」

在這列中，須描述出參與檢定的受試者內因子（相依因子）與其水準數。「WSFACTOR」就是指受試者內因子（within-subject factor）的意思。本範例的受試者內因子為活動型態，它有三個水準，因此，語法就寫成「/WSFACTOR = 活動型態 3 Polynomial」。Polynomial可省略。

第12列：「/MEASURE = 活動型態」

「MEASURE = 」代表須定義受試者內因子的注解名稱。在此，由於受試者內因子即是活動型態，已經用中文表示了，所以不須再注解了，故直接用活動型態來當成是受試者內因子的注解。本列亦可省略，它並不會影響分析結果。

第13列：「/EMMEANS = TABLES(活動型態) COMPARE ADJ(LSD)」

「EMMEANS」表示將列出估計的邊緣平均值。「TABLES(活動型態)」表示將以表格方式列出「活動型態」之各水準下的「喜愛程度」（依變數）之估計的邊緣平均值。在此，由於檔案已依年級分割，故各子檔案的

數據現況，等同於已將「學生年級」固定。因此，對於「活動型態」的邊緣平均值，不用再以TABLES（學生年級*活動型態）的方式呈現，而僅以TABLES（活動型態）呈現即可。且語法會針對各子檔案，依序列出國一、國二、國三時，「活動型態」之各水準下的喜愛程度。而「COMPARE ADJ(LSD)」則代表各子檔案中「活動型態」的效果檢定如果顯著的話，那麼將於各子檔案中，分別以「LSD」法進行「活動型態」之各水準下的「喜愛程度」之估計的邊緣平均值的事後比較。

第14列：「/WSDESIGN＝活動型態.」

此列語法，「/WSDESIGN＝」後面必須列出受試者內因子（相依因子）。它的意義是SPSS將針對該受試者內因子，來進行它的主要效果檢定。

14-8-5　單純主要效果檢定的報表解說

單純主要效果檢定的報表解說過程，將分兩個階段來進行，第一階段為單純主要效果檢定，第二階段為事後比較。執行「混合設計_單純主要效果.sps」後，產生的報表都已包含單純主要效果檢定與事後比較所需資料了。

此外，由於單純主要效果檢定之報表亦相當長，為便於解析，將會把報表彙整成如表14-33的單純主要效果檢定摘要表（表14-33的空白表格，已儲存在「混合設計_單純主要效果檢定摘要表.docx」中）。

表14-33　單純主要效果檢定摘要表

變異來源	型III SS	自由度	均方和（MS）	F值	顯著性	事後比較
學生年級（受試者間）						
溝通活動	16.333	2	8.167	4.532	0.014	
問題解決活動	111.000	2	55.500	30.799	0.000*	國二＞國三＞國一
低空設施活動	57.583	2	28.792	15.978	0.000*	國二＞國一＝國三
誤差（殘差）	113.500	63	1.802			
活動型態（受試者內）						
國一	129.000	2	64.500	37.067	0.000*	溝通＞問題＝低空
國二	16.333	2	8.167	4.693	0.013	
國三	17.583	2	8.792	5.052	0.009	
誤差（殘差）	73.083	42	1.740			

註：*表 p＜0.0083（0.05/6），顯著。

（一）學生年級（獨立因子）的單純主要效果檢定

　　進行「學生年級」的單純主要效果檢定時，必須先固定「活動型態」於某一水準下，然後再來比較各年級學生間對特定活動型態之喜愛程度。因此，就因子的層次而言，「活動型態」應屬第一層；而「學生年級」則為第二層，表示為「活動型態*學生年級」。

　　因此，「學生年級」的單純主要效果檢定報表，可從SPSS報表中的「活動型態*學生年級」段落中找到。這些報表有「活動型態*學生年級」的喜愛程度估計值、成對比較與單變量檢定表等。首先，進行「學生年級」的單純主要效果檢定結果，如表14-34。表14-34「學生年級」的單純主要效果檢定（單變量檢定表）中，顯示出了H_{A1}、H_{A2}、H_{A3}的檢定結果。此外，也分別列出了各檢定中的誤差項資料（「誤」列），並據以求算出各檢定的F值。

　　然而，事實上，計算三個檢定的F值時，所須用的誤差數據應該是三個分項檢定之誤差項的總和才正確（即，誤差的型III SS、自由度、均方和皆須採用總和，如表14-33第6列），故表14-34未來填入到表14-33時，只有各檢定列的型III SS（平方和）、自由度與均方和等欄位用得到。其餘的F值、顯著性等欄位不須填入到表14-33中。因為正確的F值、顯著性，必須根據正確的誤差總和數據（即表14-33的第6列）而重新計算。因此，在此先不對表14-34中各種檢定的顯著性進行說明。

表14-34　「學生年級」的單純主要效果檢定

活動型態		平方和	自由度	均方	F	顯著性
1	對照	16.333	2	8.167	3.931	.035
	誤	43.625	21	2.077		
2	對照	111.000	2	55.500	74.592	.000
	誤	15.625	21	.744		
3	對照	57.583	2	28.792	11.145	.001
	誤	54.250	21	2.583		

▶彙整單純主要效果檢定摘要表──學生年級

接著，可將表14-34的檢定數據，分門別類的填入到表14-33中，茲說明如下：

➤ 表14-34中，3次檢定的「誤」（誤差項）之「平方和」總和為113.500（43.625+15.625+54.250），「自由度」總和為63（21+21+21），故「均方和」應為1.802（113.500/63）。這些正確的誤差項計算資料，均應填入到表14-33的第6列的學生年級的誤差項中，如表14-33的第6列。

➤ 表14-34的第2列有關「對照」項的檢定資料，即是各年級學生對「溝通活動」之喜愛程度的差異性檢定資料，將來須填入到表14-33的第3列（學生年級的溝通活動列），而且只填「平方和」（型III SS）、「自由度」與「均方」（均方和）等三項資料就可以了。因此表14-33中，變異來源為「溝通活動」時，更正後，其F值應為4.532（8.167/1.802），如表14-33的第3列、第5欄。

➤ 表14-34的第4列有關「對照」項的檢定資料，即是各年級學生對「問題解決活動」之喜愛程度的差異性檢定資料，將來須填入到表14-33的第4列（學生年級的問題解決活動列），而且只填「平方和」（型III SS）、「自由度」與「均方」（均方和）等三項資料就可以了。因此表14-33中，變異來源為「問題解決活動」時，更正後，其F值應為30.799（55.500/1.802），如表14-33的第4列、第5欄。

➤ 表14-34的第6列有關「對照」項的檢定資料，即是各年級學生對「低空設施活動」之喜愛程度的差異性檢定資料，將來須填入到表14-33的第5列（學生年級的低空設施活動列），而且只填「平方和」（型III SS）、「自由度」與「均方」（均方和）等三項資料就可以了。因此表14-33中，變異來源為「低空設施活動」時，更正後，其F值應為15.978（28.792/1.802），如表14-33的第5列、第5欄。

▶計算新的顯著性

表14-33的數據中，溝通活動、問題解決活動、低空設施活動等三個變異來源的檢定數據，在計算出其新的F值後，只剩顯著性尚未計算出來，其計算方式如下：

步驟1： 開啟一新檔案，然後建立三個欄位，其名稱分別為：F、DF1、DF2。然後輸入溝通活動、問題解決活動、低空設施活動等三個變異來源的F值、自由度與殘差項的自由度，如圖14-24。當然，為節省時間也可直接開啟範例檔案「ex14-3_sig.sav」。

變數視圖	名稱	類型	寬度	小數
1	F	數值	8	3
2	DF1	數值	8	0
3	DF2	數值	8	0

資料視圖	F	DF1	DF2	變數
1	4.532	2	63	
2	30.799	2	63	
3	15.978	2	63	

圖14-24 「ex14-3_sig.sav」的格式與資料

步驟2: 執行【轉換】/【計算變數】，待開啟【計算變數】對話框後，於右側的【目標變數】輸入欄中，輸入新變數名稱「SIG」。接著於【數值表示式】輸入欄中，輸入求取顯著性的公式「SIG.F(F,DF1,DF2）」，如圖14-25。

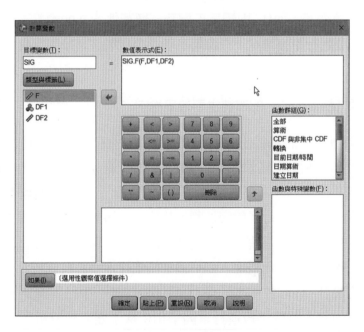

圖14-25 設定求取顯著性的公式

步驟3: 設定好公式，按【確定】鈕後，即可計算出各F值的顯著性，如圖14-26。

1 : SIG		.01449101566943		
	F	DF1	DF2	SIG
1	4.532	2	63	.014
2	30.799	2	63	.000
3	15.978	2	63	.000

圖14-26　已算出顯著性

步驟4：將計算出來的顯著性，依序填入到表14-33中，即可完成表14-33中有關學生年級之檢定數據的填製工作了

▶ 學生年級的單純主要效果檢定之小結

由表14-33顯見，H_{A1}、H_{A2}、H_{A3}等三個假設的顯著性分別為0.014、0.000、0.000，在顯著水準為0.05時，皆達顯著。然若研究者想控制型I誤差的膨脹狀況，而採用族系錯誤率時，因共有連續六個單純主要效果檢定（H_{A1}、H_{A2}、H_{A3}、H_{B1}、H_{B2}、H_{B3}），故顯著水準應變更為0.05/6 = 0.0083。此時，則只有H_{A2}、H_{A3}的顯著性小於 < 0.0083，達顯著；而H_{A1}則變為不顯著（顯著性 > 0.0083）。由於H_{A2}、H_{A3}達顯著，未來有必要進行事後檢定，以瞭解各種活動型態下，學生之喜愛程度的高低狀況。

（二）活動型態（相依因子）的單純主要效果檢定

進行「活動型態」的單純主要效果檢定之基本概念是：必須先固定「學生年級」於某一水準下，然後再來比較各活動型態間的喜愛程度之平均數有無顯著差異。例如：檢定「國一學生於各活動型態間的喜愛程度之平均數有無顯著差異？」由於先前以學生年級為分界，進行了檔案切割，故比較各活動型態間之喜愛程度差異時，「學生年級」的效果消失了，故其檢定法將變為在各「學生年級」下（即，先固定「學生年級」之意），「活動型態」的單因子相依樣本變異數分析。

執行「混合設計_單純主要效果.sps」時，由於語法中已對原始資料依學生年級而進行了分割，並針對每個年級進行單因子相依樣本變異數分析。故可分別針對國一、國二、國三學生，進行活動型態（相依因子）各水準的喜愛程度之差異性檢定。執行語法後，每一年級將分別各自跑出一組報表，每組報表中都具有「Mauchly的球形檢定」（見表14-35、表14-36、表14-37）與「受試者內效應項檢定」表（見表14-38、表14-39、表14-40），其中該三個「受試者內效應項檢定」報表，分別就是活動

型態之單純主要效果（H_{B1}、H_{B2}、H_{B3}）的檢定報表。

由表14-35、表14-36、表14-37的球形檢定結果可知，「Mauchly's W」值的顯著性分別為0.075、0.083、0.056皆大於0.05，不顯著。故3次的單因子相依樣本變異數分析皆未違反球形的前提條件，因此也不用對「受試者內效應項檢定」報表中的F值進行修正，且檢定時所須的數據，也將採用「受試者內效應項檢定」報表中，「假設的球形」橫列的檢定資料。

表14-35　活動型態之Mauchly的球形檢定——國一

受試者內效應	Mauchly's W	近似卡方檢定	自由度	顯著性	Epsilon		
					Greenhouse-Geisser	Huynh-Feldt	下限
活動型態	.422	5.169	2	.075	.634	.710	.500

表14-36　活動型態之Mauchly的球形檢定——國二

受試者內效應	Mauchly's W	近似卡方檢定	自由度	顯著性	Epsilon		
					Greenhouse-Geisser	Huynh-Feldt	下限
活動型態	.435	4.988	2	.083	.639	.719	.500

表14-37　活動型態之Mauchly的球形檢定——國三

受試者內效應	Mauchly's W	近似卡方檢定	自由度	顯著性	Epsilon		
					Greenhouse-Geisser	Huynh-Feldt	下限
活動型態	.383	5.754	2	.056	.619	.685	.500

表14-38、表14-39、表14-40分別為國一、國二、國三學生，活動型態（相依因子）的受試者內效應項檢定。表14-38、表14-39、表14-40中，除顯示出了各年級下，活動型態的「類型III平方和」、「自由度」與「均方」等數據外，亦分別列出了各自的誤差項資料「Error（活動型態）」，並據以求算出各檢定的F值。但是這些F值將來檢定時，並不能採用。因為計算這三個檢定用的F值時，所須用的誤差項數據（即表14-33的第11列）應該是三個表（表14-38、表14-39、表14-40）之誤差項的總和才正確，故表14-38、表14-39、表14-40未來彙整成表14-33時，只有表中的「類型III平方和」、「自由度」與「均方」等三個欄位值能登錄到表14-33中，其餘的F值、顯著性等欄位則不用登錄。而表14-33中的F值，則必須根據「正確的誤差」（三

個表之誤差項的總和，即表14-33的第11列）而重新計算。因此，在此先不對表14-38、表14-39、表14-40中的顯著性進行說明。

表14-38 活動型態的受試者內效應項檢定 —— 國一

來源		類型III平方和	自由度	均方	F	顯著性
活動型態	假設的球形	129.000	2	64.500	33.444	.000
	Greenhouse-Geisser	129.000	1.268	101.749	33.444	.000
	Huynh-Feldt	129.000	1.421	90.812	33.444	.000
	下限	129.000	1.000	129.000	33.444	.001
Error（活動型態）	假設的球形	27.000	14	1.929		
	Greenhouse-Geisser	27.000	8.875	3.042		
	Huynh-Feldt	27.000	9.944	2.715		
	下限	27.000	7.000	3.857		

表14-39 活動型態的受試者內效應項檢定 —— 國二

來源		類型III平方和	自由度	均方	F	顯著性
活動型態	假設的球形	16.333	2	8.167	4.133	.039
	Greenhouse-Geisser	16.333	1.278	12.777	4.133	.066
	Huynh-Feldt	16.333	1.438	11.360	4.133	.059
	下限	16.333	1.000	16.333	4.133	.082
Error（活動型態）	假設的球形	27.667	14	1.976		
	Greenhouse-Geisser	27.667	8.948	3.092		
	Huynh-Feldt	27.667	10.065	2.749		
	下限	27.667	7.000	3.952		

表14-40 活動型態的受試者內效應項檢定 —— 國三

來源		類型III平方和	自由度	均方	F	顯著性
活動型態	假設的球形	17.583	2	8.792	6.683	.009
	Greenhouse-Geisser	17.583	1.237	14.214	6.683	.026
	Huynh-Feldt	17.583	1.370	12.832	6.683	.022
	下限	17.583	1.000	17.583	6.683	.036

表14-40　活動型態的受試者內效應項檢定——國三（續）

來源		類型III平方和	自由度	均方	F	顯著性
Error（活動型態）	假設的球形	18.417	14	1.315		
	Greenhouse-Geisser	18.417	8.660	2.127		
	Huynh-Feldt	18.417	9.592	1.920		
	下限	18.417	7.000	2.631		

▶ 彙整單純主要效果檢定摘要表——活動型態

接著，可將表14-38、表14-39、表14-40的檢定數據，分門別類的填入到表14-33中。由於先前已說明3次檢定皆未違反球形的前提條件，因此檢定時所須的數據，將採用「受試者內效應項檢定」報表中，「假設的球形」列的資料。茲說明如下：

➤ 表14-38、表14-39、表14-40 3次檢定的「誤差」項之「類型III平方和」的總和為73.084（27.000＋27.667＋18.417），「自由度」的總和為42（14＋14＋14），故均方和應為1.740（73.084/42）。這些計算資料，應填入到表14-33的第11列，未來將根據此誤差項的數據，而重新計算各變異來源的F值。完成後，如表14-33的第11列。

➤ 表14-38的第2列有關「活動型態」（假設的球形）項的檢定資料，就是國一學生對三種活動型態之喜愛程度的差異性檢定資料，將來須填入到表14-33的第8列（只填類型III平方和、自由度與均方和等三項資料即可），更正後其F值應為37.067（64.5/1.740），其變異來源為「國一」。填製完成後，如表14-33的第8列。

➤ 表14-39的第2列有關「活動型態」（假設的球形）項的檢定資料，即是國二學生對三種活動型態之喜愛程度的差異性檢定資料，將來須填入到表14-33的第9列（只填類型III平方和、自由度與均方和等三項資料即可），更正後其F值應為4.693（8.167/1.740），其變異來源為「國二」。填製完成後，如表14-33的第9列。

➤ 表14-40的第2列有關「活動型態」（假設的球形）項的檢定資料，即是國三學生對三種活動型態之喜愛程度的差異性檢定資料，將來須填入到表14-33的第10列（只填類型III平方和、自由度與均方和等三項資料即可），更正後其F值應為5.052（8.792/1.740），其變異來源為「國三」。填製完成後，如表14-33的第10列。

▶ 計算新的顯著性

根據上述說明依序填入資料後，即可得到表14-33。表14-33的數據中，在完成新的F值之計算工作後，就只剩國一、國二、國三等三個變異來源的顯著性尚未計算出來，其計算方式可如前一小節所述，在此不再贅述。經計算後，變異來源國一、國二、國三的顯著性分別為：0.000、0.013、0.009。

▶ 活動型態的單純主要效果檢定之小結

由表14-33顯見，H_{B1}、H_{B2}、H_{B3}等三個假設的顯著性分別為0.000、0.013、0.009，在顯著水準為0.05時，皆達顯著。然若研究者為控制型I誤差的膨脹狀況，而採用族系錯誤率時，因為共有連續六個單純主要效果檢定（H_{A1}、H_{A2}、H_{A3}、H_{B1}、H_{B2}、H_{B3}），故顯著水準應變更為0.05/6 = 0.0083，此時，則只有H_{B1}的顯著性小於 < 0.0083，達顯著；而H_{B2}、H_{B3}則為不顯著（顯著性 > 0.0083）。由於H_{B1}達顯著，未來有必要進行事後檢定，以瞭解國一學生對三種活動型態之喜愛程度的高低狀況。

14-8-6　單純主要效果檢定的總結

為方便進行單純主要效果檢定的六項假設（H_{A1}、H_{A2}、H_{A3}、H_{B1}、H_{B2}、H_{B3}）的檢定，將本範例經執行單純主要效果檢定分析後的結果，整理成表14-33。

由表14-33之第8至10列的相依因子「活動型態」的單純主要效果檢定，可發現H_{B1}、H_{B2}、H_{B3}等三個假設的顯著性分別為0.000、0.013、0.009，在顯著水準為0.0083時，只有H_{B1}的顯著性0.000 < 0.0083，達顯著；而H_{B2}、H_{B3}則不顯著（顯著性 > 0.0083）。接著，再觀察獨立因子「學生年級」的單純主要效果檢定，由表14-33的第3至5列，可發現H_{A1}、H_{A2}、H_{A3}等三個假設的顯著性分別為0.014、0.000、0.000，在顯著水準為0.0083時，H_{A1}不顯著（顯著性 > 0.0083），H_{A2}、H_{A3}則顯著（顯著性 < 0.0083）。

最後，針對顯著的H_{A2}、H_{A3}、H_{B1}等假設，有必要再進行事後檢定，以瞭解在各種情況下，喜愛程度的高低狀況。

14-8-7　事後檢定

釐清單純主要效果的假設之驗證後，有必要針對顯著的H_{B1}、H_{A2}、H_{A3}等假設，

進行事後檢定，以瞭解在各種情況下，喜愛程度的高低狀況。

（一）學生年級的事後比較

學生年級的事後比較是在固定「活動型態」後進行的，也就是依據學生年級的單純主要效果檢定（H_{A1}、H_{A2}、H_{A3}）之結果而進行的。根據表14-33，只有H_{A2}、H_{A3}顯著，亦即「當學生參與問題解決活動時，不同年級之學生的喜愛程度具有顯著差異」與「當學生參與低空設施活動時，不同年級之學生的喜愛程度具有顯著差異」，故研究者進行事後比較的目標就是要去找出「哪一年級的學生最喜愛問題解決活動」與「哪一年級的學生最喜愛低空設施活動」。

由於就因子的層次而言，「活動型態」是先被固定住的，應屬第一層；而「學生年級」則為第二層，故找尋報表時，可直接找報表中，名為「活動型態*學生年級」的段落。「學生年級」的事後比較概況如表14-41。由於H_{A2}、H_{A3}達顯著，故對於表14-41，只要關注「問題解決活動」（2）與「低空設施活動」（3）的部分即可。

表14-41　「學生年級」的事後檢定表

活動型態	(I)學生年級	(J)學生年級	平均值差異（I-J）	標準誤	顯著性	差異的95%信賴區間	
						下限	上限
1	國一	國二	2.000*	.721	.011	.501	3.499
		國三	1.250	.721	.097	-.249	2.749
	國二	國一	-2.000*	.721	.011	-3.499	-.501
		國三	-.750	.721	.310	-2.249	.749
	國三	國一	-1.250	.721	.097	-2.749	.249
		國二	.750	.721	.310	-.749	2.249
2	國一	國二	-5.250*	.431	.000	-6.147	-4.353
		國三	-2.250*	.431	.000	-3.147	-1.353
	國二	國一	5.250*	.431	.000	4.353	6.147
		國三	3.000*	.431	.000	2.103	3.897
	國三	國一	2.250*	.431	.000	1.353	3.147
		國二	-3.000*	.431	.000	-3.897	-2.103
3	國一	國二	-3.750*	.804	.000	-5.421	-2.079
		國三	-1.375	.804	.102	-3.046	.296

表14-41　「學生年級」的事後檢定表（續）

活動型態	(I)學生年級	(J)學生年級	平均值差異（I-J）	標準誤	顯著性	差異的95%信賴區間	
						下限	上限
	國二	國一	3.750*	.804	.000	2.079	5.421
		國三	2.375*	.804	.008	.704	4.046
	國三	國一	1.375	.804	.102	-.296	3.046
		國二	-2.375*	.804	.008	-4.046	-.704

註：* 表p < 0.05，顯著。

　　觀察表14-41可發現，對於「問題解決活動」（2）而言，國二學生的喜愛程度最高、國三學生次之、國一學生最低，因此，可將H_{A2}事後比較的結果，記為「國二 > 國三 > 國一」或「2 > 3 > 1」，並填入表14-33之第4列（學生年級之問題解決活動列）的「事後比較」欄位內。

　　而對於「低空設施活動」（3）而言，國二學生的喜愛程度最高，而對國一學生與國三學生則無顯著差異。因此最後，可將H_{A3}事後比較的結果，記為「國二 > 國一 = 國三」或「2 > 1 = 3」，並填入表14-33之第5列（學生年級之低空設施活動）的「事後比較」欄位內，完成後如表14-33。

（二）活動型態的事後比較

　　活動型態的事後比較是在固定「學生年級」後進行的，也就是依據活動型態的單純主要效果檢定（H_{B1}、H_{B2}、H_{B3}）之結果進行的（表14-33的下半部）。根據表14-33，只有H_{B1}顯著，亦即「國一學生對各種活動型態之喜愛程度具有顯著差異」，故研究者進行事後比較的目標就是要去找出「國一學生對哪種活動型態之喜愛程度最高、哪種最低」。

　　由於就因子的層次而言，「學生年級」是先被固定住的，應屬第一層；而「活動型態」則為第二層，故找尋報表時，理應尋找名為「學生年級*活動型態」的段落。然因檔案已依「學生年級」而被切割，因此報表中不會再有「學生年級*活動型態」的段落，取而代之的是「國一」、「國二」、「國三」等段落。由於只有H_{B1}顯著，因此，報表找尋時，即是尋找以「國一」為名的報表段落即可。國一學生對「活動型態」的事後比較概況如表14-42。就「國一」而言，可發現國一學生對「溝通活動（1）」的喜愛程度最高，而對「問題解決活動（2）」與「低空設施活動（3）」而

言，則無顯著差異。最後可將此結果記爲「溝通活動 > 問題解決活動 = 低空設施活動」或「1 > 2 = 3」，並塡入表14-33之第8列（活動型態之國一列）的「事後比較」欄位內，完成後如表14-33。

表14-42　「活動型態」的事後檢定表——國一

| (I)活動型態 | (J)活動型態 | 平均值差異（I-J） | 標準誤 | 顯著性 | 差異的95%信賴區間 | |
					下限	上限
1	2	5.250*	.559	.000	3.928	6.572
	3	4.500*	.535	.000	3.236	5.764
2	1	-5.250*	.559	.000	-6.572	-3.928
	3	-.750	.921	.442	-2.928	1.428
3	1	-4.500	.535	.000	-5.764	-3.236
	2	.750	.921	.442	-1.428	2.928

註：*表 $p < 0.05$，顯著。

14-8-8　二因子混合設計變異數分析之總結

　　經過冗長的分析過程後，二因子混合設計變異數分析的結果，將彙整在表14-43（同表14-32，爲方便解說，故複製表14-32到此，即整體檢定之結果表）和表14-44（同表14-33，爲方便解說，故亦複製表14-33到此，即單純主要效果檢定之結果表）中。

　　由表14-43的「二因子混合設計變異數分析摘要表」可知，交互作用效果（F值16.857、顯著性0.000）達顯著。故可認爲「不同學生年級與體驗教育活動型態的交互作用下，學生的喜愛程度具有顯著的差異。」此外，交互作用項的淨 η^2 爲0.616，表示排除「學生年級」與「活動型態」對喜愛程度個別的影響後，交互作用項「學生年級×活動型態」可以解釋喜愛程度61.6%的變異量。

　　再由表14-44的「單純主要效果檢定摘要表」得到以下結論：

1. 當學生參與問題解決活動時，不同年級之學生的喜愛程度具有顯著差異，且對於問題解決活動而言，國二學生的喜愛程度最高、國三學生次之、國一學生最低。
2. 當學生參與低空設施活動時，不同年級之學生的喜愛程度具有顯著差異，且對於低空設施活動而言，國二學生的喜愛程度最高，而對國一學生與國三學生則無差異。
3. 國一學生對各種活動型態之喜愛程度具有顯著差異，且國一學生對「溝通活動」的喜愛程度最高，而對「問題解決活動」與「低空設施活動」則無差異。

表14-43 二因子混合設計變異數分析摘要表

變異來源	型III SS	自由度	均方和（MS）	F值	顯著性	事後比較	淨η^2
受試者內							
活動型態	45.583	2.000	22.792	13.098	0.000*		0.384
學生年級×活動型態	117.333	4.000	29.333	16.857	0.000*		0.616
殘差	73.083	42.000	1.740				
受試者間							
學生年級	67.583	2.000	33.792	17.558	0.000*		0.626
殘差	40.417	21.000	1.925				
全體	344.000	71.000					

註：＊表 p＜0.05，顯著。

表14-44 單純主要效果檢定摘要表（混合設計）

變異來源	型III SS	自由度	均方和（MS）	F值	顯著性	事後比較
學生年級（受試者間）						
溝通活動	16.333	2	8.167	4.532	0.014	
問題解決活動	111.000	2	55.500	30.799	0.000*	國二＞國三＞國一
低空設施活動	57.583	2	28.792	15.978	0.000*	國二＞國一＝國三
誤差（殘差）	113.500	63	1.802			
活動型態（受試者內）						
國一	129.000	2	64.500	37.067	0.000*	溝通＞問題＝低空
國二	16.333	2	8.167	4.693	0.013	
國三	17.583	2	8.792	5.052	0.009	
誤差（殘差）	73.083	42	1.740			

註：＊表 p＜0.0083（0.05/6），顯著。

14-8-9 二因子混合設計變異數分析之彩蛋

雖然，二因子混合設計變異數分析的完整過程已介紹完畢。但讀者應能發現，在這個過程中，除了須瞭解經由執行語法後，所產生的各類報表的意義與解析外，其實最複雜的部分，應該就屬如何彙整出表14-43的「二因子混合設計變異數分析摘要表」和表14-44的「單純主要效果檢定摘要表（混合設計）」了。在此，本書已提供

了「二因子混合設計變異數分析_報表產生器.xlsx」這個Excel檔案，以便能輔助讀者輕鬆的、半自動化的迅速完成表14-43與表14-44的製作。詳細的操作過程，請讀者自行參看教學影音檔「ex14-3.mp4」。

14-9　二因子完全相依變異數分析的範例

▶ 範例14-4

過往文獻顯示，參與體驗教育課程，有助於團隊凝聚力的提升。因而某國中校長乃欲將體驗教育課程推廣至全校學生。推廣前，校長想探究不同上課情境（室內、戶外）與體驗教育活動型態（溝通活動、問題解決活動、低空設施活動）組合的六種課程中，哪種課程最為學生所喜愛。於是在某班的課程中，加入了這六種體驗教育課程，學期結束後，學生針對這六種體驗教育課程的喜愛程度填寫問卷，喜愛程度得分從1至10分，分數越高表示學生對該課程的喜愛程度越高。最後，校長將於該班隨機抽出20名學生，並彙整學生對課程之喜愛程度資料，所得數據如表14-45。試問：學生對體驗教育活動型態的喜愛程度是否會因上課情境而有所差異？（資料檔案為ex14-4.sav）

表14-45　課程「喜愛程度」的數據

因子		活動型態（B）				問題解決活動（b2）				低空設施活動（b3）			
		溝通活動（b1）				問題解決活動（b2）				低空設施活動（b3）			
上課情境（A）	室內（a1）	3	5	6	6	9	8	9	6	2	5	8	5
		4	6	4	7	8	9	8	7	2	8	9	6
		7	4	7	6	9	8	7	8	8	2	1	7
		4	5	5	5	9	9	9	6	4	4	9	8
		2	6	5	4	9	8	9	7	4	7	7	4
	戶外（a2）	6	6	8	4	7	3	2	6	3	3	4	6
		5	5	5	5	4	4	4	2	4	6	6	5
		6	7	7	6	3	6	3	4	3	6	4	7
		6	6	6	5	2	4	7	1	7	3	1	4
		6	5	5	4	6	9	7	6	3	4	5	4

　　首先，判斷本範例之變異數分析的類型。本範例共有兩個因子，分別為上課情境（A）與體驗教育之活動型態（B）。上課情境有室內（a1）、戶外（a2）等兩個水準；而體驗教育之活動型態則有溝通活動（b1）、問題解決活動（b2）、低空設施活動（b3）等三個水準。這兩個因子共可組合成六種課程，如：室內溝通活動（a1b1）、室內問題解決活動（a1b2）、室內低空設施活動（a1b3）、戶外溝通活動（a2b1）、戶外問題解決活動（a2b2）、戶外低空設施活動（a2b3）。由題意顯見，隨機抽出的20名學生皆參與了這六種課程。也就是說，由上課情境（A）與活動型態（B）所交互組成而產生之細格（處理）內的觀測值，皆來自同一組受試者。故上課情境（A）與活動型態（B）皆屬相依因子。這種設計方式就是所謂的二因子完全相依變異數分析。表14-45中的數據即是一個2×3二因子完全相依變異數分析的範例。

　　二因子完全相依變異數分析建檔時，必須為兩相依因子所構成的每一種處理，各建立一個欄位（變數）。基於此，從表14-45中可看出，兩相依因子共可構成六種處理，這六種處理分別為室內溝通活動（a1b1）、室內問題解決活動（a1b2）、室內低空設施活動（a1b3）、戶外溝通活動（a2b1）、戶外問題解決活動（a2b2）、戶外低空設施活動（a2b3）。因此建檔時，總共須設立六個變數以代表每一種處理。至於依變數（喜愛程度）則直接輸入於六個變數的資料值中即可。輸入各細格（處理）中的觀測值時，輸入順序各細格必須一致，通常由左至右、由上而下（或由上而下、由左至右亦可），依序輸入資料，輸入完成後，資料檔格式與外觀，如圖14-27。完成資料檔的建立過程後，請存檔為「ex14-4.sav」。

	名稱	類型	寬度	小數	標籤	值	遺漏	欄	對齊	測量
1	a1b1	數值	3	0	室內溝通活動	無	無	6	置中	尺度
2	a1b2	數值	3	0	室內問題解決活動	無	無	6	置中	尺度
3	a1b3	數值	3	0	室內低空設施活動	無	無	6	置中	尺度
4	a2b1	數值	3	0	戶外溝通活動	無	無	6	置中	尺度
5	a2b2	數值	3	0	戶外問題解決活動	無	無	6	置中	尺度
6	a2b3	數值	3	0	戶外低空設施活動	無	無	6	置中	尺度

圖14-27　二因子完全相依變異數分析的資料格式

資料視圖

	a1b1	a1b2	a1b3	a2b1	a2b2	a2b3
1	3	9	2	6	7	3
2	4	8	2	5	4	4
3	7	9	8	6	3	3
4	4	9	4	6	2	7
5	2	9	8	6	6	3
6	5	8	5	6	3	3
7	6	9	8	5	4	6
8	4	8	2	7	8	6
9	5	9	4	6	4	3
10	6	7	7	5	9	4
11	6	9	8	8	2	4
12	4	8	9	5	4	4
13	7	7	1	7	6	4
14	5	9	9	6	7	1
15	5	8	7	5	7	5
16	6	6	5	4	6	6
17	7	7	6	5	2	5
18	6	8	7	6	8	7
19	5	5	8	5	1	4
20	4	7	4	4	6	4

圖14-27　二因子完全相依變異數分析的資料格式（續）

14-9-1 整體檢定之執行

建檔完成後，就可開始進行二因子完全相依變異數分析了。首先，我們先來進行第一階段的整體檢定，檢定前須先設定假設。在整體檢定的過程中，將設定交互作用項的效果、二因子的主要效果等三個假設（使用對立假設），分別描述如下：

H_{AB}：上課情境與活動型態的交互作用下，學生對課程的喜愛程度具有顯著的差異。

H_A：在不同的上課情境中，學生對課程的喜愛程度具有顯著的差異。

H_B：在不同的活動型態下，學生對課程的喜愛程度具有顯著的差異。

操作步驟

三個假設建立好後，就可開始在SPSS中設定、執行二因子完全相依變異數分析了。在此，本範例亦將使用語法的方式來執行二因子完全相依變異數分析之整體檢定。執行整體檢定之語法內容如圖14-28，而其語法檔之檔名為「完全相依_整體檢

定.sps」。這個語法檔案，讀者亦可在本書的範例資料夾中找到。

進行二因子完全相依變異數分析之整體檢定的詳細操作過程，請讀者可自行參閱影音檔「ex14-4.mp4」。

圖14-28　二因子完全相依變異數分析之整體檢定的語法

▶ **語法說明**

二因子完全相依變異數分析之整體檢定的語法，說明如下：

第1列：「GLM a1b1 a1b2 a1b3 a2b1 a2b2 a2b3」

「GLM」說明了將進行一般線性模型。「GLM」之後，將列出相依因子之水準變數名稱「a1b1、a1b2、a1b3、a2b1、a2b2、a2b3」。其實，「GLM」的原始語法為「GLM ... BY ...」，BY之後將描述獨立因子之變數名稱，但由於將進行二因子完全相依變異數分析，所以不會用到獨立因子，因此「BY」省略了。在此，讀者必須注意的是，上述這些水準變數名稱，都必須與SPSS中資料檔的變數名稱一模一樣，才能順利執行語法。

第2列：「/WSFACTOR = 上課情境 2 活動型態 3」

在這列中須描述參與檢定的受試者內因子（相依因子）與其水準數。「WSFACTOR」就是指受試者內因子（within-subject factor）的意思。本範例的受試者內因子有兩個，分別為上課情境（兩個水準）與活動型態（三個水準）。因此，語法就寫成「/WSFACTOR = 上課情境 2 活動型態 3」。

第3列：「/METHOD = SSTYPE(3)」

此列語法，說明了計算離差平方和的方法為Type III（型III）法，縮寫即為

SSTYPE(3)。

第4列：「/PLOT = PROFILE(上課情境*活動型態 活動型態*上課情境)」

「/PLOT」為繪圖之意。「PROFILE()」中，列出了要製作哪些平均數剖面圖。剖面圖中須由讀者來決定「橫軸（水平軸）」和「個別線」到底分屬「列因子」或「行因子」，但縱軸則是固定的，即代表「*」後面那個因子的「喜愛程度」（依變數）之估計的邊緣平均值。比如「上課情境*活動型態」，就代表要畫出以「上課情境」為「橫軸（水平軸）」，「活動型態」的「喜愛程度」之估計的邊緣平均值為縱軸，「活動型態」為「個別線」的剖面圖（如圖14-29）。這張剖面圖中，因為「活動型態」為「個別線」，所以圖中會顯示出溝通活動、問題解決活動、低空設施活動於各種「上課情境」水準下的「喜愛程度」之平均值圖（共三條線）。在本句語法中，將繪製兩個剖面圖，分別是「上課情境*活動型態」（圖14-29）與「活動型態*上課情境」（圖14-30）。雖然，所建立的兩個剖面圖在外觀上會有些差異，然而皆可看出是否有交互作用現象存在。若剖面圖中之個別線有交叉或不平行的現象，則「列因子」與「行因子」很有可能存在交互作用的現象。

第5列：「/EMMEANS = TABLES(OVERALL)」

此列語法中，「EMMEANS」表示將列出估計的邊緣平均值。TABLES(OVERALL)指以表格方式列出所有因子的估計的邊緣平均值。

第6列：「/EMMEANS = TABLES(上課情境) COMPARE ADJ(LSD)」

「EMMEANS」表示將列出估計的邊緣平均值。「TABLES(上課情境)」表示將以表格方式列出「上課情境」之各水準下的「喜愛程度」（依變數）之估計的邊緣平均值。而「COMPARE ADJ(LSD)」則代表「上課情境」的主要效果檢定如果顯著的話，那麼將以「LSD」法進行「上課情境」之各水準下的「喜愛程度」之估計的邊緣平均值的事後比較。

第7列：「/EMMEANS = TABLES(活動型態) COMPARE ADJ(LSD)」

「EMMEANS」表示將列出估計的邊緣平均值。「TABLES(活動型態)」表示將以表格方式列出「活動型態」之各水準下的「喜愛程度」（依變數）之估計的邊緣平均值。而「COMPARE ADJ(LSD)」則代表「活動型態」的主要效果檢定如果顯著的話，那麼將以「LSD」法進行「活動型態」之各水準下的「喜愛程度」之估計的邊緣平均值的事後比較。

第8列：「/EMMEANS = TABLES(上課情境*活動型態)」

此列語法中，其意涵和第7列差不多。只是在以表格方式列出估計的邊緣平均值（各水準下的喜愛程度之平均數）時，將以「上課情境」為第一層變數，而「活動型態」為第二層變數。也就是說，必須在已先固定「上課情境」為某水準下，再來檢視「活動型態」各個水準之喜愛程度（依變數）的估計的邊緣平均值。雖然，本語法也會進行交互作用項（上課情境*活動型態）的效果檢定。但若顯著的話，將不進行事後比較。因為交互作用效果顯著的話，須進行的是「單純主要效果檢定」，而不是事後比較，所以「/ EMMEANS = TABLES(上課情境*活動型態)」後面，就沒有「COMPARE」這個關鍵字了。此時，應該做的是進入第二階段，而使用「完全相依_單純主要效果.sps」語法，來進行「單純主要效果檢定」了。

第9列：「/PRINT = DESCRIPTIVE ETASQ」

此列語法，就是要告訴SPSS，請它在報表中，要幫我們列印出描述性統計量（DESCRIPTIVE）、關聯效果量（ETASQ）的結果。

第10列：「/CRITERIA = ALPHA(.05)」

此列語法，可設定顯著水準。在此將顯著水準設定為0.05。

第11列：「/WSDESIGN = 上課情境 活動型態 上課情境*活動型態.」

此列語法，「/WSDESIGN = 」後面必須列出受試者內因子（相依因子）。在本範例中，受試者內因子有三個。其中，兩個是主要因子（上課情境、活動型態）、一個是相依因子的交互作用項（上課情境*活動型態）。它的意義是SPSS將針對兩個主要因子，來進行它的主要效果檢定；而對「上課情境*活動型態」則進行交互作用項效果檢定。

14-9-2　整體檢定的報表解說

如前所述，完整的二因子完全相依變異數分析過程將分為兩個階段來進行，第一階段為整體檢定，第二階段為主要效果檢定之事後比較或單純主要效果檢定。在本小節中，將先針對整體檢定的部分進行報表解說。

執行「完全相依_整體檢定.sps」後，SPSS當可跑出有關整體檢定的輸出報表。報表相當的長，因此我們將分段予以說明。

（一）細格的敘述統計

首先，觀察輸出報表的「敘述統計」，如表14-46。表14-46的「敘述統計」表中，列出了各細格的處理方式與觀測值的邊緣平均值、標準差與個數等資料。

表14-46　敘述統計表

	平均值	標準偏差	N
室內溝通活動	5.05	1.356	20
室內問題解決活動	7.95	1.146	20
室內低空設施活動	5.70	2.577	20
戶外溝通活動	5.65	.988	20
戶外問題解決活動	4.95	2.350	20
戶外低空設施活動	4.40	1.569	20

（二）球形檢定

進行具有相依因子的變異數分析的前提假設之一為：同一受試者內因子之不同水準間，其平均數差異的變異數必須相等。此前提假設之檢定又稱為球形檢定。由於二因子完全相依變異數分析中，所有的因子都是相依因子。因此，其前提假設就只有須符合球形假設而已，而可以完全不用去考慮屬獨立因子的變異數同質性檢定。球形檢定的相關概念在先前的章節內容中已有詳述，在此不再贅述。若讀者尚有疑義時，可參考第14-8-2節的說明。

受試者內因子的Mauchly球形檢定表，如表14-47所示。由表14-47可知，「上課情境」只有兩個水準（自由度0），故無法算出其顯著性，但其Epsilon值皆為1，屬完美球形，故表示「上課情境」因子，並未違反球形假設。「活動型態」的Mauchly's W係數為0.881，近似卡方值之顯著性為0.320，大於0.05，未達顯著，此即表示資料符合球形假設。交互作用項（上課情境*活動型態）的Mauchly's W係數為0.984，近似卡方值之顯著性為0.862，大於0.05，亦未達顯著，亦表示未違反球形之假設。可見所有的受試者內因子皆符合球形假設，因此，將來進行檢定時，並不需要對F統計量值作修正。

表14-47 受試者內因子的Mauchly 球形檢定表

受試者內效應	Mauchly's W	近似卡方檢定	自由度	顯著性	Epsilon		
					Greenhouse-Geisser	Huynh-Feldt	下限
上課情境	1.000	.000	0	.	1.000	1.000	1.000
活動型態	.881	2.277	2	.320	.894	.980	.500
上課情境*活動型態	.984	.298	2	.862	.984	1.000	.500

（三）受試者內效應項檢定

進行二因子變異數分析時，總變異量將會被拆解成受試者間變異量（獨立因子）與受試者內變異量（相依因子）兩大部分。表14-48即為「受試者內效應項檢定」的結果。由於本範例中，兩個主要因子與交互作用項皆為相依因子，因此所有主要效果與交互作用項的檢定結果皆已包含於表14-48中了。

表14-48 受試者內效應項檢定表

來源		類型III平方和	自由度	均方	F	顯著性	Partial Eta Squared
上課情境	假設的球形	45.633	1	45.633	12.560	.002	.398
	Greenhouse-Geisser	45.633	1.000	45.633	12.560	.002	.398
	Huynh-Feldt	45.633	1.000	45.633	12.560	.002	.398
	下限	45.633	1.000	45.633	12.560	.002	.398
Error（上課情境）	假設的球形	69.033	19	3.633			
	Greenhouse-Geisser	69.033	19.000	3.633			
	Huynh-Feldt	69.033	19.000	3.633			
	下限	69.033	19.000	3.633			
活動型態	假設的球形	43.467	2	21.733	6.510	.004	.255
	Greenhouse-Geisser	43.467	1.788	24.316	6.510	.005	.255
	Huynh-Feldt	43.467	1.961	22.167	6.510	.004	.255
	下限	43.467	1.000	43.467	6.510	.020	.255
Error（活動型態）	假設的球形	126.867	38	3.339			
	Greenhouse-Geisser	126.867	33.964	3.735			
	Huynh-Feldt	126.867	37.256	3.405			
	下限	126.867	19.000	6.677			

表14-48　受試者內效應項檢定表（續）

來源		類型III平方和	自由度	均方	F	顯著性	Partial Eta Squared
上課情境*活動型態	假設的球形	64.867	2	32.433	11.057	.000	.368
	Greenhouse-Geisser	64.867	1.968	32.965	11.057	.000	.368
	Huynh-Feldt	64.867	2.000	32.433	11.057	.000	.368
	下限	64.867	1.000	64.867	11.057	.004	.368
Error（上課情境*活動型態）	假設的球形	111.467	38	2.933			
	Greenhouse-Geisser	111.467	37.387	2.981			
	Huynh-Feldt	111.467	38.000	2.933			
	下限	111.467	19.000	5.867			

　　由於先前球形檢定的結果，說明了並未違反球形假定，故檢定時將採用「假設的球形」之橫列上的數據。由表14-48之第2列顯見，由於「上課情境」因子之F值為其均方和（45.633）除以其誤差均方和（3.633）的結果，所以等於12.560，且顯著性為0.002小於0.05，故達顯著，因此H_A獲得支持。表示「上課情境」因子的主要效果顯著。亦即在不同的上課情境中，學生對課程的喜愛程度是具有顯著差異的。

　　此外，由表14-48之第10列可發現，「活動型態」因子之F值為其均方和（21.733）除以其誤差均方和（3.339）的結果，所以等於6.510，且顯著性為0.004小於0.05，故達顯著，因此H_B獲得支持。表示「活動型態」因子的主要效果顯著。亦即在不同的活動型態中，學生對課程的喜愛程度是具有顯著差異的。

　　最後，由表14-48之第18列可見，交互作用項「上課情境*活動型態」之F值為其均方和（32.433）除以其誤差均方和（2.933）的結果，所以等於11.057，且顯著性為0.000小於0.05，故亦達顯著，因此H_{AB}也獲得支持。表示交互作用項「上課情境*活動型態」的主要效果顯著。亦即不同的上課情境與活動型態的交互作用下，學生對課程的喜愛程度是具有顯著差異的。

（四）受試者間效應項檢定

　　受試者間效應項檢定表，如表14-49所示。這是對獨立因子之效果的檢定報表。在本範例中，嚴格來說，只有參與實驗的受試者可視為獨立因子。因此，受試者間效應項檢定主要在檢驗受訪者間的差異。但這在二因子完全相依的變異數分析中並不是重點，因此在此僅瞭解其基本意義就夠了，但表14-49中的資料將來製作彙整表時會使用到。

表14-49　受試者間效應項檢定表

來源	類型III平方和	自由度	均方	F	顯著性	Partial Eta Squared
截距	3785.633	1	3785.633	1466.901	.000	.987
誤	49.033	19	2.581			

（五）檢視剖面圖（又稱平均值圖）

　　「上課情境（A）」與「活動型態（B）」之喜愛程度的邊緣平均值圖（剖面圖），分別如圖14-29與圖14-30所示。圖14-29顯示在各種上課情境（A）下，學生對三種活動型態（B）之喜愛程度的平均值圖，可發現三條線有交點，代表交互作用現象可能存在。而圖14-30則顯示在各種活動型態（B）下，各年級學生對兩種上課情境（A）之喜愛程度的平均值圖。亦可發現兩條線有交點，再次證明交互作用現象可能存在。

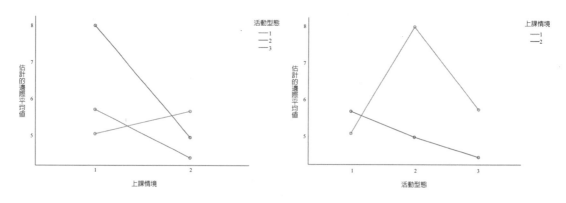

圖14-29　三種活動型態之喜愛程度的剖面圖　圖14-30　兩種上課情境之喜愛程度的剖面圖

14-9-3　整體檢定之總結

　　執行二因子完全相依變異數分析之整體檢定的主要目的在於檢驗第14-9-1節中的三項假設（H_{AB}、H_A、H_B）。本範例經二因子完全相依變異數分析後，所產生的報表相當長，因此讀者檢閱報表時應有目標性。在此我們的目標就是要彙整報表資料以完成表14-50的彙整表製作（表14-50的空白表格，已儲存在「完全相依_變異數分析摘要表.docx」中），在表14-50的「二因子完全相依變異數分析摘要表」中，灰色網底的部分將填入SPSS報表所顯示的各種檢定數據。根據表14-50就可檢定先前所設定的

三個假設（交互作用項的效果與兩個主要效果）。要順利且正確的製作表14-50，最重要的工作是正確的拆解各種變異來源（表14-50的第一個欄位）。拆解各種變異來源時，可參考圖14-31。

　　為方便進行三項假設（H_{AB}、H_A、H_B）的檢定，將本範例經二因子完全相依變異數分析後的結果，整理成表14-50。

表14-50　二因子完全相依變異數分析摘要表

變異來源	型III SS	自由度	均方和（MS）	F值	顯著性	事後比較	淨η^2
受試者間							
殘差	49.033	19	2.581				
受試者內							
上課情境（A）	45.633	1	45.633	12.560	0.002*		0.398
活動型態（B）	43.467	2	21.733	6.510	0.004*		0.255
上課情境×活動型態（A×B）	64.867	2	32.433	11.057	0.000*		0.368
殘差（A）	69.033	19	3.633				
殘差（B）	126.867	38	3.339				
殘差（A×B）	111.467	38	2.933				
全體	510.367	119	4.289				

註：＊表 p＜0.05，顯著。

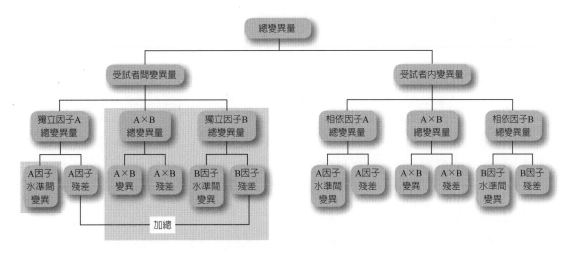

圖14-31　二因子變異數分析的變異拆解

由於本範例屬二因子完全相依變異數分析，故並不存在獨立因子（受試者間因子），而應只具有兩個相依因子（受試者內因子）及其交互作用項。所以圖14-31中具灰色方框網底的變異來源可以忽略不看。因此，在二因子完全相依變異數分析中，變異來源總共有七個，分別是受試者間的「殘差」、「受試者內的A因子水準間的變異（上課情境的主要效果）」、受試者內的「B因子水準間的變異（活動型態的主要效果）」、受試者內的「交互作用項（A×B）的主要效果」、「受試者內的A因子殘差」、「受試者內的B因子殘差」與「受試者內的A×B殘差」。由此，就可確立表14-50中的各種變異來源了。

▶ 資料彙整

為能夠順利的進行整體檢定工作，建議讀者務必要將執行完二因子完全相依變異數分析後，所產生的報表彙整成表14-50。表14-50中的各項數據，主要是依據表14-48的「受試者內效應項檢定表」與表14-49的「受試者間效應項檢定表」而得。

（一）彙整「受試者間效應項」的相關檢定數據

由於在二因子完全相依變異數分析中，並不存在主要的獨立因子。因此，彙整「受試者間效應項」的相關檢定數據會比較簡單，只要將「受試者間的殘差項」（此為受試者間之個別差異的殘差）之檢定數據彙整至表14-50中即可。資料彙整的方法如下：

➤ 表14-50的第3列有關「受試者間的殘差項」之檢定數據，其來源為表14-49的第3列，即變異來源為「誤」的相關數據。故將表14-49的第3列「誤」的類型III平方和、自由度、均方和等數據，填入表14-50的第3列「受試者間的殘差項」列即可。

（二）彙整「受試者內效應項」的相關檢定數據

在二因子完全相依變異數分析中，所有的檢定資訊都是來自表14-48的「受試者內效應項檢定表」。因此，將「受試者內效應項檢定表」之檢定數據彙整至表14-50中時，須特別的用心。資料彙整的方法如下：

➤ 表14-48的第2列有關相依因子「上課情境」的檢定資料，則須填入到表14-50的第5列，即變異來源為「上課情境（A）」列。

➤ 表14-48的第10列有關相依因子「活動型態」的檢定資料，則須填入到表14-50的第6列，即變異來源為「活動型態（B）」列。

> 表14-48的第18列有關「上課情境*活動型態」項的檢定資料，則須填入到表14-50的第7列，即變異來源為「上課情境×活動型態（A×B）」列。

> 表14-48的第6列有關「Error（上課情境）」項的檢定資料，則須填入到表14-50的第8列，即變異來源為「殘差（A）」列。

> 表14-48的第14列有關「Error（活動型態）」項的檢定資料，則須填入到表14-50的第9列，即變異來源為「殘差（B）」列。

> 表14-48的第22列有關「Error（上課情境*活動型態）」項的檢定資料，則須填入到表14-50的第10列，即變異來源為「殘差（A×B）」列。

> 表14-50中，所有的「事後比較」欄則因交互作用效果顯著，不須進行主要效果分析，故也就不用進行事後比較，因此，全都保留空白。

▶ **整體檢定之總結**

為方便進行整體檢定中的三項假設之檢定工作，我們須將冗長的報表彙整成如表14-50的格式。由表14-50得知，交互作用項效果（F值11.057、顯著性0.000）達顯著。因此，假設H_{AB}成立，即認為「上課情境與活動型態的交互作用下，學生的喜愛程度具有顯著的差異。」此外，交互作用項的淨η^2為0.368，表示排除「上課情境」與「活動型態」對喜愛程度之個別的影響後，交互作用項「上課情境×活動型態」可以解釋喜愛程度36.8%的變異量，依據Cohen（1988）的判斷標準，以該交互作用項來解釋喜愛程度的變化，已具有相當高的實務顯著性。雖然，「上課情境」與「活動型態」等兩個主要效果（F值分別為12.560、6.510）亦達顯著，但由於交互作用效果顯著，故主要效果並無分析價值。因而後續將進行單純主要效果檢定，以確認在何種情況下，才能有效提高學生對各種課程的喜愛程度。

14-9-4 單純主要效果檢定

由於「上課情境」與「活動型態」之交互作用項的效果顯著，表示參與不同活動型態的學生，會因不同的上課情境而有不同的喜愛程度，或不同上課情境的學生會因體驗教育活動型態的不同而有不同的喜愛程度。為明確的釐清到底在何種情況下，才能有效提高學生對各種課程的喜愛程度，故後續將進行單純主要效果檢定。首先，設定單純主要效果檢定的假設（對立假設）。

（一）上課情境的單純主要效果檢定

1. 限定「活動型態」為「溝通活動」時：比較不同上課情境下，學生的喜愛程度。

   H_{A1}：參與溝通活動時，在不同上課情境下，學生的喜愛程度平均數具顯著差異。

2. 限定「活動型態」為「問題解決活動」時：比較不同年級之學生的喜愛程度。

   H_{A2}：參與問題解決活動時，在不同上課情境下，學生的喜愛程度平均數具顯著差異。

3. 限定「活動型態」為「低空設施活動」時：比較不同年級之學生的喜愛程度。

   H_{A3}：參與低空設施活動時，在不同上課情境下，學生的喜愛程度平均數具顯著差異。

（二）活動型態的單純主要效果檢定

1. 限定上課情境為「室內」時：比較學生對三種活動型態的喜愛程度。

   H_{B1}：室內上課時，學生對三種活動型態課程之喜愛程度的平均數具顯著差異。

2. 限定上課情境為「戶外」時：比較學生對三種活動型態的喜愛程度。

   H_{B2}：戶外上課時，學生對三種活動型態課程之喜愛程度的平均數具顯著差異。

　　釐清上述的假設之意義後，只要依檢定內容所需，適當的運用原始檔案，就可進行各種情況下的單純主要效果檢定了。但是其過程實在是相當繁雜，故在此，亦將使用語法來完成任務。

操作步驟

　　於開啟資料檔「ex14-4.sav」的情況下，執行「完全相依_單純主要效果.sps」語法，就可產生單純主要效果檢定的相關報表。「完全相依_單純主要效果.sps」語法的內容如圖14-32。

　　利用如圖14-32的29列語法，就可以避免使用傳統的「拖、拉、點、選」等方式來進行各因子的單純主要效果檢定了。不過，應用的重點不是在背語法，而是要能舉一反三的去修改成自己研究中可用的語法。

　　詳細操作步驟，請讀者自行參閱影音檔「ex14-4.mp4」。

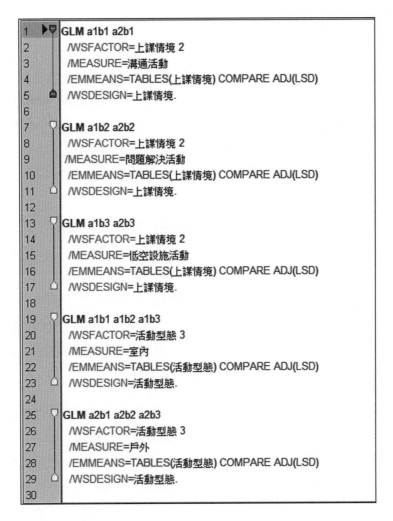

圖14-32　二因子完全相依變異數分析之單純主要效果檢定的語法

▶ **語法說明**

二因子完全相依變異數分析之單純主要效果檢定的語法，說明如下：

（一）語法觀念

圖14-32的單純主要效果檢定的語法，可分成五大部分，前三個部分在進行「上課情境」的單純主要效果檢定，後兩個部分在進行「活動型態」的單純主要效果檢定。

➤ **第一部分：第1至5列，將限定「活動型態」爲「溝通活動」時，比較在不同的上課情境下，學生對課程的喜愛程度，亦即對H_{A1}進行檢定。**

第1至5列的語法意義，等同於針對a1b1、a2b1這兩個欄位，來進行單因子相依樣本變異數分析。爲何稱之爲單因子呢？因爲「b1」（溝通活動）被固定了（兩個欄位名稱中，都有b1，代表b1被固定了）。其目的在於，固定「b1」的情形下，檢定「a1」（室內）、「a2」（戶外）的差異，這正等同於檢定H_{A1}之意。即當「活動型態」爲「溝通活動」（b1）時，在不同的上課情境（a1、a2）下，學生對課程的喜愛程度有無顯著差異。

進行分析時，最幸運的是，不用針對原始資料檔「ex14-4.sav」進行分割。因爲資料檔「ex14-4.sav」中，學生對六種課程之喜愛程度的資料，已分別呈現於相對應的六個欄位中了，這六個欄位分別爲a1b1、a1b2、a1b3、a2b1、a2b2、a2b3。此舉將大大的增進分析時的方便性，例如：欲檢定H_{A1}，即固定「活動型態」爲「溝通活動」（b1）時，比較「室內」（a1）與「戶外」（a2）之喜愛程度的差異性，在此情形下，只須直接針對a1b1、a2b1這兩個欄位，來進行單因子相依樣本變異數分析即可，完全不用對原始檔案進行預處理工作。

➤ **第二部分：第7至11列，將限定「活動型態」爲「問題解決活動」時，比較在不同的上課情境下，學生對課程的喜愛程度，亦即對H_{A2}進行檢定。**

第7至11列的語法意義，等同於針對a1b2、a2b2這兩個欄位，進行單因子相依樣本變異數分析。其目的在於，固定「b2」（問題解決活動）的情形下，檢定「a1」（室內）、「a2」（戶外）的差異，這正等同於檢定H_{A2}之意。即當「活動型態」爲「問題解決活動」（b2）時，在不同的上課情境（a1、a2）下，學生對課程的喜愛程度有無顯著差異。

➤ **第三部分：第13至17列，將限定「活動型態」爲「低空設施活動」時，比較在不同的上課情境下，學生對課程的喜愛程度，亦即對H_{A3}進行檢定。**

第13至17列的語法意義，等同於針對a1b3、a2b3這兩個欄位，進行單因子相依樣本變異數分析。其目的在於，固定「b3」（低空設施活動）的情形下，檢定「a1」（室內）、「a2」（戶外）的差異，這正等同於檢定H_{A3}之意。即當「活動型態」爲「低空設施活動」（b3）時，在不同的上課情境（a1、a2）下，學生對課程的喜愛程度有無顯著差異。

➤ 第四部分：第**19**至**23**列，將限定「上課情境」爲「室內」時，比較在不同的活動型態下，學生對課程的喜愛程度，亦即對H_{B1}進行檢定。

第19至23列的語法意義，等同於針對a1b1、a1b2、a1b3這三個欄位，進行單因子相依樣本變異數分析。其目的在於，固定「a1」（室內）的情形下，檢定「b1」（溝通活動）、「b2」（問題解決活動）、「b3」（低空設施活動）的差異，這正等同於檢定H_{B1}之意。即當「上課情境」爲「室內」（a1）時，學生對三種活動型態（b1、b2、b3）課程之喜愛程度有無顯著差異。

➤ 第五部分：第**25**至**29**列，將限定「上課情境」爲「戶外」時，比較在不同的活動型態下，學生對課程的喜愛程度，亦即對H_{B2}進行檢定。

第25至29列的語法意義，等同於針對a2b1、a2b2、a2b3這三個欄位，進行單因子相依樣本變異數分析。其目的在於，固定「a2」（戶外）的情形下，檢定「b1」（溝通活動）、「b2」（問題解決活動）、「b3」（低空設施活動）的差異，這正等同於檢定H_{B2}之意。即當「上課情境」爲「戶外」（a2）時，學生對三種活動型態（b1、b2、b3）課程之喜愛程度有無顯著差異。

（二）語法說明

理解圖14-32單純主要效果檢定的語法觀念後，可發現語法中雖然具有五大部分，但其實每一部分所使用的程式碼都是相同的，其意義在於進行單因子相依變異數分析。單因子相依變異數分析的語法，在第14-8-4節中，「混合設計_單純主要效果.sps」的第10至14列內容已說明過，相信讀者應可駕輕就熟。故在此，將只說明第一部分的語法，其餘四部分的語法類似，讀者可自行類推，在此不再贅述。詳細的語法內容與說明如下：

第1列：「GLM a1b1 a2b1」

「GLM」說明了將進行一般線性模型。在此只列出了兩個相依因子變數「a1b1、a2b1」，這兩個因子名稱都有「b1」，代表「b1」被固定了，所以表示將進行單因子相依樣本變異數分析，以比較「a1」、「a2」的差異。

第2列：「/WSFACTOR = 上課情境 2」

在這列中須描述出參與檢定的受試者內因子（相依因子）與其水準數。「WSFACTOR」就是指受試者內因子（within-subject factor）的意思。因爲是進行「上課情境」的單純主要效果檢定，且其屬性應屬單因子相依樣本變

異數分析。所以只有「上課情境」爲受試者內因子，它有兩個水準。

第3列：「/MEASURE＝溝通活動」

「MEASURE＝」代表須定義測量的注解名稱，爲了能辨識哪些水準先被固定住，在此可設定爲被固定之水準名稱，以示區別。在此，由於是檢定H_{A1}，「溝通活動」被固定，故受試者內因子的注解即定義爲「溝通活動」。其實本列亦可省略，它並不會影響分析結果。

第4列：「/EMMEANS＝TABLES(上課情境) COMPARE ADJ(LSD)」

「EMMEANS」表示將列出估計的邊緣平均值。「TABLES(上課情境)」表示將以表格方式列出「上課情境」之各水準下的「喜愛程度」（依變數）之估計的邊緣平均值。而「COMPARE ADJ(LSD)」則代表「上課情境」的效果檢定如果顯著的話，那麼將以「LSD」法進行「上課情境」之各水準下的「喜愛程度」之估計的邊緣平均值的事後比較。

第5列：「/WSDESIGN＝上課情境.」

此列語法，「/WSDESIGN＝」後面必須列出欲進行比較的受試者內因子（相依因子）。它的意義是SPSS將針對該受試者內因子（上課情境），來進行它的主要效果檢定。

其餘四部分的語法類似，讀者可自行類推，在此不再贅述。

14-9-5 單純主要效果檢定的報表解說

單純主要效果檢定之報表的解說過程，將分兩個階段來進行，第一階段爲單純主要效果檢定，第二階段爲事後比較。執行「完全相依_單純主要效果.sps」後，產生的報表都已包含單純主要效果檢定與事後比較所需資料。

此外，由於單純主要效果檢定之報表亦相當長，爲便於解析，將會把報表彙整成如表14-51的單純主要效果檢定摘要表（表14-51的空白表格，已儲存在「完全相依_單純主要效果檢定摘要表.docx」中）。

表14-51　單純主要效果檢定摘要表（完全相依）

變異來源	型III SS	自由度	均方和（MS）	F值	顯著性	事後比較
上課情境（A）						
溝通活動	3.600	1	3.600	1.152	0.285	
問題解決活動	90.000	1	90.000	28.791	0.000*	室內 > 戶外
低空設施活動	16.900	1	16.900	5.406	0.022	
活動型態（B）						
室內	92.633	2	46.317	14.745	0.000*	問題解決活動 > 溝通
戶外	15.700	2	7.850	2.507	0.086	活動 = 低空設施活動
總殘差	356.400	114	3.126			

註：＊表 $p < 0.01$（0.05/5），顯著。

（一）上課情境（A）的單純主要效果檢定

進行「上課情境（A）」的單純主要效果檢定時，必須先固定「活動型態（B）」於某一水準下，然後再來比較學生對兩種上課情境之喜愛程度。例如：當固定「b1」時，則將檢定「a1b1」、「a2b1」間的差異，此即檢定H_{A1}；當固定「b2」時，則將檢定「a1b2」、「a2b2」間的差異，此即檢定H_{A2}；當固定「b3」時，則將檢定「a1b3」、「a2b3」間的差異，此即檢定H_{A3}。由於「上課情境（A）」有兩個因子且相依，但既然「b1」、「b2」、「b3」已被固定，故具有類似降維的效果。因此檢定時，使用的方法即為單因子相依樣本變異數分析，且不用對檔案進行分割。

由於「完全相依_單純主要效果.sps」中，共執行了5次的單因子相依樣本變異數分析，因此產生的報表共分為五大部分，每一部分都將包含兩個段落，一為「一般線性模型」，另一為「邊緣平均值估計」。在「一般線性模型」段落中，主要將展示目標因子之單純主要效果檢定的結果；而「邊緣平均值估計」段落中，則主要展示各水準間事後比較的結果。報表的五大部分中，前三大部分，即為「上課情境（A）」的單純主要效果檢定。

首先，觀察第1～3次單因子相依樣本變異數分析的結果（即報表的第一至三部分），在各部分的「一般線性模型」段落中皆可找到「Mauchly的球形檢定」（表14-52、表14-53、表14-54）與「受試者內效應項檢定」（表14-55、表14-56、表14-57）等兩種表格。該三個「受試者內效應項檢定」報表，即分別是H_{A1}、H_{A2}、H_{A3}的檢定報表。

　　表14-52、表14-53、表14-54分別為當固定活動類型為溝通活動、問題解決活動、低空設施活動時，學生對各種上課情境之喜愛程度的球形檢定結果。由各表可知，由於上課情境只有兩個水準，因此「Mauchly's W」值與epsilon值皆呈現完美球形。故3次的單因子相依樣本變異數分析皆未違反球形的前提條件，因此也不用對「受試者內效應項檢定」報表中的F值進行修正，且檢定時所須的數據，也將採用「受試者內效應項檢定」報表中，「假設的球形」橫列的檢定資料。

表14-52　各種上課情境之喜愛程度的Mauchly球形檢定——溝通活動

受試者內效應	Mauchly's W	近似卡方檢定	自由度	顯著性	Epsilon[b]		
					Greenhouse-Geisser	Huynh-Feldt	下限
上課情境	1.000	.000	0	.	1.000	1.000	1.000

表14-53　各種上課情境之喜愛程度的Mauchly球形檢定——問題解決活動

受試者內效應	Mauchly's W	近似卡方檢定	自由度	顯著性	Epsilon[b]		
					Greenhouse-Geisser	Huynh-Feldt	下限
上課情境	1.000	.000	0	.	1.000	1.000	1.000

表14-54　各種上課情境之喜愛程度的Mauchly球形檢定——低空設施活動

受試者內效應	Mauchly's W	近似卡方檢定	自由度	顯著性	Epsilon[b]		
					Greenhouse-Geisser	Huynh-Feldt	下限
上課情境	1.000	.000	0	.	1.000	1.000	1.000

　　表14-55、表14-56、表14-57中則分別顯示出了H_{A1}、H_{A2}、H_{A3}的檢定結果，這些表格都屬「受試者內效應項檢定」報表。此外，報表中亦分別列出了誤差項「Error（上課情境）」的檢定資料，並據以求算出各次檢定的F值。然而，為能反應整個實驗的誤差，事實上計算F值所需用的誤差應該是「總殘差」才正確（即表14-51的第9列），故表14-55、表14-56、表14-57的檢定數據，未來填入表14-51時，只有各檢定列（假設的球形列）的「類型III平方和」、「自由度」、「均方」等三個欄位須填入到表14-51中，其餘的F值、顯著性等欄位數據則不用填入到表14-51。因為表14-51中的F值、顯著性，必須根據正確的「總殘差」項（即表14-51的第9列）而重新計算。因此，在此先不對表14-55、表14-56、表14-57中各種效果的顯著性進行說明。

表14-55　「上課情境」的單純主要效果檢定──固定溝通活動

來源		類型III平方和	自由度	均方	F	顯著性
上課情境	假設的球形	3.600	1	3.600	2.693	.117
	Greenhouse-Geisser	3.600	1.000	3.600	2.693	.117
	Huynh-Feldt	3.600	1.000	3.600	2.693	.117
	下限	3.600	1.000	3.600	2.693	.117
Error（上課情境）	假設的球形	25.400	19	1.337		
	Greenhouse-Geisser	25.400	19.000	1.337		
	Huynh-Feldt	25.400	19.000	1.337		
	下限	25.400	19.000	1.337		

表14-56　「上課情境」的單純主要效果檢定──問題解決活動

來源		類型III平方和	自由度	均方	F	顯著性
上課情境	假設的球形	90.000	1	90.000	27.143	.000
	Greenhouse-Geisser	90.000	1.000	90.000	27.143	.000
	Huynh-Feldt	90.000	1.000	90.000	27.143	.000
	下限	90.000	1.000	90.000	27.143	.000
Error（上課情境）	假設的球形	63.000	19	3.316		
	Greenhouse-Geisser	63.000	19.000	3.316		
	Huynh-Feldt	63.000	19.000	3.316		
	下限	63.000	19.000	3.316		

表14-57　「上課情境」的單純主要效果檢定──低空設施活動

來源		類型III平方和	自由度	均方	F	顯著性
上課情境	假設的球形	16.900	1	16.900	3.486	.077
	Greenhouse-Geisser	16.900	1.000	16.900	3.486	.077
	Huynh-Feldt	16.900	1.000	16.900	3.486	.077
	下限	16.900	1.000	16.900	3.486	.077
Error（上課情境）	假設的球形	92.100	19	4.847		
	Greenhouse-Geisser	92.100	19.000	4.847		
	Huynh-Feldt	92.100	19.000	4.847		
	下限	92.100	19.000	4.847		

▶彙整單純主要效果檢定摘要表—上課情境（A）

接著，可將表14-55、表14-56、表14-57的檢定數據，分門別類的填入14-51中。由於先前已說明3次檢定皆未違反球形的前提條件，因此檢定時所須的數據，將採用「受試者內效應項檢定」報表中，「假設的球形」列的資料。茲說明如下：

➤ 首先填寫表14-51中，最重要的變異來源「總殘差」。表14-51第9列的「總殘差」項，為顧及整體誤差，故其來源應為第一階段整體檢定中，表14-50內的「受試者間殘差」（類型III平方和為49.033、自由度為19）、「受試者內殘差（A）」（類型III平方和為69.033、自由度為19）、「受試者內殘差（B）」（類型III平方和為126.867、自由度為38）與「受試者內殘差（A×B）」（類型III平方和為111.467、自由度為38）等四項殘差項的總和。這個殘差總和即反應了整個實驗的誤差。故「總殘差」的類型III平方和為356.400、自由度為114，因此均方和應為3.126（356.400/114），這些數據應填入到表14-51的第9列中，且未來所有變異來源之檢定的F值都應根據「總殘差」的均方和（3.126）而求算出來。

➤ 表14-55的第2列有關「假設的球形」列的檢定資料，即是在固定為「溝通活動」時，學生對「室內溝通活動」與「戶外溝通活動」之喜愛程度的差異性檢定資料。將來填入到表14-51的第3列「溝通活動」列時，只須填類型III平方和（3.6）、自由度（1）與均方（3.6）等三項資料即可。且須根據「總殘差」的均方和（3.126）更正其F值。故更正後的F值應為1.152（3.6/3.126）。也就是說，表14-51中，變異來源的「溝通活動」列，其F值應填入1.152。

➤ 表14-56的第2列有關「假設的球形」列的檢定資料，即是在固定為「問題解決活動」時，學生對「室內問題解決活動」與「戶外問題解決活動」之喜愛程度的差異性檢定資料。將來填入到表14-51的第4列「問題解決活動」列時，只須填類型III平方和（90.000）、自由度（1）與均方（90.000）等三項資料即可，且須根據「總殘差」的均方和（3.126）更正其F值。故更正後的F值應為28.791（90.000/3.126）。也就是說，表14-51中，變異來源的「問題解決活動」列，其F值應填入28.791。

➤ 表14-57的第2列有關「假設的球形」列的檢定資料，即是在固定為「低空設施活動」時，學生對「室內低空設施活動」與「戶外低空設施活動」之喜愛程度的差異性檢定資料。將來填入到表14-51的第5列「低空設施活動」列時，只須填類型III平方和（16.900）、自由度（1）與均方（16.900）等三項資料即可，

且須根據「總殘差」的均方和（3.126）更正其F值。故更正後的F值應為5.406（16.900/3.126）。也就是說，表14-51中，變異來源的「低空設施活動」列，其F值應填入5.406。

▶ **計算新的顯著性**

表14-51的數據中，溝通活動、問題解決活動、低空設施活動等三個變異來源的檢定數據中，在求算出新的F值後，只剩顯著性尚未計算出來，其計算方式可參考第14-8-5節的內容，在此不再贅述。開啟「ex14-4_sig.sav」後，填入F值與自由度後，經計算，溝通活動、問題解決活動、低空設施活動等三個變異來源的顯著性，分別為：0.285、0.000、0.022，如圖14-33。請依序填入到表14-51中，溝通活動、問題解決活動、低空設施活動等三個變異來源的「顯著性」欄位中。

	✎ F	🔗 DF1	✎ DF2	✎ sig
1	1.152	1	114	.285
2	28.791	1	114	.000
3	5.406	1	114	.022
4				

圖14-33　各變異來源的顯著性

▶ **上課情境的單純主要效果檢定之小結**

由表14-51顯見，H_{A1}、H_{A2}、H_{A3}等三個假設的顯著性分別為0.285、0.000、0.022，在顯著水準為0.05時，除H_{A1}不顯著外，H_{A2}、H_{A3}皆達顯著。然若研究者為控制型I錯誤膨脹率，而採用族系錯誤率時，因共有連續五個單純主要效果檢定（H_{A1}、H_{A2}、H_{A3}、H_{B1}、H_{B2}），故顯著水準應變更為0.05/5 = 0.01，此時，就只剩H_{A2}的顯著性小於 < 0.01，達顯著；而H_{A1}、H_{A3}則為不顯著（顯著性 > 0.01）。由於H_{A2}達顯著，未來有必要進行事後檢定，以瞭解在參與「問題解決活動」時，學生較喜歡在室內或室外上課。

（二）活動型態（B）的單純主要效果檢定

進行「活動型態」的單純主要效果檢定時，必須先固定「上課情境」（A）於某一水準下，然後再來比較學生對各活動型態間的喜愛程度有無顯著差異？例如：當固

定「a1」時，則將檢定「a1b1」、「a1b2」、「a1b3」間的差異，此即檢定H_{B1}；當固定「a2」時，則將檢定「a2b1」、「a2b2」、「a2b3」間的差異，此即檢定H_{B2}。由於原本有兩個因子且相依，但既然「a1」、「a2」已被固定，故有類似降維的效果。因此檢定時，使用的方法仍為單因子相依樣本變異數分析，且不用對檔案進行分割。

　　執行「完全相依_單純主要效果.sps」後，所產生的報表共有五大部分，後兩大部分，即為活動型態（B）的單純主要效果檢定。

　　首先，觀察第4、5次單因子相依樣本變異數分析的結果（即報表的第四、五部分），在這兩部分的「一般線性模型」段落中皆可找到「Mauchly 的球形檢定」（表14-58、表14-59）與「受試者內效應項檢定」（表14-60、表14-61）等兩種表格。該兩個「受試者內效應項檢定」報表，即分別是H_{B1}、H_{B2}的檢定報表。

　　表14-58、表14-59分別為當固定上課情境為室內、戶外時，活動型態之球形檢定結果。由表14-58、表14-59的球形檢定結果可知，「Mauchly's W」值的顯著性分別為0.276、0.241皆大於0.05，不顯著。故2次的單因子相依樣本變異數分析皆未違反球形的前提條件，因此也不用對「受試者內效應項檢定」報表中的F值進行修正，且檢定時所須的數據，也將採用「受試者內效應項檢定」報表中，「假設的球形」橫列的檢定資料。

表14-58　各種活動型態之Mauchly 的球形檢定——室內

受試者內效應	Mauchly's W	近似卡方檢定	自由度	顯著性	Epsilon		
					Greenhouse-Geisser	Huynh-Feldt	下限
活動型態	.867	2.547	2	.276	.882	.966	.500

表14-59　各種活動型態之Mauchly 的球形檢定——戶外

受試者內效應	Mauchly's W	近似卡方檢定	自由度	顯著性	Epsilon		
					Greenhouse-Geisser	Huynh-Feldt	下限
活動型態	.854	2.849	2	.241	.872	.953	.500

　　表14-60、表14-61中分別顯示出了H_{B1}、H_{B2}的檢定結果，這些表格都屬「受試者內效應項檢定」報表。此外，報表中亦分別列出了誤差項「Error（活動型態）」的檢定資料，並據以求算出各次檢定的F值。然而，為能反應整個實驗的誤差，事實上

計算F值所需用的誤差應該是「總殘差」才正確（即表14-51的第9列），故表14-60、表14-61未來填入到表14-51時，只有各檢定列（假設的球形列）的類型III平方和、自由度、均方等三個欄位須填入，其餘F值、顯著性則不用填入到表14-51中。表14-51中的F值、顯著性，必須根據正確的「總殘差」項（即表14-51的第9列）而重新計算。因此，在此先不對表14-55、表14-56、表14-57中的顯著性進行說明。

表14-60　活動型態的單純主要效果檢定──室內

來源		類型III平方和	自由度	均方	F	顯著性
活動型態	假設的球形	92.633	2	46.317	14.745	.000
	Greenhouse-Geisser	92.633	1.765	52.488	14.745	.000
	Huynh-Feldt	92.633	1.932	47.949	14.745	.000
	下限	92.633	1.000	92.633	14.745	.001
Error（活動型態）	假設的球形	119.367	38	3.141		
	Greenhouse-Geisser	119.367	33.532	3.560		
	Huynh-Feldt	119.367	36.706	3.252		
	下限	119.367	19.000	6.282		

表14-61　活動型態的單純主要效果檢定──戶外

來源		類型III平方和	自由度	均方	F	顯著性
活動型態	假設的球形	15.700	2	7.850	2.507	.005
	Greenhouse-Geisser	15.700	1.745	8.999	2.507	.103
	Huynh-Feldt	15.700	1.906	8.236	2.507	.098
	下限	15.700	1.000	15.700	2.507	.130
Error（活動型態）	假設的球形	118.967	38	3.131		
	Greenhouse-Geisser	118.967	33.148	3.589		
	Huynh-Feldt	118.967	36.218	3.285		
	下限	118.967	19.000	6.261		

▶ **彙整單純主要效果檢定摘要表──活動型態（B）**

為進行表14-51的製作，以利最終結果說明，將進行下列資料的彙整工作：

➤ 表14-60的第2列有關「假設的球形」項的檢定資料，即是在固定為「室內」時，

學生對「室內溝通活動」、「室內問題解決活動」、「室內低空設施活動」之喜愛程度的差異性檢定資料。將來填入到表14-51的第7列「室內」列時，只須填類型III平方和（92.633）、自由度（2）與均方（46.317）等三項資料即可。且須根據「總殘差」的均方和（3.126）更正其F值。故更正後的F值應為14.791（46.317/3.126）。也就是說，表14-51中，變異來源的「室內」列，其F值應填入14.791。

➤ 表14-61的第2列有關「假設的球形」項的檢定資料，即是在固定為「戶外」時，學生對「戶外溝通活動」、「戶外問題解決活動」、「戶外低空設施活動」之喜愛程度的差異性檢定資料。將來填入到表14-51的第8列「戶外」列時，只須填類型III平方和（15.700）、自由度（2）與均方（7.850）等三項資料即可。且須根據「總殘差」的均方和（3.126）更正其F值。故更正後的F值應為2.507（7.850/3.126）。也就是說，表14-51中，變異來源的「戶外」列，其F值應填入2.507。

▶ **計算新的顯著性**

表14-51的數據中，室內、戶外等兩個變異來源的檢定數據中，在求算出新的F值後，只剩顯著性尚未計算出來，其計算方式可參考第14-8-5節的內容，在此不再贅述。開啟「ex14-4_sig.sav」後，填入F值與自由度後，經計算，室內、戶外等兩個變異來源的顯著性，分別為：0.000、0.086，如圖14-34。請依序填入表14-51，室內、戶外等兩個變異來源的「顯著性」欄位中。

	F	DF1	DF2	sig
1	14.791	2	114	.000
2	2.507	2	114	.086

圖14-34　各變異來源的顯著性

▶ **活動型態的單純主要效果檢定之小結**

由表14-51顯見，H_{B1}、H_{B2}等兩個假設的顯著性分別為0.000、0.086，在顯著水準為0.05時，皆達顯著。然若研究者為控制型I錯誤膨脹率，而採用族系錯誤率時，因共有連續五個單純主要效果檢定（H_{A1}、H_{A2}、H_{A3}、H_{B1}、H_{B2}），故顯著水準應變

更為0.05/5 = 0.01。此時，則只有H_{B1}的顯著性皆小於 < 0.01，達顯著。由於H_{B1}達顯著，未來有必要進行事後檢定，以瞭解在室內上課時，學生到底比較喜愛哪種活動型態之課程。

14-9-6　單純主要效果檢定的總結

為方便進行單純主要效果檢定的五項虛無假設（H_{A1}、H_{A2}、H_{A3}、H_{B1}、H_{B2}）的檢定，將本範例經執行單純主要效果檢定分析後的結果，整理成表14-51。

由表14-51之第3至5列的上課情境（A）的單純主要效果檢定，可發現H_{A1}、H_{A2}、H_{A3}等三個假設的顯著性分別為0.285、0.000、0.022，在顯著水準為0.01時，只有H_{A2}的顯著性0.000 < 0.01，達顯著；而H_{A1}、H_{A3}則不顯著（顯著性 > 0.01）。接著，再觀察活動型態（B）的單純主要效果檢定，由表14-51的第7至8列，可發現H_{B1}、H_{B2}等兩個假設的顯著性分別為0.000、0.086，在顯著水準為0.01時，只有H_{B1}達顯著（顯著性 < 0.01）。針對上述顯著的H_{A2}、H_{B1}等假設，有必要再進行事後檢定，以瞭解各種情況下，喜愛程度的高低狀況。

14-9-7　事後檢定

釐清上述的虛無假設之意義與顯著性後，有必要針對顯著的H_{A2}、H_{B1}等假設，進行事後檢定，以瞭解各種情況下，喜愛程度的高低狀況。

（一）上課情境（A）的事後比較

上課情境（A）的事後比較是在固定「活動型態」後進行的，也就是依據上課情境（A）的單純主要效果檢定（H_{A1}、H_{A2}、H_{A3}）之結果進行的。根據表14-51的上半部，上課情境（A）的單純主要效果檢定中，只有H_{A2}達顯著，亦即學生對「室內問題解決活動」與「戶外問題解決活動」之喜愛程度是具有顯著差異的。在這種情形下，研究者進行事後比較的目標就是要去找出到底學生對「室內問題解決活動」與「戶外問題解決活動」，哪種課程的喜愛程度較高、哪種較低。

在報表的第二部分（檢定H_{A2}），可以找到「上課情境」的事後比較概況，如表14-62。就「問題解決活動」而言，可發現學生對「室內問題解決活動」的喜愛程度較「戶外問題解決活動」高。因此最後可將此結果記為「室內 > 戶外」或「1 > 2」而填入表14-51的第4列，即變異來源為「問題解決活動」列的「事後比較」欄。

表14-62 「上課情境」的事後檢定表──問題解決活動

| (I)上課情境 | (J)上課情境 | 平均值差異（I-J） | 標準誤 | 顯著性 | 差異的95%信賴區間 | |
					下限	上限
1	2	3.000*	.576	.000	1.795	4.205
2	1	-3.000*	.576	.000	-4.205	-1.795

註：* 表 $p < 0.05$，顯著。

（二）活動型態（B）的事後比較

活動型態（B）的事後比較是在固定「上課情境」後進行的，也就是依據活動型態（B）的單純主要效果檢定（H_{B1}、H_{B2}、H_{B3}）之結果進行的。根據表14-51的下半部，活動型態（B）的單純主要效果檢定中，只H_{B1}達顯著，亦即「學生對室內溝通活動、室內問題解決活動、室內低空設施活動之喜愛程度是具有顯著性差異的」。故研究者進行事後比較的目標，就是要去找出「學生最喜愛哪一種室內課程」。

在報表的第四部分（檢定H_{B1}的部分），可以找到當在「室內」時，活動型態（B）的事後比較概況，如表14-63。就「室內」而言，由表14-63可發現，學生對問題解決活動的喜愛程度最高，而對溝通活動與低空設施活動的喜愛程度則無顯著差異，其結果可記為「問題解決活動＞溝通活動＝低空設施活動」或「2＞1＝3」而填入表14-51的第7列，即變異來源為「室內」列的「事後比較」欄。

表14-63 「活動型態」的事後檢定表──室內

| (I)活動型態 | (J)活動型態 | 平均值差異（I-J） | 標準誤 | 顯著性 | 差異的95%信賴區間 | |
					下限	上限
1	2	-2.900*	.447	.000	-3.835	-1.965
	3	-.650	.608	.299	-1.923	.623
2	1	2.900*	.447	.000	1.965	3.835
	3	2.250*	.611	.002	.972	3.528
3	1	.650	.608	.299	-.623	1.923
	2	-2.250*	.611	.002	-3.528	-.972

註：* 表 $p < 0.05$，顯著。

14-9-8 二因子完全相依變異數分析之總結

經過冗長的分析過程後，二因子完全相依變異數分析的結果，將彙整在表14-64（同表14-50，為方便解說，故複製表14-50，即整體檢定之結果表）和表14-65（同表14-51，也是為了方便解說，故複製表14-51，即單純主要效果檢定之結果表）中。

表14-64　二因子完全相依變異數分析摘要表

變異來源	型III SS	自由度	均方和（MS）	F值	顯著性	事後比較	淨η^2
受試者間							
殘差	49.033	19	2.581				
受試者內							
上課情境（A）	45.633	1	45.633	12.560	0.002*		0.398
活動型態（B）	43.467	2	21.733	6.510	0.004*		0.255
上課情境×活動型態（A×B）	64.867	2	32.433	11.057	0.000*		0.368
殘差（A）	69.033	19	3.633				
殘差（B）	126.867	38	3.339				
殘差（A×B）	111.467	38	2.933				
全體	510.367	119	4.289				

註：* 表 $p < 0.05$，顯著。

表14-65　單純主要效果檢定摘要表（完全相依）

變異來源	型III SS	自由度	均方和（MS）	F值	顯著性	事後比較
上課情境（A）						
溝通活動	3.600	1	3.600	1.152	0.285	
問題解決活動	90.000	1	90.000	28.791	0.000*	室內 > 戶外
低空設施活動	16.900	1	16.900	5.406	0.022	
活動型態（B）						
室內	92.633	2	46.317	14.745	0.000*	問題解決活動 > 溝通
戶外	15.700	2	7.850	2.507	0.086	活動 = 低空設施活動
總殘差	356.400	114	3.126			

註：* 表 $p < 0.01$（0.05/5），顯著。

由表14-64的「二因子完全相依變異數分析摘要表」可知，交互作用效果（F值11.057、顯著性0.000）達顯著。故可認為「不同上課情境與活動型態的交互作用下，學生對活動的喜愛程度具有顯著的差異。」此外，交互作用項的淨η^2為0.368，表示排除「上課情境」與「活動型態」對喜愛程度個別的影響後，交互作用項「上課情境×活動型態」可以解釋喜愛程度36.8%的變異量。雖然，「上課情境」與「活動型態」等兩個主要效果（F值分別為12.560、6.510）亦達顯著，但由於交互作用效果顯著，故主要效果並無分析價值。因而後續將進行單純主要效果檢定，以確認在何種情況下，才能促使喜愛程度提高或降低。

最後，再由單純主要效果檢定的結果（表14-65）得到以下結論：

1. 學生對「室內問題解決活動」與「戶外問題解決活動」之喜愛程度具有顯著差異，且學生對「室內問題解決活動」的喜愛程度較「戶外問題解決活動」高。
2. 學生對「室內溝通活動」、「室內問題解決活動」、「室內低空設施活動」之喜愛程度具有顯著性差異，且學生對「室內問題解決活動」的喜愛程度最高，而對「室內溝通活動」與「室內低空設施活動」的喜愛程度則無顯著差異。
3. 綜合上述結論，在所有的六種課程中，學生對「室內問題解決活動」的喜愛程度最高。

14-9-9 二因子完全相依變異數分析之彩蛋

雖然，二因子完全相依變異數分析的完整過程已介紹完畢。但讀者應能發現，在這個過程中，除了須瞭解經由執行語法後，所產生的各類報表的意義與解析外，其實最複雜的部分，應該就屬如何彙整出表14-64的「二因子完全相依變異數分析摘要表」和表14-65的「單純主要效果檢定摘要表（完全相依）」了。在此，本書已提供了「二因子完全相依變異數分析_報表產生器.xlsx」這個Excel檔案，以便能輔助讀者輕鬆的、半自動化的迅速完成表14-64與表14-65的製作。詳細的操作過程，請讀者自行參看教學影音檔「ex14-4.mp4」。

習 題

 **練習 14-1**

為加強國中生的團隊凝聚力，某校長引進一套體驗教育課程。為了瞭解體驗教育課程的效果，乃從國一、國二與國三學生中，各年級抽取男生9名、女生9名，每個年級18名學生在參與體驗教育課程後，均須填寫「團隊凝聚力」量表。得分越高，表示學生的團隊凝聚力越強。所得數據如表14-66。試問：「參與體驗教育課程後，各年級學生的團隊凝聚力是否會因性別而有所差異？（資料檔案為hw14-1.sav）

表14-66　團隊凝聚力的數據

因子		學生年級（B）								
		國一			國二			國三		
性別（A）	男生	26	37	42	42	45	61	55	64	61
		31	37	35	50	53	41	53	61	66
		40	30	35	52	48	55	55	68	58
	女生	40	48	58	48	64	50	56	55	53
		48	55	44	58	55	53	61	64	65
		50	44	42	53	58	61	58	66	53

練習 14-2

研究者欲評估兩種性格（具與不具反社會人格），在喝酒與不喝酒時的暴力傾向。實驗中，具、不具反社會人格特徵者各有8位，然後測量評估其在喝酒及不喝酒時之暴力傾向分數，資料如表14-67，試問：喝酒及不喝酒時之暴力傾向是否會因性格而有所差異？（資料檔案為hw14-2.sav）

表14-67　暴力傾向分數的數據

因子		喝酒（B）			
		不喝（b1）		喝（b2）	
性格（A）	不具（a1）	0.73	0.99	0.7	0.99
		0.82	1.04	0.74	1.03
		0.88	1.07	0.8	1.12
		0.97	1.31	0.91	1.21
	具（a2）	0.68	1.27	0.91	1.36
		1.14	1.28	1.02	1.62
		1.18	1.38	1.29	1.75
		1.24	1.77	1.36	1.85

練習 14-3

　　研究者為探索某種口香糖，咀嚼後口腔酸鹼值（pH）的變化，於是請8位受試者進行實驗。口香糖可分為兩種口味，即S型（標準型）與B型〔含碳酸氫鈉（Sodium bicarbonate）〕。每位受試者先食用糖果20分鐘後，開始咀嚼口香糖10分鐘。其後，實驗過程中測量咀嚼口香糖前（第20分鐘時，尚未開始咀嚼口香糖）、中（第30分鐘時，即咀嚼口香糖第10分鐘時）、後（第40分鐘時，即咀嚼停止後的第10分鐘時）口腔的酸鹼值，資料如表14-68，試問：咀嚼口香糖前、中、後期的口腔酸鹼值是否會因口香糖之口味而有所差異？（資料檔案為hw14-3.sav）

表14-68　口腔酸鹼值的數據

因子		咀嚼階段（B）					
		前（b1）		中（b2）		後（b3）	
口香糖類型（A）	S型（a1）	3.9	3.9	3.7	4.3	3.5	4.8
		3.6	4.1	4.0	4.5	4.0	4.5
		3.4	4.2	4.5	4.9	4.8	5.1
		3.9	4.3	4.4	5.1	5.0	5.2
	B型（a2）	3.3	3.9	4.5	5.3	4.3	4.9
		3.5	3.7	4.9	5.4	4.4	5.1
		3.6	4.2	5.1	5.3	4.8	5.0
		3.6	4.0	6.1	6.1	4.8	5.5

第 15 章
項目分析

一般而言，問卷的設計會以文獻探討或深度訪談的結果為基礎，而先設計出結構式的預試問卷。然後，再針對研究對象抽取小樣本，進行預試分析。接著再根據預試分析之結果作修正而成為正式問卷。在問卷的預試階段，主要運用的統計方法為項目分析（item analysis），其目的在於淘汰品質不良的題項（或稱冗題），以提升問卷之題項的品質，進而提高問卷的信度與效度為目標。本章中將介紹一些常用的項目分析方法，這些方法臚列如下：

1. 遺漏值數量評估法。
2. 描述性統計評估法。
3. 內部一致性效標法（極端組檢驗法）。
4. 「題項與總分相關」法。
5. 因素分析法。

15-1　項目分析的執行策略

在問卷的預試階段中，最重要的工作大概就是項目分析了。項目分析能就問卷中的所有題項，逐題分析其堪用程度（適切性評估），以淘汰品質不良的題項。基本上，進行項目分析時，邱皓政（2006）曾提出五種實務上常用的方法，如：遺漏值數量評估法、描述性統計評估法、內部一致性效標法、「題項與總分相關」法與因素分析法等。由於本書的性質應屬工具書，目的在於教導讀者如何在SPSS中操作這些統計方法。因此，本書對於項目分析之方法介紹，主要亦將引用邱皓政（2006）所提出的這五種方法：

（一）遺漏值數量評估法

在問卷調查過程中，當受訪者對於某一個題項的內容感覺敏感、產生抗拒感、尷尬或難以回答時，往往會傾向不予作答，這時就產生遺漏值（missing value）了。遺漏值數量評估法將試圖從某一題項未被填答的數量，來評估該題項的適切性。邱皓政（2006）建議對於某題項，當其遺漏值的數量，若佔「全體樣本的5%以上」時，則研究者可考慮刪除該題項。

（二）描述性統計評估法

在描述性統計評估法中，將利用各題項的描述性統計量（敘述統計量），來協助評估各題項的適切性。因此，可依照各統計量的特性，細分為：

1. 題項平均數評估法：根據抽樣理論，各題項得分之平均數的離差應越小越好，離差越小代表觀測值較群聚於平均數附近，如此就比較具有代表性。過於極端的平均數，代表題項具有偏態特性或屬於不良試題，無法反應題項之集中趨勢。

2. 題項變異數評估法： 若某一題項之變異數太小，代表受訪者答題之情形差異性不大，較趨於一致，故該題項之鑑別力可能較低，因此，亦屬於不良的題項。

3. 偏態評估法：一般而言，在隨機抽樣的過程中，問卷得分的分配應近似於常態分配。若問卷得分呈顯著的偏態，則代表題項太難或太容易，都不適於測量受訪者之間的個別差異（邱皓政，2006）。問卷之品質越差，其偏離之程度也越大。故通常以偏態是否偏態值大於0.7為判斷基準。如果偏態值大於0.7，則代表題項偏離常態分配之程度也越大，建議可以刪除。

（三）內部一致性效標法（極端組檢驗法）

內部一致性效標法會將個案依量表總分（個案在該份問卷所得的總分），而分成高、低分等兩組。高分組係指量表總分大於第73百分位數以上的個案所形成的組別；而低分組則是量表總分小於第27百分位數以下的個案所形成的組別。以排序好的資料來看，高、低分組正好是極端的兩組。故內部一致性效標法又稱為極端組檢驗法。

極端組檢驗法將檢定高分組、低分組中的個案，於各題項上之得分狀況的平均數是否具有顯著差異。若某題項於兩極端組的得分是具有顯著差異時，則代表該題項具有鑑別度，應予以保留（邱皓政，2006）；否則，則可考慮刪除。

（四）「題項與總分相關」法

「題項與總分相關」法利用了相關分析的基本概念，以協助判斷題項之堪用程度。顧名思義，「題項與總分相關」法將計算每一個個別題項與量表總分間的Pearson相關係數，並據以刪除與量表總分相關性較小的題項。邱皓政（2006）建議，Pearson相關係數要在0.3以上，且須達顯著時，才應保留該題項。

另外，在SPSS軟體中，執行信度分析功能後，所輸出的【項目整體統計量】表中（如表5-6），有一個名為【更正後項目總計相關性】欄位，應用該欄位值也可輔助研究者得知某個別題項與其他題項之相對關聯性。在學術上，「題項與總分相關」法是項目分析的諸多方法中，最常使用的方法。本方法已於第5-3節之範例5-1中有所介紹，請讀者自行溫故知新一下。

（五）因素分析法

在因素分析法中，可藉由因素負荷量來判斷個別題項與各共同因素間的關係，從而刪除因素負荷量較低的題項。因素分析法是項目分析的諸多方法中，最嚴謹的方法。本方法亦已於第6-7節之範例6-1中有所介紹，也請讀者再回顧一下。

雖然，項目分析的方法共有五種，可算是多。但是讀者也可只選擇其中的幾種方法就可以了。例如：在很多碩士論文中，大部分都只採用極端組檢驗法或「題項與總分相關」法。此外，讀者應瞭解，每次刪除不適切的題項後，由於資料的結構、相關性已改變，故尚須再次檢驗以確保無誤。因此，項目分析應是個遞迴的程序。也因此，或許讀者會問，那要做到何時，項目分析才算完成呢？會不會一直刪，刪到連主要的題項都沒了呢？要回答這些問題，對一個教統計學的老師而言，眞是有點「尷尬」。

基本上，我們先來瞭解一下，「刪」的本質。實務上，進行項目分析時，我們會依一些特定的準則，「鐵面無私」的刪除所謂不符標準的題項。但是，其實刪與不刪，應還要再加入研究者本身對該題項的認知。例如：該題項是根據某份文獻而來且是衡量某構面的主要題項，若刪了，那麼將影響構面的完整性。這時，若研究者決定不刪，那也可以，但是切記一定要「交代」個理由，代表你的「誠意」。而且這些「誠意」必須要能展現你追求論文嚴謹性的初衷。

其次，要做到何時，項目分析才算完成呢？說實在的，這也沒有標準答案，跟前述一樣，一切以「誠意」爲原則，當然這些「誠意」要讓你的指導教授、口試委員或論文審核者感受到「你追求論文嚴謹性的決心」才算。

上述的回答，雖然還蠻「無賴」的。但是說實在的，有誰能保證進行完項目分析後，所得到的正式問卷，在施測後，得到的樣本資料是一份可讓你放心的資料呢？往往研究者都會覺得：「做項目分析好像是在做心酸的！」這就是進行統計分析者的痛呀！就像一首歌的歌詞「因爲行過你的路，知影你的苦」（你惦在我心內最深的所在——蔡幸娟）。

最後，若研究者腳踏實地的完成了所有的項目分析方法後，其結果資料也可整理成如表15-1之格式的彙整表（邱皓政，2006；吳明隆、涂金堂，2005），該表於儲存格中，以灰色網底標明「不符標準」之數據，然後在最後一欄提出「是否刪除」的決策。

值得一提的是，表15-1所列出的各種項目分析方法中，「題項與總分相關」法與

因素分析法是一般專題、碩博論文或期刊論文中最常用的方法，在論文中只要擇一使用即可。這兩種方法在第5-3節之範例5-1與第6-7節之範例6-1中已有所介紹，建議讀者熟練之。至於其他方法，雖較少被使用，但也將在本章中一一介紹。

表15-1　項目分析彙整表（只顯示部分題項）

題項內容	遺漏檢定	平均數	標準差	偏態	極端組 t 值	相關	因素分析法	刪除否
1.停車方便性	0%	3.22	0.54	0.65	-4.10*	0.239	0.061	是
2.服務中心便利性	0%	3.27	1.26	-0.32	-5.85*	0.269	0.081	是
3.有專人引導服務	0%	3.34	1.19	-0.50	-15.48*	0.708	0.520	否
4.人員服裝儀容	0%	3.47	1.10	-0.84	-4.92*	0.227	0.045	是
5.人員禮貌談吐	0%	3.53	1.14	-0.55	-4.33*	0.216	0.042	是
6.總修復時間	0%	3.50	1.15	-0.46	-17.82*	0.831	0.749	否

表格格式修改自：邱皓政（2006）；吳明隆、涂金堂（2005）。

註：* 表 $p < 0.05$，顯著。

15-2　遺漏值數量評估法

　　無論你的身分是問卷調查員、市場調查研究者、資料分析師或社會科學家，在進行問卷分析時一定會碰到資料具有遺漏值（missing data）的情況。遺漏值問題為研究中常常遇到的狀況。理論上，若觀察個案的某個變數沒有數值，則稱此筆資料具遺漏值。在問卷調查中，遺漏值可能產生的原因為受訪者對於問題拒答或胡亂填答及漏答，若處理不當會影響問卷的信、效度。因此，當有遺漏值產生時，而沒有適當的處理，甚至只是佔小小百分比的遺漏值，都可能導致偏誤或不良的結論。

 範例15-1

 附錄四為「電信業服務品質」之原始問卷，試以遺漏值數量評估法進行項目分析，該問卷中包含反向題，反向題已重新編碼完成，資料檔為「ex15-1.sav」。

　　服務品質是顧客於消費情境中，對於所接觸之服務的品質知覺。「電信業服務品質」之原始問卷共有30題問項，它是根據Parasuraman, Zeithaml, Berry（1988）所發

展出的SERVQUAL服務品質量表修改而來的。SERVQUAL服務品質量表包含五個衡量服務品質的子構面，分別為：有形性（tangibles）、可靠性（reliability）、反應性（responsiveness）、保證性（assurance）與關懷性（empathy）。

　　問卷的預試階段中，在以能提升問卷題項之品質的原則下，初步可將問卷中具有高遺漏值情形的題項，優先刪除。在此，所謂的高遺漏值意指某題項（某變數），當其遺漏值的數量，若佔「全體樣本的5%以上」時，即稱該題項具高遺漏值現象。雖然，原則上這些高遺漏值題項理應刪除，但刪題前，最好仍須與其他由項目分析所獲得的建議或指標合併考量為宜。

操作步驟

　　詳細操作過程與解說，請讀者自行參閱影音檔「ex15-1.mp4」。

▶ 報表解說

　　執行完上述的觀察值摘要分析後，即可得到表15-2的「觀察值處理摘要」表。在「觀察值處理摘要」表中，「已排除」欄位即代表不被列入各種統計量之計算的觀察值（個案），這些觀察值即是所謂具有遺漏值的個案。根據此表，我們將找出問卷中具有高遺漏情形（遺漏值比例超過5%）的題項。由表15-2可發現，第28題與第30題的遺漏值百分比分別達到了6.8%、5.6%（大於5%）。因此，可視為高遺漏情形，故傾向於優先刪除，但刪題前，最好仍須與其他由項目分析所獲得的建議或指標合併考量為宜。

表15-2　觀察值處理摘要表

	觀察值					
	已併入		已排除		總計	
	N	百分比	N	百分比	N	百分比
1.停車方便性	338	100.0%	0	0.0%	338	100.0%
2.服務中心便利性	338	100.0%	0	0.0%	338	100.0%
3.有專人引導服務	338	100.0%	0	0.0%	338	100.0%
4.人員服裝儀容	338	100.0%	0	0.0%	338	100.0%
5.人員禮貌談吐	338	100.0%	0	0.0%	338	100.0%
6.總修復時間	338	100.0%	0	0.0%	338	100.0%

表15-2　觀察值處理摘要表（續）

	觀察值					
	已併入		已排除		總計	
	N	百分比	N	百分比	N	百分比
7.備有免費申訴或諮詢電話	338	100.0%	0	0.0%	338	100.0%
8.未服務前的等候時間	338	100.0%	0	0.0%	338	100.0%
9.營業時間符合需求	338	100.0%	0	0.0%	338	100.0%
10.完成異動作業時間	338	100.0%	0	0.0%	338	100.0%
11.備有電子布告欄	338	100.0%	0	0.0%	338	100.0%
12.完成服務所花時間	338	100.0%	0	0.0%	338	100.0%
13.協助客戶解決問題能力	338	100.0%	0	0.0%	338	100.0%
14.人員的專業知識	338	100.0%	0	0.0%	338	100.0%
15.計費交易正確性	338	100.0%	0	0.0%	338	100.0%
16.客戶資料保密性	338	100.0%	0	0.0%	338	100.0%
17.準時寄發繳費通知	338	100.0%	0	0.0%	338	100.0%
18.備有報紙雜誌	338	100.0%	0	0.0%	338	100.0%
19.提供新資訊	338	100.0%	0	0.0%	338	100.0%
20.話費維持合理價位	338	100.0%	0	0.0%	338	100.0%
21.臨櫃排隊等候	338	100.0%	0	0.0%	338	100.0%
22.繳納電費方便性	338	100.0%	0	0.0%	338	100.0%
23.即時處理客戶抱怨	338	100.0%	0	0.0%	338	100.0%
24.備有舒適及足夠座椅	338	100.0%	0	0.0%	338	100.0%
25.內外環境整潔	339	100.0%	0	0.0%	338	100.0%
26.櫃檯清楚標示服務項目	338	100.0%	0	0.0%	338	100.0%
27.申請業務手續簡便	338	100.0%	0	0.0%	338	100.0%
28.提供即時資訊	315	93.2%	23	6.8%	338	100.0%
29.能立即給予滿意回覆	338	100.0%	0	0.0%	338	100.0%
30.不因忙而忽略消費者	319	94.4%	19	5.6%	338	100.0%

遺漏值百分比超過5%

15-3　描述性統計評估法

運用描述性統計評估法時，通常會取用題項得分的平均數、標準差與偏態等三個統計量來探討。當這三個統計量發生以下的狀況時，即表示該題項不適切，研究者可斟酌是否予以刪除。

1. 平均數過高或過低：題項得分之平均數超過全問卷得分之平均數的正、負1.5 個標準差時（邱皓政，2006）。
2. 低鑑別度：當題項得分之標準差小於0.75時（邱皓政，2006）。
3. 偏態明顯：偏態係數絕對值大於0.7時（邱皓政，2006）。

▶ 範例15-2

附錄四為「電信業服務品質」之原始問卷，試以描述性統計評估法進行項目分析，該問卷中雖包含反向題，但反向題已重新編碼完成，資料檔為「ex15-1.sav」。

本範例中，將使用「描述性統計評估法」來進行項目分析。在這方法中，所將評估的統計量有平均數、標準差與偏態係數等三個。基本上評估過程可分為四個階段：

第一階段：利用「敘述統計」功能，求出各題項得分之平均數、標準差與偏態係數。

第二階段：利用各題項得分之平均數資料，求出全量表（30題）的平均數（各題項平均數的平均）。與該平均數之正、負1.5個標準差範圍。

第三階段：將資料整理成如表15-3的呈現方式，表15-3 的空白表格本書亦已做成檔案，檔名為「ex15-2.docx」，因此，讀者亦可在範例資料夾中直接開啟「ex15-2.docx」，而逐行填寫表格。

第四階段：依據各統計量之標準值，刪除不符標準之題項。

(操)(作) 步驟

詳細操作過程與解說，請讀者自行參閱影音檔「ex15-2.mp4」。

▶ 報表解說

經執行「敘述統計」功能，再利用Excel軟體輔助計算全量表平均數、平均數的

正、負1.5個標準差範圍，並彙整所跑出的報表後，可獲得如表15-3的敘述統計表。觀察表15-3，即可輕易的找出平均數值過高或過低、低鑑別度或偏態明顯的題項，這些題項的統計量將會用灰色網底予以標示：

1. 平均數

各題項的平均數應趨於中間值，平均數過於極端的不良題項，並無法反應出題項的集中趨勢。在這種情形下，可考慮予以刪除。本範例中，全量表之平均數為3.40，全量表平均數之標準差為0.43，題項平均數超過全量表平均數的正、負1.5個標準差，也就是平均數高於4.05 或低於2.76 之題項，是可考慮刪除的目標。在表15-3中，可發現q19、q25等兩題，其平均數分別為1.73、4.87，皆明顯超出正、負1.5個標準差的範圍（2.76～4.05），故這兩題應可斟酌予以刪除。

2. 標準差

若題項的標準差過小（標準差低於0.75者），表示受訪者對該題項的填答情形太趨於一致，導致題項之鑑別度會較低。在這種情形下，這些題項將被視為不良題項，可考慮予以刪除。本研究預試結果中（見表15-3），q1、q25等兩題項的標準差分別為0.54、0.38，皆明顯低於0.7，故應予以刪除。

3. 偏態

偏態明顯者，即偏態係數之絕對值大於0.7時，可視為不良試題。在表15-3中，q4、q25等兩題項的偏態係數之絕對值皆大於0.7，應可斟酌予以刪除。

因此，於問卷的預試階段，經使用描述性統計評估法初步分析後，計有q1、q4、q19與q25等四題，可考慮列為優先刪除的題項。

表15-3　敘述統計表——各題項之平均數、標準差與偏態係數

	平均數	標準差	偏態
01.停車方便性	3.22	0.54	0.65
02.服務中心便利性	3.27	1.26	-0.32
03.有專人引導服務	3.34	1.19	-0.50
04.人員服裝儀容	3.47	1.10	-0.84
05.人員禮貌談吐	3.53	1.14	-0.55

表15-3　敘述統計表──各題項之平均數、標準差與偏態係數（續）

	平均數	標準差	偏態
06.總修復時間	3.50	1.15	-0.46
07.備有免費申訴或諮詢電話	3.32	1.22	-0.39
08.未服務前的等候時間	3.51	1.16	-0.39
09.營業時間符合需求	3.40	1.22	-0.38
10.完成異動作業時間	3.49	1.14	-0.44
11.備有電子布告欄	3.40	1.25	-0.44
12.完成服務所花時間	3.51	1.15	-0.38
13.協助客戶解決問題能力	3.45	1.14	-0.27
14.人員的專業知識	3.55	1.14	-0.49
15.計費交易正確性	3.40	1.23	-0.38
16.客戶資料保密性	3.47	1.14	-0.31
17.準時寄發繳費通知	3.42	1.24	-0.43
18.備有報紙雜誌	3.42	1.26	-0.45
19.提供新資訊	1.73	0.79	0.52
20.話費維持合理價位	3.48	1.14	-0.33
21.臨櫃排隊等候	3.45	1.21	-0.49
22.繳納電費方便性	3.49	1.29	-0.50
23.即時處理客戶抱怨	3.63	1.07	-0.33
24.備有舒適及足夠座椅	3.13	1.18	-0.26
25.內外環境整潔	4.87	0.38	-3.00
26.櫃檯清楚標示服務項目	3.12	1.18	-0.24
27.申請業務手續簡便	3.35	0.96	-0.07
28.提供即時資訊	3.48	1.29	-0.51
29.能立即給予滿意回覆	3.29	0.94	-0.49
30.不因忙而忽略消費者	3.34	0.95	-0.58
全量表	3.40	0.43	
全量表平均數之 正負1.5個標準差範圍	(2.76, 4.05)		

15-4　內部一致性效標法（極端組檢驗法）

內部一致性效標法又稱為極端組檢驗法，它最常用以檢驗Likert量表中的某些題項是否具有鑑別力。極端組檢驗法的基本概念為，在一份具有代表性的樣本中，若將受訪者依照量表總分而分成高分組與低分組時，則這兩組成員在各題項得分之平均數的表現上，應具有統計上的顯著性差異（吳明隆、涂金堂，2005）。

當然，這種高、低兩分類的分組，欲檢定各題項得分平均數之差異時，我們會使用「獨立樣本 t 檢定」來進行。樣本差異的 t 值將決定高、低分組的差異性是否顯著，此時的 t 值又被稱為臨界比（critical ratio）或決斷值（CR值）。如果 t 值越大，且其機率p值（顯著性）小於檢定所設定的顯著水準時，則表示高、低分組的差異明顯，即代表量表題項的鑑別度越好（吳明隆、涂金堂，2005）。

Kelley於1939年的研究中曾提出：當量表得分服從常態分配時，以量表總分的上、下27%來對受訪者分組時，可以獲得試題鑑別力的最大可靠度。當百分比低於27%時，結果的可靠度較差，而百分比太大時，則會影響題項的鑑別力判斷。

因此在本書中，將依據Kelley（1939）的建議，將所有受訪者依量表總分之「後27%個案」與「前27%個案」分成高、低兩個極端組。各題項平均數在這兩極端組的受訪者中，若以 t 檢定來檢驗時，應具有顯著的差異，才能反應出題項的鑑別力。

▶ 範例15-3

> 附錄四為「電信業服務品質」之原始問卷，試以極端組檢驗法進行項目分析，該問卷中包含反向題，且反向題已重新編碼完成，資料檔為「ex15-1.sav」。

預試階段中，項目分析的主要目的在於檢驗預試問卷中的各題項是否堪用，而本節所介紹的極端組檢驗法是最常用的方法之一。在極端組檢驗法中會先求出每一個題項的決斷值（CR值，即 t 值），並判斷決斷值是否達顯著水準，決斷值未達顯著水準的題項，其鑑別力不佳，建議予以刪除。

操作 步驟

極端組檢驗法主要的操作策略，大致可分為六個階段：

一、問卷中若包含反向題的話，則首要工作便是針對反向題而重新計分，反向計分完成後才可進行分析工作。本問卷雖含反向題（第8、12、15、16與27題），但為

避免範例之複雜度，已反向計分完成，其結果亦已存入「ex15-1.sav」中。對於反向計分的方法，讀者亦可回顧第3章範例3-4。（若無反向題，此步驟可免）。

二、求出每一位受訪者之所有題項的總得分（即量表總分）。

三、求出第27百分位數（P_{27}）與第73百分位數（P_{73}）。

四、分組。受訪者中，量表總得分大於等於P_{73}者列為高分組，而小於等於P_{27}者則列為低分組。

五、執行【獨立樣本 t 檢定】以檢定高、低分組之個案成員，在每個題項得分之平均數，是否具有顯著差異。

六、將未達顯著水準的題項予以刪除。

有了上述的解題策略後，讀者應該可以理解到，本範例的解題過程相當複雜，詳細操作過程，請讀者自行參閱影音檔「ex15-3.mp4」。

▶ 報表解說

獨立樣本 t 檢定常用於檢定兩群獨立樣本，其平均數是否具有顯著差異。在本例中，我們將檢驗高、低分組之受訪者於各題項上的答題狀況是否具有顯著差異。因此，虛無假設如下：

H_0：高、低分組之受訪者於各題項上的答題狀況沒有顯著差異。

分析獨立樣本 t 檢定時，須先使用Levene方法檢定高、低分組的變異數是否具有同質（相等）性，因為「變異數不同質時」必須對所算出來的 t 值進行修正。因此，在確定變異數是否具有同質性後，才能確定高、低分組差異的 t 值，也才能據以判斷該接受（顯著性≧0.05）或拒絕（顯著性＜0.05）虛無假設。

因此，解讀「獨立樣本 t 檢定」報表時，應先看每個題項之變異數同質性檢定的F值，如果F值不顯著（顯著性≧0.05）則應接受「高、低分組之變異數相等」的虛無假設，即認為「高、低分組之變異數相等」，此時應看表中【採用相等變異數】列的 t 值（即上一列）；否則，則應看表中【不採用相等變異數】列的 t 值（即下一列）。

接著，為節省空間，作者已先完成「變異數是否相等」的檢定，並將該報表稍作整理，只取出適當的 t 值與顯著性（如表15-4）。在表15-4中，如果 t 值顯著（顯著性＜0.05），則應拒絕「高、低分組之受訪者於各題項上的答題狀況沒有顯著差異」的虛無假設。因此，即可認定題項具有鑑別度，應予以保留；如果 t 值不顯著（顯著性≧0.05），則題項不具有鑑別度，應予以刪除。

由表15-4可發現，q1至q30的 t 值均達顯著，表示預試問卷中的30個題項均具有鑑別度，所有題項都能鑑別出不同受訪者對於服務品質的知覺。因此，所有題項皆通過「極端組檢驗法」的檢驗，全數應予以保留。此外，在這種題項較多且均達顯著的情形下，研究者因多方面的因素考量下，若一定要刪除一些題項的話，亦可挑選鑑別度較差（t 值較小）的題項予以刪除。

表15-4　獨立樣本 t 檢定之報表

題項編號	題項內容	t 值（CR值）	顯著性
q1	1.停車方便性	-4.10	0.00
q2	2.服務中心便利性	-5.85	0.00
q3	3.有專人引導服務	-15.48	0.00
q4	4.人員服裝儀容	-4.90	0.00
q5	5.人員禮貌談吐	-4.33	0.00
q6	6.總修復時間	-17.82	0.00
q7	7.備有免費申訴或諮詢電話	-16.18	0.00
q8	8.未服務前的等候時間	-15.57	0.00
q9	9.營業時間符合需求	-27.15	0.00
q10	10.完成異動作業時間	-17.69	0.00
q11	11.備有電子布告欄	-10.74	0.00
q12	12.完成服務所花時間	-15.46	0.00
q13	13.協助客戶解決問題能力	-29.00	0.00
q14	14.人員的專業知識	-22.73	0.00
q15	15.計費交易正確性	-27.16	0.00
q16	16.客戶資料保密性	-28.11	0.00
q17	17.準時寄發繳費通知	-25.03	0.00
q18	18.備有報紙雜誌	-12.40	0.00
q19	19.提供新資訊	-19.72	0.00
q20	20.話費維持合理價位	-27.81	0.00
q21	21.臨櫃排隊等候	-19.92	0.00
q22	22.繳納電費方便性	-25.36	0.00
q23	23.即時處理客戶抱怨	-18.22	0.00
q24	24.備有舒適及足夠座椅	-20.41	0.00

表15-4　獨立樣本 t 檢定之報表（續）

題項編號	題項內容	t 值（CR值）	顯著性
q25	25.內外環境整潔	-7.65	0.00
q26	26.櫃檯清楚標示服務項目	-20.64	0.00
q27	27.申請業務手續簡便	-15.79	0.00
q28	28.提供即時資訊	-25.39	0.00
q29	29.能立即給予滿意回覆	-5.27	0.00
q30	30.不因忙而忽略消費者	-4.93	0.00

15-5　項目分析彙整

　　進行項目分析的方法很多，在本書中也分散在各章中。基本上，讀者只要能將如表15-5的項目分析彙整表填寫完畢（亦可於範例資料夾中開啟「ex15-5.docx」，逕行彙整表格），那麼即可完成項目分析之工作了。表15-5中共列出了七種項目分析方法，遺漏值檢定（本章第15-2節）、平均數法（本章第15-3節）、標準差法（本章第15-3節）、偏態法（本章第15-3節）、極端組檢驗法（本章第15-4節）、「題項與總分相關」法（第5-3節之範例5-1）與因素分析法（第6-7節之範例6-1）。對於這些項目分析方法，讀者可參考相關之章節介紹，當可輕鬆完成項目分析之任務。表15-5中具有灰色網底之題項即代表於某些方法上不合乎標準，因此建議予以刪除（如：q1、q2、 q4、 q5 、q19、q25、q28、q29與q30，共9題建議刪除），刪除這些不適切題項後，當能提高整體量表的品質與信、效度。

表15-5　項目分析彙整表

題目內容	遺漏檢定	平均數	標準差	偏態	極端組 t 值	相關	因素分析法	刪除否
1.停車方便性	0%	3.22	0.54	0.65	-4.10*	0.239	0.061	是
2.服務中心便利性	0%	3.27	1.26	-0.32	-5.85*	0.269	0.081	是
3.有專人引導服務	0%	3.34	1.19	-0.50	-15.48*	0.708	0.520	
4.人員服裝儀容	0%	3.47	1.10	-0.84	-4.92*	0.227	0.045	是
5.人員禮貌談吐	0%	3.53	1.14	-0.55	-4.33*	0.216	0.042	是

註：*表 p < 0.05，顯著。

表15-5 項目分析彙整表（續）

題目內容	遺漏檢定	平均數	標準差	偏態	極端組 t 值	相關	因素分析法	刪除否
6.總修復時間	0%	3.50	1.15	-0.46	-17.82*	0.831	0.749	
7.備有免費申訴或諮詢電話	0%	3.32	1.22	-0.39	-16.18*	0.717	0.528	
8.未服務前的等候時間	0%	3.51	1.16	-0.39	-15.57*	0.771	0.645	
9.營業時間符合需求	0%	3.40	1.22	-0.38	-27.15*	0.901	0.827	
10.完成異動作業時間	0%	3.49	1.14	-0.44	-17.69*	0.832	0.751	
11.備有電子布告欄	0%	3.40	1.25	-0.44	-10.74*	0.651	0.453	
12.完成服務所花時間	0%	3.51	1.15	-0.38	-15.46*	0.772	0.646	
13.協助客戶解決問題能力	0%	3.45	1.14	-0.27	-29.00*	0.875	0.795	
14.人員的專業知識	0%	3.55	1.14	-0.49	-22.73*	0.869	0.789	
15.計費交易正確性	0%	3.40	1.23	-0.38	-27.16*	0.919	0.873	
16.客戶資料保密性	0%	3.47	1.14	-0.31	-28.11*	0.892	0.828	
17.準時寄發繳費通知	0%	3.42	1.24	-0.43	-25.03*	0.755	0.616	
18.備有報紙雜誌	0%	3.42	1.26	-0.45	-12.40*	0.662	0.476	
19.提供新資訊	0%	1.73	0.79	0.52	-19.72*	0.643	0.465	是
20.話費維持合理價位	0%	3.48	1.14	-0.33	-27.81*	0.891	0.826	
21.臨櫃排隊等候	0%	3.45	1.21	-0.49	-19.92*	0.853	0.778	
22.繳納電費方便性	0%	3.49	1.29	-0.50	-25.36*	0.730	0.574	
23.即時處理客戶抱怨	0%	3.63	1.07	-0.33	-18.22*	0.801	0.675	
24.備有舒適及足夠座椅	0%	3.13	1.18	-0.26	-20.41*	0.866	0.775	
25.內外環境整潔	0%	4.87	0.38	-3.00	-7.65*	0.717	0.540	是
26.櫃檯清楚標示服務項目	0%	3.12	1.18	-0.24	-20.64*	0.866	0.776	
27.申請業務手續簡便	0%	3.35	0.96	-0.07	-15.79*	0.756	0.614	
28.提供即時資訊	6.80%	3.48	1.29	-0.51	-25.39*	0.732	0.576	是
29.能立即給予滿意回覆	0%	3.29	0.94	-0.49	-5.27*	0.260	0.068	是
30.不因忙而忽略消費者	5.62%	3.34	0.95	-0.58	-4.93*	0.293	0.083	是

表格格式修改自：邱皓政（2006）；吳明隆、凃金堂（2005）。

習　題

 練習 15-1

　　hw15-1.sav為某問卷的資料檔，共包含五十個變數，試以遺漏值的數量評估法、描述性統計評估法、信度分析法（即相關）與極端組檢驗法進行項目分析，並製作如表15-6的彙整表（可利用「ex15-5.docx」中的彙整表格式，再加以修改）。

表15-6　項目分析彙整表

題目內容	遺漏檢定	平均數	標準差	偏態	極端組 t 值	相關	刪除否
q1							
q2							
q3							
:							
:							
:							
q50							

練習 15-2

　　假設我們要對醫院的服務品質進行研究，因此，根據SERVQUAL量表（Parasuraman, Zeithaml, and Berry, 1988）而設計問卷，服務品質問卷的因素結構如表15-7，詳細題項內容如附錄六。

表15-7　服務品質之題項設計

衡量之變數	題項題號	題項設計之依據
有形性	1～6	
可靠性	7～12	
回應性	13～18	Parasuraman, Zeithaml, and Berry (1988)
保證性	19～24	
同理心	25～30	

接著，我們開始從某家醫院對病患進行問卷調查，請依序回答下列問題：

(1)首先我們蒐集了100份有效問卷，當作預試資料。請針對這筆資料（範例資料夾/ exercise/ chap15/sq_預試.sav）進行項目分析，以刪除品質不佳的題項。進行項目分析時，請分別使用遺漏值檢定法、描述性統計評估法、「題項與總分相關」法、極端組檢驗法與因素分析法加以檢驗，並製作如表15-8的彙整表。

表15-8　項目分析彙整表

題目內容	遺漏檢定	平均數	標準差	偏態	極端組 t 值	相關	因素分析法	刪除否
q1								
q2								
q3								
:								
:								
:								
q30								

(2)待刪除完品質不佳的題項後，重新編排問卷而成為正式問卷，再重新進行問卷調查，共蒐集了326份有效問卷（題項的10倍以上），試對這筆資料（sq_正式_1.sav）進行探索性因素分析，以確認服務品質的因素結構是否與SERVQUAL量表一樣具有五個子構面。若服務品質的因素結構與SERVQUAL量表不同時，那麼請你為因素分析所萃取出的因素命名，且以這些因素當作服務品質的新子構面，並製作如第6章中範例6-2的表6-5的因素分析表，以說明因素結構、信度與收斂效度。

提示：

1. 第(2)小題所用到的檔案為：sq_正式_1.sav。

2. 上述檔案（sq_正式_1.sav）放在「範例資料夾/exercise/chap15/練習15-2解答.zip」這個壓縮檔中。解壓縮密碼為第(1)小題中，所刪除之題項編號的總和。例如：刪除了第6題、第12題、第18題與第24題，那麼解壓縮密碼則為：「60」（6＋12＋18＋24）。

3. 若為方便起見，也利用「範例資料夾/exercise/chap15/練習15-2解答_不用密碼.zip」，直接操作。

第 16 章

迴歸分析

變數之間的關係大致上可以分為兩類：一類是確定性的，另一類是不確定性的。確定性的關係是指某一個或某幾個現象的變動「必然」會引起另一個變數之變動。這也就說明了，變數之間的關係是可以使用數學函數或公式明確的表達出來的，例如：y = f(x)。在這種情形下，當已知x的數值時，就可以計算出確切的y值來。在自然科學領域中，許多變數間的關係都是屬於這一類型。例如：自由落體的高度公式：h = 1/2gt² （h表高度，g表重力加速度，t表時間）。圓的周長與半徑的關係：周長 = 2πr （r表半徑，π為圓周率）。在經濟市場中，某種產品的銷售額 = 銷售數量 × 單價……等等。

另一類則是不確定性的關係，即兩個或多個變數之間，雖然存在著某種關係，但這種關係具有不確定性或者說其函數關係並不明確。造成不確定性的原因，除了各變數間存在主要關係外，可能還會受到其他許多次要因素的影響。因而使變數之間會遵循著某些特定的函數關係而上下波動，造成不確定性現象。例如：施肥量與產量的關係、身高與體重的關係，就是屬於這一類型。在數理統計學中，把這種具不確定性的關係稱為迴歸關係或相關關係。因此，在迴歸與相關分析中所關注的議題，主要就是這一類的不確定性關係。先前在第7章中已介紹過相關分析，在本章則將進一步的介紹迴歸分析（regression analysis），包含下列的主要內容：

1. 簡單迴歸模型的基本概念。
2. 多元迴歸模型的基本概念。
3. 殘差分析。
4. 共線性問題的診斷。
5. 如何在SPSS中建立迴歸模型。
6. 自變數含類別變數的迴歸分析。

16-1 迴歸模型和相關模型的差異

迴歸分析和相關分析，雖然都是研究兩個或兩個以上變數之間的關係，但兩者既有差異又有相關，其差異點主要是聚焦於模型中變數的特質以及研究的目的有所不同。在模型之變數特質方面，如果把研究的變數及其關係的型態作進一步的分析，就會發現兩種分析模型中，變數的特質具有不同性質，大致可分為兩類。第一類關係，以農作物的施肥量和產量之間的關係為例。施肥量是一個可以控制的變數，而農作物的產量則具有不確定性。在探索兩者之間的關係時，可以把施肥量控制在某一個數值上，而去觀察農作物的產量，但是可以發現，這些農作物的產量卻是具有不固定性，它會圍繞著某個數值而變動，並也可能服從一定的機率分配。在這樣的兩個變數中，

顯見一個變數是屬非隨機變數（施肥量），可由研究者自由控制；而另一個則是隨機變數（農作物的產量）。第二類關係，則以某個大學的學生身高和體重之間的關係為例，這兩個變數基本上都是不能控制的。例如：在觀察學生的身高時，由於身高各不相同，會形成一個分配；再觀察學生的體重時，其體重也各不相同並形成另一個分配。因此，兩個變數（身高、體重）均為隨機變數，聯合形成一個二維分配。數理統計學中把第一類之關係的研究稱為迴歸分析，而把第二類關係的研究稱為相關分析。

而從分析的目的來看，迴歸模型是嘗試著「想描述一個依變數（y）對一個自變數（x）的倚賴情形」。在此，x可以利用各種試驗設計的方法來自由操控。也就是說，我們會利用迴歸模型，以嘗試支持「x的改變會導致y的改變」之假設，並可用某一x值而來預估將會產生的y值（迴歸模型具預測功能），即可以把一個變數表示成另一個變數的函數。或者也可將x當作是控制項，而來解釋y的某些變異等（迴歸模型具解釋功能）。相對的，相關模型則是探討「兩個變數間的相互倚賴之程度」，即它們共同一起變異的程度。所以，並不會把一個變數表示成另一個變數的函數，因此也就沒有所謂的自變數和依變數之分。雖然也有可能一個變數是另一個變數的前因，但相關模型並不會去假設有這種關係的存在。一般而言，這兩個變數是同時受到某一共同原因的影響（但未必一定是如此）。因此，當想測定成對變數間之互相關聯程度時，則適合採用相關模型（呂秀英，2000）。

簡單的講，迴歸模型可用來分析一個或一個以上之自變數與依變數間的線性關係，以瞭解當自變數為某一水準或數值時，依變數所將反應出的數值或水準。而相關模型所關注的，則是分析變數間之關係的方向與緊密程度大小的統計方法。

16-2 簡單線性迴歸模型

簡單線性迴歸模型（simple linear regression model）是指「兩個」變數之間的關係，可以透過某些參數的應用，而直接用直線關係式表達出來的模型，其模型數學式如：

$$Y_i = a + b \times X_i + \varepsilon_i \qquad\qquad （式16-1）$$

Y_i表示變數Y在母體中的某一個實際的觀察值，它是隨機的，一般稱之為依變數（dependent variable, DV）；X_i則表示在研究母體中相對應的另一個變數X的實際觀察數值，它不是隨機的，一般稱之為自變數（independent variable, IV）；a與b是參

數（通常為未知數），分別稱為是迴歸常數和迴歸係數；ε_i為殘差項，是一個隨機變數，其平均數為0，變異數為σ^2（任意值）。

為了能根據樣本資料X（自變數）來推斷Y（依變數），以做出可靠、準確的估計。因此，需要對簡單迴歸模型做出以下的幾點假設：

(1) X_i是一個自變數、是一個可以事前就能確定的變數，亦即它是個可由研究者自由操控的變數。因而，它是一個非隨機變數。而且它也沒有誤差，儘管在實際觀測中，也可能產生觀測誤差，但假設這種誤差是可以忽略不計的。

(2) 依變數和自變數之間的關係是線性的。

(3) 當確定某一個X_i時，相對應的變數Y就有許多個Y_i與之對應。Y_i是一個隨機變數，這些Y_i構成一個當X取值為X_i之條件下的條件機率分配，並假設此條件機率分配將服從常態分配。

(4) 所有的殘差項ε_i服從平均數為0，變異數（σ^2）為任意數的常態分配。

(5) 所有的殘差項ε_i的變異數（σ^2）均相等。

(6) ε_i與ε_j之間（$i \neq j$）是相互獨立的。

總而言之，線性關係、殘差常態性、殘差變異恆等性、殘差獨立性等特質是簡單線性迴歸模型的四個前提條件。

16-3　多元迴歸模型

簡單線性迴歸模型主要是研究兩個變數之間的關係。然而實際的客觀現象可能會比較複雜，社會經濟現象尤是如此，它們往往是多種因素綜合作用的結果。例如：某種商品的銷售量可能受人口、收入水準、消費習慣、產品品質、價格、廣告宣傳等多種因素的影響。某種化工產品的品質可能受原材料品質、配方比例、生產時的溫度、溼度以及壓力等因素所影響。一般來說，在進行迴歸分析時，如果能盡可能的全面性考量到各種因素的影響，那麼預測或解釋的效果將會更好一些。故而我們有時也會遇到要研究兩個以上之自變數的迴歸問題，這種迴歸問題一般即稱為多元迴歸模型（multiple regression model，亦稱複迴歸模型）。

多元迴歸模型的一般型式為：

$$Y_i = a + b_1 \times x_{1i} + b_2 \times x_{2i} + \cdots + b_k x_{ki} + \varepsilon_i \qquad (式16\text{-}2)$$

Y_i表示變數Y在母體中的某一個實際觀察值，它是隨機的，一般稱之為依變數；

x_{ki}則表示在研究母體中相對應的另一個變數X的實際觀察值，它不是隨機的，一般稱之爲自變數；a與b_k是參數，分別稱爲迴歸常數和偏迴歸係數（partial regression coefficient）；ε_i爲殘差項，是一個隨機變數，其平均數爲0，變異數爲σ^2。

爲了能根據樣本資料X來預測或解釋Y，以做出可靠、準確的估計。因此，應用多元迴歸模型前，必須滿足以下的前提假設：

(1)X_i是一個自變數、是一個可以事前就能確定的變數，亦即它是個可由研究者自由操控的變數。因而，它是一個非隨機變數。而且它也沒有誤差，儘管在實際觀測中，也可能產生觀測誤差，但假設這種誤差是可以忽略不計的。X_i將作爲解釋變數（explanatory variable）以解釋依變數Y變動的原因，而依變數Y也可稱之爲結果變數（outcome variable）。

(2)依變數和自變數之間的關係是線性的。

(3)當確定某一個X_i時，相對應的變數Y就有許多個Y_i與之對應。Y_i是一個隨機變數，這些Y_i構成一個當X取值爲X_i之條件下的條件機率分配，並假設此條件機率分配將服從常態分配。

(4)對於每一個i，ε_i的分配屬常態分配，其平均數爲0，變異數爲（σ^2），σ^2可爲任意數。

(5)所有的殘差項ε_i的變異數爲（σ^2）都是相等的。

(6)每個ε_i之間是相互獨立的。

由以上的說明不難發現，多元迴歸模型的前提假設也都脫離不了線性關係、殘差常態性、殘差變異恆等性、殘差獨立性等的基本原則。

16-4　SPSS中建立迴歸模型的方法

要分析一些資料間的關係時，通常一開始研究者並不清楚這些資料之間將呈現何種關係，因此需要選擇分析方法來加以探索，以解釋資料之間的內在關係。因此，通常研究者在採用迴歸分析之前，會大致觀察一下，資料之間是否存在著一致的變動性。如果各變數間呈線性關係，那麼就可以採用迴歸方法。否則，應採用其他的分析方法以探索變數間的內在關係。

在SPSS中，建立迴歸模型的方法有五種，分別爲：輸入法、逐步法、移除法、向後法與向前法等五種。分別說明如下：

> **輸入法（Enter，又稱強迫進入法）**

這是SPSS的預設建模方法，表示強迫讓所有已選取的自變數，一次全都能夠進入到迴歸模型中，而不考慮個別自變數是否真的對依變數有實質影響力。這種分析方法的目的在於解釋所有自變數對依變數的整體解釋能力，故稱為「解釋型迴歸分析」。這種分析方法，不論自變數對依變數的影響力到底有沒有達到顯著性，都會出現於迴歸模型中（吳明隆，2009）。

> **逐步法（Stepwise，又稱逐步迴歸分析法）**

逐步法的目的在使整體迴歸模型之F統計量的顯著性（機率p值）能盡可能的小（即F統計量值盡可能的大），以便能找出最具線性關係的變數。因此在建模過程中，SPSS會考察目前不在迴歸模型內的自變數，若某自變數單獨和依變數所建構的迴歸模型之F統計量的顯著性小於0.05（此值可由研究者自由設定）的話，那麼這個自變數就可加入到迴歸模型中。而若某自變數加入迴歸模型後，卻使整體迴歸模型之F統計量的顯著性大於0.1（此值亦可由研究者自由設定）的話，則須將該自變數刪除。按照這樣的方法操作，直到迴歸模型中沒有變數可以被刪除且迴歸模型之外也沒有變數可以新增進來為止。顯見，逐步法的最大優勢，即是能在眾多的自變數中，找出最能夠預測或解釋依變數的因素。逐步法是一般學術研究中，最常使用的迴歸建模方法。

> **移除法（Remove）**

在建立迴歸模型之前，先設定一定的條件，迴歸建模時就根據這個條件來移除自變數。

> **向後法（Backward elimination procedure）**

這也是一種建模時，自變數的選擇方法。首先讓所有的自變數都進入到迴歸模型之中，然後逐一來剔除它們。剔除自變數的判斷標準是由研究者自由設定的條件（例如：可設定F統計量的機率p值為門檻）。在剔除過程，滿足所設定之機率p值或F值的自變數中，和依變數間有最小偏相關係數的自變數，將首先會被剔除。在剔除了第一個自變數之後，迴歸模型所剩下的自變數中，滿足設定條件且具有最小偏相關係數的自變數就成為了下一個被剔除的目標。剔除過程將進行到迴歸模型中，再也沒有滿足上述剔除條件的自變數時為止。

> 向前法（**Forward selection procedure**）

這種變數選擇方法恰好與向後法相反，它逐一的讓自變數進入到迴歸模型中。自變數進入迴歸模型的判斷標準，也是以所設定的機率p值或F值為門檻。首先在所有的自變數中，讓和依變數之間具有相關係數絕對值最大的自變數進入到迴歸模型中。當然，這個自變數應滿足進入標準（即所設定的機率p值或F值）。然後，使用同樣的方法，逐一的讓其他自變數進入迴歸模型，直到沒有滿足進入標準的自變數時為止。

16-5 多元迴歸模型的建模步驟

多元迴歸模型的建模過程，大致上可分為五個步驟，前兩個步驟主要在建立迴歸模型，也就是在求得式16-2中的各項參數（常數和偏迴歸係數），以建立出迴歸線（迴歸方程式）。而找出並確定了多元迴歸模型（迴歸方程式）之後，便需要去評價看看所建立的迴歸模型有沒有符合其前提假設？迴歸模型的解釋能力如何？迴歸模型是否真的能有效的反映變數之間的關係？而這些工作則將在步驟三至步驟五中完成，因此步驟三至步驟五也常被稱為是評價模型階段，主要是在評估所建模型之品質。

步驟1.變異數分析（檢定變數間是否確實存在線性關係）

多元迴歸模型的變異數分析，將使用F統計量來對迴歸模型中所有自變數的迴歸係數，同時進行顯著性檢定，其虛無假設為「所有的偏迴歸係數等於0」。若檢定的結果是顯著的話，那麼就代表著偏迴歸係數不全為0。因此，即代表至少有一個自變數的迴歸係數顯著的不等於0，所以自變數與依變數間確實存在線性關係（即，自變數與依變數間真的可以建立出迴歸線的意思），也就是代表迴歸方程式確實存在的意思。

步驟2.偏迴歸係數的顯著性檢定（逐一檢定各自變數是否被包含在迴歸模型中）

多元迴歸模型中的迴歸係數，一般稱為偏迴歸係數。因為該係數主要在反應所對應的自變數，在固定其他的自變數之情形下，於模型中的解釋能力（R^2）變化。偏迴歸係數的顯著性檢定是為了查明到底是哪些自變數對依變數的影響力是重要的。因為

每增加一個自變數就會增加許多計算工作量，而且自變數之間也可能會存在共線性問題而影響整個迴歸模型的預測效果，也就是說自變數不是越多越好之意。在偏迴歸係數的檢定中，會個別假設每一個自變數的迴歸係數等於0。當迴歸檢定的結果顯示某個自變數的係數不顯著時，那麼也就表示該自變數在迴歸模型中的影響力不大，應從迴歸模型中剔除，從而須重新建立一個較為簡單（自變數比較少）的迴歸模型。偏迴歸係數檢定將使用的統計量為 t 統計量。

步驟3. R^2決定係數（coefficient of determination）（評估迴歸模型的解釋能力）

在迴歸分析中，決定係數R^2的意義為迴歸模型可以解釋的變異佔總變異的比例。換句話說，是指總離差平方和中有多大的比例是可以用迴歸模型來解釋的。因而，它是反映迴歸模型預測或解釋能力（或稱擬合程度）的一個指標。它的數值大小也反映了樣本資料和迴歸模型的關係緊密程度。如果各資料點越接近迴歸直線，R^2就趨近於1，代表預測或解釋能力（擬合程度）很好。否則，如果R^2遠離1的話，就說明了預測或解釋能力（擬合程度）是令人不滿意的。

步驟4. 殘差分析（residual analysis）

殘差分析所探討的議題是迴歸模型中的殘差項，是否符合三項性質──常態性、恆等性與獨立性，以評估目前所建立出來的迴歸模型是否恰當。當確定所採用之模型為恰當後，則所有的估計、檢定及預測行為始能稱為有效。檢定殘差的常態性對於模型具有非常重要的意義，因為線性模型的基礎就是建立在殘差是常態分配的假設之上的。如果透過檢定發現殘差為非常態，那麼迴歸分析工作就沒有必要再進行下去了。只有殘差是常態分配時或接近常態分配時，才可以進行下一步的分析工作。恆等性若成立，則殘差變異數就不會隨著x的改變而改變，也就是說殘差會隨機散布且沒有特別的型態或趨勢。而獨立性若成立的話，則兩個不同樣本之殘差值間就不會存在正相關或負相關。殘差的三個性質是迴歸建模的前提假設，研究者所建立的迴歸模型必須符合這些前提假設，才能稱得上是良好模型。

步驟5. 共線性診斷（collinearity diagnostics）

在多元迴歸模型中，多個自變數間也可能會存在共線性（collinearity）問題。共

線性，就是指在自變數中，有兩個或兩個以上的自變數存在完全線性或幾乎完全線性的相關。共線性問題若從資料的分布圖來看，資料的線性圖形將呈現平行的狀態。由於迴歸建模時，通常是使用最小平方法來估計各自變數的偏迴歸係數，然而使用最小平方法的一個基本條件是「自變數間不是完全線性相關」。如果自變數之間具有完全線性相關的現象，那麼其偏迴歸係數就不屬唯一解了，從而就不可能使用最小平方法來達成估計偏迴歸係數的任務了。解決多元迴歸模型中的共線性問題，可以嘗試使用剔除相關程度較高之自變數的策略來達成。在SPSS之中，解決共線性問題時，主要就是採用剔除變數的方法，其詳細步驟為：首先採用技術指標確定引起共線性問題的變數，然後剔除和此變數相關程度較高的其他變數。可以使用的技術指標有允差值（tolerance）、變異數膨脹係數（variance inflation factor, VIF）與條件指數（conditional index, CI）。

◆ 16-6 殘差分析 ◆

殘差（residuals）是迴歸方程式之預測值與實際樣本的觀察值之差。對於每一個樣本，只要研究者願意，都可以輕易的計算出其相對應的殘差值。

▌16-6-1 殘差簡介

在實務應用中，常見的殘差有兩種型態，即標準化殘差和Student化殘差。與原始的殘差值比較，標準化殘差和Student化殘差更有利於進行殘差分析。

（一）標準化殘差（standardized residuals）

原始的殘差值有大、有小，但僅就一個樣本的殘差值而言，我們實在很難去判斷這個殘差值是算很大、還是算很小，因為我們根本並不知道其他樣本的殘差值狀況。而假如我們知道了所有樣本的殘差之平均數和變異數（可以直接從樣本殘差計算而得），那麼就可以利用這兩個統計量，對原始的殘差值進行標準化的動作了。和一般統計量進行標準化的過程一樣（樣本觀察值減去平均數後，再除以標準差），用同樣的方法也就可以得到標準化殘差值了。當然，這個標準化殘差值的平均數是0，而標準差是1。

標準常態分配的平均數是0，標準差是1。如果標準化殘差服從標準常態分配，那麼就會有95%的樣本之標準化殘差會落在正負兩個標準差的區間之內。所以，任何超出這個區間的標準化殘差值都是不正常的。如果大多數樣本的標準化殘差都在這個區間之外的話，那就說明了這個迴歸模型並沒有很好的擬合現有的樣本資料，並且極有可能嚴重的違反迴歸分析的基本假設了。

（二）Student化殘差（studentized residuals）

Student化殘差是對標準化殘差的一種改進。透過迴歸方程式，我們可以輕易的得到一個依變數的預測值。也就是說，這個依變數的預測值會依賴於自變數的取值。此外，根據最小平方法得到的迴歸方程式，在進行預測時，可能會遇到這樣的問題：如果自變數的值很接近其本身的平均數，那麼透過這個值所得到的依變數的預測值就會有相對較小的誤差，而用那些遠離平均數的自變數所得到的依變數預測值就會有較大的誤差。

前述的標準化殘差就是對每個樣本的原始殘差值進行了標準化動作。在這個過程中，所有的原始殘差值會先與原始殘差值的平均數相減，然後再除以原始殘差值的標準差。但問題是，這樣的作法，似乎忽略了自變數的值與預測值的誤差之間的內在相關性。Student化殘差就是針對這個問題來進行改進的。

Student化殘差在對原始殘差值進行轉換的過程中，會將每個原始殘差值與其平均數相減後，再除以一個根據樣本大小與自變數取值所算出來的標準誤（即，標準差除以樣本數的平方根），這樣就考慮到了自變數的作用。改進後得到的Student化殘差不再服從標準常態分配，而是服從於 t 分配，而 t 分配需要考慮到自由度的問題，自由度的值是樣本數與迴歸方程式中所有自變數的個數之差再減1。例如：樣本數為25，迴歸方程式中有兩個自變數，那麼，它的Student化殘差將服從於自由度為 $25 - 2 - 1 = 22$ 的 t 分配。

既然Student化殘差服從於 t 分配，那麼在得到了每個樣本的Student化殘差的數值以後，對其取平均數，然後透過查單尾 t 分配表或者利用SPSS中的【計算】功能就可以得到這個Student化殘差的機率p值（顯著性）。如果這個機率p值小於0.05，那麼就可用95%的可信度，來斷言這個殘差值是不正常的。也就是說，如果大多數樣本的Student化殘差所對應的 t 分配之機率p值都小於0.05的話，那麼，這個迴歸模型就是不好的。

16-6-2　利用殘差圖，評價迴歸模型

　　殘差圖有許多種型態，最常用的為，以迴歸方程式的自變數為橫座標，而以殘差ε_i為縱座標，將每一個自變數所對應的殘差ε_i都畫在直角座標平面上所形成的圖形。如果迴歸直線對原始資料的擬合程度相當良好時，那麼殘差的絕對值應該會很小，因此，所描繪的點應會在$\varepsilon_i = 0$的直線上、下隨機散布。故實務上，在殘差圖中，如果各點呈隨機狀，並絕大部分落在$\pm 2\sigma$範圍內（因為依據鐘形分配的經驗法則，約有68%的點落在$\pm \sigma$之中，95%的點落在$\pm 2\sigma$之中），則代表模型對於資料的擬合效果較好，如圖16-1(a)所示。如果大部分的點落在$\pm 2\sigma$範圍之外，則說明了模型對於資料的擬合效果不好，如圖16-1(b)所示。

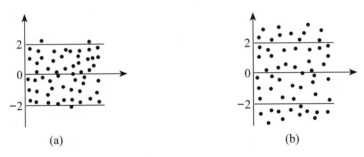

(a)　　　　　　　　　　　　　　　(b)

圖16-1　殘差散布圖

　　此外，就殘差點的「散布型態」來看，如果殘差圖上的點，散布在「0線」上、下兩側且並沒有表現出一定的規律性（如圖16-2(f)），那麼迴歸模型，從殘差的角度來考量的話，將是令人滿意的。如果殘差圖上的點散布，出現了漸增或漸減的系統性變動趨勢（代表殘差間會互相干擾），則說明了多元迴歸模型的某些前提假設已經被違反了（即違反殘差獨立性），如圖16-2(a)至圖16-2(e)所示。

　　類似圖16-2(a)至圖16-2(e)這樣的圖形，通常需要對資料的依變數或自變數進行轉換，以使所建立的迴歸模型，其殘差的散布圖能呈現如圖16-2(f)的樣貌。也就是說，殘差散布圖中，如果散布點能呈現隨機分配，且沒有一定的趨勢或型態，則可認為殘差間自我相關存在的可能性不大。因此，殘差獨立性假設會成立，如圖16-2(f)所示。

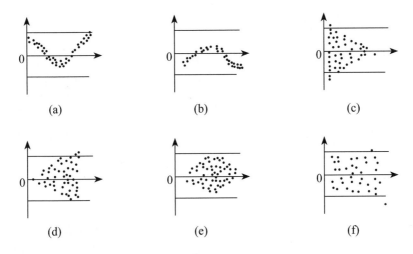

圖16-2　各種殘差散布圖之型態

▌16-6-3　為何要進行殘差分析

　　迴歸模型的基本假設都是針對迴歸模型之母體殘差項而設定的。一般而言，研究者很難得到母體殘差項的真實值，而是用樣本迴歸模型的殘差項（ε）來近似的估計母體殘差項（E），這等價於把 ε 看作是對 E 進行一次抽樣的結果。這種對 ε 進行的分析就叫做殘差分析（residual analysis）。因此，如果能對 ε 的一些情況進行假設檢定，就能對 E 的情況進行推論。講的白話一點，就是透過分析 ε 的性質，來推論它是不是在母體水準上也能很好的滿足了迴歸模型的基本假設。

　　殘差分析所欲探討的是迴歸模型中的殘差項，是否能符合殘差的三項性質──常態性、恆等性與獨立性，以確認所建立之模型能符合迴歸分析的前提假設。確認殘差皆符合三項性質後，所有在迴歸模型中所進行的估計、檢定及預測始能稱為有效，也因而迴歸模型的品質才能獲得確保。

　　殘差分析中，檢定殘差的常態性對於模型具有非常重要的意義，因為迴歸模型的基礎是建立在殘差是常態分配的假設之上進行的。如果透過檢定發現殘差為「非常態」，那麼迴歸建模工作就沒有必要再進行下去了。只有殘差是常態分配時或接近常態分配時，才可以進行更進階的迴歸建模工作。而殘差恆等性若成立，則殘差變異就不會隨著x的改變而改變，故殘差圖會呈帶狀分配。而殘差獨立性若成立，則連續的兩個樣本之殘差值就不應存在正相關或負相關。

16-6-4 檢查殘差的常態性

迴歸模型的基本假設中曾提到，如果迴歸分析的基本假設成立，那麼原始殘差和標準化殘差都應該服從於常態分配。而且，根據中央極限定理，如果自由度超過30時，Student化殘差的抽樣分配也應服從於常態分配（當自由度小於30時，Student化殘差服從於 t 分配）。因此，可以透過圖形化的方法觀察、或用統計方法來檢定殘差的常態性，從而判斷一條迴歸方程式是否符合「殘差項具常態性」這一個基本假設。

（一）利用直方圖來觀察殘差的常態性

一般來說，可以透過繪製殘差的直方圖，來直觀的判斷殘差之分配是否為常態分配。圖16-3就是標準化殘差的直方圖。原始殘差和標準化殘差的直方圖在形狀上應該是完全一樣的，因為後者只不過對前者進行了簡單的標準化動作而已。所以製作殘差直方圖時，只選用標準化殘差值來作圖就可以了。標準化殘差直方圖的繪製方式如下：

操作步驟

請開啟「範例資料夾/example/chap16/」中的「residual analysis.sav」，「residual analysis.sav」是利用SPSS建立迴歸模型過程中，於【線性迴歸：儲存】對話框中設定儲存標準化殘差值（ZRE_1）而來的，檔案中的ZRE_1變數即為標準化殘差值。「Z」代表標準化，而「RE」即代表殘差。經繪製「ZRE_1」的直方圖，就可直觀的評估殘差是否具有常態性。

詳細操作步驟，請讀者自行參閱影音檔「ch16-1.mp4」。

▶ 報表解說

「residual analysis.sav」檔案中，標準化殘差值（ZRE_1）的直方圖，如圖16-3所示。

從圖16-3中可以看到，這個標準化殘差的分配圖與標準的常態分配曲線非常相似，這說明了殘差具有不錯的常態性。由於用以產生圖16-3的資料之樣本數夠大，所以圖形是個很不錯看的單峰圖形，並且此單峰正巧位於圖形的正中位置。但是如果樣本數不夠大時，標準化殘差直方圖看起來就會比較不像標準常態曲線，因而也就很難直觀的利用這種直方圖來評價殘差的常態性了。

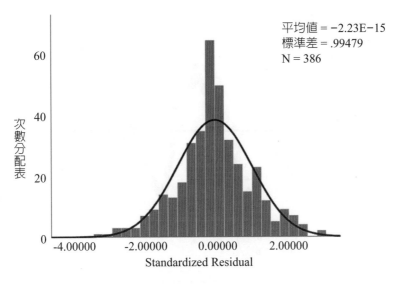

圖16-3　標準化殘差的直方圖

（二）利用常態Q-Q圖來觀察殘差的常態性

　　除了直方圖之外，還有一種圖形也可以用來判斷殘差的常態性，那就是常態Q-Q圖，它在樣本數較小時，比一般的直方圖更容易判斷。使用相同的資料，可以繪製如圖16-4所示的常態Q-Q圖和圖16-5所示的除勢常態Q-Q圖。

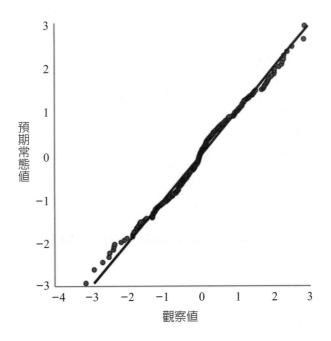

圖16-4　標準化殘差的常態Q-Q圖

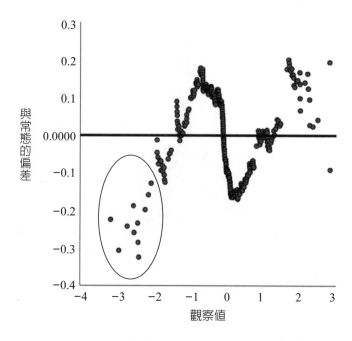

圖16-5　標準化殘差的除勢常態Q-Q圖

　　圖16-4的常態Q-Q圖中，對角線即代表著標準常態分配。顯見，標準化殘差基本上大都落在代表「標準常態分配」之對角線的上、下方或附近，因此可判定標準化殘差具有常態性。而在圖16-5的除勢常態Q-Q圖中，水平橫線所代表的意義也是標準常態分配。觀察圖16-5，標準化殘差也大部分都分布在「0線」的附近，只有幾個標準化殘差值較大些（如在圖16-5中被圈起來的部分）。這個結果與直方圖所呈現的結果是一致的，只是利用常態Q-Q圖可以更容易的幫助我們額外找到殘差中的異常值。

　　常態Q-Q圖的繪製方式，可依下列步驟執行：

操作步驟

　　開啟「範例資料夾/ example/chap16/」中的「residual analysis.sav」，在此將利用標準化殘差值（ZRE_1變數），來畫出如圖16-4和圖16-5中的常態Q-Q圖與除勢常態Q-Q圖。

　　詳細操作步驟，請讀者自行參閱影音檔「ch16-2.mp4」。

（三）利用科學性技術來檢定殘差的常態性

圖形雖然可直觀的協助研究者判斷殘差的常態性，但是絕對無法取代以精確的數學計算和推理為基礎的假設檢定。在SPSS中，也可以進行殘差的常態性檢定，這個檢定就是Kolmogorov-Smirnov 檢定（簡稱K-S檢定）。這個檢定的虛無假設是：殘差具有常態性。如果檢定結果中的顯著值小於0.05，那麼就可以拒絕虛無假設，而有理由認為殘差的分配並不是常態的。

K-S檢定的操作過程，可依下列步驟執行：

操作步驟

開啟「範例資料夾/example/chap16/」中的「residual analysis.sav」，在此將利用標準化殘差值（ZRE_1變數），來進行殘差分配的常態性檢定。

詳細操作步驟，請讀者自行參閱影音檔「ch16-3.mp4」。

▶ **報表解說**

若利用先前畫殘差直方圖的相同資料來進行K-S檢定，則可以得到如表16-1的單樣本Kolmogorov-Smirnov檢定表。

表16-1 單樣本Kolmogorov-Smirnov檢定表

		Standardized Residual
N		386
常態參數	平均值	.0000000
	J-T統計量的偏差	.99479163
最極端差異	絕對	.065
	正	.065
	負	-.055
檢定統計量		.065
漸近顯著性（雙尾）		.000[c]
精確顯著性（雙尾）		.071
點機率		.000

從表16-1中可看到「精確顯著性」是0.071大於0.05，所以不能拒絕虛無假設，亦即沒有足夠證據顯示可以否定殘差分配的常態性。故，即可認定殘差具有常態性。

16-6-5 檢定殘差的恆等性

所謂殘差恆等性就是殘差的等變異性。線性迴歸模型的前提假設之一為：若進行多次的重複抽樣，雖在自變數的不同取值下，各依變數仍然都必須具有相同的變異數，這就是所謂的殘差恆等性。它的另一種說明方式為：迴歸模型的殘差項具有恆定的變異數，且不受自變數取值的影響。透過繪製如圖16-6的標準化殘差與標準化殘差預測值的散布圖，就可以直觀的判斷殘差恆等性是否成立。

繪製標準化殘差與標準化殘差預測值之散布圖的操作過程，如下所示：

操作步驟

開啟「範例資料夾/example/chap16/」中的「residual analysis.sav」，在此將利用標準化殘差值（ZRE_1變數）為X軸和標準化殘差預測值（ZPR_1變數）為Y軸，畫出如圖16-6的標準化殘差與標準化殘差預測值之散布圖。

詳細操作步驟，請讀者自行參閱影音檔「ch16-4.mp4」。

▶ **報表解說**

所繪製出的標準化殘差與標準化殘差預測值之散布圖，如圖16-6所示。

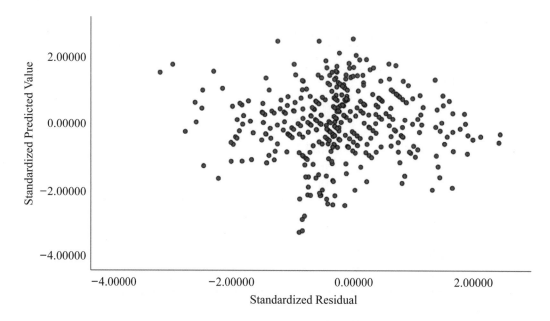

圖16-6 標準化殘差與標準化殘差預測值之散布圖

從圖16-6中，並沒有發現殘差分布在圖形上所構成的明顯型態（pattern）或趨勢。這就說明了殘差的變異數是一個恆定的數值，不受自變數取值的影響。相反的，如果從這個圖中觀察到殘差分布有某種明顯的型態或趨勢，那麼殘差的恆等性假設很可能就被違反了。

16-6-6　檢定殘差的獨立性

根據線性迴歸分析的基本假設，任意兩個殘差項之間是相互獨立的。這一點在一般的抽樣調查中，往往很容易可以得到滿足。

（一）用圖形來觀察殘差的獨立性

在一個時間序列中，下一期的殘差數值與上一期或上幾期的殘差數值若是相關的，這就會嚴重違反迴歸模型的獨立性假設。依此原則，一般資料仍可以透過圖形的方式來直觀的檢驗殘差是否違反了獨立性。因此，可以利用殘差資料的序號為橫軸、標準化（或Student化）殘差為縱軸，來繪製殘差序列散布圖，並觀察圖形的型態，並藉以判斷連續幾期的殘差資料間是否具有相關性，若有相關性，則殘差序列散布圖就會呈現特定的型態或趨勢。

操作 步驟

開啟「範例資料夾/example/chap16/」中的「residual analysis.sav」，在此將以殘差資料的序號為橫軸、標準化殘差為縱軸，繪製殘差序列散布圖。

詳細操作步驟，請讀者自行參閱影音檔「ch16-5.mp4」。

▶ 報表解說

所繪製出的殘差序列散布圖，如圖16-7所示。

從圖16-7中可以觀察到，隨著殘差序號的增進，標準化殘差隨機的散布在圖形中，沒有明顯的趨勢或型態。這說明了標準化殘差確實具有獨立性，即下一期的殘差值和上一期的殘差值之間，並不具有相關性。

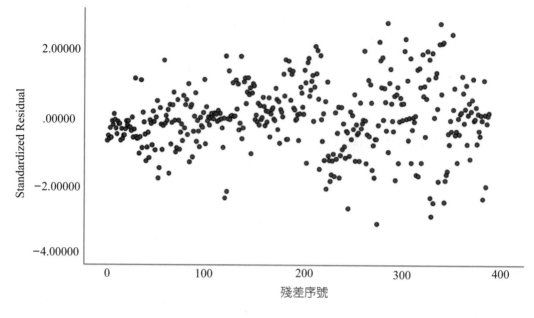

圖16-7　殘差序列散布圖

（二）利用技術指標來判斷殘差的獨立性

除了用圖形來直觀的判斷獨立性的存在外，還可以使用更精確的技術指標來判斷殘差的獨立性。這個技術指標就是Durbin-Watson指標值。Durbin-Watson指標值的目的是爲了協助判定「迴歸模型中的殘差項是否獨立」。Durbin-Watson指標值可縮寫爲D-W值，其取值範圍爲區間（0，4），詳細的意義爲：

➢ D-W值在2的附近（可認爲是1.5～2.5）時，則表示殘差之間是相互獨立的。
➢ D-W值遠小於2，則表示殘差之間是正相關的，因此違反殘差獨立性的前提假設。
➢ D-W值遠大於2，則表示殘差之間是負相關的，故亦違反殘差獨立性的前提假設。

在建立迴歸模型的過程中，按【統計資料】鈕後，可開啟【線性迴歸：統計量】對話框，如果於該【線性迴歸：統計量】對話框中勾選了【Durbin-Watson】核取方塊，那麼就可以在輸出報表中顯示出Durbin-Watson指標值了（如表16-2）。只要這個值離2太遠，就可以說迴歸模型的獨立性假設被嚴重的違反了。表16-2顯示了某迴歸建模過程中，Durbin-Watson指標值爲2.053，相當接近2，因此可認爲殘差是具有獨立性的。

表16-2　Durbin-Watson指標值

模式	R	R平方	調整後R平方	標準標準誤	Durbin-Watson
1	.991	.982	.974	2.4460	2.053

16-7　共線性問題和異常值問題

在線性迴歸分析中尚有兩個問題是使用者必須要注意的，它們就是共線性問題和異常值問題。

16-7-1　共線性診斷（collinearity diagnosis）

在多元迴歸模型中常會存在著共線性（collinearity）問題。多元共線性，就是指在自變數中，有兩個或兩個以上的自變數存在完全線性或幾乎完全線性相關的關係。因為使用最小平方法估計迴歸係數的基本要求是「自變數不是完全線性相關」。如果自變數之間完全線性相關，那麼其迴歸係數就不屬於唯一解了，從而也就不可能求得每個迴歸係數的數值了。但是也不可能要求自變數之間完全不相關，即相關係數為0。若自變數之間的相關係數為0，那麼這些變數就稱為是正交變數，也就無法建立迴歸模型了。

事實上，以上的兩種情況都是很少遇到的。在大多數的情況下，自變數之間會存在一定程度的相關性，即相關係數在0和1之間。尤其在研究社會經濟現象的領域中，有一些變數有共同變動的趨勢是常見的。例如：在經濟狀況景氣時，收入、消費、儲蓄等可能同時增長，這時這些變數將存在較高的相關係數，故迴歸建模時，會在一定程度上削弱參數估計值的準確性和穩定性，這是在進行多元迴歸模型中應該注意的問題。

解決多元迴歸模型中的共線性問題時，可利用剔除那些「相關性較強」的變數為方向。在SPSS之中解決共線性問題時，主要是採用剔除相關性較強的變數為方法，其方法如下：

首先採用技術指標確定引起共線性問題的變數，然後從這些相關性較強的變數中逐一剔除到只保留一個自變數。例如：一個迴歸模型中，原本有五個自變數，經共線性診斷後，發現其中有四個自變數具有共線性問題，那麼就剔除其中相關性較強的三

個變數而只保留一個。因此，最後的迴歸模型將只剩兩個自變數。可以使用的共線性診斷之技術指標有：

1. 允差值

自變數之間的共線性問題可以反映在數值指標上的，即是相關係數。若自變數間相關係數值為1或接近於1，則自變數間就很有可能會存在共線性問題。允差值（tolerance）的定義為1減去相關係數的平方。故而，當允差值越接近於0時，則代表變數之間具有高度相關性的可能性就越大，共線性問題存在的可能性就越高。允差值離0越遠，則變數之間越不可能有相關性，則共線性問題較不易產生。一般學術上認為，當允差值大於0.2時，則自變數間就不具共線性問題。

2. 變異數膨脹係數

變異數膨脹係數（variance inflation factor, VIF）為允差值的倒數。故它的值越大，則變數之間有共線性問題的可能性就越大。它的值越小，則共線性問題較不易產生。一般學術上認為，當VIF值小於5時，則自變數間就不具共線性問題。

3. 條件指數（conditional index, CI）

條件指數越高表示共線性越嚴重，若小於30，表示共線性問題緩和，30~100表示中度共線性問題，大於100表示共線性問題嚴重。

綜合上述，一般而言，當變異數膨脹係數 < 5、允差值 > 0.2 及條件指數 < 30時，則可宣稱迴歸模型的共線性不顯著。

▌16-7-2　異常值問題

異常值是指具有很大的標準化殘差之自變數觀察值。但若一個自變數觀察值具有很大的標準化殘差時，一般來說，可能觀察有誤，因此應考慮在迴歸分析中剔除掉這些具有很大的標準化殘差之自變數觀察值。當然，並不一定是具有很大之標準化殘差的自變數觀察值，都屬於品質不良的觀察值。例如：圖16-5標準化殘差的除勢常態Q-Q圖中，被圈起來的那些標準化殘差值，很有可能都是異常值，可嘗試刪除看看，以增進標準化殘差的常態性。

16-8 迴歸建模範例一

　　本節所使用的範例是一個迴歸建模的經典範例，它在迴歸分析的相關書籍中曾被廣泛的引用，眾多機率統計專家也常使用這個實例講解迴歸建模的步驟與評價。在這個迴歸建模過程中，我們將盡量使用SPSS的預設建模過程，純粹只是示範迴歸分析的標準程序而已，而我們的重點將聚焦於原始輸出報表的解釋。

▶ 範例16-1　某種水泥在凝固時，所放出的熱量Y（單位為：卡／克）與水泥中的下列四種化學成分所佔的比例有關：

x1：氧化鋁

x2：氧化矽

x3：鋁鐵結晶

x4：矽鈣結晶

現在測得了十三組資料，如表16-3所示。試利用表16-3的資料，建立迴歸模型（資料檔為：ex16-1.sav）。

表16-3　測得的資料

i	x_{i1}	x_{i2}	x_{i3}	x_{i4}	y_i
1	7	26	6	60	78.5
2	1	29	15	52	74.3
3	11	56	8	20	104.3
4	11	31	8	47	87.06
5	7	52	6	33	95.9
6	11	55	9	22	109.2
7	3	71	17	6	102.7
8	1	31	22	44	72.6
9	2	54	18	22	93.1
10	21	47	4	22	115.9
11	1	40	23	34	83.8
12	11	66	9	12	113.3
13	10	68	8	12	109.4

▌16-8-1　觀察自變數和依變數之間是否具有線性關係

透過描繪自變數和依變數間的散布圖，可以先期直觀的觀察自變數和依變數之間是否真的具有線性關係，繪製散布圖的詳細步驟如下：

操作 步驟

利用SPSS套裝軟體為表16-3的資料建立資料檔時，資料檔的欄位主要將由自變數的名稱和依變數的名稱所構成，而且須為每個變數各自建立一個欄位。本範例中共有四個自變數與一個依變數，故共需建立五個變數名稱，分別為x1、x2、x3、x4（表四個自變數）與y（表依變數）。建立好檔案後，請另存新檔為ex16-1.sav，或直接開啟範例資料夾中的「ex16-1.sav」也可以。

繪製自變數和依變數之散布圖的詳細操作步驟，請讀者自行參閱影音檔「ex16-1.mp4」。

▶ 報表解說

經執行【圖形】／【舊式對話框】，並選擇【散點圖】與進行適當的設定後（共進行4次），即可繪製出各自變數與依變數的散布圖，如圖16-8所示。

從產生的散布圖（圖16-8a）中可以看出，水泥凝固時的散熱量（y）與第一種化學成分（x1）有明顯的正向線性關係。即，當化學成分x1的含量增加時，水泥凝固時所散發的熱量y亦增加；當化學成分x1的含量減少時，水泥凝固時的散熱量y也相對應減少。若讀者再繼續逐個分析y與x2、x3、x4之散布狀況的話（如圖16-8b、圖16-8c與圖16-8d），最後應該會發現，透過散布圖可以直觀的察覺化學成分x1、x2與水泥凝固時的散熱量y是呈現正相關的，而x3、x4則與水泥凝固時的散熱量y則是呈現負相關的。

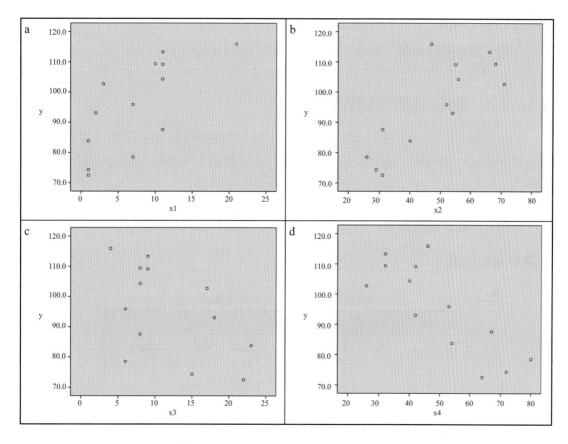

圖16-8　各自變數與依變數的散布圖

16-8-2　建立迴歸模型

在第16-8-1節中，我們透過散布圖，大致上可以理解化學成分x1、x2與水泥凝固時的散熱量y是呈正相關的，而x3、x4與水泥凝固時的散熱量y則是呈負相關關係。若想將這些關係，使用數學方程式來明確表達出來的話，那麼就須建立迴歸模型了。

在此，我們將盡量使用SPSS的預設方法來建立迴歸模型，純粹只是示範標準的迴歸分析方法而已。而我們的重點將聚焦於原始輸出報表的解釋。在SPSS中，建立迴歸模型的方法與步驟，描述如下：

(操)(作) 步驟

在進行迴歸建模時，除了須設定自變數、依變數外，最重要的是，還要去設定建模的方法。參考過往文獻可發現，在一般的情況下，學者們大都會採用「逐步法」來

建立迴歸模型。因此，在本範例中，亦將採用「逐步法」。

建模的詳細操作步驟，讀者可參閱影音檔「ex16-1.mp4」。

16-8-3　迴歸分析之報表解說

執行迴歸分析後，若無錯誤訊息出現，SPSS應當會輸出許多報表。當然，這些輸出報表所顯示的內容，會依使用者對【統計資料】鈕、【圖形】鈕與【選項】鈕的設定內容而改變。以下，我們將針對迴歸分析結果進行解析。

（一）選入／刪除的變數表

▶ 報表欄位說明

表16-4　選入／刪除的變數表

模型	已輸入的變數	已移除的變數	方法
1	x4	.	逐步（準則：F-to-enter 的機率<=.050，F-to-remove 的機率>=.100）。
2	x1	.	逐步（準則：F-to-enter 的機率<=.050，F-to-remove 的機率>=.100）。

在這個範例中，建模的方法將採用逐步法。因此SPSS報表，會先說明總共建立了幾個迴歸模型、每個模型中各自包含了哪些自變數，以及自變數被選入迴歸模型或移出迴歸模型的過程。上述的這些事項，都會於表16-4中進行揭示。表16-4的結構共有四個欄位，各欄位之意義說明如下：

➢ 第一個欄位為「模型」：在此欄位中列出了所建立之迴歸模型的編號，共建立了兩個迴歸模型，第一個迴歸模型只包含一個自變數x4；第二個迴歸模型則包含了兩個自變數x4、x1。

➢ 第二個欄位為「已輸入的變數」：這一欄位顯示出，哪些變數在哪一個步驟中進入了迴歸模型。從表16-4可知，第一個迴歸模型中，只有一個自變數x4被選入模型。而第二個迴歸模型中，則包含了兩個自變數x4與x1。至於其他的變數x2、x3則均不符合所設定的進入條件，因此被排除於迴歸模型之外。

➢ 第三個欄位為「已移除的變數」：這一欄位顯示出哪些變數在哪一個步驟中，被

從模型中剔除了。

➤ 第四個欄位為「方法」：這一欄位顯示變數進入模型和從模型中被剔除時，採用了何種準則。以表16-4為例，自變數進入的標準為其與依變數單獨建立迴歸模型時之F統計量的機率p值小於或等於0.05時；而變數從模型中被移除的標準為整體迴歸模型F統計量的機率p值大於或等於0.1時。

▶ **報表解說**

表16-4說明了，採用「逐步法」進行迴歸建模後，共建立了兩個迴歸模型。第一個迴歸模型只包含一個自變數x4；第二個迴歸模型則包含了兩個自變數x4、x1。

（二）模型摘要表

▶ **報表欄位說明**

表16-5　模型摘要表

模型	R	R平方	調整後R平方	標準標準誤	變更統計量					Durbin-Watson
					R平方變更	F值變更	自由度1	自由度2	顯著性F值變更	
1	.821ᵃ	.675	.645	8.9639	.675	22.799	1	11	.001	
2	.986ᵇ	.972	.967	2.7343	.298	108.224	1	10	.000	1.788

a.解釋變數：（常數），x4
b.解釋變數：（常數），x4, x1
c.應變數：y

首先我們介紹【模型摘要表】的結構，【模型摘要表】共有七個欄位：

➤ 第一個欄位為「模型」：在此欄位中，列出了所建立之迴歸模型的編號。共建立了兩個迴歸模型，第一個迴歸模型只包含一個自變數x4，第二個迴歸模型則包含了兩個自變數x4、x1。

➤ 第二個欄位為「R」：表示迴歸模型之判定係數的平方根，意義上相當於相關係數。

➤ 第三個欄位為「R平方」：R^2表示迴歸模型的判定係數，其值代表自變數對依變數的預測或解釋能力。R^2值越接近1，即表示自變數的預測或解釋能力越佳，迴歸模型擬合能力越好。

➤ 第四個欄位為「調整後R平方」：在多元迴歸模型中，決定係數R平方有個最大的問題，即隨著自變數的增多，R平方會越來越大，甚至呈現高估的現象。為解決這個問題，乃需要對R平方進行調整。採用的方法是用樣本數和自變數的個數去調整R平方。也就是，經由自由度來調整R平方，以避免R平方的膨脹。因此，「調整後R平方」又稱為「修正自由度後的判定係數」。至於其調整公式頗為複雜，讀者並不用去理解，SPSS會自動幫我們算出來。讀者只要知道，當自變數多的時候，要判斷模型的預測或解釋能力時，應選用「調整後R平方」就可以了。

➤ 第五個欄位為「標準標準誤」：即預測值的標準誤，其值為標準差除以樣本數的平方根。

➤ 第六個欄位為「變更統計量」：若對各參數有需要進行修正時，修正後的各統計量值，於此欄位揭示。

➤ 第七個欄位為「Durbin-Watson」：顯示Durbin-Watson指標值，可用以輔助殘差獨立性的判斷。

▶ **報表解說**

　　隨著進入模型之自變數個數的增加，相關係數及判定係數（R^2）也會相對應的增加，這表示迴歸效果是越來越好了。從表16-5中還可看到，預測值的標準誤（標準標準誤欄位）也越來越小了，這也正表示著迴歸模型，隨著自變數個數的增加，越來越符合觀測情況了。迴歸模型「1」中的判定係數為0.675，迴歸模型「2」的判定係數為0.972，皆相當高，代表迴歸模型「1」與迴歸模型「2」的解釋能力頗佳，都是屬不錯的迴歸模型。 最後，Durbin-Watson指標值接近2，也代表著殘差是具有獨立性的。

（三）變異數分析表

▶ **報表欄位說明**

　　變異數分析主要是用來檢定自變數與依變數間的線性關係是否顯著，因此其虛無假設為：

H_0：x1、x2、x3、x4與y之間沒有顯著的線性關係存在（即偏迴歸係數全為0）。

表16-6 變異數分析表

模型		平方和	自由度	均方	F	顯著性
1	迴歸	1831.896	1	1831.896	22.799	.001
	殘差	883.867	11	80.352		
	總計	2715.763	12			
2	迴歸	2641.001	2	1320.500	176.627	.000
	殘差	74.762	10	7.476		
	總計	2715.763	12			

首先介紹表16-6變異數分析表的結構，變異數分析表共有六個欄位：

➢ 第一個欄位為「模型」：在此欄位中列出了迴歸模型的編號與各變異來源的名稱，變異來源主要有迴歸、殘差與總計。

➢ 第二個欄位為「平方和」：在此欄位中列出了各變異來源的離差平方和。

➢ 第三個欄位為「自由度」：迴歸模型中各變異來源的自由度。

➢ 第四個欄位為「均方」：此欄位列出了各變異來源的均方和，均方和也可由「離差平方和」除以「自由度」而得到。

➢ 第五個欄位為「F」：此欄位列出了迴歸模型之F統計量的值，該值由「迴歸均方和」除以「殘差均方和」而得到。

➢ 第六個欄位為「顯著性」：此欄位列出了F統計量值在「迴歸自由度」與「殘差自由度」下的機率p值（可查表而得到）。

▶ **報表解說**

觀察表16-6，從顯著性這欄可以看出，當只有變數x4進入迴歸模型（模型1）時，顯著性為0.001，故應拒絕「自變數與依變數間沒有顯著的線性關係存在」的虛無假設，而須認為「x4與y間是具有顯著線性關係的」。而當x1也進入了迴歸模型（模型2）後，顯著性變為0.000，這亦表示應拒絕虛無假設，代表自變數x1、x4與依變數y之間也是具有線性關係存在的。故未來將可建立兩個有效的迴歸模型，但以模型2為最佳模型（因為R^2值較高）。

（四）迴歸係數表

▶ 報表欄位說明

表16-7　迴歸係數表

模型		非標準化係數		標準化係數	T	顯著性	共線性統計量	
		B	標準錯誤	β			允差	VIF
1	（常數）	117.568	5.262		22.342	.000		
	x4	-.738	.155	-.821	-4.775	.001	1.000	1.000
2	（常數）	103.097	2.124		48.540	.000		
	x4	-.614	.049	-.683	-12.621	.000	.940	1.064
	x1	1.440	.138	.563	10.403	.000	.940	1.064

表16-7中，詳細的顯示了各種係數的統計情況。

➤ 第一個欄位為「模型」：在此欄位中列出了迴歸模型的編號與已進入該模型的自變數名稱。

➤ 第二個欄位為「非標準化係數」，說明如下：

在此欄位下共有兩個子欄位，第一個子欄位為「B」，B表偏迴歸係數，故在此子欄位下，將顯示各自變數之偏迴歸係數的估計值。在多元迴歸模型中，表16-6的變異數分析表，只能說明y與x1、x4這兩個自變數間是否具有顯著的線性關係存在。當檢定結果為顯著時，表示y與x1、x4間確實具有線性關係，但並不意味著兩個自變數x1、x4中，每一個自變數對依變數y的影響力（即偏迴歸係數）都是顯著的。因此有必要再對各個自變數的迴歸係數一一再做檢定，以確認其值是否為0。若自變數的偏迴歸係數為顯著不為0時，則代表該自變數對依變數的影響力是顯著的。

此外，讀者也須瞭解，增加一個自變數後，將會增加許多的計算工作量，而且自變數之間也可能會存在共線性關係，因此自變數不是越多越好。為了去掉次要的、可有可無的變數，因而需要導入偏迴歸係數的檢定。

第二個子欄位是偏迴歸係數的「標準錯誤」（即標準誤）。偏迴歸係數檢定的虛無假設為：

H_0：偏迴歸係數為0。

需要注意的是，表16-6的變異數分析表之顯著性與表16-7之偏迴歸係數表的顯著性之間並不完全一致。變異數分析的假設是「所有的偏迴歸係數全為0」（即不存在

線性關係），所以，當變異數分析表顯著時，表示偏迴歸係數不全為0，其意義就代表著依變數y與某些自變數間（如x1、x4）確實是可以建立線性迴歸模型的。至於到底是哪幾個自變數可以真正的拿來建立線性迴歸模型，或哪個自變數的影響力較大（偏迴歸係數較大），則還須利用 t 檢定來個別的檢定每個自變數的偏迴歸係數是否顯著不為0後，才能確定。

因此，變異數分析表顯著，並不意味著所有的偏迴歸係數都是顯著的，有時是部分不顯著，有時甚至所有的偏迴歸係數都不顯著。當某個偏迴歸係數在檢定（t 檢定）時被認為是不顯著時，其相對應的自變數就會被認為在迴歸模型中將不起作用，應從迴歸模型中剔除，以建立起較為簡單（較少自變數）的線性迴歸模型。

➤ 第三個欄位為「標準化係數」：在此欄位下將顯示標準化的偏迴歸係數值，它能夠更真實的反映出哪個自變數較具有影響力。也就是說，要比較各自變數對依變數的影響力大小時，應使用標準化的偏迴歸係數值。

➤ 第四個欄位為「T」：在此欄位中，列出了假設「偏迴歸係數為0」時的 t 統計量值，t 統計量值的算法為「B之估計值」（B欄位）除以「標準誤」（標準錯誤欄位）。

➤ 第五個欄位為「顯著性」：在此欄位中，列出了假設「偏迴歸係數為0」時的檢定顯著性，當顯著性小於0.05時，則表示該自變數對依變數的影響力是顯著的（即偏迴歸係數顯著不為0），應納入迴歸模型中。

➤ 第六個欄位為「共線性統計量」：在此欄位中，列出了允差值與VIF值，允差值與VIF值互為倒數。一般學術上認為，當VIF值小於5時，則自變數間就不具共線性問題。

▶ **報表解說**

表16-7說明了，可以建立兩組迴歸模型：

第一組迴歸模型，模型一：$y = 117.568 - 0.738 \times x4$

表示水泥凝固時的散熱量與第四種化學成分是呈負線性相關的（偏迴歸係數值為-0.738，且顯著）。即當第四種化學成分的含量越高，則水泥的散熱量越小。在這個迴歸模型中，常數項為0的假設檢定之顯著性為0.000，而自變數x4之「偏迴歸係數為0」的假設檢定之顯著性為0.001，都是顯著的，因此可認定常數項、自變數x4之偏迴歸係數都不為0，代表這條迴歸模型是合理且有意義的。且迴歸模型大約能解釋64.5%的總變異（表16-5中的調整後R^2），代表模型1的擬合能力佳。

第二組迴歸模型，模型二：y = 103.097 + 1.440 × x1 − 0.614 × x4

表示水泥凝固時的散熱量與第一種化學成分是呈正線性相關的，而與第四種化學成分是呈負線性相關的。這個迴歸模型中，「常數項為0」的假設檢定之顯著值為0.000，而「x1的偏迴歸係數為0」的假設檢定之顯著值為0.000，「x4的偏迴歸係數為0」的假設檢定之顯著值也為0.000。由此可見，所有檢定都是顯著的，因此可認定常數項、自變數x1、x4之偏迴歸係數都不為0，故模型二也是合理且有意義的。再從表16-5代表解釋能力之R^2觀之，其調整後R^2為0.967，相當具有解釋能力且擬合能力頗高，故模型二將成為迴歸建模的最終結果。

從上述分析中可以看出，當進入迴歸模型的自變數增加時，導致影響依變數變動的因素也增加了，因此，來自於某一個自變數的影響將會變小。例如：在模型1中，自變數x4的標準化迴歸係數比迴歸模型2時的標準化迴歸係數大（絕對值），這表示依變數變動的原因可歸溯到更多的因素，而這將更符合實際現象。偏迴歸係數的標準誤，也隨著進入模型的自變數的增加而變小。例如：在迴歸模型1中的偏迴歸係數的標準誤比迴歸模型2中的偏迴歸係數的標準誤要大，這也表示了迴歸模型越來越接近真實的情況了。

（五）共線性診斷表

表16-8　共線性診斷表

模型	維度	特徵值	條件指數	變異數比例		
				（常數）	x4	x1
1	1	1.881	1.000	.06	.06	
	2	.119	3.982	.94	.94	
2	1	2.545	1.000	.02	.03	.04
	2	.375	2.607	.00	.21	.55
	3	.080	5.633	.98	.76	.41

欲進行共線性診斷時，可觀察允差值（在表16-7中）、VIF（在表16-7中）與條件指數（在表16-8中）等三個指標值。表16-8中，即顯示了各模型的條件指數。由表16-7中顯示，所有允差值皆大於0.2，VIF皆小於5，且表16-8中各模型的條件指數也都小於30，因此可判斷共線性問題並不存在。

16-8-4 迴歸建模範例一之總結

綜合整理上述的分析，獲致以下結論：

由表16-6得知自變數與依變數之間具有顯著的線性關係。在此情形下，迴歸分析建立了兩個模型（表16-5），其中模型2的調整後的R平方值為0.967，明顯較模型1（0.645）高。再由表16-7的迴歸係數分析表中，可發現模型2的兩個自變數x1與x4的偏迴歸係數值分別為1.440與-0.614，且皆顯著，故建立迴歸模型為：

$$y（凝固時所放出的熱量）= 103.097 + 1.440×x1 - 0.614×x4$$

此模型的解釋能力達0.972，已達一般學術論文所要求的水準值，因此迴歸模型擬合效果良好。此外，x4（矽鈣結晶的比例）的標準化偏迴歸係數之絕對值為0.683較x1（氧化鋁的比例）高，故相較於「氧化鋁的比例」，「矽鈣結晶的比例」對水泥凝固時所放出的熱量具有更重要的影響力，且該影響力的特質是大幅降低水泥凝固時所放出的熱量。

最後，理應進行殘差分析與共線性診斷來評價模型2的品質。但在此殘差分析中，將僅評估殘差的獨立性，由表16-5模型摘要表的Durbin-Watson指標值（1.788，非常接近2），不難看出，迴歸模型之殘差具有獨立性。至於殘差常態性與恆等性在此省略，若讀者有興趣也可自行利用K-S檢定來檢驗殘差常態性，而以繪製如圖16-6標準化殘差與標準化殘差預測值之散布圖來觀察殘差恆等性。此外，再觀察表16-7所有允差值皆大於0.2，VIF皆小於5，且表16-8中各模型的條件指數也都小於30，因此可判斷共線性問題並不存在。由此觀之，在此所建立的迴歸模型除解釋能力高外，其擬合品質亦值得信賴。

在範例16-1的迴歸建模過程中，我們並沒有依照第16-5節所介紹的建模步驟來完成迴歸分析的工作。最主要的原因在於，本書想讓讀者能藉由範例16-1的指引，而瞭解、認識迴歸分析的過程中，SPSS所跑出的報表。理解這些報表中的各種數據之意涵，必能為往後的迴歸分析任務，打下扎實的基礎。

16-9 迴歸建模範例二

▶ 範例16-2 參考附錄八中，論文「品牌形象、知覺價值對品牌忠誠度關係之研究」的正式問卷，「ex16-2.sav」為該論文的正式資料檔，試建立迴歸模型以檢驗「品牌形象」與「知覺價值」對「品牌忠誠度」的影響力，迴歸模型如圖16-9與圖16-10所示。

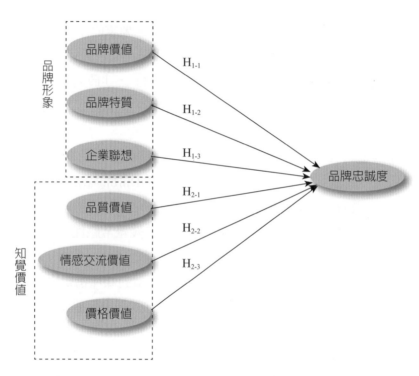

圖16-9 「品牌形象」與「知覺價值」之各子構面對「品牌忠誠度」的迴歸模型

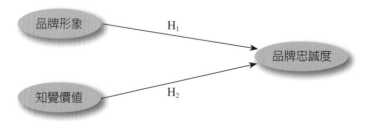

圖16-10 「品牌形象」與「知覺價值」對「品牌忠誠度」的迴歸模型

　　論文「品牌形象、知覺價值對品牌忠誠度關係之研究」中，共有三個主構面：

> **第一個爲「品牌形象」主構面（bi）**

　　該主構面中包含三個子構面，分別爲：品牌價值（bi1），包含三個題項（bi1_1~ bi1_3）、品牌特質（bi2），包含三個題項（bi2_1~bi2_3）與企業聯想（bi3），亦包含三個題項（bi3_1~bi3_3）。

> **第二個爲「知覺價值」主構面（pv）**

　　該主構面也包含了三個子構面，分別爲：品質價值（pv1），包含三個題項（pv1_1~pv1_3）、情感交流價值（pv2），包含四個題項（pv2_1~pv2_4）與價格價值（pv3），亦包含四個題項（pv3_1~pv3_4）。

> **第三個爲「品牌忠誠度」主構面（ly）**

　　該主構面爲單一構面，沒有子構面，共包含五個題項（ly1~ly5）。

　　依題意，我們將建立假設爲（論文中，須寫對立假設）：

H_1：品牌形象會顯著影響品牌忠誠度。
H_{1-1}：品牌價值會顯著影響品牌忠誠度。
H_{1-2}：品牌特質會顯著影響品牌忠誠度。
H_{1-3}：企業聯想會顯著影響品牌忠誠度。
H_2：知覺價值會顯著影響品牌忠誠度。
H_{2-1}：品質價值會顯著影響品牌忠誠度。
H_{2-2}：情感交流價值會顯著影響品牌忠誠度。
H_{2-3}：價格價值會顯著影響品牌忠誠度。

　　本範例之論文題目是「品牌形象、知覺價值與品牌忠誠度關係之研究」，從題目的字面來看，研究目的應該就是在檢驗品牌形象、知覺價值與品牌忠誠度三個構面間的因果關係，如圖16-11。圖16-11中，單向箭頭即代表著自變數對依變數的影響力，這種影響力又稱爲因果關係，自變數爲因、依變數爲果。但很可惜的，利用SPSS並無法「同時」求出模型中的三個影響力（$\alpha1$、$\alpha2$、$\alpha3$），因爲圖16-11中包含了兩個依變數（知覺價值與品牌忠誠度）。當然研究者或許會想說，那就建立兩個迴歸模型，分段來做就好了啊！例如：第一個迴歸模型以品牌形象、知覺價值爲自變數，品牌忠誠度爲依變數，先求出$\alpha1$、$\alpha3$；而第二個迴歸模型則以品牌形象爲自變數、知

覺價值為依變數，再求出α2，這樣就可求出模型中的三個影響力了。但是讀者應瞭解的是，品牌形象、知覺價值、品牌忠誠度等三個變數是連動的，其間的影響力也是「同時」發生的。在這種情形下，我們所建立的模型應要能「同時」納入兩個依變數，而不能分段來做，但這對多元迴歸模型來說是不可能的，因為一個迴歸模型只能有一個依變數。所以想要驗證圖16-11中的三個影響力，對SPSS所建立的迴歸模型而言，是無法達成目的的。若真的想要「同時」求算出三個影響力，那只能應用到所謂的第二代統計學——結構方程模型分析（structural equation modeling, SEM）了。

然而，在不使用結構方程模型分析的情形下，要去檢驗「品牌形象、知覺價值與品牌忠誠度」的關係時，比較合理的作法是，將迴歸建模過程分成兩階段完成：

第一階段：先建立一個迴歸模型，這個迴歸模型以品牌形象、知覺價值為自變數，品牌忠誠度為依變數，而先求出α1、α3。此即圖16-10的建模架構，在本章的範例16-2中，將示範這個迴歸模型的建模過程。

第二階段：然後再檢驗看看「知覺價值」是否可在「品牌形象」和「品牌忠誠度」的關係間，扮演著中介角色（如第17章的範例17-1）。

依上述作法，就可以在只使用迴歸分析的方式，而將「品牌形象、知覺價值與品牌忠誠度」的關係描述清楚了。因此，在本範例16-2中，我們先檢驗第一階段的「品牌形象」與「知覺價值」對「品牌忠誠度」的影響力，如圖16-10。而在第17章的範例17-1中，我們再來檢驗第二階段的「知覺價值」的中介效果。

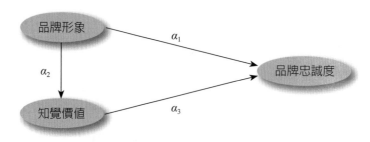

圖16-11　品牌形象、知覺價值與品牌忠誠度之關係模型

操 作 步驟

由於「品牌形象」與「知覺價值」皆屬二階構面（具有子構面），因此，探討「品牌形象」與「知覺價值」對「品牌忠誠度」的影響力（以單向箭頭表示）時，可以從子構面的角度（如圖16-9），也可以從主構面的角度（如圖16-10）來檢視「品

牌形象」與「知覺價值」對「品牌忠誠度」的影響力。因爲若能從子構面的觀點來探討「品牌形象」與「知覺價值」對「品牌忠誠度」的影響力,則更將有助於理解能顯著影響「品牌忠誠度」的因素到底有哪些。因此,我們將根據圖16-9與圖16-10,分別建立兩個迴歸模型。

此外,讀者也應理解,這個範例中的所有變數都是屬於不可直接測量的潛在變數(帶有測量誤差),這與迴歸分析的基本假設(自變數須爲沒有誤差的觀測變數)是有所違背的。所以原則上,上述建模過程是有爭議的。但在社會科學的研究領域中,這也是沒有辦法避免的事。因此,建議讀者,爲減少爭議與質疑,像這種探討潛在變數間關係的問題,還是以結構方程模型來探討較爲適宜。或者,爲減少爭議,也可先對各潛在變數的信度、建構效度先行驗證,若各構面的信度、收斂效度及區別效度均可達一般學術研究可接受之水準值的話,那麼以單一衡量指標取代多重衡量指標應是可行的。也就是說,我們就可使用各構面的衡量題項得分之平均數作爲該構面的得分,然後再以這些構面的平均得分來進行迴歸建模。

在此我們先將依據圖16-9與圖16-10,建立兩個迴歸模型。

對於第一個迴歸模型的建模過程(如圖16-9),其詳細操作步驟,讀者可參閱影音檔「ex16-2.mp4」。

而對於第二個迴歸模型的建模過程(如圖16-10),其詳細操作步驟,讀者亦可參閱影音檔「ex16-2.mp4」。

▓ 16-9-1 報表解說──第一個迴歸模型

首先來看到第一個迴歸模型(圖16-9)。第一個迴歸模型中,我們將要來檢驗「品牌形象」與「知覺價值」的各個子構面中,到底哪一些子構面對「品牌忠誠度」會有顯著的影響力。進行迴歸分析後所產生的報表,我們將遵循第16-5節所介紹過的五大步驟來進行分析。

步驟1. 變異數分析:檢驗自變數與依變數間是否具有線性關係

變異數分析的假設是所有投入之自變數的偏迴歸係數全爲0 (即自變數與依變數間,不具線性關係)。因此,當變異數分析表的F值顯著時,則表示偏迴歸係數不全爲0。其意義就代表著依變數與所有或某幾個自變數間確實是可以建立線性迴歸模型的。也就是說,依變數與所有或某幾個自變數間確實具有線性關係(可以建立出迴歸

方程式之意）。至於到底是哪幾個自變數可以真正的拿來建立線性迴歸模型，還須利用後續的 t 檢定來個別檢定每個自變數的偏迴歸係數後，才能確定。

首先檢視變異數分析表，如表16-9。由表16-9可發現，迴歸分析後，共可得到五個模型，且五個模型的顯著性皆小於0.05，因此都是顯著的，代表各模型的線性關係確實都是存在的。這五個模型的自變數逐次增加，其中，第五個模型自變數最多（包含bi2, bi3, bi1, pv3, pv2），且達顯著。因此，第五個模型才是最終我們所建立的迴歸模型。此後，所有的分析工作我們就只針對模型5就可以了。

表16-9　變異數分析表

模型		平方和	自由度	均方	F	顯著性
1	迴歸	141.444	1	141.44	242.022	.000[b]
	殘差	143.769	246	.584		
	總計	285.213	247			
2	迴歸	174.208	2	87.104	192.248	.000[c]
	殘差	111.005	245	.453		
	總計	285.213	247			
3	迴歸	195.745	3	65.248	177.949	.000[d]
	殘差	89.467	244	.367		
	總計	285.213	247			
4	迴歸	198.669	4	49.667	139.457	.000[e]
	殘差	86.544	243	.356		
	總計	285.213	247			
5	迴歸	200.388	5	40.078	114.339	.000[f]
	殘差	84.825	242	.351		
	總計	285.213	247			

a.應變數：ly
b.解釋變數：（常數），bi2
c.解釋變數：（常數），bi2, bi3
d.解釋變數：（常數），bi2, bi3, bi1
e.解釋變數：（常數），bi2, bi3, bi1, pv3
f.解釋變數：（常數），bi2, bi3, bi1, pv3, pv2

步驟2. 偏迴歸係數的顯著性檢定：檢定模型中，各自變數的偏迴歸係數是否顯著不為0

接著檢視偏迴歸係數表，如表16-10。由表16-10可發現，模型5中包含了五個自

變數（bi2, bi3, bi1, pv3, pv2），且所有自變數之偏迴歸係數都是顯著不為0的，這說明了品牌價值（bi1）、品牌特質（bi2）、企業聯想（bi3）、情感交流價值（pv2）與價格價值（pv3）等五個變數對品牌忠誠度「ly」都是具有顯著影響力的（H_{1-1}、H_{1-2}、H_{1-3}、H_{2-2}、H_{2-3}獲得支持）。然而卻也可發現品質價值（pv1）的影響力不顯著（H_{2-1}不成立），無法進入到迴歸模型中。以模型5而言，品牌特質（bi2）的影響力最大（標準化係數0.355）；情感交流價值（pv2）的影響力最小（標準化係數0.082）。

表16-10　偏迴歸係數表

模型		非標準化係數		標準化係數	T	顯著性	共線性統計量	
		B	標準錯誤	β			允差	VIF
1	（常數）	1.580	.188		8.389	.000		
	bi2	.612	.039	.704	15.557	.000	1.000	1.000
2	（常數）	.988	.180		5.493	.000		
	bi2	.454	.039	.522	11.540	.000	.776	1.289
	bi3	.304	.036	.385	8.504	.000	.776	1.289
3	（常數）	.444	.177		2.514	.013		
	bi2	.330	.039	.380	8.483	.000	.642	1.558
	bi3	.255	.033	.323	7.795	.000	.747	1.339
	bi1	.295	.038	.328	7.664	.000	.700	1.429
4	（常數）	.296	.182		1.628	.105		
	bi2	.311	.039	.358	8.013	.000	.624	1.602
	bi3	.231	.033	.293	6.923	.000	.699	1.431
	bi1	.276	.038	.308	7.183	.000	.680	1.470
	pv3	.094	.033	.117	2.865	.005	.751	1.332
5	（常數）	.165	.190		.875	.382		
	bi2	.309	.039	.355	7.999	.000	.624	1.603
	bi3	.227	.033	.287	6.833	.000	.696	1.436
	bi1	.268	.038	.299	7.007	.000	.674	1.483
	pv3	.079	.033	.099	2.392	.018	.721	1.386
	pv2	.061	.028	.082	2.215	.028	.886	1.129

步驟3. 迴歸模型的決定係數R^2：評估迴歸模型對品牌忠誠度的預測或解釋能力

觀察表16-11的模型摘要表。可發現，模型5的決定係數R^2最大，達0.703（調整後R^2為0.696），是所有模型中，擬合效果最好、解釋能力最強的模型。因此，將以品牌價值（bi1）、品牌特質（bi2）、企業聯想（bi3）、情感交流價值（pv2）與價格價值（pv3）等五個變數來建立迴歸模型，以預測品牌忠誠度「ly」。

表16-11　模式摘要表

模型	R	R平方	調整後 R平方	標準標準誤	變更統計量					Durbin-Watson
					R平方變更	F值變更	自由度1	自由度2	顯著性 F值變更	
1	.704	.496	.494	.76448	.496	242.022	1	246	.000	
2	.782	.611	.608	.67311	.115	72.314	1	245	.000	
3	.828	.686	.682	.60553	.076	58.738	1	244	.000	
4	.835	.697	.692	.59678	.010	8.208	1	243	.005	
5	.838	.703	.696	.59204	.006	4.904	1	242	.028	1.755

步驟4. 殘差的常態性檢定、恆等性檢定、獨立性檢定

前三個步驟中，我們已經完成迴歸建模的工作了。接下來，將評鑑所建模型的品質。評鑑時，主要有兩個方向，分別是殘差分析與共線性診斷。進行殘差分析的主要目的為檢驗所建模型是否有違反迴歸建模的前提假設，即檢驗殘差項是否具有常態性、恆等性與獨立性等三項特質。而共線性診斷的目的則在於，檢驗自變數間的相關性是否太大，而影響模型的預測或解釋能力。首先，在第4步驟中，我們先來進行殘差分析，以檢驗殘差三特性。

➤ 殘差常態性檢定

由表16-12中顯見，Kolmogorov-Smirnov檢定的精確顯著性為0.831大於0.05，因此可研判殘差具有常態性。

表16-12 Kolmogorov-Smirnov檢定表

		Standardized Residual
N		248
常態參數	平均數	.0000000
	J-T統計量的偏差	.98982680
最極端差異	絕對	.039
	正	.033
	負	-.039
檢定統計量		.039
漸近顯著性（雙尾）		.200
精確顯著性（雙尾）		.831
點機率		.000

> **殘差恆等性檢定**

欲進行殘差的恆等性檢定時，須觀察標準化殘差（ZRESID）對標準化預測值（ZPRED）的散布圖，如圖16-12。

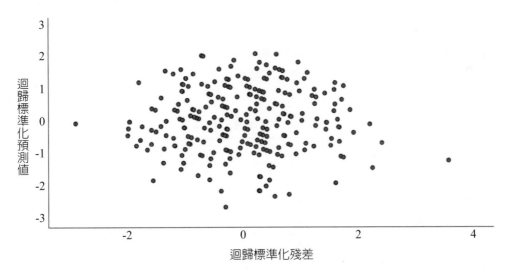

圖16-12 標準化殘差對標準化預測值之散布圖

觀察圖16-12，標準化殘差值的大致分布介於（-2, 2）之間，只有少數幾個異常點，且殘差大致上呈隨機散布，並沒有特別的型態或趨勢，因此可認為殘差具有恆等

性。

➢ 殘差獨立性檢定

欲進行殘差的獨立性檢定時，可觀察表16-11模式摘要表中的Durbin-Watson指標值，當

➢ D-W值在2的附近（可認為是1.5～2.5）時，則表示殘差之間是獨立的。

➢ D-W值遠小於2，則表示殘差之間是正相關的，因此違反殘差獨立性的前提假設。

➢ D-W值遠大於2，則表示殘差之間是負相關的，故亦違反殘差獨立性的前提假設。

由表16-11的最後一欄，可發現Durbin-Watson指標值為1.755，相當接近2，因此可認為殘差具有獨立性。

由以上的殘差分析過程中，可明顯發現殘差分析的結果相當好，殘差具有常態性、恆等性與獨立性，皆符合迴歸模型的基本前提假設。

步驟5. 共線性診斷

欲進行共線性診斷時，可觀察允差值（表16-10中）、VIF（表16-10中）與條件指數（表16-13中）等三個值。表16-10顯示，模型5中各自變數的允差值介於0.624～0.886之間，故皆大於0.2，且VIF介於1.129～1.603間，皆小於5。此外，表16-13中模型5的條件指數介於1.000～13.666間，也都小於30。因此可研判所建立的迴歸模型（模型5）中，各自變數的共線性問題並不存在。

表16-13　共線性診斷表

模型	維度	特徵值	條件指數	變異數比例					
				（常數）	bi2	bi3	bi1	pv3	pv2
1	1	1.966	1.000	.02	.02				
	2	.034	7.627	.98	.98				
2	1	2.920	1.000	.01	.01	.01			
	2	.047	7.895	.33	.08	.95			
	3	.033	9.353	.66	.91	.04			
3	1	3.884	1.000	.00	.00	.00	.00		
	2	.051	8.714	.08	.02	.94	.15		
	3	.034	10.641	.90	.25	.00	.20		
	4	.031	11.223	.01	.73	.06	.65		

表16-13　共線性診斷表（續）

模型	維度	特徵值	條件指數	變異數比例					
				（常數）	bi2	bi3	bi1	pv3	pv2
4	1	4.835	1.000	.00	.00	.00	.00	.00	
	2	.051	9.718	.08	.03	.77	.18	.03	
	3	.050	9.863	.00	.06	.16	.05	.90	
	4	.034	12.010	.91	.20	.01	.13	.07	
	5	.031	12.523	.02	.71	.05	.63	.00	
5	1	5.755	1.000	.00	.00	.00	.00	.00	.00
	2	.083	8.308	.00	.04	.09	.02	.00	.82
	3	.051	10.642	.05	.08	.41	.25	.25	.01
	4	.048	10.944	.00	.01	.45	.00	.73	.07
	5	.032	13.463	.95	.11	.00	.15	.02	.09
	6	.031	13.666	.00	.77	.05	.58	.00	.00

16-9-2　第一個迴歸模型之小結

　　第一個迴歸模型之建模過程中，所產生的報表相當長。但只要根據第16-5節的五大步驟，循序漸進的，當可以順利、完整的解析迴歸建模成果。然而，在學術論文的表現上，若能將五大步驟所解析的報表彙整於一個報表中的話，那將有助於結論的撰寫。這個彙整表，如表16-14所示。彙整數據的過程並不複雜，請讀者自行嘗試看看。另外，表16-14的空白表格也已放置於範例資料夾中，檔名為「迴歸分析總表.docx」，亦請讀者自行開啟、修改後再使用。

　　第一個迴歸模型（圖16-9）經迴歸分析後，彙整相關數據如表16-14。由表16-14，顯見：

1. 模型之變異數分析結果，F值為114.39，且達顯著，代表所建模型的線性關係確實存在。

2. 模型中將包含五個自變數（bi2, bi3, bi1, pv3, pv2），且所有自變數之偏迴歸係數都是顯著的，這說明了品牌價值（bi1）、品牌特質（bi2）、企業聯想（bi3）、情感交流價值（pv2）與價格價值（pv3）等五個自變數對品牌忠誠度「ly」都是具有顯著影響力的（H_{1-1}、H_{1-2}、H_{1-3}、H_{2-2}、H_{2-3}獲得支持）。其中，品牌特質（bi2）的影響力最大（標準化係數0.355）；情感交流價值（pv2）的影響力最小（標準化係數0.082）。

表16-14　迴歸分析總表──第一個迴歸模型

依變數 統計量 自變數	品牌忠誠度（ly）						
	迴歸係數		t 值	VIF	K-S 顯著性	殘差值分布	D-W值
	非標準化	標準化					
常數	0.166		0.875				
品牌價值（bi1）	0.268	0.299	7.007*	1.483			
品牌特質（bi2）	0.309	0.355	7.999*	1.603			
企業聯想（bi3）	0.227	0.287	6.833*	1.436	0.831	介於（-2，2） 分布無趨勢	1.755
情感交流價值 （pv2）	0.061	0.082	2.215*	1.129			
價格價值（pv3）	0.079	0.099	2.392*	1.386			
R^2	0.703						
調整後R^2	0.696						
F（顯著性）	114.39*(0.000)						

註：*表 p＜0.05，顯著。

3. 模型的決定係數R^2達0.703（調整後R^2為0.696），大於0.5，代表所建模型擬合效果佳、解釋能力強。

4. 殘差分析結果亦顯示，殘差具有常態性（K-S顯著性大於0.05）、恆等性（殘差值介於-2～2之間，且無趨勢）與獨立性（Durbin-Watson指標值為1.755，接近2）。顯見，所建模型並未違反迴歸分析之前提假設。

5. 各自變數的VIF值全都小於5，代表模型的各自變數間並無共線性問題，故所建模型的品質佳。

6. 最後參考表16-14中的非標準化偏迴歸係數值，可將迴歸模型建立為：

品牌忠誠度（ly）＝0.166＋0.268×品牌價值（bi1）＋0.309×品牌特質（bi2）＋0.227×企業聯想（bi3）＋0.061×情感交流價值（pv2）＋0.079×價格價值（pv3）

此外，也可建立標準化的迴歸模型：

品牌忠誠度（ly）＝0.299×品牌價值（bi1）＋0.355×品牌特質（bi2）＋0.287×企業聯想（bi3）＋0.082×情感交流價值（pv2）＋0.099×價格價值（pv3）

16-9-3　報表解説──第二個迴歸模型

接下來，我們來看第二個迴歸模型（圖16-10），在這個迴歸模型中，我們將要以主構面的角度，來檢驗「品牌形象」主構面與「知覺價值」主構面對「品牌忠誠度」的影響力。進行迴歸分析後所產生的報表，我們也將遵循第16-5節所介紹過的五大步驟來進行分析。

步驟1. 變異數分析：檢驗自變數與依變數間是否具有線性關係

首先檢視變異數分析表，如表16-15，由表16-15可發現，迴歸分析後共可得到兩個模型，且兩個模型的顯著性皆小於0.05，因此都達顯著，代表各模型的線性關係確實都是存在的。這兩個模型的自變數逐次增加，其中，第二個模型自變數最多，且達顯著。因此，第二個模型才是最終我們所建立的迴歸模型。

表16-15　變異數分析表

模型		平方和	自由度	均方	F	顯著性
1	迴歸	195.128	1	195.128	532.848	.000
	殘差	90.085	246	.366		
	總計	285.213	247			
2	迴歸	200.358	2	100.179	289.243	.000
	殘差	84.855	245	346		
	總計	285.213	247			

a.應變數：ly
b.解釋變數：（常數），bi
c.解釋變數：（常數），bi, pv

步驟2. 偏迴歸係數的顯著性檢定：檢定各模型中，各自變數的偏迴歸係數是否顯著

接著檢視偏迴歸係數表，如表16-16。由表16-16可發現，模型2中包含了兩個自變數，且所有自變數之偏迴歸係數都是顯著的，這說明了品牌形象（bi）與知覺價值（pv）對品牌忠誠度「ly」都具有顯著影響力（H_1、H_2獲得支持）。且以模型2而言，品牌形象（bi）的影響力（標準化迴歸係數0.737）大於知覺價值（pv）的影響力（標準化迴歸係數0.162）。

表16-16　偏迴歸係數表

模型		非標準化係數		標準化係數	T	顯著性	共線性統計量	
		B	標準錯誤	β			允差	VIF
1	（常數）	.465	.175		2.654	.008		
	bi	.877	.038	.827	23.084	.000	1.000	1.000
2	（常數）	.144	.189		.758	.449		
	bi	.782	.044	.737	17.643	.000	.695	1.439
	pv	.171	.044	.162	3.886	.000	.695	1.439

步驟3. 迴歸模型的解釋能力R^2：評估迴歸模型對品牌忠誠度的預測能力

觀察表16-17的模型摘要表可發現，模型2的決定係數R^2達0.702（調整後R^2為0.700），顯見模型2的擬合效果相當好、解釋能力很強。

表16-17　模式摘要表

模型	R	R平方	調整後R平方	標準標準誤	變更統計量					Durbin-Watson
					R平方變更	F值變更	自由度1	自由度2	顯著性F值變更	
1	.827	.684	.683	.60514	.684	532.848	1	246	.000	
2	.838	.702	.700	.58851	.018	15.099	1	245	.000	1.706

步驟4. 殘差的常態性檢定、恆等性檢定、獨立性檢定

➢ 常態性檢定

由表16-18中顯見，Kolmogorov-Smirnov檢定的顯著性為0.572大於0.05，因此可接受殘差具常態性的假設。

表16-18　Kolmogorov-Smirnov檢定表

		Standardized Residual
N		248
常態參數	平均值	.0000000
	J-T統計量的偏差	.99594319
最極端差異	絕對	.049
	正	.049
	負	-.033
檢定統計量		.049
漸近顯著性（雙尾）		.200
精確顯著性（雙尾）		.572
點機率		.000

> **恆等性檢定**

　　欲進行殘差的恆等性檢定時，須觀察標準化殘差（ZRESID）對標準化預測值（ZPRED）的散布圖，如圖16-13。

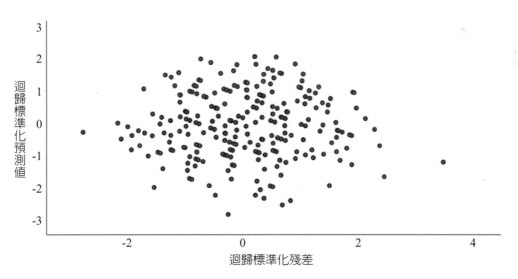

圖16-13　標準化殘差對標準化預測值之散布圖

　　觀察圖16-13，標準化殘差值的大致分布介於（-2, 2）之間，只有少數幾個異常點，且殘差大致上呈隨機散布，並沒有特別的型態或趨勢，因此可認為殘差具有恆等

性。

➢ 獨立性檢定

欲進行殘差的獨立性檢定時，可觀察模式摘要表（表16-17）中的Durbin-Watson指標值，由表16-17的最後一欄，可發現Durbin-Watson指標值為1.706，相當接近2，因此可認為殘差具有獨立性。

由以上的殘差分析過程中，可明顯發現殘差分析的結果相當好，殘差具有常態性、恆等性與獨立性，皆符合迴歸模型的基本前提假設。

步驟5. 共線性診斷

欲進行共線性診斷時，可觀察允差值（表16-16中）、VIF（表16-16中）與條件指數（表16-19中）等三個值。表16-16顯示，模型2中各自變數的允差值都是0.695，故皆大於0.2，且VIF的值也皆為1.439，皆小於5。此外，表16-19中模型2的條件指數介於1.000～11.569間，也都小於30。因此可研判所建立的迴歸模型（模型2）中，各自變數的共線性問題並不存在。

表16-19　共線性診斷表

模型	維度	特徵值	條件指數	變異數比例		
				（常數）	bi	pv
1	1	1.976	1.000	.01	.01	
	2	.024	9.007	.99	.99	
2	1	2.952	1.000	.00	.00	.00
	2	.026	10.585	.94	.07	.42
	3	.022	11.569	.06	.92	.58

16-9-4　第二個迴歸模型之小結

如同第一個迴歸模型之小結，第二個迴歸模型（圖16-10）經迴歸分析後，彙整相關數據如表16-20。

表16-20　迴歸分析總表──第二個迴歸模型

依變數 統計量 自變數	品牌忠誠度（ly）						
	迴歸係數		t 值	VIF	K-S 顯著性	殘差值分布	D-W值
	非標準化	標準化					
常數	0.144		0.758				
品牌形象（bi）	0.782	0.737	17.643*	1.439	0.572	介於（-2, 2） 分布無趨勢	1.706
知覺價值（pv）	0.171	0.162	3.886*	1.439			
R^2	0.702						
調整後R^2	0.700						
F（顯著性）	289.243*(0.000)						

註：*表 p＜0.05，顯著。

由表16-20，顯見：

1. 模型之變異數分析結果，F值為289.243，且達顯著，代表所建模型的線性關係確實存在。

2. 模型中將包含兩個自變數（bi, pv），且所有自變數之偏迴歸係數都是顯著的，這說明了品牌形象（bi）與知覺價值（pv）等兩個變數對品牌忠誠度「ly」都是具有顯著影響力的（H_1、H_2獲得支持）。其中，品牌形象（bi）的影響力（標準化迴歸係數0.737）大於知覺價值（pv）的影響力（標準化迴歸係數0.162）。

3. 模型的決定係數R^2達0.702（調整後R^2為0.700），大於0.5，代表所建模型擬合效果佳、解釋能力強。

4. 殘差分析結果亦顯示，殘差具有常態性（K-S顯著性大於0.05）、恆等性（殘差值介於-2～2之間，且無趨勢）與獨立性（Durbin-Watson指標值為1.706，接近2）。顯見，所建模型並未違反迴歸分析之前提假設。

5. 各自變數的VIF值全都小於5，代表模型的各自變數間並無共線性問題，故所建模型的品質佳。

6. 最後參考表16-20中的非標準化偏迴歸係數值，將迴歸模型建立為：

品牌忠誠度（ly）＝0.144＋0.782×品牌形象（bi）＋0.171×知覺價值（pv）

此外，也可建立標準化的迴歸模型：

品牌忠誠度（ly）＝0.737×品牌形象（bi）＋0.162×知覺價值（pv）

16-9-5　範例16-2之總結

綜合整理上述迴歸建模之過程，獲致以下結論：

首先，從子構面的觀點，檢驗各子構面對「品牌忠誠度」的影響力。由表16-14得知，「品牌形象」的三個子構面和「知覺價值」的三個子構面中，只有「品質價值」不會顯著影響「品牌忠誠度」，而其餘五個自變數的解釋能力R^2高達0.703。而對「品牌忠誠度」具有顯著影響力的子構面中，品牌特質（bi2）的影響力最大，其次依序為品牌價值（bi1）、企業聯想（bi3）、價格價值（pv3），而以情感交流價值（pv2）的影響力最小。顯見對「品牌忠誠度」影響力較大的因素，都是屬於「品牌形象」主構面。

接著，再從主構面的觀點，檢驗「品牌形象」與「知覺價值」對「品牌忠誠度」的影響力。由表16-20可發現，品牌形象（bi）與知覺價值（pv）對品牌忠誠度「ly」都具有顯著影響力，解釋能力R^2高達0.702。且品牌形象（bi）的影響力大於知覺價值（pv），故建立非標準化與標準化迴歸模型為：

> 非標準化迴歸模型

主構面角度：

品牌忠誠度（ly）＝ 0.144 ＋ 0.782×品牌形象（bi）＋ 0.171×知覺價值（pv）

子構面角度：

品牌忠誠度（ly）＝ 0.166 ＋ 0.268×品牌價值（bi1）＋ 0.309×品牌特質（bi2）＋ 0.227×企業聯想（bi3）＋ 0.061×情感交流價值（pv2）＋ 0.079×價格價值（pv3）

> 標準化迴歸模型

主構面角度：

品牌忠誠度（ly）＝ 0.737×品牌形象（bi）＋ 0.162×知覺價值（pv）

子構面角度：

品牌忠誠度（ly）＝ 0.299×品牌價值（bi1）＋ 0.355×品牌特質（bi2）＋ 0.287×企業聯想（bi3）＋ 0.082×情感交流價值（pv2）＋ 0.099×價格價值（pv3）

最後，由殘差分析與共線性診斷檢視所建的迴歸模型是否符合迴歸分析的前提假設。經殘差分析後得知，迴歸模型的殘差皆具有常態性、恆等性與獨立性；此外，共線性診斷後亦可發現並無自變數共線之情形存在，故可推論所建之迴歸模型擬合能力好、品質頗佳。

由上述的結論建議個案公司管理者，在提升消費者忠誠度的過程中，宜加強「品牌形象」的形塑，尤其更應致力於「品牌特質」與「品牌價值」的強化與連結，以便能更有效率的提升消費者對個案公司的忠誠度。

16-10 自變數含類別變數的迴歸分析

先前我們所介紹的迴歸分析中，其自變數都是屬於連續型的變數。當然，有些時候我們也會遇到需要將類別變數（categorical variable，又稱分類變數）放入自變數中的場合。當自變數中含類別變數時，進行迴歸分析的作法上，將迥異於連續型變數，本節中將針對這種自變數含類別變數的迴歸模型進行分析。

16-10-1 將類別變數轉化為虛擬變數

建立自變數含類別變數的迴歸模型時，與連續型變數最大的差異在於，我們不能把類別變數直接丟入到迴歸模型當中，而是必須要先予以轉化為虛擬變數（dummy variable）後，才能放入迴歸模型中。虛擬變數的特徵是：其取值不是0，就是1。因此，所謂將「類別變數轉化為虛擬變數」的意義就是根據類別變數的取值（或稱水準值），而將它轉換為只取值為0或1的代碼變數，當然只用一個虛擬變數（其值為0或1）時，在大部分的情形下，實在很難將類別變數的所有取值都表示出來，所以通常需要好幾個虛擬變數才能完全涵蓋類別變數的所有取值。那到底需要多少個虛擬變數才夠呢？當然這要看類別變數的取值狀態（有幾個水準），例如：

1. 類別變數只有兩種類別（或稱取值、水準）時

在這種情形下，就不用轉化為虛擬變數了，直接可以放入迴歸模型。因為類別變數只有兩種類別時，那麼該類別變數的取值，原本就可以用0或1來代表，其取值狀況與虛擬變數完全一樣，故可直接用來當成是迴歸模型的自變數，不用轉換。例如：性別，0代表女性、1代表男性，故不用轉化為虛擬變數，可直接放入迴歸模型中當自變數。

2. 類別變數有三種以上的類別（或稱取值、水準）時

例如：表16-21a，當有三種類別（代碼：0、1、2）時，需要有兩個虛擬變數才能完全表示出類別變數的三種類別。當有四種類別（代碼：0、1、2、3）時，則需要有三個虛擬變數才能完全表示出類別變數的四種類別，如表16-21b。依序類推，如表16-21c、表16-21d。所以應不難理解，當類別變數具有k種以上（k >= 3）的類別時，而欲當作自變數以進行迴歸分析時，則應轉化為k-1個虛擬變數。

表16-21　類別變數值與虛擬變數

a

類別變數值	虛擬變數	
	d1	d2
0	0	0
1	1	0
2	0	1

b

類別變數值	虛擬變數		
	d1	d2	d3
0	0	0	0
1	1	0	0
2	0	1	0
3	0	0	1

c

類別變數值	虛擬變數			
	d1	d2	d3	d4
0	0	0	0	0
1	1	0	0	0
2	0	1	0	0
3	0	0	1	0
4	0	0	0	1

d

類別變數值	虛擬變數				
	d1	d2	d3	d4	d5
0	0	0	0	0	0
1	1	0	0	0	0
2	0	1	0	0	0
3	0	0	1	0	0
4	0	0	0	1	0
5	0	0	0	0	1

此外，建議讀者要特別注意類別變數之類別（分組）的編碼問題，通常代碼被編為「0」的這個類別，將來若有需要做類別間比較時，會被視為基底（被比較的對象）。例如：變數「轉換成本類型」是個類別變數，它有三個類別，分別為「低」、「一般」、「高」。這時若能將「一般」編碼為「0」、「低」編碼為「1」、「高」編碼為「2」，則將來若把「轉換成本類型」視為干擾變數時，由於需要進行類別間的比較，這時就能以「一般」（其值為0）為比較基礎，這樣於轉換成虛擬變數時、或解析分析結果時，會比較方便，也比較容易理解分析結果的內涵。

16-10-2 自變數含類別變數之迴歸分析範例

範例16-3

參考附錄三，論文「景觀咖啡廳商店意象、知覺價值與忠誠度：轉換成本的干擾效果」之原始問卷，該問卷的原始資料檔爲「ex16-3.sav」，試以「景觀咖啡廳商店意象」的六個子構面以及「sc_g」（轉換成本類型，屬類別變數）爲自變數、「忠誠度」爲依變數，建立迴歸模型。

論文「景觀咖啡廳商店意象、知覺價值與忠誠度：轉換成本的干擾效果」的原始問卷中，「景觀咖啡廳商店意象」主構面（im）包括「商品」（im1，4題，im1_1~im1_4）、「服務」（im2，4題，im2_1~im2_4）、「便利」（im3，3題，im3_1~im3_3）、「商店環境」（im4，4題，im4_1~im4_4）、「促銷」（im5，3題，im5_1~im5_3）與「附加服務」（im6，3題，im6_1~im6_3）等六個子構面，共21個題項；「知覺價值」構面（pv）包括4個題項（pv1~pv4），「忠誠度」構面（ly）包含5個題項（ly1~ly5），而「轉換成本」構面（sc）則包含3個題項（sc1~sc3）。另外，原始資料檔「ex16-3.sav」中，已包含一個類別變數「轉換成本類型」，其變數名稱爲「sc_g」，它是一個依「轉換成本」構面（sc）的得分轉換而成的類別變數。變數「轉換成本類型」（sc_g）共有三個類別（水準），分別爲「一般轉換成本」（0）、「低轉換成本」（1）與「高轉換成本」（2）。

依題意，我們將建立假設爲（論文中，須寫對立假設）：

H_1：「商品」子構面會顯著影響忠誠度。

H_2：「服務」子構面會顯著影響忠誠度。

H_3：「便利」子構面會顯著影響忠誠度。

H_4：「商店環境」子構面會顯著影響忠誠度。

H_5：「促銷」子構面會顯著影響忠誠度。

H_6：「附加服務」子構面會顯著影響忠誠度。

H_7：「轉換成本類型」會顯著影響忠誠度。

操作 步驟

在此，我們將依題意建立多元迴歸模型，如圖16-14所示。由於迴歸模型的自變

數中包含了一個具有三個水準的類別變數「轉換成本類型」，因此，建立迴歸模型前必須先將「轉換成本類型」這個類別變數轉換為虛擬變數。「轉換成本類型」有三個取值，故轉換成兩個虛擬變數即可，如表16-22。

　　類別變數轉換成虛擬變數以及建立多元迴歸模型的過程，請讀者自行參閱影音檔「ex16-3.mp4」。

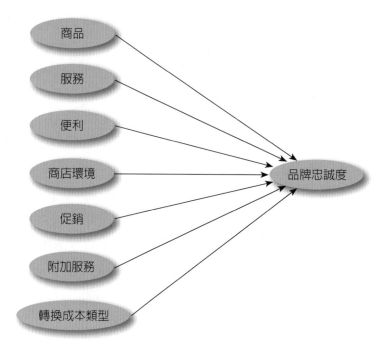

圖16-14　範例16-3的多元迴歸模型圖

表16-22　將變數「轉換成本類型」轉換成虛擬變數

轉換成本類型	虛擬變數	
	d1	d2
一般轉換成本：0	0	0
低轉換成本：1	1	0
高轉換成本：2	0	1

16-10-3　報表解說

　　在圖16-14的迴歸模型圖中，我們將要檢驗「景觀咖啡廳商店意象」的六個子構

面與「轉換成本類型」等七個自變數中,到底有哪一些自變數對「忠誠度」會有顯著的影響力。進行迴歸分析後所產生的報表,我們將遵循第16-5節中所介紹過的五大步驟來進行分析。

步驟1. 變異數分析:檢驗自變數與依變數間是否具有線性關係

首先檢視「變異數分析表」,如表16-23,由表16-23可發現,迴歸分析後,共可得到四個模型,且四個模型的顯著性皆小於0.05,因此都達顯著,代表各模型的線性關係確實都是存在的。這四個模型的自變數逐次增加,其中,第四個模型自變數最多,且達顯著。因此,第四個模型才是最終我們所建立的迴歸模型。這個模型中共包含了im4、im5、im6與sc_g_d1(代表低轉換成本)等四個自變數。

表16-23　變異數分析表

模型		平方和	自由度	均方	F	顯著性
1	迴歸	89.725	1	89.725	59.882	.000
	殘差	545.402	364	1.498		
	總計	635.127	365			
2	迴歸	146.086	2	73.043	54.217	.000
	殘差	489.042	363	1.347		
	總計	635.127	365			
3	迴歸	161.573	3	53.858	41.171	.000
	殘差	473.554	362	1.308		
	總計	635.127	365			
4	迴歸	167.000	4	41.750	32.196	.000
	殘差	468.127	361	1.297		
	總計	635.127	365			

a.應變數:ly
b.解釋變數:(常數),im6
c.解釋變數:(常數),im6, sc_g_d1
d.解釋變數:(常數),im6, sc_g_d1, im5
e.解釋變數:(常數),im6, sc_g_d1, im5, im4

步驟2. 偏迴歸係數的顯著性檢定:檢定各模型中,各自變數的偏迴歸係數是否顯著

接著檢視「偏迴歸係數表」,如表16-24。由表16-24可發現,模型4中包含

了四個自變數，且所有自變數之偏迴歸係數都是顯著的，這說明了「商店環境」（im4）、「促銷」（im5）、「附加服務」（im6）與sc_g_d1（低轉換成本）等四個自變數對「忠誠度」（ly）都是具有顯著影響力的。這些自變數對忠誠度的正向影響力中，以「附加服務」（im6）最大（標準化迴歸係數0.185）；而「商店環境」（im4）最小（標準化迴歸係數0.126），且sc_g_d1（低轉換成本）對「忠誠度」（ly）具有相當大的負向影響力。

表16-24　偏迴歸係數表

模型		非標準化係數		標準化係數	T	顯著性	共線性統計量	
		B	標準錯誤	β			允差	VIF
1	（常數）	2.919	.213		13.733	.000		
	im6	.337	.044	.376	7.738	.000	1.000	1.000
2	（常數）	3.293	.210		15.705	.000		
	im6	.297	.042	.331	7.103	.000	.978	1.023
	sc_g_d1	-1.032	.160	-.301	-6.468	.000	.978	1.023
3	（常數）	2.973	.227		13.113	.000		
	im6	.206	.049	.230	4.214	.000	.693	1.442
	sc_g_d1	-1.024	.157	-.299	-6.507	.000	.977	1.023
	im5	.162	.047	.186	3.441	.001	.703	1.423
4	（常數）	2.812	.239		11.767	.000		
	im6	.166	.053	.185	3.151	.002	.595	1.681
	sc_g_d1	-.989	.157	-.289	-6.281	.000	.966	1.035
	im5	.118	.052	.135	2.281	.023	.579	1.726
	im4	.120	.059	.126	2.046	.042	.534	1.873

步驟3. 迴歸模型的解釋能力R^2：評估迴歸模型對品牌忠誠度的預測能力

觀察表16-25的「模型摘要表」。可發現，模型4的決定係數R^2最大，達0.263（調整後R^2為0.255）。因此，以「商店環境」（im4）、「促銷」（im5）、「附加服務」（im6）與sc_g_d1（低轉換成本）等四個變數來建立迴歸模型，以預測「忠誠

度」（ly）時，其擬合效果最好、解釋能力最強。

表16-25　模式摘要表

| 模型 | R | R平方 | 調整後R平方 | 標準標準誤 | 變更統計量 | | | | | Durbin-Watson |
					R平方變更	F值變更	自由度1	自由度2	顯著性F值變更	
1	.376	.141	.139	1.22407	.141	59.882	1	364	.000	
2	.480	.230	.226	1.16070	.089	41.835	1	363	.000	
3	.504	.254	.248	1.14375	.024	11.839	1	362	.001	
4	.513	.263	.255	1.13875	.009	4.185	1	361	.042	1.826

步驟4. 殘差的常態性檢定、恆等性檢定、獨立性檢定

➤ 常態性檢定

由表16-26中顯見，雖然Kolmogorov-Smirnov檢定的顯著性為0.011小於0.05，達顯著。因此拒絕「殘差服從常態分配之假設」，所以殘差不符常態性，會導致殘差非常態性的現象，很有可能是因虛擬變數所引起的。然而，從殘差的直方圖來看，殘差已近似常態分配了，因此亦可認定殘差符合常態性（有點勉強……，但都做到最後階段了，只好以最低標準來研判，希望口試委員們大人大量）。

表16-26　Kolmogorov-Smirnov檢定表

		Standardized Residual
N		366
常態參數	平均值	.0000000
	J-T統計量的偏差	.99450545
最極端差異	絕對	.084
	正	.051
	負	-.084
檢定統計量		.084
漸近顯著性（雙尾）		.000
精確顯著性（雙尾）		.011
點機率		.000

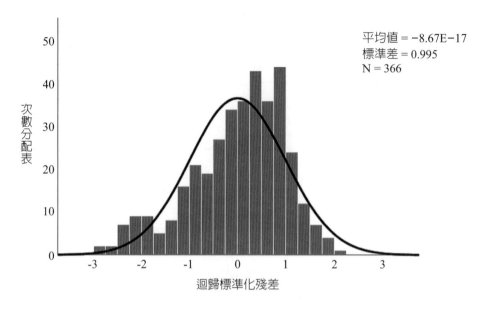

圖16-15　標準化殘差的直方圖

➢ 恆等性檢定

　　欲進行殘差的恆等性檢定時，須觀察標準化殘差（ZRESID）對標準化預測值（ZPRED）的散布圖，如圖16-16。

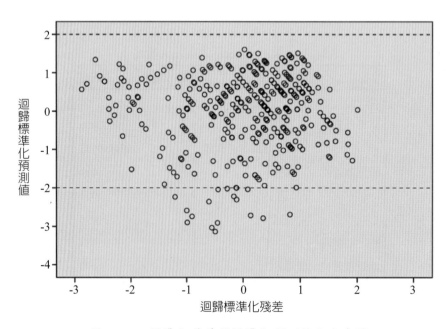

圖16-16　標準化殘差對標準化預測值之散布圖

　　觀察圖16-16，標準化預測值的大致分布介於（−2, 2）之間，只有少數幾個異常點，且殘差大致上呈隨機散布，並沒有特別的型態或趨勢，因此可認為殘差具有恆等性。

➢ **獨立性檢定**

　　欲進行殘差的獨立性檢定時，可觀察模式摘要表（表16-25）中的Durbin-Watson指標值。由表16-25的最後一欄，可發現Durbin-Watson指標值為1.826，相當接近2，因此可認為殘差具有獨立性。

　　由以上的殘差分析過程中，可明顯發現殘差分析的結果尚可接受，殘差具有近似常態性、恆等性與獨立性，大致上能符合迴歸模型的基本前提假設。

步驟5. 共線性診斷

　　欲進行共線性診斷時，可觀察允差值（表16-24中）、VIF（表16-24中）與條件指數（表16-27中）等三個值。表16-24中，模型4之各個自變數的允差值介於0.534～0.966之間，故皆大於0.2，且VIF介於1.035～1.873間，皆小於5。此外，表16-27中模型4的條件指數介於1.000～10.974間，也都小於30。因此，可研判所建立的迴歸模型（模型4）中，各個自變數的共線性問題並不存在。

表16-27　共線性診斷表

模式	維度	特徵值	條件指數	變異數比例				
				（常數）	im6	sc_g_d1	im5	im4
4	1	4.062	1.000	.00	.00	.01	.00	.00
	2	.813	2.235	.00	.00	.91	.00	.00
	3	.050	9.051	.76	.00	.04	.43	.02
	4	.042	9.881	.19	.84	.02	.31	.00
	5	.034	10.974	.05	.16	.01	.26	.98

16-10-4 分析結果的撰寫

範例16-3的迴歸模型（圖16-14）經迴歸分析後，彙整相關數據如表16-28。

表16-28　迴歸分析總表

依變數 統計量 自變數	迴歸係數		t 值	VIF	K-S 顯著性	殘差值分布	D-W值
	非標準化	標準化					
常數	2.812		11.767*		0.011*， 但直方圖 近似常態 分配	介於（-2, 2） 分布無趨勢	1.826
商店環境（im4）	0.120	0.126	2.046*	1.873			
促銷（im5）	0.118	0.135	2.281*	1.726			
附加服務（im6）	0.166	0.185	3.151*	1.681			
sc_g_d1	-0.989	-0.289	-6.281*	1.035			
R^2	0.263						
調整後R^2	0.255						
F（顯著性）	32.196*（0.000）						

依變數：忠誠度（ly）

註：*表 $p < 0.05$，顯著。

由表16-28，顯見：

1. 模型之變異數分析結果，F值為32.196，且達顯著，代表所建模型的線性關係確實存在。

2. 模型中將包含了四個自變數，分別為商店環境（im4）、促銷（im5）、附加服務（im6）與sc_g_d1（低轉換成本）。且這四個自變數對「忠誠度」（ly）都是具有顯著影響力的（H_4、H_5、H_6、H_7成立）。這些自變數中，以附加服務（im6）的正向影響力最大（標準化迴歸係數0.185）；商店環境（im4）的正向影響力最小（標準化迴歸係數0.126），且sc_g_d1（低轉換成本）對忠誠度（ly）具有相當大的負向影響力。

3. 模型的決定係數R^2達0.263（調整後R^2為0.255），小於0.5，代表所建模型擬合效果尚可、解釋能力亦尚可。

4. 殘差分析結果亦顯示，殘差具有近似常態性（直方圖近似常態分配）、恆等性（殘差值介於-2～2之間，且無趨勢）與獨立性（Durbin-Watson指標值為1.826，接近2）。顯見，所建模型大致上並未違反迴歸分析之前提假設。

5. 各自變數的VIF值全都小於5，代表模型的各自變數間並無共線性問題，故所建模型的品質佳。

6. 最後參考表16-28中的非標準化偏迴歸係數值，將迴歸模型建立為：

忠誠度（ly）＝ 2.812 ＋ 0.120×商店環境（im4）＋ 0.118×促銷（im5）＋ 0.166×附加服務（im6）－ 0.989 × sc_g_d1

上式中，當sc_g_d1等於0時，也就是「一般轉換成本」或「高轉換成本」時，迴歸模型變為：

忠誠度（ly）＝ 2.812 ＋ 0.120×商店環境（im4）＋ 0.118×促銷（im5）＋ 0.166×附加服務（im6）

而當sc_g_d1等於1時，也就是「低轉換成本」時，迴歸模型變為：

忠誠度（ly）＝ 1.823 ＋ 0.120×商店環境（im4）＋ 0.118×促銷（im5）＋ 0.166×附加服務（im6）

可見，當餐廳的本質較屬「一般轉換成本」或「高轉換成本」時，消費者對餐廳的忠誠度（2.812）較「低轉換成本」（1.823）時高，這個結論就管理理論而言，相當合理。此外，也可建立標準化的迴歸模型：

忠誠度（ly）＝ 0.126×商店環境（im4）＋ 0.135×促銷（im5）＋ 0.185×附加服務（im6）－ 0.289×sc_g_d1

由上述的結論，建議景觀咖啡餐廳業者，在形塑「餐廳意象」的過程中，宜加強「商店環境」、「促銷」與「附加服務」等面向的投入，以便能以最有效率的方式提升消費者忠誠度。其次，尚須評估景觀咖啡餐廳於消費者心目中之轉換成本的狀態，若餐廳屬於「低轉換成本狀態」時，更應調配資源積極於「商店環境」、「促銷」與「附加服務」等面向從事改善作為，以維繫消費者的忠誠度。

習 題

 **練習 16-1**

29例兒童的血液中血紅蛋白（y）與鈣（$x1$）、鎂（$x2$）、鐵（$x3$）、錳（$x4$）、銅（$x5$）的含量資料，已輸入至hw16-1.sav中。

(1)試使用逐步迴歸方法篩選對血蛋白有顯著作用的元素。

(2)試探討是否存在共線性問題？

(3)試探討迴歸模型的擬合度是否良好？

練習 16-2

合金剛的強度Y與鋼材中碳的含量X有密切關係，為了冶煉出符合要求強度的鋼，常常透過控制鋼材中碳的含量來達到目的，下面是十組不同碳含量X（%）所對應的鋼強度的資料（hw16-2.sav）。

表16-29 不同碳含量X（%）所對應的鋼強度的資料

X	0.03	0.04	0.05	0.07	0.09	0.10	0.12	0.15	0.17	0.20
Y	40.5	39.5	41.0	41.5	43.0	42.0	45.0	47.5	53.0	56.0

(1)試探討Y和X的關係。

(2)試探討迴歸模型的擬合度是否良好？

練習 16-3

試使用hw16-3.sav：

(1)建立一個使用起薪、工作經驗、受教育年數等自變數的迴歸模型來預測目前工資。

(2)該迴歸模型是否滿足迴歸建模的前提假設條件？

(3)是否具有共線性問題？

(4)該迴歸模型的擬合度如何？

練習 16-4

參考附錄一中【旅遊動機、體驗價值與重遊意願關係之研究】之原始問卷,並開啟hw16-4.sav,試問旅遊動機的兩個子構面是否可有效預測遊客的重遊意願?其預測力如何?請建立最佳預測模型?

練習 16-5

參考附錄一中【旅遊動機、體驗價值與重遊意願關係之研究】之原始問卷,並開啟hw16-5.sav,試問體驗價值的四個子構面是否可有效預測遊客的重遊意願?其預測力如何?請建立最佳預測模型。

練習 16-6

參考附錄一中【旅遊動機、體驗價值與重遊意願關係之研究】之原始問卷,並開啟hw16-6.sav,試問旅遊動機的兩個子構面與體驗價值的四個子構面是否可有效預測遊客的重遊意願?其預測力如何?請建立最佳預測模型。

第 17 章

中介、干擾效果的檢驗

　　在學術論文中，中介、干擾效果的檢驗是個重要的議題。過往檢驗中介、干擾效果時，最常使用的統計分析方法，大概就屬階層迴歸分析（hierarchical regression）了。但階層迴歸分析的過程相當繁雜，不易操作。故後續有諸多學者陸續開發出一些可運用於SPSS中的程式模組，大大的減少了檢驗中介、干擾效果的困難度。例如：由著名的統計學者Hayes（2018）所開發出來的PROCESS模組（The PROCESS macro for SPSS v3.5.3）。PROCESS模組是一個可針對特定變數進行OLS（ordinary least squares）和邏輯斯（logistic）迴歸路徑分析的建模工具。它可用來檢驗簡單中介模型、多重中介模型與各種干擾模型，功能相當強大。因此，在本書中將不再使用傳統的階層迴歸分析來檢定中介、干擾效果，取而代之的就是PROCESS模組。本章的主要內容，包含：

1. 中介效果檢定。

2. 多重中介效果檢定。

3. 數值型干擾效果檢定。

4. 類別型干擾效果檢定。

5. 調節式中介效果檢定。

17-1　中介效果的基本概念

　　若自變數對依變數有顯著的影響效果，而此效果是透過第三變數的途徑而達到影響時，則此第三變數即稱為是中介變數（mediator variables），如圖17-1。通常中介變數可以用來解釋自變數是經由什麼途徑而影響了依變數，而其間的影響程度大小即稱為中介效果（mediating effect）。

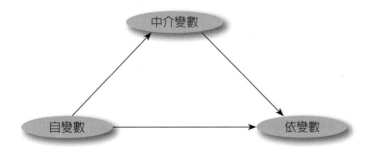

圖17-1　中介效果示意圖

　　依此概念，Baron and Kenny（1986）提出了一個經典的中介效果檢驗方式（又稱為Baron and Kenny中介四條件）。利用Baron and Kenny的中介四條件來檢測中介效果的方式：首先，自變數對依變數要具有顯著影響效果（迴歸係數α）（先決條件），如圖17-2(a)；其次，若檢視自變數和中介變數的關係時，自變數對中介變數的影響效果也要顯著，如圖17-2(b)；最後，同時探討自變數、中介變數對依變數的影響效果時，除中介變數對依變數的影響效果要顯著外，且自變數對依變數的影響效果（迴歸係數β）會減弱（$\beta < \alpha$）或變為不顯著，如圖17-2(c)。在此情況下，若自變數對依變數之影響程度變為0（即，β不顯著），則稱該中介變數具有完全中介（full mediation）效果；而若自變數對依變數之影響效果只是減弱而已（$\beta < \alpha$），但仍顯著，則稱該中介變數具有部分中介（partial mediation）效果。

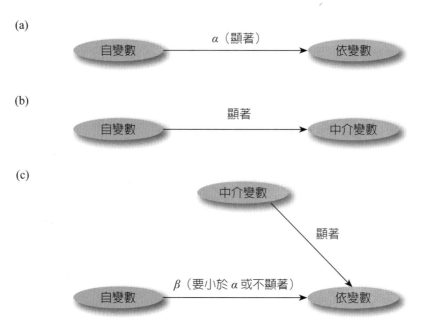

圖17-2　Baron and Kenny（1986）之中介四條件示意圖

17-2　檢驗中介效果的範例

▶ 範例17-1

參考附錄八中，論文「品牌形象、知覺價值對品牌忠誠度關係之研究」的
正式問卷，「ex17-1.sav」為該論文的正式資料檔，試檢驗「知覺價值」在
「品牌形象」與「品牌忠誠度」的關係間，是否扮演著中介角色，其中介模
型如圖17-3所示。

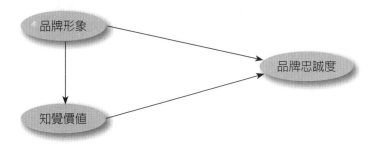

圖17-3　知覺價值於「品牌形象→品牌忠誠度」之關係間的中介模型

依題意，我們將建立假設為（論文中，須寫對立假設）：

H_1：品牌形象會透過知覺價值的中介效果，而顯著影響品牌忠誠度。
或
H_1：知覺價值會在品牌形象與品牌忠誠度的關係間，扮演著中介角色。

　　在第16章的範例16-2中，我們曾經說明，範例論文「品牌形象、知覺價值對品牌
忠誠度關係之研究」的研究目的，在於檢驗品牌形象、知覺價值與品牌忠誠度等三個
主構面之間的因果關係。這些因果關係若使用結構方程模型分析，那麼將可順利的檢
驗出來。但是在只能運用SPSS的場合下，要完全解析該三個主構面間的因果關係，
比較合理的作法是要分兩階段來進行：

　　第一階段：先建立一個迴歸模型，這個迴歸模型以品牌形象、知覺價值為自變
　　　　　　　數，品牌忠誠度為依變數，以檢驗品牌形象、知覺價值對品牌忠誠度
　　　　　　　的影響力（因果關係），如前一章的範例16-2。

　　第二階段：然後再檢驗看看「知覺價值」是否可在「品牌形象」和「品牌忠誠
　　　　　　　度」的關係間，扮演著中介角色，如本節之範例17-1。

這樣就可以將「品牌形象、知覺價值與品牌忠誠度」等三個變數的關係描述清楚了。因此，在第16章的範例16-2中，我們已先檢驗第一階段的「品牌形象」與「知覺價值」對「品牌忠誠度」之影響力了。而本範例中，我們將繼續來檢驗第二階段的「知覺價值」的中介效果。完成這兩階段的檢驗後，才能真正釐清品牌形象、知覺價值與品牌忠誠度等三個主構面之間的因果關係。

操作步驟

過往不少文獻在檢驗中介效果時，常根據Baron and Kenny的中介四條件，再配合SPSS的階層迴歸分析功能而達成任務，但這個過程相當繁雜，故不建議使用。在本書中，將使用由著名的統計學者Hayes（2018）所開發出來的PROCESS模組（The PROCESS macro for SPSS v3.5.3）來輔助進行中介效果的檢定。PROCESS模組是一個可針對特定變數進行OLS（ordinary least squares）和邏輯斯（logistic）迴歸路徑分析的建模工具。它可用來檢驗簡單的中介模型、多重中介模型與各種干擾模型。

在使用PROCESS模組前，請讀者先到PROCESS模組的官網：

http://www.processmacro.org/download.html

下載「The PROCESS macro for SPSS v3.5.3」。下載完成後再進行安裝，就可在SPSS中執行PROCESS模組並進行中介效果檢定了。有關中介效果的基本概念、PROCESS模組的安裝與操作、「範例17-1」的解析過程，都已製作成教學影音檔了。詳細操作過程，請讀者自行參考教學影音檔「ex17-1.mp4」。

17-2-1　報表解說

利用PROCESS模組進行中介效果檢定後，所得到的報表相當長，需要花點時間去理解。所產生之報表的解說工作，雖然在本書中並沒有以文字方式呈現，但是在教學影音檔「ex17-1.mp4」中，都進行了相當清楚的說明。教學影音檔「ex17-1.mp4」中除解說中介效果的意義外，也說明了該如何利用PROCESS模組來進行中介效果檢定。此外，該教學影音檔也針對所產生的報表進行了完整的解讀與進行彙整工作，故請讀者務必詳閱教學影音檔「ex17-1.mp4」。

雖然利用PROCESS模組進行中介效果檢定後，報表相當長，但已分成好幾個段落了。由於我們是進行中介效果檢定，所以只要看報表中的「TOTAL, DIRECT, AND INDIRECT EFFECTS OF X ON Y」段落就好了，如表17-1所示。此外，讀者或許也

會發現，你跑出來的數據資料和表17-1的數據略有差異。這是因為PROCESS模組進行運算的過程中，採用了bootstrapping的策略，而且進行了5,000次的採樣與計算所引起的。在這種情形下，我的5,000次和你的5,000次的採樣內容怎麼可能全部都一樣呢？因此計算出來的結果就會有所差異，但這些差異應該都是很微小的。甚至，同一台電腦、同一個檔案、同樣的設定、不同的時間點，PROCESS模組所執行出來的結果也會略有差異。但只要差異不大，都算正確。這些現象都是因為bootstrapping策略所引起的，不用太去在意它。希望讀者能理解。

表17-1　直接、間接效果表

*******************TOTAL, DIRECT, AND INDIRECT EFFECTS OF X ON Y*******************

— — — — — — — — — — — — — — — — (a) — — — — — — — — — — — — — — — — —

Total effect of X on Y

Effect	se	t	p	LLCI	ULCI	c_ps	c_cs
.877	.038	23.084	.000	.803	.952	.817	.827

— — — — — — — — — — — — — — — — (b) — — — — — — — — — — — — — — — — —

Direct effect of X on Y

Effect	se	t	p	LLCI	ULCI	c'_ps	c'_cs
.782	.044	17.643	.000	.695	.870	.728	.737

— — — — — — — — — — — — — — — — (c) — — — — — — — — — — — — — — — — —

Indirect effect(s) of X on Y:

	Effect	BootSE	BootLLCI	BootULCI
pv	.095	.028	.043	.154

— — — — — — — — — — — — — — — — (d) — — — — — — — — — — — — — — — — —

Partially standardized indirect effect(s) of X on Y:

	Effect	BootSE	BootLLCI	BootULCI
pv	.089	.026	.039	.144

— — — — — — — — — — — — — — — — (d) — — — — — — — — — — — — — — — — —

Completely standardized indirect effect(s) of X on Y:

	Effect	BootSE	BootLLCI	BootULCI
pv	.090	.026	.041	.144

　　由於中介效果要有意義的話，其先決條件為自變數（品牌形象X）須對依變數（品牌忠誠度Y）具有直接且顯著的影響力。因此，先觀察表17-1(b)的區段。由表17-1(b)區段可發現，「品牌形象」（X）對「品牌忠誠度」（Y）的直接效果值（direct effect）為0.782，且其95%信賴區間介於0.695（下界，LLCI）至0.870（上界，ULCI）間，故95%信賴區間不包含0，即代表直接效果值顯著。因此，品牌形象（X）對品牌忠誠度（Y）確實具有顯著的直接影響力。

　　再由表17-1(c)區段可發現，「品牌形象」（X）對「品牌忠誠度」（Y）的間接效果值（indirect effect）為0.095，且其由bootstrapping技術所算出來的95%信賴區間介於0.043（下界，BootLLCI）至0.154（上界，BootULCI）間，明顯的，95%信賴區間並不包含0，因此，間接效果顯著，也就是「知覺價值」的中介效果確實是存在的。因此可推論「知覺價值」在「品牌形象」對「品牌忠誠度」的關係間將扮演著中介角色，故H_1獲得支持。

　　由於總效果（total effect）等於直接效果（0.782）加上間接效果（0.095），因此「品牌形象」對「品牌忠誠度」的總效果為0.877，亦達顯著，如17-1(a)所示。

　　此外，也可以將PROCESS模組進行中介效果檢定後的相關數據（如表17-1），整理成表17-2，以方便日後進行結論之用。表17-2的空白表格已存放在「ex17-1.docx」中，請讀者自行修改並運用。

　　讀者亦可仔細觀察表17-2，在「知覺價值→品牌忠誠度」與「品牌形象→品牌忠誠度」的關係上，其結果與第16-9節的範例16-2之多元迴歸分析結果是一模一樣的。這意味著，範例16-2中檢驗品牌形象、知覺價值與品牌忠誠度三者之間的因果關係時，其實只要執行PROCESS模組，所有變數間的迴歸係數（影響力）都可求得出來，只是運用PROCESS模組時，無法進行殘差分析與共線性診斷而已。因此，這些分析工具的取捨，需有賴研究者依本身的研究目的與需求來決斷。

表17-2　中介效果摘要表

	迴歸係數		t 值	95%信賴區間	
	非標準化	標準化		下界	上界
Indirect effect					
品牌形象→知覺價值→品牌忠誠度	0.095*	0.090*	3.393	0.043	0.154
Direct effect					
品牌形象→知覺價值	0.556*	0.552*	10.388	0.451	0.662

表17-2　中介效果摘要表（續）

	迴歸係數		t 值	95%信賴區間	
	非標準化	標準化		下界	上界
知覺價值→品牌忠誠度	0.171*	0.162*	3.886	0.084	0.258
品牌形象→品牌忠誠度	0.782*	0.737*	17.643	0.695	0.870
Total effect					
品牌形象→品牌忠誠度	0.877*	0.827*	23.084	0.803	0.952

註：*表 p < 0.05，顯著。

17-2-2　分析結果的撰寫

範例論文「品牌形象、知覺價值對品牌忠誠度關係之研究」的研究目的，在於檢驗品牌形象、知覺價值與品牌忠誠度等三個主構面之間的因果關係。綜合第16-9節的範例16-2與本節之範例（範例17-1）的分析結果，可獲致以下結論：

首先，由前一章表16-14與表16-20得知，品牌形象（bi）與知覺價值（pv）對品牌忠誠度「ly」都具有顯著影響力，解釋能力R^2高達0.702，且品牌形象（bi）的影響力大於知覺價值（pv）。其次，「品牌形象」的三個子構面和「知覺價值」的三個子構面中，只有「品質價值（pv1）」不會顯著影響「品牌忠誠度」。而對「品牌忠誠度」具有顯著影響力的子構面中，品牌特質（bi2）的影響力最大，其次依序為品牌價值（bi1）、企業聯想（bi3）、價格價值（pv3），而以情感交流價值（pv2）的影響力最小。

最後，根據表17-2，可發現「品牌形象」對「品牌忠誠度」的間接效果值為0.095，且其95%信賴區間介於0.043至0.154間，明顯的95%信賴區間並不包含0，因此，間接效果顯著。也就是說，「知覺價值」的中介效果確實存在。此外，「品牌形象」對「品牌忠誠度」的直接效果值為0.782，且顯著。因此，可推論「知覺價值」在「品牌形象」對「品牌忠誠度」的關係間，將扮演著中介角色。且由於「知覺價值」中介後，「品牌形象→品牌忠誠度」的直接效果為0.782，仍顯著，故「知覺價值」的中介類型應屬部分中介效果。

由上述的結論，建議個案公司管理者，在提升消費者忠誠度的過程中，宜加強「品牌形象」的形塑，尤其更應致力於「品牌特質」的強化與連結，以便能更直接、有效率的提升消費者對個案公司的忠誠度。其次，由於「知覺價值」的中介效果確實存在，因此業主除應積極形塑個案公司於消費者心目中的印象外，亦可藉由改善個案

公司於消費者心目中的價值感，而增強消費者對個案公司的忠誠度。

17-3　多重中介效果檢定

中介變數檢驗所要回答的問題為自變數究竟是可以透過哪種機制或途徑而影響依變數。也就是說，中介研究的意義在於幫助我們解釋自變數對依變數關係的作用機制，也可以釐清、整合變數之間的關係（MacKinnon, 2008）。當然，如第17-2節所述，中介變數在自變數對依變數的關係間具有中間傳導的作用，即自變數會透過中介變數的途徑，進而間接影響依變數。在本節之前，本書中所討論的中介效果皆屬簡單的中介模型，也就是只描述了存在一個中介變數的情況。然而，在心理、行為和其他一些社會科學研究領域中，研究情境複雜，往往需要多個中介變數才能更清晰地解釋自變數對依變數的效應（MacKinnon, 2008）。

▌17-3-1　多重中介效果簡介

近年來，越來越多的中介研究採用多重中介（multiple mediation）模型。不過，卻也不難發現，多數研究是將一個多重中介模型拆解為多個簡單中介（即只含一個中介變數）模型，然後再針對這些拆解後的簡單中介模型，逐個加以分析，並據以產生結論。這樣的作法，可能會對結果的解釋產生偏誤。因為模型中，變數之間的關係是「同時」發生的，若加以拆解將會忽略掉其他變數的影響，而失去多個變數「同時」互相影響的實際情境。基本上，建立多重中介模型，可以「同時」分析多個中介變數的影響力，當然是個比較好、比較先進的方法。

顧名思義，多重中介模型就是種「同時」存在多個中介變數的模型。根據多個中介變數之間是否存在相互影響的情況，多重中介模型又可以分為單步多重中介模型（single step multiple mediator model）和多步多重中介模型（multiple step multiple mediator model）（Hayes, 2009）。單步多重中介模型是指多個中介變數之間不存在相互影響力（如圖17-4），又稱為平行多重中介模型（parallel mediator model）。多步多重中介模型則是指多個中介變數之間存在相互影響力，多個中介變數表現出順序性特徵，形成中介鏈（如圖17-5中的IV→M1→M2→DV 路徑或IV→M3→M2→DV 路徑），故又稱為鏈式多重中介模型。

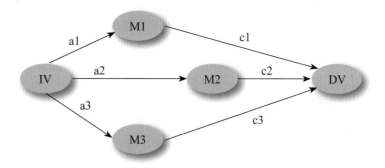

圖17-4　單步多重中介模型

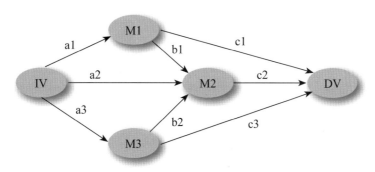

圖17-5　多步多重中介模型

　　圖17-5的模型圖是個含有三個中介變數M1、M2和M3的多重中介模型，此時的多重中介效果可以從三個面向進行分析：(1) 特定路徑的中介效果（specific mediation effect），如a1c1、a2c2、a3c3、a1b1c2和a3b2c2；(2) 總中介效果（total mediation effect），即「a1c1 + a2c2 + a3c3 + a1b1c2 + a3b2c2」；(3) 對比中介效果，如「a1c1 − a2c2」、「a1c1 − a3c3」……等（Hayes, 2009; MacKinnon, 2008; Preacher & Hayes, 2008）。

　　相較於簡單中介模型，多重中介模型具有三大優勢。首先，可以得到總中介效果。其次，可以在控制其他中介變數（如控制M1、M2）的前提下，研究每個中介變數（如M3）的特定中介效果。這種作法可以減少簡單中介模型因為忽略其他中介變數而導致的參數估計偏差。第三，可以計算對比中介效果，使得研究者能判斷多個中介變數的效果（如a1c1、a2c2、a3c3、a1b1c2和a3b2c2）中，哪一個效果更大，即判斷哪一個中介變數的作用更強、哪個中介變數理論更有意義。因此，研究多重中介模型更能兼具理論與實務意涵（Preacher & Hayes, 2008）。

17-4　檢驗多重中介效果的範例

> ▶ **範例17-2**　參考附錄八中，論文「品牌形象、知覺價值對品牌忠誠度關係之研究」的正式問卷，「ex17-2.sav」為該論文的正式資料檔，試檢驗「知覺價值」的三個子構面，在「品牌形象」與「品牌忠誠度」的關係間，是否扮演著中介角色？其中介模型如圖17-6所示。

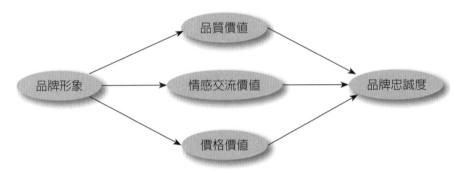

圖17-6　範例論文的多重中介模型

依題意，我們將建立假設為（論文中，須寫對立假設）：

H_1：品質價值會在品牌形象與品牌忠誠度的關係間，扮演著中介角色。
H_2：情感交流價值會在品牌形象與品牌忠誠度的關係間，扮演著中介角色。
H_3：價格價值會在品牌形象與品牌忠誠度的關係間，扮演著中介角色。

操作步驟

　　在範例17-1中，我們曾經檢驗「知覺價值」在「品牌形象」與「品牌忠誠度」的關係間，扮演的中介角色。在這個範例中，我們將更細部的想要來瞭解到底「品牌形象」是透過「知覺價值」的哪些子構面而影響「品牌忠誠度」。由於「知覺價值」是個多維構面，它具有三個子構面，因此，我們將建構包含三個中介變數的多重中介模型。這樣的研究，當然就是想探究「品牌形象」影響「品牌忠誠度」的真正途徑，其研究成果將能更準確、更有效率的幫助個案公司的經營業者進行精準改善，以提升消費者的忠誠度。

　　圖17-6的多重中介模型是個單步多重中介模型，又稱爲平行多重中介模型。這種多重中介模型的檢驗，對於SPSS的階層迴歸分析而言，就完全無能爲力了。所以在本書中，我們亦將使用PROCESS模組來輔助我們進行多重中介效果的檢定。詳細的操作過程，讀者可直接參閱教學影音檔「ex17-2.mp4」。

17-4-1　分析結果的撰寫

　　利用PROCESS模組進行多重中介效果檢定後，所得到的報表相當長，需要花點時間去理解。所產生之報表的解說工作，雖然在本書中並沒有以文字方式呈現，但是在教學影音檔「ex17-2.mp4」中，都已進行了相當清楚的說明。教學影音檔「ex17-2.mp4」中除解說多重中介效果的意義外，也說明了該如何利用PROCESS模組來進行多重中介效果檢定。此外，該教學影音檔也針對所產生的報表進行了完整的解讀與彙整工作，故請讀者務必詳閱教學影音檔「ex17-2.mp4」。

　　雖然PROCESS模組產生的多重中介效果檢定報表也是相當長，但由於我們只是要進行多重中介效果檢定而已，所以也是只看報表中的「TOTAL, DIRECT, AND INDIRECT EFFECTS OF X ON Y」段落就好了，如表17-3所示。

表17-3　直接、間接效果表

********************TOTAL, DIRECT, AND INDIRECT EFFECTS OF X ON Y********************							
Total effect of X on Y							
Effect	se	t	p	LLCI	ULCI	c_ps	c_cs
.877	.038	23.084	.000	.803	.952	.817	.827
Direct effect of X on Y							
Effect	se	t	p	LLCI	ULCI	c'_ps	c'_cs
.780	.046	17.024	.000	.690	.870	.726	.735

Indirect effect(s) of X on Y:

	Effect	BootSE	BootLLCI	BootULCI
TOTAL	.097	.031	.041	.161
pv1	.027	.019	-.010	.063
pv2	.023	.013	.001	.052
pv3	.048	.023	.007	.097

表17-3　直接、間接效果表（續）

Partially standardized indirect effect(s) of X on Y:

	Effect	BootSE	BootLLCI	BootULCI
TOTAL	.091	.029	.038	.150
pv1	.025	.017	-.010	.059
pv2	.021	.012	.001	.049
pv3	.044	.021	.006	.090

Completely standardized indirect effect(s) of X on Y:

	Effect	BootSE	BootLLCI	BootULCI
TOTAL	.092	.029	.039	.152
pv1	.025	.017	-.009	.060
pv2	.022	.012	.001	.049
pv3	.045	.021	.006	.090

表17-3的說明，在此不再贅述。請讀者直接將表17-3的數據，彙整如表17-4。表17-4的空白表格已存放在「ex17-2.docx」中，請讀者自行修改並運用。

由於PROCESS模組是以Bootstrapping的方式進行參數估計，因此以95% 信賴區間來進行檢定會比較準確。故由表17-4的「Indirect effect」部分可觀察出，三個間接效果的95% 信賴區間之下、上界區間，只有「品質價值」的中介效果之下、上界區間會包含0（即，不顯著之意）。因此可推論，「知覺價值」的三個子構面中，「品質價值」的中介效果並不顯著（H_1未獲支持），「情感交流價值」與「價格價值」的中介效果則屬顯著（H_2、H_3成立）。其中又以「價格價值」的中介效果最大（看標準化迴歸係數欄位）。顯見，「知覺價值」所扮演的中介角色，主要是「價格價值」子構面所建構而成。

其次，「品牌形象→品牌忠誠度」的直接效果值為0.780，且仍顯著。因此，亦可推論「情感交流價值」與「價格價值」的中介效果類型應為部分中介效果。

最後，由表17-4亦可發現，「品牌形象→品牌忠誠度」的總效果值為0.877，且顯著，可見「品牌形象」對「品牌忠誠度」確實具有舉足輕重的影響力。

表17-4　多重中介效果摘要表

效果	迴歸係數		t 值	95%信賴區間	
	非標準化	標準化		下界	上界
Indirect effect					
品牌形象→品質價值→品牌忠誠度	0.027	0.025	1.556	-0.008	0.060
品牌形象→情感交流價值→品牌忠誠度	0.023*	0.022*	1.917	0.001	0.047
品牌形象→價格價值→品牌忠誠度	0.048*	0.045*	2.286	0.006	0.090
Direct effect					
品牌形象→品質價值	0.636*	0.434*	7.555	0.470	0.802
品牌形象→情感交流價值	0.397*	0.278*	4.532	0.225	0.570
品牌形象→價格價值	0.655*	0.498*	8.997	0.512	0.799
品質價值→品牌忠誠度	0.042	0.058	1.472	-0.014	0.098
情感交流價值→品牌忠誠度	0.058*	0.078*	2.088	0.003	0.112
價格價值→品牌忠誠度	0.073*	0.090*	2.189	0.007	0.138
品牌形象→品牌忠誠度	0.780*	0.735*	17.024	0.690	0.870
Total effect					
品牌形象→品牌忠誠度	0.877*	0.827*	23.084	0.803	0.952

註：*表 p＜0.05，顯著。

　　由上述的結論，建議個案公司經營者，在提升消費者忠誠度的過程中，宜加強「品牌形象」的形塑，尤其更應致力於品牌特質的強化與連結，以便能更直接、有效率的提升消費者對個案公司的忠誠度。其次，由於「知覺價值」的中介效果確實存在，但經由多重中介效果檢定，得知這個中介效果主要是由「情感交流價值」與「價格價值」所建構，因此業主除應積極形塑個案公司於消費者心目中的印象外，亦可藉由提升個案公司產品於消費者心目中的「情感交流價值」與「價格價值」，而增強消費者對個案公司的價值感，進而增加消費者的忠誠度。

17-5　數值型干擾效果檢定

　　干擾變數（moderating variables）又稱為調節變數或情境變數，它是指會影響自變數與依變數之間，關係的方向或強度的變數，如圖17-7。它可以是質性的（qualitative）（例如：性別、種族……）或是量化的（quantitative）（例如：薪

資⋯⋯）。例如：學生的智商會影響其成績表現，但是其間關係的強度可能會因為學生之「用功程度」的不同而有所改變，在此「用功程度」就是一種干擾變數。干擾變數與自變數一樣對依變數會有直接顯著的影響（一般稱為主要效果），但干擾變數除主要效果（其單獨對依變數的直接影響力）之外，也要檢視干擾變數與自變數的交互作用對依變數的影響（此即為干擾效果）。以迴歸的角度而言，所謂干擾變數就是它干擾了自變數x與依變數y之間的關係式，包括方向與大小。以相關而言，x與y間的相關性會因干擾變數之取值不同而得到不同的相關性。以ANOVA而言，干擾效果則表示干擾變數與自變數x的交互作用顯著。

此外，干擾變數的資料型態可以是連續型資料，也可以是類別型資料。這兩種資料型態的干擾效果檢定方法，有很大的差異。在本節中，我們將先就連續型的干擾變數之檢定過程進行示範。

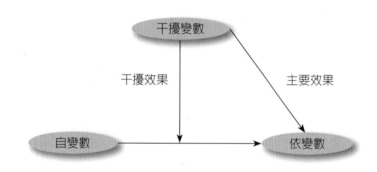

圖17-7　干擾效果示意圖

17-6　檢驗數值型干擾效果的範例

▶ 範例17-3　參考附錄三，論文「景觀咖啡廳商店意象、知覺價值與忠誠度：轉換成本的干擾效果」之原始問卷，該問卷的資料檔為「ex17-3.sav」，試探討轉換成本是否會干擾景觀咖啡廳商店意象與忠誠度間的關係？（概念性模型圖，如圖17-8）。

　　論文「景觀咖啡廳商店意象、知覺價值與忠誠度：轉換成本的干擾效果」的模型圖，如圖17-8。模型圖中「景觀咖啡廳商店意象」構面（im）包括「商品」

（im1，4題，im1_1~im1_4）、「服務」（im2，4題，im2_1~im2_4）、「便利」
（im3，3題，im3_1~im3_3）、「商店環境」（im4，4題，im4_1~im4_4）、「促
銷」（im5，3題，im5_1~im5_3）與「附加服務」（im6，3題，im6_1~im6_3）等六
個子構面，共21個題項；「知覺價值」構面（pv）包括4個題項（pv1~pv4）；「忠
誠度」構面（ly）包含5個題項（ly1~ly5），而「轉換成本」構面（sc）則包含3個題
項（sc1~sc3）。

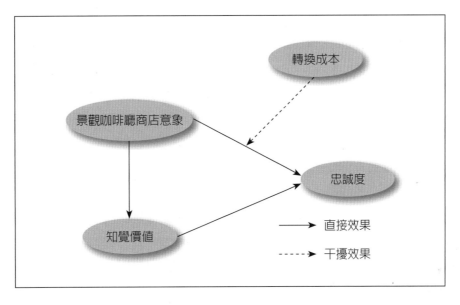

圖17-8　概念性模型圖

依題意，我們將建立假設為（論文中，須寫對立假設）：

H₁：轉換成本會干擾景觀咖啡廳商店意象與忠誠度間的關係。
或
H₁：轉換成本會在景觀咖啡廳商店意象與忠誠度的關係間，扮演著干擾角色。

操作步驟

　　在這個範例中，我們將檢驗「轉換成本」這個數值型的變數是否會干擾「景觀
咖啡廳商店意象→忠誠度」的關係。在此，我們將再度運用PROCESS模組來輔助我
們進行干擾效果檢定。進行干擾效果檢定時，實務上，會先將受訪者的基本特性控
制住，然後依序設定依變數（忠誠度）、自變數（景觀咖啡廳商店意象）與干擾變

數（轉換成本）。此外，為避免多元共線性的問題（Aiken and West, 1991），也須先將數值型的自變數（景觀咖啡廳商店意象）與干擾變數（轉換成本）利用置中平減法（mean center）予以轉換後再相乘，以求得交互作用項。倘若交互作用項對忠誠度（也須置中平減法轉換）具有顯著的影響效果，那麼就表示干擾效果確實存在。

詳細的操作過程與解說，讀者可自行參閱教學影音檔「ex17-3.mp4」。

17-6-1　分析結果的撰寫

利用PROCESS模組進行干擾效果檢定後，所得到的報表相當長，需要花點時間去理解。所產生之報表的解說工作，雖然在本書中並沒有以文字方式呈現，但是在教學影音檔「ex17-3.mp4」中，都進行了相當清楚的說明。教學影音檔「ex17-3.mp4」中除解說干擾效果的意義外，也說明了該如何利用PROCESS模組來進行干擾效果檢定。此外，該教學影音檔也針對所產生的報表進行解讀與彙整，甚至製作出能以圖形化方式解析干擾效果之內涵的簡單斜率分析（simple slope analysis）圖，故請讀者務必詳閱教學影音檔「ex17-3.mp4」。

執行PROCESS模組進行干擾效果檢定後，分析所得到的數據將彙整成表17-5。表17-5的空白表格已存放在「ex17-3.docx」中，請讀者自行修改並運用。至於彙整過程，請讀者自行參閱教學影音檔「ex17-3.mp4」。

表17-5　干擾變數檢定表

依變數 / 統計量 / 自變數	忠誠度			
	迴歸係數	t 值	95%信賴區間	
			下界	上界
常數	3.949*	8.942	3.081	4.818
控制變數				
性別	-0.089	-0.702	-0.338	0.160
婚姻	-0.174	-1.091	-0.488	0.140
年齡	0.086	1.171	-0.058	0.230
職業	0.091*	2.950	0.030	0.152
教育	0.034	0.537	-0.091	0.160
月收入	0.101	1.537	-0.028	0.231
消費次數	-0.010	-0.227	-0.100	0.079

表17-5　干擾變數檢定表（續）

依變數	忠誠度			
統計量	迴歸係數	t 值	95%信賴區間	
自變數			下界	上界
自變數				
景觀咖啡廳商店意象	0.400*	7.313	0.292	0.507
干擾變數				
轉換成本	0.244*	5.948	0.163	0.324
交互作用項				
景觀咖啡廳商店意象×轉換成本	-0.107*	-3.136	-0.174	-0.040
R^2	0.288			
$\triangle R^2$	0.020			
$\triangle F$	9.832 （p = 0.002）			

註：*表 p < 0.05，顯著。

　　由表17-5可發現，受訪者基本資料變數，除「職業」外，其他變數皆不會影響依變數（忠誠度）。「景觀咖啡廳商店意象」對「忠誠度」的主要效果為0.400，且顯著。另外，「轉換成本」對「忠誠度」的主要效果為0.244，亦顯著。

　　表17-5中，R^2為原始模型（尚未加入交互作用項時）的決定係數，代表著迴歸模型的解釋能力，而$\triangle R^2$則是指原始模型加入了交互作用項（景觀咖啡廳商店意象×轉換成本）後，R^2的改變量。因此，如果$\triangle R^2$為正且顯著，代表交互作用項的加入有助於模型解釋能力的提升。由表17-5可發現，加入「景觀咖啡廳商店意象」與「轉換成本」的交互作用項後，迴歸模型對「忠誠度」的解釋變異量可提升0.020（$\triangle R^2 = 0.020$），且$\triangle R^2$顯著（$\triangle F$值為9.832）。此外，這個交互作用項的影響力為-0.107，且顯著，此結果也就說明了，「轉換成本」會負向顯著的干擾「景觀咖啡廳商店意象→忠誠度」的關係。因此，H_1成立。

　　接著，再依據概念性模型進行簡單斜率分析（simple slope analysis）以瞭解干擾效果之方向性，並比較高、低轉換成本兩條迴歸線之差異。圖17-9呈現出轉換成本於「景觀咖啡廳商店意象」對「忠誠度」關係中的簡單斜率分析圖。由圖17-9可明顯看出，在不同的轉換成本水準下，「景觀咖啡廳商店意象」對「忠誠度」關係的影響程度（斜率），明顯的會產生差異。且低轉換成本的斜率大於高轉換成本，這也說明了

餐廳在低轉換成本的特質下，「景觀咖啡廳商店意象→忠誠度」的影響力是較「高轉換成本」時大的。而這也意味著，在「低轉換成本」的餐廳情境下，積極形塑「景觀咖啡廳商店意象」的重要性。

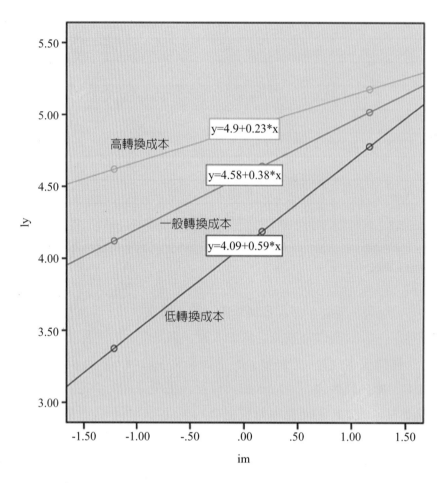

圖17-9　轉換成本於「景觀咖啡廳商店意象→忠誠度」的簡單斜率分析圖

由上述分析結果說明了，「轉換成本」的不同取值將干擾「景觀咖啡廳商店意象→忠誠度」的關係。較值得注意的是，「景觀咖啡廳商店意象」與「轉換成本」之交互作用對「忠誠度」具有負向顯著的影響，這顯示在低轉換成本下「景觀咖啡廳商店意象」對「忠誠度」的影響力高於高轉換成本時，也就是說，當景觀咖啡廳的特質是屬低轉換成本的狀態時，更應重視其帶給消費者所感受到的意象（image），如此才能有效的提升消費者的忠誠度。

一般而言，餐廳的轉換成本普遍較低。再由上述的分析可發現，在消費者所感受

到的轉換成本較低的情形下，「景觀咖啡廳商店意象」對「忠誠度」的正向影響力大於轉換成本較高時。基於此，在一般餐廳普遍具有低轉換成本傾向的業態中，更可突顯出「景觀咖啡廳商店意象」的重要性。回顧過去學者的研究，大都只強調「意象」對「忠誠度」間的正向影響關係。本研究則以在餐飲管理領域中，低轉換成本之特性的觀點，更進一步的說明了「意象」的關鍵性角色。

◆ 17-7 類別型干擾效果檢定 ◆

　　干擾變數的資料型態可以是連續型資料，也可以是類別型資料。這兩種資料型態的干擾效果檢定方法，有很大的差異。在第17-6節中，我們已先就數值型的干擾效果之檢定進行示範，而在本節中則將介紹類別型干擾效果的檢定。

17-7-1　檢驗類別型干擾效果的範例

▶ 範例17-4

參考附錄三，論文「景觀咖啡廳商店意象、知覺價值與忠誠度：轉換成本類型的干擾效果」之原始問卷，該問卷的資料檔為「ex17-4.sav」，試探討「轉換成本類型」於景觀咖啡廳商店意象與忠誠度間是否具有干擾效果？（概念性模型圖，如圖17-10）。

　　論文「景觀咖啡廳商店意象、知覺價值與忠誠度：轉換成本類型的干擾效果」的概念性模型圖，如圖17-10所示。範例論文中，景觀咖啡廳商店意象、知覺價值與忠誠度等主構面的因素結構，先前「範例17-3」中已有所說明，在此不再贅述。

　　在本範例中，最重要的一個變數是「轉換成本類型」，其變數名稱為「sc_g」，它是一個依「轉換成本」主構面的得分轉換而成的分類變數。變數「轉換成本類型」有三個類別，分別為「一般轉換成本」（0）、「低轉換成本」（1）與「高轉換成本」（2），且該變數已儲存於原始資料檔「ex17-4.sav」中。

　　依題意，我們將建立假設為（論文中，須寫對立假設）：

H_1：轉換成本類型會干擾景觀咖啡廳商店意象與忠誠度間的關係。

　　或

H_1：轉換成本類型會在景觀咖啡廳商店意象與忠誠度的關係間，扮演著干擾角色。

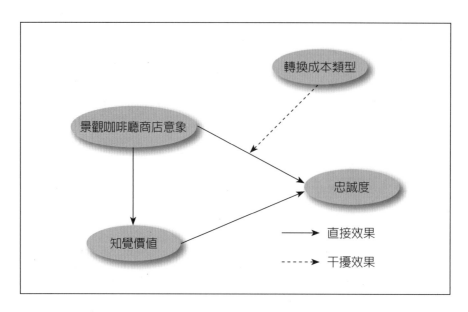

圖17-10　概念性模型圖

操作步驟

　　在這個範例中，我們將檢驗「轉換成本類型」（類別變數）是否會干擾「景觀咖啡廳商店意象→忠誠度」的關係。在此，我們將再度運用PROCESS模組來輔助我們進行類別型干擾效果的檢定。進行干擾效果檢定時，實務上，會先將受訪者的基本特性控制住，然後依序設定依變數（忠誠度）、自變數（景觀咖啡廳商店意象）與干擾變數（轉換成本類型）。其次，與數值型干擾效果檢定之最大差異在於：類別型干擾效果中，干擾變數屬於類別變數，所以干擾變數須先轉換成虛擬變數。在本範例中，干擾變數為「轉換成本類型」，它是一個包含三個類別的分類變數，故進行分析前，只要將「轉換成本類型」轉換成兩個虛擬變數（w1、w2）就可以了，如表17-6。不過這個轉換過程PROCESS模組會自動幫我們完成，請讀者放心。

表17-6　將變數「轉換成本類型」轉換成虛擬變數

轉換成本類型	虛擬變數	
	w1	w2
一般轉換成本：0	0	0
低轉換成本：1	1	0
高轉換成本：2	0	1

　　此外，為避免多元共線性的問題（Aiken and West, 1991），也須先將模型中的數值型自變數（景觀咖啡廳商店意象）利用置中平減法（mean center）予以轉換後再跟兩個虛擬變數相乘，以求得交互作用項。倘若交互作用項對忠誠度（也須置中平減法轉換）具有顯著的影響效果，即表示干擾效果存在。

　　有關進行類別型干擾效果檢定時，PROCESS模組的操作、設定，所產生之報表解析或彙整工作，在教學影音檔都有詳細的說明，請讀者自行參閱教學影音檔「ex17-4.mp4」。

17-7-2　分析結果的撰寫

　　利用PROCESS模組進行干擾效果檢定後，分析結果彙整如表17-7。表17-7的空白表格已存放在「ex17-4.docx」中，請讀者自行修改並運用。至於彙整過程，請讀者自行參閱教學影音檔「ex17-4.mp4」。

　　由表17-7可發現，受訪者基本資料變數中，除「職業」外，其餘的基本資料變數並不會影響依變數（忠誠度）。「景觀咖啡廳商店意象」對「忠誠度」的主要效果為0.368，且顯著。另外，「轉換成本類型」之「虛擬變數w1」、「虛擬變數w2」對「忠誠度」的主要效果分別為−0.893（顯著）與0.166（不顯著）。

表17-7　干擾變數檢定表

依變數 統計量 自變數	忠誠度			
	迴歸係數	t 值	95%信賴區間	
			下界	上界
常數	3.993*	9.034	3.124	4.863
控制變數				
性別	-0.102	-0.804	-0.352	0.147
婚姻	-0.189	-1.186	-0.503	0.125
年齡	0.109	1.486	-0.035	0.254
職業	0.090*	2.889	0.029	0.151
教育	0.044	0.681	-0.082	0.169
月收入	0.117	1.776	-0.013	0.247
消費次數	-0.021	-0.457	-0.110	0.069
自變數				

表17-7　干擾變數檢定表（續）

依變數 統計量 自變數	忠誠度			
	迴歸係數	t 值	95%信賴區間	
			下界	上界
景觀咖啡廳商店意象	0.368*	5.052	0.225	0.511
干擾變數				
轉換成本類型 虛擬變數w1	-0.893*	-5.317	-1.223	-0.563
轉換成本類型 虛擬變數w2	0.166	1.115	-0.127	0.459
交互作用項				
景觀咖啡廳商店意象×虛擬變數w1	0.323*	2.451	0.064	0.583
景觀咖啡廳商店意象×虛擬變數w2	-0.087	-0.619	-0.364	0.190
R^2	0.292			
$\triangle R^2$	0.016			
$\triangle F$	3.999 (p = 0.019)			

註：*表 p＜0.05。

　　表17-7中，R^2為原始模型（尚未加入交互作用項時）的決定係數，代表著迴歸模型的解釋能力，而$\triangle R^2$是指原始模型加入了交互作用項（「景觀咖啡廳商店意象×虛擬變數w1」與「景觀咖啡廳商店意象×虛擬變數w2」）後，R^2的改變量。如果$\triangle R^2$為正且顯著，代表交互作用項的加入有助於模型解釋能力的提升。由表17-7可發現，加入交互作用項後，對整體「忠誠度」的解釋變異量可提升0.016（$\triangle R^2 = 0.016$），且$\triangle R^2$顯著（$\triangle F$值為3.999）。此外，「景觀咖啡廳商店意象×虛擬變數w1」與「景觀咖啡廳商店意象×虛擬變數w2」等兩個交互作用項的影響力分別為0.323（顯著）與-0.087（不顯著）。顯然，只有「虛擬變數w1」會顯著干擾「景觀咖啡廳商店意象→忠誠度」的關係。在此必須注意的是，由表17-6可知，「虛擬變數w1」正代表著「低轉換成本」。

　　接著，再依據干擾模型進行簡單斜率分析（simple slope analysis）以瞭解干擾效果之方向性，並比較各類型轉換成本間迴歸線之差異性。圖17-11的簡單斜率分析圖，能呈現出各種「轉換成本類型」水準時，「景觀咖啡廳商店意象→忠誠度」的影響力。由圖17-11可明顯看出，當「轉換成本類型」屬「一般轉換成本」時，「景觀咖啡廳商店意象→忠誠度」的影響力為0.37（0.368取小數兩位）；屬「低轉換成

本」時，「景觀咖啡廳商店意象→忠誠度」的影響力為0.69（0.691取小數兩位）；屬「高轉換成本」時，「景觀咖啡廳商店意象→忠誠度」的影響力為0.28（0.281取小數兩位）。

　　顯見，在不同類型的轉換成本水準下，「景觀咖啡廳商店意象」對「忠誠度」關係的影響程度（斜率），明顯會產生差異，且低轉換成本時的斜率大於一般轉換成本與高轉換成本。故本研究推論，「轉換成本類型」確實會干擾「景觀咖啡廳商店意象→忠誠度」的關係。因此，H₁成立。這也說明了，在「低轉換成本」時，「景觀咖啡廳商店意象→忠誠度」的影響力將大於「高轉換成本」時的影響力。

　　由上述分析可知，當景觀咖啡廳的特質是屬低轉換成本的狀態時，更應重視其帶給消費者所感受到的意象（image），如此才能更有效的提升消費者的忠誠度。基於此，在一般餐廳普遍具有低轉換成本傾向的業態中，更可突顯出「景觀咖啡廳商店意象」的重要性。回顧過去學者的研究，大都只強調「意象」對「忠誠度」間的正向影響關係。本研究則以在餐飲管理領域中，低轉換成本之特性的觀點，更進一步的說明了「意象」的關鍵性角色。

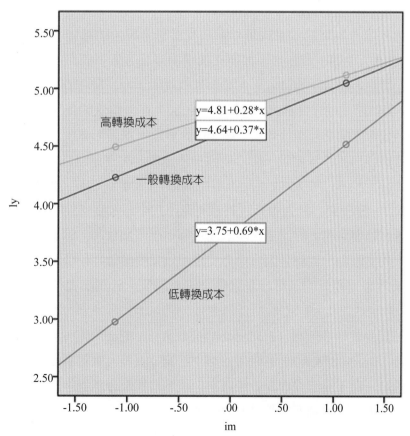

圖17-11　轉換成本類型於「景觀咖啡廳商店意象→忠誠度」的簡單斜率分析圖

◆ 17-8　調節式中介效果檢定 ◆

在社會科學領域的研究中，探討變數間的各種複雜關係，往往是個熱門的議題。因而發展出中介變數和調節（干擾）變數之效果檢定的統計技術（張紹勳，2018）。一般而言，中介效果又可稱之為「間接效果」，若中介變數導致自變數對依變數的影響力降低，但顯著的話，則稱這種中介效果為「部分中介效果」；而若中介變數導致自變數變成無法顯著影響依變數時，則稱這種中介效果為「完全中介效果」。故藉由中介效果的分析，可更深入探究變數間的影響機制（Frazier, Tix, & Barron, 2004）。此外，調節（干擾）變數則會改變自變數與依變數之關係型式或強度。意即，在調節（干擾）變數的不同取值下，致使自變數對依變數的關係，產生增強、減弱或方向改變的現象。因此，調節效果亦可稱之為干擾效果，其定義分為廣義與狹義兩種，廣義調節效果是指自變數對依變數的影響會隨調節（干擾）變數之不同取值而改變，即自變數對依變數的效果會因調節（干擾）變數水準不同而改變。而狹義之調節效果，則意指調節變數與自變數之交互作用項對依變數具有顯著的影響力（Baron & Kenny, 1986; Frazier et al., 2004）。

綜合上述，中介與調節效果或可作為研究者思考現象的基礎，但Muller、Judd與Yzerbyt（2005）則進一步指出，如能在架構中同時考慮調節和中介效果，在理論和實證研究上將更具意義。Muller等人並舉實例說明，而區分中介式調節（mediated moderation）與調節式中介（moderated mediation）在分析上的差異。中介式調節為自變數和調節變數間的交互作用效果，透過中介變數，進而影響依變數；而調節式中介則為調節變數作用於「自變數→中介變數→依變數」的路徑（Edwards & Lambert, 2007）。Muller（2005）等人、Edwards與Lambert（2007），以及Preacher、Rucker與Hayes（2007）等研究亦針對中介式調節與調節式中介做概念性解析與實例說明，以提供研究者理論與實務上的運用（陳淑萍、鄭中平，2011）。然而，在同時考慮調節和中介效果的文獻中，或許是因為中介式調節效果的價值性較低，故較少有文獻論及中介式調節效果；相對的，可發現過往文獻大都聚焦於調節式中介效果的應用研究。

明顯的，調節式中介效果（moderated mediation effect）實為某種中介效果和調節效果的組合（Baron & Kenny, 1986）。雖然，Muller等人曾對調節式中介效果進行定義，但更白話一點，調節式中介效果意指，雖然自變數會透過中介變數而間接影響依變數，然其效果會隨著調節變數之取值而改變，故亦稱為「條件化間接效果」。分

析時，通常會藉由投入自變數、中介變數與調節變數，以及交乘積項至依變數的迴歸方程式中，以建構分析模型，然後再應用特定的統計分析軟體，檢驗調節式中介效果的存在與否（Edwards & Lambert, 2007; Muller, Judd, & Yzerbyt, 2005）。

透過Hayes（2013）所提供的PROCESS模組可以進行調節式中介效果檢定，其架構符合PROCESS模組的「模型樣板7」，如圖17-12。

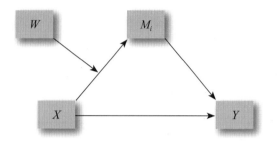

圖17-12　PROCESS模組的「模型樣板7」之調節式中介模型概念圖

17-8-1　檢驗調節式中介效果的範例

▶ 範例17-5

參考附錄三，論文「景觀咖啡廳商店意象、知覺價值與忠誠度：轉換成本的干擾效果」之原始問卷，該問卷的資料檔為「ex17-5.sav」，試探討轉換成本是否會在「景觀咖啡廳商店意象→知覺價值→忠誠度」的關係間，具有顯著的調節式中介效果？（概念性模型圖，如圖17-13）。

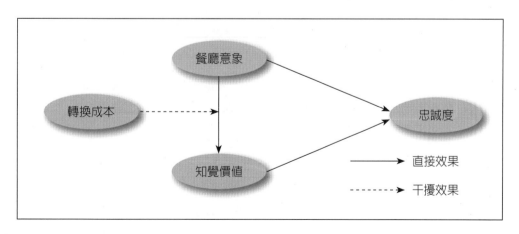

圖17-13　概念性模型圖

依題意，我們將建立假設為（論文中，須寫對立假設）：

H₁：轉換成本會在「景觀咖啡廳商店意象→知覺價值→忠誠度」的關係間，具
　　有顯著的調節式中介效果。

(操)(作) 步驟

　　在這個範例中，我們將檢驗「轉換成本」這個數值型的變數是否會干擾「景觀咖啡廳商店意象→知覺價值→忠誠度」的關係。在此，我們將再度運用PROCESS模組（模型樣板7）來輔助我們進行調節式中介效果的檢定。進行調節式中介效果檢定時，實務上，會先將受訪者的基本特性控制住，然後依序設定依變數（忠誠度）、自變數（景觀咖啡廳商店意象）、中介變數（知覺價值）與干擾變數（轉換成本）。此外，為避免多元共線性的問題（Aiken and West, 1991），也須先將數值型的自變數（景觀咖啡廳商店意象）與干擾變數（轉換成本）利用置中平減法（mean center）予以轉換後再相乘，以求得交互作用項。倘若交互作用項對知覺價值、忠誠度（也須置中平減法轉換）具有顯著的影響效果，即表示調節式中介效果存在。

　　過去進行調節（干擾）變數檢定時，多將調節（干擾）變數區分為不同程度（如高、中、低）的類別變數，並採用階層迴歸分析或多群組結構方程模型，檢驗變數間的直接效果如何受到調節（干擾）變數之不同取值的影響（彭淑玲，2019；謝為任，2021）。然而，對於調節式中介效果的檢定方式，一般學術論文則大都採用Preacher等人（2007）所提出的條件化間接效果分析法（conditional indirect effect, CIE）。其主要特點為：(1)可同時檢驗中介與調節效果是否存在；(2)分析「自變數→中介變數→依變數」之間接效果是否受到調節變數影響，而非僅檢驗變數之間的直接效果；(3)不須將調節變數轉化成類別變數，而是保有調節變數的連續變數特質，而允許研究者探討某一間接效果強度是如何隨著調節變數的不同取值而改變。因此，CIE方法可提供研究者更多訊息來闡述調節效果的重要性（謝為任，2021）。

　　因此，根據CIE，實務上，在調節式中介效果檢定的過程中，其迴歸路徑模型有二，一是中介變數模型（mediator variable model），在此模型中會以知覺價值作為依變數；另一是依變數模型（dependent variable model），在此模型中則會以忠誠度作為依變數，以利檢測調節式中介效果。然為了支持「調節」的假設，中介變數模型中的干擾效果應顯著；而為了支持「調節式中介效果」的假設，間接效果應能隨著調節變數之取值不同而有所變化。最後，調節式中介效果若為顯著，再以拔靴法

（bootstrapping method）檢測轉換成本在不同取值的情況下，其效果值的變化程度（Preacher et al., 2007）。詳細的操作過程、報表彙整與解說，讀者可自行參閱教學影音檔「ex17-5.mp4」。

17-8-2　分析結果的撰寫

利用PROCESS模組的「樣板模型7」進行調節式中介效果檢定後，所得到的報表相當長，需要花點時間去理解。所產生之報表的解說工作，雖然在本書中並沒有以文字方式呈現，但是在教學影音檔「ex17-5.mp4」中，都進行了相當清楚的說明。此外，該教學影音檔也針對所產生的報表進行解讀與彙整，甚至製作出能以圖形化方式解析干擾效果之內涵的簡單斜率分析（simple slope analysis）圖，故請讀者務必詳閱教學影音檔「ex17-5.mp4」。

執行PROCESS模組進行干擾效果檢定後，分析所得數據將彙整成表17-8、表17-9、表17-10、表17-11。表17-8、表17-9、表17-10、表17-11的空白表格已存放在「ex17-5.docx」中，請讀者自行修改並運用。至於彙整過程，請讀者自行參閱教學影音檔「ex17-5.mp4」。

本研究採用Hayes（2013）所發表之PROCESS模組，進行研究假設H_1的調節式中介效果檢驗。在樣本量選擇5,000，95%的信賴區間下，並控制性別、婚姻狀況、年齡、職業、教育程度、平均月收入與消費次數的影響後，分析結果如表17-8、表17-9、表17-10、表17-11所示。

表17-8　中介變數模型：以知覺價值作爲依變數

依變數 統計量 自變數	知覺價值			
	迴歸係數	t 值	95%信賴區間	
			下界	上界
常數	4.342*	10.458	3.525	5.518
控制變數				
性別	0.200	1.680	-0.034	0.434
婚姻	-0.316*	-2.108	-0.612	-0.021
年齡	0.182*	2.643	0.047	0.318
職業	0.024	0.835	-0.033	0.081
教育	0.077	1.291	-0.041	0.196

表17-8 中介變數模型：以知覺價值作爲依變數（續）

依變數	知覺價值			
統計量	迴歸係數	t 值	95%信賴區間	
自變數			下界	上界
月收入	-0.098	-1.584	-0.220	0.024
消費次數	0.031	0.728	-0.053	0.115
自變數				
景觀咖啡廳商店意象	0.527*	10.260	0.426	0.629
干擾變數				
轉換成本	0.165*	4.281	0.089	0.241
交互作用項				
景觀咖啡廳商店意象×轉換成本	-0.097*	-3.039	-0.160	-0.034
R^2	0.587			
$\triangle R^2$	0.017			
$\triangle F$	9.237 （p = 0.003）			

註：* 表 p < 0.05，顯著。

表17-9 依變數模型：以忠誠度作爲依變數

依變數	忠誠度			
統計量	迴歸係數	t 值	95%信賴區間	
自變數			下界	上界
常數	2.470*	4.914	1.481	3.458
控制變數				
性別	-0.140	-1.095	-0.391	0.111
婚姻	-0.100	-0.624	-0.417	0.216
年齡	0.028	0.383	-0.118	0.175
職業	0.079*	2.543	0.018	0.140
教育	0.011	0.176	-0.115	0.138
月收入	0.106	1.608	-0.024	0.237
消費次數	-0.038	-0.836	-0.128	0.052
自變數				
景觀咖啡廳商店意象	0.272*	4.361	0.149	0.395
知覺價值	0.362*	6.652	0.255	0.469

註：*表 p < 0.05，顯著。

表17-10　調節式中介效果指標（Index）

	指標（Index）	Boot SE	Boot LLCI	Boot ULCI
轉換成本	-0.035*	0.015	-0.070	-0.009

註：*表 p＜0.05，顯著。

表17-11　轉換成本對「景觀咖啡廳商店意象→知覺價值→忠誠度」的調節式中介效果檢驗表

轉換成本的條件式間接效果				
轉換成本＝M±SD	Effect	SE Boot	Boot LLCI	Boot ULCI
-1.499	0.244*	0.049	0.152	0.342
0	0.191*	0.035	0.124	0.261
1.499	0.138*	0.034	0.073	0.206
轉換成本區域值	Effect	SE	LLCI	ULCI
-3.445	0.863*	0.116	0.634	1.091
-2.845	0.804*	0.099	0.609	1.000
-2.245	0.746*	0.084	0.582	0.910
-1.645	0.687*	0.069	0.551	0.824
-1.045	0.629*	0.058	0.515	0.743
-0.445	0.571*	0.052	0.469	0.673
-0.145	0.542*	0.051	0.441	0.642
0.155	0.512*	0.052	0.410	0.615
0.455	0.483*	0.055	0.375	0.591
0.755	0.454*	0.059	0.338	0.570
1.055	0.425*	0.065	0.298	0.552
1.655	0.366*	0.078	0.213	0.520
2.555	0.279*	0.101	0.080	0.478

註：*表 p＜0.05，顯著。

　　由表17-8顯示，轉換成本對「景觀咖啡廳商店意象→知覺價值」的關係，具有顯著的干擾效果（$\beta = -0.097$，$t = -3.039$，$p = .003$），而由表17-9顯示，「知覺價值→忠誠度」的關係間，則呈現正向的顯著關係（$\beta = 0.362$，$t = 6.652$，$p = .000$）。此外，由表17-10顯示，調節式中介作用指標（index of moderated mediation）係數為-0.035，95%的信賴區間介於-0.070到-0.009之間，不包含0，故顯著。顯見轉換成本確實會對知覺價值的間接效果產生調節（干擾）作用。亦即，轉換成本會調節（干擾）「景觀咖啡廳商店意象→知覺價值→忠誠度」的路徑關係。

基於此，研究者再採用兩步驟法進行更深入的檢驗，其一，調節變數在高低一個標準差時，檢驗「自變數→中介變數→依變數」的條件式間接效果，亦即按平均數、平均數加減一個標準差，區分低、中、高三種轉換成本水準，分析在不同轉換成本水準下，其中介效果的顯著性變化。其二，透過拔靴法檢測轉換成本在不同取值的情況下，其中介效果的顯著性變化。

由表17-11可知，當轉換成本是較低程度時（−1個標準差），間接效果為0.244，95%的信賴區間介於0.152到0.342之間，不包含0，故顯著。而當轉換成本為平均數時，間接效果為0.191，95%的信賴區間介於0.124到0.261之間，不包含0，亦顯著。最後，當轉換成本是較高程度時（+1個標準差），間接效果為0.138，95%的信賴區間介於0.073到0.206之間，不包含0，仍達顯著。這些現象也可藉由圖17-14的簡單斜率分析圖來觀察，圖17-14中的各直線斜率（自變數x前的係數）即代表著「景觀咖啡

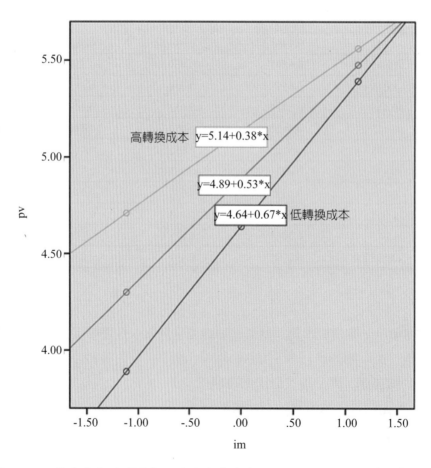

圖17-14　轉換成本於「景觀咖啡廳商店意象→知覺價值」的簡單斜率分析圖

廳意象→知覺價值」的影響力。顯見，「低轉換成本」時，「景觀咖啡廳商店意象→知覺價值」的斜率最大、影響力也最大；而「高轉換成本」時，「景觀咖啡廳商店意象→知覺價值」的斜率最小、影響力也最小。

再進一步計算所有資料範圍內調節變數任意值的條件性間接效果，用以瞭解條件性間接效果顯著時，調節變數數值及迴歸係數的變化。再從表17-11的「轉換成本區域值」段落可發現，當轉換成本程度越低，知覺價值對「景觀咖啡廳商店意象→忠誠度」之關係的中介效果越強，且皆達顯著（95%信賴區間皆不包含0）。意即景觀咖啡廳商店意象透過知覺價值對忠誠度的間接效果，會因轉換成本程度的不同而產生顯著差異，故本研究假設H_1獲得支持，即轉換成本顯著的調節知覺價值在「景觀咖啡廳商店意象→忠誠度」關係間的中介效果。當轉換成本的程度越低，知覺價值的條件式間接效果越高。即，當轉換成本越低時，景觀咖啡廳商店意象透過知覺價值對忠誠度的間接效果，將較轉換成本高時要來的強。

由上述分析結果說明了，「轉換成本」的不同取值將干擾「景觀咖啡廳商店意象→知覺價值→忠誠度」的關係，且此調節式中介效果是負向顯著的（調節式中介作用指標係數為-0.035）。這顯示在低轉換成本下「景觀咖啡廳商店意象」透過「知覺價值」對「忠誠度」的影響力高於高轉換成本時。也就是說，當景觀咖啡廳的特質是屬低轉換成本的狀態時，更應重視其帶給消費者所感受到的意象（image）與知覺價值，如此才能有效的提升消費者的忠誠度。

一般而言，餐廳的轉換成本普遍較低。再由上述的分析可發現，當消費者所感受到的轉換成本較低的情形下，「景觀咖啡廳商店意象」透過「知覺價值」對「忠誠度」的正向影響力大於轉換成本較高時。基於此，在一般餐廳普遍具有低轉換成本傾向的業態中，更可突顯出「景觀咖啡廳商店意象」與「知覺價值」的重要性。

習 題

練習 17-1

參考附錄一中【旅遊動機、體驗價值與重遊意願關係之研究】的原始問卷，並開啟hw17-1.sav，試探討體驗價值於旅遊動機與重遊意願間是否具有中介效果？

練習 17-2

參考附錄一中【旅遊動機、體驗價值與重遊意願關係之研究】的原始問卷，並開啟hw17-2.sav，試探討體驗價值的四個子構面於旅遊動機與重遊意願間是否具有多重中介效果？

練習 17-3

參考附錄一中【旅遊動機、體驗價值與重遊意願關係之研究】的原始問卷，並開啟hw17-3.sav，試探討體驗價值是否會干擾旅遊動機與重遊意願間的關係？

練習 17-4

參考附錄一中【旅遊動機、體驗價值與重遊意願關係之研究】的原始問卷，並開啟hw17-4.sav。由於研究的需求，有必要將受訪者的年齡重新分組。因此，須將「年齡」變數依下列規則，重新編碼成新變數「年齡層」，以對受訪者依「年齡層」重新分組：

30歲以下：改稱為青年，其數值代碼為1。

31～50歲：改稱為壯年，其數值代碼為2。

51歲以上：改稱為老年，其數值代碼為3。

試探討「年齡層」是否會干擾體驗價值與重遊意願間的關係？

練習 17-5

參考附錄一中【旅遊動機、體驗價值與重遊意願關係之研究】的原始問卷，並開啟hw17-5.sav。承上題的新變數「年齡層」，試探討「年齡層」是否會在「旅遊動機→體驗價值→重遊意願」的關係間，具有調節式中介效果？

第 18 章

結構方程模型

隨著統計理論和電腦技術的不斷發展、精進，結構方程模型（structural equation modeling, SEM）乃孕育而生。在20世紀70年代，Jöreskog、Kessling等人將路徑分析的概念引入到潛在變數的研究中，並和因素分析方法結合起來，而形成了結構方程模型。在結構方程模型中，利用驗證性因素分析（confirmatory factor analysis, CFA）技術，將潛在變數（latent variable）與觀察變數（observed variable）結合，而構成測量模型（measurement model）；再藉助路徑分析（path analysis）檢驗潛在變數之間的因果關係，而形成結構模型（structural model）。將這兩個模型整合成完整的架構，即形成了結構方程模型。

結構方程模型是一種複雜的因果關係模型，可以處理觀察變數與潛在變數以及潛在變數之間的因果關係。而事實上，一些常用的第一代統計技術，如迴歸分析、主成分分析、因素分析、路徑分析及變異數分析等，都可看成是結構方程模型的特例而已。此外，結構方程模型也擁有這些第一代統計技術所無法比擬的優點。也正因為如此，近二十年來，導致結構方程模型在心理學、社會學、管理學以及行為科學等領域中能被廣泛的應用。本章將包含下列的內容：

1. 結構方程模型簡介。
2. 運用SmartPLS繪製研究模型圖。
3. 運用SmartPLS評估信效度。
4. 運用SmartPLS檢驗因果關係。
5. 運用SmartPLS檢驗多重中介效果。
6. 運用SmartPLS檢驗數值型干擾效果。
7. 運用SmartPLS檢驗類別型干擾效果。
8. 運用SmartPLS進行多群組分析。

18-1　結構方程模型簡介

結構方程模型又稱為共變數結構分析（analysis of covariance structure）或線性結構方程（linear structure equation），它屬多變量統計（multivariate statistical analysis）的分析方法之一。它是一種運用假設檢定，對潛在變數之路徑關係的內在結構，進行分析的一種統計方法。由於在社會科學領域中，一般研究者關注之議題所涉及的變數，大都是屬於不能準確、直接測量的潛在變數（例如：滿意度、忠誠度……等）。對於這些潛在變數的處理，傳統的第一代統計方法，如迴歸分析、因素分析與路徑分析皆無法妥善處理。此時，就須運用到能同時處理潛在變數與觀察變數（可直接測量的變數，通常指量表中的每個題項）的結構方程模型了。基於此，

Fornell（1982, 1987）曾將過去社會科學家所常用的傳統統計方法稱之爲第一代統計分析技術（first-generation techniques）（例如：探索性因素分析、變異數分析、多元迴歸分析……等），而將結構方程模型稱爲第二代統計分析技術（second-generation techniques）。

第一代統計分析技術於運用上，常會受限於潛在變數存在之事實。也就是說，第一代統計分析技術尚無法確實處理潛在變數的「測量問題」之意。於是，第二代統計分析技術乃孕育而生了。第二代統計分析技術，將透過量表或問卷中的題項（觀察變數）而間接測量到潛在變數，進而進行分析，並嘗試計算這些題項（觀察變數）對潛在變數的測量誤差，這種所謂的第二代統計分析技術，所指的就是目前最盛行的結構方程模型了。

結構方程模型是一種相當複雜的因果關係模型，它運用了驗證性因素分析技術（confirmatory factor analysis, CFA），將測量誤差納入考量，並結合潛在變數與觀察變數，而構成了結構方程模型中的測量模型（measurement model）。結構方程模型的分析過程中，首要任務就是須建構測量模型，並針對該模型進行CFA，其主要目的就是想去驗證模型中之各潛在變數（構面）的信度、收斂效度與區別效度。除測量模型外，結構方程模型中尚包含另一個模型，即結構模型（structural model，又稱路徑模型）。結構模型可利用路徑分析技術（path analysis, PA），以驗證各潛在變數間的因果關係。最後，將測量模型與結構模型整合於一個整體的架構中，即形成了完整的結構方程模型。

具體而言，認識結構方程模型最簡單的方法，莫過於謹記，結構方程模型中包含著「三個兩」的概念。「三個兩」即是兩種變數、兩種路徑與兩種模型。「兩種變數」意味著結構方程模型中的變數類型有兩種，即觀察變數（長方形）與潛在變數（橢圓形或圓形）。「兩種路徑」則代表結構方程模型中包含兩類路徑，即代表因果關係的路徑（單向箭頭）與共變（相關）關係的路徑（雙向箭頭）。而「兩種模型」則是指測量模型（驗證性因素分析模型）與結構模型（路徑分析模型），如圖18-1與圖18-2。

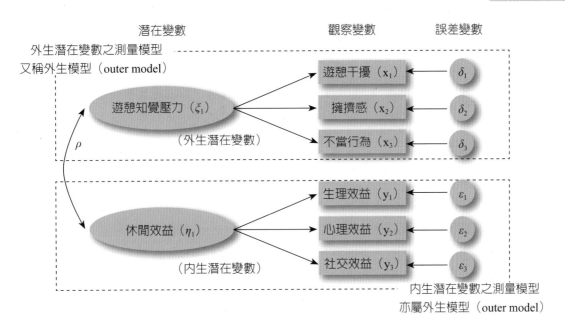

圖18-1　結構方程模型的測量模型圖（虛線部分）

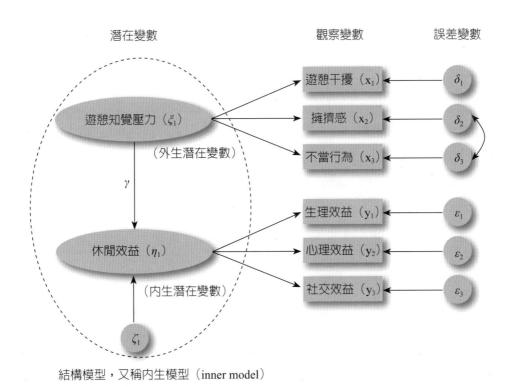

圖18-2　結構方程模型的結構模型圖（虛線部分）

█ 18-1-1　兩種變數

　　結構方程模型中包含了兩種變數：觀察變數（observed variable）與潛在變數（latent variable），另外誤差變數有些時候也可視為是一種潛在變數，因為它也是不能被直接觀察得到的。此外，亦可根據影響路徑的因果關係，將結構方程模型的變數分為內生變數（endogenous variables）和外生變數（exogenous variables）（榮泰生，2008）。

➤ 觀察變數與潛在變數

　　觀察變數，是指可以直接觀察或測量的變數，又稱為外顯變數（manifest variable）。這些觀察變數通常是指問卷中的每一個題項，一個題項就是一個觀察變數。當然，在一些因素結構較複雜的構面（例如：二階構面）中，觀察變數亦可能是數個觀察變數的平均數。例如：在圖18-1中，「遊憩知覺壓力」這個構面是由「遊憩干擾」、「擁擠感」與「不當行為」等三個觀察變數（子構面）所衡量，然而真實問卷中，「遊憩干擾」子構面又包含了三個題項（觀察變數）。因此，在結構方程模型的分析過程中，我們會將該三個題項得分的平均數設定給「遊憩干擾」子構面，且以此子構面當作是主構面「遊憩知覺壓力」的三個測量指標之一。故，觀察變數亦可以是數個其他觀察變數的平均數。在結構方程模型的路徑圖中，觀察變數通常以長方形圖表示，如圖18-1中的x_1、x_2、x_3、y_1、y_2與y_3。

　　很多社會科學研究中所涉及的變數都不能被準確、直接地測量，這種變數即稱為潛在變數。雖然潛在變數不能直接測得，但是由於它是一種抽象的客觀事實，所以潛在變數是可以被研究的。方法是透過測量與潛在變數相關的觀察變數作為其指標變數，而對其間接地加以評價。傳統的多元統計方法不能有效處理這種含潛在變數的問題，而結構方程模型則能同時處理潛在變數及其指標（觀察變數加測量誤差）間的關係。在結構方程模型的路徑圖中，潛在變數通常以橢圓形圖表示，如圖18-1中的「遊憩知覺壓力」（ξ_1，唸法：ksi）與「休閒效益」（η_1，唸法：eta）。

　　此外，在結構方程模型中，觀察變數與測量誤差變數合稱為指標變數，利用數個指標變數就可以間接測量潛在變數，當然其過程必然會有誤差項產生。結構方程模型中的誤差項包括三類：潛在自變數的測量誤差（如圖18-1中的δ_1、δ_2、與δ_3，唸法：delta）、潛在依變數的測量誤差（如圖18-1中的ε_1、ε_2與ε_3，唸法：epsilon）和結構模型的結構誤差項（潛在自變數預測潛在依變數時產生的誤差，如圖18-2中的ζ_1，唸法：zeta）。在結構方程模型的路徑圖中，測量誤差或結構誤差通常以圓形表示。

➢ **內生變數與外生變數**

　　外生變數是指模型中不受任何其他變數影響，但會影響模型中的其他變數之變數，也就是說，在路徑圖中，外生變數會指向任何一個其他變數，但不會被任何變數以單箭頭指向它（如圖18-2中的ξ_1）。在一個因果模型中，外生變數的角色是解釋變數或自變數。

　　而內生變數是指在模型內會受到任何一個其他變數所影響的變數，也就是說，在路徑圖中，內生變數會受到任何一個其他變數以單向箭頭指向的變數（例如：圖18-2中的η_1）。在一個因果模型中，內生變數會被看作是結果變數或依變數。

　　通常我們會用x表示外生觀察變數（如圖18-1中的x_1、x_2與x_3）；y表示內生觀察變數（如圖18-1中的y_1、y_2與y_3），而外生潛在變數和內生潛在變數則分別用ξ_1和η_1表示。

　　由於結構方程模型中的變數有：觀察變數與潛在變數兩種，且依其在模型中所扮演的角色，又可分為內生、外生。故結構方程模型中的變數，依其角色定位大致可分為四類，分別為：外生觀察變數、外生潛在變數（潛在自變數）、內生觀察變數、內生潛在變數（潛在依變數）。

📌 18-1-2　兩種路徑

　　結構方程模型包含兩種路徑，即代表因果關係的路徑（單向箭頭）與共變關係的路徑（雙向箭頭）。在結構方程模型圖中，有四類的單向箭頭路徑，它的路徑值一般稱為迴歸加權係數（如圖18-2）。第一類：連接潛在變數與觀察變數間的單向箭頭線，其迴歸加權係數又稱為因素負荷量；第二類：連接觀察變數與測量誤差間的單向箭頭線；第三類：連接潛在變數與另一個潛在變數間的單向箭頭線（代表因果關係），其迴歸加權係數又稱為路徑係數或直接效果；第四類：連接潛在依變數與結構誤差（ζ_1）間的單向箭頭線。而雙向箭頭則代表著共變關係，共變關係即代表著兩變數間具有相關性之意（例如：圖18-1中的ξ_1和η_1、圖18-2中的δ_2與δ_3）。未來執行模型成功後，在標準化模型中，雙向箭頭線條旁的數值就是兩變數間的相關係數（ρ）。

　　在進行結構方程模型分析前，常須繪製路徑圖，它能直觀地描述變數間的相互關係。應用路徑圖有一些規則，如圖18-1與圖18-2所示：

➢ **長方形**：表示觀察變數。如圖18-1中的x_1、x_2、x_3、y_1、y_2、y_3。

➢ **橢圓形**：表示潛在變數。如圖18-1中的ξ_1和η_1。

➢ 圓形：表示測量誤差或結構誤差。如圖18-1中的δ_1、δ_2、δ_3和ε_1、ε_2、ε_3，分別表示以觀察變數x_1、x_2、x_3和y_1、y_2、y_3來間接測量ξ_1和η_1時的測量誤差；而ζ_1則是代表外生潛在變數（ξ_1）預測內生潛在變數（η_1）時，所產生的結構誤差。

➢ 長方形 ⬅ 橢圓形：代表潛在變數的因素結構，即各觀察變數與潛在變數間的迴歸路徑，其真實意義就是因素負荷量之意。

➢ 橢圓形 ⬅ 橢圓形：代表因果關係，即外生潛在變數ξ_1對內生潛在變數η_1的直接影響。

➢ 橢圓形 ⬅➡ 橢圓形：代表相關性，即外生潛在變數ξ_1對內生潛在變數η_1的相關性。

18-1-3　兩種模型

　　一般而言，結構方程模型可以分為測量模型（measurement model）和結構模型（structural model）兩部分。測量模型用以描述潛在變數與指標變數之間的關係，也稱為驗證性因素分析模型（邱皓政，2004）。如圖18-1共有兩個測量模型（虛線部分），分別測量「遊憩知覺壓力」與「休閒效益」。例如：圖上半部的虛線範圍，即表明了「遊憩干擾」、「擁擠感」與「遊客不當行為」等觀察變數與「遊憩知覺壓力」之關係的測量模型。運用驗證性因素分析技術可以針對測量模型進行分析，以驗證各潛在變數的信度、收斂效度與區別效度。

　　其次，結構模型則用以描述潛在變數之間的關係，又稱為路徑分析模型。如「遊憩知覺壓力」與「休閒效益」間的關係，如圖18-2虛線範圍，代表「遊憩知覺壓力」對「休閒效益」的影響力。運用路徑分析技術可以針對結構模型進行分析，以驗證各潛在變數間的因果關係。

　　實務上，進行結構方程模型分析時，一般會根據Anderson and Gerbing（1988）及Williams and Hazer（1986）等學者的建議，而將執行過程分成兩個階段。第一階段先評鑑測量模型，以瞭解各構面的信度、收斂效度及區別效度，各構面具有信、效度後，才能進入第二階段。第二階段再評鑑結構模型（即路徑模型），以驗證概念性模型中各種有關潛在變數間之因果關係的各項假說。

◆ 18-2　PLS-SEM簡介 ◆

　　PLS（partial least squares，偏最小平方法）是現在有很多社會科學研究者不可或缺的統計分析方法之一。基本上，以PLS為基礎的結構方程模型（簡稱PLS-SEM）也是一種屬於結構方程模型的統計分析方法，和傳統的結構方程模型（例如：過去常用AMOS、LISREL等軟體進行分析的結構方程模型）有所區別，但都是屬於結構方程模型的一種。一般研究者常將過去使用的傳統結構方程模型稱做是CB-SEM（Covariance-based SEM，以共變數為基礎的SEM，如圖18-1、圖18-2），主要原因在於CB-SEM能透過最大概似估計法檢驗觀察變數的共變矩陣和概念性模型的共變矩陣的適配度，以驗證研究者所建立的概念性（假設）模型是否能得到所蒐集到的資料之支持。因此，CB-SEM於性質上較屬「驗證性」的技術。

　　但是，PLS-SEM的基本原理和CB-SEM的概念有所差異，簡單來說，PLS-SEM就是以普通最小平方法（ordinary least squares, OLS）為演算邏輯，而同時建立了多條迴歸模型，以期能使結構模型中的依變數之誤差項最小化，並致使結構模型中的依變數能具有最大的解釋能力或擬合能力（R^2值）的結構方程模型。因此，PLS-SEM於性質上較屬「探索性」的技術。PLS-SEM模型圖，如圖18-3所示。讀者請注意，圖18-3的PLS-SEM模型中，因為其分析仍基於迴歸理論，因此，會假設潛在變數無測量誤差，故已不再具有測量誤差與結構誤差項了。

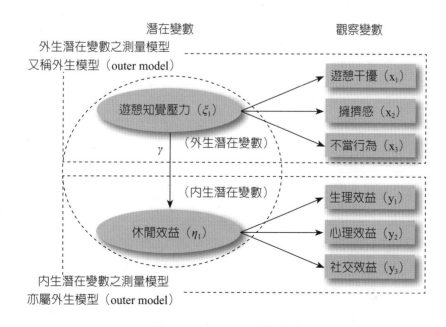

圖18-3　PLS-SEM模型圖

18-2-1 PLS-SEM模型中的變數類型

PLS-SEM模型中也包含了兩種變數：觀察變數與潛在變數。此外，亦可根據影響路徑的因果關係，而將PLS-SEM模型的變數分為外生潛在變數和內生潛在變數。和CB-SEM較有差異之處在於：在CB-SEM中常將觀察變數和測量誤差項合稱為指標（indicators），但在PLS-SEM模型中，由於其分析仍基於迴歸理論，因此，會假設潛在變數無測量誤差，故潛在變數的觀察變數不會有誤差項，因此觀察變數就會直接稱之為指標，所以圖18-3中就不會再有各類的誤差項了。因而，利用數個指標就可以間接測量潛在變數。

18-2-2 PLS-SEM模型中的路徑

在CB-SEM中會包含兩種路徑（如圖18-1、圖18-2），即代表因果關係的路徑（單向箭頭）與共變關係的路徑（雙向箭頭）。但是在PLS-SEM模型中將只包含單向箭頭路徑而不會有雙向箭頭路徑，它的路徑值一般稱為路徑係數（如圖18-3中的 γ）。

與路徑分析類似，在進行PLS-SEM分析前，常須繪製路徑圖，它能直觀地描述變數間的相互關係。應用路徑圖有一些規則，如圖18-3所示：

1. 長方形：表示觀察變數。如圖18-3中的 x_1、x_2、x_3、y_1、y_2 與 y_3。
2. 橢圓形或圓形：表示潛在變數。如圖18-3中的 ξ_1 和 η_1。
3. 長方形 ◄── 橢圓形：代表潛在變數的因素結構，即各觀察變數與潛在變數間的迴歸路徑，其真實意義就是因素負荷量之意。
4. 橢圓形 ◄── 橢圓形：代表因果關係，即外生潛在變數 ξ_1 對內生潛在變數 η_1 的直接影響。

18-2-3 PLS-SEM的構造

一般而言，PLS-SEM的構造和CB-SEM相同，也是可以分為測量模型和結構模型兩部分。測量模型用以描述潛在變數與觀察變數之間的關係。如圖18-3矩形虛線的範圍，即表明模型中有兩個測量模型，分別為外生潛在變數的測量模型與內生潛在變數的測量模型。結構模型則用以描述潛在變數之間的關係，又稱為路徑分析模型。如圖18-3橢圓形虛線的範圍，則表明模型中有一個結構模型，即「遊憩知覺壓力」對「休

閒效益」間的因果關係。實務上，進行PLS-SEM模型分析時，要先驗證測量模型具有信、效度後，才能驗證結構模型。也就是說，唯有潛在變數的測量是可信的、有效的情形下，驗證潛在變數間的關係才有實質意義（邱皓政，2004）。

18-2-4　PLS-SEM與CB-SEM的差異

如前所述，結構方程模型可分為兩種類型，一種是以共變數為基礎的結構方程模型，可針對各觀察變數的共變數結構進行運算分析，並藉由研究者所推論的概念性模型來解釋變數間的共變關係。因此，這類型的結構方程模型就常被稱為是以共變數為基礎的結構方程模型（covariance based SEM, CB-SEM）；另一種則是以變異量為基礎的結構方程模型，也就是利用偏最小平方法（partial least squares）求解的結構方程模型（PLS-SEM），該方法利用觀察變數的線性組合而定義出一個主成分結構後，再利用迴歸原理解釋主成分間的預測與解釋關係，因此也稱為以主成分為基礎的結構方程模型。

由於以共變數為基礎的結構方程模型（CB-SEM）發展已相當成熟，且應用在許多科學領域，大眾較為熟悉。分析CB-SEM時，常使用AMOS、LISREL等軟體進行分析。但CB-SEM在實務應用時仍有許多的限制（如常態性要求、須大樣本等），故近期已有不少研究者（尤其是資訊領域）紛紛改用PLS-SEM，似有後浪推前浪之勢。因此本書也將聚焦於討論以偏最小平方法的結構方程模型（PLS-SEM）之原理與運算、統計特性與CB-SEM的差異，以及其優勢和限制，而所使用的分析軟體，即為學界所普遍運用的SmartPLS軟體。

CB-SEM的基本概念是：研究者首先會根據過去文獻中所提及的理論，然後依據本身所具備的知識與經驗，經過觀念釐清、文獻整理、分析、理論的邏輯推導等理論性的辯證與演繹後，從而建立一個足以描述一組變數之間相互關係的概念性模型（又稱為假設模型、理論模型），且這個概念性模型尚有待檢驗，以驗證自己所提出的理論觀點之適用性（邱皓政，2004）。因此，CB-SEM大都應用於「驗證性」研究中。當研究者提出概念性模型後，欲利用結構方程模型進行分析時，首先會對模型中所涉及的觀察變數進行測量，從而獲得一組觀察變數的實際資料和基於此樣本資料所形成的共變數矩陣，這個共變數矩陣稱為樣本矩陣（S）。結構方程模型就是要將概念性模型中，各變數之路徑關係（聯立方程式）所形成的共變數矩陣（又稱再生矩陣，Σ）與實際的樣本矩陣（S）進行配適性檢驗，並以最大概似法（maximum likelihood,

ML）進行估計，以能確實評估樣本矩陣到底有多接近再生矩陣。評估時，將使用如GFI、AGFI、NFI、CFI、NNFI、SRMR……等指標輔助評估模型配適度。如果概念性模型與實際的樣本資料配適良好，那麼就表示概念性模型是可以接受的；否則就要對概念性模型進行修正，如果修正之後仍然不符合配適指標的準則要求，那麼就須否定概念性模型，一切得從頭再來。

相對於CB-SEM，PLS-SEM並不以最大概似估計法評估模型配適度，而是以普通最小平方法進行估計。PLS-SEM的運算是由一系列的加權迴歸方程式所完成，藉由一組加權係數來調整迴歸方程式，以使結構（路徑）模型中的依變數（內生構面）之誤差項能最小化為目標，而獲得結構模型的最佳化。也就是說，PLS-SEM期望所估計出的參數能使得結構模型中的依變數（內生構面）具有最大的R^2值。因此，其主軸概念在於「探索」一個較佳的模型（具最大R^2值）。故當研究者之研究主題尚未臻成熟，或特別是當研究模型的主要目標在於預測或解釋模型中的依變數時，PLS-SEM可能是個較合適的方法。亦即，PLS-SEM對預測理論的發展以及解釋變異的研究來說，是個較佳的方法（Hair et al., 2014）。

最後，將就CB-SEM與PLS-SEM於統計技術、分析目的、資料分配、共線性、樣本數、指標型態、模型評估與工具軟體的差異性，整理如表18-1。

表18-1　CB-SEM和PLS-SEM的差異性

項目	CB-SEM	PLS-SEM
統計技術	以模型中各指標間的共變數矩陣與實際樣本的共變數矩陣為基礎，進行配適分析，以檢驗概念性（假設）模型與實際的樣本資料的配適程度。	以指標間的線性組合，定義出構面的變異量結構，再利用PLS迴歸模型進行分析，以檢驗構面間的預測或解釋關係，又稱為是以變異量為基礎的結構方程模型。
分析目的	主要用於檢測研究者所提之概念性（假設）模型的適用性，故常用於驗證型研究中。	其主要功能在於預測與解釋，且並不會產生整體配適度指標。故適合用於模型的探索與驗證透過推導所建構之模型的路徑（因果）關係。
資料分配	會受到資料分配影響，以最大概似估計法進行估計時，則資料必須具有多元常態性，否則易得偏誤解。	屬無母數統計分析技術，故資料可以不具常態性，甚至小樣本也無所謂。但是當資料型態具有非常態分配時，仍需要相當規模的樣本（但至少比CB-SEM少），才能期望獲得較穩定的估計結果。

表18-1　CB-SEM和PLS-SEM的差異性（續）

項目	CB-SEM	PLS-SEM
共線性	由於，演算過程為常態機率模型所限制，共線性問題的威脅較低。	雖在無母數機率環境下，迴歸模型不易受到多元共線性問題影響，但指標間具有高度相關性時，或指標為形成性時，共線性問題的威脅較高。
樣本數	所需樣本數之最小值介於100～150間，但實務上，欲達良好配適，樣本數通常非常大。	樣本大小應為研究中所使用問卷之題項數的10倍以上。
指標型態	反映性為主。	反映性與形成性皆可。
模型評估	主要針對模型的整體配適程度進行評估，評估指標有：卡方值、各種配適度指標、組合信度（CR值）、平均變異抽取量（AVE值）、收斂效度、區別效度。	主要針對模型的預測能力與解釋能力進行評估。評估模型的解釋能力時，可使用決定係數（R^2）和外生變數對內生變數的解釋效果量指標（f^2）來輔助評估；而評估模型的預測能力時，可以採用由盲解法（blindfolding method）所計算出之內生變數的預測相關性指標Stone-Geisser's Q^2或預測效果量q^2進行評估。
工具軟體	AMOS、LISREL、EQS	SmartPLS、PLS Graph、Visual PLS

資料來源：修改自蕭文龍（2018）。

18-2-5　為什麼要使用PLS-SEM

　　當研究者決定使用PLS-SEM進行統計分析前，最好能考量其統計特性的適用性，因為這些統計特性可能會影響最終結果的評鑑（Hair et al., 2014）。一般而言，使用PLS-SEM須考量的重要議題有四類：(1)資料特性；(2)模型特性；(3)PLS-SEM的演算特性；(4)模型評鑑。

一、資料特性

　　考量資料特性（例如：最小樣本需求、非常態性資料與測量尺度等問題）時，是選用PLS-SEM最重要的幾個考量因素（Hair et al., 2012b; Henseler et al., 2009）。首先，研究者須理解，CB-SEM的估計運算必須在假設資料為常態分配的情況下才能進行，因此CB-SEM會受到多元常態分配的假設限制。倘若資料型態為非常態分配時，那麼所得到的結果就會有所偏誤。相較於CB-SEM，PLS-SEM是種無母數的迴歸分析

技術，亦即PLS-SEM並沒有限制資料須符合多元常態分配的假設。因此，PLS-SEM縱使在小樣本的情況下進行估計，也可以獲得良好的參數估計值。相反的，CB-SEM對常態性的要求則相當嚴謹，因此，需要使用比較大的樣本以維繫估計解的不偏性。不過事實上，當資料型態具有非常態分配時，其實PLS-SEM也需要相當規模的樣本（但至少比CB-SEM小），才能期望獲得較穩定的估計結果（李承傑、董旭英，2017）。

其次，雖然PLS-SEM可配適小樣本資料，不過當樣本數小於測量變數之數量時，也很有可能會得到不理想的估計解（Hair et al., 2014），只有當樣本數越大時，才可以獲得越穩健的結果。至於樣本數到底要多大呢？Barclay et al.（1995）曾提出所謂的10倍數法則供學界參考。也就是說決定樣本數時，應參考研究模型中具有最多指標數的構面，並以該最多指標數爲計算基礎，樣本數應爲該最多指標數的10倍。雖然這樣的法則，在學界也有些運用，然而學界也對樣本數的大小提出了不少實務上的看法。因而，目前似乎還沒有一個統一的樣本大小之選取標準，各篇文獻的結論與建議都不盡相同，有的甚至相互矛盾。不過，對於實務應用的研究者而言，最簡捷的方法則莫過於Nunnally（1967）的提議，樣本大小應爲研究中所使用問卷之題項數的10倍以上。

最後，有關測量尺度，PLS-SEM模型中的測量指標通常爲數值型資料，且對於次序尺度或二元型變數亦能妥善處理，但內生潛在變數最好不要是二元型變數。通常在PLS-SEM模型中，會使用到二元型變數的時機爲進行干擾效果（moderating effect）檢定或多群組分析（multi-group analysis）時。因爲只要依照二元型變數的值，就可適當的對原始樣本分群，而進行檢定。

至於其他有關資料特性的細節，建議讀者可自行參考表18-2。

二、模型特性

PLS-SEM能同時妥善處理反映性（reflective）與形成性（formative）的測量模型以及僅具有單一題項之構面，故PLS-SEM於處理測量模型時是相當有彈性的，而不像CB-SEM只能處理反映性測量模型，對於形成性測量模型之處理能力相對較弱。

在CB-SEM中，常稱結構方程模型具有「三個兩」的概念，即具有兩種變數、兩種模型與兩種路徑。然而，在PLS-SEM中，只具有「二兩一」的概念，其中兩種變數、兩種模型都跟CB-SEM相同，但路徑只有一種。CB-SEM中，兩種路徑是指結構方程模型具有單向箭頭的路徑（因果關係）與雙向箭頭的路徑（相關性）。由於，

PLS-SEM演算法要求結構模型必須是遞迴模型（recursive model），亦即潛在變數間彼此不相關，也就是潛在變數間的相關係數爲零。因此，在PLS-SEM中只有單向箭頭的路徑，而不存在代表相關性的雙向箭頭路徑。

在CB-SEM中，常要求模型須有良好的配適度外，最好模型也能越精簡越好。因爲模型的複雜度對CB-SEM的演算過程是種極爲嚴峻的挑戰。相反的，對於PLS-SEM而言，只要樣本數能符合最低要求，模型複雜度基本上並不是問題（Hair et al., 2014）。

三、PLS-SEM的演算特性

PLS-SEM的演算主要是透過一系列的加權迴歸模型分析所達成，演算過程中會藉由加權迴歸係數的持續變化而調整迴歸模型的估算結果，進而獲得最佳化狀態（最大的R^2值）的結構模型。

PLS-SEM的演算程序基本上有四個步驟：首先，進行線性組合。PLS-SEM會將潛在變數與其所屬的各指標進行線性組合，以獲取潛在變數的標準化得分。其次，估計結構模型權重。於前一步驟取得各潛在變數的標準化得分後，利用迴歸模型分析或路徑分析求解，以取得結構模型中各潛在變數的權重。然後，再於結構模型中，於外生潛在變數與內生潛在變數間進行線性組合，由此就可以計算出新的結構模型中，各潛在變數的新估計值。最後，再重新估計測量模型的權重。藉由新結構模型中，各潛在變數的新估計值與其所屬各指標間的相關係數或迴歸係數再作爲測量模型的權重，再次代入第一步驟求取測量模型潛在變數得分以進行線性組合。如此，反覆疊代估計，直到獲得的測量模型權重收斂至不再有明顯的變化時才停止計算。

當然，如前所述，在PLS-SEM的演算過程中，都是以能達成將未解釋的變異量最小化爲主要目標（即R^2值的最大化）。其次，讀者也應不難發現，PLS-SEM的演算過程還蠻類似傳統的主成分分析法與迴歸模型分析，且事實上PLS-SEM也具有前述方法的某些特質。例如：在進行預測時，PLS-SEM具有相當的便捷性與彈性，而且重視實務應用與實際預測控制的效用，但此作爲應也會減損理論價值與概念的詮釋性，不過這並非PLS-SEM發展的目的，因此也不算是個缺點（李承傑、董旭英，2017）。

四、模型評鑑

CB-SEM主要是應用於驗證性的研究，其目的在於檢驗研究者所提出的概念性

（假設）模型與實際的樣本資料是否配適良好。因此，將使用到一些可用於輔助評鑑模型配適度的指標，如GFI、AGFI、NFI、CFI、NNFI、SRMR……等。然而，對於PLS-SEM而言，其主要功能在於預測與解釋，且並不會產生整體配適度指標，故評鑑模型品質時，則應針對模型的預測能力與解釋能力進行評鑑。在SmartPLS 軟體中，評鑑模型的解釋能力時，可使用決定係數（R^2）和外生變數對內生變數的解釋效果量指標（f^2）來輔助評鑑；而評鑑模型的預測能力時，可以採用由盲解法所計算出之內生變數的預測相關性指標Stone-Geisser's Q^2、預測效果量q^2以及R^2來進行評鑑。

其次，由於PLS-SEM的演算過程中，主要是針對潛在變數與其所屬的指標進行線性組合，所以簡化了主成分分數間的運算過程，並直接進行OLS迴歸分析，所以即使樣本數不多也可用來估計測量模型與結構模型。再者，由於路徑分析是迴歸的延伸，以迴歸為核心概念的PLS-SEM也可以延伸其功能到結構模型的檢驗，以及中介效果分析（李承傑、董旭英，2017）。

此外，PLS-SEM也可以簡單的完成有關類別型干擾變數、連續型干擾變數與多群組分析等異質性資料的分析工作，而且也因PLS-SEM能夠直接套用交互作用項而進行迴歸，或多群組比較策略，因此，處理異質性資料問題也顯得較有效率。

簡而言之，相較於CB-SEM，PLS-SEM對樣本條件的需求較少，也不須強求資料須符合多元常態分配，還可以處理多個構面的複雜結構模型，並能同時處理反映性指標和形成性指標的測量模型。因此，特別適用於預測與強調模型整體解釋變異程度的研究中（李承傑、董旭英，2017）。

表18-2　PLS-SEM的主要特性

主項目	分項	特性
資料特性	樣本大小	1.能妥善處理小樣本研究，沒有模型識別問題。
		2.即使是小樣本，分析結果仍具高統計檢定力。
		3.但大樣本更能增加估計的正確性與一致性。
	資料分配	1.PLS-SEM屬無母數統計方法。
		2.樣本資料不須具有常態性。
	遺漏值	1.遺漏值若能控制在5%以下，則估計結果仍具穩定性。
	測量尺度	1.外生或內生潛在變數，最好是數值資料。
		2.次序尺度或二元資料等類別型資料亦適用。
		3.內生潛在變數最好不要使用類別型資料。

表18-2　PLS-SEM的主要特性（續）

主項目	分項	特性
模型特性	指標數	1.單一指標或多指標之構面皆適用。
	指標型態	1.反映性或形成性指標皆可妥善處理。
	模型複雜度	1.處理複雜模型時，甚具效率性。
		2.測量模型中，構面之指標數越多，越有利於降低PLS-SEM偏誤。
演算特性	目標	1.期能使未解釋變異量最小化（R^2值最大化）。
	效率	1.即使是處理複雜性高的模型時，亦甚具效率。
	潛在變數得分	1.以指標的線性組合進行估計。
		2.可用來進行預測。
		3.可用來作後續任何分析時，潛在變數的代表值。
	參數估計	1.會低估結構模型的路徑關係（屬PLS-SEM的一種偏誤）。
		2.會高估測量模型的因素負荷或權重（亦屬PLS-SEM的一種偏誤）。
		3.估計結果具穩定性。
		4.估計結果具高統計檢定力。
模型評鑑特性	整體模型評鑑	1.沒有整體模型配適度評鑑指標。
	測量模型評鑑	1.反映性測量重視因素負荷量、CR值、AVE值等信、效度評鑑指標。
		2.形成性測量重視權重顯著性、共線性、收斂效度的評鑑。
	結構模型評鑑	1.應針對模型的預測能力與解釋能力進行評鑑。
		2.評鑑模型的解釋能力時，可使用決定係數（coefficient of determination, R^2）和外生變數對內生變數的解釋效果量指標（f^2）來輔助評鑑。
		3.評鑑模型的預測能力時，可以採用由盲解法（blindfolding method）所計算出之內生變數的預測相關性指標Stone-Geisser's Q^2、預測效果量q^2以及R^2來進行評鑑。
	其他分析	1.可檢驗多重中介效果。
		2.可進行階層成分分析（hierarchical component models）。
		3.可進行類別型干擾變數檢定。
		4.可進行連續型干擾變數檢定。
		5.可利用多群組分析，進行測量恆等性（measurement invariance）檢驗。
		6.可利用多群組分析，進行模型泛化性（model generalization）檢驗。

資料來源：修改自Hair, Ringle, & Sarstedt（2011）。

▓ 18-2-6　反映性與形成性

　　一個完整的結構方程模型應包括測量模型和結構模型等兩個部分，測量模型描述著潛在變數和觀察變數間的關係；而結構模型則描述著不同潛在變數間的因果關係。測量模型中每個潛在變數都將由一組指標（觀察變數加誤差項）來界定，且通常認為潛在變數的變異會引起指標變異，故指標是潛在變數的效應呈現（Diamantopoulos, 2008），這種模型即是Spearman提出的因素分析法所代表的模型，一般稱為反映性模型（reflective model），而其指標就稱為反映性指標（reflective indicator），又可稱為效應指標（effect indicator）。但是，Blalock（1964）也指出，在某些情況下，因指標變異而導致潛在變數變異的情況下，在測量的解釋上或許更為合理，而這種測量模型就稱為是形成性模型（formative model），而其指標則稱為形成性指標（formative indicator），又可稱為原因指標（causal indicator），且這種觀點得到了越來越多研究者的關注。

　　在目前的社會科學研究中，研究者甚少仔細思考指標和潛在變數之間的關係，幾乎都非常自然的接受反映性模型。然而將形成性模型錯誤的界定為反映性模型，或者將反映性模型錯誤的界定為形成性模型，均會導致模型界定錯誤。錯誤的模型界定將會使得參數估計時容易產生偏誤，導致對變數間關係的錯誤評估，進而影響統計結論的有效性，甚至導致研究者對整個研究問題的錯誤解釋（Jarvis, MacKenzie, & Podsakoff, 2003）。因此，研究者於研究前，應能明確區分所將建構的測量模型到底是反映性模型或是形成性模型。

　　圖18-4a就是一個典型的反映性測量模型，該測量模型可用圖形下方的式18-1來加以表示。i代表第 i 個指標，λ_i表示第 i 個指標在潛在變數η上的因素負荷量，ε_i表示第 i 個指標的測量誤差，測量誤差之間會相互獨立，測量誤差與潛在變數間也要相互獨立。

　　圖18-4b則是一個典型的形成性測量模型，該測量模型可用圖形下方的式18-2來加以表示。γ_i表示第 i 個指標x_i對潛在變數η的影響力，ζ為殘差，x_i與殘差ζ相互獨立。

　　其次，圖18-4c與圖18-4d則描繪了兩種指標型態於概念上的差異。圖中粗黑色圓圈代表構面之概念的總集合，也就是構面透過指標間接測量所想要測到的內容。而灰色圓圈則代表每一指標所能涵蓋之概念範圍。明顯的，反映性測量的目標在於將這些具可替代性的指標間的「重疊區域」最大化（即交集部分越大越好）；而形成性測量則強調能將代表不同面向意涵的指標所能擴展的範圍最大化，因此指標間重疊的面積

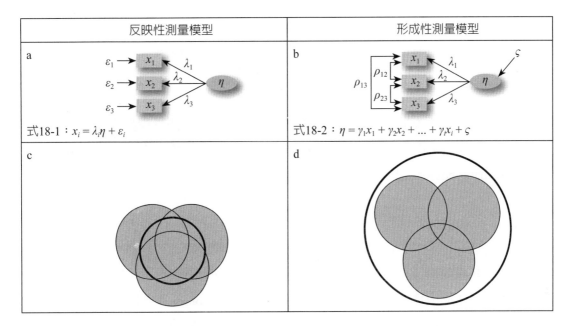

反映性測量模型	形成性測量模型

式18-1：$x_i = \lambda_i \eta + \varepsilon_i$

式18-2：$\eta = \gamma_1 x_1 + \gamma_2 x_2 + ... + \gamma_i x_i + \varsigma$

圖18-4　反映性與形成性測量模型

資料來源：圖形修改自Diamantopoulos, Riefler, & Roth（2008）與Hair et al.（2014）。

應越少越好（即聯集部分越大越好）。

　　而若從模型界定的觀點來看，反映性測量模型和形成性測量模型具有下列三點差異：

（一）潛在變數與指標的關係

　　一般而言，反映性測量模型顯示了潛在變數的變異將會導致指標的變異（方向上由潛在變數指向指標），故指標會展現出潛在變數的特徵與概念。各指標對潛在變數而言，都具有同樣有效的測量，也就是各指標間具有可替代性，因此刪除某個指標對潛在變數的本質並不會有所影響。相對的，形成性測量模型則顯示指標的變異將會導致潛在變數的變異（方向上由指標指向潛在變數），各指標共同界定了潛在變數的特徵，代表著一系列概念範圍不同且不可互換的因素，每個指標代表變數的某一面向的特定意涵。因此，刪除某個指標就會改變變數的本質（Jarvis et al., 2003）。

（二）各指標間的關係

　　反映性測量模型中，所有的指標之間必須有正相關，如此才會具有內部一致

性；而形成性測量模型中，指標間的相關並不是必要的條件，相關的程度也沒有特定的要求，可以是正相關、負相關或無相關（Jarvis et al., 2003）。

（三）有關誤差

反映性與形成性測量模型都會具有誤差項，但是反映性測量模型的誤差是指指標水準間的測量誤差；而形成性測量模型的誤差則是指潛在變數水準間的結構誤差（殘差）（Diamantopoulos, 2006）。

Jarvis等人（2003）曾評估了四種主要的行銷研究期刊上所發表的文章，結果發現，有大約三分之一的研究，其模型界定錯誤了。這類的模型界定錯誤大致可分為兩種型態：應該採用形成性模型而卻採用反映性模型，稱為I型錯誤；應該採用反映性模型而卻採用了形成性模型，稱為II型錯誤（Diamantopoulos & Siguaw, 2006）。此外，Diamantopoulos等人（2006）的研究也發現，如果按照反映性模型和形成性模型的量表開發原則進行分析的話，以最初相同的30個題項，經項目分析後，最終被保留下來的題項，在反映性模型和形成性模型中竟只有兩個題項是一致的。可見，模型界定錯誤對最終的測量指標確實有極大影響。模型界定錯誤帶來的最嚴重後果是模型正確卻被拒絕或者模型錯誤卻被接受，更為常見的結果是使模型參數估計發生偏差，但無論哪種類型的錯誤，最終都會影響研究結論的準確性和科學性。

18-2-7 應用PLS-SEM的步驟

基本上，應用PLS-SEM時有其步驟程序，研究者必須謹遵這些程序，才能有效率的完成執行PLS-SEM的任務，這些步驟如圖18-5。

具體來說，PLS-SEM始於測量模型與結構模型的界定。而所謂的模型界定，在PLS-SEM的軟體中也就是能繪製出正確的、可執行的模型圖之意，接著就是資料準備工作。根據Anderson and Gerbing（1988）及Williams and Hazer（1986）等學者的建議，進行結構方程模型分析時應分為兩個階段，第一階段先針對各研究構面及其衡量題項進行分析，以瞭解各構面的信度、收斂效度（convergent validity）及區別效度（discriminant validity）；第二階段為運用潛在變數的路徑分析，以驗證研究中對於各種因果關係之假設檢定。

　　測量模型中的信、效度都達學術性研究所要求的水準後，就可進行結構模型分析，以確認各潛在變數間的路徑（因果）關係。最後，若有需要則可再探討有關PLS-SEM的較進階議題，如階層成分模式、多重中介效果、干擾效果、測量恆等性與模型泛化等議題。

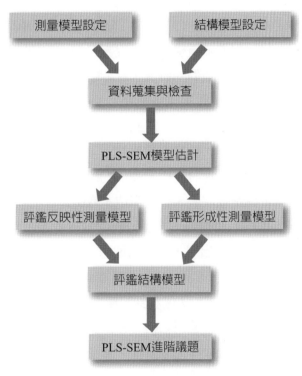

圖18-5　應用PLS-SEM的步驟

◆ 18-3　運用SmartPLS繪製研究模型圖 ◆

　　過去的課程中，我們為了要檢驗範例論文「品牌形象、知覺價值對品牌忠誠度關係之研究」之原始問卷的信度與各主構面的收斂效度、區別效度時，花了不少力氣。例如：第5-4節、第6-8節、第6-9節與第7-4節的課程都是在檢驗信、效度問題。而後續，又為了要檢驗範例論文中「品牌形象」、「知覺價值」與「品牌忠誠度」等三個主構面間的關係，我們又使用了相關分析（第7-3節）、迴歸分析（第16-9節）與中介效果檢定（第17-2節、第17-3節），但使用這些方法來驗證這三個主構面間的關係時，既辛苦又容易引起統計方法使用適宜性的質疑。

　　為什麼會這樣呢？主要的原因在於我們所研究的變數「品牌形象」、「知覺價值」與「品牌忠誠度」，甚至是它們的子構面，本質上都應該屬於潛在變數，而過去我們所運用的相關分析、迴歸分析，其實都無法解決這些潛在變數的測量問題呀！所以，請讀者回憶一下，先前課程中我們是如何進行相關分析、迴歸分析的。我們都是土法煉鋼式的，先求出主構面或子構面的得分後，再去進行相關分析和迴歸分析，甚至再運用中介效果檢定才能勉強地把三個變數間的關係描述的稍為清楚一點。但我們為什麼可以這樣做呢？又為何必須這樣做呢？說實在的，在傳統的統計方法裡，並沒有辦法來回答這兩個問題。所以我們的研究，就容易引發嚴謹度方面的質疑，其實這些問題都是因為潛在變數之測量問題與潛在變數間的因果關係所引起的。到目前為止，能夠徹底解決潛在變數之測量問題且能徹底釐清潛在變數間關係的統計方法，就只有一個，那就是第二代統計學：結構方程模型。

　　在社會科學領域中，只要是探討變數間關係的研究，結構方程模型可說是打遍天下無敵手。近年來甚至可說是攻取碩、博士學位，教師升等的統計神器。但是，一般研究者總會覺得結構方程模型很難懂，統計分析工具（如AMOS、LISREL等）也很複雜，直到SmartPLS這套軟體的出現，才漸漸地降低了學習結構方程模型的門檻。

　　在本書後續的幾個節次中，將以一個實際的論文範例，帶領讀者來一趟SmartPLS結構方程模型分析之旅，沒有太多的理論，完全以實作的觀點出發，只要讀者能依樣畫葫蘆，就能在論文中運用結構方程模型，以取代傳統的相關分析、迴歸分析、中介、多重中介與干擾效果檢定等方法。甚至讀者也有能力於短期間內，將結構方程模型實際的運用到你自己的論文當中。

18-3-1　繪製研究模型圖的範例

▶ 範例18-1

請參考附錄八中，範例論文「品牌形象、知覺價值與品牌忠誠度關係之研究」的正式問卷與內容說明，該問卷的資料檔為「ex18-1.sav」。據其因素結構（圖18-6）與範例論文之研究目的，研究者經理論推導三個主構面之因果關係後，乃建立四個關係假設，整合這些假設後，進而提出該範例論文的概念性模型圖，如圖18-7。試運用SmartPLS軟體繪製出該範例論文的研究模型圖。

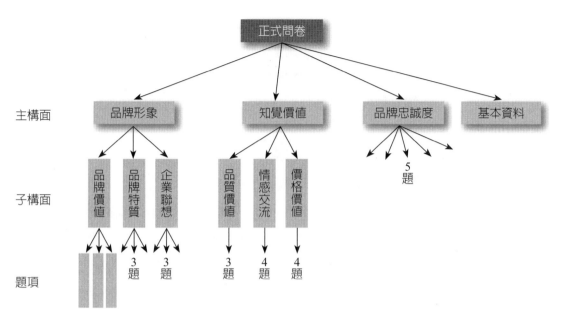

圖18-6　範例論文之正式問卷結構圖

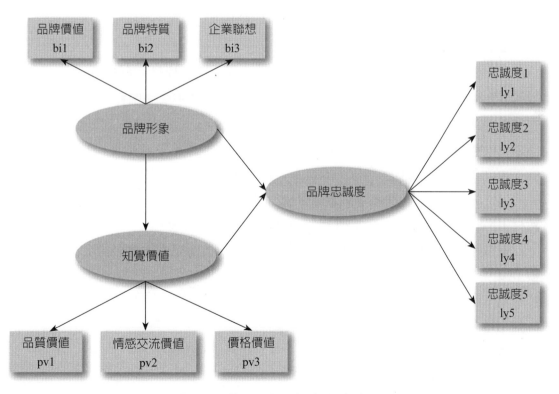

圖18-7　範例論文之概念性模型圖

假設一（H₁）：品牌形象對知覺價值具有直接正向的影響力。

假設二（H₂）：知覺價值對品牌忠誠度具有直接正向的影響力。

假設三（H₃）：品牌形象對品牌忠誠度具有直接正向的影響力。

假設四（H₄）：知覺價值會於品牌形象與品牌忠誠度的關係間，扮演著中介角色。

18-3-2　範例說明

在這個範例中，將根據研究者所提出的概念性模型，運用SmartPLS軟體繪製出研究模型圖，以便能進行後續的結構方程模型分析。而在進行結構方程模型分析時，我們必須根據Anderson and Gerbing（1988）及Williams and Hazer（1986）等學者的建議，應分為兩個階段，第一階段先評鑑測量模型，以瞭解各構面的信度、收斂效度及區別效度；第二階段再評鑑結構模型（即路徑模型），以驗證各構面間之因果關係的假設檢定。因此，完整的結構方程模型分析將分為以下三個主要階段：

第一階段：繪製研究模型圖（範例18-1）

第二階段：測量模型評鑑（範例18-2）

第三階段：結構模型評鑑（範例18-3）

首先在開始繪圖之前，請讀者必須先把SmartPLS軟體安裝到你的電腦上。SmartPLS軟體目前最新的版本是4.0版（2022/09），若不參與購買方案的話，下載安裝後最多只能使用30天。但對研究者而言，軟體不一定要最新版，能符合研究需求、軟體取得容易且能長久持續使用，才是最重要的考量。所以，作者最推薦的SmartPLS軟體版本為3.2.9版以上的版本。有關SmartPLS軟體的取得、安裝過程、長期使用方法、基本操作與基本概念等資訊，讀者都可在本節的「ex18-1.mp4」之影音教材中，取得上述資訊的連結，請讀者務必觀看教學影音檔。

安裝好SmartPLS軟體後，我們就開始來繪製模型圖吧！為能順利地繪製出研究模型圖，請遵循以下四個步驟：

1. 建立工作空間。

2. 建立專案。

3. 匯入資料檔，資料檔必須為CSV格式，且無任何遺漏值存在。

4. 繪製研究模型圖。

18-3-3　操作過程

　　正確畫出研究模型圖的要訣是熟記範例論文中三個主構面的因素結構，根據表18-3正式問卷的因素結構，可以將該因素結構以樹狀圖來表示（如圖18-6），這樣比較容易將正式問卷中各主構面的因素結構，烙印在腦海中。其實在此所講的因素結構，在結構方程模型當中，就稱為是測量模型。因此，只要能夠把每一個構面的測量模型（因素結構）都畫出來，然後再根據概念性模型圖的外觀（圖18-7）或各假設中的各變數關係，用單向箭頭線（代表因果關係）把各個測量模型連結起來，就可以完成研究模型圖的繪製工作了。詳細的繪圖過程與有關結構方程模型的基礎知識，讀者可直接參閱教學影音檔「ex18-1.mp4」。繪製完成的研究模型圖，如圖18-8所示。

表18-3　正式問卷資料的因素結構

構面名稱	子構面名稱	題項內容	變數名稱
品牌形象	品牌價值 bi1	1. 85度C的產品風味很特殊。	bi1_1
		2. 85度C的產品很多樣化。	bi1_2
		3. 85度C和別的品牌有明顯不同。	bi1_3
	品牌特質 bi2	4. 85度C很有特色。	bi2_1
		5. 85度C很受歡迎。	bi2_2
		6. 我對85度C有清楚的印象。	bi2_3
	企業聯想 bi3	7. 85度C的經營者正派經營。	bi3_1
		8. 85度C形象清新。	bi3_2
		9. 85度C讓人聯想到品牌值得信任。	bi3_3
知覺價值	品質價值 pv1	1. 我認為85度C的產品，其品質是可以接受的。	pv1_1
		2. 我不會對85度C之產品的品質，感到懷疑。	pv1_2
		3. 85度C之產品的品質，常讓我感到物超所值。	pv1_3
	情感交流價值 pv2	4. 我會想使用85度C的產品。	pv2_1
		5. 使用85度C的產品後，會讓我感覺很好。	pv2_2
		6. 使用85度C的產品後，能讓其他人對我有好印象。	pv2_3
		7. 我的好友們，和我一樣，都喜歡購買85度C的產品。	pv2_4

表18-3　正式問卷資料的因素結構（續）

構面名稱	子構面名稱	題項內容	變數名稱
知覺價值	價格價值 pv3	8. 我認為85度C的產品價格不甚合理。	pv3_1
		9. 我認為以此價格購買85度C的產品是不值得的。	pv3_2
		10. 我認為85度C的產品，CP值很高。	pv3_3
		11. 相較於其他價位相近產品，我會選擇購買85度C的產品。	pv3_4
品牌忠誠度		1. 購買個案公司的產品對我來說是最好的選擇。（ly1）	ly1
		2. 我是個案公司的忠實顧客。（ly2）	ly2
		3. 當我有需求時，我會優先選擇個案公司的產品。（ly3）	ly3
		4. 我願意繼續購買個案公司的產品。（ly4）	ly4
		5. 我會向親朋好友推薦個案公司的產品。（ly5）	ly5

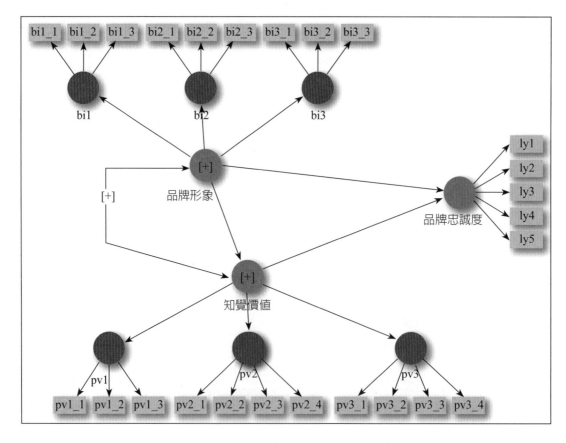

圖18-8　繪製完成的研究模型圖

18-4　運用SmartPLS評估信效度

　　一個完整的結構方程模型應包括測量模型和結構模型等兩個部分，測量模型描述著潛在變數（主構面或子構面）和指標（題項）間的關係；而結構模型則描述著不同潛在變數間的因果關係。如前所述，繪製好研究模型圖後，就可進行結構方程模型分析了。分析時，我們將使用兩階段法來進行。首先在本節中，我們將要來完成第一階段的測量模型評鑑。讀者必須瞭解的是，測量模型評鑑的目的在於解決潛在變數的測量問題，也就是針對各研究構面及其衡量題項進行評估，以瞭解各構面的內部一致性、指標信度、收斂效度及區別效度。

18-4-1　評估模型中，各構面的信、效度

　　根據過往諸多學者的建議，評估模型中各構面的信、效度時，可就下列四個面向進行評估（Hulland, 1999; Hair et al., 2014）。

（一）內部一致性

　　當評鑑測量模型時，首要目標便是評估模型中各主構面的內部一致性，此即針對構面的組合信度（CR值）進行評鑑。根據第6-9節中所提供的組合信度計算公式（式6-13），不難理解CR值會介於0與1之間，其所代表的意義與Cronbach's α值類似，CR值越高表示構面的內部一致性越高。學術上，一般學者皆認為，CR值大於0.7，就表示該構面的測量指標（題項）間具有內部一致性（Nunnally & Bernstein, 1994; Gefen, Straub, & Boudreau, 2000; Esposito Vinzi et al., 2010）。

（二）指標信度

　　指標信度意指同屬某構面之各指標間的共同性（communality）要高。根據因素分析原理，共同性為標準化因素負荷量的平方。因此，共同性就代表著每一指標（題項）能解釋總變異（代表構面的真實意涵）的量。根據過往學者建議，構面中的每一指標（題項），必須至少能解釋50%以上的總變異，才算符合高指標信度原則。因此，理論上若指標的標準化因素負荷量大於0.708（50%的平方根），則該指標就屬高指標信度。故Hair et al.（2014）認為標準化因素負荷量大於0.7，才具有指標信度。然而標準化因素負荷量大於0.7，在實務上卻是不容易達到的，所以Hulland（1999）提

出不同的看法，而認爲標準化因素負荷量大於0.5，則指標就具有指標信度。

（三）收斂效度

評估構面之收斂效度的各種方法中，以評估平均變異抽取量（AVE值）的方式，最具有代表性，由第6-9節中所提供的平均變異抽取量計算公式（式6-14），可理解，AVE值其實就是標準化因素負荷量平方的加總再除以指標數量（問項題數）而已，更簡單的講法是AVE值就是指標的平均共同性，其所代表的意義是「構面中，各指標的平均解釋能力。」Fornell and Larcker（1981）及Bagozzi and Yi（1988）都曾建議：構面的AVE值最好能超過0.50，因爲這就表示構面受到指標的貢獻相較於誤差的貢獻量要來得多。也就是各指標，平均而言已能解釋50%以上的構面總變異量了。

（四）區別效度

區別效度的意義在於：屬某構面的指標須和屬其他構面的指標間有較低的相關性（Churchill, 1979; Anderson and Gerbing, 1988）。明顯的，區別效度在說明著一個構面與其他構面間的區別程度。評估構面的區別效度時，學術論文上最常使用的方法爲運用Fornell-Larcker準則。Fornell-Larcker準則是個判斷構面間是否具有區別效度的重要方法，其內容爲每一個構面的AVE平方根應大於該構面與模型中其他構面間的相關係數（Fornell & Larcker, 1981）。

綜合整理上述概念，未來進行信、效度評估時，我們可遵照表18-4的各評估項目來進行測量模型評鑑。

表18-4　評估信、效度的準則依據

項目	準則	依據
內部一致性	Cronbach's α或CR值大於0.7	Nunally & Bernstein（1994）；Gefen, Straub, & Boudreau（2000）；Esposito Vinzi et al.（2010）
指標信度	標準化因素負荷量大於0.5，且顯著	Hulland（1999）
收斂效度	AVE值大於0.50	Fornell & Larcker（1981）Bagozzi & Yi（1988）
區別效度（Fornell-Larcker準則）	每一個構面的AVE平方根應大於該構面與其他構面間的相關係數	Fornell & Larcker（1981）

18-4-2 評估構面之信、效度的範例

> **範例18-2** 請根據範例18-1中,所繪製的研究模型圖(圖18-8)。執行模型圖後,請將執行結果彙整成表18-5的「測量模型參數估計表」與表18-6的「區別效度檢定表」。上述彙整表製作完成後,試據以進行測量模型評鑑,以評估範例模型中各構面的信、效度。

繪製好研究模型圖後,就可開始執行模型圖了。SmartPLS中所謂的執行模型圖,其實包含了兩項工作:

1. 執行「PLS Algorithm」功能:用以估計出模型中的各類參數。
2. 執行「Bootstrapping」功能:用以檢定所估計出的參數是否顯著。

執行完上述兩項功能後,就可得到用以進行結構方程模型分析的所有數據資料了。只要再好好的彙整這些資料,然後循序漸進的先評鑑測量模型,再評鑑結構模型,這樣當可順利的完成結構方程模型分析的任務。

18-4-3 操作過程

於SmartPLS中依序執行完「PLS Algorithm」功能與「Bootstrapping」功能後,就可得到用以進行結構方程模型分析的所有數據資料。在本範例中,我們將先進行「測量模型評鑑」的工作,為使評鑑過程更為簡捷,評鑑前最好先製作好表18-5與表18-6等兩張彙整表。為方便讀者使用,這兩張表的空白表格都已經包含在「ex18-2.docx」中了。不過最重要的是,讀者要有能力將這兩張表格修改成自己論文可使用的狀態。修改的原則很簡單,就是根據第18-3節的圖18-6(正式問卷結構圖)或表18-3(正式問卷資料的因素結構表),去修改就對了。

填製好表18-5與表18-6後,只要再依據表18-4中的各項評估項目之準則,循序漸進、逐項討論,就可以順利完成評鑑測量模型之任務了。詳細的操作與彙整表格之過程,讀者可直接參閱教學影音檔「ex18-2.mp4」。

表18-5　測量模型參數估計表

二階構面	一階構面	指標	標準化因素負荷量	t 值	Cronbach's α	CR值	AVE值
品牌形象					0.893	0.913	0.539
	品牌價值	bi1_1	0.903*	73.841	0.880	0.926	0.807
		bi1_2	0.888*	67.110			
		bi1_3	0.903*	79.368			
	品牌特質	bi2_1	0.913*	104.818	0.887	0.930	0.816
		bi2_2	0.894*	76.315			
		bi2_3	0.904*	83.686			
	企業聯想	bi3_1	0.955*	149.996	0.943	0.963	0.897
		bi3_2	0.952*	140.346			
		bi3_3	0.934*	102.641			
知覺價值					0.874	0.897	0.443
	品質價值	pv1_1	0.940*	137.816	0.928	0.954	0.874
		pv1_2	0.932*	112.785			
		pv1_3	0.933*	124.236			
	情感交流價值	pv2_1	0.910*	93.922	0.940	0.957	0.848
		pv2_2	0.925*	115.848			
		pv2_3	0.922*	101.827			
		pv2_4	0.926*	119.321			
	價格價值	pv3_1	0.926*	117.011	0.933	0.952	0.833
		pv3_2	0.899*	74.842			
		pv3_3	0.908*	86.410			
		pv3_4	0.918*	100.365			
	品牌忠誠度	ly1	0.880*	65.438	0.912	0.935	0.741
		ly2	0.848*	50.201			
		ly3	0.826*	47.112			
		ly4	0.870*	56.965			
		ly5	0.879*	62.057			

註：*表 $p < 0.05$，顯著。

表18-6　區別效度檢定表

一階構面	bi1	bi2	bi3	pv1	pv2	pv3	ly
品牌價值bi1	0.898[1]						
品牌特質bi2	0.523[2]	0.903					
企業聯想bi3	0.393	0.475	0.947				
品質價值pv1	0.436	0.331	0.284	0.935			
情感交流價值pv2	0.234	0.214	0.220	0.208	0.921		
價格價值pv3	0.376	0.399	0.419	0.307	0.303	0.913	
品牌忠誠度ly	0.654	0.704	0.633	0.422	0.322	0.498	0.861

註：1.對角線上的數字為各構面AVE值的平方根。
　　2.非對角線上的數字為行、列構面間的相關係數。

18-4-4　分析結果的撰寫

　　實務上評鑑測量模型時，將根據過往諸多學者的建議，必須針對內部一致性、指標信度、收斂效度與區別效度等四個面向進行評估（Hulland, 1999; Hair et al., 2014）。評估時，將依據表18-4中的各項評估項目之準則。茲將評估過程描述如下：

（一）內部一致性

　　由「表18-5 測量模型參數估計表」得知，二階構面「品牌形象」與「知覺價值」的CR值分別為：0.913與0.897，皆大於門檻值0.7。其次，所有一階構面的CR值皆介於0.926～0.963之間，亦皆大於0.7。此外，各二階構面與一階構面的Cronbach's α值亦皆介於0.874～0.943之間，亦皆大於0.7。在一、二階構面皆具高CR值與高Cronbach's α值的情形下，表示模型中所有構面的測量指標皆具有內部一致性信度（Nunally & Bernstein, 1994; Gefen, Straub, & Boudreau, 2000; Esposito Vinzi et al., 2010）。

（二）指標信度

　　評鑑指標信度時，由於二階構面（品牌形象、知覺價值主構面）所屬之指標與一階構面（各子構面）之指標重複。因此，二階構面所屬之指標的因素負荷量，可不納入評鑑，故將只針對一階構面之指標的標準化因素負荷量進行評鑑。由「表18-5測量模型參數估計表」得知，bi1（品牌價值）、bi2（品牌特質）、bi3（企業聯想）、

pv1（品質價值）、pv2（情感交流價值）、pv3（價格價值）與品牌忠誠度之各指標的標準化因素負荷量皆介於0.826～0.955之間，皆明顯大於0.5，而且全部顯著。表示一階構面中，各指標皆屬高信度指標（Hulland, 1999）。

（三）收斂效度

評鑑收斂效度時，由於二階構面與一階構面重複使用了相同指標，且大部分的變異已由一階構面所抽取，故二階構面的AVE值會偏低。因此，二階構面的AVE值，將不納入討論。

由「表18-5 測量模型參數估計表」得知，一階構面的AVE值介於0.741～0.897之間，皆大於門檻值0.5，顯示bi1（品牌價值）、bi2（品牌特質）、bi3（企業聯想）、pv1（品質價值）、pv2（情感交流價值）、pv3（價格價值）與品牌忠誠度等一階構面中，指標的平均解釋能力皆超過50%以上，故七個一階構面皆具有收斂效度，也因此可推測二階構面的品牌形象（bi）與知覺價值（pv）亦應具有收斂效度（Fornell & Larcker, 1981; Bagozzi & Yi, 1988）。

（四）區別效度

雖然範例模型中包含了二階構面，但依據Fornell-Larcker準則評鑑區別效度時，並不要求二階構面與其所屬的各一階構面間須具區別效度（Hair et al., 2014）。也就是說，並不用去檢核二階構面的AVE平方根是否都大於其與各一階構面間的相關係數。因此，在本範例中，Fornell-Larcker準則的運用，將只針對一階主構面（品牌忠誠度）和一階子構面（六個）來進行評鑑。

由「表18-6 區別效度檢定表」得知，bi1（品牌價值）、bi2（品牌特質）、bi3（企業聯想）、pv1（品質價值）、pv2（情感交流價值）、pv3（價格價值）與品牌忠誠度等七個一階構面的AVE平方根最小值為0.861，而所有的相關係數最大值為0.704，故可研判所有一階構面的AVE平方根皆大於與其他構面間的相關係數，表示七個一階構面間皆具有區別效度（Fornell & Larcker, 1981）。

（五）總結

綜合上述分析結果可知，本範例模型之測量模型，由內部一致性、指標信度、收斂效度與區別效度等四個面向評鑑，其結果皆已達學術性的要求。代表「品牌形象」、「知覺價值」與「品牌忠誠度」等三個構面的測量系統已皆具有信度、收斂效度與區別效度。接下來可再進行結構模型分析，以檢驗各主構面間的因果關係。

18-5　運用SmartPLS檢驗因果關係

在已證明範例論文中，「品牌形象」、「知覺價值」與「品牌忠誠度」等三個構面的測量系統已皆具有信度、收斂效度與區別效度後，接下來，就可進行結構模型（路徑模型）分析，以便能驗證各主構面間的因果關係（路徑係數）是否顯著。

18-5-1　評鑑結構模型

在結構模型的分析過程中，研究者除了應檢視概念性模型中各假設路徑的因果關係是否顯著外，更重要的是要評鑑結構模型的品質。如果結構模型的品質差，縱使各因果關係皆顯著，那麼概念性模型所蘊含的意義或解釋能力將難以彰顯。在SmartPLS中評鑑結構模型的品質時，將以兩個方向進行評估，一為模型的預測能力；另一為模型的解釋能力。針對這兩面向的評鑑，Hair et al.（2014）曾提出一個系統性的方法，以有效的評鑑結構模型，該系統性方法中將評鑑過程細分為五個階段，如表18-7。

表18-7　評鑑結構模型的準則依據

階段	項目	準則	依據
1	共線性診斷	VIF（膨脹係數）小於5	Hair et al.（2011）
2	路徑係數之顯著性檢定	t 值的絕對值大於1.96 顯著性小於0.05	Hulland（1999）
3	評估預測效果R^2	$R^2 < 0.25$：預測能力稍嫌微弱 $0.25 <= R^2 < 0.50$：中等預測能力 $R^2 >= 0.5$：高預測能力	Hair et al.（2014）
4	評估解釋效果f^2	$0.02 < f^2 <= 0.15$：弱解釋效果 $0.15 < f^2 <= 0.35$：中等解釋效果 $f^2 > 0.35$：強解釋效果	Cohen（1988）
5	評估模型的配適程度GoF	$0 <= GoF < 0.1$：低配適度 $0.1 <= GoF < 0.36$：中等配適度 $GoF >= 0.36$：高配適度	Cohen（1988）

在SmartPLS中，會以OLS迴歸為基礎，而求算出外生潛在變數（自變數）和內生潛在變數（依變數）間的路徑係數。在這過程中，外生潛在變數間的共線性問題仍

須進行診斷，否則結構模型若真的存在共線性問題時，那麼所求算出的路徑係數可能會產生偏誤，甚至導致對模型所呈現之意涵的誤解。

其次，要如何評估模型品質呢？由於SmartPLS中進行結構模型分析時，將以讓內生潛在變數能被解釋的變異量最大化為目標，進而求算出各外生潛在變數和內生潛在變數間之最佳化的路徑係數。所以本質上SmartPLS較屬探索性（預測或解釋）的統計方法。因此，評估模型品質時，主要的指標或準則有：路徑係數的顯著性、描述模型預測能力的R^2值、描述模型解釋效果值f^2。

此外，過往CB-SEM的概念中，評估模型品質時，相當強調模型之配適度指標的重要性，故在SmartPLS中，也模擬了CB-SEM的作法，而把模型和樣本資料間的契合程度以一個所謂的配適能力指標GoF（Goodness-of-Fit）來進行評估。

18-5-2 評鑑結構模型的範例

▶ 範例18-3

請根據範例18-1中，所繪製的研究模型圖（圖18-8）。執行模型圖後，請將執行結果彙整成表18-8的「結構模型評鑑檢定表」與表18-9的「影響效果表」。上述彙整表製作完成後，試據以進行結構模型評鑑，以確認各構面間的因果關係，並評估模型的品質。

表18-8 結構模型評鑑檢定表

假設	關係	路徑係數	t 值	R^2	f^2	GoF
H_1	品牌形象→知覺價值	0.564*	12.774	0.319	0.467	
H_2	知覺價值→品牌忠誠度	0.165*	3.606	0.704	0.063	0.482
H_3	品牌形象→品牌忠誠度	0.735*	19.007		1.244	

註：「*」表 p < 0.05。

表18-9 影響效果表

自變數	依變數	直接效果	間接效果	整體效果
品牌形象	品牌忠誠度	0.735*	0.093*(0.564×0.165)	0.828*
知覺價值		0.165*	—	0.165*
品牌形象	知覺價值	0.564*	—	0.564*

註：1.「*」表 p < 0.05，顯著。
　　2.「—」表無該效果。

18-5-3 操作過程

在表18-8中，路徑係數、t值、R^2與f^2等資料，基本上都能在執行「PLS Algorithm」與「Bootstrapping」等功能後，而從報表中找到，只有整體模型配適指標GoF，必須重新計算。所以「範例18-3」的影音教學檔案，將著重於示範GoF的計算。

在SmartPLS中，用以評估概念性模型與樣本資料間之契合程度的指標，就稱為整體模型配適指標GoF（Goodness-of-Fit）。GoF的計算公式是由Tenenhaus et al.（2005）所提出的，公式如下：

$$GoF = \sqrt{\varnothing Com \times \varnothing R^2_{inner}}$$ （式18-1）

$\varnothing Com$：各變數之交叉驗證共同性（Q^2）的平均

$\varnothing R^2_{inner}$：各依變數之R^2的平均

式18-1中，交叉驗證共同性（cross-validated communality）可使用盲解法（blindfolding）來估計模型後而得到。盲解法是一種藉由對原始樣本資料點重複取樣（re-sampling），進而交叉驗證（cross-validation）模型預測能力的過程。重複取樣的意義為在每一輪次的取樣過程中，將有系統的移除內生構面（依變數）之所有指標的某些樣本點。哪些樣本點會在各輪次的取樣過程中被移除，則取決於移除距離（omission distance, D）的設定計畫。在SmartPLS中，移除距離D會預設為7。讀者需要注意的是：原始樣本點的數量不可被移除距離D所整除。例如：範例論文的正式資料檔有248筆樣本點，248不會被7整除，所以將來執行盲解法的時候，就可將移除距離D設定為7就好了。也就是說，只要資料檔的樣本數，不會被7整除，那移除距離D就設為預設的7。若會整除的話，就隨便設一個不會整除樣本數的質數就好，例如：5或11。

有關盲解法的更深入說明，讀者若有興趣，可參考五南圖書出版公司所出版的《結構方程模型分析實務：SPSS與SmartPLS的運用》（陳寬裕著）。

其次，求出各變數的交叉驗證共同性（Q^2）後，再把各依變數的R^2，一起輸入到「計算GoF.xlsx」中，就可順利的得到GoF，並填入到表18-8當中。「計算GoF.xlsx」這個Excel檔案，是作者為方便計算GoF所設計的輔助檔案。該檔案中，計算GoF的公式已設定好，讀者只要輸入相關資料後，就可輕鬆的得到GoF值。計算GoF的詳細過程與製作表18-8與表18-9的過程，請讀者自行參閱教學影音檔「ex18-3.mp4」。

18-5-4　分析結果的撰寫

評鑑結構模型時，將根據過往諸多學者的建議，必須針對指標共線性、路徑係數顯著性、預測能力與解釋能力、模型配適度等面向加以評估。評估時，將依據表18-7中的各評估面向之準則。茲將評估過程描述如下：

（一）指標的共線性診斷

模型中各指標的VIF值，如表18-10。由表18-10可發現，品牌形象構面的指標中，雖有兩個指標（bi3_1、bi3_2，屬企業聯想子構面的題項）的VIF值稍微大於5，但仍小於10。且先前評鑑測量模型時，這些指標也都具有內部一致性與指標信度，故為維持原始子構面（企業聯想）的題項完整性，本研究並不特別針對共線性問題而進行刪題處理，故企業聯想子構面的指標仍維持原狀。其餘所有指標的VIF值已皆小於5，表示模型中各指標的共線性問題並未達嚴重程度（Hair et al., 2011）。因此，未來共線性問題也預計不會對結構模型之路徑係數估計造成不良的影響。

表18-10　各指標的VIF值

品牌形象		知覺價值		品牌忠誠度	
指標	VIF	指標	VIF	指標	VIF
bi1_1	2.572	pv1_1	3.919	ly1	2.964
bi1_2	2.272	pv1_2	3.509	ly2	2.424
bi1_3	2.535	pv1_3	3.634	ly3	2.129
bi2_1	2.975	pv2_1	3.458	ly4	2.706
bi2_2	2.563	pv2_2	3.896	ly5	2.897
bi2_3	2.691	pv2_3	3.861		
bi3_1	5.490	pv2_4	4.003		
bi3_2	5.236	pv3_1	3.982		
bi3_3	3.595	pv3_2	3.130		
		pv3_3	3.341		
		pv3_4	3.693		

（二）路徑關係之檢定

根據表18-8的檢定結果，可繪製概念性模型之路徑結果圖，如圖18-9。由表18-8與圖18-9可知，研究模型中的三個假設關係（H_1、H_2與H_3）的路徑係數分別為0.564、0.165與0.735，且都顯著，即三個假設皆成立。此外，也可再由表18-9影響效果表得知，「品牌形象」構面可透過「知覺價值」構面而間接顯著的影響「品牌忠誠度」（間接效果值為0.093，達顯著）。故概念性模型的假設四（H_4）亦成立，代表「知覺價值」構面確實會在「品牌形象」與「品牌忠誠度」的關係間，扮演著中介角色。

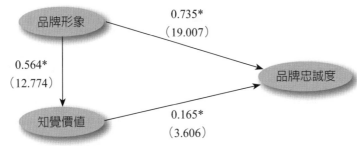

註：1. ( ) 內的數值為 t 值。
　　2. *表 p < 0.05，顯著。

圖18-9　概念性模型之路徑結果圖

（三）模型預測與解釋能力評鑑

由表18-8可知，內生構面（依變數）「知覺價值」的R^2值為0.319，屬中等預測能力；而「品牌忠誠度」的R^2值則為0.704，屬高預測能力。另外，外生構面（自變數）「品牌形象」對內生構面「知覺價值」的解釋效果值f^2為0.467，屬強解釋效果；「品牌形象」對內生構面「品牌忠誠度」的解釋效果值f^2為1.244，亦屬強解釋效果；而外生構面「知覺價值」對內生構面「品牌忠誠度」的解釋效果值f^2為0.063，則屬弱強解釋效果。整體而言，外生構面（自變數）對內生構面（依變數）的解釋能力大約具有中等程度的預測或解釋能力。

（四）模型的配適度

由表18-8可知，模型整體的配適度達0.482，屬高配適狀況，代表概念性模型與樣本資料間之契合程度相當高。

（五）總結

經由上述的系統性評鑑過程後得知：範例模型中，各指標間共線性問題並不嚴重，且概念性模型中的三個因果關係假設皆能獲得支持，故品牌形象對知覺價值、品牌忠誠度都具有正向顯著的影響力，另外知覺價值對品牌忠誠度亦具有正向顯著的影響力。此外，本研究也證實了知覺價值確實會在品牌形象與品牌忠誠度的關係間，扮演著中介角色。最後，就結構模型的品質而言，無論從模型解釋能力、預測能力或整體配適度指標等面向評估，各類指標已皆能符合學術上對模型品質的要求，故本研究所提出的概念性模型，於理論或實務的應用上，應具有其價值性。

18-6　運用SmartPLS檢驗中介效果

在第17-2節與第17-3節時，我們曾經在SPSS中，利用PROCESS模組來檢驗中介效果與多重中介效果。但是，讀者應可發現，當時不管是自變數（品牌形象）、中介變數（知覺價值、品質價值、情感交流價值、價格價值）或依變數（品牌忠誠度），我們都把它們視為觀察變數。也就是說，我們都是先求取每個構面的得分之後，再去檢驗中介效果或多重中介效果。然而實際上這些變數都是屬於潛在變數，但無奈於當時我們只能用SPSS進行分析。所以當時的作法，應該只能算是種權宜之計而已。應付這種含潛在變數的統計分析，最標準的作法應該利用結構方程模型分析，會比較妥當。因此，在本節中將利用SmartPLS重做一次範例17-2，然後觀察其結果的差異性。

18-6-1　檢驗中介效果的方法

根據過往文獻顯示，檢驗中介效果的方法大致上有三種：Baron and Kenny法、Sobel法與Bootstrapping法（又稱拔靴法）。Baron and Kenny法可透過階層迴歸分析而實現，Sobel法與Bootstrapping法則常運用在結構方程模型分析中。雖然，近年來許多期刊論文（尤其是運用AMOS進行結構方程模型分析的論文）常使用Sobel法來檢驗中介變數，但也有學者認為進行Sobel法時，資料必須符合常態分配的條件太過於嚴苛，因為實務上許多資料集是不符合常態分配的。此外，以標準化值（Z值）的絕對值是否大於1.96來研判中介效果的顯著與否，這也不太合理。因為，Z值大於1.96，實務上並不一定就代表顯著。

解決上述問題時，不少學者認為可利用屬無母數領域的Bootstrapping技術，例如：PROCESS模組和SmartPLS都是採用Bootstrapping技術而達成各種檢定。Bootstrapping技術可透過多次的拔靴取樣過程，而得到多個（通常5,000個）估計結果，透過這些結果所形成的分配，可重新估計間接效果的標準誤（Standard Error, STDERR），進而計算出 t 值與信賴區間。當：

1. 當間接效果值的95%信賴區間不包含0時，則間接效果顯著。

2. 間接效果值／標準誤（即 t 值）≧1.96時，間接效果也顯著。

由於Bootstrapping法並不對變數、樣本分配或統計結果的分配進行特定的假設，且可用於小樣本，故使用上較無限制，也特別適合於PLS-SEM中（Hair et al., 2014）。此外，相較於Sobel法，Bootstrapping法也具有較高的統計檢定力（Hair et al., 2014）。

此外，欲評估中介效果的大小時，可使用解釋變異量比例（variance accounted for, VAF）值。VAF值的意義為間接效果佔整體效果（即直接效果加上間接效果）的比例。若：

1. VAF值＜20%，表示無中介效果。

2. 20%＜VAF 值＜80%，表示部分中介效果。

3. VAF值＞80%，表示完全中介效果。

18-6-2　運用SmartPLS檢驗多重中介效果的範例

▶ 範例18-4

參考附錄八中，論文「品牌形象、知覺價值對品牌忠誠度關係之研究」的正式問卷，「ex18-4.sav」為該論文的正式資料檔，試檢驗「知覺價值」的三個子構面（品質價值、情感交流價值、價格價值），在「品牌形象」與「品牌忠誠度」的關係間，是否扮演著中介角色？

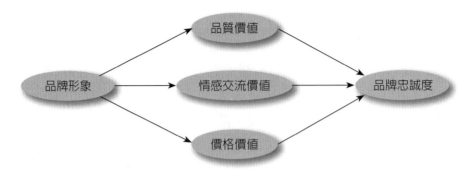

圖18-10　範例論文的多重中介模型

依題意，我們將建立假設爲（論文中，須寫對立假設）：

H₁：品質價值會在品牌形象與品牌忠誠度的關係間，扮演著中介角色。

H₂：情感交流價值會在品牌形象與品牌忠誠度的關係間，扮演著中介角色。

H₃：價格價值會在品牌形象與品牌忠誠度的關係間，扮演著中介角色。

18-6-3　操作過程

其實，在第18-5節的範例18-3中，我們也曾使用SmartPLS檢驗過中介效果，只不過當時只有一個中介效果（即知覺價值）而已。在本範例中，我們將檢驗品質價值、情感交流價值與價格價值的中介效果是否能「同時」存在。顯然這是一個檢驗多重中介的議題。但基本上，在SmartPLS中，檢驗單一中介效果或多重中介效果的方法都是一樣的。

要完成這個範例，當然我們必須要先在SmartPLS中，畫出圖18-10的研究模型圖（如圖18-11）。待匯入資料檔後，再執行「PLS Algorithm」與「Bootstrapping」等功能後，就可以檢驗多重中介效果了。待跑出報表後，再將相關數據資料彙整成表18-11後，即可進行多重中介效果檢定了。詳細的操作過程，讀者可自行參閱教學影音檔「ex18-4.mp4」。

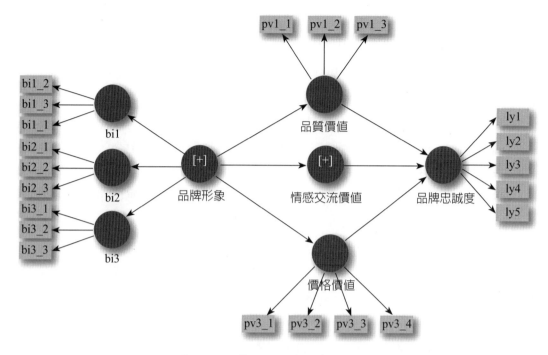

圖18-11　範例18-4的研究模型圖

18-6-4　分析結果的撰寫

　　要檢驗多重中介效果，最好能把SmartPLS所跑出的報表彙整成如表18-11的多重中介效果檢定表。

表18-11　多重中介效果檢定表

自變數	中介變數	依變數	直接效果	間接效果	整體效果	VAF	假設
品牌形象 （bi）	品質價值 （pv1）	品牌 忠誠度 （ly）	0	0.120* （3.461）	0.349* （7.629）	34.38%	H₁成立
	情感交流價值 （pv2）		0	0.043 （1.898）		12.32%	H₂不成立
	價格價值 （pv3）		0	0.185* （4.248）		53.01%	H₃成立

註：1.「*」表 p < 0.05，顯著。
　　2.（）內數值為 t 值。

由於原始概念性模型（圖18-10）中，並沒有畫出「品牌形象→品牌忠誠度」的直接效果。因此，SmartPLS的研究模型圖中，並沒有描述「品牌形象」和「品牌忠誠度」之因果關係的單向箭頭，故「品牌形象→品牌忠誠度」的直接效果為0。

其次，由表18-11得知，「知覺價值」的三個子構面中，「情感交流價值」的中介效果並不顯著（H_2不成立），「品質價值」與「價格價值」的中介效果則屬顯著（H_1、H_3成立），且由VAF值觀察，該兩中介效果皆屬於部分中介效果。其中又以「價格價值」的中介效果最大。顯見，第18-5節的範例18-3之結論，「知覺價值」於「品牌形象→品牌忠誠度」的關係間，所扮演的中介角色，主要是「價格價值」與「品質價值」子構面所建構而成。

最後，由表18-11亦可發現，「品牌形象→品牌忠誠度」的總效果值為0.349（全部來自間接效果，且沒有直接效果），且顯著。可見「品牌形象」對「品牌忠誠度」確實具有舉足輕重的影響力，而這些影響力都是經由「品質價值」與「價格價值」的中介效果所建立起來的。

由上述的結論，建議個案公司業者，在提升消費者忠誠度的過程中，首先應加強「品牌形象」的形塑，以便能更直接、有效率的提升消費者對個案公司的忠誠度。其次，由於「知覺價值」的中介效果確實存在，這個中介效果主要是由「價格價值」與「品質價值」所建構，因此業主除應積極形塑個案公司於消費者心目中的印象外，亦可藉由提升個案公司的產品於消費者心目中的「價格價值」與「品質價值」，而增強消費者對個案公司的價值感，進而增加消費者的忠誠度。

18-6-5 SmartPLS的分析結果與PROCESS模組的差異

從SmartPLS所分析出來的表18-11多重中介效果檢定表，可以發現和PROCESS模組的分析結果是有一些差異的，這些差異如下：

1. 由於PROCESS模組是以觀察變數的觀點進行迴歸分析，所以會求算出「品牌形象→品牌忠誠度」的直接效果，但是觀察圖17-6或圖18-10的模型圖，並沒有代表「品牌形象→品牌忠誠度」之直接效果的單向箭頭。所以，PROCESS模組算是多此一舉了，而SmartPLS只會依照模型圖求出各路徑的路徑係數。

2. 也因PROCESS模組以迴歸分析為基礎，求算各變數間的關係，故可同時求得標準化與非標準化的路徑係數值，而SmartPLS只能求得標準化的路徑係數值。

3. 中介效果的檢定結果亦相差頗大。PROCESS模組的分析結果，H_1不顯著，而H_2、H_3達顯著。而SmartPLS的分析結果則顯示H_2不顯著，而H_1、H_3達顯著。不過，因為各主構面、子構面都是潛在變數，因此，分析結果應採用結構方程模型之結果，較為合理。

18-7　運用SmartPLS檢驗數值型干擾效果

在第17-5節的範例17-3時，我們也曾經在SPSS中利用PROCESS模組來檢驗數值型干擾效果。但是，讀者應可發現，當時不管是自變數（景觀咖啡廳商店意象）、干擾變數（轉換成本）或依變數（忠誠度），我們依然都是先求取每個構面的得分之後，再去檢驗干擾效果。這樣的方式，都是屬於把本質是潛在變數的構面，當成是觀察變數來操作。因此，在統計方法的應用上容易遭受質疑。但以當時的情境，由於尚未學習到結構方程模型，因此也只能運用SPSS來進行分析。但是，應付這種含潛在變數的統計分析最標準的作法，建議還是要利用結構方程模型分析會比較妥當。因此，在本單元中將利用SmartPLS重做一次範例17-3，然後來觀察使用SmartPLS之分析結果和使用PROCESS模組的差異性。

18-7-1　運用SmartPLS檢驗數值型干擾效果的範例

▶ 範例18-5

參考附錄三，論文「景觀咖啡廳商店意象、知覺價值與忠誠度：轉換成本的干擾效果」之原始問卷，該問卷的資料檔為「景觀咖啡廳商店意象.sav」，試探討轉換成本是否會干擾景觀咖啡廳商店意象與忠誠度間的關係？

論文「景觀咖啡廳商店意象、知覺價值與忠誠度：轉換成本的干擾效果」的模型圖，如圖18-12所示。模型圖中「景觀咖啡廳商店意象」構面（im）包括「商品」（im1，4題，im1_1~im1_4）、「服務」（im2，4題，im2_1~im2_4）、「便利」（im3，3題，im3_1~im3_3）、「商店環境」（im4，4題，im4_1~im4_4）、「促銷」（im5，3題，im5_1~im5_3）與「附加服務」（im6，3題，im6_1~im6_3）等六個子構面，共21個題項；「知覺價值」構面（pv）則包括4個題項（pv1~pv4）；「忠誠度」構面（ly）包含5個題項（ly1~ly5），而「轉換成本」構面（sc）則包含3個題項（sc1~sc3）。

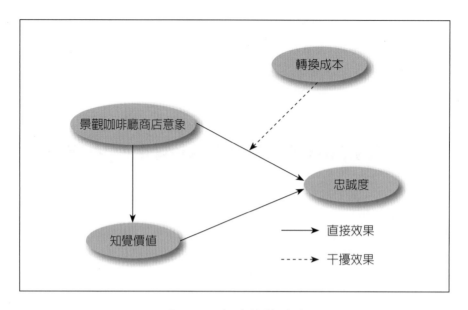

圖18-12　概念性模型圖

依題意，我們將建立假設為（論文中，須寫對立假設）：

H_1：轉換成本會干擾景觀咖啡廳商店意象與忠誠度間的關係。
或
H_1：轉換成本會在景觀咖啡廳商店意象與忠誠度的關係間，扮演著干擾角色。

18-7-2　操作過程

在這個範例中，我們將檢驗「轉換成本」這個數值型的變數是否會干擾「景觀咖啡廳商店意象→忠誠度」的關係。在此，我們將運用SmartPLS來進行這種數值型的干擾效果檢定。和過去進行干擾效果檢定的概念一樣，對於數值型的自變數（景觀咖啡廳商店意象）與干擾變數（轉換成本）將利用置中平減法（mean center）先予以轉換後再相乘，而產生交互作用項。倘若交互作用項對忠誠度具有顯著的影響效果，即表示干擾效果存在。

在這裡要特別注意一點，對於依變數（忠誠度）在PROCESS模組中，也需經過置中平減法予以轉換後，再丟入迴歸模型進行分析。但是，在SmartPLS中，並不用對依變數（忠誠度）進行處理。

而要完成這個範例，當然也必須先在SmartPLS中，畫出圖18-12的研究模型圖，如圖18-13。

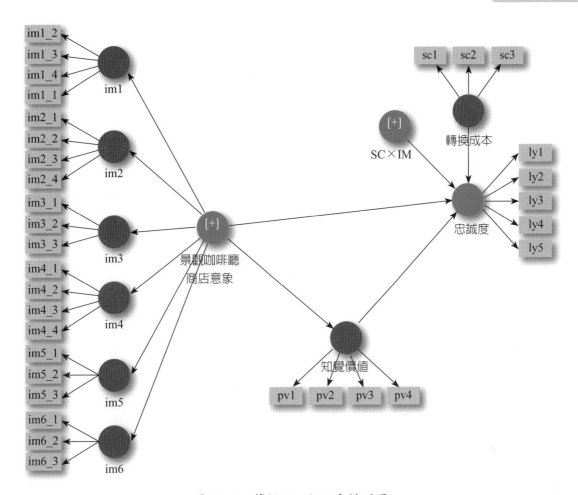

圖18-13　範例18-5之研究模型圖

　　在圖18-13的研究模型中，於產生交互作用項（SC×IM）前，須先針對連續型干擾變數與自變數進行預處理。也就是說，須先將自變數與干擾變數轉換為乘積項（product item），以避免未來交互作用項（SC×IM）和原始的自變數（IM）、干擾變數（SC）間產生共線性問題。雖然，在SmartPLS中變數轉換為乘積項的方法大致有三種，但最常用的還是置中平減法（mean center），置中平減法是利用描述性統計分析將變數之諸多觀察值的平均數求出。接著將各觀察值減掉該平均數後創造出新的觀察值（統稱為乘積項）。然後，再利用這些置中平減後的觀察值來形成交互作用項。這些轉換的過程，在影音教材內都會進行示範與講解。

　　研究模型圖繪製完成後，再執行「PLS Algorithm」與「Bootstrapping」等功能，就可以解析干擾效果模型。待跑出報表後，再將相關數據資料彙整成表18-12後，

即可進行干擾效果檢定了。詳細的操作過程，讀者可自行參閱教學影音檔「ex18-5. mp4」。

▌18-7-3　分析結果的撰寫

不用像PROCESS模組的操作方式，在運用SmartPLS進行干擾效果檢定時，並不用將受訪者基本資料項納入建模考量，可以直接依據概念性模型圖（圖18-12），而在SmartPLS中直接畫出研究模型圖（如圖18-13）。此外，在SmartPLS也不會有ΔR^2這個數據產生。因此，分析結果的呈現方式也較簡單，如表18-12。

表18-12　干擾變數檢定表

自變數 ＼ 依變數 統計量	忠誠度			
	路徑係數	t 值	95%信賴區間	
			下界	上界
自變數				
景觀咖啡廳商店意象	0.205*	3.859	0.102	0.310
干擾變數				
轉換成本	0.218*	4.073	0.111	0.321
交互作用項				
景觀咖啡廳商店意象×轉換成本	-0.045*	2.587	-0.074	-0.009
R^2	0.320			

註：*表 $p < 0.05$，顯著。

由表18-12可發現，「景觀咖啡廳商店意象」對「忠誠度」的主要效果爲0.205，且顯著。另外，「轉換成本」對「忠誠度」的主要效果爲0.218，亦達顯著。

另外，亦可發現，加入「景觀咖啡廳商店意象」與「轉換成本」的交互作用項（SC×IM）後，這個交互作用項的影響力爲−0.045，且顯著，此結果也就說明了，「轉換成本」會負向顯著的干擾「景觀咖啡廳商店意象→忠誠度」的關係。因此，H_1成立。

由上述分析結果說明了，「轉換成本」的不同取值將干擾「景觀咖啡廳商店意象→忠誠度」的關係。較值得注意的是，「景觀咖啡廳商店意象」與「轉換成本」之交互作用對「忠誠度」具有「負向」顯著的影響。這顯示在低轉換成本下，「景觀咖啡

廳商店意象」對「忠誠度」的影響力高於高轉換成本時。也就是說,當景觀咖啡廳的特質是屬低轉換成本的狀態時,更應重視其帶給消費者所感受到的意象(image),如此才能有效的提升消費者的忠誠度。

　　一般而言,餐廳的轉換成本普遍較低。再由上述的分析可發現,當消費者對餐廳所感受到的轉換成本較低的情形下,「景觀咖啡廳商店意象」對「忠誠度」的正向影響力大於轉換成本較高時。也就是說,在高轉換成本的情境下,「景觀咖啡廳商店意象」的影響力變的較不強了。基於此,在一般餐廳普遍具有低轉換成本傾向的業態中,更可突顯出「景觀咖啡廳商店意象」的重要性。回顧過去學者的研究,大都只強調「意象」對「忠誠度」間的正向影響關係。本研究則以在餐飲管理領域中,低轉換成本之特性的觀點,更進一步的說明了「意象」的關鍵角色。

　　最後,再依據概念性模型進行簡單斜率分析(simple slope analysis)以瞭解干擾效果之方向性,並比較高、低轉換成本兩條迴歸線之差異。圖18-14呈現出轉換成本於「景觀咖啡廳商店意象」對「忠誠度」關係中的簡單斜率分析圖。由圖18-14可明顯看出,在不同的轉換成本水準下,「景觀咖啡廳商店意象」對「忠誠度」關係的正向影響程度(斜率),明顯會產生差異,且低轉換成本的斜率大於高轉換成本,這也說明了餐廳在低轉換成本的特質下,「景觀咖啡廳商店意象」對於「忠誠度」的影響力是相對比較大的。可見當餐廳處於低轉換成本的狀態時,業者更應積極形塑「景觀咖啡廳商店意象」,以有效提升消費者的忠誠度。

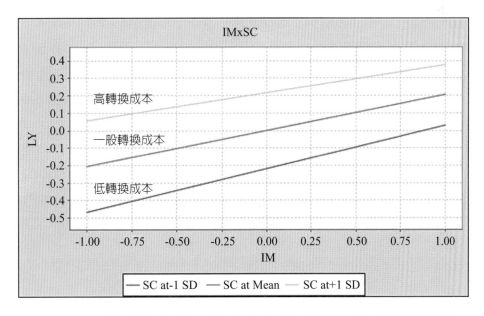

圖18-14　轉換成本對景觀咖啡廳商店意象與忠誠度的簡單斜率分析圖

18-8　運用SmartPLS檢驗類別型干擾效果

在SmartPLS中，干擾變數的資料型態可以是數值型資料，也可以是類別型資料。這兩種資料型態的干擾效果檢定方法，主要的差異點在於資料的轉換。數值型的干擾變數在放入模型之前，為了避免產生共線性問題，需要透過置中平減法或標準化法轉換資料。而類別型的干擾變數比較麻煩，需要轉換為虛擬變數。轉換為虛擬變數的方法，讀者可回顧第16-10節的課程內容。在前一節中，我們已先就連續型的干擾變數進行示範。而在本節中將介紹在SmartPLS中，如何檢定類別型的干擾效果。

18-8-1　運用SmartPLS檢驗類別型干擾效果的範例

▶ 範例18-6　參考附錄三，論文「景觀咖啡廳商店意象、知覺價值與忠誠度：轉換成本類型的干擾效果」之原始問卷，該問卷的資料檔為「景觀咖啡廳商店意象.sav」，試探討「轉換成本類型」於景觀咖啡廳商店意象與忠誠度間是否具有干擾效果？

論文「景觀咖啡廳商店意象、知覺價值與忠誠度：轉換成本類型的干擾效果」的概念性模型圖，如圖18-15。模型圖中「景觀咖啡廳商店意象」構面（im）包括「商品」（im1，4題，im1_1~im1_4）、「服務」（im2，4題，im2_1~im2_4）、「便利」（im3，3題，im3_1~im3_3）、「商店環境」（im4，4題，im4_1~im4_4）、「促銷」（im5，3題，im5_1~im5_3）與「附加服務」（im6，3題，im6_1~im6_3）等六個子構面，共21個題項。「知覺價值」構面（pv）包括4個題項（pv1~pv4），「忠誠度」構面（ly）包含5個題項（ly1~ly5），而「轉換成本」構面（sc）則包含3個題項（sc1~sc3）。另外，原始資料檔「ex18-6.sav」中，已包含一個類別變數「轉換成本類型」，其變數名稱為「sc_g」，它是一個依據「轉換成本」構面的得分轉換而成的類別變數。變數「轉換成本類型」有三個類別，分別為「一般轉換成本」（0）、「低轉換成本」（1）與「高轉換成本」（2）。

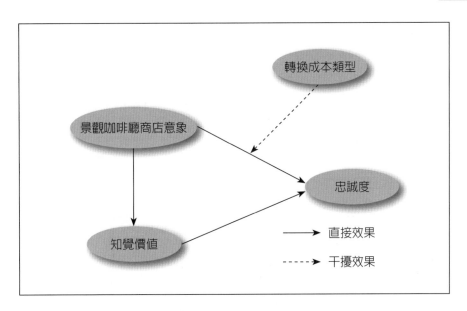

圖18-15　概念性模型圖

依題意,我們將建立假設爲(論文中,須寫對立假設):

H_1：轉換成本類型會干擾景觀咖啡廳商店意象與忠誠度間的關係。

或

H_1：轉換成本類型會在景觀咖啡廳商店意象與忠誠度的關係間,扮演著干擾角色。

18-8-2　操作過程

在這個範例中,我們將檢驗「轉換成本類型」是否會干擾「景觀咖啡廳商店意象→忠誠度」的關係。雖然這個範例在第17-7節的範例17-4中我們曾練習過,但在此將使用SmartPLS再重做一次。主要原因在於,過去我們運用PROCESS模組來進行類別型干擾效果的檢定時,雖然所獲得的結果不錯,但畢竟當時我們將本質爲潛在變數的構面,卻以觀察變數的概念來進行分析,於方法的使用上較容易引起質疑。因此,對於涉及潛在變數之統計方法的選用上,還是應以結構方程模型較爲妥當。

其次，與數值型干擾效果檢定之最大差異在於：類別型干擾效果中，干擾變數屬於類別變數，所以干擾變數須先轉換成虛擬變數。在本範例中，干擾變數爲「轉換成本類型」（sc_g），它是一個包含三個類別的類別變數，故進行分析前，只要將「轉換成本類型」轉換成兩個虛擬變數就可以了，如表18-13。這個轉換過程在過往的PROCESS模組中，會自動幫我們完成；但在SmartPLS中，則要自行轉換。這個轉換過程，將會在影音教材中進行示範。

表18-13　將變數「轉換成本類型」轉換成虛擬變數

轉換成本類型	虛擬變數	
	d1	d2
一般轉換成本：0	0	0
低轉換成本：1	1	0
高轉換成本：2	0	1

接著，爲避免多元共線性的問題（Aiken and West, 1991），在SmartPLS中進行干擾效果檢定時，也須先將數值型的自變數（景觀咖啡廳商店意象）利用置中平減法（mean center）予以轉換後，再與兩個虛擬變數相乘，以求得交互作用項。倘若交互作用項對忠誠度（依變數不須置中平減法轉換）具有顯著的影響效果，即表示干擾效果存在。

最後，要完成這個範例，當然也必須要先在SmartPLS中，畫出圖18-15的研究模型圖，如圖18-16。研究模型圖繪製完成後，再執行「PLS Algorithm」與「Bootstrapping」等功能後，就可以解析干擾效果模型。待跑出報表後，再將相關數據資料彙整成表18-14後，即可進行干擾效果檢定了。詳細的操作過程，讀者可自行參閱教學影音檔「ex18-6.mp4」。

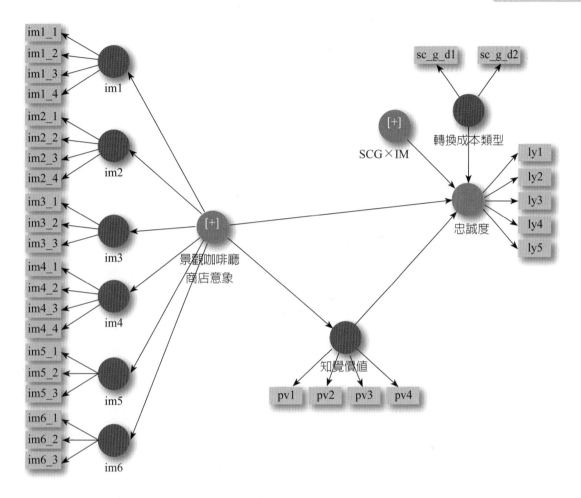

圖18-16　範例18-6之研究模型圖

18-8-3　報表的解說

　　利用SmartPLS進行干擾效果檢定後，分析結果彙整如表18-14。由表18-14可發現，「景觀咖啡廳商店意象」對「忠誠度」的主要效果為0.208，且顯著。另外，「轉換成本類型」對「忠誠度」的主要效果為-0.210，也是顯著的。而加入交互作用項後，交互作用項對「忠誠度」的影響力則為0.169，達顯著。代表「轉換成本類型」確實會干擾「景觀咖啡廳商店意象→忠誠度」間的關係。不過，由於干擾效果為正，代表著什麼意義呢？這才是我們進行結論時的重點。

表18-14　干擾變數檢定表

依變數 統計量 自變數	忠誠度			
	路徑係數	t 值	95%信賴區間	
			下界	上界
自變數				
景觀咖啡廳商店意象	0.208*	3.970	0.106	0.311
干擾變數				
轉換成本類型	-0.210*	4.073	-0.309	-0.108
交互作用項				
景觀咖啡廳商店意象 × 轉換成本類型	0.169*	2.163	0.055	0.334
R^2	0.320			

註：* 表 $p < 0.05$，顯著。

由上述分析結果說明了，「景觀咖啡廳商店意象→忠誠度」的關係會因「轉換成本類型」的不同，而有顯著的差異，且該「轉換成本類型」的干擾效果為正。由於「轉換成本類型」是個類別變數，其值為分類，並代表大小關係。所以要瞭解「正干擾效果」的含意，就必須去瞭解「轉換成本類型」這個類別變數在SmartPLS中是如何運作的。在虛擬變數的設計上，如表18-13，「一般轉換成本」以d1 = 0、d2 = 0代表，「低轉換成本」以d1 = 1、d2 = 0代表，而「高轉換成本」則以d1 = 0、d2 = 1代表。

但以上只是對原始檔案的編碼而已，我們必須去瞭解的是：在SmartPLS的運算過程中，是如何的來對「轉換成本類型」（SC_G）這個類別變數進行運算的。從SmartPLS的報表中，我們可以發現「一般轉換成本」是以數值「-0.205」代表，「低轉換成本」以數值「1.998」代表，而「高轉換成本」則以數值「-1.073」代表（詳細說明請參看本範例的影音檔）。由此，讀者不難理解，「轉換成本類型」（SC_G）的數值「大」，代表「低轉換成本」，而「轉換成本類型」（SC_G）的數值「小」，則代表「高轉換成本」。而所謂「正干擾效果」的意義是「轉換成本類型」（SC_G）的數值越大，則「景觀咖啡廳商店意象→忠誠度」的影響力越強（斜率越大）。因此，邏輯上不難推知：「低轉換成本」時，「景觀咖啡廳商店意象」對「忠誠度」的影響力將高於「一般轉換成本」或「高轉換成本」時。

✍ 18-8-4　分析結果的撰寫

　　由表18-14顯見，「轉換成本類型」（SC_G）確實會干擾「景觀咖啡廳商店意象→忠誠度」間的關係，且其干擾效果為正向的。經查閱原始分析報表後得知，「轉換成本類型」（SC_G）的數值「大」，代表「低轉換成本」，而「轉換成本類型」（SC_G）的數值「小」，則代表「高轉換成本」。因此可推知「低轉換成本」時，「景觀咖啡廳商店意象」對「忠誠度」的影響力將高於「一般轉換成本」或「高轉換成本」時。故本研究推論，「轉換成本類型」確實會干擾「景觀咖啡廳商店意象→忠誠度」的關係。因此，H_1獲得支持。本研究的分析結果，在實務上具有下列的意涵：

　　當景觀咖啡廳的特質是屬「低轉換成本」的狀態時，由於「景觀咖啡廳商店意象」對「忠誠度」的影響力將比「一般轉換成本」或「高轉換成本」時來的高，因此，景觀咖啡廳的管理業者更應重視其帶給消費者所感受到的意象（image），如此才能更有效的提升消費者的忠誠度。基於此，在一般餐廳普遍具有「低轉換成本」傾向的業態中，更可突顯出「景觀咖啡廳商店意象」的重要性。回顧過去學者的研究，大都只強調「意象」對「忠誠度」間的正向影響關係。本研究則以在餐飲管理領域中，低轉換成本之特性的觀點，更進一步的說明了「意象」所佔有的關鍵性角色。

　　最後，再依據干擾模型進行簡單斜率分析以瞭解干擾效果之方向性，並比較各類型轉換成本間迴歸線之差異性。圖18-17呈現出「轉換成本類型」於「景觀咖啡廳商店意象」對「忠誠度」關係中的簡單斜率分析圖。由圖18-17可明顯看出，在不同類型的轉換成本水準下，「景觀咖啡廳商店意象」對「忠誠度」關係的正向影響程度（斜率），明顯會產生差異，且「低轉換成本」時的斜率大於「一般轉換成本」與「高轉換成本」時，這也說明了餐廳在「低轉換成本」的特質下，積極形塑「景觀咖啡廳商店意象」的重要性。

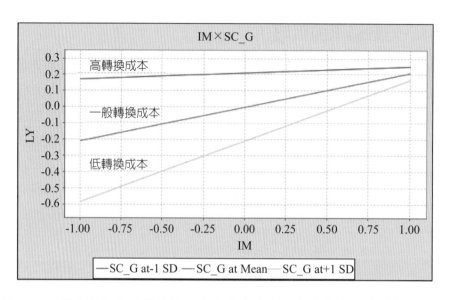

圖18-17　轉換成本類型對景觀咖啡廳商店意象與忠誠度的簡單斜率分析圖

18-9　運用SmartPLS進行多群組分析

　　多群組分析（multi-group analysis, MGA）的檢定內容與類別型干擾效果相當類似，都是以類別型的變數當作干擾變數，所不同的是多群組分析所關注的議題是模型中所有的路徑關係，是否會受類別型變數的干擾。也就是說，多群組分析所重視的是群組間的差異是否存在。而類別型變數在多群組分析中所扮演的角色，通常就是「分群」的功能。因此，多群組分析中，會將原始的樣本依特定的類別型變數而分群（通常分為兩群），然後再比較各分群中測量模型或結構模型中的所有參數（如因素負荷量、路徑係數）是否相等。如果多群組分析的目的是檢測測量模型中的所有參數是否相等時，通常稱之為測量恆等性（measurement invariance）檢測。而用在結構模型時，則稱為模型泛化（model generalization）的檢測。

　　所謂模型的泛化能力意味著概念性模型，不會因受訪者特質、抽樣地點的差異而產生變化，模型中各構面間的路徑關係會恆久不變之意。一般運用結構方程模型分析的論文，常於蒐集一個資料集後，即開始驗證研究者所建立的概念性模型，從而獲致分析結果，進而驗證各構面因果關係是否顯著，再透過與文獻對話而進行討論，最後論述具體研究成果與意涵。然而，卻也不難發現，這類論文的研究限制常出現類似下列的文字敘述。基本上，這些限制其實都屬於模型的泛化（概化、一般化）問題：

一、本研究採用立意抽樣法以尋找已婚之自行車活動參與者為研究對象。在此抽樣方式下，研究結果的「推廣性」難免受限。

二、本研究之活動對象為自行車活動參與者，可能無法「概化」至所有遊憩活動，後續研究可進一步延伸至其他遊憩活動參與者，並藉以檢驗研究模式的效度延展性。

三、本研究僅針對中部地區自行車活動參與者進行調查研究，並未包含其他地區之自行車活動參與者，後續研究可考慮將研究對象「擴展」至其他地區之自行車活動參與者，以探討研究模式的適用性。

當然，在利用多群組分析技術檢驗模型泛化能力時，都是希望各種不同群組間是不具顯著差異的，這樣就代表所建立的模型是放諸四海皆準的，不管採用的樣本為何，模型中構面的關係恆久不變。但是，若有顯著差異呢？這也不用太擔心，轉個念頭就好了。例如：如果模型中各構面間的關係會因性別而具有顯著差異時，那就代表著模型適合探討性別差異問題，其實這種議題也蠻熱門、蠻有創意的，不是嗎？

18-9-1 多群組分析的檢定方法

在SmartPLS中，進行多群組分析時，檢定因素負荷量、路徑係數是否於群組間具有顯著差異性的方法有下列三種：

一、Partial Least Squares Multi-Group Analysis（PLS-MGA）

在SmartPLS中的PLS-MGA法，是以Henseler et al.（2009）的MGA法為基礎所開發出來的（Hair et al., 2011）。PLS-MGA方法是種以PLS-SEM拔靴（bootstrapping）結果為基礎，而對兩分群進行差異性檢定的無母數顯著性檢定技術。在顯著水準為0.05的情形下，PLS-MGA顯著性若小於0.05時，則兩群組的差異性就顯著。PLS-MGA法是在進行多群組分析時，最常被使用的檢定方法。

二、參數檢定法（Parametric Test）

顧名思義，參數檢定法就是一種以參數顯著性檢定為基礎的檢定法，當進行跨群組的檢定時，在SmartPLS中，就可利用參數檢定法就各群組的PLS-SEM結果進行跨群組的差異性檢定。進行此檢定時，會先假設兩群組中的特定參數之變異數「相

等」，然後再就該參數於兩群組間的差異性進行檢定。

三、Welch-Satterthwaite檢定法（Welch-Satterthwaite Test）

Welch-Satterthwaite檢定法與參數檢定法相似，也是一種以參數顯著性檢定為基礎的檢定法，當進行跨群組的檢定時，會利用PLS-SEM的估計結果進行跨群組的差異性檢定。與參數檢定法最大的不同是進行此檢定時，會先假設兩群組中的特定參數之變異數「不相等」，然後再就該參數於兩群組間的差異性進行檢定。

18-9-2 多群組分析的範例

▶ 範例18-7

請根據範例18-1中所繪製的研究模型圖（圖18-8）與範例18-3之研究模型的路徑結果圖（如圖18-18），試探討該研究模型是否具有性別差異問題？

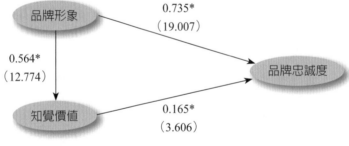

註：1.（ ）內的數值為 t 值。
　　2.*表 p < 0.05，顯著。

圖18-18　研究模型之路徑結果圖

圖18-18為在範例18-3進行結構方程模型分析後，所得到的路徑結果圖。在本範例中，將要探討這個結果模型是否具有性別差異問題。也就是要去探討範例模型當中，各構面間的因果關係（路徑係數），是否會因性別而有所差異，其假設如下：

H_1：範例模型中，各構面間的因果關係（路徑係數），不全部會因性別而有顯著差異。

18-9-3　操作過程

這個檢定將涉及到模型當中的所有路徑係數，因此，檢定時將運用多群組分析技術加以檢驗。多群組分析技術的設定會比較複雜一點，為了要能順利的進行多群組分析，執行過程必須遵守下列的步驟：

1. 依性別設定分群。
2. 設定並製作多群組分析模型圖。
3. 執行「Calculate/Multi-Group Analysis (MGA)」進行多群組分析。
4. 彙整報表。

詳細操作與檢定過程，讀者可直接參閱教學影音檔「ex18-7.mp4」。

18-9-4　分析結果的撰寫

本範例的主要目的在於檢驗範例模型當中，各構面間的因果關係（路徑係數），是否會因性別而有所差異。經多群組分析後，檢驗結果如表18-15。由表18-15可明顯看出，「知覺價值→品牌忠誠度」與「品牌形象→品牌忠誠度」的路徑係數都會因性別不同而產生顯著差異，但「品牌形象→知覺價值」的路徑係數並不會因性別不同而產生顯著差異。顯見本研究所發展出的模型之三條路徑中，有兩條會因性別而產生差異性，故範例模型中的各路徑係數，確實會因性別不同而產生顯著差異。因此，本研究所提出的假設H_1獲得支持。

表18-15　多群組分析結果表（PLS-MGA檢定法）

路徑	差異	PLS-MGA顯著性
品牌形象→知覺價值	-0.033	0.765
知覺價值→品牌忠誠度	-0.182*	0.044
品牌形象→品牌忠誠度	0.143*	0.047

註：*表 p＜0.05，顯著。

其實，在期刊論文發表上，類似這種有關性別、族群、文化差異的議題，且用多群組分析技術驗證的研究，長久以來都是期刊很喜歡刊登的議題。因此，讀者若能仔細去探索出某一領域的研究缺口，再配合多群組分析技術的運用，要自己發展出一篇出色的論文，應該不難。

18-10 模型泛化能力的檢測

> **▶ 範例18-8** 陳同學完成論文【第一線服務人員工作熱情與工作滿意度關係之研究：情緒勞務策略的中介角色】（請參考附錄九的範例模型說明）之資料蒐集（Passion_台中.sav，298份有效樣本）後，即刻進行統計分析，待論文完稿後，隨即投稿某國際知名期刊。兩個月後，收到期刊首次的審核意見。其中，有位匿名審核者提出了下列問題：
>
> *The paper deals with an interesting topic, but at this stage I do not have the impression that it is suitable for publication. I would elaborate on the theoretical background as well as the empirical study. Especially, a second study is desirable to see whether the results can be replicated. Moreover, a second data collection would offer the possibility to integrate moderators and additional dependent variables, and thus, increase the paper's contribution.*
>
> 試問，陳同學該如何回應審核者的意見？

　　當然，期刊投稿過程中，審核者的意見也是見仁見智。不過，對於投稿者來說，為了稿件能被接受，投稿者應有的認知是「審核者最大，遵從便是。」

　　陳同學閱讀了審核者上述的審核意見後，尤其是「whether the results can be replicated」這句話，當下心就死了一半，因為遇到大麻煩了。原因在於，審核者的重點就是在質疑陳同學於論文中所建之概念性模型的泛化問題。原則上，要解決這類的模型泛化問題，必須再蒐集一份異質性的資料集（如調查地點不同），然後再配適概念性模型一次，看看兩次結果中，各路徑係數是否具有差異性，若差異性顯著不存在，那麼就可推論概念性模型具有泛化能力，亦即模型穩健，可一般化、概化至不同的調查群組。

　　這真是個需要花時間、體力、耐力與心力，而且還不一定有好結果的任務啊！為了解決這一問題，於是陳同學只得再到另一地點（高雄），重新再進行問卷調查一次，且總共蒐集了260份有效樣本（Passion_高雄.sav），經分析完成後，寄修訂版回期刊。不久後，陳同學又再次收到了新的審核意見，如下：

　　Thank you for your adaptations which are totally fine to me. I have one minor issue: I would appreciate more information on sample 1 and sample 2, and how they are related or differ.

這當然是值得慶祝啦！因為再小修說明一下，高雄樣本和台中樣本的差異性後，一篇頂級SSCI論文就到手了啊！接下來，就來示範陳同學檢驗模型泛化的過程吧！

18-10-1　操作過程

論文「第一線服務人員工作熱情與工作滿意度關係之研究：情緒勞務策略的中介角色」之主要目的，在於運用二元熱情模型（dualistic model of passion）（Vallerand et al., 2003），以探究具不同工作熱情類型的第一線服務人員，如何透過情緒勞務策略的採用，而對工作滿意度產生影響，其概念性模型如圖18-19。而研究模型圖，如圖18-20。

首先讀者應該理解，如果模型中的所有路徑關係，全部不因樣本而有所差異的話，那麼就可稱這模型具有泛化能力。在本範例中，有兩個樣本，一個取樣自台中，另一個取樣自高雄。要檢驗「模型中的所有路徑關係，全部不因樣本而有所差異」的話，必須先將台中和高雄的樣本先合併成一個檔案，並新增一個「地點」變數，以區隔台中和高雄，然後再以「地點」為分群變數，並運用多群組分析技術，即可檢驗「模型中的所有路徑關係，全部不因樣本而有所差異」這個假設。此外，若能再針對所有樣本的基本屬性（例如：性別、婚姻狀況、年齡、教育、年資），再去檢驗「模型中的所有路徑關係，全部不因樣本之基本屬性而有所差異」的話，那麼更能加強模型具有泛化能力的說服力。因此，在本範例的泛化能力檢定中，將建立以下的假設：

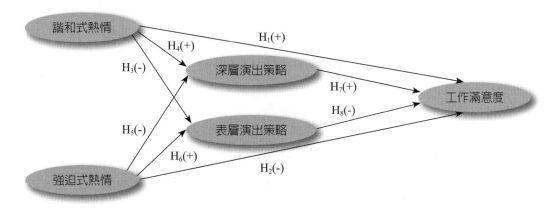

圖18-19　範例18-8的概念性模型圖

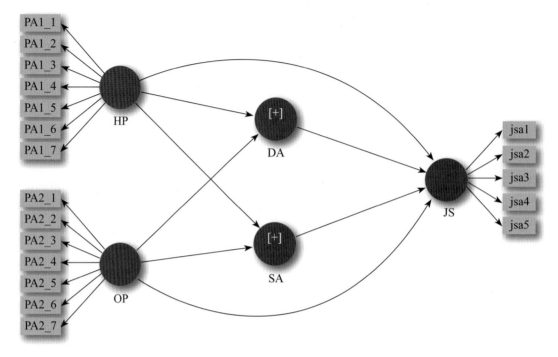

圖18-20　範例18-8的研究模型圖

H_1：範例模型中，各構面間的因果關係（路徑係數），全部不因採樣地點而有顯著差異。

H_2：範例模型中，各構面間的因果關係（路徑係數），全部不因性別而有顯著差異。

H_3：範例模型中，各構面間的因果關係（路徑係數），全部不因婚姻狀況而有顯著差異。

H_4：範例模型中，各構面間的因果關係（路徑係數），全部不因年齡而有顯著差異。

H_5：範例模型中，各構面間的因果關係（路徑係數），全部不因教育程度而有顯著差異。

H_6：範例模型中，各構面間的因果關係（路徑係數），全部不因年資而有顯著差異。

　　爲了要能順利的進行多群組分析，執行過程必須遵守下列的步驟：

1. 合併檔案。
2. 開啟研究模型並配適新的資料檔（合併後的檔案）。
3. 依據樣本之基本屬性設定分群。
4. 設定並製作多群組分析模型圖。
5. 執行「Calculate/Multi-Group Analysis(MGA)」進行多群組分析。
6. 彙整報表。

　　詳細操作與檢定過程，讀者可直接參閱教學影音檔「ex18-8.mp4」。

18-10-2　分析結果的撰寫

　　執行完成後，就可顯示出多群組分析的結果。報表將會顯示出結構模型中，八個路徑在兩個地點與受訪者各基本屬性的差異檢定結果，建議研究者可分別查看PLS-MGA、Parametric Test與Welch-Satterthwaite Test等三種差異性檢定的結果。然後選擇其中一個檢定結果，彙整成如表18-16的多群組分析結果表。在檢定方法的選用上，並沒有一般的標準，但通常都會以是否能支持先前所設定之假設爲前提，來選定檢定方法。但這三個檢定方法中，還是以PLS-MGA檢定法最常用。

　　多群組分析的結果如表18-16所示（採PLS-MGA檢定法，表格內的數值爲PLS-MGA檢定之p-value）。由表18-16顯示，在結構模型的八個路徑係數的檢定中，所有的顯著性（p-value）皆大於0.05，不顯著，故所有假設（$H_1 \sim H_6$）皆獲得支持。顯見，結構模型的八個路徑係數不會因「調查地點」、「性別」、「婚姻狀況」、「年齡」、「教育」、「年資」不同而產生差異，故符合模型可泛化的檢測原則。

表18-16　多群組分析結果表（PLS-MGA檢定法）

路徑	地點	性別	婚姻狀況	年齡	教育	年資
DA -> JS	0.661	0.495	0.487	0.355	0.826	0.424
HP -> DA	0.739	0.200	0.422	0.478	0.188	0.472
HP -> JS	0.679	0.964	0.139	0.637	0.141	0.217
HP -> SA	0.611	0.909	0.275	0.693	0.815	0.741
OP -> DA	0.473	0.627	0.849	0.795	0.514	0.524
OP -> JS	0.581	0.906	0.289	0.966	0.961	0.533
OP -> SA	0.269	0.497	0.382	0.739	0.524	0.268
SA -> JS	0.229	0.342	0.452	0.059	0.214	0.830

註：表格內的數值為PLS-MGA檢定之顯著性（p-value）。

▶ 總結

　　本範例的主要目的在於檢驗概念性模型是否具有泛化性。為能順利進行多群組分析，共蒐集了兩個資料集，一個是高雄資料集，包含有260份樣本；另一個為台中資料集，包含有298份樣本。概念型模型中共有八個假設路徑，為證明概念性模型可泛化（也就是證明這八個假設路徑之路徑係數，在不同的分群中，都不會具有顯著性的差異），研究者除以地點進行分群外，另對受訪者的基本屬性進行分群，如性別、婚姻狀況、年齡、教育、年資等。多群組分析時，即檢驗八個假設路徑之路徑係數，不會因群組不同而產生顯著性差異。檢驗結果如表18-16，由表18-16可明顯看出，經「地點」、「性別」、「婚姻狀況」、「年齡」、「教育」、「年資」等分群進行多群組分析後，結構模型的八個路徑係數，確實並不會因分群而產生差異，顯見概念性模型具有可泛化性或可稱模型具有可複製性（model replication）。

習 題

練習 18-1

　　請參考附錄一中【旅遊動機、體驗價值與重遊意願關係之研究】的原始問卷與內容說明，該問卷的資料檔為「hw18-1.sav」。依據其因素結構（圖2-2）與範例論文之研究目的，研究者經理論推導三個主構面之因果關係後，乃建立四個關係假設，整合這些假設後，進而提出該範例論文的概念性模型圖，如圖18-21，而研究模型圖則如圖18-22。試運用SmartPLS驗證各構面的信度、收斂效度與區別效度，並檢驗各主構面間的因果關係是否成立？完成後，請運用「結構方程分析_論文寫作模板.docx」，嘗試製作「論文等級」的結構方程模型分析報告。

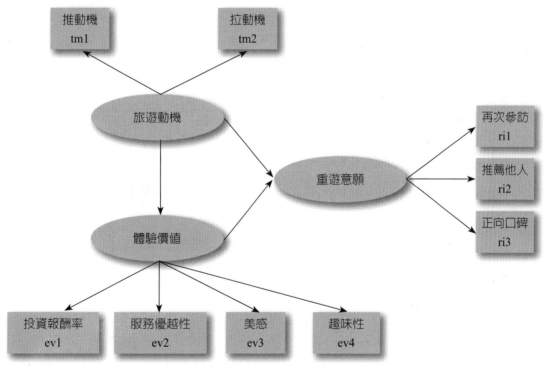

圖18-21　概念性模型圖

　　根據圖18-21所建立之概念性模型圖，該研究將提出下列研究假設，盼能透過市場調查所蒐集的資料，運用驗證性因素分析、路徑分析，驗證這些假設的成立與否，並釐清旅遊動機、體驗價值、重遊意願之間的關係，這些研究假設分述如下：

假設一（H₁）：旅遊動機對體驗價值具有直接正向的影響力。

假設二（H₂）：體驗價值對重遊意願具有直接正向的影響力。

假設三（H₃）：旅遊動機對重遊意願具有直接正向的影響力。

假設四（H₄）：體驗價值會於旅遊動機與重遊意願的關係間，扮演著中介角
色。

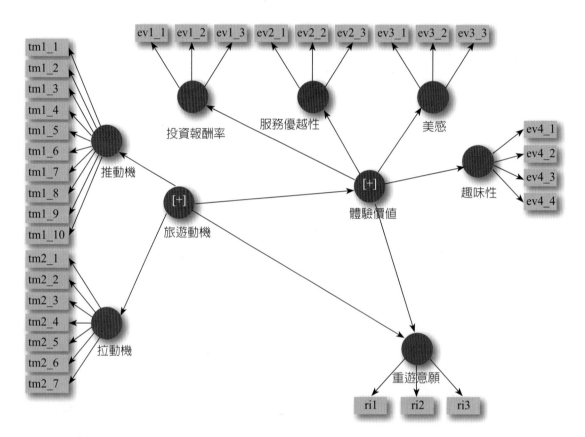

圖18-22　研究模型圖

附錄一 旅遊動機、體驗價值與重遊意願關係之研究

問卷編號： _____

> 親愛的先生、小姐您好：
>
> 　　這是一份學術性的研究問卷，目的在釐清旅遊動機、體驗價值與重遊意願間之關係，您的寶貴意見，將是本研究成功的最大關鍵。問卷採不記名方式，全部資料僅作統計分析之用，絕不對外公開，請安心填寫。懇請您撥冗協助填答問卷，謝謝您的熱心參與。
>
> 　　敬祝您　順心如意
>
> 大學　　　　研究所
指導教授：　　　　博士
研究生：　　　　敬上

※請針對您的實際體驗，回答下列相關問項，並請於□中打「✓」，謝謝！

第一部分：旅遊動機 下列題項中，「此遊程」代表「溼地生態旅遊行程」	極不同意	很不同意	不同意	普通	同意	很同意	極為同意
1. 參與此遊程，可讓我放鬆心情。	□	□	□	□	□	□	□
2. 參與此遊程，可幫助我紓解壓力。	□	□	□	□	□	□	□
3. 參與此遊程，能讓我遠離擁擠的人群。	□	□	□	□	□	□	□
4. 參與此遊程，可增進親子情感。	□	□	□	□	□	□	□
5. 參與此遊程，可幫助我認識新朋友。	□	□	□	□	□	□	□
6. 參與此遊程，可增加我與朋友相聚的時間。	□	□	□	□	□	□	□
7. 我很喜歡參與此遊程。	□	□	□	□	□	□	□
8. 我很喜歡與他人分享此遊程的經驗。	□	□	□	□	□	□	□
9. 參與此遊程，可獲得美好回憶。	□	□	□	□	□	□	□

	極不同意	很不同意	不同意	普通	同意	很同意	極為同意
10.我常回憶過去參與此遊程的經驗。	☐	☐	☐	☐	☐	☐	☐
11.我喜歡觀賞溼地多樣化的生態環境。	☐	☐	☐	☐	☐	☐	☐
12.我喜歡接近大自然。	☐	☐	☐	☐	☐	☐	☐
13.我熱衷學習有關溼地的新知識。	☐	☐	☐	☐	☐	☐	☐
14.我熱衷於體驗生態旅遊行程。	☐	☐	☐	☐	☐	☐	☐
15.參與此遊程，可滿足我的好奇心。	☐	☐	☐	☐	☐	☐	☐
16.我喜歡嘗試不同的新事物。	☐	☐	☐	☐	☐	☐	☐
17.我喜歡追求刺激。	☐	☐	☐	☐	☐	☐	☐
第二部分：體驗價值 下列題項中，「此遊程」代表「溼地生態旅遊行程」	極不同意	很不同意	不同意	普通	同意	很同意	極為同意
1.此遊程相當有效率。	☐	☐	☐	☐	☐	☐	☐
2.整體而言，在交通安排上是方便的。	☐	☐	☐	☐	☐	☐	☐
3.整體而言，所提供之服務讓我覺得物超所值。	☐	☐	☐	☐	☐	☐	☐
4.提供良好的解說服務品質。	☐	☐	☐	☐	☐	☐	☐
5.提供的解說服務是專業的。	☐	☐	☐	☐	☐	☐	☐
6.解說人員親切有禮且充滿熱情。	☐	☐	☐	☐	☐	☐	☐
7.溼地的整體環境景觀很優美。	☐	☐	☐	☐	☐	☐	☐
8.溼地生態環境可以滿足我的好奇感。	☐	☐	☐	☐	☐	☐	☐
9.溼地生態環境對我很有吸引力。	☐	☐	☐	☐	☐	☐	☐
10.參與此遊程，並無法讓我暫時忘記煩惱。	☐	☐	☐	☐	☐	☐	☐
11.參與此遊程，並無法讓我遠離現實生活。	☐	☐	☐	☐	☐	☐	☐
12.參與此遊程，並無法讓我感到快樂。	☐	☐	☐	☐	☐	☐	☐
13.我不認為參與此遊程是有趣的。	☐	☐	☐	☐	☐	☐	☐
第三部分：重遊意願 下列題項中，「本遊程」代表「溼地生態旅遊行程」	極不同意	很不同意	不同意	普通	同意	很同意	極為同意
1.我未來願意再次重遊。	☐	☐	☐	☐	☐	☐	☐
2.我會向親友推薦本遊程。	☐	☐	☐	☐	☐	☐	☐
3.我會傳遞本行程之正向訊息給其他人。	☐	☐	☐	☐	☐	☐	☐

第四部分：基本資料，請於□中打「✓」

1. 性別：　　　　　□ 女　　　□ 男

2. 婚姻狀況：　　　□ 未婚　□ 已婚

3. 年齡：　　　　　□ 20歲以下　　　□ 21～30歲　　　□ 31～40歲　　　□ 41～50歲　　　□ 51～60歲
　　　　　　　　　□ 61歲以上

4. 目前職業：　　　□ 軍公教　　　　□ 服務業　　　　□ 製造業　　　　□ 買賣業　　　　□ 自由業
　　　　　　　　　□ 家庭主婦　　　□ 學生　　　　　□ 其他（請註明＿＿＿＿＿＿）

5. 教育程度：　　　□ 國小（含）以下　□ 國中　□ 高中（職）　□ 專科　□ 大學
　　　　　　　　　□ 研究所（含）以上

6. 平均月收入：　　□ 15,000元以下　　　□ 15,001～30,000元　　□ 30,001～45,000元
　　　　　　　　　□ 45,001～60,000元　□ 60,001～75,000元　　□ 75,001～90,000元
　　　　　　　　　□ 90,001～120,000元　□ 120,001元以上

7. 欲參與本行程，您認為可以使用哪種交通工具？
　　　□ 自行開車　　□ 遊覽車　　□ 機車　　□ 公共路網（台灣好行、公車、火車……）

8. 請嘗試描述您的旅遊偏好？並在下列選項中，選出三個喜好度較高的選項，且請依喜好度高低，依
　　序標出1、2、3的順序（1為最喜好）：
　　　□ 文化旅遊　　□ 自然生態旅遊　　□ 節慶祭典旅遊　　□ 美食旅遊
　　　□ 山岳旅遊　　□ 水域活動旅遊　　□ 自行車旅遊

本問卷到此結束，非常感謝您的耐心填答，謝謝！

附錄二 遊客體驗、旅遊意象與重遊意願關係之研究

一、問卷內容

問卷編號： ＿＿＿＿＿＿＿＿

> 親愛的先生、小姐您好：
>
> 　　這是一份學術性的研究問卷，目的在瞭解遊客體驗、旅遊意象對重遊意願的影響程度，您的寶貴意見，將是本研究成功的最大關鍵。問卷採不記名方式，全部資料僅作統計分析之用，絕不對外公開，請安心填寫。懇請您撥幾分鐘協助填答問卷，謝謝您的熱心參與。
>
> 　　敬祝您　順心如意
>
> 　　　　　　　　　　　　　　　　　　　　　　　　　研究所
> 　　　　　　　　　　　　　　指導教授：　　　　　博士
> 　　　　　　　　　　　　　　研究生：　　　　　　敬上

※請針對您的服務經驗，回答下列相關問項，並請於□中打「✓」，謝謝！

第一部分：遊客體驗	極不同意	很不同意	不同意	普通	同意	很同意	極為同意
1. 秀麗的山水風景，非常吸引我。	□	□	□	□	□	□	□
2. 豐富的歷史文物，非常吸引我。	□	□	□	□	□	□	□
3. 我覺得這次旅遊，非常富有趣味。	□	□	□	□	□	□	□
4. 我覺得這次旅遊，行程豐富精彩。	□	□	□	□	□	□	□
5. 看到美麗的景緻，令我心情放鬆。	□	□	□	□	□	□	□
6. 看到豐富的文物，能激發我思古之情。	□	□	□	□	□	□	□
7. 看到美麗的景緻，讓我感到歡樂愉快。	□	□	□	□	□	□	□
8. 當地的景色，令我感動。	□	□	□	□	□	□	□

	極不同意	很不同意	不同意	普通	同意	很同意	極為同意
9. 當地歷史文物，令我感動。	□	□	□	□	□	□	□
10.透過這次旅遊，頗發人省思，令我有所思考。	□	□	□	□	□	□	□
11.透過這次旅遊，引發我的好奇心。	□	□	□	□	□	□	□
12.透過這次旅遊，引發我去做一些聯想或靈感的啟發。	□	□	□	□	□	□	□
13.透過這次旅遊，能激發我創意思考。	□	□	□	□	□	□	□
14.看到美景，我很想分享觀賞的心得。	□	□	□	□	□	□	□
15.看到歷史文物，我很想分享觀賞的心得。	□	□	□	□	□	□	□
16.看到美景，我很想拍照、錄影留念。	□	□	□	□	□	□	□
17.看到歷史建物，我很想拍照、錄影留念。	□	□	□	□	□	□	□
18.我會想購買與當地相關的紀念品。	□	□	□	□	□	□	□
19.透過這次旅遊，讓我產生環境維護的認同感。	□	□	□	□	□	□	□
20.會因美麗的景緻，而聯想到西拉雅國家風景區。	□	□	□	□	□	□	□
21.透過這次旅遊，西拉雅會成為我平常談論的話題。	□	□	□	□	□	□	□

第二部分：旅遊意象	極不同意	很不同意	不同意	普通	同意	很同意	極為同意
1. 自然風景優美。	□	□	□	□	□	□	□
2. 平埔族文化保存良好。	□	□	□	□	□	□	□
3. 知名度高。	□	□	□	□	□	□	□
4. 開車環湖賞景令人愉悅。	□	□	□	□	□	□	□
5. 整體氣氛令人心情放鬆。	□	□	□	□	□	□	□
6. 通往本風景區交通便利。	□	□	□	□	□	□	□
7. 遊憩安全設施良好。	□	□	□	□	□	□	□
8. 地方公共服務設施完善。	□	□	□	□	□	□	□
9. 整體旅遊環境乾淨。	□	□	□	□	□	□	□
10.旅遊資訊充足。	□	□	□	□	□	□	□
11.相關服務人員能提供遊客迅速且即時的服務。	□	□	□	□	□	□	□
12.區內相關服務人員的服務態度良好。	□	□	□	□	□	□	□
13.旅遊活動的各項安排均能提供遊客便利。	□	□	□	□	□	□	□
14.個人平均旅遊花費價格合理。	□	□	□	□	□	□	□
15.收費合理。	□	□	□	□	□	□	□

第三部分：重遊意願	極不同意	很不同意	不同意	普通	同意	很同意	極為同意
1. 到西拉雅風景區旅遊，對我來說是最好的選擇。	☐	☐	☐	☐	☐	☐	☐
2. 我將會是西拉雅風景區的忠實遊客。	☐	☐	☐	☐	☐	☐	☐
3. 當我有旅遊需求時，我會優先選擇西拉雅風景區。	☐	☐	☐	☐	☐	☐	☐
4. 我願意繼續到西拉雅風景區旅遊。	☐	☐	☐	☐	☐	☐	☐
5. 我會向親朋好友推薦到西拉雅風景區。	☐	☐	☐	☐	☐	☐	☐

第四部分：基本資料，請於☐中打「✓」

1. 性別： ☐女 ☐男
2. 婚姻狀況： ☐未婚 ☐已婚
3. 年齡： ☐20歲以下 ☐21～30歲 ☐31～40歲 ☐41～50歲 ☐51～60歲 ☐61歲以上
4. 目前職業： ☐軍公教 ☐服務業 ☐製造業 ☐買賣業 ☐自由業 ☐家庭主婦 ☐學生 ☐其他（請註明＿＿＿＿＿）
5. 教育程度： ☐國小（含）以下 ☐國中 ☐高中（職） ☐專科 ☐大學 ☐研究所（含）以上
6. 平均月收入： ☐15,000元以下 ☐15,001～30,000元 ☐30,001～45,000元 ☐45,001～60,000元 ☐60,001～75,000元 ☐75,001～90,000元 ☐90,001～120,000元 ☐120,001元以上
7. 請問您認為西拉雅風景區有哪些特色？（可複選） ☐平埔族文化 ☐風景優美 ☐交通便利 ☐旅遊資訊充足
8. 請在下列的國家風景區中，指出三個您最常去的風景區？並請依到訪頻率的高低，標示出1、2、3的次序（1為最常去）： ☐大鵬灣 ☐日月潭 ☐西拉雅 ☐阿里山 ☐北海岸 ☐參山 ☐嘉南濱海

本問卷到此結束，非常感謝您的耐心填答，謝謝！

二、概念性模型

　　該研究透過相關文獻整理、分析、推論與建立假說，引導出遊客體驗對旅遊意象、重遊意願具有正向顯著影響；旅遊意象對重遊意願具有正向顯著影響等假設。研究中所使用的變數分別為自變數、依變數以及中介變數等三項。自變數為遊客所感受的旅遊體驗，其包含五個子構面，分別為感官體驗、情感體驗、思考體驗、行動體驗

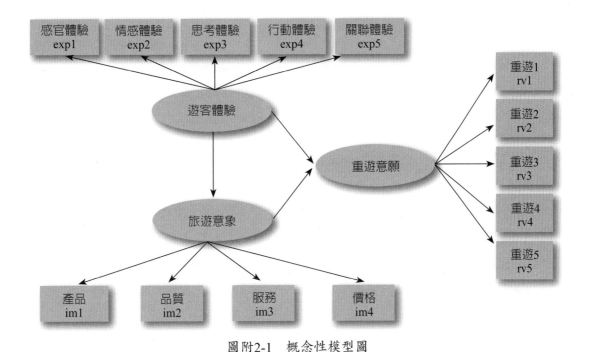

圖附2-1　概念性模型圖

與關聯體驗。此外，依變數則為遊客的重遊意願。而處於自變數與依變數之間的中介變數則是遊客所知覺的旅遊意象，其包含四個子構面，分別為產品意象、品質意象、服務意象與價格意象等。由此，該研究所建構的遊客重遊意願之概念性模型，其架構將如圖附2-1所示。

三、研究假設

根據圖附2-1所建立之概念性模型圖，該研究將提出下列研究假設，盼能透過市場調查所蒐集的資料，運用驗證性因素分析、結構方程模型，驗證這些假設的成立與否，並釐清遊客體驗、旅遊意象與重遊意願間的關係，這些研究假設分述如下：

假設一：遊客體驗對旅遊意象有正向影響。

假設二：遊客體驗對重遊意願有正向影響。

假設三：旅遊意象對重遊意願有正向影響。

假設四：遊客體驗透過旅遊意象間接的顯著正向影響重遊意願。

四、潛在變數之操作型定義與衡量

　　為了檢驗上述之研究假說，本研究試圖將概念性架構予以操作化，並建構相對應的問項。根據圖附2-1的概念性模型，本研究之觀察變數包含遊客體驗、旅遊意象與重遊意願等。以下為本研究之研究變數的操作型定義之陳述：

（一）遊客體驗

　　Pine and Gilmore（1998）體驗是無法觸摸的，但可以分享與流傳，雖然感受體驗的剎那，時空已成為往事，但是烙印在體驗者心中的感受卻是可以長久流傳的（夏業良、魯煒，2003）。體驗本身是一種內化的感受，很難導出具體的假設，故本研究利用Schmitt（1999）所提出的五項體驗型式：感官體驗、情感體驗、思考體驗、行動體驗及關聯體驗，給予操作型定義，運用定量的方法，衡量遊客體驗之感受程度，表附2-1顯示為遊客體驗構面之操作型定義與衡量題項。

（二）旅遊意象

　　本研究所稱之旅遊意象，主要是參考多位學者之研究整理出產品意象、品質意象、服務意象與價格意象等四個構面作為探討旅遊意象的基礎，表附2-2顯示為旅遊意象構面之操作型定義與衡量題項。

（三）重遊意願

　　重遊意願意指凡曾到過個案風景區從事體驗活動之遊客，有意願再重遊或推薦他人之機率。主要是根據Jones and Sasser（1995）將遊客重遊意願定義為顧客對特定風景區的依戀或好感。遊客重遊意願之衡量方式，將以任何時點詢問遊客未來是否再度重遊特定風景區的意願，以及重遊行為是指遊客願意再次旅遊某一目的地或同一國家內之其他景點（Kozak, 2001）的概念為依據，定義重遊意願之操作型定義與衡量題項，如表附2-3。

表附2-1　遊客體驗的操作型定義與衡量題項

構面	操作型定義	衡量題項
感官體驗 exp1	遊客於感官上所體驗到的感受	1. 秀麗的山水風景，非常吸引我（exp1_1）。 2. 豐富的歷史文物，非常吸引我（exp1_2）。 3. 我覺得這次旅遊，非常富有趣味（exp1_3）。 4. 我覺得這次旅遊，行程豐富精彩（exp1_4）。

表附2-1　遊客體驗的操作型定義與衡量題項（續）

構面	操作型定義	衡量題項
情感體驗 exp2	遊客於情感連結上所體驗到的感受	5. 看到美麗的景緻，令我心情放鬆（exp2_1）。 6. 看到豐富的文物，能激發我思古之情（exp2_2）。 7. 看到美麗的景緻，讓我感到歡樂愉快（exp2_3）。 8. 當地的景色，令我感動（exp2_4）。 9. 當地歷史文物，令我感動（exp2_5）。
思考體驗 exp3	旅遊後，所引發的思考、聯想或靈感的啟發	10.透過這次旅遊，頗發人省思，令我有所思考（exp3_1）。 11.透過這次旅遊，引發我的好奇心（exp3_2）。 12.透過這次旅遊，引發我做一些聯想與靈感啟發（exp3_3）。 13.透過這次旅遊，能激發我創意思考（exp3_4）。
行動體驗 exp4	透過旅遊活動，所引發的具體行動	14.看到美景，我很想分享觀賞的心得（exp4_1）。 15.看到歷史文物，我很想分享觀賞的心得（exp4_2）。 16.看到美景，我很想拍照、錄影留念（exp4_3）。 17.看到歷史建物，我很想拍照、錄影留念（exp4_4）。
關聯體驗 exp5	透過旅遊活動，所引發的認同感	18.我會想購買與當地相關的紀念品（exp5_1）。 19.透過這次旅遊，讓我產生環境維護的認同感（exp5_2）。 20.會因美麗的景緻，而聯想到西拉雅國家風景區（exp5_3）。 21.透過這次旅遊，西拉雅會成為我平常談論的話題（exp5_4）。

表附2-2　旅遊意象的操作型定義與衡量題項

構面	操作型定義	衡量題項
產品 im1	遊客對旅遊地點的印象	1. 自然風景優美（im1_1）。 2. 平埔族文化保存良好（im1_2）。 3. 知名度高（im1_3）。
品質 im2	遊客對旅遊地點之相關設施品質的印象	4. 開車賞景令人愉悅（im2_1）。 5. 整體氣氛令人心情放鬆（im2_2）。 6. 通往本風景區交通便利（im2_3）。 7. 遊憩安全設施良好（im2_4）。 8. 地方公共服務設施完善（im2_5）。
服務 im3	遊客對旅遊地點之服務品質印象	9. 整體旅遊環境乾淨（im3_1）。 10.旅遊資訊充足（im3_2）。 11.相關服務人員能提供遊客迅速且即時的服務（im3_3）。 12.區內相關服務人員的服務態度良好（im3_4）。 13.旅遊活動的各項安排均能提供遊客便利（im3_5）。
價格 im4	遊客對旅遊地點之相關花費的印象	14.個人平均旅遊花費價格合理（im4_1）。 15.收費合理（im4_2）。

表附2-3　重遊意願的操作型定義與衡量題項

構面	操作型定義	衡量題項
重遊意願 rv	遊客對同一旅遊地點的體驗與行為承諾	1. 到西拉雅風景區旅遊，對我來說是最好的選擇（rv1）。 2. 我將會是西拉雅風景區的忠實遊客（rv2）。 3. 有旅遊需求時，我會優先選擇西拉雅風景區（rv3）。 4. 我願意繼續到西拉雅風景區旅遊（rv4）。 5. 我會向親朋好友推薦到西拉雅風景區（rv5）。

附錄三　景觀咖啡廳商店意象、知覺價值、忠誠度與轉換成本的關係

一、問卷內容

問卷編號： ＿＿＿＿＿＿＿＿

親愛的先生、小姐您好：

這是一份學術性的研究問卷，目的在瞭解景觀咖啡廳商店意象、知覺價值、忠誠度與轉換成本的關係，您的寶貴意見，將是本研究成功的最大關鍵。問卷採不記名方式，全部資料僅作統計分析之用，絕不對外公開，請安心填寫。懇請您撥冗協助填答問卷，謝謝您的熱心參與。

敬祝您　順心如意

研究所

指導教授：　　　　　博士

研究生：　　　　　敬上

※請針對您的消費經驗，回答下列相關問項，並請於□中打「✓」，謝謝！

第一部分：景觀咖啡廳商店意象	極不同意	很不同意	不同意	普通	同意	很同意	極為同意
1.餐飲品質好，新鮮度佳。	□	□	□	□	□	□	□
2.餐飲商品種類多，選擇性高。	□	□	□	□	□	□	□
3.餐飲價格合理。	□	□	□	□	□	□	□
4.菜單內容會不定時更換。	□	□	□	□	□	□	□
5.服務人員親切有禮，服裝整齊。	□	□	□	□	□	□	□
6.服務人員會主動提供餐點之訊息。	□	□	□	□	□	□	□
7.服務人員結帳時，快速準確。	□	□	□	□	□	□	□
8.服務人員出餐快速，等待食物時間短。	□	□	□	□	□	□	□
9.營業時間滿足需要。	□	□	□	□	□	□	□

	極不同意	很不同意	不同意	普通	同意	很同意	極為同意
10.周邊交通便利，地點易達。	☐	☐	☐	☐	☐	☐	☐
11.停車空間足夠。	☐	☐	☐	☐	☐	☐	☐
12.店內裝潢高雅舒適，氣氛良好。	☐	☐	☐	☐	☐	☐	☐
13.燈光音樂宜人。	☐	☐	☐	☐	☐	☐	☐
14.店內環境舒適整潔。	☐	☐	☐	☐	☐	☐	☐
15.走道空間寬敞，不會影響鄰座客人的交談。	☐	☐	☐	☐	☐	☐	☐
16.配合節慶主題性有促銷活動。	☐	☐	☐	☐	☐	☐	☐
17.發行貴賓卡成立會員俱樂部。	☐	☐	☐	☐	☐	☐	☐
18.提供商品折價券。	☐	☐	☐	☐	☐	☐	☐
19.店內提供無線上網。	☐	☐	☐	☐	☐	☐	☐
20.可使用信用卡付款。	☐	☐	☐	☐	☐	☐	☐
21.提供書報雜誌閱讀。	☐	☐	☐	☐	☐	☐	☐

第二部分：知覺價值	極不同意	很不同意	不同意	普通	同意	很同意	極為同意
1.和其他同業相較，本餐廳服務或商品非常吸引我。	☐	☐	☐	☐	☐	☐	☐
2.和其他同業相較，本餐廳物超所值。	☐	☐	☐	☐	☐	☐	☐
3.和其他同業相較，本餐廳提供了較多的免費服務。	☐	☐	☐	☐	☐	☐	☐
4.和其他同業相較，本餐廳提供比我預期更高的價值。	☐	☐	☐	☐	☐	☐	☐

第三部分：忠誠度	極不同意	很不同意	不同意	普通	同意	很同意	極為同意
1.本餐廳會是我優先的選擇。	☐	☐	☐	☐	☐	☐	☐
2.我願意再來本餐廳消費。	☐	☐	☐	☐	☐	☐	☐
3.我認為我是本餐廳的忠實顧客。	☐	☐	☐	☐	☐	☐	☐
4.我會向本餐廳申請貴賓卡。	☐	☐	☐	☐	☐	☐	☐
5.我會主動向親朋好友介紹本餐廳。	☐	☐	☐	☐	☐	☐	☐

第四部分：轉換成本	極不同意	很不同意	不同意	普通	同意	很同意	極為同意
1.我覺得轉換到另一間餐廳是費時費力的。	☐	☐	☐	☐	☐	☐	☐
2.轉換到另一間餐廳需花費較高的成本。	☐	☐	☐	☐	☐	☐	☐
3.我覺得要轉換到其他餐廳消費是一件麻煩的事。	☐	☐	☐	☐	☐	☐	☐

第五部分：基本資料，請於□中打「✓」。

1. 性別：　　　　　□ 女　　　□ 男
2. 婚姻狀況：　　　□ 未婚　□ 已婚
3. 年齡：　　　　　□ 20歲以下　　□ 21～30歲　　□ 31～40歲　　□ 41～50歲　　□ 51～60歲
　　　　　　　　　□ 61歲以上
4. 目前職業：　　　□ 軍公教　　　□ 服務業　　　□ 製造業　　　□ 買賣業　　　□ 自由業
　　　　　　　　　□ 家庭主婦　　□ 學生　　　　□ 其他（請註明＿＿＿＿＿）
5. 教育程度：　　　□ 國小（含）以下　□ 國中　□ 高中（職）　□ 專科　□ 大學
　　　　　　　　　□ 研究所（含）以上
6. 平均月收入：　　□ 15,000元以下　　　□ 15,001～30,000元　□ 30,001～45,000元
　　　　　　　　　□ 45,001～60,000元　□ 60,001～75,000元　□ 75,001～90,000元
　　　　　　　　　□ 90,001～120,000元　□ 120,001元以上
7. 消費次數：　　　□ 1次　□ 2次　□ 3次　□ 4次　□ 5次（含）以上

本問卷到此結束，非常感謝您的耐心填答，謝謝！

二、概念性模型

　　本研究透過相關文獻整理、分析、推論與建立假說後，引導出景觀咖啡廳商店意象對知覺價值及忠誠度皆具有正向直接顯著影響；知覺價值對忠誠度亦具有正向直接顯著影響等假設。自變數為消費者於景觀咖啡廳中所感受到的商店意象（image），其包含六個子構面，分別為商品、服務、便利、商店環境、促銷及附加服務。此外，依變數則為消費者的忠誠度；而處於自變數與依變數之間的中介變數則是消費者所認知的知覺價值。最後，本研究亦將檢驗轉換成本的干擾效果。由此，本研究所建構的消費者忠誠度之概念性模型，其架構將如圖附3-1所示。

三、研究假設

　　根據圖附3-1所建立之概念性模型圖，本研究將提出下列研究假設，盼能透過市場調查所蒐集的資料，運用驗證性因素分析、結構方程模型，驗證這些假設的成立與否，以探討景觀咖啡廳商店意象、知覺價值與忠誠度間的關係，並釐清轉換成本於其間關係的干擾效果，這些研究假設分述如下：

　　假設一（H_1）：景觀咖啡廳商店意象對知覺價值具有正向直接顯著影響。
　　假設二（H_2）：景觀咖啡廳商店意象對忠誠度具有正向直接顯著影響。

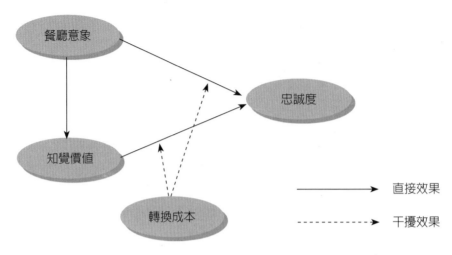

圖附3-1　概念性架構圖

假設三（H_3）：知覺價值對忠誠度具有正向直接顯著影響。

假設四（H_4）：轉換成本會干擾景觀咖啡廳商店意象與消費者忠誠度間的關係。

假設五（H_5）：轉換成本會干擾知覺價值與消費者忠誠度間的關係。

四、潛在變數之操作型定義與衡量

　　為了檢驗上述之研究假說，本研究試圖將概念性模型予以操作化，並建構相對應的問項。根據圖附3-1的概念性模型，本論文之研究變數包含景觀咖啡廳商店意象、知覺價值、忠誠度與轉換成本等。以下為本研究之研究變數的操作型定義之陳述：

（一）景觀咖啡廳商店意象

　　Martineau（1958）認為在消費者決策中，有一種力量在運作，使消費者傾向惠顧與自我意象一致的商店，他將這種力量稱之為商店意象。據此，本研究將景觀咖啡廳商店意象定義為一種包含功能性特質、心理層面屬性及長期經驗的態度，本質上是複雜而非單獨的特性，它是消費者心中對景觀咖啡廳商店的整體意象，透過與其他餐廳比較後所產生之知覺的主觀想法，內化為個人知覺的整體意象。衡量上，將參考陳榮芳、葉惠忠、蔡玉雯、李麗娟（2006）及Kisang、Heesup and Tae-Hee（2008）所使用之商店意象的衡量問項，再依古坑華山景觀咖啡廳現場實察做修改與刪減。因此，將採用商品、服務、便利、商店環境、促銷及附加服務等六個子構面，計二十一個問項，衡量景觀咖啡廳商店意象。衡量時，將以李克特的七點量表衡量，分別以

「極不同意」、「很不同意」、「不同意」、「普通」、「同意」、「很同意」與「極為同意」區分成七個等級，並給予1、2、3、4、5、6、7的分數，分數越高表示景觀咖啡廳消費者對商店意象的感受同意程度越高。表附3-1將顯示出景觀咖啡廳商店意象構面之子構面與衡量題項。

（二）知覺價值

Zeithaml（1988）定義知覺價值為消費者對產品或服務衡量其「所獲得的東西」和「所付出的代價」後，對產品效用所做的整體性評估，此即指顧客對產品或服務的知覺評價結果，也就是知覺利益（perceived benefits）與知覺成本（perceived costs）之間的抵換結果。本研究所指之知覺價值為消費者在付出的知覺成本（包含貨幣與非貨幣的成本）與獲得的知覺利益之間的落差，為影響消費者購買意願的因素之一。衡量上，將參考Yang and Peterson（2004）所使用之問項作為衡量依據，再依古坑華山景觀咖啡廳現場實察做修改與刪減，並經過檢測修正問卷，結果共有四題，如表附3-2所示。

（三）忠誠度

Oliver（1997）將顧客忠誠度定義為消費者重複購買某商品或使用某特定服務的高度承諾，先產生於消費者態度層面，進而表現於外在購買行為，即使面臨情境改變或是競爭者的影響，仍不會改變對於該產品或服務未來持續性使用的意願與行為。本研究所指之忠誠度為顧客對某產品或服務維持長久關係之承諾，表現於行為或是態度兩方面，其為企業長久獲利之要素之一。衡量上，將參考簡惠珠（2006）所使用之問項作為衡量依據，再依古坑華山景觀咖啡廳現場實察做修改與刪減，並經過檢測修正問卷，結果共有五題，如表附3-3所示。

（四）轉換成本

Jones et al.（2000）認為影響轉換意願之因素不應只有消費者對品牌的評價，也應該包含消費者在客觀條件的限制下對轉換至其他業者的成本評估。因此定義轉換成本為能增加轉換困難度或妨礙消費者轉換行為之相關因素，如有形的貨幣成本及無形的時間、精神成本，這些概念統稱為轉換障礙（switch barriers）。本研究所指之將轉換成本定義為在產品或服務轉換過程中，所需額外花費之有形或無形成本的評估。衡量上，將參考Yang and Peterson（2004）所使用之問項作為衡量依據，再依古坑華

山景觀咖啡廳現場實察做修改與刪減，並經過檢測修正問卷，結果共有三題，如表附3-4所示。

表附3-1　景觀咖啡廳商店意象構面的衡量題項

構面	衡量題項
商品 im1	1.餐飲品質好，新鮮度佳（im1_1）。 2.餐飲商品種類多，選擇性高（im1_2）。 3.餐飲價格合理（im1_3）。 4.菜單內容會不定時更換（im1_4）。
服務 im2	5.餐飲品質好，新鮮度佳（im2_1）。 6.餐飲商品種類多，選擇性高（im2_2）。 7.餐飲價格合理（im2_3）。 8.服務人員出餐快速，等待食物時間短（im2_4）。
便利 im3	9.營業時間滿足需要（im3_1）。 10.周邊交通便利，地點易達（im3_2）。 11.停車空間足夠（im3_3）。
商店環境 im4	11.店內裝潢高雅舒適，氣氛良好（im4_1）。 12.燈光音樂宜人（im4_2）。 13.店內環境舒適整潔（im4_3）。 14.走道空間寬敞，不會影響鄰座客人的交談（im4_4）。
促銷 im5	16.配合節慶主題性有促銷活動（im5_1）。 17.發行貴賓卡成立會員俱樂部（im5_2）。 18.提供商品折價券（im5_3）。
附加服務 im6	19.店內提供無線上網（im6_1）。 20.可使用信用卡付款（im6_2）。 21.提供書報雜誌閱讀（im6_3）。

表附3-2　知覺價值構面衡量的題項

構面	衡量題項
知覺價值 pv	1.和其他同業相較，本餐廳服務或商品非常吸引我（pv1）。 2.和其他同業相較，本餐廳物超所值（pv2）。 3.和其他同業相較，本餐廳提供了較多的免費服務（pv3）。 4.和其他同業相較，本餐廳提供比我預期更高的價值（pv4）。

表附3-3　忠誠度構面衡量的題項

構面	衡量題項
忠誠度 ly	1.本餐廳會是我優先的選擇（ly1）。 2.我願意再來本餐廳消費（ly2）。 3.我認為我是本餐廳的忠實顧客（ly3）。 4.我會向本餐廳申請貴賓卡（ly4）。 5.我會主動向親朋好友介紹本餐廳（ly5）。

表附3-4　轉換成本構面衡量的題項

構面	衡量題項
轉換成本 sc	1.我覺得轉換到另一間餐廳是費時費力的（sc1）。 2.轉換到另一間餐廳需花費較高的成本（sc2）。 3.我覺得要轉換到其他餐廳消費是一件麻煩的事（sc3）。

附錄四　電信業服務品質問卷

第一部分

※請針對您的消費經驗，回答下列相關問項，並請於□中打「✓」，謝謝！

	非常不同意	不同意	無意見	同意	非常同意
1.服務中心附近停車很方便。	□	□	□	□	□
2.服務中心、通路點之設置具有普及性、便利性。	□	□	□	□	□
3.專人為顧客導引之服務，令人滿意。	□	□	□	□	□
4.服務人員之服裝、儀容相當整齊。	□	□	□	□	□
5.服務人員的禮儀及談吐，令人滿意。	□	□	□	□	□
6.障礙申告、維修之總修復時間，令人滿意。	□	□	□	□	□
7.營業處所已設有陳情申訴部門及免費諮詢電話。	□	□	□	□	□
8.未服務前的等候時間令人不耐煩。	□	□	□	□	□
9.營業服務的時間能符合用戶需求。	□	□	□	□	□
10.能及時完成異動作業（如費率更改、地址變動）。	□	□	□	□	□
11.備有電子布告欄提供重要電信訊息（如促銷、新業務訊息）。	□	□	□	□	□
12.完成服務所花費的全部時間相當長。	□	□	□	□	□
13.服務人員會主動協助客戶解決問題。	□	□	□	□	□
14.服務人員的專業知識頗佳。	□	□	□	□	□
15.計費、交易資料之正確性，令人擔憂。	□	□	□	□	□
16.客戶資料之保密程度，頗受質疑。	□	□	□	□	□
17.能準時寄發繳費通知單及收據。	□	□	□	□	□
18.備有報紙、雜誌供客戶打發時間。	□	□	□	□	□
19.備有電信文宣或專業期刊提供客戶新資訊。	□	□	□	□	□
20.話費能維持合理價位。	□	□	□	□	□
21.臨櫃繳費之排隊等候時間相當短。	□	□	□	□	□
22.繳納電信費用相當方便。	□	□	□	□	□
23.能即時的處理客戶抱怨與不滿。	□	□	□	□	□
24.備有舒適空間及足夠座椅供客戶使用。	□	□	□	□	□

	非常不同意	不同意	無意見	同意	非常同意
25.營業場所之布置及內外環境整潔，令人滿意。	☐	☐	☐	☐	☐
26.櫃檯已清楚標示其服務項目。	☐	☐	☐	☐	☐
27.申請業務之手續相當煩雜。	☐	☐	☐	☐	☐
28.能提供即時的服務動態資訊。	☐	☐	☐	☐	☐
29.服務人員對於顧客有關之各項諮詢能立即給予滿意回覆。	☐	☐	☐	☐	☐
30.服務人員不因忙著服務消費者而忽略了其他的消費者。	☐	☐	☐	☐	☐

第二部分

以不記名方式，請問您一些基本資料，供統計分析之用且不公開，請安心作答。（請於適當的☐內打「✓」，以下所有問題皆為單選）

1. 性別：　　　　(1) ☐ 男　(2) ☐ 女
2. 婚姻：　　　　(1) ☐ 未婚　(2) ☐ 已婚
3. 年齡：　　　　(1) ☐ 20歲以下　(2) ☐ 21～30歲　(3) ☐ 31～40歲　(4) ☐ 41～50歲
　　　　　　　　(5) ☐ 51～60歲
4. 學歷：　　　　(1) ☐國中以下　(2) ☐高中　(3) ☐專科　(4) ☐大學　(5) ☐研究所以上
5. 職業：　　　　(1) ☐軍公教　(2) ☐農　(3) ☐工　(4) ☐商　(5) ☐自由業　(6) ☐學生
　　　　　　　　(7) ☐家管　　(8) ☐無業／待業　(9) ☐其他
6. 您每月平均所得：
　　(1) ☐ 10,000元以下　　(2) ☐ 10,001～20,000元　(3) ☐ 20,001～30,000元
　　(4) ☐ 30,001～40,000元　(5) ☐ 40,001～50,000元　(6) ☐ 50,001元以上
7. 請問您使用的門號系統為哪一家？
　　(1) ☐ 中華電信　(2) ☐ 台灣大哥大　(3) ☐ 遠傳　(4) ☐ 和信　(5) ☐ 泛亞

附錄五 澎湖休閒漁業觀光意象原始問卷

親愛的遊客，您好！

　　首先感謝您願意填寫這份問卷。此問卷的目的在於瞭解您對澎湖休閒漁業的態度與看法，及對構成澎湖休閒漁業意象之相關屬性的重要程度。您的回答並沒有所謂的對與錯，敬請放心填答！您的意見對我們而言非常寶貴，作答結果僅供學術研究之用，絕對保密。再次感謝您的支持與協助。

　　敬祝　身體健康 萬事如意

大學旅遊事業管理研究所

指導教授：　博士

研究生：　敬上

※問卷作答方式

本問卷並沒有標準答案，請由選項中勾選出最能代表您心中想法的答案。

◎範例：若題目為：「到澎湖旅遊花費不多」，
　　　　對於這樣的說法，如果您覺得「花費」這件事對您而言「非常重要」：
　　　　　　　　則您應該在「屬性重視度」欄中的「非常重要」項做勾選，如下表❶處所示。
　　　　同時，實際上，如果您卻「不同意」，「到澎湖旅遊花費不多」的說法時：
　　　　　　　　則您應該在「屬性認同度」欄中的「不同意」項做勾選，如下表處❷所示。

	屬性重視度						屬性認同度				
	非常不重要	不重要	普通	重要	非常重要		非常不同意	不同意	普通	同意	非常同意
1.到澎湖旅遊花費不多。	☐	☐	☐	☐	Ⅴ	※	☐	Ⅴ	☐	☐	☐
					❶			❷			

請描述您對澎湖休閒漁業相關問題的重視程度與認同程度：

下列問項主要在探究當您參與澎湖休閒漁業旅遊行程時（以下簡稱「行程」），您對該行程之相關意象的重視度與認同度。	屬性重視度						屬性認同度				
	非常不重要	不重要	普通	重要	非常重要		非常不同意	不同意	普通	同意	非常同意
1.本行程具高知名度。	☐	☐	☐	☐	☐	※	☐	☐	☐	☐	☐
2.參與行程可以回味漁村往日的氛圍。	☐	☐	☐	☐	☐	※	☐	☐	☐	☐	☐
3.澎湖居民的態度友善且好客。	☐	☐	☐	☐	☐	※	☐	☐	☐	☐	☐
4.參與行程可以實際體驗漁村文化。	☐	☐	☐	☐	☐	※	☐	☐	☐	☐	☐
5.先民的智慧（如石滬漁法），令人欽佩。	☐	☐	☐	☐	☐	※	☐	☐	☐	☐	☐
6.可以感受到當地特色民情。	☐	☐	☐	☐	☐	※	☐	☐	☐	☐	☐
7.可以觀賞到獨特的地質與地形景觀。	☐	☐	☐	☐	☐	※	☐	☐	☐	☐	☐
8.澎湖休閒漁業的旅遊資訊取得很容易。	☐	☐	☐	☐	☐	※	☐	☐	☐	☐	☐
9.旅遊景點基礎設施很完善。	☐	☐	☐	☐	☐	※	☐	☐	☐	☐	☐
10.在用餐地點得到良好的接待。	☐	☐	☐	☐	☐	※	☐	☐	☐	☐	☐
11.在購物地點得到良好的服務。	☐	☐	☐	☐	☐	※	☐	☐	☐	☐	☐
12.注重服務態度與品質。	☐	☐	☐	☐	☐	※	☐	☐	☐	☐	☐
13.澎湖的休閒漁業旅遊不會擁擠吵雜。	☐	☐	☐	☐	☐	※	☐	☐	☐	☐	☐
14.環境是乾淨衛生且經過精心規劃。	☐	☐	☐	☐	☐	※	☐	☐	☐	☐	☐
15.行程具備多樣化的活動遊程。	☐	☐	☐	☐	☐	※	☐	☐	☐	☐	☐

個人背景變項（此部分皆為單選題）

1. 性別：　　　☐ 男　☐ 女
2. 婚姻狀況：　☐ 已婚　☐ 未婚　☐ 其他＿＿＿＿＿＿
3. 年齡：　　　☐ 18～25歲　☐ 26～35歲　☐ 36～45歲　☐ 46～55歲　☐ 56歲及以上
4. 職業：　　　☐ 學生　☐ 軍公教　☐ 農林漁牧　☐ 商　☐ 工　☐ 自由業　☐ 退休人員　☐ 其他＿＿＿＿＿＿

5. 月收入：　　□ 20,000元以內　　□ 20,001～40,000元　　□ 40,001～60,000元　　□ 60,001～80,000元
　　　　　　　　□ 80,001元以上

6. 教育程度：　□ 國中以下　　□ 國中　　□ 高中（職）　　□ 大專　　□ 研究所及以上

本問卷到此結束，謝謝您的支持與協助！

附錄六　醫院服務品質問卷

問卷編號： _____

親愛的先生、小姐您好：

　　這是一份學術性的研究問卷，目的在瞭解您對醫院服務品質的感覺及看法，您的寶貴意見，將是本研究成功的最大關鍵。問卷採不記名方式，全部資料僅作統計分析之用，絕不對外公開，請安心填寫。懇請您撥幾分鐘協助填答問卷，謝謝您的熱心參與。

　　敬祝您　順心如意

國立　　　　　管理研究所

指導教授：　　博士

研究生：　　敬上

※請針對您的服務經驗，回答下列相關問項，請於□中打「✓」，謝謝！

第一部分：服務品質	極不同意	很不同意	不同意	普通	同意	很同意	極為同意
1.醫院擁有現代化的設備。	□	□	□	□	□	□	□
2.醫院的實體設施相當完善。	□	□	□	□	□	□	□
3.醫院服務人員的穿著整潔、清爽。	□	□	□	□	□	□	□
4.醫院有完善的業務或服務說明資料。	□	□	□	□	□	□	□
5.醫院附近停車很方便。	□	□	□	□	□	□	□
6.候診時，醫院備有舒適空間及足夠座椅。	□	□	□	□	□	□	□
7.這家醫院對病患詳盡解釋病情。	□	□	□	□	□	□	□
8.當病患遭遇問題時，醫院會盡力協助解決。	□	□	□	□	□	□	□
9.這家醫院在病患第一次就診就能對症下藥。	□	□	□	□	□	□	□
10.這家醫院能在門診時段內準時為病患服務。	□	□	□	□	□	□	□
11.這家醫院所提供服務能保持不犯錯的記錄。	□	□	□	□	□	□	□

12.醫院對病患的個人資料能善盡保密之責。	☐	☐	☐	☐	☐	☐	☐
13.醫院會告訴病患執行服務的正確時間。	☐	☐	☐	☐	☐	☐	☐
14.醫院服務人員能夠提供病患立即性的服務。	☐	☐	☐	☐	☐	☐	☐
15.醫院服務人員能以病患為尊。	☐	☐	☐	☐	☐	☐	☐
16.醫院服務人員常保高度的服務病患意願。	☐	☐	☐	☐	☐	☐	☐
17.醫院服務人員不會因為太忙碌而疏於回應顧客。	☐	☐	☐	☐	☐	☐	☐
18.繳費之排隊等候時間相當短。	☐	☐	☐	☐	☐	☐	☐
19.服務人員的行為建立了病患對醫療服務的信心。	☐	☐	☐	☐	☐	☐	☐
20.治療時讓病患覺得很安全。	☐	☐	☐	☐	☐	☐	☐
21.醫院服務人員能保持對病患的禮貌態度。	☐	☐	☐	☐	☐	☐	☐
22.醫院服務人員有足夠的專業知識因應病患的問題。	☐	☐	☐	☐	☐	☐	☐
23.計費資料之正確性，令人滿意。	☐	☐	☐	☐	☐	☐	☐
24.服務人員會主動協助病患解決問題。	☐	☐	☐	☐	☐	☐	☐
25.醫院會給予不同病患不同的關懷。	☐	☐	☐	☐	☐	☐	☐
26.醫院會因應病患的需要訂定適當的服務執行時間。	☐	☐	☐	☐	☐	☐	☐
27.醫院會給予不同病患不同的照顧。	☐	☐	☐	☐	☐	☐	☐
28.醫院的人員瞭解病患的特殊需要。	☐	☐	☐	☐	☐	☐	☐
29.醫院服務人員對病患能給予個別化的服務。	☐	☐	☐	☐	☐	☐	☐
30.醫院服務人員對病患的病情能感同身受。	☐	☐	☐	☐	☐	☐	☐

附錄七 品牌形象、知覺價值對品牌忠誠度關係之研究（問卷初稿）

一、問卷內容

問卷編號：＿＿＿＿＿＿＿＿＿

親愛的先生、小姐您好：

　　這是一份學術性的研究問卷，目的在瞭解品牌形象、知覺價值對品牌忠誠度的影響程度，您的寶貴意見，將是本研究成功的最大關鍵。問卷採不記名方式，全部資料僅作統計分析之用，絕不對外公開，請安心填寫。懇請您撥幾分鐘協助填答問卷，謝謝您的熱心參與。

　　敬祝您　順心如意

研究所

指導教授：　　　　　博士

研究生：　　　　　敬上

※請針對您的服務經驗，回答下列相關問項，並請於□中打「✓」，謝謝！

第一部分：品牌形象	極不同意	很不同意	不同意	普通	同意	很同意	極為同意
1. 85度C的產品風味很特殊。（bi1_1）	□	□	□	□	□	□	□
2. 85度C的產品很多樣化。（bi1_2）	□	□	□	□	□	□	□
3. 85度C和別的品牌有明顯不同。（bi1_3）	□	□	□	□	□	□	□
4. 85度C很有特色。（bi2_1）	□	□	□	□	□	□	□
5. 85度C很受歡迎。（bi2_2）	□	□	□	□	□	□	□
6. 我對85度C有清楚的印象。（bi2_3）	□	□	□	□	□	□	□
7. 85度C的經營者正派經營。（bi3_1）	□	□	□	□	□	□	□
8. 85度C形象清新。（bi3_2）	□	□	□	□	□	□	□
9. 85度C讓人聯想到品牌值得信任。（bi3_3）	□	□	□	□	□	□	□

第二部分：知覺價值	極不同意	很不同意	不同意	普通	同意	很同意	極為同意
1.我認為85度C的產品，其品質是可以接受的。（pv1_1）	☐	☐	☐	☐	☐	☐	☐
2.我不會對85度C之產品的品質，感到懷疑。（pv1_2）	☐	☐	☐	☐	☐	☐	☐
3.我對85度C之產品的品質，深具信心。（pv1_3）	☐	☐	☐	☐	☐	☐	☐
4.85度C之產品的品質，常讓我感到物超所值。（pv1_4）	☐	☐	☐	☐	☐	☐	☐
5.我會想使用85度C的產品。（pv2_1）	☐	☐	☐	☐	☐	☐	☐
6.我喜歡85度C的產品。（pv2_2）	☐	☐	☐	☐	☐	☐	☐
7.使用85度C的產品後，會讓我感覺很好。（pv2_3）	☐	☐	☐	☐	☐	☐	☐
8.我認為85度C的產品價格不甚合理。（pv3_1）	☐	☐	☐	☐	☐	☐	☐
9.我認為以此價格購買85度C的產品是不值得的。（pv3_2）	☐	☐	☐	☐	☐	☐	☐
10.我認為85度C的產品，CP值很高。（pv3_3）	☐	☐	☐	☐	☐	☐	☐
11.相較於其他價位相近產品，我會選擇購買85度C的產品。（pv3_4）	☐	☐	☐	☐	☐	☐	☐
12.我願意以較高的價格，購買85度C的產品。（pv3_5）	☐	☐	☐	☐	☐	☐	☐
13.我認為85度C的產品，能符合大部分人的需求。（pv4_1）	☐	☐	☐	☐	☐	☐	☐
14.使用85度C的產品後，能讓其他人對我有好印象。（pv4_2）	☐	☐	☐	☐	☐	☐	☐
15.我的好友們，和我一樣，都喜歡購買85度C的產品。（pv4_3）	☐	☐	☐	☐	☐	☐	☐

第三部分：品牌忠誠度	極不同意	很不同意	不同意	普通	同意	很同意	極為同意
1.購買85度C的產品對我來說是最好的選擇。（ly1）	☐	☐	☐	☐	☐	☐	☐
2.我是85度C的忠實顧客。（ly2）	☐	☐	☐	☐	☐	☐	☐
3.當我有需求時，我會優先選擇85度C。（ly3）	☐	☐	☐	☐	☐	☐	☐
4.我願意繼續購買85度C的產品。（ly4）	☐	☐	☐	☐	☐	☐	☐
5.我會向親朋好友推薦85度C的產品。（ly5）	☐	☐	☐	☐	☐	☐	☐

第四部分：基本資料，請於☐中打「✓」

1. 性別：　　　☐ 女　　☐ 男
2. 婚姻狀況：　☐ 未婚　☐ 已婚
3. 年齡：　　　☐ 20歲以下　　☐ 21～30歲　　☐ 31～40歲　　☐ 41～50歲　　☐ 51～60歲
　　　　　　　☐ 61歲以上
4. 目前職業：　☐ 軍公教　　☐ 服務業　　☐ 製造業　　☐ 買賣業　　☐ 自由業
　　　　　　　☐ 家庭主婦　☐ 學生　　☐ 其他（請註明_____）

5. 教育程度：　　　□ 國小（含）以下　□ 國中　□ 高中（職）　　□ 專科　□ 大學
　　　　　　　　　□ 研究所（含）以上

6. 平均月收入：　□ 15,000元以下　　　□ 15,001～30,000元　□ 30,001～45,000元
　　　　　　　　　□ 45,001～60,000元　□ 60,001～75,000元　□ 75,001～90,000元
　　　　　　　　　□ 90,001～120,000元　□ 120,001元以上

7. 您認為85度C的哪些特色很吸引您？
　　　□ 咖啡　□ 糕點　□ 服務　□ 氣氛

本問卷到此結束，非常感謝您的耐心填答，謝謝！

二、概念性模型

　　本附錄所將介紹的範例模型是一份實際的碩士論文之概念性模型（conceptual model），題名為「品牌形象、知覺價值對品牌忠誠度關係之研究」。基本上，這是一篇還算簡單，但結構完整的碩士論文，非常適合初學者模擬。一般而言，研究的初學者往往都是從模擬前輩的研究方法（methodology）開始，所該重視的是過程的嚴謹性，而不是其成果。再深入點，學會基本功後，那麼研究者所該重視的即是創意了。

　　該研究透過相關文獻整理、分析、推論與建立假說，引導出品牌形象正向影響知覺價值、品牌忠誠度；知覺價值正向影響品牌忠誠度；品牌形象透過知覺價值間接顯著正向影響品牌忠誠度等假設。研究中所使用的變數分別為自變數、依變數，以及中介變數等三項。自變數為消費者所認知的品牌形象，其包含三個子構面分別為品牌價值、品牌特質與企業聯想。此外，依變數則為消費者對品牌的忠誠度。而處於自變數與依變數之間的中介變數則是消費者所知覺的價值感，其包含四個子構面分別為品質價值、情感價值、價格價值與社會價值等。由此，該研究所建構的消費者品牌忠誠度之概念性模型，其架構將如圖附7-1所示。

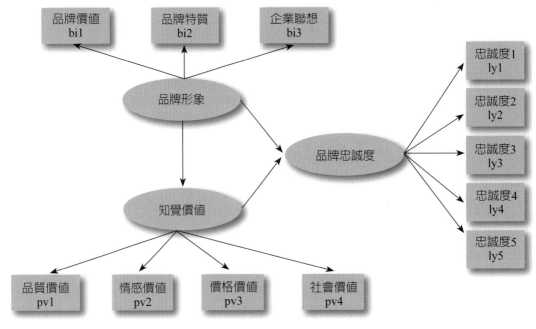

圖附7-1　概念性模型圖

三、研究假設

根據圖附7-1所建立之概念性模型圖，該研究將提出下列研究假設，盼能透過市場調查所蒐集的資料，運用驗證性因素分析、結構方程模型，驗證這些假設的成立與否，並釐清品牌形象、知覺價值、品牌忠誠度之間關係，這些研究假設分述如下：

假設一：品牌形象對知覺價值有正向影響。

假設二：品牌形象對品牌忠誠度有正向影響。

假設三：知覺價值對品牌忠誠度有正向影響。

假設四：品牌形象透過知覺價值間接的顯著正向影響品牌忠誠度。

四、潛在變數之操作型定義與衡量

為了檢驗上述之研究假說，本研究試圖將概念性架構予以操作化，並建構相對應的問項。根據圖附7-1的概念性模型，本研究之觀察變數包含知覺價值、品牌形象與品牌忠誠度等。以下為本研究之研究變數的操作型定義之陳述。

（一）品牌形象

Aaker（1996）曾以消費者對獨特產品類別或品牌聯想來闡釋品牌形象。認為品牌形象係建構在三種知覺層面上，即品牌對映產品價值、品牌對映個人特質及品牌對映組織（企業）聯想，由於此論點較契合本研究之衡量標的與推論，因此本研究將應用Aaker（1996）所主張的品牌形象之構成三要素，即品牌價值、品牌特質與企業聯想等，作為衡量品牌形象構面的指標，表附7-1顯示為品牌形象構面之操作型定義與衡量題項。

表附7-1 品牌形象的操作型定義與衡量題項

構面	操作型定義	衡量題項
品牌價值 bi1	消費者對此一品牌的功能性利益與品質之知覺	1. 85度C的產品風味很特殊。（bi1_1） 2. 85度C的產品很多樣化。（bi1_2） 3. 85度C和別的品牌有明顯不同。（bi1_3）
品牌特質 bi2	消費者對此一品牌的情感連結與自我表現聯想	4. 85度C很有特色。（bi2_1） 5. 85度C很受歡迎。（bi2_2） 6. 我對85度C有清楚的印象。（bi2_3）
企業聯想 bi3	消費者對此一品牌的提供者或製造者的情感連結	7. 85度C的經營者正派經營。（bi3_1） 8. 85度C形象清新。（bi3_2） 9. 85度C讓人聯想到品牌值得信任。（bi3_3）

（二）知覺價值

知覺價值是來自於讓顧客期望自產品所獲得的利益，高於消費者長期付出的成本。本研究採用Sweeney and Soutar（2001）所提出的四類知覺價值，即品質價值、情感價值、價格價值與社會價值等作為知覺價值的衡量基準，並以此發展知覺價值構面的評量問項，表附7-2詳列知覺價值構面之操作型定義與衡量題項。

表附7-2 知覺價值的操作型定義與衡量題項

構面	操作型定義	衡量題項
品質價值 pv1	來自對產品的知覺品質或期望效果	1. 我認為85度C的產品，其品質是可以接受的。（pv1_1） 2. 我不會對85度C之產品的品質，感到懷疑。（pv1_2） 3. 我對85度C之產品的品質，深具信心。（pv1_3） 4. 85度C之產品的品質，常讓我感到物超所值。（pv1_4）

表附7-2　知覺價值的操作型定義與衡量題項（續）

構面	操作型定義	衡量題項
情感價值 pv2	來自對於產品的感覺或感動	5. 我會想使用85度C的產品。（pv2_1） 6. 我喜歡85度C的產品。（pv2_2） 7. 使用85度C的產品後，會讓我感覺很好。（pv2_3）
價格價值 pv3	來自長期或短期的投入金錢成本	8. 我認為85度C的產品價格不甚合理。（pv3_1） 9.我認為以此價格購買85度C的產品是不值得的。（pv3_2） 10. 我認為85度C的產品，CP值很高。（pv3_3） 11.相較於其他價位相近產品，我會選擇購買85度C的產品。（pv3_4） 12. 我願意以較高的價格，購買85度C的產品。（pv3_5）
社會價值 pv4	來自產品對社會自我認知的影響力	13.我認為85度C的產品，能符合大部分人的需求。（pv4_1） 14.使用85度C的產品後，能讓其他人對我有好印象。（pv4_2） 15.我的好友們，和我一樣，都喜歡購買85度C的產品。（pv4_3）

（三）品牌忠誠度

依據文獻分析，在本研究中，品牌忠誠度主要將探討顧客受知覺價值與品牌形象之影響，對品牌之忠誠行為的產出結果，研究目的偏重於實務運用性質，因此參考Chaudhuri and Holbrook（2001）、Odin, Odin and Valette-Florence（2001）、Yoo and Donthu（2001）之主張，以單構面之題項衡量品牌之忠誠行為，題項內容則包含：品牌忠誠行為、再購意願及衍生行為等。表附7-3顯示品牌忠誠度的操作型定義與衡量題項。

表附7-3　品牌忠誠度的操作型定義與衡量題項

構面	操作型定義	衡量題項
品牌 忠誠度 ly	消費者對同一品牌的購買經驗與行為承諾	1.購買個案公司的產品對我來說是最好的選擇。（ly1） 2. 我是個案公司的忠實顧客。（ly2） 3. 當我有需求時，我會優先選擇個案公司的產品。（ly3） 4. 我願意繼續購買個案公司的產品。（ly4） 5. 我會向親朋好友推薦個案公司的產品。（ly5）

附錄八　品牌形象、知覺價值對品牌忠誠度關係之研究（正式問卷）

一、問卷內容

問卷編號： _____

親愛的先生、小姐您好：

　　這是一份學術性的研究問卷，目的在瞭解品牌形象、知覺價值對品牌忠誠度的影響程度，您的寶貴意見，將是本研究成功的最大關鍵。問卷採不記名方式，全部資料僅作統計分析之用，絕不對外公開，請安心填寫。懇請您撥幾分鐘協助填答問卷，謝謝您的熱心參與。

　　敬祝您　順心如意

研究所

指導教授：　　　　博士

研究生：　　　　敬上

※請針對您的服務經驗，回答下列相關問項，並請於□中打「✓」，謝謝！

第一部分：品牌形象	極不同意	很不同意	不同意	普通	同意	很同意	極為同意
1. 85度C的產品風味很特殊。（bi1_1）	□	□	□	□	□	□	□
2. 85度C的產品很多樣化。（bi1_2）	□	□	□	□	□	□	□
3. 85度C和別的品牌有明顯不同。（bi1_3）	□	□	□	□	□	□	□
4. 85度C很有特色。（bi2_1）	□	□	□	□	□	□	□
5. 85度C很受歡迎。（bi2_2）	□	□	□	□	□	□	□
6. 我對85度C有清楚的印象。（bi2_3）	□	□	□	□	□	□	□
7. 85度C的經營者正派經營。（bi3_1）	□	□	□	□	□	□	□
8. 85度C形象清新。（bi3_2）	□	□	□	□	□	□	□
9. 85度C讓人聯想到品牌值得信任。（bi3_3）	□	□	□	□	□	□	□

第二部分：知覺價值	極不同意	很不同意	不同意	普通	同意	很同意	極為同意
1. 我認為85度C的產品，其品質是可以接受的。（pv1_1）	☐	☐	☐	☐	☐	☐	☐
2. 我不會對85度C之產品的品質，感到懷疑。（pv1_2）	☐	☐	☐	☐	☐	☐	☐
3. 85度C之產品的品質，常讓我感到物超所值。（pv1_3）	☐	☐	☐	☐	☐	☐	☐
4. 我會想使用85度C的產品。（pv2_1）	☐	☐	☐	☐	☐	☐	☐
5. 使用85度C的產品後，會讓我感覺很好。（pv2_2）	☐	☐	☐	☐	☐	☐	☐
6. 使用85度C的產品後，能讓其他人對我有好印象。（pv2_3）	☐	☐	☐	☐	☐	☐	☐
7. 我的好友們，和我一樣，都喜歡購買85度C的產品。（pv2_4）	☐	☐	☐	☐	☐	☐	☐
8. 我認為85度C的產品價格不甚合理。（pv3_1）	☐	☐	☐	☐	☐	☐	☐
9. 我認為以此價格購買85度C的產品是不值得的。（pv3_2）	☐	☐	☐	☐	☐	☐	☐
10. 我認為85度C的產品，CP值很高。（pv3_3）	☐	☐	☐	☐	☐	☐	☐
11.相較於其他價位相近產品，我會選擇購買85度C的產品。（pv3_4）	☐	☐	☐	☐	☐	☐	☐
第三部分：品牌忠誠度	極不同意	很不同意	不同意	普通	同意	很同意	極為同意
1.購買85度C的產品對我來說是最好的選擇。（ly1）	☐	☐	☐	☐	☐	☐	☐
2. 我是85度C的忠實顧客。（ly2）	☐	☐	☐	☐	☐	☐	☐
3. 當我有需求時，我會優先選擇85度C。（ly3）	☐	☐	☐	☐	☐	☐	☐
4. 我願意繼續購買85度C的產品。（ly4）	☐	☐	☐	☐	☐	☐	☐
5. 我會向親朋好友推薦85度C的產品。（ly5）	☐	☐	☐	☐	☐	☐	☐

第四部分：基本資料，請於☐中打「✓」

1. 性別：　　　　☐ 女　　☐ 男
2. 婚姻狀況：　　☐ 未婚 ☐ 已婚
3. 年齡：　　　　☐ 20歲以下　　☐ 21～30歲　　☐ 31～40歲　　☐ 41～50歲　　☐ 51～60歲
　　　　　　　　☐ 61歲以上
4. 目前職業：　　☐ 軍公教　　☐ 服務業　　☐ 製造業　　☐ 買賣業　　☐ 自由業
　　　　　　　　☐ 家庭主婦　☐ 學生　　　☐ 其他（請註明＿＿＿＿＿）
5. 教育程度：　　☐ 國小（含）以下 ☐ 國中 ☐ 高中（職）☐ 專科 ☐ 大學
　　　　　　　　☐ 研究所（含）以上
6. 平均月收入：　☐ 15,000元以下　　☐ 15,001～30,000元　☐ 30,001～45,000元
　　　　　　　　☐ 45,001～60,000元　☐ 60,001～75,000元　☐ 75,001～90,000元
　　　　　　　　☐ 90,001～120,000元　☐ 120,001元以上

7. 您認為85度C的哪些特色很吸引您？

　　□ 咖啡　　□ 糕點　　□ 服務　　□ 氣氛

本問卷到此結束，非常感謝您的耐心填答，謝謝！

附錄九 第一線服務人員工作熱情與工作滿意度關係之研究：情緒勞務策略的中介角色

一、問卷內容

問卷編號： _____

> 親愛的先生、小姐您好：
>
> 　　這是一份學術性的研究問卷，目的在瞭解第一線服務人員工作熱情、工作滿意度與情緒勞務策略之關係，您的寶貴意見，將是本研究成功的最大關鍵。問卷採不記名方式，全部資料僅作統計分析之用，絕不對外公開，請安心填寫。懇請您撥冗協助填答問卷，謝謝您的熱心參與。
>
> 　　敬祝您　順心如意
>
> 研究所
> 指導教授：　　　　博士
> 研究生：　　　　敬上

※請依據您的實際經驗，回答下列相關問項，請於□中打「✓」，謝謝！

第一部分：工作熱情（Passion for work） 【說明】請問您對下列問項之描述的同意程度為何？	極不同意	很不同意	不同意	普通	同意	很同意	極為同意
1. 我的工作能讓我獲得更充實且多元的經驗。	□	□	□	□	□	□	□
2. 我能坦然面對工作中可能發生的事，包含愉快或不愉快。	□	□	□	□	□	□	□
3. 我很喜歡現在這份具有獨特型態的工作。	□	□	□	□	□	□	□
4. 現在這份工作不會影響到我的日常生活。	□	□	□	□	□	□	□
5. 現在這份工作對我而言是一種熱情，且我能操控這熱情。	□	□	□	□	□	□	□
6. 我現在的工作能讓我有難忘的經驗。	□	□	□	□	□	□	□
7. 我非常喜愛我的工作。	□	□	□	□	□	□	□

8. 我的生活中不能沒有工作。	☐	☐	☐	☐	☐	☐	☐
9. 有一種力量驅使我要去工作。	☐	☐	☐	☐	☐	☐	☐
10. 難以想像無法工作時，生活會變得如何。	☐	☐	☐	☐	☐	☐	☐
11. 我的心情會受到工作上的影響。	☐	☐	☐	☐	☐	☐	☐
12. 我若克制自己不去工作，會感到難過。	☐	☐	☐	☐	☐	☐	☐
13. 工作對我而言似乎到迷戀的程度。	☐	☐	☐	☐	☐	☐	☐
14. 我會因能不能工作而讓心情產生波動。	☐	☐	☐	☐	☐	☐	☐

第二部分：情緒勞務（Emotional labor） 【說明】請問您對下列問項之描述的同意程度為何？	極不同意	很不同意	不同意	普通	同意	很同意	極為同意
1. 我在服務過程中，會試著不只是外在表現出親切與和善等情緒，而會去體會與感受在工作中必須要有的表現。	☐	☐	☐	☐	☐	☐	☐
2. 我在服務過程中，會盡量讓自己在面對顧客時是「發自內心」的表現出親切與和善。	☐	☐	☐	☐	☐	☐	☐
3. 我為了工作上的需要，即使心情不好，也會讓自己暫時忘卻不愉快，並展現出好心情來面對顧客。	☐	☐	☐	☐	☐	☐	☐
4. 我在服務過程中，會盡量克服內心的不好情緒，並真誠地以親切和善的態度服務顧客。	☐	☐	☐	☐	☐	☐	☐
5. 我面對顧客時的內心感受與外在表現是一致的。	☐	☐	☐	☐	☐	☐	☐
6. 我在服務過程中，儘管顧客無理，仍會以顧客立場看待，並真誠地為顧客解決問題。	☐	☐	☐	☐	☐	☐	☐
7. 我在服務過程中，所需展現出的適切儀態，對我而言像是在演戲。	☐	☐	☐	☐	☐	☐	☐
8. 我在面對顧客提供服務時，會隱藏內心真正感受，讓自己表現出特有的表情與儀態。	☐	☐	☐	☐	☐	☐	☐
9. 我認為工作中所需的親切感，只要適時的展現一下就好。	☐	☐	☐	☐	☐	☐	☐
10. 我在服務過程中，為了表現出適切的服務態度，我會像戴面具般的掩飾內心真正感受。	☐	☐	☐	☐	☐	☐	☐
11. 我在服務過程中，只願偽裝工作時應展現的情緒，不願改變自己當下的內心感受。	☐	☐	☐	☐	☐	☐	☐

第三部分：工作滿意度（Job satisfaction） 【說明】請問您對下列有關問項之描述的同意程度為何？	極不同意	很不同意	不同意	普通	同意	很同意	極為同意
1. 我對目前於工作上所取得的成就，感到滿意。	☐	☐	☐	☐	☐	☐	☐
2. 我對目前於整體職涯目標所達成的狀況，感到滿意。	☐	☐	☐	☐	☐	☐	☐
3. 我對目前由工作上所獲得的回報（實質或心理），感到滿意。	☐	☐	☐	☐	☐	☐	☐
4. 我對晉升目標，目前所達成的狀況，感到滿意。	☐	☐	☐	☐	☐	☐	☐
5. 我對發展新技能目標，目前的達成狀況，我感到滿意。	☐	☐	☐	☐	☐	☐	☐

第四部分：基本資料，請於☐中打「✓」

1. 性別：　　　　☐ 女　　☐ 男
2. 婚姻狀況：　　☐ 未婚　☐ 已婚
3. 年齡：　　　　☐ 20歲以下　　☐ 21～30歲　　☐ 31～40歲　　☐ 41～50歲　　☐ 51～60歲
　　　　　　　　☐ 61歲以上
4. 教育程度：　　☐ 國小（含）以下　☐ 國中　☐ 高中（職）　☐ 專科　☐ 大學（含專科）
　　　　　　　　☐ 研究所（含）以上
5. 現職年資：　　☐ 1年以下　　　☐ 1～2年　　　☐ 2～3年　　　☐ 3～4年　　　☐ 5年以上

本問卷到此結束，非常感謝您的耐心填答，謝謝！

二、範例模型簡介

　　論文「第一線服務人員工作熱情與工作滿意度關係之研究：情緒勞務策略的中介角色」之主要目的在於運用二元熱情模型（Dualistic Model of Passion）（Vallerand et al., 2003），以探究具不同工作熱情類型的第一線服務人員，如何透過情緒勞務策略的採用，而對工作滿意度產生影響。其概念性模型如下：

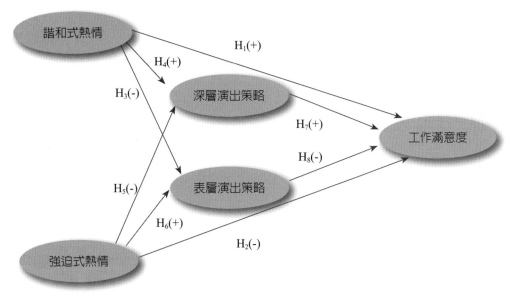

圖附9-1 概念性模型

H$_1$：第一線服務人員對工作的諧和式熱情會正向直接影響工作滿意度。

H$_2$：第一線服務人員對工作的強迫式熱情會負向直接影響工作滿意度。

H$_3$：第一線服務人員對工作的諧和式熱情會負向影響表層演出策略的採用。

H$_4$：第一線服務人員對工作的諧和式熱情會正向影響深層演出策略的採用。

H$_5$：第一線服務人員對工作的強迫式熱情會負向影響深層演出策略的採用。

H$_6$：第一線服務人員對工作的強迫式熱情會正向影響表層演出策略的採用。

H$_7$：第一線服務人員採用的深層演出策略會正向影響工作滿意度。

H$_8$：第一線服務人員採用的表層演出策略會負向影響工作滿意度。

H$_9$：具諧和式熱情的第一線服務人員會透過深層演出策略的採用，以提升工作滿意度（即：深層演出策略於諧和式熱情與工作滿意度間扮演正向的中介角色）。

H$_{10}$：具強迫式熱情的第一線服務人員由於常採用表層演出策略，導致減少工作滿意度（即：表層演出策略於強迫式熱情與工作滿意度間扮演負向的中介角色）。

三、研究變數之操作型定義

本範例模型中所操作的變數分別為工作熱情、情緒勞務策略與工作滿意度，各變數之操作型定義詳述如下：

（一）工作熱情（passion for work）

熱情（passion）是一種感情表達的抽象概念，Vallerand et al.（2003）曾定義熱情為個體將某種活動自我定義為重要且喜愛，並願意投入大量的時間與精力，而所展現出強烈傾向的一種態度，並認為熱情具有兩種型態，而提出了二元熱情模型的概念。在Vallerand et al.（2003）的二元熱情模型中，將熱情分為兩種型態，一為「諧和式熱情」（harmonious passion）；另一為「強迫式熱情」（obsessive passion）。因此，本研究中將依據Vallerand et al.（2003）所提出之「二元熱情模型」，而將工作熱情分為兩個不同的熱情型態，其操作型定義如下：

1. 諧和式熱情：屬自主性內化的熱情型態，指個人具有意願，且能促動個體自願與樂意從事所選擇的工作。

2. 強迫式熱情：屬非自決性內化的熱情型態，指個人被工作的模式所控制，個體非自願性的從事所選擇的工作。

（二）情緒勞務策略（emotional labor strategies）

Grandey（2000）指出「情緒勞務」係指服務人員在面對顧客時，為使所展現的情緒能符合組織規範，針對情緒進行調節時所做的努力。而常採用於調整情緒的策略分為「深層演出策略」（deep acting strategy）與「表層演出策略」（surface acting strategy）兩種。因此，本研究將以Grandey（2000）所提出之「情緒勞務」概念作為定義，其包括第一線人員提供顧客服務行為時，個體發自內心的認同感，所採用的「深層演出策略」，以及個體掩飾內在情緒所採用的「表層演出策略」兩個構面，其操作型定義如下：

1. 深層演出策略：第一線服務人員在提供顧客服務時，個體內心抱持喜悅與具有認同感，所採用的情緒策略。

2. 表層演出策略：第一線服務人員在提供顧客服務時，個體掩飾內心情緒與壓抑真實感受，所採用的情緒策略。

（三）工作滿意度（job satisfaction）

本研究根據Greenhaus, Parasuraman, and Wormley（1990）之研究，將工作滿意度的操作型定義設定為，個體在組織內進行工作的過程中，對工作本身及工作狀態（包括工作環境、工作狀態、工作方式、工作壓力、挑戰性、工作中的人際關係等等）有良性感受的心理狀態。

四、問卷設計

本研究將探討「工作熱情」、「情緒勞務策略」與「工作滿意度」三者間的關係，以釐清不同熱情型態的餐廳第一線服務人員所採取的情緒勞務策略，與情緒勞務策略於「工作熱情」與「工作滿意度」的關係間所扮演的中介角色。因此，實證研究將針對餐廳第一線服務人員發放問卷進行調查。於問卷設計的方面，將依據過往相關文獻之研究結果與相關的研究量表，建構出符合本研究題旨之量表內容。

（一）工作熱情

本研究將依據Vallerand et al.（2003）所發展的二元熱情量表，並參考其研究結果制定符合本研究主題之熱情量表。原始二元熱情量表中，各問項原出現的「活動」兩字，已於2003年經Vallerand and Houlfort兩位學者在研究工作熱情時，更換為「工作」兩字。因此，本研究主要參考Vallerand and Houlfort（2003）的工作熱情量表，以作為衡量個體工作熱情之工具。

量表內容含有諧和式熱情與強迫式熱情等兩個構面，各七題（如表附9-1）。採李克特七點評量尺度測量，分為「完全不同意」、「很不同意」、「不同意」、「沒意見」、「同意」、「很同意」、「完全同意」等1至7分七個級別進行評量，比較兩構面得分後，衡量受試者在兩個分量表的認同程度，藉以區分出熱情的類型。

表附9-1　工作熱情之題項

構面	衡量項目
諧和式熱情 HP	1. 我的工作能讓我獲得更充實且多元的經驗（pa1_1）。
	2. 我能坦然面對工作中可能發生的事，包含愉快或不愉快（pa1_2）。
	3. 我很喜歡現在這份具有獨特型態的工作（pa1_3）。
	4. 現在這份工作不會影響到我日常生活（pa1_4）。
	5. 現在這份工作對我而言是一種熱情，且我能操控這熱情（pa1_5）。
	6. 我現在的工作能讓我有難忘的經驗（pa1_6）。
	7. 我非常喜愛我的工作（pa1_7）。
強迫式熱情 OP	1. 我的生活中不能沒有工作（pa2_1）。
	2. 有一種力量驅使我要去工作（pa2_2）。
	3. 難以想像無法工作時，生活會變得如何（pa2_3）。
	4. 我的心情會受到工作上的影響（pa2_4）。
	5. 我若克制自己不去工作，會感到難過（pa2_5）。
	6. 工作對我而言似乎到迷戀的程度（pa2_6）。
	7. 我會因能不能工作而讓心情產生波動（pa2_7）。

（二）情緒勞務策略

Grandey（2000）指出「情緒勞務」意指第一線員工在面對顧客時，爲了符合組織規範必須調整自己的情緒，進而耗費心力來調節情緒表達的歷程。第一線員工爲因應情緒勞務而常採用於調整情緒的策略，可分爲「深層演出策略」與「表層演出策略」兩種。本研究將採用Grandey（2000）所編製的情緒勞務策略量表，其中深層演出策略有6個題項、表層演出策略則有5個題項，並採用李克特（Likert scale）的七點評量尺度，從「非常不同意（1分）至非常同意（7分）」進行評量，如表附9-2。

（三）工作滿意度

本研究將採用Greenhaus, Parasuraman, and Wormley（1990）的工作滿意度量表，共5個題項。衡量時採用李克特七點評量尺度，從「非常不同意（1分）至非常同意（7分）」進行評量，如表附9-3。

表附9-2　情緒勞務策略之題項

構面	衡量項目
深層演出 DA	1. 我在服務過程中，會試著不只是外在表現出親切與和善等情緒，而會去體會與感受在工作中必須要有的表現（EL1_1）。
	2. 我在服務過程中，會盡量讓自己在面對顧客時是「發自內心」的表現出親切與和善（EL1_2）。
	3. 我為了工作上的需要，即使心情不好，也會讓自己暫時忘卻不愉快，並展現出好心情來面對顧客（EL1_3）。
	4. 我在服務過程中，會盡量克服內心的不好情緒，並真誠地以親切和善的態度服務顧客（EL1_4）。
	5. 我面對顧客時的內心感受與外在表現是一致的（EL1_5）。
	6. 我在服務過程中，儘管顧客無理，仍會以顧客立場看待，並真誠地為顧客解決問題（EL1_6）。
表層演出 SA	1. 我在服務過程中，所需展現出的適切儀態，對我而言像是在演戲（EL2_1）。
	2. 我在面對顧客提供服務時，會隱藏內心真正感受，讓自己表現出特有的表情與儀態（EL2_2）。
	3. 我認為工作中所需的親切感，只要適時的展現一下就好（EL2_3）。
	4. 我在服務過程中，為了表現出適切的服務態度，我會像戴面具般的掩飾內心真正感受（EL2_4）。
	5. 我在服務過程中，只願偽裝工作時應展現的情緒，不願改變自己當下的內心感受（EL2_5）。

表附9-3　工作滿意度之題項

構面	衡量項目
工作滿意度 JS	我對目前於工作上所取得的成就，感到滿意（jsa1）。
	我對目前於整體職涯目標所達成的狀況，感到滿意（jsa2）。
	我對目前由工作上所獲得的回報（實質或心理），感到滿意（jsa3）。
	我對晉升目標，目前所達成的狀況，感到滿意（jsa4）。
	我對發展新技能目標，目前的達成狀況，我感到滿意（jsa5）。

參考文獻

方世榮（2005）。統計學導論。台北：華泰。

王俊明（2004）。問卷與量表的編製及分析方法。國立體育學院（http://websrv5.ncpes.edu.tw/～physical/ index-0.htm）。

李秉宗（2005）。人生的歌。台北：阿爾發。

李承傑、董旭英（2017）。偏最小平方法結構方程模型。科學發展月刊，**539**，20-25。

吳忠宏、黃文雄、李介祿、李雅鳳（2007）。旅遊動機、滿意度與忠誠度之模式建構與驗證：以宜蘭賞鯨活動為例。觀光研究學報，**13**(4)，347-367。

吳忠宏、黃宗成（2001）。玉山國家公園管理處服務品質之研究：以遊客滿意度為例。國家公園學報，**11**(2)，117-135。

吳明隆（2008）。SPSS操作與應用──問卷統計分析實務。台北：五南。

吳明隆（2009）。SPSS操作與應用：問卷統計分析實務（二版）。台北：五南。

吳明隆、涂金堂（2005）。SPSS與統計應用分析。台北：五南。

吳統雄（1984）。電話調查：理論與方法。台北：聯經。

吳統雄（1985）。態度與行為之研究的信度與效度：理論、應用、反省。民意學術專刊，夏季號，29-53。

呂秀英（2000）。有關係？沒關係？──談迴歸與相關。農業試驗所技術服務季刊，11卷，1期，5-8。

呂秀英（2003）。重複測量資料分析的統計方法。科學農業，**51**(7,8)，174-185。

林淑卿（2007）。太魯閣國家公園遊客體驗價值之研究。國立東華大學企業管理學系碩士在職專班，碩士論文。

林震岩（2006）。多變量分析：SPSS的操作與應用。台北：智勝。

周浩、龍立榮（2004）。共同方法偏差的統計檢驗與控制方法。心理科學進展，12卷，6期，942-950。

邱皓政（2004）。結構方程模式：LISREL的理論、技術與應用。台北：雙葉。

邱皓政（2005）。量化研究法（二）：統計原理與分析技術。台北：雙葉。

邱皓政（2006）。量化研究與統計分析：SPSS中文視窗版資料分析範例解析。台北：五南。

夏業良、魯煒（2003）。體驗經濟時代。台北：經濟新潮社。

陳榮方、葉惠忠、蔡玉雯、李麗娟（2006）。顧客忠誠度、生活型態及商店形象之結構關係模式分析——以高雄市連鎖咖啡店爲例。高雄應用科技大學學報，**35**，145-160。

陳淑萍、鄭中平（2011）。潛在調節徑路模型的模型設定。教育研究與發展期刊，**7(4)**，1-24。

郭易之（2011）。郭易之部落格。http://kuojsblog.pixnet.net/blog/post/22776984。

黃映瑀（2005）。體驗行銷、體驗價值、顧客滿意、品牌形象與行爲意向關係之研究，大葉大學事業經營研究所，碩士論文。

黃俊英（1999）。企業研究方法。台北：東華。

張紹勳（2018）。多層次模型 HLM 及重複測量：使用 SPSS 分析。台北：五南。

彭台光、高月慈、林鉦棽（2006）。管理研究中的共同方法變異：問題本質、影響、測試和補救。管理學報，23卷，1期，77-98。

彭淑玲（2019）。知覺教師回饋、個人成就目標、學業自我效能與無聊之關係：中介效果與條件間接化效果分析。教育心理學報，**51(1)**，83-108。

楊國樞、文崇一、吳聰賢、李亦園（2002）。社會及行爲科學研究法。台北：東華。

楊孝濚（1991）。傳播研究與統計。台北：台灣商務。

葉重新（1999）。心理測驗。台北：三民。

榮泰生（2008）。AMOS 與研究方法。台北：五南。

蕭文龍（2018）。統計分析入門與應用SPSS（中文版）SmartPLS3（PLS-SEM）。台北：碁峰。

謝爲任（2021）。轉型領導、組織承諾、主管支持對員工組織公民行爲影響之研究——分配公平的調節式中介效果。博士論文，國立雲林科技大學技術及職業教育研究所，雲林。

簡惠珠（2006）。顧客價值、價格知覺、顧客滿意度、轉換成本對顧客忠誠度影響之研究——以量販店爲例。碩士論文，成功大學高階管理碩士班，台南。

譚克平（2008）。極端值判斷方法簡介。台東大學教育學報，**19(1)**，131-150。

Aaker, D. A. (1996). *Building strong brand.* NY: The Free Press.

Aiken, L. S., & West, S. G. (1991). *Multiple regression: Testing and interpreting interactions.* Newbury Park, CA: Sage.

Anderson, J. C., & Gerbing, D. G. (1988). Structural equation modeling in practice: A review and recommended two-step approach. *Psychological Bulletin, 103*(May), 411-423.

Armstrong, J. S., & Overton, T. (1977). Estimating nonresponse bias in mail surveys. *Journal of*

Marketing Research, 51, 71-86.

Bagozzi, R. P., & Yi, Y. (1988). On the evaluation for structural equation models. *Journal of the Academy of Marketing Science, 16*, 74-94.

Barclay, D., Higgins, C., & Thompson, R. (1995). The partial least squares (PLS) approach to causal modeling: Personal computer adoption and use as an illustration. *Technology Studies, 2*(2), 285-309.

Baron, R. M., & Kenny, D. A. (1986). The moderator-mediator variable distinction in social psychological research: Conceptual, strategic, and statistical considerations. *Journal of Personality and Social Psychology, 51*(6), 1173-1182.

Barsky, J. D., & Labagh, R. (1996). A strategy for customer satisfaction. *Cornell Hotel and Restaurant Administration Quarterly, 33*(5), 32-40.

Blalock, H. M. (1964). Causal inferences in nonexperimental research. Chapel Hill, NC: University of North Carolina Press.

Bollen, K. A., & Long, J. S. (1993). *Testing structural equation models*. Newbury Park, CA: Sage.

Chaudhuri, A., & Holbrook, M. B. (2001). The chain of effects from brand trust and brand affect to brand performance: The role of brand loyalty. *Journal of Marketing, 65*(2), 81-93.

Chu, R. K. S., & Choi, T. (2000). An importance-performance analysis of hotel selection factors in the Hong Kong hotel industry: A comparison of business and leisure travellers. *Tourism Management, 21*, 363-377.

Churchill, G. A. (1979). A paradigm for developing better measures of marketing constructs. *Journal of Marketing Research, 16*, 64-73.

Cohen, J. (1988). *Statistical power analysis for the behavioral sciences* (2nd edition). Hillsdale, NJ: Erlbaum.

Cronbach, L. J. (1990). *Essentials of psychological testing* (5th ed.). New York: Happer Collins.

Dann, G. M. (1977). Tourism motivations: An appraisal. *Annals of Tourism Research, 8*(2), 189-219.

Diamantopoulos, A. (2006). The error term in formative measurement models: Interpretation and modeling implications. *Journal of Modelling in Management, 1*, 7-17.

Diamantopoulos, A. (2008). Formative indicators: Introduction to the special issue. *Journal of Business Research, 61*, 1201-1202.

Diamantopoulos, A., Riefler, P., & Roth, K. P. (2008). Advancing formative measurement models. *Journal of Business Research, 61*, 1203-1218.

Diamantopoulos, A., & Siguaw, J. A. (2006). Formative versus reflective indicators in organizational measure development: A comparison and empirical illustration. *British Journal of Management, 17*, 263-282.

Duane Davis (2004). *Business research for decision making* (6 edition), p.188.

Edwards, J. R., & Lambert, L. S. (2007). Methods for integrating moderation and mediation: A general analytical framework using moderated path analysis. *Psychological Methods, 12*(1), 1 22.

Esposito Vinzi V., Chin W., Henseler J., Wang H. (2010). *Handbook of partial least squares: Concepts, methods and applications, computational statistics handbook series* (Vol. II), Springer Verlag, Europe.

Fornell, C. G. (1982). A second generation of multivariate analysis: An overview. In C. Fornell (Ed.), *A second generation of multivariate analysis* (pp. 1-21). New York: Praeger.

Fornell, C. G. (1987). A second generation of multivariate analysis: Classification of methods and implications for marketing research. In M. J. Houston (Ed.), *Review of marketing* (pp. 407-450). Chicago: American Marketing Association.

Fornell, C., & Larcker, D. F. (1981). Evaluating structural equation models with unobservable and measurement error. *Journal of Marketing Research, 18*, 39-50.

Frazier, P. A., Tix, A. P., & Barron, K. E. (2004). Testing moderator and mediator effects in counseling psychology research. *Journal of Counseling Psychology, 51*(1), 115 134.

Gefen, D., Straub, D. W., & Boudreau, M.-C. (2000). Structural equation modelling and regression: Guidelines for research practice. *Communications of the Association for Information Systems, 4*(7), 1-78.

Gorsuch, R. L. (1983). *Factor analysis*. Hillsdale, NJ: Lawrence Erlbaum.

Hair, F. H., Hult, G. T. M., Ringle, C. M., & Sarstedt, M. (2014). *A primer on partial least squares structural equation modeling (PLS-SEM)*. Thousand Oaks: Sage Publications.

Hair, J. F., Ringle, C. M., & Sarstedt, M. (2011, Spring). PLS-SEM: Indeed a silver bullet. *Journal of Marketing Theory and Practice, 19*(2), 139-151.

Hair, J. F., Sarstedt, M., Pieper, T. M., & Ringle, C. M. (2012a). The use of partial least squares structural equation modeling in strategic management research: A review of past practices and recommendations for future applications. *Long Range Planning, 45* (5-6), 320-340.

Hair, J. F., Sarstedt, M., Ringle, C. M., & Mena, J. A. (2012b). An assessment of the use of partial least squares structural equation modeling in marketing research. *Journal of the Academy of Marketing*

Science, 40(3), 414-433.

Hayes, A. F. (2009). Beyond Baron and Kenny: Statistical mediation analysis in the new millennium. *Communication Monographs, 76*(4): 408-420.

Hayes, A. F. (2018). Partial, conditional, and moderated moderated mediation: Quantification, inference, and interpretation. *Communication Monographs, 85*(1), 4-40.

Hayes, A. F. (2013). *Introduction to mediation, moderation, and conditional process analysis: A regression-based approach.* New York: The Guilford Press.

Henseler, J., Ringle, C. M., & Sinkovics, R. R. (2009). The use of partial least Squares path modeling in international marketing. In R. R. Sinkovics & P. N. Ghauri (Eds.), *Advances in international marketing* (Vol. 20, pp. 277-320). Bingley: Emerald.

Hudson, S., Hudson, P., Miller, G. A. (2004). The measurement of service quality in the tour operating sector: A methodological comparison. *Journal of Travel Research, 42*(3), 305-312.

Hulland, J. (1999). Use of partial least squares (PLS) in strategic management research: A review of four recent studies. *Strategic Management Journal, 20*, 195-204.

Jarvis, C. B., MacKenzie, S. B., & Podsakoff, P. M. (2003). A critical review of construct indicators and measurement model misspecification in marketing and consumer research. *Journal of Consumer Research, 30*, 199-218.

Jones, M. A., Mothersbaugh D. L., & Beatty S. E. (2002). Why customers stay: Measuring the underlying dimensions of services switching costs and managing their differential strategic outcomes. *Journal of Business Research, 55*, 441-450.

Jones, T. O., & Sasser, W. E. (1995). Putting the service-profit chain to work. *Harvard Business Review, 72*(2), 164-175.

Kaiser, H. F. (1958). The varimax criterion for analytic rotation in factor analysis. *Psychometrika, 23*(3), 187-200.

Kelley, T. L. (1939). The selection of upper and lower groups for the validation of test item. *Educational Psychology, 30*, 17-24.

Kerlinger, F. N., & Lee, H. B. (1999). *Foundations of behavioral research* (4th ed.). New York: Macmillan.

Kisang, R., Heesup, H., & Tae-Hee, K. (2008). The relationships among overall quick-casual restaurant image, perceived value, customer satisfaction, and behavioral intentions. *International Journal of Hospitality Management, 27*, 459-469.

Kozak, M. (2001). Repeaters' behavior at two distinct destinations. *Annals of Tourism Research, 28*(3), 784-807.

MacKinnon, D. P. (2008). Introduction to statistical mediation analysis. New York, NY: Lawrence Erlbaum Associates.

Mardia, K. V. (1985). Mardia's test of multinormality. In Kotz, S., & Johnson, N. L. (Eds). *Encyclopedia of statistical sciences, 5*, 217-221.

Martineau, P. (1958). The personality of the retail store. *Harvard Business Review, 36*, 47-55.

Martilla, J. A., & James, J. C. (1977). Importance-performance analysis. *Journal of Marketing, 41*(1), 77-79.

Mathwich, C., Malhotra, N., & Rigdon, E. (2001). Experiential value: Conceptualization, measurement and application in the catalog and internet shopping environment. *Journal of Retailing, 77*(1), 39-56.

Muller, D., Judd, C. M., & Yzerbyt, V. Y. (2005). When moderation is mediated and mediation is moderated. *Journal of Personality and Social Psychology, 89*(6), 852 863.

Nunnally, J. C. (1967). *Psychometric theory*. New York, NY: McGraw-Hill Book Company.

Nunnally, J. C., & Bernstein, I. H. (1994). *Psychometric theory* (3rd Ed.). New York: McGraw-Hill.

Odin, Y., Odin, N., & Valette-Florence, P. (2001). Conceptual and operational aspects of brand loyalty: An empirical investigate. *Journal of Business Research, 53*(2), 75-84.

Oh, H. (2001). Revisiting importance–performance analysis. *Tourism Management, 22*(6), 617-627.

Oliver, R. L. (1997). *Satisfaction: A behavioral perspective on the consumer*. Boston, MA: Irwin, McGrew-Hill.

Parasuraman, A., Zeithaml, V. A., & Berry, L. L. (1988). SERVQUAL: A multiple-item scale for measuring consumer perceptions of service quality. *Journal of Retailing, 64*(1), 12-40.

Pine, B. J., & Gilmore , J. H. (1998). Welcome to the experience economy. *Harvard Business Review, 76*(4), 97-105.

Preacher, K. J., & Hayes, A. F. (2008). Asymptotic and resampling strategies for assessing and comparing indirect effects in multiple mediator models. *Behavior Research Methods, 40*(3): 879-891.

Preacher, K. J., Rucker, D. D., & Hayes, A. F. (2007). Addressing moderated mediation hypotheses: Theory, methods, and prescriptions. *Multivariate Behavioral Research, 42*, 185-227.

Roscoe, J. T. (1975). Fundamental research statistics for the behavior sciences (2nd ed.). NY: Holt,

Rinehart and Winston.

Schmitt, B. H. (1999). *Experiential marketing: How to get customer to sense, feel, think, act, and relate to your company and brands*. New York, NY: The Free Press.

Selnes, F. (1993). An examination of the effect of product performance on brand reputation, satisfaction and loyalty. *European Journal of Marketing, 27*(9), 19-35.

Shiffler, R. E. (1988). Maximum Z score and outliers. *The American Statistician, 42*(1), 79-80.

Stevens, J. P. (1990). *Intermediate statistics: A modern approach*. Hillsdale, New Jersey: Lawrence Erlbaum Associates.

Sweeney, J. C., & Soutar, G., (2001). Consumer perceived value: The development of multiple item scale. *Journal of Retailing, 77*(2), 203-222.

Vallerand, R. J., & Houlfort, N. (2003). Passion at work: Toward a new conceptualization. In D. Skarlicki, S. Gilliland, & D. Steiner (Eds), Social issues in management: Vol. 3. *Emerging perspectives of values in organizations* (pp. 175-204). Greewich, CT: Information Age Publishing.

Vaske, J. J., Beaman, J., Stanley, R., & Grenier, M. (1996). Importance-performance and segmentation: Where do we go from here? *Journal of Travel & Tourism Marketing, 5*(3), 225-240.

Williams, L. J., & Hazer, J. T. (1986). Antecedents and consequence of satisfaction and commitment in turnover models: A reanalysis using latent variable structural equation models. *Journal of Applied Psychology, 71*, 219-231.

Yang, Z., & Peterson, R. T. (2004). Customer perceived value, satisfaction, and loyalty: The role of switching costs. *Psychology and Marketing, 21*(10), 799-822.

Yoo, B., & Donthu, N. (2001). Developing and validating a multidimensional consumer-based brand equity scale. *Journal of Business Research, 52*(1), 1-14.

Zeithaml, V. A. (1988). Consumer perceptions of price, quality and value: A means-end model and synthesis of evidence. *Journal of Marketing, 52*(3), 2-22.

國家圖書館出版品預行編目(CIP)資料

論文統計分析實務：SPSS與SmartPLS的運用／
陳寬裕著. -- 五版. -- 臺北市：五南圖書
出版股份有限公司, 2023.10
面； 公分
ISBN 978-626-366-629-0(平裝)

1.CST: 統計套裝軟體 2.CST: 統計分析

512.4   112015702

1H61

論文統計分析實務
SPSS與SmartPLS的運用

作　　者 ― 陳寬裕

發 行 人 ― 楊榮川

總 經 理 ― 楊士清

總 編 輯 ― 楊秀麗

副總編輯 ― 侯家嵐

責任編輯 ― 吳瑀芳

文字校對 ― 陳俐君

封面設計 ― 姚孝慈

出 版 者 ― 五南圖書出版股份有限公司

地　　址：106臺北市大安區和平東路二段339號4樓

電　　話：(02)2705-5066　　傳　　真：(02)2706-6100

網　　址：https://www.wunan.com.tw

電子郵件：wunan@wunan.com.tw

劃撥帳號：01068953

戶　　名：五南圖書出版股份有限公司

法律顧問：林勝安律師

出版日期：2010年 1 月初版一刷、二刷
　　　　　2011年10月二版一刷
　　　　　2017年 3 月二版六刷
　　　　　2017年10月三版一刷
　　　　　2020年 3 月三版三刷
　　　　　2021年 6 月四版一刷
　　　　　2023年 3 月四版三刷
　　　　　2023年10月五版一刷

定　　價：新臺幣820元

經典永恆·名著常在

五十週年的獻禮——經典名著文庫

五南，五十年了，半個世紀，人生旅程的一大半，走過來了。

思索著，邁向百年的未來歷程，能為知識界、文化學術界作些什麼？

在速食文化的生態下，有什麼值得讓人雋永品味的？

歷代經典·當今名著，經過時間的洗禮，千錘百鍊，流傳至今，光芒耀人；

不僅使我們能領悟前人的智慧，同時也增深加廣我們思考的深度與視野。

我們決心投入巨資，有計畫的系統梳選，成立「經典名著文庫」，

希望收入古今中外思想性的、充滿睿智與獨見的經典、名著。

這是一項理想性的、永續性的巨大出版工程。

不在意讀者的眾寡，只考慮它的學術價值，力求完整展現先哲思想的軌跡；

為知識界開啟一片智慧之窗，營造一座百花綻放的世界文明公園，

任君遨遊、取菁吸蜜、嘉惠學子！